Maria Behrens (Hrsg.)

Globalisierung als politische Herausforderung

Governance
Band 3

Herausgegeben von
Arthur Benz
Susanne Lütz
Uwe Schimank
Georg Simonis

Maria Behrens (Hrsg.)

Globalisierung als politische Herausforderung

Global Governance
zwischen Utopie und Realität

VS VERLAG FÜR SOZIALWISSENSCHAFTEN

VS Verlag für Sozialwissenschaften
Entstanden mit Beginn des Jahres 2004 aus den beiden Häusern
Leske+Budrich und Westdeutscher Verlag.
Die breite Basis für sozialwissenschaftliches Publizieren

Bibliografische Information Der Deutschen Bibliothek
Die Deutsche Bibliothek verzeichnet diese Publikation in der Deutschen Nationalbibliografie;
detaillierte bibliografische Daten sind im Internet über <http://dnb.ddb.de> abrufbar.

1. Auflage Februar 2005

Alle Rechte vorbehalten
© VS Verlag für Sozialwissenschaften/GWV Fachverlage GmbH, Wiesbaden 2005

Der VS Verlag für Sozialwissenschaften ist ein Unternehmen von Springer Science+Business Media.
www.vs-verlag.de

Das Werk einschließlich aller seiner Teile ist urheberrechtlich geschützt. Jede Verwertung außerhalb der engen Grenzen des Urheberrechtsgesetzes ist ohne Zustimmung des Verlags unzulässig und strafbar. Das gilt insbesondere für Vervielfältigungen, Übersetzungen, Mikroverfilmungen und die Einspeicherung und Verarbeitung in elektronischen Systemen.

Die Wiedergabe von Gebrauchsnamen, Handelsnamen, Warenbezeichnungen usw. in diesem Werk berechtigt auch ohne besondere Kennzeichnung nicht zu der Annahme, dass solche Namen im Sinne der Warenzeichen- und Markenschutz-Gesetzgebung als frei zu betrachten wären und daher von jedermann benutzt werden dürften.

Umschlaggestaltung: KünkelLopka Medienentwicklung, Heidelberg
Satz: Beate Glaubitz, Redaktion und Satz, Leverkusen

ISBN-13:978-3-8100-3561-5   e-ISBN-13:978-3-322-80888-2
DOI: 10.1007/978-3-322-80888-2

Vorwort

Mit dem vorliegenden Band greift Maria Behrens eine die 1990er Jahre bis heute prägende Debatte auf: die Global-Governance-Debatte. Für den Begriff Global Governance gibt es keine allgemein geteilte Definition. Im weitesten Sinne könnte Global Governance mit globalen Koordinations- und Regulierungsprozessen beschrieben werden, die zwischen staatlichen und gesellschaftlichen Akteuren in einer komplexen Institutionenstruktur auf internationaler Ebene stattfinden. Ein solches Verständnis von Global Governance bezieht sich auf einen Ausschnitt realer Strukturen und Prozesse internationaler Beziehungen.

Ein Konzept, wie eine Global Governance zukünftig gestaltet werden könnte, hat das Institut für Entwicklung und Frieden (INEF) der Universität Duisburg-Essen am Standort Duisburg entwickelt, das als Ordnungsmodell zur Lösung bestehender Probleme internationaler Politik, wie Entwicklungsdisparitäten, Umweltverschmutzung, Migration, Bewahrung globaler Güter, verstanden werden kann. Dieses Global-Governance-Konzept wird sowohl in der Wissenschaft als auch in der Politik breit diskutiert. So widmete sich eine Arbeitsgruppe der Enquete-Kommission des Deutschen Bundestages „Globalisierung der Weltwirtschaft" von 1999–2002 diesem Thema. Für die wissenschaftliche Diskussion ermöglicht das Konzept von Global Governance des INEF, die unterschiedlichen Sachbereiche und Politikfelder internationaler Beziehungen unter diesem thematischen Dach zu bündeln und das Konzept auf der Basis empirischer Befunde Gegenstand übergreifend zu reflektieren.

Diese Herausforderung greift Maria Behrens mit dem von ihr herausgegebenen Band auf. Sie hat namhafte wissenschaftliche Experten gewinnen können, die verschiedene theoretische Perspektiven einnehmen und sich in unterschiedlichen Sachbereichen und Politikfeldern internationaler Beziehungen spezialisiert haben. Die Autoren wurden von Frau Behrens gebeten, sich kritisch und zugleich konstruktiv mit dem Global-Governance-Konzept auf theoretischer Ebene auseinander zu setzen und auf der Basis empirisch-analytischer Befunde aus ihren Forschungsfeldern die konzeptionellen Stärken und Schwächen herauszuarbeiten.

Neben dieser konstruktiven Auseinandersetzung mit dem normativen Konzept von Global Governance des INEF, das als Aufhänger dient, liefert der Band vor allem einen Überblick über bestehende Governance-Probleme internationaler Beziehungen und baut damit auf die ersten beiden in das Thema Governance einführenden Bände der Reihe auf. In der Teildisziplin Internationale Beziehungen bestehen zentrale Anknüpfungspunkte zu den Lehrbüchern zur internationalen

Politik von Martin List, Maria Behrens, Wolfgang Reichardt und Georg Simonis (Internationale Politik, Probleme und Grundbegriffe, Band 12) sowie von Volker Rittberger (Internationale Organisationen, Politik und Geschichte, Band 10), die in der Reihe „Grundwissen der Politik" erschienen sind. Als Lehrtext wird der vorliegende Band seit 2002 im Magisterstudiengang Politikwissenschaft sowie seit Herbst 2003 im Masterstudiengang „Steuerung und Koordinierung (Governance)" an der FernUniversität in Hagen erfolgreich eingesetzt.

Der Bitte von Maria Behrens, einen herzlichen Dank nicht nur an die Autoren, sondern auch an Ulrike De Stena und an Frank Lorenz auszusprechen, die durch ihre Hilfe maßgeblich zur Fertigstellung des Bandes beigetragen haben, kommen wir an dieser Stelle gerne nach.

Arthur Benz   Hagen, März 2004
Susanne Lütz
Uwe Schimank
Georg Simonis

Inhalt

Vorwort 5

Verzeichnis der Kästen, Schaubilder und Tabellen 9

Maria Behrens
Global Governance – eine Einführung 11

Schwerpunkt I: Global Governance aus theoriekritischer Perspektive

Dirk Messner
Global Governance: Globalisierung im 21. Jahrhundert gestalten 27

Lothar Brock und *Stephan Hessler*
Normen in der internationalen Politik: Geschichte, Bestimmungsfaktoren
und Wirksamkeit 55

Rainer Schmalz-Bruns
Demokratie im Prozess der Globalisierung: Zur Demokratieverträglichkeit
von Global Governance 79

Alexander Siedschlag
Realisierung von Global Governance: Chancen und Grenzen aus
neorealistischer Perspektive 99

Ulrich Brand und *Christoph Scherrer*
Contested Global Governance: Konkurrierende Formen und Inhalte
globaler Regulierung 115

Hartwig Hummel
Kommentar: Global Governance als neue große Debatte 131

Schwerpunkt II: Internationale Sicherheit und Menschenrechte

Christoph Rohloff
Theoretische Ansätze und empirische Befunde der Friedens- und
Konfliktforschung 141

Reinhard Meyers
„Verhältnisse wie auf dem Balkan ..."? Die Reprivatisierung des Krieges –
neue Formen der Gewalt im internationalen System und die Möglichkeiten
kooperativer Ordnungspolitik 165

Lutz Schrader
Unilateralismus versus Global Governance. Die so genannten
Schurkenstaaten als Problem der internationalen Sicherheitspolitik 187

Hajo Schmidt
Weltfriedensordnung? Rechtsethische Perspektiven
nach dem Kosovokrieg 215

Martin List
Global Governance und internationale Sicherheit –
ein essayistischer Kommentar 239

Schwerpunkt III: Internationale Wirtschafts-, Sozial- und Umweltpolitik

Maria Behrens
Divergierende Modelle von Global Governance in
der Welthandelspolitik 247

Jörg Huffschmid
Internationale Finanzmarktpolitik: Regulierungsbestrebungen
und -blockaden 269

Lars Kohlmorgen
Internationale Sozialpolitik 293

Georg Simonis
Weltumweltpolitik: Erweiterung von staatlicher Handlungsfähigkeit
durch Global Governance? 313

Hubert Zimmermann
Kommentar: Chancen und Grenzen einer weltwirtschaftlichen
Global Governance 345

Anhang

Abkürzungsverzeichnis 351

Angaben zu den Autoren 355

Verzeichnis der Kästen, Schaubilder und Tabellen

Verzeichnis der Kästen

Kasten 0-1	Internationale Politik nach dem Verständnis des Realismus und der Komplexen Interdependenz	13
Kasten I-1	Global Governance: Definitionen	33
Kasten I-2	Ein globaler Pakt?	63
Kasten I-3	Einige neorealistische Axiome	101
Kasten I-4	Das PRiME-Faktorenbündel: Chancen und Grenzen komplexer Interdependenz aus neorealistischer Sicht	105
Kasten I-5	Fortgesetzte Funktionen von Staatlichkeit aus neorealistischer Sicht	111
Kasten I-6	Definition von Welthegemonie nach Robert W. Cox	116
Kasten I-7	Fordismus	122
Kasten II-1	Washington-Konsensus	189
Kasten II-2	Missile Defense	196
Kasten III-1	Abschlusserklärung der Ministertreffen der Welthandelsorganisation (WTO) in Singapur vom 13. Dezember 1996	251
Kasten III-2	Die Tobinsteuer	283
Kasten III-3	Zentrale Elemente des „Comprehensive Development Framework"	300
Kasten III-4	Allgemeine Ziele des Weltgipfels für soziale Entwicklung	302
Kasten III-5	Negative Tendenzen der sozialen Entwicklung	304
Kasten III-6	Faktoren der Politikdiffusion	322
Kasten III-7	Beispiele für internationale Umweltregime	328

Verzeichnis der Schaubilder

Schaubild I-1	Handlungsebenen und Akteure in der Global-Governance-Architektur	38
Schaubild I-2	Einflussfaktoren im Übergang vom Nationalstaatensystem zur Global-Governance-Epoche	45
Schaubild I-3	Das System der Vereinten Nationen	60
Schaubild I-4	Idee demokratischer Legitimität im Wandel	93
Schaubild I-5	Analytische Dimensionen von Global Governance	118

Schaubild II-1	Das „zivilisatorische Hexagon"	144
Schaubild II-2	Gewaltsame zwischen- sowie innerstaatliche Konflikte, 1945-1998	155
Schaubild II-3	Gewaltsame und überwiegend nichtgewaltsame zwischenstaatliche Konflikte, 1945-1995	155
Schaubild II-4	Ethnopolitische Gewaltkonflikte in den 1990er Jahren	157
Schaubild II-5	Der neuzeitliche Territorialstaat – Substrat des klassischen Sicherheitsbegriffs	169
Schaubild II-6	Interdependenz, Vernetzung, Verflechtung der Akteure	174
Schaubild II-7	Die normative Struktur von Menschenrechten	230
Schaubild II-8	Die soziale Struktur von Menschenrechten	231
Schaubild III-1	Die Organisationsstruktur der WTO	252
Schaubild III-2	Weltexportvolumen in Milliarden Dollar	255
Schaubild III-3	Weltweiter Aktienbestand und Aktienhandel, 1980, 1990 und 1999	271
Schaubild III-4	Anteil der institutionellen Anleger am gesamten Finanzvermögen des finanziellen Sektors, 1985 und 1995	272
Schaubild III-5	Anteil des Sparvermögens privater Haushalte bei institutionellen Anlegern, 1985 und 1995	273
Schaubild III-6	Kapitalflüsse in die asiatischen Krisenländer, 1992-2000	276
Schaubild III-7	Hoher Preis für niedrige Inflation: Arbeitslosigkeit und Inflation in der EU-15, 1975-2000	279
Schaubild III-8	Einrichtung nationaler Umweltbehörden	326
Schaubild III-9	Einführung nationaler Entwicklungspläne	327

Verzeichnis der Tabellen

Tabelle II-1	Konfliktbeteiligungen der Staaten, 1945-1995	152
Tabelle II-2	Frieden schaffende Leitprinzipien klassischer politischer Großtheorien	183
Tabelle III-1	Die Welthandelsrunden im Rahmen des GATT	249
Tabelle III-2	Chronologie der Liberalisierung des Kapitalverkehrs	274
Tabelle III-3	Themenfelder umweltpolitischer Analyse aus der Perspektive von Global Governance	315
Tabelle III-4	Institutionen globaler Umweltpolitik	318
Tabelle III-5	Weltumweltkonferenzen	319
Tabelle III-6	Weltumweltprobleme und ihre Bearbeitungsebenen	336

Maria Behrens

Global Governance – eine Einführung

1	Genese des Begriffs Global Governance	12
1.1	Wirtschaftliche Rahmenbedingung: die Globalisierung	13
1.2	Politische Rahmenbedingung: das Ende des Ost-West-Konflikts	16
2	Global Governance: eine analytische, deskriptive und normative Annäherung	18
3	Struktur und Beiträge des Bandes	20

Mit dem Ende der Systemkonkurrenz zwischen West und Ost durch die Implosion der Sowjetunion Ende der 1980er Jahre veränderte sich die Machtstruktur des vormals bipolar organisierten internationalen Systems. Neue Handlungspotenziale internationaler Politik zur Lösung globaler Probleme schienen sich jetzt zu eröffnen. Um diese Handlungspotenziale auszuloten, wurde auf Initiative des früheren deutschen SPD-Politikers Willy Brandt unter dem Dach der Vereinten Nationen 1991 die *Commission on Global Governance* gegründet. Sie erhielt den Auftrag, Visionen für eine zukünftige internationale Politik zu erarbeiten. 1995 veröffentlichte die Kommission ihren Bericht unter dem Titel „Our Global Neighbourhood". Populär wurde der Begriff Global Governance in Deutschland durch die Übersetzung des Berichtes durch die Stiftung Entwicklung und Frieden (SEF) in Bonn und durch die Arbeiten des Instituts für Entwicklung und Frieden (INEF) in Duisburg.

Dabei ist der Begriff Global Governance gar nicht einmal so neu, sondern reicht in die 1970er Jahre zurück (vgl. Mürle 1998, 3). Allerdings wird er bis Anfang der 1990er Jahre vor allem empirisch-analytisch verwendet. Die Arbeiten aus dem INEF und der SEF brachten eine normative Wende: Mit dem Begriff Global Governance wird ein Ordnungsmuster zur Lösung globaler Probleme und zur Sicherung globaler Güter entworfen (vgl. Messner in diesem Band). Dieses normative Modell von Global Governance liefert den Aufhänger für diesen Band. Durch eine Reflexion aus unterschiedlicher theoretischer Perspektive werden Schwächen und Stärken dieses Modells diskutiert und anschließend aus der Perspektive vergleichender Global Governance in den Feldern internationaler Sicherheits-, Wirtschafts- und Wohlfahrtspolitik überprüft, ob die Bedingungen für eine Realisierung von Global Governance nach dem Modell des INEF vorhanden und wie die bisherigen Koordinations- und Regelungsmuster gestaltet sind.

Bevor jedoch näher auf die aktuelle Verwendung des Begriffs Global Governance eingegangen wird, erfolgt dessen kurze Einordnung in die Theorienlandschaft

Global Governance zur Lösung globaler Probleme

der Internationalen Politik. Die Diskussion über Global Governance der 1990er Jahre ist eng mit der Globalisierungsdebatte sowie mit dem Ende des Ost-West-Konflikts verknüpft. Die Globalisierung liefert u.a. die Begründung für die Notwendigkeit von Global Governance. Daher wird der Frage nachgegangen, was Globalisierung überhaupt ist. Schließlich wird auf die Bedeutung des Endes des Ost-West-Konflikts eingegangen, der einerseits neue Handlungsspielräume für eine Global Governance liefert. Andererseits werden aber im Bereich der Sicherheit Konflikte sichtbar, die durch den Ost-West-Konflikt überlagert wurden. Anschließend wird eine Begriffsbestimmung von Global Governance versucht und dem empirischen, normativen und analytischen Gehalt des Begriffs nachgegangen.

1 Genese des Begriffs Global Governance

Global Governance knüpft an Interdependenzansätze an

Global Governance steht in der Tradition des liberalen Institutionalismus und knüpft an Interdependenzansätze der 1970er Jahre an. Interdependenz kann als ein Resultat internationaler Verflechtung durch grenzüberschreitende Austauschprozesse bezeichnet werden. Eine wechselseitige Abhängigkeit von Staaten ist dann gegeben, wenn

> „Interaktionen wechselseitige Kostenwirkungen (die nicht notwendigerweise symmetrisch sein müssen) verursachen [...]. Wo Interaktionen keine wesentlichen, kostpieligen Effekte haben, besteht einfach eine gegenseitige Verbundenheit" (Keohane und Nye 1985, zit. nach Kohler-Koch 1990, 114).

Die Interdependenz beeinflusst einerseits das Außenverhalten der Staaten, andererseits verstärken Staaten durch internationale Verträge die Interdependenzbeziehungen (vgl. auch Brock und Hessler in diesem Band). Infolge transnationaler und internationaler Aktivitäten ist ein komplexes Netz von Interdependenz zwischen staatlichen und nichtstaatlichen Akteuren entstanden, die Keohane und Nye (1977) entsprechend als *komplexe Interdependenz* bezeichnen. Damit unterscheidet sich der Interdependenzansatz von neorealistischen Annahmen, wonach die Staaten die zentralen Akteure in der internationalen Politik sind, die durch Macht ihre Interessen durchzusetzen versuchen (vgl. Kasten 0-1; zur neueren Entwicklung des Realismus vgl. Siedschlag in diesem Band).

Komplexe Interdependenz

Das Hauptaugenmerk der Interdependenztheoretiker lag auf den internationalen Wirtschaftsbeziehungen. Durch technologische Entwicklungen im Bereich der Kommunikation und des Transports wurden eine zunehmende Verflechtung und Verwundbarkeit von Staaten festgestellt. Interessant an der Debatte der 1970er Jahre ist, dass wegen zunehmender Interdependenz bereits die Frage nach der Handlungsfähigkeit der Staaten sowie die Notwendigkeit und Möglichkeit einer „International Governance" diskutiert wurden (vgl. Kohler-Koch 1990). Der Institutionalismus suchte dabei nach (zwischenstaatlichen) institutionellen Wegen zur Bearbeitung der Folgen der Internationalisierung und mündete in der Regimediskussion, die 1975 begann und bis Ende der 1980er Jahre als Theorie die Lehre der Internationalen Politik maßgeblich prägte (vgl. Menzel 2001).

Regimetheorie

Kasten 0-1: Internationale Politik nach dem Verständnis des Realismus und der komplexen Interdependenz (Kohler-Koch 1990, 116)

Neorealistisches Verständnis:
1. „Staaten als geschlossene Einheiten sind die vorherrschenden Akteure der Weltpolitik;
2. Macht ist ein einsatzfähiges und wirksames Mittel der Politik;
3. es gibt eine Hierarchie der Ziele in der internationalen Politik; die ‚high politics' der Sicherheitsfragen dominiert eindeutig über die ‚low politics' der Wirtschafts- und Sozialangelegenheiten."

Verständnis nach dem Ansatz komplexer Interdependenz:
1. „eine untergeordnete Bedeutung militärischer Macht im Instrumentarium staatlicher Außenpolitik;
2. keine vorgegebene Hierarchie in der Rangfolge außenpolitischer Ziele; vielmehr wird die Agenda zwischenstaatlicher Politik von einer Vielfalt unterschiedlicher Problembereiche bevölkert, deren Priorität nicht vorbestimmt ist;
3. ein weitverzweigtes Netz grenzüberschreitender Kontakte, das aus formalisierten wie informellen Beziehungen einer Vielzahl staatlicher wie gesellschaftlicher Akteure besteht."

Durch die in den 1980er Jahren beobachtbare starke Zunahme der Anzahl an Nichtregierungsorganisationen (NGOs) im Vergleich zu intergouvernementalen Organisationen (IOs, vgl. Meyers 1999) verlagerte sich die wissenschaftliche Perspektive von den in Regimen kooperierenden staatlichen stärker auf die zivilgesellschaftlichen Akteure – auf die Gesellschaftswelt (Czempiel 1990). Internationalen NGOs gelang es erfolgreich, Themen wie Umwelt, Menschenrechte, Korruption auf der Agenda internationaler Politik zu platzieren und privat oder in Zusammenarbeit mit staatlichen Akteuren Normen zu formulieren. Konkret stellt sich die Frage, welche Formen der Koordinierung und Regulierung sich zwischen staatlichen wie nichtstaatlichen Akteuren in einem internationalen System ohne zentralstaatliche Instanz gebildet haben (Rosenau und Czempiel 1992). Diese Frage ist in den Kontext der Globalisierungsdebatte zu stellen, in der die Annahme einer qualitativen Veränderung der Struktur des internationalen Systems besteht.

Neue Akteure auf internationaler Ebene

„Governance Without Government"

1.1 Wirtschaftliche Rahmenbedingung: die Globalisierung

Mit dem Begriff der Globalisierung, der in den 1990er Jahren zu einem populären Schlagwort wurde, wird zum einen eine zunehmende Verdichtung verschiedener Sektoren wie Handel, Finanzen, Tourismus, aber auch von Kultur und Normen (z.B. Menschenrechte) beschrieben. Zum anderen werden die Folgen der Globalisierung wie Umweltprobleme, Migration oder Abbau von Sozialstandards thematisiert. Je nach weltanschaulicher Perspektive und theoretischem Standpunkt werden unterschiedliche Rückschlüsse gezogen:
 Von *Globalisierungsbefürwortern*, vor allem von neoliberalen Ökonomen (z.B. Ohmae 1992; Fukuyama 1992) wird betont, dass Staaten unter den Bedingungen der Globalisierung ihre nationalen Regulierungssysteme durch Privatisierung und Deregulierung anpassen müssen, um die internationale Wettbewerbsfähigkeit ihrer Industrien nicht zu gefährden und um als Wirtschaftsstandort nicht an Bedeutung zu verlieren. Globalisierung ist hier als Begriff unter der Annahme positiv besetzt,

Globalisierung aus unterschiedlichen Perspektiven:

Globalisierungsbefürworter

dass internationale Wirtschaftsaktivität zur Mehrung des Wohlstands führt, wovon wiederum die nationalen Gesellschaften profitieren. Darüber hinaus wird der Markt gegenüber dem Staat als die effektivere Regulierungsinstanz angesehen und entsprechend der Rückzug der Staaten aus dem Wirtschaftsleben gefordert (minimal state).

Globalisierungsgestalter

Von den *Globalisierungsgestaltern*, die zumeist die negativen Folgen der Globalisierung betonen, wird im Ausbau internationaler Politik in Richtung einer Global Governance eine Strategie zur Bearbeitung globaler Probleme und zur Sicherung globaler Güter gesehen. Darüber hinaus wird es als notwendig erachtet, durch internationale Politik ein Gegengewicht zur wirtschaftlichen Dominanz im internationalen System zu schaffen. Diesem Ansatz liegt die Annahme zugrunde, dass Staaten aufgrund komplexer Interdependenz nicht mehr in der Lage sind, im Alleingang globale Probleme zu lösen (z.B. Messner und Nuscheler 1996).

Sowohl die Globalisierungsbefürworter als auch die Globalisierungsgestalter eint, dass das Phänomen Globalisierung nicht weiter in Frage gestellt wird. Weiterhin wird von beiden die These vertreten, dass die Handlungsfähigkeit der Nationalstaaten im Prozess der Globalisierung abnimmt und somit strukturelle Veränderungen im internationalen System zu beobachten sind.

Globalisierungsskeptiker

Die *Globalisierungsskeptiker* hingegen zweifeln daran, dass es eine Globalisierung in der Realität tatsächlich gibt, und halten sie eher für einen Mythos zur Durchsetzung neoliberaler Wirtschaftsinteressen (Altvater und Mahnkopf 1999; vgl. auch Brand und Scherrer sowie Behrens in diesem Band). Durch empirische Untersuchungen wird versucht zu belegen, dass die grenzüberschreitenden Transaktionen im historischen Vergleich keineswegs zugenommen haben (Hirst und Thompson 1996). Damit wird gleichzeitig in Frage gestellt, ob die Staaten tatsächlich an Handlungsfähigkeit verloren haben.

Differenzierte Betrachtung von Globalisierung

Allgemein von Globalisierung zu sprechen ist nicht weiterführend, sondern der Begriff bedarf einer Konkretisierung und eines differenzierteren Zugangs. Als Erstes stellt sich die Frage nach einer möglichen Definition des Begriffs Globalisierung. Rosenau (1996) vertritt hier die Ansicht, dass sich Globalisierung wegen ihrer inhärenten Entwicklungsdynamik, ihrer Reichweite und Eingriffstiefe einer allgemein akzeptierten Definition entzieht. Allerdings kann der Begriff von anderen Begriffen abgegrenzt werden:

Begriffliche Annäherung

Sehr allgemein wird die Globalisierung im Gegensatz zur *Lokalisierung* erfasst. Während im Prozess der Globalisierung Grenzen überwunden werden, werden im Prozess der Lokalisierung Grenzen errichtet (ebd.). Während *Globalität* einen Zustand bezeichnet, stellt Globalisierung einen Prozess dar. Der Begriff *komplexe Interdependenz* (Keohane und Nye 1977) betont strukturelle Abhängigkeiten, während Globalisierung darüber hinaus auch Werte, Kultur, Kommunikation und ökologische Fragen umfasst (vgl. Rosenau 1996).

Unterschied zwischen Globalisierung und Internationalisierung

Doch wodurch unterscheidet sich Globalisierung vom Begriff der *Internationalisierung*, der ebenfalls Grenzen überschreitet und einen Prozess beschreibt? Hier bezieht sich die Globalisierungdebatte im Wesentlichen auf neue Formen wirtschaftlicher Aktivitäten. Ditmar Brock (1997) verdeutlicht in Anlehnung an Immanuael Wallersteins Werk *The Modern World System* (1974), dass sich bereits ab dem 16. Jahrhundert eine internationale wirtschaftliche Arbeitsteilung entwickelt hat, die er als die erste Globalisierungswelle bezeichnet. Von der

Historische Annäherung

Global Governance – eine Einführung 15

heute diskutierten zweiten Globalisierungswelle unterscheidet sie sich dadurch, dass sich das „alte System einer vergleichsweise starren und stabilen räumlichen Arbeitsteilung [aufgelöst hat] zugunsten einer dynamischen Weltwirtschaft, die von den globalen Aktivitäten wirtschaftlicher Akteure (den so genannten *global players*) gesteuert wird" (Brock 1997, 15). In eine ähnliche Richtung argumentiert Lawrence Tshuma (2000) und nimmt folgende Unterscheidung von Internationalisierung und Globalisierung vor:

> "[...] Internationalization refers to the increasing geographic spread of economic activities across national boundaries and is not a new phenomenon, while globalization is new and refers to a more advanced and complex form of internationalization that implies a degree of functional integration between internationally dispersed economic activities" (ebd., 128–129).

Unternehmen haben keinen Stammsitz mehr, von dem aus sie international agieren, sondern sind netzwerkartig international organisiert. Zürn (1998, 72) spricht in diesem Zusammenhang von *grenzüberschreitender Produktion* in Abgrenzung zum *grenzüberschreitenden Austausch*, wobei Ersteres mit Globalisierung[1] bezeichnet werden könnte; Letzteres wäre dann eine andere Bezeichnung für Internationalisierung. Demgegenüber wird von Vertretern des Ansatzes *National System of Innovation* (vgl. Edquist 1997) gerade die Bedeutung nationaler Standorte für wirtschaftliche Entwicklung und Produktion mit dem Verweis auf die kulturelle Eingebundenheit von Unternehmen betont. Thomas Risse (1999, 4) hält – sich auf die Ergebnisse von Neil Fligstein (1998) berufend – den Globalisierungsgläubigen entgegen, dass der Welthandelsanteil Ende 1995 lediglich 14,7 Prozent der weltweiten ökonomischen Aktivitäten ausmachte, 85 Prozent ökonomischer Aktivitäten hingegen innerhalb von Nationalstaaten stattfanden.

<small>Grenzüberschreitende Produktion und grenzüberschreitender Austausch</small>

Dieser Widerspruch kann empirisch insofern aufgelöst werden, dass wirtschaftliche Globalisierung nicht für alle Sektoren gleichermaßen zutrifft, sondern vor allem für die Informations- und Kommunikationstechniken sowie für die Entwicklung der globalen Finanzmärkte steht (Beisheim et al. 1999; vgl. Huffschmid in diesem Band). Analytisch ist zu hinterfragen, ob es sich bei den Netzwerken grenzüberschreitender Produktion um Netze mit oder ohne einen Kern (mathematisch Geradenbüschel) handelt. Dieser analytische Aspekt kann hier nicht weiter vertieft werden, ist aber für die Frage nach der Handlungsfähigkeit von Nationalstaaten von zentraler Bedeutung. Schließlich muss der Begriff der Globalisierung in Bezug auf die Reichweite eingegrenzt werden. Die Globalisierung konzentriert sich auf die Regionen Nordamerika, EU und Südostasien, während weniger entwickelte Länder zunehmend abgekoppelt werden, wofür der Begriff der Fragmentierung verwendet wird (vgl. Kohlmorgen in diesem Band). Die Notwendigkeit, dieser Fragmentierungstendenz entgegenzuwirken, liefert eine weitere Begründung für eine Global-Governance-Architektur.

<small>Globalisierung: beschränkt auf wenige Sektoren und Regionen</small>

Zusammenfassend kann also nicht von *der* Globalisierung allgemein gesprochen werden, auch wenn sich dieser Begriff durch die Verwendung von Politikern und in der populären Literatur im gesellschaftlichen Diskurs durchgesetzt

<small>Globalisierung als herrschender Diskurs</small>

---

[1] Zürn (1998, 69) verwendet selbst nicht den Begriff der Globalisierung, den er als Epochenbegriff bezeichnet, sondern wählt als analytischen Terminus den Begriff der gesellschaftlichen Denationalisierung.

hat. Vielmehr trifft der Begriff Globalisierung nur auf wenige Sektoren zu und ist im Wesentlichen auf die OECD-Staaten beschränkt. Die von der Globalisierung abgeleitete These der abnehmenden Handlungsfähigkeit der Nationalstaaten muss in Folge ebenfalls hinterfragt werden. In seiner kritischen Auseinandersetzung mit dem Begriff Globalisierung kommt Risse (1999, 9) zu dem Ergebnis, „daß den Nationalstaaten nach wie vor bedeutende Handlungsspielräume selbst in der Wirtschafts- und Finanzpolitik verbleiben".

1.2 Politische Rahmenbedingung: das Ende des Ost-West-Konflikts

Veränderungsprozesse in der politischen Struktur des internationalen Systems

Der Globalisierungsprozess hat wesentlich zur Implosion der Sowjetunion beigetragen. Mit dem damit einhergehenden Ende des Ost-West-Konflikts lösen sich nicht nur Grenzen wirtschaftlicher Globalisierung auf, die nun die Dimension von Globalität erreichen könnte. Das Ende des Ost-West-Konflikts bewirkte darüber hinaus strukturelle Veränderungsprozesse im System internationaler Politik, von denen man nun neue politische Handlungsspielräume erhoffte. Doch neue bzw. vernachlässigte Probleme wurden sichtbar.

Bis 1989 war die Welt durch eine bipolare Struktur geprägt: auf der einen Seite die Pax Americana, auf der anderen Seite die Pax Sovietica. Die Staaten der Welt hatten sich für eine Seite und damit gegen die andere zu entscheiden. Ihre Bündnistreue wurde von den Großmächten honoriert, nicht selten aber auch erzwungen. Diese bipolare Struktur hatte durch das Gleichgewicht der Mächte eine wesentliche stabilisierende Funktion (vgl. Wolf 1991), die mit der Implosion der Sowjetunion nicht mehr gegeben ist. Die USA konnten sich als einzige Supermacht (Huntington 1999) durchsetzen.

Die internationalen Organisationen im Bereich der Sicherheit waren bisher bipolar ausgerichtet: der Warschauer Pakt auf der einen Seite, die NATO als Gegengewicht auf der anderen Seite. Mit dem Zerfall der Sowjetunion hat sich auch der Warschauer Pakt aufgelöst. Die vormals der westlichen Sphäre angehörenden internationalen Organisationen wie die NATO, aber auch die UN mussten und müssen sich auf die neue Struktur des internationalen Systems einstellen, und es besteht Reformbedarf (vgl. Woyke 1999). Gleichzeitig ist das Verhältnis internationaler Organisationen zu der einzig verbliebenen Supermacht USA auszutarieren (vgl. Schrader und Schmidt in diesem Band).

Ost-West-Konflikt überlagerte andere Konflikte

Doch auch zwischen 1945 und 1989 hat sich die Welt verändert und ist komplexer geworden. Vor allem die Dekolonialisierung und die Staatenbildung in der so genannten Dritten Welt sind hier als zentrale Entwicklungen zu nennen. Diese Veränderungen wurden durch den Ost-West-Konflikt überlagert, bereits vorher vorhandene Konflikte brechen nun offen aus: Im Vergleich zu den zwischenstaatlichen militärischen Auseinandersetzungen hat die Zahl der innerstaatlichen gewaltsamen Konflikte zugenommen, die in einigen Fällen zur Auflösung von Staatlichkeit führen (vgl. Rohloff und Meyers in diesem Band). Hier stellt sich die Frage, wer die Ansprechpartner nicht nur für eine Konfliktbeilegung, sondern auch für eine Global Governance sind.

Neben dem Ausbrechen von innerstaatlichen Konflikten bleiben die Staaten der so genannten Dritten Welt von der Globalisierung nicht unberührt. Nicht nur die wirtschaftliche Globalisierung, sondern vor allem die kommunikative und kulturelle Globalisierung beeinflusst die Entwicklungen dieser Staaten (vgl. Väyrynen 1999). Von zentraler Bedeutung ist hier die Verbreitung von Werten wie der Einhaltung von Menschenrechten, die bei massiver Verletzung die Legitimation der westlichen Staatengemeinschaft zur humanitären Intervention liefert (vgl. Schmidt in diesem Band). Vor dem Ende des Ost-West-Konflikts spielte es kaum eine Rolle, wer in den Staaten der Dritten Welt regierte – ob in Uganda Idi Amin, in Kambodscha Pol Pot oder in Zentralafrika Jean-Bédel Bokassa –, solange die Bündnistreue gewährleistet war. Nach dem Ende des Ost-West-Konflikts werden, u.a. auf Druck internationaler NGOs, von der westlichen Staatengemeinschaft Menschenrechtsverletzungen zunehmend angeprangert. Entsprechend wurde die Entwicklungshilfestrategie von Weltbank und Internationalem Währungsfonds (IWF) neu formuliert: Die Vergabe von Krediten wird heute an Kriterien von *Good Governance* ausgerichtet (Theobald 2000; vgl. Weiss 2000). Unter Good Governance wird ein Regierungshandeln verstanden, das in ein politisches System, ausgerichtet an demokratischen Prinzipien (wie gesellschaftlicher Partizipation, gewährleistet durch regelmäßige Wahlen), eingebettet ist. Es zeigt sich jedoch, dass viele Staaten zwar formal Demokratien sind, die informelle Politik (Klientelismus, Patronage) jedoch die formale Politik häufig ersetzt (vgl. Schmidt 2001). Diese Form des politischen Systems wird u.a. als *defekte Demokratie* bezeichnet. Die Rückschlüsse, die aus dieser Entwicklung gezogen werden, gehen in zwei Richtungen: Zum einen wird *Good Governance* als nicht hinreichend angesehen und *Human Governance* – eine nach den Bedürfnissen der Menschen ausgerichtete Regierungspolitik – gefordert. Zum anderen wird zur Lösung von Entwicklungsproblemen ein starker Staat mit dem Verweis auf erfolgreiche Entwicklungsdiktaturen als der richtige Weg angesehen (vgl. Zakaria 1997).

Menschenrechte als Problem internationaler Politik

Good Governance

Das Ende des Ost-West-Konflikts eröffnet somit nicht nur neue politische Handlungsspielräume, die eine Global Governance befördern, sondern es werden nun auch Konflikte virulent, die durch das bipolare System „gezähmt" waren. Neben dem vermehrten Ausbrechen innerstaatlicher Konflikte in den Entwicklungsländern sind multilateral ausgerichtete Politikvorstellungen nicht erst seit der US-Regierung unter George W. Bush mit dem Problem einer tendenziell abnehmenden Bereitschaft des mächtigsten Staates zu kooperativem Verhalten konfrontiert. Wenn die westlich ausgerichteten internationalen Organisationen und Regime im Wesentlichen aufgrund ihrer integrativen Funktion das Ergebnis des Ost-West-Konflikts sind, stellt sich die Frage nach dem zukünftigen „Kitt", der die Staatenwelt in internationalen Organisationen und Regimen zusammenhält und somit eine Global Governance ermöglicht.

2 Global Governance: eine analytische, deskriptive und normative Annäherung

Unterschiedliche Verwendung des Begriffs Governance:

Der Begriff Global Governance ist nicht eindeutig definiert, sondern wird je nach politischem Gegenstandsbereich und theoretischer Perspektive unterschiedlich verwendet. Die Ausführungen zu *Good Governance* verweisen darauf, dass Governance in der Entwicklungspolitik durch Government, also durch staatliche Zentralgewalt, stattfindet. So definiert die OECD *Governance* wie folgt:

> "The concept of governance denotes the use of political authority and exercise of control in a society in relation to the management of its resources for social and economic development. This broad definition encompasses the role of public authorities in establishing the environment in which economic operators function and in determining the distribution of benefits as well as the nature of the relationship between the ruler and the ruled" (OECD 1995, 14).

1. Governance als Staatstätigkeit

Der Begriff *Governance* kann hier mit Regieren oder Staatsführung übersetzt werden, da die Regierung als der zentrale Akteur zur Verteilung von Ressourcen und zur Schaffung von Rahmenbedingungen für wirtschaftliches Handeln angesehen und ihr die Fähigkeit zur Steuerung und Kontrolle gesellschaftlicher Belange zugesprochen wird. Somit findet *Governance* in einem hierarchisch strukturierten politischen System statt. Bei der Verwendung des Begriffs *Governance* auf internationaler Ebene als Global Governance hat sich, in Anlehnung an die *Commission for Global Governance* (vgl. Messner in diesem Band) eine andere Definition durchgesetzt:

> „Global Governance ist ein Ansatz für die Bearbeitung globaler Probleme von zunehmender Komplexität und Interdependenz. Im Spannungsverhältnis zwischen Staaten und multinationalen Institutionen, globalisierter Wirtschaft und Finanzwelt, Medien und Zivilgesellschaft befürwortet Global Governance eine neue, kooperative Form der Problembearbeitung: Für Global Governance sind dialogische und kooperative Prozesse zentral, die über die verschiedenen Handlungsebenen subsidiär entlang der Achse lokal-global hinweg reichen sowie Akteure aus den Bereichen Politik, Wirtschaft und Gesellschaft zusammenführen und vernetzen. Global Governance setzt damit also auf das konstruktive Zusammenwirken von staatlichen und nichtstaatlichen Akteuren in dynamischen Prozessen interaktiver Entscheidungsfindung von der lokalen bis zur globalen Ebene" (Enquete-Kommission 2001, 105–106; vgl. auch OECD 2001, 259).

Governance als interaktiver Entscheidungsprozess

Nach diesem Verständnis beschreibt *Governance* keine Staatstätigkeit und ist somit begrifflich nicht mehr in ein hierarchisches System eingebettet. Mit *Governance* werden hier horizontale (verschiedene Akteure) sowie vertikale (verschiedene Ebenen) Formen der Koordination bezeichnet. Es gibt keinen zentralen Akteur mehr, dem allein eine Steuerungs- und Kontrollfähigkeit zugesprochen wird, sondern Entscheidungsprozesse finden interaktiv zwischen staatlichen wie nichtstaatlichen Akteuren statt.

Global Governance als ...

Diese Definition von *Governance* beruht zum einen auf der Annahme, dass die Staaten aufgrund komplexer Interdependenz im internationalen System an Handlungsfähigkeit verloren haben, zum anderen auf dem Befund, dass es im internationalen System keine rechtliche und politische Autorität und somit keine Hierarchie im Sinne von Herrschaft gibt, sondern dass von einer Vielzahl von

Global Governance – eine Einführung 19

Akteuren auf verschiedenen Ebenen internationale Politik betrieben wird. Rosenau (1995, 15) bezeichnet diesen Befund als „crazy quilt nature of modern interdependence" und schlussfolgert: „such is the staggering challenge of global governance" (ebd.).

Hier deuten sich unterschiedliche Verwendungsmöglichkeiten des Begriffs Global Governance an. Zum einen kann Global Governance als ein Konzept verstanden werden, um Probleme internationaler Reichweite zu lösen. In einem so verwendeten Sinn handelt es sich bei Global Governance um einen normativen Ansatz. 1. normativer Ansatz,

Zum anderen können aber auch bestehende Regelungsmuster als Global Governance bezeichnet und kann somit Global Governance als deskriptiver Ansatz verstanden werden. Beiträge, die sich mit „private governance" (Ronit 2001, Kleinwächter 2001) und „corporate governance" (Branson 2001) beschäftigen, beschreiben verschiedene Ausschnitte bestehender Global Governance als Form gesellschaftlicher Selbstregelung auf internationaler Ebene. Die große Anzahl und die Vielfalt an Regelungsaktivitäten (allein für die Umweltpolitik vgl. Beitrag von Simonis in diesem Band) werden aber aus einer analytischen Perspektive unzureichend koordiniert, da sie auf verschiedenen Ebenen, in unterschiedlichen Sektoren mit jeweils anderen Akteuren stattfinden, die Regelungswidersprüche und Regelungslücken zur Folge haben. 2. deskriptiver Ansatz und als
3. analytischer Ansatz

Von den Vertretern eines normativen Verständnisses von Global Governance wird der Versuch unternommen, für diese Regelungsprobleme eine Ordnungsstruktur zu entwerfen oder, wie Messner und Nuscheler es formulieren, eine „Global-Governance-Architektur". Hier stellt sich jedoch die Frage, inwieweit die verschiedenen Regelungstypen – hierarchische Struktur auf nationalstaatlicher Ebene einerseits, Netzwerkstruktur in einem Mehrebenensystem andererseits – miteinander vereinbar sind. Der Verweis auf korporative Elemente und erfolgreiche Formen gesellschaftlicher Selbstregelung innerhalb von Nationalstaaten (Risse 1999) trägt nur bedingt, da solche Prozesse der Entscheidungsfindung immer „im Schatten der Hierarchie" (Scharpf 1993) stattfinden und es eine übergeordnete, dem Gemeinwohl verpflichtete Autorität gibt, die auf internationaler Ebene fehlt. Nach der Definition von Global Governance, wie sie von der Enquete-Kommission des Deutschen Bundestages (2001) formuliert worden ist, könnten die verschiedenen Regelungstypen in eine *Ordnungsstruktur* integriert werden; was aber immer noch fehlt, ist der dafür notwendige allgemein akzeptierte *Ordnungssinn*. Es stellt sich die Frage, ob ein Ordnungssinn über ein universell geteiltes „Wertesystem" (vgl. Messner und Nuscheler 1997, 36) hergestellt werden kann. Lässt sich unser traditionell gewachsenes westliches Werteverständnis auf Staaten anderer Kontinente übertragen? Wie soll die strukturelle Ungleichheit im internationalen System zwischen, aber auch innerhalb von Staaten, die zu unterschiedlichen Präferenzen und in Folge zu Konflikten führt, wie die Verhandlungen auf Weltumweltgipfeln oder Welthandelskonferenzen sowie die sie begleitenden internationalen Proteste der Zivilgesellschaft zeigen, bewältigt werden? Wie lässt sich das bestehende Dilemma, dass einerseits eine Global Governance handlungsfähige Staaten voraussetzt, eine solche Handlungsfähigkeit aber andererseits in vielen Staaten der so genannten Dritten Welt nicht gegeben ist bzw. sich Staatlichkeit sogar auflöst, überwinden? Schließlich ist Verhältnis von Hierarchie und Netzwerken

Offene Fragen nach wie vor die Frage offen, ob und unter welchen Bedingungen die handlungsfähigen Staaten nach dem Ende des Ost-West-Konflikts bereit sind, zugunsten von Global Governance auf Souveränität zu verzichten.

Auf die hier angerissenen Fragen kann dieser Band keine befriedigenden Antworten liefern, da sich der wissenschaftliche Diskurs noch in seinen Anfängen befindet. Im Mittelpunkt steht vielmehr eine wissenschaftliche Auseinandersetzung mit dem Konzept von Global Governance, wie es vom Institut für Entwicklung und Frieden (INEF) formuliert worden ist. Die Attraktivität dieses Konzepts, die es als Aufhänger für diesen Band so interessant macht, besteht darin, dass Global Governance hier nicht im Sinne eines effizienten Managements internationaler Politik verstanden wird, sondern dass es um die Frage nach deren *politischer Qualität* geht. Somit liegt dem Konzept eine gewisse normative Vorstellung von *Good Governance* zugrunde. Solche Vorstellungen oder „Visionen" von Good Governance im internationalen System sind unbedingt notwendig: Mit ihnen wird ein politischer Gestaltungsanspruch zum Ausdruck gebracht, der über das einfache administrative Aushandeln verschiedener Interessen durch ein multilaterales „Interdependenzmanagement" (Kaiser 1995) hinausgeht. Damit ist zugleich erklärt, warum das von Messner und Nuscheler (1996) entworfene Global-Governance-Konzept zur kritischen Reflexion geradezu herausfordert.

3 Struktur und Beiträge des Bandes

Der Band ist in drei Schwerpunkte gegliedert: Im ersten Schwerpunkt findet eine allgemeine theoretische Auseinandersetzung mit dem Konzept von Global Governance statt, um dessen Stärken und Schwächen herauszuarbeiten. Im zweiten und dritten Schwerpunkt (internationale Sicherheit und Menschenrechte sowie internationale Wirtschafts-, Sozial- und Umweltpolitik) wird das Konzept vor dem Hintergrund bestehender Problemlagen und Regelungsmuster in unterschiedlichen Feldern internationaler Politik reflektiert. Im Anschluss an jeden Schwerpunkt werden die Beiträge kommentiert und damit in Bezug zueinander gesetzt. In dieser Auswertung der Beiträge werden zentrale Aspekte herausgearbeitet und noch offene Fragen formuliert.

Schwerpunkt I
Im ersten Schwerpunkt wird von *Dirk Messner* nach einer Analyse von Veränderungsprozessen im internationalen System und einer Beschreibung der Problemlage das Konzept von Global Governance des INEF vorgestellt. Es wird deutlich, dass Voraussetzung für eine Realisierung von Global Governance international geteilte Normen sind. Der Frage nach der Normenbildung und der Stabilität von internationalen Institutionen gehen *Lothar Brock* und *Stephan Hessler* in ihrem Beitrag nach. Der von den Autoren beschriebene Prozess der Normenbildung stößt jedoch in einigen Bereichen wie der Welthandelspolitik auf zivilgesellschaftlichen Protest und verweist damit auf die Frage nach deren demokratischer Legitimation. Dieser Frage geht *Rainer Schmalz-Bruns* in seinem Beitrag nach, in dem er sich in einem ersten Schritt mit den demokratisch motivierten Argumenten gegen eine Global Governance auseinander setzt. Darauf aufbauend überprüft er in einem zweiten Schritt die Voraussetzungen für eine demokratische Legitimation internationaler Politik. *Ulrich Brand* und *Chris-*

toph Scherrer analysieren aus einer hegemonietheoretischen Perspektive Transformationsprozesse im Verhältnis zwischen Politik und Ökonomie. Ziel ist es, den Begriff Global Governance als analytische Kategorie fruchtbar zu machen. Anschließend lotet *Alexander Siedschlag* aus, welche Realisierungschancen das Konzept Global Governance aus realistischer Sicht hat.

Im zweiten Schwerpunkt beschreibt *Christoph Rohloff* Konflikttypen und -tendenzen im Bereich internationaler Sicherheit und stellt verschiedene methodische Zugänge und theoretische Erklärungsansätze der Friedens- und Konfliktforschung vor. *Reinhard Meyers* baut auf diesen empirischen Befunden auf und geht näher auf den neuen Konflikttyp der „kleinen Kriege" ein. Anschließend geht er der Frage nach, welche Aspekte der neue Konflikttyp für eine kooperative Konfliktbearbeitung impliziert, und setzt die aktuelle Diskussion in der Friedenswissenschaft in Beziehung zur Global-Governance-Debatte. Während Reinhard Meyers also die neue Herausforderung an die internationale Sicherheitspolitik beschreibt, analysiert *Lutz Schrader* die Haltung und die Interessen der USA als eines der zentralen Akteure in der Sicherheitspolitik. Anhand des „Schurkenstaaten"-Konzepts wird die hegemoniale Strategie der USA vorgestellt und deren Leistungsfähigkeit zur Friedenssicherung hinterfragt. Angesichts dieser Analyse werden Rückschlüsse im Hinblick auf die Realisierungschancen einer Global Governance gezogen. *Hajo Schmidt* geht aus philosophischer Perspektive der Frage nach, wie eine tragfähige Friedensordnung und damit eine Global Governance aussehen könnte. Dabei nimmt er als Ausgangspunkt den Schutz der Menschenrechte und setzt sich kritisch mit verschiedenen Modellen von Weltfriedensordnungen auseinander. Vor dem Hintergrund dieser Erwägungen nimmt er anschließend eine Bewertung der bestehenden Sicherheitsarchitektur vor und arbeitet Gestaltungsmöglichkeiten einer zukünftigen Global Governance im Sinne einer Weltfriedensordnung heraus.

Im dritten Schwerpunkt beschreibt *Maria Behrens* in ihrem Beitrag die Regulierungstiefe und Regulierungsreichweite der Welthandelspolitik, deren Motor lange Zeit die USA mit einer neoliberalen Welthandelsstrategie waren. Die transatlantischen Handelskonflikte verweisen jedoch darauf, dass es unterschiedliche Vorstellungen über die zukünftige Ausrichtung der Welthandelspolitik gibt. In ihrem Beitrag geht sie der Frage nach, welche Kräfte eine Global Governance in der Weltwirtschaftspolitik durchsetzen könnten und welche Entwicklungstendenzen dagegensprechen. Während die Welthandelspolitik eine hohe Regulierungsdichte aufweist, zeigt der Beitrag von *Jörg Huffschmid*, dass es in den internationalen Finanzbeziehungen an globaler Regulierung mangelt. Nach einer Beschreibung der Funktionsweise und der damit verbundenen Probleme internationaler Finanzmärkte geht er auf verschiedene Reformvorschläge und auf die Reformblockaden ein. In der Zivilgesellschaft sieht er eine mögliche Kraft, bestehende Reformblockaden zu überwinden und eine Global Governance zu realisieren.

Anhand der Analyse des Weltgipfels für soziale Entwicklung verdeutlicht *Lars Kohlmorgen* im Bereich internationaler Sozialpolitik, dass im Vergleich zum Bereich der internationalen Finanzmärkte hier auf programmatischer Ebene erhebliche Fortschritte erzielt werden konnten. Tatsächlich ist aber eine wachsende Ungleichheit zwischen Entwicklungsländern und Industrieländern zu beobachten. Ursachen für die fehlende Umsetzung der Ziele zur Armutsreduzierung sind nach Lars Kohlmorgen die strukturelle Ungleichheit und die bestehenden Machtverhältnisse. Aus den Ergebnissen seiner Analyse zieht er die Schlussfolgerung, dass strukturelle Veränderungen die Voraussetzung für eine Global Governance sind. *Georg Simonis* nimmt zwar ebenfalls eine skeptische Haltung hinsichtlich der Realisierungschancen von Global Governance, die er als ein politisches Projekt bezeichnet, ein, aus einer historisch-institutionalistischen Perspektive lassen sich aber seiner Ansicht nach Tendenzen in Richtung eines inkrementell wachsenden Systems von Global Governance in der internationalen Umweltpolitik beobachten. Dieser Prozess verläuft nicht linear, sondern gestaltet sich brüchig und ist potenziell gefährdet. Nach Ansicht von Georg Simonis fehlt es nach wie vor an empirischem Wissen über die Entstehung und den Wandel politischer Institutionen. Für die Weltumweltpolitik kommt er deshalb zu dem Ergebnis, dass das Global-Governance-Konzept sowohl theoretisch als auch empirisch bisher noch unterbestimmt ist.

Global-Governance-Debatte ein „work in progress"

Die Beiträge in den Schwerpunkten Sicherheit und Menschenrechte sowie Internationale Wirtschafts-, Sozial- und Umweltpolitik verdeutlichen, dass die Bedingungen für eine Realisierung des Global-Governance-Konzepts vom INEF in den jeweiligen Politikfeldern unterschiedlich gelagert sind und die Bereitschaft für eine kooperative Bearbeitung globaler Probleme stark von den Machtinteressen staatlicher Akteure, wirtschaftlichen Interessen und öffentlichem Mobilisierungspotenzial abhängt. Die theoretische Reflexion des Global-Governance-Konzepts zeigt darüber hinaus, dass es noch empirischer wie theoretischer Fundierung des Konzepts bedarf. Insofern ist Hartwig Hummel Recht zu geben, dass es sich bei der Global-Governance-Debatte um ein „work in progress" handelt, wozu dieser Band einen Beitrag liefern möchte.

Literatur

Altvater, Elmar und Birgit Mahnkopf. 1999. Grenzen der Globalisierung. Ökonomie, Ökologie und Politik in der Weltgesellschaft. Münster: Westfälisches Dampfboot.
Branson, D.M. 2001. The Very Uncertain Prospects of „Global" Convergence in Corporate Governance, aus: Cornell International Law Journal, 34 (2), 321–362.
Brock, Ditmar. 1997. Wirtschaft und Staat im Zeitalter der Globalisierung. Von nationalen Volkswirtschaften zur globalisierten Weltwirtschaft, aus: Aus Politik und Zeitgeschichte, Beilage zur Wochenzeitung Das Parlament, B 33–34, 12–19.
Czempiel, Ernst-Otto. 1990. Weltpolitik im Umbruch. München: C.H. Beck.
Edquist, Charles (Hg.). 1997. Systems of Innovation. Technologies, Institutions and Organisations. London und Washington: Pinter.
Enquete-Kommission. 2001. Globalisierung der Weltwirtschaft – Herausforderungen und Antworten. Zwischenbericht vom 13. September. Deutscher Bundestag, Drucksache 14/6910.
Finkelstein, Lawrence S. 1995. What is Global Governance? aus: Global Governance, 1(3) 367–372.
Fukuyama, Francis. 1992. The End of History and the Last Man. London: Hamilton.
Hirst, Paul und Grahame Thompson. 1996. Globalization in Question. Cambridge: Polity Press.
Huntington, Samuel P. 1999. The Lonely Superpower, aus: Foreign Affairs, 78, 35–149.
Kaiser, Karl. 1995. Die neue Weltpolitik. Folgerungen für Deutschlands Rolle, in: Karl Kaiser und Hans-Peter Schwarz (Hg.). Die neue Weltpolitik. Baden-Baden: Nomos, 497–511.
Keohane, Robert O. und Joseph S. Nye. 1977. Power and Interdependence. World Politics in Transition. Boston: Little, Brown and Co.

Kleinwächter, Wolfgang. 2001. The silent subversive: ICANN and the new global governance, aus: The journal of policy, regulation and strategy for telecommunications, 3 (4), 259–278.

Kohler-Koch, Beate. 1990. „Interdependenz", in: Volker Rittberger (Hg.). Theorien der Internationalen Beziehungen. Bestandsaufnahme und Forschungsperspektiven. Politische Vierteljahresschrift, Sonderheft 21, Opladen: Westdeutscher Verlag, 110–129.

Menzel, Ulrich. 2001. Zwischen Idealismus und Realismus. Die Lehre von den Internationalen Beziehungen. Frankfurt a.M.: Suhrkamp.

Messner, Dirk und Franz Nuscheler (Hg.). 1996. Weltkonferenzen und Weltberichte. Ein Wegweiser durch die internationale Diskussion. Bonn: J.H.W. Dietz Nachfolger.

Messner, Dirk und Franz Nuscheler. 1997. Globale Trends, Globalisierung und Global Governance, in: Stiftung Entwicklung und Frieden. Globale Trends 1998. Frankfurt a.M.: Fischer, 27–37.

Meyers, Reinhard. 1999. Internationale Organisationen und *global governance* – eine Antwort auf die internationalen Herausforderungen am Ausgang des Jahrhunderts? aus: Wichard Woyke (Hg.), a.a.O., 8–28.

Mürle, Holger. 1998. Global Governance. Literaturbericht und Forschungsfragen. INEF-Report 32, Duisburg.

OECD. 1995. Participatory Development and Good Governance. Paris: OECD.

OECD. 2001. Governance im 21. Jahrhundert, Zukunftsstudien. Paris: OECD.

Ohmae, Kenichi. 1992. Die neue Logik der Weltwirtschaft: Zukunftsstrategien der internationalen Konzerne. Hamburg: Hoffmann und Campe.

Risse, Thomas. 1999. Multilaterale Entscheidungen unter den Bedingungen der Globalisierung: Wenn die Staatenwelt auf die Gesellschaftswelt trifft. Beitrag für die Deutsche Gesellschaft für Politikwissenschaft (http://www.iue.it/Personal/Risse/Rissedoc/globalisierung.pdf).

Ronit, Kasten. 2001. Institutions of Private Authority in Global Governance, Linking Territorial Forms of Self-Regulation, aus: Administration & Society, 33 (5), 555–578.

Rosenau, James N. 1995. Governance in the Twenty-first Century, aus: Global Governance, 1 (1), 13–43.

Rosenau, James N. 1996. The Dynamics of Globalization: Toward an Operational Formulation, aus: Security Dialogue, 27 (3), 247–262.

Rosenau, James N. und Ernst-Otto Czempiel. 1992. Governance Without Government. Cambridge: Cambridge University Press.

Scharpf, Fritz W. 1993. Positive und negative Koordination in Verhandlungssystemen, in: Adrienne Héritier (Hg.). Policy-Analyse. Kritik und Neuorientierung. Politische Vierteljahresschrift, Sonderheft 24, Opladen: Westdeutscher Verlag, 57–83.

Schmidt, Sigmar. 2001. „Demokratie mit Adjektiven". Die Entwicklungschancen defekter Demokratien, aus: Entwicklung und Zusammenarbeit, 42 (7/8), 219–223.

Theobald, Christian. 2000. Zur Ökonomie des Staates. Good Governance und die Perzeption der Weltbank. Baden-Baden: Nomos.

Tshuma, Lawrence. 2000. Hierarchies and Government versus Networks and Governance: Competing Regulatory Paradigms in Global Economic Regulations, aus: Social & Legal Studies, 9 (1), 115–142.

Väyrynen, Raimo. 1999. Globalization and Global Governance. Lanham et al.: Rowman & Littlefield.

Weiss, Thomas G. 2000. Governance, good governance and global governance: conceptual and actual challenges, aus: Third World Quarterly, 21 (5), 795–814.

Wolf, Klaus Dieter. 1991. Internationale Regime zur Verteilung globaler Ressourcen. Baden-Baden: Nomos.

Woyke, Wichard (Hg.). 1999. Internationale Organisationen in der Reform. Schwalbach/Ts.: Wochenschau Verlag.

Zakaria, Fareed. 1997. The Rise of Illiberal Democracy, aus: Foreign Affairs, 76, 22–43.

Zürn, Michael. 1998. Regieren jenseits des Nationalstaates. Frankfurt a.M.: Suhrkamp.

Schwerpunkt I

Global Governance aus theoriekritischer Perspektive

Dirk Messner

Global Governance:
Globalisierung im 21. Jahrhundert gestalten

1	Die Epoche der Nationalstaaten	28
2	Dimensionen und Dynamik der Globalisierung	29
2.1	Die neue Qualität der Globalisierung am Beginn des 21. Jahrhunderts	31
2.2	Typologie globaler Probleme	34
3	Die Global-Governance-Perspektiven	37
3.1	Die Zukunft der Nationalstaaten	42
3.2	Drei Perspektiven auf den Übergang zur Global-Governance-Epoche	44
4	Global Governance im Spannungsfeld von Macht, Interessen, globaler Normenbildung	50

Ökonomische, soziale und kulturelle Globalisierungsprozesse sowie das globale Umweltsystem stellen die Nationalstaaten sowie die internationale Politik vor schwierige Herausforderungen. Die Inkongruenz von territorialstaatlich organisierter Politik sowie grenzüberschreitenden Problemzusammenhängen (z.B. dem Klimawandel, weltweiter Migration) und Funktionssystemen (z.B. den globalen Finanzmärkten, dem Internet) auf der einen Seite und sich verändernde Machtgefüge zwischen (zumindest potenziell) weltweit mobilen Akteuren (Unternehmen, Kapitalbesitzern, Experten, Wissenschaftlern) sowie immobilen Akteuren (Regierungen, Gewerkschaften, Parteien, kommunalen Verwaltungen) auf der anderen Seite setzen die etablierten Institutionen der Politik unter Globalisierungsdruck. In der Debatte über Global Governance werden Antworten der Politik auf die Herausforderungen der Globalisierung gesucht. *(Politische Herausforderungen der Globalisierung)*

Der folgende Beitrag skizziert den Korridor, in dem die Transformationen der Politik im Umbruch vom *System der Nationalstaaten* zur *Epoche des Globalismus* und von Global Governance stattfinden. Diskutiert wird, wie bereits bestehende Ansätze von globaler Problemlösung in Richtung einer Global-Governance-Architektur weiterentwickelt werden könnten und welche Faktoren diesen Umbruch erschweren. Deutlich wird: *(Merkmale von Global Governance:)*

– Global Governance reicht weit über die klassische Außenpolitik (als Friedens- und Sicherheitspolitik) hinaus, weil die Globalisierung zur Entgrenzung und Internationalisierung einer steigenden Zahl von Politikfeldern beiträgt. *(Entgrenzung von Politikfeldern)*

– Das Souveränitätskonzept der Epoche der Nationalstaaten wird abgelöst durch das System geteilter Souveränitäten, denn Nationalstaaten sind immer *(System geteilter Souveränitäten)* stärker auf internationale Kooperation sowie das „Pooling" von Teilsouveränitäten und breit gestreuten Problemlösungsressourcen angewiesen, um ihre Handlungsfähigkeit zu stabilisieren oder bereits verloren gegangene Gestaltungsspielräume zurückzugewinnen.

Neue Akteure — Neue Akteure mischen sich in die Weltpolitik ein. In der Global-Governance-Architektur entwickeln sich neue Formen der Interaktion zwischen Staaten-, Wirtschafts- und Gesellschaftswelt.

Mehrebenensystem — Global Governance sprengt den Rahmen des klassischen Multilateralismuskonzeptes; ein Mehrebenensystem bildet sich heraus, in dem lokale, nationale, makroregionale (z.B. EU) und globale Politik immer enger aufeinander bezogen und miteinander vernetzt werden.

— Aus der Perspektive nationalstaatlicher Organisationen stellt der Übergang zu Global Governance einen tiefgreifenden Umbruch dar. Kernkonzepte der „alten Ordnung" (Souveränität, territoriale Organisation der Politik, klare Trennung in Innen- und Außenpolitik, das internationale System als Staatenwelt) geraten unter den Sachzwang der Globalisierung. Organisations- *Pfadabhängigkeit* und Lerntheorien verweisen auf die Pfadabhängigkeit institutionellen Wan- *institutionellen* dels. Sie können erklären, weshalb derzeit in den nationalstaatlichen Organi- *Wandels* sationen die alten Erklärungsmuster und Sinnarchitekturen der *Epoche der Nationalstaaten* und Versatzstücke neuer Deutungssysteme in Richtung auf Global Governance koexistieren.

Aufbau des Beitrags Im Folgenden werden zunächst – nach einer kurzen Skizze der *Epoche der Nationalstaaten* – die wesentlichen Dimensionen der Globalisierung sowie deren neue Qualität herausgearbeitet. Es folgt eine Typologie globaler Probleme. Im Anschluss daran werden Strukturelemente einer kooperativen Global-Governance-Architektur umrissen, um vor diesem Hintergrund die Zukunft der Nationalstaaten und der Demokratie zu diskutieren. Im zweiten Teil des Beitrags wird der Umbruch in Richtung Global Governance aus drei Perspektiven diskutiert (und zwar aus Sicht der nationalstaatlichen Interessenpolitik, der Eigendynamik globaler Normenbildung, der Pfadabhängigkeit institutionellen Wandels), um Blockaden, Hemmnisse und Ansatzpunkte für eine „globalisierungstaugliche Politik" herauszuarbeiten.

1 Die Epoche der Nationalstaaten

Nationalstaaten als Die *Epoche der Nationalstaaten* beginnt mit dem Westfälischen Frieden von *souveräne politische* 1648, der ein System unabhängiger Nationalstaaten schuf. „Die Nation" als vor- *Einheiten ...* gestellte politische Einheit und der souveräne, zur Gestaltung des sozialen Lebens innerhalb seiner territorialen Grenzen fähige Nationalstaat sind eine „Erfindung" des 18. und 19. Jahrhunderts. Die Leitbilder des demokratischen Rechtsstaates und der wohlfahrtsstaatlichen Massendemokratie bildeten sich im 19. und 20. Jahrhundert heraus. An ihnen orientierten sich nach 1945 vor allem die OECD-Staaten. Aber auch in den meisten Entwicklungsländern und nach 1989 auch in den ehemaligen sozialistischen Ländern galten nationalstaatlich organisierte Demokratie und soziale Bändigung der Marktwirtschaft zumindest als Zielsysteme ihrer Entwicklungsanstrengungen.

Nationalstaaten als Dreh- und Angelpunkte des politischen Denkens sind also ein vergleichsweise junges und in konfliktreichen Prozessen entstandenes historisches Produkt. In Europa hat sich die Zahl der politisch selbständigen Einheiten zwischen 1500 und 1900 von rund 500 auf 25 reduziert. Noch Ende des 18. Jahrhunderts gab es auf dem Gebiet des Deutschen Reiches etwa 1800 Zollgrenzen. Der 1833 geschaffene Deutsche Zollverein schloss dann die meisten deutschen Länder zu einem einheitlichen Wirtschaftsgebiet zusammen.

sind ein historisch junges Produkt ...

Dieser Prozess mündete zunächst – mit wenigen Ausnahmen wie England und den Niederlanden – in absolutistischen Herrschaftssystemen. Erst ab Mitte des 19. Jahrhunderts gelang der Übergang zum Verfassungsstaat und die damit verbundene Domestizierung der Allmacht staatlichen Handelns. Der Territorialstaat, die Nation als politische Gemeinschaft und Selbstbestimmung über die Gestaltung des sozialen Lebens innerhalb der nationalstaatlichen Grenzen (Souveränität), charakterisiert die historische Konstellation, in der die Demokratie ihren Sitz fand und – zumindest in den westlichen Industrieländern – die sozialstaatliche Einhegung der Marktwirtschaft gelang. Die Nationalstaaten wurden in diesem Prozess zu Zentren der Organisation des sozialen Lebens, der Politik und der sozialen Integration. In den Nationalstaaten entstanden komplexe Institutionengeflechte, die der innerstaatlichen Konfliktbewältigung und der sozialen Integration dienten. Die Konsolidierung der Nationalstaaten nach innen ging einher mit sich entwickelnden Beziehungen zwischen ihnen. Ab Ende des 18. Jahrhunderts wurden Begriffe wie „international" und „internationale Beziehungen" gebräuchlich. Die Welt konstituierte sich in der *Epoche der Nationalstaaten* als *Staatenwelt*.

mit Außenbeziehungen zu ihrer Umwelt als Teil der Staatenwelt

2 Dimensionen und Dynamik der Globalisierung

Globalisierung ist kein neues Phänomen. Schon die Seidenstraße knüpfte seit dem zweiten Jahrhundert vor Christus erste kulturelle und ökonomische Bande zwischen dem alten Europa und Asien. Doch diese interkontinentale Verbindung wurde nur von sehr wenigen Menschen genutzt, die wenige Güter für eine begrenzte Zahl von Konsumenten transportierten. Jahrhunderte später, im Jahr 1847, beschrieben Marx und Engels (1970, 418–419) weitsichtig die globale Expansionsdynamik der Marktwirtschaft, die doch noch ganz in ihren Anfängen steckte:

Globalisierung: kein neues Phänomen

> „Das Bedürfnis nach einem stets ausgedehnteren Absatz für ihre Produkte jagt die Bourgeoisie über die ganze Erdkugel. Überall muß sie sich einnisten, überall anbauen, überall Verbindungen herstellen. Die Bourgeoisie hat durch ihre Exploitation des Weltmarktes die Produktion und Konsumtion aller Länder kosmopolitisch gestaltet. [...] Die uralten nationalen Industrien sind vernichtet worden und werden noch täglich vernichtet. Sie werden verdrängt durch neue Industrien, deren Einführung eine Lebensfrage für alle zivilisierten Nationen wird, durch Industrien, die nicht mehr einheimische Rohstoffe, sondern den entlegnen Zonen angehörige Rohstoffe verarbeiten und deren Fabrikate nicht nur im Lande selbst, sondern in allen Weltteilen zugleich verbraucht werden. [...] An die Stelle der alten lokalen und nationalen Selbstgenügsamkeit und Abgeschlossenheit tritt [...] eine allseitige Abhängigkeit der Nationen voneinander. Und wie in der materiellen, so auch in der geistigen Produktion. Die geistigen Erzeugnisse der einzelnen Nationen werden Gemeingut."

Die Globalisierung hat also alte und vielfältige Wurzeln, doch sie unterscheidet sich qualitativ von ihren Anfängen: „Contemporary globalization goes faster, cheaper and deeper" (Keohane und Nye 2000, 8–9). Die weltumspannenden Netzwerke, in denen sich Kapital, Waren, Informationen, Ideen, Wissen, Menschen oder auch ökologisch relevante Substanzen (wie saurer Regen oder CO_2) bewegen, übersetzen sich in immer dichtere Geflechte globaler Interdependenzen. Die Beschleunigung der Globalisierung und die Verdichtung grenzüberschreitender globaler Interdependenzen führen zu einem „shrinking of the world" (Brown et al. 2000, 273). Aus der „thin globalization" der Epochen der Seidenstraße und des Frühkapitalismus ist eine „dense globalization" hervorgegangen. Globalisierungsprozesse tangieren nicht nur die global agierenden Unternehmen oder privilegierte Minderheiten, sondern auch das Leben von immer mehr Individuen rund um den Globus. Beschäftigung, Wohlstand, soziale Sicherheit, Kommunikation, der Zustand der Umwelt, Bildung – also vielfältige Aspekte der sozialen Umwelt, in der Menschen sich bewegen und von der ihre Lebensperspektiven abhängen – werden zunehmend von ökonomischen, sozialen, politischen und kulturellen Prozessen beeinflusst, die vor nationalen Grenzen nicht Halt machen und von Nationalstaaten im Alleingang nur noch begrenzt gesteuert und gestaltet werden können (Beisheim et al. 1999; Hauchler et al. 2001).

Verdichtung grenzüberschreitender globaler Interdependenzen ...

führt zur begrenzten Steuerungsfähigkeit von Nationalstaaten

und zu globalen Systemrisiken

Zugleich bewirkt die „dichte Globalisierung", dass sich die unterschiedlichen weltumspannenden Strukturen und Netzwerke wechselseitig beeinflussen, durchdringen und systemische Wirkungsketten entstehen, die auch zu globalen Systemrisiken führen können. Die Instabilitäten auf den internationalen Finanzmärkten, das Weltklimaproblem oder auch die wechselseitigen Verstärkungen von Armut, Aids, gesellschaftlicher Desintegration, Staatenzerfall, Migration und grenzüberschreitenden Konflikten sind Beispiele für Systemrisiken mit potenziell globalen Bumerangeffekten. Im 21. Jahrhundert steht die Bewältigung von Weltproblemen auf der Tagesordnung, weil nur so internationale Konflikte beherrschbar bleiben können.

Czempiel: „Weltgesellschaft" oder „Staatenwelt"?

Die grenzüberschreitenden Dynamiken und Dimensionen vieler gesellschaftlicher Funktionssysteme (z.B. Wirtschaft, Umwelt, Recht, Wissenschaft, Militär), inter- und transnationale Interdependenzen, die miteinander verwobene Mehrebenenpolitik von der Lokal- bis zur Globalpolitik, die weltweite Vereinheitlichung von Standards, Normen, Werten und Regulationsmustern, regionale Integrationsprozesse sowie die Herausbildung global agierender Akteure (Weltkonzerne à la Daimler-Chrysler, NGOs wie Greenpeace) führen zu Strukturbildungen, die mit dem Begriff des „*inter*nationalen Systems" nicht mehr hinreichend abgebildet werden können. Die angedeuteten Veränderungen machen deutlich, dass die nationalen Gesellschaften in vielen Bereichen nicht mehr das „umfassendste System menschlichen Zusammenlebens" darstellen. Ernst-Otto Czempiel (1993, 106–107) ist zuzustimmen, wenn er schreibt, dass die Welt „noch keine Weltgesellschaft, aber auch keine Staatenwelt mehr ist".

2.1 Die neue Qualität der Globalisierung am Beginn des 21. Jahrhunderts

Wolfgang H. Reinicke hat in seinen Überlegungen zu Elementen einer „Global Public Policy" überzeugend die qualitativen Veränderungen, welche die Globalisierung für die Architektur und Dynamik der Politik bedeutet, herausgearbeitet. Dies gelingt ihm vor dem Hintergrund einer Differenzierung zwischen „interner" und „externer Souveränität" sowie einer präzisen Beschreibung des Übergangs von einem durch „komplexe Interdependenzen" (Keohane und Nye 1977) charakterisierten internationalen System zur Logik der Globalisierung (Reinicke 1998, 52–74). Interne und externe Souveränität beschreibt Reinicke als komplementäre Konzepte. Externe Souveränität bezieht sich auf die Relationen zwischen Staaten im internationalen System, für die traditionell die Außenpolitik zuständig war; interne Souveränität umschreibt die Beziehungen des Staates mit gesellschaftlichen Akteuren und der Wirtschaft innerhalb des nationalen Territoriums – umfasst also die Politikfelder, die üblicherweise in Abgrenzung zur Außenpolitik als Binnenpolitik bezeichnet werden. Mit Bezug auf Max Weber formuliert er, dass

Theoretische Perspektiven globalen Wandels

Reinicke: Interne und externe Souveränität

> "[...] internal sovereignty refers to the formulation, implementation, and maintenance of a legal, economic, political, and social order that allows individuals to peacefully coexist and interact in a relatively predictable environment. [...] Internal Sovereignty came to describe the relationship between [...] government and society. [...] In operational terms, internal sovereignty [...] means the ability of a government to formulate, implement, and manage public policy. [...] A threat to a country's operational internal sovereignty implies a threat to its ability to conduct public policy" (Reinicke 1998, 56–57).

Das Konzept der externen Souveränität ist verbunden mit der Beschreibung des Verhältnisses zwischen Staaten in einem internationalen System, das keine Zentralinstanz und kein Machtmonopol kennt und daher durch die Anarchie der Staatenwelt gekennzeichnet ist. Staaten sind in diesem Kontext darauf ausgerichtet, ihre Independenz, also ihre externe Souveränität, so weit wie möglich zu wahren und für ihre Sicherheit zu sorgen.

Die Perzeption zunehmender ökonomischer, politischer, sozialer und militärischer Vernetzungen zwischen den Staaten führte in den Theorien der Internationalen Beziehungen seit den 1970er Jahren zu der Diskussion über das Konzept der „Interdependenz" zwischen Staaten (Kaiser 1970; Keohane und Nye 1977). Dabei wird Interdependenz in der Regel als eine „relationship costly to break" verstanden (Waltz 1979). Robert Keohane und Joseph Nye (1977) haben mit ihrem Begriff der „komplexen Interdependenz" auf einen qualitativen Wandel im internationalen System hingewiesen. Die formal independenten Nationalstaaten sind durch eine zunehmende Zahl von Kanälen miteinander verbunden und daher wechselseitig immer stärker voneinander abhängig (interdependent) und verwundbar, insbesondere in Bezug auf das Sicherheitsdilemma in einer anarchischen Welt ohne Gewaltmonopol. Reinicke (1998, 55) fasst die Interdependenzdebatte wie folgt zusammen:

Interdependenztheoretische Perspektive (Keohane und Nye)

„Komplexe Interdependenz"

> "The units to be studied when examining and measuring interdependence are territorially bound, sovereign nation-states. International Interdependence thus denotes a condition of mutual sensitivity and vulnerability among states in the international system. From the perspective of each state, the source of sensitivity and vulnerability is external."

Die zentralen Elemente der Debatte um „komplexe Interdependenz" sind demnach: Nationalstaaten (als die beobachteten Akteure), der Wortstamm „inter" (sich wandelnde *zwischen*staatliche Beziehungen im *inter*nationalen System) sowie „externe" Faktoren (die die Vulnerabilität der Staaten und ihre Interdependenz steigern). Die Zunahme „komplexer Interdependenz" im *inter*nationalen System stellt aus dieser Perspektive eine Herausforderung für die *externe* Souveränität der Nationalstaaten und deren Außenpolitik dar.

Neorealistische Perspektive (Waltz): Anarchie des internationalen Systems

Die Folgen zunehmender Interdependenz werden von den Schulen der Internationalen Beziehungen unterschiedlich eingeschätzt. Aus Sicht der realistischen und im Kern auch der neorealistischen Schule (Waltz 1979) lassen sich das Verhalten der Nationalstaaten und die Herausbildung „nationaler Interessen" aus der *Struktur* des internationalen Systems ableiten, dessen Dynamik – auch unter der Bedingung steigender Interdependenzen – vor allem durch die Abwesenheit einer zentralen Instanz bestimmt wird. Die Anarchie des internationalen Systems übersetzt sich in Wettbewerb und Konflikthaftigkeit der zwischenstaatlichen Beziehungen und begrenzt die Kooperationsfähigkeit der Staaten sowie die Chance, gemeinsame Interessen zu erkennen, strukturell. Im Ergebnis können die Staaten ihre externe Souveränität nur durch „adversarial competition" (Reinicke 1998, 61) verteidigen. Die liberale Schule (Oye 1986; Czempiel 1993) teilt die Einschätzung, das internationale System sei durch Anarchie und daher den Wettbewerb der Staaten gekennzeichnet. Die Autoren betonen jedoch, dass – insbesondere aufgrund „komplexer Interdependenz" – im Prozess der sich verdichtenden Interaktion der Staaten unter spezifischen Umständen Kooperation und reziproke Beziehungen entstehen können (Axelrod 1984). Die Staaten können ihre externe Souveränität aus dieser Perspektive am ehesten durch die Einbettung des Wettbewerbs in den zwischenstaatlichen Beziehungen in internationale Regime oder multilaterale Verhandlungssysteme erhalten. „Cooperative competition" (Reinicke 1998, 61) ist hier der Schlüssel zur Bewältigung internationaler Interdependenzbeziehungen.

Global-Governance-Perspektive: Transformation der Staatenwelt in eine Gesellschaftswelt

Die Globalisierung, die Reinicke primär ökonomisch (und damit aus meiner Perspektive verengt, jedoch hinsichtlich der zentralen Entwicklungsdynamik zutreffend) perzipiert, geht über das Muster „komplexer Interdependenz" hinaus. Die Betonung liegt hier erstens nicht auf der Verdichtung zwischen(inter-)staatlicher Beziehungen, sondern auf „Cross-Border-Strukturen", die dazu führen, dass nationale und „externe" Strukturen sich überkreuzen, ineinander schieben, vermischen und damit die klare Trennung zwischen innen und außen erodiert. Zweitens,

> "[...] as an economic dynamic, [...] globalization differs from interdependence in that it subsumes or *internalizes into its own institutional structure* economic activities that previously took place *between* national markets, that is, between distinct economic and political units" (Reinicke 1998, 63; Hervorhebungen D.M.).

Die Globalisierung schwächt also die *interne* Souveränität der Staaten, zwar nicht im legalen, rechtlichen, jedoch im operationalen Sinne. Während es im Rahmen „komplexer Interdependenz" um externe Souveränität, also das Management zwischenstaatlicher Beziehungen durch Außenpolitik und vor allem die Herstellung von Sicherheit im anarchischen internationalen System, ging, sind die Nationalstaaten in der Epoche des Globalismus darüber hinaus in einer zunehmenden Zahl von Politikfeldern (z.B. der Steuer-, der Sozial-, der Umweltpolitik) nicht mehr dazu in der Lage, Probleme in ihren nationalstaatlichen Grenzen im Alleingang zu lösen und öffentliche Interessen durchzusetzen, da zentrale Steuerungsressourcen außerhalb der Grenzen verteilt sind und der Standortwettbewerb die Handlungsoptionen nationaler Regierungen begrenzt. Die Logik der Globalisierung stellt daher alle Politikfelder (und nicht nur die Außenpolitik) vor neue Herausforderungen.

Kasten I-1: Global Governance: Definitionen

---

1. Commission on Global Governance

Die international besetzte *Commission on Global Governance* beschrieb in ihrem 1995 vorgelegten Bericht „Our global Neighbourhood" (Commission on Global Governance 1995) Global Governance wie folgt:

„Ordnungspolitik bzw. Governance ist die Gesamtheit der zahlreichen Wege, auf denen Individuen sowie öffentliche und private Institutionen ihre gemeinsamen Angelegenheiten regeln. Es handelt sich um einen kontinuierlichen Prozess, durch den kontroverse oder unterschiedliche Interessen ausgeglichen werden und kooperatives Handeln initiiert werden kann. Der Begriff umfasst sowohl formelle Institutionen und mit Durchsetzungsmacht versehene Herrschaftssysteme als auch informelle Regelungen, die von Menschen und Institutionen vereinbart oder als im eigenen Interesse angesehen werden. [...] Auf globaler Ebene hat man unter Ordnungspolitik bisher vorwiegend das System der zwischenstaatlichen Beziehungen verstanden, doch heute müssen auch Nichtregierungsorganisationen, Bürgerbewegungen, multinationale Konzerne und der globale Finanzmarkt miteinbezogen werden. Mit diesen Gruppen und Institutionen interagieren globale Massenmedien, deren Einfluss dramatisch gewachsen ist. [...] Es gibt weder ein einziges Modell oder eine einzige Form der Weltordnungspolitik, noch existiert eine einzige Ordnungsstruktur oder eine Gruppe solcher Strukturen. Es handelt sich um einen breit angelegten, dynamischen und komplexen Prozess interaktiver Entscheidungsfindung, der sich ständig weiterentwickelt und sich ändernden Bedingungen anpasst. [...] Angesichts des systemischen Charakters der Probleme (des menschlichen Überlebens) ist die Ordnungspolitik zu deren Behandlung ebenfalls von systemischen Ansätzen abhängig. Eine wirksame globale Entscheidungsfindung muss daher auf lokal, national und regional getroffenen Entscheidungen aufbauen und diese ihrerseits beeinflussen und muss auf die Fähigkeiten und Ressourcen unterschiedlichster Menschen und Institutionen auf vielen Ebenen zurückgreifen."
Deutsche Übersetzung aus: Nachbarn in einer Welt. Der Bericht der Kommission für Weltordnungspolitik, Stiftung Entwicklung und Frieden (Hg.), Reihe EINE Welt, Bd. 14, Bonn 1995, 1–2.

2. Robert Keohane und Joseph Nye (2000, 12) definieren „Governance" folgendermaßen:

"By governance, we mean the processes and institutions, both formal and informal, that guide and restrain the collective activities of a group. Government is the subset that acts with authority and creates formal obligations. Governance need not necessarily be conducted exclusively by governments and the international organizations to which they delegate authority. Private firms, associations of firms, non-governmental organizations (NGOs), and associations of NGOs all engage in it, often in association with governmental bodies, to create governance; sometimes without governmental authority."

Aus dieser Perspektive lässt sich mit Verweis auf das zentrale Eigeninteresse der Staaten (und nicht „nur" – wie sonst üblich – durch Insistieren auf zunehmend globalen Problemkonstellationen) ein überzeugendes Plädoyer für Global Governance (vgl. Kasten I-1) ableiten. Im Zentrum steht das Argument, dass die „geteilten (internen) Souveränitäten" der Nationalstaaten (Messner und Nuscheler 1996; Messner 1997) gepoolt werden müssen, da nur so die Handlungsfähigkeit der Politik und deren interne Souveränität wiederhergestellt werden können.

Plädoyer für eine Global-Governance-Perspektive

Um in diese Richtung zu agieren, müssen die Nationalstaaten in den zwischenstaatlichen Beziehungen, den multi- sowie supranationalen Organisationen sowie in Interaktion mit der Gesellschaftswelt Kooperationen aufbauen, „on a scale and depth not yet witnessed" (Reinicke 1998, 70) – *nur so* kann die Erosion interner Souveränität der Staaten gestoppt werden. Die Fähigkeit zur Kooperation im internationalen System bzw. der Global-Governance-Architektur wird so grundlegend für die Fähigkeit der Nationalstaaten, ihre interne und externe Souveränität und Handlungsfähigkeit, Legitimation und Identität zu reproduzieren. Die Handlungsfähigkeit der einzelnen Nationalstaaten kann nur noch kollektiv gesichert werden.

2.2 Typologie globaler Probleme

Handlungsbedarf bei sechs Problemtypen

In den aktuellen Diskussionen wird oft übersehen, dass divergierende Problemtypen unterschieden werden können, die sehr unterschiedliche Anforderungen an die Politik in der Global-Governance-Architektur stellen. Sechs Problemtypen lassen sich unterscheiden:

Problemtyp 1: Global goods

Schutz globaler Güter

Stabilität

1. *Global goods – globale öffentliche Güter:* Angesprochen sind hier zum einen Probleme mit weltweiter Dimension (z.B. Klimaveränderungen, Ozonloch, voranschreitende Wüstenbildung, Bedrohung der Biodiversität, Gefahren für den Weltfrieden, instabile Finanzmärkte), bei denen es um den Schutz globaler Güter geht (Kaul et al. 1999). Die Probleme können durch einige Akteure ausgelöst oder verschärft werden (z.B. CO_2-Ausstoß der Industrieländer), übersetzen sich jedoch in weltumspannende Gefährdungen. Zum anderen verlangt die Globalisierung der Ökonomie, insbesondere der Kapitalmärkte, danach, weltumspannende Regeln zur Stabilisierung der Weltwirtschaft zu entwickeln (Stabilität als „öffentliches Gut"). Zum Schutz bzw. zur Herstellung der „global goods" bedarf es einerseits internationaler Regime und verbindlicher Konventionen (wie z.B. des erfolgreichen Montrealer Protokolls zum Schutz der Erdatmosphäre), um weltweit verbindliche Regeln (wie Reduktionsfahrpläne für FCKW, CO_2 etc.) und Strategien festzulegen, und andererseits i.d.R. vielfältiger Aktivitäten auf allen Ebenen der Global-Governance-Architektur, um die internationalen Vereinbarungen umzusetzen (z.B. lokale Programme zur Steigerung der Energieeffizienz, um die Klimaproblematik zu entschärfen) und zu überwachen. „Global-Commons-Probleme" tangieren die Weltgemeinschaft als Ganzes, verlangen ein hohes Maß an internationaler Kooperation und machen in vielen Bereichen weltweite Ordnungspolitik notwendig. Fortschritte sind, wie z.B. die Klimaverhandlungen in Berlin, Kyoto und Bonn gezeigt haben, aufgrund

der oft komplexen Interessenkonstellationen und der großen Zahl der Beteiligten schwierig und langwierig, aber, wenn der Problemdruck von zentralen Akteuren wahrgenommen wird, auch möglich, wie die Fortschritte zum Schutz der Atmosphäre zeigen.

2. *Globale Interdependenzprobleme:* Die Globalisierung vernetzt immer mehr Subsysteme und Problemfelder miteinander. Wirtschaftskrisen verursachen Verelendungsprozesse, die Migrationsströme und Bürgerkriege auslösen können; Umweltkrisen können zu Kriegsursachen werden; Welthandelsströme erhöhen den Wohlstand der Nationen, können aber über steigende Transportbewegungen die Umweltsysteme überfordern usw. Die Sicherung von Politikkohärenz und das Management von Interdependenzen zwischen Politikfeldern und Problembereichen sind schon im nationalen Rahmen schwierig und unterentwickelt. Im internationalen Rahmen besteht hier noch größerer Handlungsbedarf. Die internationalen Organisationen und Regime (z.B. IWF, UNEP, WTO, Montrealer Protokoll) sind single-issue-orientiert, so dass sie die komplexen Folgewirkungen ihres Handelns kaum berücksichtigen können. In der WTO sitzen z.B. die Handels- und Wirtschaftsminister zusammen, was so lange unproblematisch war, wie sich die WTO auf Handelsfragen beschränken konnte. Mittlerweile gewinnen jedoch „Handel- und ... -Themen" (soziale Entwicklung, Umwelt usw.) zunehmend an Bedeutung (vgl. Behrens in diesem Band). Umwelt- und Arbeitsminister (oder gar zivilgesellschaftliche Akteure, die sich von der Welthandelspolitik betroffen fühlen) haben jedoch in der WTO keine Stimme am Verhandlungstisch. Reale globale Interdependenzen werden also nur unzureichend von den existierenden internationalen Organisationen und Regimen bearbeitet. Im Kontext der Weltkonferenzen der 1990er Jahre sind viele dieser Interdependenzprobleme herausgearbeitet und in den Konferenzdokumenten festgehalten worden (Messner und Nuscheler 1996; Fues und Hamm 2001). Von der lokalen bis zur globalen Ebene mangelt es jedoch an Institutionen, die an den Schnittstellen zwischen wichtigen Problembereichen arbeiten, Wechselwirkungen beobachten, Koordinationsfunktionen wahrnehmen und Problemlösungsansätze bündeln.

3. *Globale Phänomene:* Unregierbarkeit von Megastädten, Krisen hierarchischer Großorganisationen und staatlicher Verwaltungen oder Prozesse zunehmender gesellschaftlicher Fragmentierung sind Probleme, die weltweit auftreten, ohne notwendigerweise durch grenzüberschreitende Interdependenzbeziehungen hervorgerufen zu sein. Auch Armut und Hunger werden oft als globale Phänomene in diesem Sinne wahrgenommen. Dieser Typus von Weltproblemen kann und muss weiterhin im Wesentlichen im Rahmen nationalstaatlicher Politik bearbeitet werden; es eröffnet sich jedoch ein weites Feld für „Lernpartnerschaften" entlang der „Lokal-global-Achse": Erfahrungen anderer Länder und Regionen können systematisch ausgewertet werden, bi- und multilaterale Pilotprojekte zur Lösung ähnlich gelagerter Probleme wären denkbar; Sao Paulo, Jakarta, Paris und New York haben in vielen Bereichen untereinander sicherlich mehr Gemeinsamkeiten und Ansatzpunkte für gemeinsame Lernprozesse als mit den Klein- und Mittelstädten ihrer Länder (multilokale Zusammenarbeit in der Weltgesellschaft). Ansätze für die-

sen Typus von Problemlösung in der Global-Governance-Architekur gibt es (z.B. im Rahmen der EU den Versuch, wechselseitig von der Beschäftigungspolitik aller Mitgliedsländer zu lernen), sie sind jedoch meist punktueller Natur und nur selten strategisches Element einer weitsichtigen Global-Governance-Perspektive. Zukünftig werden sich die Länder besonders dynamisch entwickeln, die erfolgreich und systematisch von den Erfahrungen anderer lernen. Staaten haben hier gegenüber weltweit agierenden Unternehmen, die Innovationsaktivitäten und Lernpartnerschaften längst über nationale Grenzen hinweg aufbauen, Nachholbedarf.

Problemtyp 4: Systemwettbewerb

4. *Systemwettbewerb der Nationalstaaten in der Weltwirtschaft:* Die Globalisierung der Ökonomie und weltweite Liberalisierungsschübe haben den Systemwettbewerb zwischen den Nationalstaaten verschärft. Nicht nur ökonomische Institutionen, sondern auch Sozial- und Umweltregulierungssysteme stehen in der Weltwirtschaft miteinander im Wettbewerb. Wird dieser Wettbewerb nicht institutionell eingebettet, drohen Deregulierungs- und Unterbietungswettläufe, die die Weltwirtschaft destabilisieren und soziale sowie umweltpolitische Errungenschaften aushebeln (Jochimsen 2000; Rodrik 2000). Wirtschaftspolitische Antworten müssen auf nationaler, regionaler und multilateraler Ebene entwickelt werden. In vielen Bereichen bleiben nationale (vor allem produktbezogene) Regulierungen weiterhin möglich, in einigen Fällen sind sogar aufgrund der Globalisierung „races to the top" zu beobachten (z.B. steigende Umweltstandards in exportorientierten Entwicklungsländern); im Rahmen der EU sind eine engere wirtschaftspolitische Koordination (z.B. der Makropolitik), Harmonisierung (z.B. der Steuerpolitik, der Genehmigungsverfahren bei öffentlichen Großprojekten) oder Harmonisierung auf unterschiedlichen Niveaus (z.B. europäische Konvention, die die Untergrenzen für den Gesamtsozialaufwand mit Bezug auf das BSP pro Kopf festlegt) notwendig; auf globaler Ebene bedarf es weltwirtschaftlicher Ordnungsrahmen (z.B. Weiterentwicklung der Welthandelsordnung, Entwicklung einer tragfähigen Weltfinanzordnung und einer internationalen Wettbewerbsordnung). Erfolgreiche Politik auf den unterschiedlichen Ebenen der Global-Governance-Architektur zur Eingrenzung des Systemwettbewerbs ist möglich, aber angesichts der weltweiten Konkurrenz um Investitionen schwierig, weil sich die Machtverhältnisse von den politischen (immobilen) Institutionen zu den privaten (mobilen) Unternehmen und Kapitalbesitzern verschoben haben, die mit „Standortverlagerung" bzw. Kapitalexport (also Exit-Options) drohen können. Die einzig probate Strategie zur Überwindung dieses Ungleichgewichts besteht in mehr Kooperation und Koordination zwischen den Nationalstaaten.

Folgen: Deregulierungs- und Unterbietungswettläufe

Erfolgreiche Politik zur Eingrenzung des Systemwettbewerbs

Problemtyp 5: Grenzüberschreitende Probleme ...

als Folgen nationalstaatlicher Politik

5. *Grenzüberschreitende Probleme:* Die Häufung von Phänomenen wie Migration, Verschmutzung der Nordsee, saurer Regen oder Arbeitsmigration (z.B. im Rahmen der EU) übersteigen die Reichweite nationaler Politik und stellen das traditionelle Konzept nationalstaatlicher Souveränität in Frage, weil Aktivitäten oder Unterlassungen in einem Land (Verklappung von Schadstoffen in der Nordsee) Wirkungen auf andere Länder haben, auch wenn diese keine weltweiten Dimensionen annehmen. Sie verlangen ein steigendes Maß an Kooperation und den Willen zur gemeinsamen Problemlösung zwischen

Nationalstaaten und beteiligten Akteursgruppen jenseits der klassischen Außenpolitik. Viele dieser grenzüberschreitenden Probleme können im Kontext regionaler Integrationsprojekte bearbeitet werden.

6. *Komplexität der Global-Governance-Architektur:* Wenn es gelingt, die Transformation der Politik in Richtung einer ausdifferenzierten und vielfältig vernetzten Global-Governance-Architektur weiterzuentwickeln und so der „Entmachtung der Politik" entgegenzuwirken, so darf nicht übersehen werden, dass die Global-Governance-Architektur angesichts ihrer Komplexität selbst zum globalen Problem werden kann. Grenzen und Fallstricke politischer Steuerung sind im nationalen Kontext gut erforscht (Mayntz und Scharpf 1995; Messner 1997); im globalen Maßstab werden sich qualitativ neue und zusätzliche Problemkonstellationen herausbilden. Nicht zuletzt stellt sich die Frage, wie die bisher im nationalstaatlichen Rahmen organisierte Demokratie im Kontext von Global Governance gesichert werden kann (Streeck 1998; Höffe 1999; Schmalz-Bruns in diesem Band).

Problemtyp 6: Komplexität der Global-Governance-Architektur

3 Die Global-Governance-Perspektiven

In der Diskussion über die Chancen, die Globalisierung zu gestalten, lassen sich unterschiedliche Ansätze ausmachen. Eine kleine Zahl von „Globalisten" hält an der Vision eines Weltstaates fest (Sandel 1996). Ein solcher „Welt-Kingkong" ist jedoch weder eine realistische noch eine erstrebenswerte Option, weil ein bürokratischer Moloch kaum demokratische Legitimation gewinnen und sich als Deus ex Machina der Problemlösung bewähren könnte (vgl. Schmidt in diesem Band). Auch ein Weltsozialrat oder ein zur Weltzentralbank aufgewerteter IWF litte unter den bekannten Strukturgebrechen und Leistungsschwächen des Zentralismus und Bürokratismus. Die institutionelle Antwort auf die Globalisierung kann nicht in einer Zentralisierung der Politik auf Weltebene liegen, sondern nur durch vernetzte Mehrebenenpolitik gelingen. Kants Vision der Staatenwelt als einer Föderation freier Republiken bleibt eine richtungsweisende Vision.

Weltstaat oder

vernetzte Mehrebenenpolitik?

Eine wachsende Gruppe von Autoren hält, verdichtet in verschiedenen Begriffen, eine kooperative Global-Governance-Architektur für erforderlich, um der Ohnmacht der Politik gegenüber der Eigendynamik der Globalisierungsprozesse entgegenwirken zu können (Messner und Nuscheler 1996; Rosenau 1997; Zürn 1998; Messner 1999; Hewson und Sinclair 1999; Kaul et al. 1999; Albert und Brock 2000). Die *Gruppe von Lissabon* (1997) beispielsweise plädierte für einen globalen Sozial-, Kultur-, Erd- und Demokratievertrag, um die sich herausbildende Weltgesellschaft nach sozialen, ökologischen und demokratischen Prinzipien organisieren zu können. Solchen auf Kooperation ausgerichteten Projekten mit verschiedenen Namen liegen ähnliche Voraussetzungen und Dimensionen zugrunde (vgl. Schaubild I-1).

Kooperative Global-Governance-Architektur

Voraussetzungen und Dimensionen

Schaubild I-1: Handlungsebenen und Akteure in der Global-Governance-Architektur

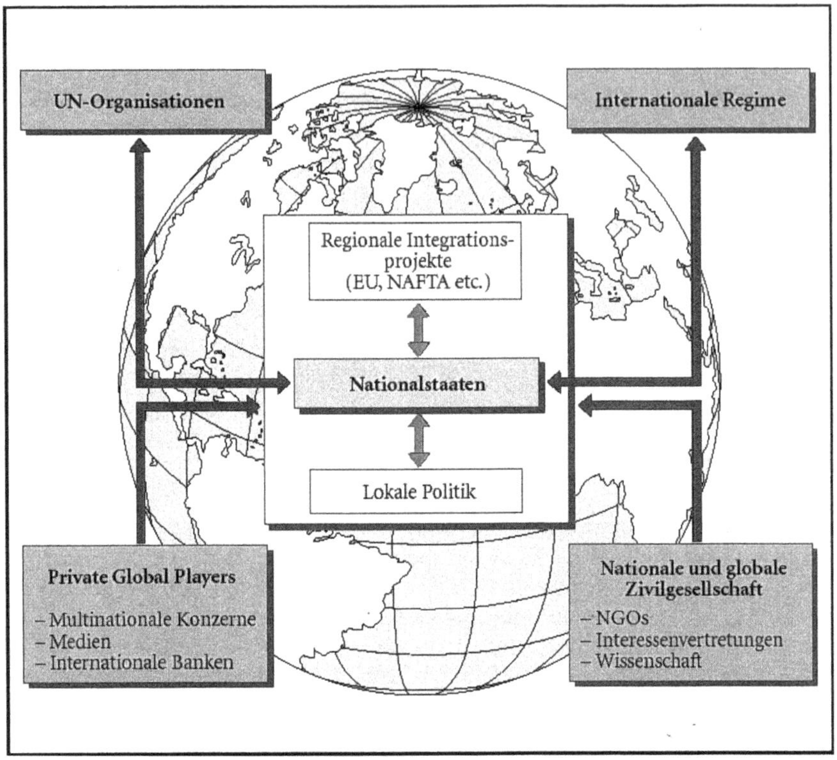

Quelle: Messner und Nuscheler 1999, 388

Polyzentrische Staatenwelt

1. Die Global-Governance-Architektur ist polyzentrisch, weil die Staatenwelt, die Welt der Regionen und Kulturen, polyzentrisch ist und jeder Versuch, diesen Polyzentrismus zu ignorieren, zum Scheitern verurteilt wäre. Die entscheidende Frage ist, wie die Blockade für kooperatives Handeln durch das Machtgefälle im Staatensystem überwunden werden kann (Huntington 1999; Nuscheler 2001). Hiervon ist auch das transatlantische Verhältnis betroffen: Die einzig verbliebene Weltmacht USA orientiert sich derzeit immer öfter an einem „global unilateralism" und dem Konzept des „benevolent hegemon", „acting as if this were a unipolar world" (Huntington 1999, 40). Die Weigerung der USA, die neuen weltpolitischen Realitäten und die Dynamik der Globalisierung wahrzunehmen, ihre Vormachtstellung zu begrenzen und globale Kooperation zu lernen, koinzidiert bisher mit der Unfähigkeit der EU (und anderer weltpolitischer Akteure), den USA eine vergleichbare Macht zur Seite zu stellen und die weltpolitische Initiative zu übernehmen.

Formen und Ebenen internationaler Kooperation

2. Global Governance beruht auf verschiedenen Formen und Ebenen der internationalen Koordination, Kooperation und kollektiven Entscheidungsfindung. Internationale Organisationen übernehmen Koordinationsfunktionen

und tragen zur Herausbildung globaler Sichtweisen bei. Regime übersetzen den Willen zur Kooperation in verbindliche Regelwerke. Aus dem Flickwerk sektoraler Ansätze könnte sich schrittweise ein Flickenteppich von kooperativen Strukturen entwickeln.

3. Global Governance beschränkt sich nicht auf mehr Multilateralismus auf globaler Ebene. Viele globale Probleme machen politische Antworten auf verschiedenen Handlungsebenen von der lokalen bis zur globalen Ebene notwendig. Global Governance findet also in einem vernetzten Mehrebenensystem statt. Es gibt Klimaschutzmaßnahmen, die international abgestimmt, national durchgesetzt und lokal umgesetzt werden müssen. Die von der Rio-Konferenz verabschiedete „Agenda 21" enthält eine „lokale Agenda 21", die weltweit viele kommunale Initiativen für mehr Nachhaltigkeit in verschiedenen Lebensbereichen in Gang setzte. Die Bündelung von Problemlösungsansätzen über die Handlungsebenen hinweg verlangt leistungsfähige nationale Institutionen, ein hohes Maß an internationaler Monitoring- und Koordinationsfähigkeit sowie grenzüberschreitende Kommunikation und Lernbereitschaft. Den Nationalstaaten wird in diesem Kontext zunehmend die Rolle von „Interdependenzmanagern" zukommen. Die regionalen Integrationsprojekte (z.B. die EU) werden in der Global-Governance-Architektur an Bedeutung gewinnen; sie sind wichtige Laboratorien für politische Gestaltung jenseits des Nationalstaates und bilden die regionalen Kerne der Global-Governance-Architektur. *[Mehrebenensystem]*

4. Global Governance macht das traditionelle Verständnis von Souveränität endgültig zu einem anachronistischen Relikt einer Staatenwelt, wie sie längst nicht mehr existiert. Der Zwang zur Kooperation verlangt Souveränitätsverzichte, die Globalisierungseffekte schon erzwungen haben. Auch die Großmächte müssen sich, um kooperationsfähig zu werden, mit „geteilter Souveränität" abfinden, die – wie das Beispiel der EU zeigt – keinen Verlust bedeuten, sondern einen Zugewinn an Handlungs- und Problemlösungsfähigkeit und weltpolitischem Gewicht bewirken können. Phillipe Schmitter hat dieses neue Grundmuster der Politik wie folgt umschrieben (Schmitter 1991, 2): *[Nationalstaatlicher Souveränitätsverlust durch Globalisierung]*

„Es gibt in dieser post-Hobbesschen Ordnung keinen eindeutig identifizierbaren Souverän mehr, sondern eine Vielzahl von Autoritäten auf verschiedenen Ebenen der Aggregation, teils territorial, teils funktional, mit mehrdeutigen oder geteilten Kompetenzen an der Spitze einander überlappender und heterogener organisatorischer Hierarchien. Politiken werden hier nicht mehr definitiv verkündigt und vertikal durchgesetzt; sie werden vielmehr ständig neu ausgehandelt und indirekt implementiert. Außerdem gibt es mehrere Zentren mit unterschiedlichen Graden von Durchsetzungsfähigkeit – und keineswegs alle von ihnen sind öffentlich oder staatlich." *[Governance: keine vertikale Steuerung, sondern Koordination auf verschiedenen Ebenen]*

5. Global Governance verlangt eine Reorganisation der Regierungsapparate und institutionelle Innovationen, weil alle Politikbereiche – selbst die Innenpolitik, die sich mit innerer Sicherheit, Einwanderungs- und Asylpolitik befasst – in globale Zusammenhänge eingebunden sind (Eberlei und Weller 2001). Notwendig ist die Bündelung isolierter Ressortzuständigkeiten in leistungsfähigen Policy-Netzwerken, aber auch die Reorientierung einzelner Politikbereiche. Beispielsweise muss die Entwicklungspolitik erstens stärker international koordiniert werden, zweitens sich von einer punktuellen Projektpolitik zu einer globalen Strukturpolitik weiterentwickeln, die alle Poli- *[Reorganisation der Regierungsapparate]*

tikbereiche den Imperativen der Nachhaltigkeit und Kooperationsfähigkeit unterwirft (Messner 2001b). Es entsteht zwar ein großer Koordinationsaufwand, der aber Kohärenzgewinne verspricht.

6. Global Governance ist dennoch kein Projekt, an dem nur Regierungen oder internationale Organisationen beteiligt sind. Diese sind in vielen Fällen auf das Know-how und die Kooperation mit privaten Akteuren, also auf „public private partnership", angewiesen, weil die Steuerungsressourcen (Wissen um Wirkungszusammenhänge, Fähigkeit zur Rahmensetzung und Durchsetzung von Ordnungen usw.) zur Lösung grenzüberschreitender und globaler Probleme i.d.R. breit auf unterschiedliche Akteure verteilt sind. Die *Staaten* suchen die Kooperation mit privaten Akteuren, weil sie sonst in komplexen Politikfeldern den raschen Veränderungsprozessen nur „hinterherregulieren" können (z.B. wenn es um die Entwicklung einer tragfähigen internationalen Bankenaufsicht geht). *Unternehmen* müssen Interesse an nationalen wie globalen Ordnungsleistungen (z.B. zur Stabilisierung der internationalen Finanzmärkte, verlässliche Welthandelsordnung) und verlässlichen globalen Standards (z.B. an sozialen und ökologischen Mindeststandards, um öffentliche Kampagnen durch NGOs und entsprechenden Prestigeverlust vermeiden zu können) haben, die der Markt nicht aus sich heraus produzieren kann. International, national und lokal agierende NGOs sind wichtige Frühwarnsysteme für Zukunftsprobleme in einer immer mehr vernetzten Welt und etablieren sich zunehmend auch als kompetente Gesprächspartner für Regierungen und private Entscheidungsträger. *Internationale Organisationen* können Koordinationsfunktionen in der Global-Governance-Architektur übernehmen und tragen zur Herausbildung globaler Sichtweisen und Problemwahrnehmungen bei, wodurch nationale Kurzsichtigkeiten und Borniertheiten anderer Akteure korrigiert werden können. Trotz aller Interessengegensätze sind die Staaten-, Wirtschafts- und Gesellschaftswelten in vielen Feldern wechselseitig aufeinander angewiesen, so dass sich Kooperationsnetzwerke herausbilden können.

7. Ein Kernproblem von Global Governance liegt in der Legitimation: Wie sollen Entscheidungen, die aus den Nationalstaaten ausgelagert und auf die multilaterale Ebene verlagert werden, demokratisch legitimiert werden? Abhilfe kann weder allein die Einbindung von Nichtregierungsorganisationen in Konsultationsmechanismen noch eine „Demokratisierung" von internationalen Organisationen schaffen, die sich in einer breiteren Repräsentation von Staaten oder – wie im UN-Sicherheitsrat und in den Bretton-Woods-Institutionen – in einer Umverteilung der Stimmengewichte erschöpft. Die Nationalstaaten bleiben zuständig für autoritative Entscheidungen, für die Umsetzung der in Verhandlungssystemen ausgehandelten Entscheidungen und für die Koordination der verschiedenen Akteursgruppen auf nationaler und internationaler Ebene. An sie müssen sich deshalb zunächst demokratische Imperative richten. Statt nach den Sternen einer „globalen Demokratie" zu greifen, sollte die Demokratie in den nationalstaatlichen Komponenten einer „konföderalen Weltrepublik" ausgebaut werden (Höffe 1999). Es bietet sich zunächst keine bessere Lösung an als die intensivere Kontrolle des Verhaltens der Staaten in den internationalen Organisationen und ihrer Verhandlungen über multilaterale Problemlösungen durch nationale Parlamente,

„public private partnership" als Kooperationsnetzwerk

Global Governance: Globalisierung im 21. Jahrhundert gestalten 41

öffentliche Diskurse, Medien und zivilgesellschaftliche Akteure. Hier bekommt die „Wachhundfunktion" von NGOs eine strategische Bedeutung, weil sie die Staaten unter Legitimationsdruck zu setzen pflegen. Sie bilden dank ihrer globalen Kommunikationsstruktur den Sauerteig einer demokratischen Weltöffentlichkeit (vgl. Schmalz-Bruns in diesem Band).   „Wachhundfunktion" von NGOs

8. Global Governance setzt voraus, was schon Kant in seinen drei ersten Definitivartikeln zum *Ewigen Frieden* eingefordert hatte: Erstens kann ein langfristig gesicherter Frieden nur in und zwischen rechtsstaatlich verfassten Staaten entstehen; zweitens braucht die Weltpolitik zwar keinen steuernden Weltstaat, aber die regulierende Kraft eines verbindlichen Völkerrechts; drittens muss die sich herausbildende Weltgesellschaft auf einer „weltbürgerlichen Verfassung" mit „Weltbürgerrechten", also auf dem gemeinsamen Fundament von universellen Menschenrechten, aufbauen (vgl. Schmidt in diesem Band).   Voraussetzungen einer Global Governance

Nationalstaaten als Bausteine konföderaler Weltrepublik

Ob sich im 21. Jahrhundert eine kooperative Global-Governance-Architektur durchsetzt, ist keineswegs sicher. Vier Szenarien sind denkbar: Global-Governance-Strukturen wären *erstens* denkbar als Versuch der USA, ihre hegemoniale Rolle als einzig verbliebene Supermacht zu stabilisieren und entsprechend das Design der internationalen und globalen Politik nach ihren Interessen zu ordnen und auszugestalten, gemäß der Devise, dass   Vier Szenarien zukünftiger Global-Governance-Strukturen und daran anknüpfend ...

„[...] empires have no interest in cooperation within an international system; they aspire to be the international system" (Chace und Rizopoulos 1999, 3).

Global Governance könnte *zweitens* zu einem kooperativen Programm werden, das im Wesentlichen die OECD-Welt enger zusammenführt, möglicherweise verknüpft mit der selektiven „Assoziation" einiger zentraler Schwellenländer, aber unter Ausschluss großer Teile der Entwicklungsländerregionen. Global Governance könnte *drittens* auf einigen starken, handlungsfähigen regionalen Kernen in Weltwirtschaft und -gesellschaft, also einer engen Vernetzung von Regional Governance und Global Governance, basieren und wäre *viertens* als eine umfassende kooperative Architektur denkbar, die auch Entwicklungsländerregionen aktiv in den Prozess der globalen Problemlösung einbezöge.[1]

Die Debatte über diese unterschiedlichen Pfade wird, insbesondere in der US-amerikanischen Diskussion, intensiv geführt (Zürn 1998; Brzezinski 1999; Huntington 1999; Kupchan 1999; Haass 1999; Rieff 1999; deutsche Debatte: Nuscheler 2001; Messner 2001a). Dabei stehen drei miteinander verknüpfte Fragenkomplexe, die in der Literatur sehr kontrovers diskutiert werden, im Rahmen dieses Aufsatzes jedoch nicht weiter vertieft werden können, im Zentrum (Mürle 1998): (1) Welche dieser Szenarien sind aufgrund der Interessenlagen, der Verteilung von Machtressourcen, der Handlungsfähigkeit jeweiliger Akteure sowie der Eigendynamik und Pfadabhängigkeit ökonomischer und institutioneller Entwicklung wahrscheinlich? (2) Welche der Optionen wäre den Problemen, die im Prozess der Globalisierung entstehen, angemessen, und welcher Typus von Global Governance könnte vor diesem Hintergrund zu globaler politischer Stabilität, Friedenssicherung und Sicherung des Primates der Politik vor dem der Ökono-   drei Fragenkomplexe

---

1 Die Szenarien zwei bis vier sind auch als Sequenz denkbar.

mie beitragen? (3) Welches Konzept entspricht den normativen Anforderungen demokratischer Legitimation, universeller Menschenrechte sowie sozialer Gerechtigkeit, und welche Bedeutung haben normative Entwürfe und Leitbilder für reale Entwicklungsprozesse?

3.1 Die Zukunft der Nationalstaaten

Chancen und Risiken der Globalisierung für Nationalstaaten

Die Nationalstaaten, die während der vergangenen zwei Jahrhunderte Zentren ihrer Gesellschaften und Hauptakteure der internationalen Politik waren, müssen nicht zu Verlierern der Globalisierung werden; ihre Rolle wird sich jedoch nachhaltig verändern. Die Auswirkungen der Globalisierung auf die Staaten fallen natürlich je nach ökonomisch-technologischem Entwicklungsstand, der Größe der Länder, ihrer Rolle in der Weltpolitik und der Anpassungsfähigkeit der nationalen politischen Systeme sehr unterschiedlich aus. Dennoch lassen sich Globalisierungseffekte identifizieren, die alle Nationalstaaten (wenn auch in unterschiedlichem Maße) betreffen. Entwicklungspfade und Handlungskorridore für Nationalstaaten ergeben sich im Spannungsfeld der folgenden Trends und Einflussfaktoren:

Leistungsfähige Nationalstaaten Voraussetzung einer Global-Governance-Architektur

Erstens bauen funktionsfähige übernationale Regulierungssysteme (wie das Montrealer Protokoll oder die Internationale Klimakonvention) auf handlungsfähigen nationalen Institutionen auf, so dass die Globalisierung nicht zum Verschwinden, sondern zur Transformation nationalstaatlicher Politik beiträgt. Ohne leistungsfähige Nationalstaaten kann auch keine tragfähige Global-Governance-Architektur entstehen.

Stärkung der Exekutive im grenzüberschreitenden Mehrebenensystem

Zweitens führt die institutionelle Inter- oder gar Supranationalisierung (z.B. im Rahmen der EU, der WTO, infolge der Einrichtung des Internationalen Strafgerichtshofes) zu einer immer intensiveren Einbindung der Nationalstaaten in grenzüberschreitende politische und institutionelle Mehrebenensysteme. In diesem Prozess wird in der Tendenz die Exekutive gegenüber der nationalen Gesellschaft, ihren Interessengruppen, aber auch dem Parlament gestärkt. Regierungen können einen zunehmenden Teil ihrer Innenpolitik mit (realen, scheinbaren oder fiktiven) internationalen Mandaten, Sach- und Handlungszwängen begründen, die für zivilgesellschaftliche Akteure immer undurchschaubarer werden, und so die Chancen ihrer Durchsetzung verbessern. Nationalstaaten gewinnen also gegenüber ihren Gesellschaften an Handlungsspielraum (Streeck 1998; Wolf 2000), der im Zuge der Ausdifferenzierung der Innenpolitik geschrumpft war.

Durch ungleiches Entgrenzungstempo besteht die Gefahr ...

Drittens setzt die wirtschaftliche Globalisierung die Nationalstaaten einem Wettbewerb um mobile Produktionskapazitäten aus und schwächt sie damit tendenziell gegenüber global mobilen Unternehmen und Kapitalbesitzern (Scharpf 1999, 35–38; Rodrik 2000). Streeck interpretiert diese potenzielle Exit-Option mobiler Akteure gegenüber dem Staat – in Anlehnung an separatistische Bewegungen, die die territoriale Abspaltung von Nationalstaaten betreiben – als einen Trend in Richtung eines „sektoralen Separatismus", der die Gefahr in sich tragen könnte, dass die Gesellschaften in zahllose „unverbundene Themengemeinden" (Streeck 1998, 36) zerfallen. Darüber hinaus steht die territorial begrenzte Reichweite regulativer Politik in einem eklatanten Missverhältnis sowohl zu der

eines „sektoralen Separatismus"

transnational organisierten Ökonomie als auch zu den grenzüberschreitenden und Weltproblemen in einer Vielzahl anderer Politikfelder.

Viertens beeinflussen grenzüberschreitende Prozesse und Dynamiken die Steuerungsfähigkeit der Nationalstaaten trotz dieser generell wirkenden Trends sehr unterschiedlich, so dass eine differenzierte Betrachtung lohnt. So zeigt sich z.B. im Bereich der Wirtschaftspolitik, dass große nationale Handlungsspielräume im Bereich der Technologie- und Innovationspolitik bestehen, während in den Feldern Geld-, Währungs- und Finanzpolitik internationale Kooperation, Regulierung und z.T. gar Harmonisierung immer wichtiger werden, um globale Instabilitäten zu verhindern. Auch in anderen Politikfeldern gilt, dass die Reichweite der Nationalstaaten je nach Problemkonstellation stark divergiert, jedoch nicht linear abnimmt (Gummet 1996; Hauchler et al. 2001). *Sektoral unterschiedliche Steuerungsfähigkeit von Nationalstaaten*

Fünftens geraten die Nationalstaaten in Konkurrenz zu allen möglichen Akteuren, seien es NGOs, Unternehmen oder auch religiöse Gruppen. Jean-Marie Guéhenno (1999, 11) macht darauf aufmerksam, dass Nationalstaaten in diesem Prozess als besondere, über allen anderen Akteuren stehende Identifikations- und Orientierungspunkte an Bedeutung verlieren und sich damit die Mechanismen sozialer Integration sowie zugleich die Aufgabenzuschreibung in Richtung „Staat" verändern. *Neue Akteure als Herausforderung*

> „[Die Nationalstaaten] [...] bemerken [...] die unliebsamen Begleiterscheinungen einer Entwicklung, die Bürger in anspruchsvolle Kunden verwandelt und Staaten in simple Dienstleistungsunternehmen."

Sechstens stellt sich freilich auch heraus, dass Globalisierung nicht nur einen Motor zur Reduzierung nationalstaatlicher Handlungspotenziale darstellt, sondern auch Anreizstrukturen zur Folge haben kann, die Demokratisierung, Dezentralisierung, zwischenstaatliche Kooperation und eine höhere Effektivität und Effizienz staatlichen Handelns befördern: *Positive Effekte der Globalisierung für nationale Gesellschaften*

- Nationalstaaten werden international rechenschaftspflichtig: Neue internationale Rechtsetzungen, Institutionen und Regime schränken die nationalstaatliche Dominanz in einigen wesentlichen Bereichen (Menschenrechte, Umwelt, Sozialstandards) ein und etablieren weltweit Mindeststandards. Prozesse internationaler Verrechtlichung (z.B. die Einrichtung des Internationalen Strafgerichtshofes) führen dazu, dass die Legitimität einer Regierung zunehmend anhand internationaler Regeln und Standards gemessen wird. *Rechenschaftspflicht für Nationalstaaten*

- Demokratie und Zivilisierung von Marktwirtschaft können „von außen" wirkungsvoll unterstützt werden: Internationale NGOs mischen sich – nicht zuletzt dank der globalen Kommunikationsinfrastruktur – in der Menschenrechts-, Umwelt-, Entwicklungs- und Sozialpolitik verstärkt in „nationale" Politikprozesse ein. *Einmischung „von außen" durch NGOs*

- Nationalstaaten kommen im Globalisierungsprozess unter konstruktiven Effektivitäts- und Effizienzdruck: Staaten begegnen weltweit neuen sozialen Gruppen, die mit Verweis auf internationale Abkommen, Konventionen und Erfahrungen (z.B. im Agenda-21-Prozess) eine bessere Qualität staatlicher Dienstleistungen, funktionsfähige Regulierungssysteme und Partizipation einfordern. *Effektivitäts- und Effizienzdruck steigt*

Die ökonomische Globalisierung stärkt Dezentralisierungsprozesse in den Nationalstaaten und regionale Kooperation in den Weltregionen: Zentralregierungen geraten im Kontext der Weltwirtschaft unter den Druck ihrer Regionen, die ihr Profil im globalen Wettbewerb schärfen wollen. Insbesondere in Entwicklungsländern öffnen sich damit Chancen, die Politik näher an die Bevölkerung heranzubringen. Zugleich beschleunigt die Globalisierung Prozesse regionaler ökonomischer und politischer Kooperation in allen Weltregionen, die in der Vergangenheit immer wieder an nationalen Engstirnigkeiten gescheitert war. Erfahrungen aus der OECD-Welt zeigen, dass wirtschaftliche und politische Verflechtungen zur Schaffung von Friedenszonen beitragen können.

Stärkung der Region durch Dezentralisierung

3.2 Drei Perspektiven auf den Übergang zur Global-Governance-Epoche

Aus der Global-Governance-Perspektive setzt die Globalisierung die politischen Systeme unter hohen Anpassungsdruck. Das Leitbild von Global Governance, der Übergang vom Nationalstaatensystem zur Global-Governance-Epoche, erzwingt ein politisches Umdenken und institutionelle Reformen, die sich bisher nur in Ansätzen beobachten lassen. Ist Global Governance möglicherweise ein zwar theoretisch elegantes, angesichts der Globalisierung auch politisch wünschbares Konzept, das jedoch an den Realitäten von Weltwirtschaft und -politik scheitern muss (Brand et al. 2000; Scherrer 2000; siehe auch Replik von Nuscheler 2000)? Im Folgenden sollen mit Rückgriff auf Überlegungen aus dem Kontext der Theorien der Internationalen Beziehungen und auf organisations- sowie steuerungstheoretische Konzepte einige Überlegungen skizziert werden, um die Qualität und Dynamik der weltpolitischen Transformationen zu Beginn des 21. Jahrhunderts einzuordnen (vgl. im Folgenden auch Schaubild I-2).

Reflexion von Global Governance im Kontext der Theorien Internationaler Beziehungen

Erste Perspektive: Die Logik der Nationalstaaten und der klassischen Machtpolitik erschwert globale Kooperation

Cary Coglianese (2000) hat eine einfache Antwort auf die Frage nach der Kernblockade für Global Governance und kooperative Weltpolitik. Das internationale System (auch die Weltkonferenzen, könnte man hinzufügen) wird weiterhin dominiert von Nationalstaaten, deren Selbsterhaltungsinteresse dazu führt, dass in internationalen Verhandlungsnetzwerken und Organisationen Lösungen systematisch ignoriert werden, die die legale Souveränität und Handlungsautonomie der Nationalstaaten einschränken (aus neorealistischer Perspektive: Link 1998). Es ist also die Eigenlogik des Nationalstaatensystems, die Global Governance, die den Nationalstaaten eine Übertragung von Souveränitätsrechten auf übergeordnete Ebenen abverlangt, unwahrscheinlich macht. Renate Mayntz argumentiert darüber hinausgehend aber in eine ähnliche Richtung, wenn sie die Global-Governance-Theoretiker darauf verweist, dass diese ihr Interesse zu einseitig auf die Regelung und Lösung von Weltproblemen ausgerichtet hätten, und daran erinnert, dass Politik immer auch machtbasiert sei:

Neorealistische Sichtweise

„Vernachlässigt werden [...] herrschaftssoziologische Aspekte, hier also konkret Strategien und Interaktionen von Akteuren im transnationalen Raum, die nicht auf gemeinsame Problemlösung und Regelung abzielen, sondern auf Dominanz, Unterwerfung oder Ausbeutung" (Mayntz 2000, 17).

Schaubild I-2: Einflussfaktoren im Übergang vom Nationalstaatensystem zur Global-Governance-Epoche

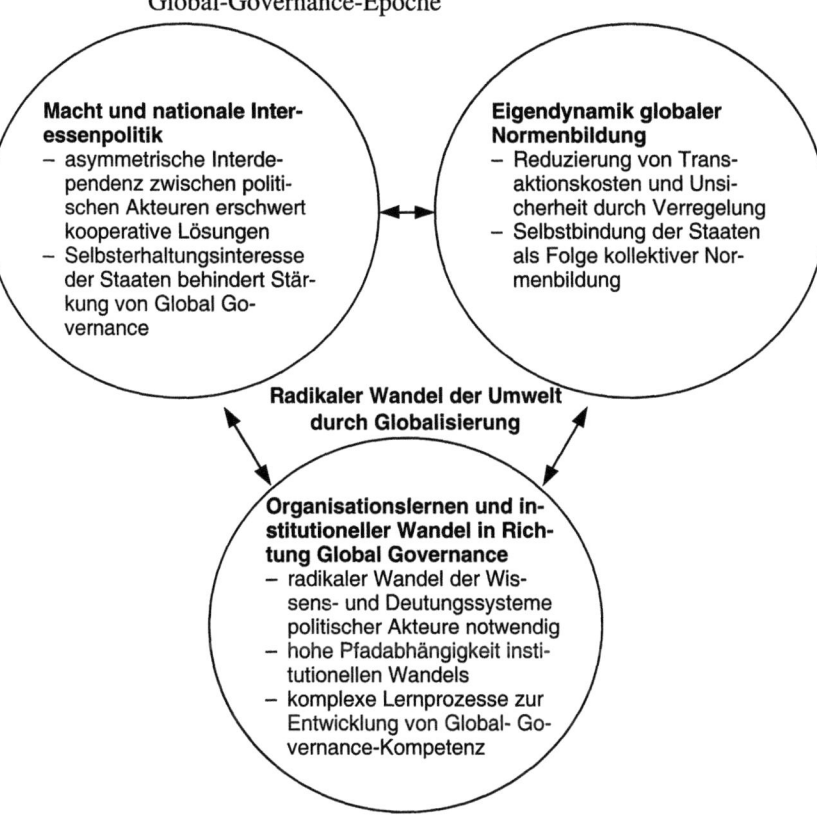

Quelle: Eigene Darstellung

Dass das Eigeninteresse der Nationalstaaten sowie manifeste Machtstrukturen und Asymmetrien in der Weltpolitik problemlösungsorientiertes kollektives Handeln erschweren, ist kaum von der Hand zu weisen. Industrieländer, insbesondere die mächtigsten unter ihnen, tendieren dazu, auf ihre eigene Handlungsfähigkeit zu vertrauen und sich nicht auf ein System geteilter Souveränitäten einzulassen. Die Entwicklungsländer verweigern sich ebenfalls oft internationalen Lösungsstrategien, weil sie externe Einmischungen starker Akteure in ihre internen Angelegenheiten fürchten. Die „nationale Souveränität" gilt schwachen Ländern als letzte Bastion nationaler Eigenständigkeit – gerade unter Bedingungen der Globalisierung. Aus der Perspektive der „Logik der Nationalstaaten und der Macht" sind also die Selbsttransformationskapazitäten des Staatensystems in

Eigeninteresse der Nationalstaaten

Richtung einer kooperativen Global-Governance-Architektur gering. Statt „governance without government" in der Weltpolitik (Rosenau und Czempiel 1992) droht dann eher „government without governance" (Brock 2001).

Zweite Perspektive: Die Eigendynamik globaler Normenbildung im Staatensystem kann globale Regelbildung begünstigen

<small>Institutionalistische Sichtweise</small>

Lothar Brock (2001; vgl. auch Hessler und Brock in diesem Band) beschreibt die „Geschichte der Normenbildung" in der Weltpolitik (vom Westfälischen Frieden über die Haager Friedenskonferenzen am Ende des 19. und zu Beginn des 20. Jahrhunderts, den Völkerbund bis zum UN-System) und in der Weltwirtschaft (von der Schaffung des Weltpostvereins, der Internationalen Telegraphenunion, der Internationalen Eisenbahnverwaltung ab Ende des 19. Jahrhunderts über das Bretton-Woods-System bis zur WTO). Angesichts der unübersehbaren Probleme internationaler Kooperation stellt er die nahe liegende Frage, ob es sich bei diesen Prozessen der Normenbildung in der Weltpolitik um reine Überbauphänomene einzelstaatlicher Macht- und Interessenpolitik handelt. Seine Antwort: Die historische Ausdifferenzierung und Verdichtung von Regelsystemen erfolgt in Wechselwirkung mit der Ausweitung des Handels und der Internationalisierung der Produktion, dem technologischen Fortschritt und der Erfahrung von Kriegen und deren potenziellen Entgrenzungen (z.B. in den Weltkriegen). Die Herausbildung internationaler Normen ist also nicht nur, wahrscheinlich nicht einmal primär Folge eines abstrakten Idealismus oder Kosmopolitanimus, sondern vor allem Ausdruck des Bestrebens der Staaten, „Transaktionskosten" bei der Verfolgung eigener Interessen einzusparen. Kooperation, die wechselseitige Stabilisierung von Erwartungen durch Regelbildung, ist in der Regel „billiger" als die hobbessche Staatenanarchie. Selbst Hegemonialmächte müssen daher an berechenbaren Ordnungsstrukturen Interesse haben. Globale Normen- und Regelbildungen entwickeln ihre Eigendynamik. Sie können ihren Zweck (Senkung der Transaktionskosten in der internationalen Politik durch Stabilisierung der Erwartungshaltungen) nur erfüllen, wenn sich alle Akteure wechselseitig an die Regeln halten. Auch wenn die globale Regelbildung der Sicherung von Macht und Interessen der Nationalstaaten dient, so verstärkt sie doch zugleich die Selbstbindung der Staaten und die Einschränkung ihrer Handlungsfreiheit. Aus dieser Perspektive bildet die „Logik der Nationalstaaten" nicht *a priori* ein Bollwerk gegen Kooperationsbemühungen in der Weltpolitik. Globale Normenbildung und sukzessive Selbstbegrenzung der Staaten sind dem Staatensystem inhärent – und weitergehend: Die Eigendynamik der Normenbildung weist sogar über das auf dem Souveränitätssystem basierende Staatensystem hinaus, weil es in eine politische Architektur zunehmend geteilter Souveränität münden kann.

<small>Normenbildung zur Reduzierung von Transaktionskosten

...

führt zur Selbstbindung von Staaten

Kooperation aus nationalstaatlichen Eigeninteressen</small>

Der Appell an die Nationalstaaten, angesichts der Globalisierung globale und kooperative Regelwerke zu schaffen und die eigene Handlungsfreiheit in weltweite Institutionen einzubetten, erscheint vor diesem Hintergrund nicht mehr als idealistisch und naiv (wie aus der Perspektive der ersten Sichtweise), sondern vor allem als Plädoyer an die langfristigen Eigeninteressen von Staaten unter Bedingungen der „dichten Globalisierung". Globale Regelbildung kann zu unfairen Lösungen führen und fatal scheitern (wie z.B. die grauenhaften Regressionen der zwei Weltkriege zeigen). Zugleich gilt jedoch auch, dass gerade aus den „Sachzwängen der Globalisierung" die Notwendigkeit für die Nationalstaaten zu globaler Normen- und Regelbildung sowie zu Kooperation und Koordination erwächst. Die Globalisierung eröffnet also Möglichkeitsräume für globale Kooperation, die genutzt, allerdings auch verspielt werden können.

Zwischenresümee: Transformation der Politik in Richtung Global Governance zwischen inkrementellen und radikalen Innovationen

Zur Beurteilung der Dynamik globaler Normenbildung in Richtung Global Governance ist es von Bedeutung, sich die Qualität und Reichweite dieser Transformation der Politik zu vergegenwärtigen. Karl Kaiser (1995) spricht vom Übergang des Zeitalters der Nationalstaaten zur *Epoche des Globalismus*. James Rosenau und Mary Durfee (2000) beschreiben den tief greifenden Wandel in der Weltpolitik als Umbruch von einer „state centric world" zu einer „multicentric world". Mathias Albert und Lothar Brock (2000) sehen Anzeichen einer Transformation des Nationalstaatensystems, das weitgehend auf dem Gedanken der Interdependenz territorial geschlossener Einheiten basiert, hin zur Entgrenzung der Politik, deren Handlungslogik sich nun im Spannungsfeld von Global Governance und funktionaler Differenzierung politischen Handelns bewegt. Mit Rückgriff auf die Terminologie evolutionärer Ökonomie und der Innovationstheorie (Meyer-Stamer 1996, 138–140), die zwischen inkrementellem und radikalem Wandel unterscheiden, ist es wohl nicht übertrieben festzuhalten, dass Mathias Albert und Lothar Brock, Karl Kaiser und James Rosenau schon mit ihrer Begrifflichkeit darauf abzielen, einen Prozess radikalen Wandels zu beschreiben, in dem sich die Grundstrukturen der Politik verändern. Zu Recht, denn die Kernkonzepte der „alten Ordnung", wie Souveränität, territoriale Ordnung der Politik, Trennung in Innen- und Außenpolitik, internationales System als Staatensystem, geraten unter den Sachzwang der Globalisierung. Ein radikaler Wandel von Institutionen (verstanden als Normen- und Regelsysteme), Organisationen und Leitbildern muss bewerkstelligt werden, um die „dichte Globalisierung" verarbeiten zu können.

Prozess radikalen politischen Wandels ...

ausgelöst durch Globalisierung

Wie weit der Wandel bereits gediehen ist, ist sehr umstritten. Aus der Perspektive der Analyse internationaler Beziehungen, also vor dem Hintergrund des Ausgangspunktes der „Anarchie der Staatenwelt", wird von einigen Autoren das optimistische Bild einer zunehmend verflochtenen und in gemeinsame Organisationen eingebundenen Staaten- und Gesellschaftswelt gezeichnet (z.B. Rosenau und Czempiel 1992). Aus steuerungstheoretischer Perspektive und vor der Folie des trotz aller Differenzierung und Fragmentierung noch als organisatorisches Ganzes beschreibbaren Nationalstaates kann sich ein ganz anderes Panorama ergeben:

Stand des Wandels in der Weltpolitik: unterschiedliche Einschätzungen

> „Die verschiedenen transnationalen Regelungsstrukturen sind [...] stark fragmentiert. Sie überlappen sich in ihren räumlichen und sachlichen Bezügen und fügen sich [...] nicht zu einer umfassenden, multidimensionalen und multifunktionalen Struktur zusammen. [...] Vor allem aber scheinen die verschiedenen transnationalen Institutionen und Strukturen relational nur vergleichsweise gering miteinander verflochten [zu sein]. [...] Die Interaktionsdichte zwischen den einzelnen sozialen Komponenten in einem Wirklichkeitsbereich [ist] gering [...]" (Mayntz 2000, 19–20).

Welche dieser beiden Sichtweisen die Entwicklungsdynamik der Weltpolitik besser erfasst, kann hier nicht diskutiert werden. Stattdessen sollen im Anschluss an die Charakterisierung des Umbruchs in der Weltpolitik als Prozess „radikalen Wandels" die Erkenntnisse der Organisationstheorie zum Organisationslernen fruchtbar gemacht werden. Der Übergang in Richtung Global Governance impliziert vielfältige institutionelle Innovationen, deren Umsetzung lokale, nationale und internationale Organisationen vor beachtliche Anpassungsleistungen stellen. Erforderlich sind tief greifende institutionelle Reformen in den Organisationen und im Verhältnis zwischen ihnen. In der Sprache der Organisationstheorie geht es um „komplexes oder auch systemisches Lernen". Aktuelle Untersuchungen zur Anpassung des deutschen politischen Systems an die neuen Bedingungen der Globalisierung deuten eher auf inkrementelle, punktuelle Innovationen hin (Eberlei und Weller 2001; Fues und Hamm 2001). Radikaler Organisationswandel ist bisher weitgehend ausgeblieben. Woran liegt das? Politische Borniertheit? Interessenbasierte Ignoranz? Machtpolitische Blockaden? Die Erkenntnisse der Organisationstheorie zum Wandel von Organisationen und Lernprozessen von und zwischen Organisationen verweisen auf wichtige Aspekte kollektiven Handelns unter den Bedingungen radikalen Wandels und großer Unsicherheit, die von Theorien Internationaler Beziehungen nicht (oder kaum) berücksichtigt werden.

Dritte Perspektive: Radikaler Wandel und Pfadabhängigkeit von Organisationslernen

Theorien des Organisationslernens unterscheiden zwischen einfachem und komplexem Lernen sowie damit verbundenen Prozessen inkrementellen und radikalen Wandels (Argyris und Schön 1978; Fiol und Lyles 1985). Einfaches Lernen bezieht sich auf die korrekte Anwendung geltender Regeln. Es erlaubt inkrementelle Innovationen. Die Leistungsgrenzen und Risiken einfachen Lernens hängen von der Tauglichkeit der Regeln ab, innerhalb derer inkrementeller Wandel stattfindet. Die oben explizierte These ging davon aus, dass Globalisierung und das aus den Weltkonferenzen implizit resultierende Leitbild von Global Governance die etablierten Organisationen und Institutionen der Politik mit der Anforderung radikalen Wandels konfrontieren. Radikaler Wandel kann durch einfaches Lernen nicht bewältigt werden. Er erfordert Prozesse komplexen Lernens, die bestehende Regelsysteme im Licht von Alternativen und neuen Situations- und Umweltdeutungen in Frage stellen und gegebenenfalls modifizieren. Einfaches Lernen umfasst also im Kern Regelanwendung und routinisiertes Handeln. Komplexes Lernen bezieht sich auf die Veränderung etablierter Regelsysteme als Reaktion auf die Neubewertung von Informationen über turbulente oder neue Umweltbedingungen, woraus i.d.R. Strategieveränderungen resultieren. Die Weltkonferenzen der 1990er Jahre konstatieren radikal veränderte Umfeldbedingungen für die etablierten Institutionen der Politik und schlagen veränderte Strategien vor, die auf eine Erschütterung von Kernkategorien des tradierten Politikleitbildes (z.B. Souveränität, klare Trennung von Innen- und Außenpolitik, klassisches Konzept nationaler Interessen etc.) hinauslaufen und daher aus der Perspektive der Organisationen als grundlegender Wandel perzipiert werden müssen, der nur durch komplexes Lernen und radikale Innovationen zu bewerkstelligen ist.

Global Governance: Globalisierung im 21. Jahrhundert gestalten

Doch komplexes Lernen ist für Organisationen, wie die Organisationstheorien zeigen, risikobeladen, langwierig und voraussetzungsvoll (Wiesenthal 1995; Willke 1998). Gegenstand komplexen Lernens und radikaler Innovationen von Organisationen ist das Wissenssystem, in dem operative Regeln, normative Prämissen und kognitive Annahmen „gespeichert" sind. Das Wissenssystem baut nicht nur auf Kenntnissen über objektive Wirkungs- und Ursacheketten auf (die ja häufig unbekannt oder nicht eindeutig sind), sondern auch auf Organisationsmythen, mit denen oft die Lücken empirischen und theoretischen Wissens gefüllt werden (Wiesenthal 1995, 143), sowie auf „mental maps" (Hedberg 1981, 3), die implizites Wissen komprimieren und „Landkarten in unseren Köpfen" (Willke 1998, 48) darstellen, die überhaupt erst Orientierung in einer komplexen Welt und damit zielgerichtetes kollektives Handeln zulassen. Die Grenzen zwischen kognitiven Annahmen, normativen Ideen und Organisationsmythen sind fließend (Mintzberg 1996). Komplexes Lernen und radikale Innovationen stellen gerade diese für Organisationen konstitutiven Wissens- und Deutungssysteme („core beliefs") in Frage.

Die Organisationstheorien zeigen, dass Organisationen auf hohe Umweltunsicherheit (z.B. erzeugt durch Weltkonferenzen, die Globalisierungsfolgen „sichtbar machen" und Strategiewechsel einfordern) zunächst entweder mit Ignoranz und einer Bestärkung der etablierten Handlungsorientierungen reagieren oder mit selektiver Wahrnehmung, also einer Aufnahme derjenigen neuen Anforderungen, die Anschlussfähigkeit zum etablierten Wissens-, Deutungs- und Regelsystem aufweisen. Die Reaktionen des deutschen politischen Systems auf die Weltkonferenzen (Fues und Hamm 2001) sind ein empirischer Befund, der diese theoretische Interpretation stützt.

Mit anderen Worten: Handeln und Lernprozesse von Organisationen sind hochgradig pfadabhängig. Neues Wissen kann sich nur sukzessive gegen vorhandene Wissens- und Deutungsmuster durchsetzen und als relevant identifiziert und akzeptiert werden. Als Ursache tief greifenden Orientierungswandels sind Zweifel an oder Erschütterungen von „bewährten Regeln und Orientierungen" oder Inkonsistenzen zwischen neuem Wissen und etablierten Organisationsmythen nicht ausreichend. Weil Organisationen auf „geglaubte", internalisierte und routinisierte „mental maps" angewiesen sind, müssen tief verankerte und lange Zeit erfolgreiche Orientierungssysteme erst nachhaltig erschüttert und durch neue, überzeugende Orientierungsangebote ersetzt werden (Wiesenthal 1995, 149–154). Wissenschaftler können es sich gegebenenfalls leisten, in kürzeren Abständen neue Paradigmen auf den Wissensmarkt zu werfen: (Groß-)Organisationen sind auf stabile Orientierungssysteme angewiesen und können sich zwischen zwei Paradigmen keine „Leerstellen" oder lange Suchprozesse und Experimentierphasen erlauben (March und Olsen 1988).

Vor dem Hintergrund dieser Überlegungen erstaunt es nicht, dass die Warnungen aus der Wissenschaft zu den Wirkungen der Globalisierung auf die Steuerungsfähigkeit von Nationalstaaten oder auch die Reformvorschläge, die aus den Weltkonferenzen hervorgegangen sind, in den etablierten politischen Organisationen zunächst nur inkrementelle Innovationen angestoßen haben. Organisationen lernen pfadabhängig, selektiv und im langen Schatten der Vergangenheit der in ihren Tiefenstrukturen verankerten Organisationsmythen. Die Wissenschaft

Marginalien:
- Risiken komplexen Lernens
- Bedeutung von Organisationsmythen
- Reaktionen von Organisationen auf Unsicherheit
- Pfadabhängigkeit von Organisationslernen

oder auch die Weltkonferenzen haben zweifelsfrei dazu beigetragen, etablierte kognitive Wissensbestände der Nationalstaaten und ihrer politischen Systeme zu hinterfragen, vielleicht sogar zu erschüttern. Sie haben Chancen und Risiken der Globalisierung ausgeleuchtet, neue Herausforderungen und einen Flickenteppich von Lösungsansätzen aufgezeigt. Die wissenschaftlichen Debatten über Globalisierungsfolgen haben jedoch in vielen Bereichen auch zahlreiche offene Fragen hinterlassen und noch keine „kohärenten" Antworten oder „neue Landkarten" für das Zurechtfinden in der globalisierten Welt zur Verfügung gestellt. Und neben den kognitiven Leerstellen mangelt es vielen politischen Organisationen noch an globalisierungstauglichen mentalen und normativen Sinnarchitekturen als Substituten für die erodierenden Leitbilder des Nationalstaatensystems. Daher koexistieren die alten strategischen Orientierungen der politischen Akteure mit Versatzstücken von neuen Wissens- und Deutungssystemen, die den globalen Anforderungen Rechnung tragen könnten. Der Umbau des Nationalstaatensystems in eine kooperativ basierte Global-Governance-Architektur erfordert also Zeit. Die Bewertung der Neuorientierungen in der Weltpolitik und der nur zögerlichen Anpassungen der nationalstaatlichen Organisationen an die neuen Imperative der Globalisierung sollte diesem Umstand Rechnung tragen.

Noch keine kohärenten Antworten auf globale Herausforderung

4 Global Governance im Spannungsfeld von Macht, Interessen, globaler Normenbildung

Alle drei skizzierten Perspektiven auf den Wandel der Weltpolitik (vgl. Schaubild I-2) haben einen interessanten und zugleich begrenzten Erklärungswert. Im Spannungsfeld der drei Sichtweisen lassen sich vier Schlussfolgerungen ziehen:

Persistenz von Interessen und Strukturen

1. Die *erste Sichtweise* betont zu Recht die möglichen Widerstände und Grenzen, die aus der Persistenz klassischer nationalstaatlicher Interessenpolitik und asymmetrischer Machtstrukturen (z.B. von zu Unilateralismus tendierenden Hegemonialmächten) für die Chancen zur Herausbildung einer kooperativen Global-Governance-Architektur entstehen. Ein „enttäuschungsfestes Konzept von Global Governance" (Brock 2001) muss daher Problemlösungsorientierung mit Analysen von Interessen- und Machtkonstellationen verbinden.

Spannungsverhältnis: nationalstaatliche Interessen und internationale Normenbildung

2. Die *zweite Sichtweise* macht auf den unauflösbaren Zusammenhang von nationalstaatlicher Interessenpolitik und globaler Normenbildung aufmerksam. Um Erwartungssicherheit zu stärken und die Transaktionskosten in der internationalen Politik zu senken, sind selbst mächtige Akteure auf Regelbildung, Selbstbindung an kollektive Normensysteme und damit eine partielle Einschränkung ihrer nationalen Handlungsspielräume angewiesen. Globale Normenbildung kann eine beachtliche Eigendynamik entfalten, zur Neudefinition „nationaler Interessen" beitragen und Macht im internationalen Maßstab sukzessive in kollektive Regelsysteme einbinden. Sie kann aber auch – wie die Geschichte gelehrt hat – scheitern und um Jahrzehnte zurückgeworfen werden (wie die Ansätze einer globalen Friedensordnung zwischen den zwei Weltkriegen oder die globalen Strukturen der Weltwirtschaft

Global Governance: Globalisierung im 21. Jahrhundert gestalten 51

infolge der Weltwirtschaftskrise der dreißiger Jahre des 20. Jahrhunderts). Nationalstaatliche Interessen- und Machtpolitik sowie globale Normenbildung stehen also immer in einem Spannungsverhältnis zueinander. Entscheidungen von politischen Akteuren hängen nicht nur von „objektiven Interessenlagen und -konstellationen", sondern auch von kognitiven und normativen Akteurorientierungen ab (Scharpf 2000).

3. Partikularistische nationalstaatliche Macht- und Interessenpolitik gerät angesichts der während der Weltkonferenzen erreichten Kompromisse und kollektiv festgeschriebenen Wahrnehmungen von Weltproblemen unter Rechtfertigungszwang gegenüber der Weltöffentlichkeit. Ein Beispiel ist die weltweite Kritik an der borniertem Klimapolitik der neuen US-Administration, die weit hinter den globalen Konsens der Rio-Konferenz zu den Ursachen und Gefahren der Klimaentwicklung zurückfällt. *Nationalstaatlicher Rechtfertigungsdruck gegenüber der Weltöffentlichkeit*

4. Ein umfassender Umbau der politischen Institutionen in Richtung Global Governance, also ein beschleunigter Übergang von der Ära des Nationalstaatensystems zur Global-Governance-Epoche, zeichnet sich noch nicht ab. Die *dritte Sichtweise* kann diesen Sachverhalt vor dem Hintergrund der Erkenntnisse zum Organisationslernen erklären. Organisationen (Ministerien, Nationalstaaten, internationale Organisationen, NGOs) entwickeln sich pfadabhängig, weil ihre Handlungsfähigkeit auf Wissens- und Deutungsmustern (erprobten Wissensbeständen, „Organisationsmythen", „mental maps", Sinnarchitekturen) basiert, die nur langsam aufgegeben werden können. Die dritte Sichtweise *Von der Organisationstheorie lernen wir:*

- verdeutlicht daher, dass radikaler Wandel in Richtung Global Governance Zeit braucht und von Organisationen selbst unter großem Druck (von politischen Akteuren wie NGOs oder durch neues Wissen über Weltprobleme und globale Interdependenzen) nur sukzessive zu bewerkstelligen ist, *Radikaler Wandel braucht Zeit*
- schützt vor Voluntarismus und dem naiven „Glauben" an die unmittelbare Veränderbarkeit komplexer Organisationslandschaften,
- beugt unbegründetem Pessimismus vor, denn der Diskurs über Global Governance ist noch zu jung, um bereits sein Scheitern feststellen zu müssen,
- lehrt, dass radikaler Wandel und komplexes Lernen die Entwicklung von gemeinsamen Bildern über die Zukunft aus den unterschiedlichsten Perspektiven der involvierten Akteure sowie Übereinstimmungen über die zukünftigen Verantwortlichkeiten aller Beteiligten unter den neuen Rahmenbedingungen voraussetzen, *gemeinsame Visionen*
- zeigt, dass neue Sinnarchitekturen und Deutungssysteme, an denen Organisationen ihr Handeln neu ausrichten, sowohl auf Kommunikation, Dialog und Verständigung als auch zugleich auf gemeinsamer Praxis basieren; der weltweite Agenda-21-Prozess oder die Dynamik der globalen Klimapolitik könnten in eine solche Richtung wirken. *und langfristig angelegte Kommunikations- und Kooperationsstrukturen*

Ob sich inkrementeller Wandel politischer Strukturen in radikale Innovationen und tragfähige neue institutionelle „Settings" übersetzt, hängt also von vielfältigen Faktoren ab. Die Nationalstaaten stehen in diesem Kontext in einem „globalen institutionellen Wettbewerb". Diejenigen, die die Anforderungen der Globalisierung am schnellsten und innovativsten zu bearbeiten *Globaler institutioneller Wettbewerb der Nationalstaaten* lernen, werden in der weltpolitischen Hierarchie des 21. Jahrhunderts aufsteigen.

5. Eine Verbindung der drei Sichtweisen mündet in dem Verständnis komplexer Interaktionen von Macht, Interessen, Normenbildung, organisatorischen Lernprozessen in der Weltpolitik. Der Umbruch vom Nationalstaatensystem in Richtung einer neuen politischen Architektur, die die Anforderungen der Globalisierung zu verarbeiten im Stande ist, kann daher nur als kontingent beschrieben werden. Vielfältige politische Interventionsmöglichkeiten, „Schleusen für Ideen und Einflußnahmen" (Brock 2001) in Richtung einer kooperativen Global-Governance-Struktur, sind denkbar. Zu prinzipiellem Handlungspessimismus besteht daher kein Anlass. Der skizzierte heuristische Rahmen zur Analyse der Prozesse der Transformation der Politik unter Bedingungen der Globalisierung ist jedoch nicht *a priori* auf „positive Entwicklungen" im Sinne einer effektiven, kooperationsbasierten und auf Fairness ausgerichteten Global-Governance-Perspektive festgelegt. Denkbar sind vielmehr auch Stagnation, Handlungsblockaden, Regression und „policy disasters" (Gray und t'Hart 1998).

Kein Grund für prinzipiellen Handlungspessimismus

Literatur

Albert, Mathias und Lothar Brock. 2000. Debordering the World of States. New Spaces in International Relations, in: Mathias Albert, Lothar Brock und Klaus Dieter Wolf (Hg.). Civilizing World Politics. Oxford: Rowman & Littlefield, 19–44.

Argyris, Chris und Donald A. Schön. 1978. Organizational Learning. A Theory of Action Perspective. Oxford: Addison-Westley.

Axelrod, Robert. 1984. The Evolution of Cooperation. New York: Basic Books.

Beisheim, Marianne, Sabine Dreher, Gregor Walter, Bernhard Zangl und Michael Zürn. 1999. Im Zeitalter der Globalisierung? Baden-Baden: Nomos.

Brand, Ulrich, Achim Brunnengräber, Lutz Schrader, Christian Stock und Peter Wahl. 2000. Global Governance. Alternative zur neoliberalen Globalisierung? Münster: Westfälisches Dampfboot.

Brock, Lothar. 2001. Trends und Interdependenzen in der Weltpolitik, in: Ingomar Hauchler, Dirk Messner und Franz Nuscheler (Hg.). Globale Trends 2002. Frankfurt a.M.: Fischer, 379–399.

Brown, David L. et al. 2000. Globalization, NGOs and Multisectoral Relations, in: Joseph S. Nye und John D. Donahue (Hg.). Governance in a Globalizing World. Cambridge: Brookings Institution Press, 271–297.

Brzezinski, Zbigniew. 1999. Die einzige Weltmacht. Frankfurt a.M.: Fischer.

Chace, James und Nicholas Rizopoulos. 1999. Towards a New Concert of Nations, aus: World Policy Journal, Herbst, 2–10.

Coglianese, Cary. 2000. Globalization and the Design of International Institutions, in: Joseph S. Nye und John D. Donahue (Hg.). Governance in a Globalizing World. Cambridge: Brooking Institution Press, 297–318.

Commission on Global Governance. 1995. Our global Neighbourhood. Oxford: Oxford University Press.

Czempiel, Ernst-Otto. 1993. Weltpolitik im Umbruch. 2. neu bearbeitete Auflage. München: C.H. Beck.

Eberlei, Walter und Christoph Weller. 2001. Deutsche Ministerien als Akteure von Global Governance. INEF Report, 51. Duisburg.

Fiol, C. Marlen und Marjorie A. Lyles. 1985. Organizational Learning, aus: Academy of Management Review, 10, 803–813.

Fues, Thomas und Brigitte Hamm (Hg.). 2001. Die Weltkonferenzen als Global Governance-Baustelle? Bonn: J.H.W. Dietz Nachfolger.
Gray, Pat und Paul t'Hart (Hg.). 1998. Public Policy Desasters in Western Europe. London/ New York: Routlegde.
Gruppe von Lissabon. 1997. Grenzen des Wettbewerbs. München.
Guéhenno, Jean-Marie. 1999. Die neue Machtfrage, aus: Die Zeit vom 16. Dezember, 11–12.
Gummet, Philip (Hg.). 1996. Globalization and Public Policy. Cheltenham: Edgar Elgar.
Haass, Richard N. 1999. What to Do With American Primacy?, aus: Foreign Affairs, 5, 37–49.
Hauchler, Ingomar, Dirk Messner und Franz Nuscheler (Hg.). 2001. Global Trends 2002. Frankfurt a.M.: Fischer.
Hedberg, Bo. 1981. How Organizations Learn and Unlearn, in: Paul C. Nystrom und William H. Starbuck (Hg.). Handbook of Organizational Design, 1. New York/Oxford: Oxford University Press, 3–27.
Hewson, Martin und Timothy J. Sinclair (Hg.). 1999. Approaches to Global Governance Theory. New York: State University of New York Press.
Höffe, Otfried (Hg.). 1999. Demokratie im Zeitalter der Globalisierung. München: C.H. Beck.
Huntington, Samuel P. 1999. The Lonely Superpower, aus: Foreign Affairs, 2, 35–49.
Jochimsen, Reimut (Hg.). 2000. Globaler Wettbewerb und weltwirtschaftliche Ordnungspolitik. Bonn: J.H.W. Dietz Nachfolger.
Kaiser, Karl. 1970. Interdependenz und Autonomie: Die Bundesrepublik und Großbritannien in einer multinationalen Umwelt, in: Karl Kaiser und Roger Morgan (Hg.). Strukturwandel der Außenpolitik in Großbritannien und der Bundesrepublik. München et al.: Oldenbourg, 50–70.
Kaiser, Karl. 1995. Die neue Weltpolitik, in: Karl Kaiser und Hans Peter Schwarz (Hg.). Die neue Weltpolitik. Bonn: Bundeszentrale für politische Bildung, 396–402.
Kaul, Inge, Isabelle Grunberg und Marc A. Stern (Hg.). 1999. Global Public Goods. International Cooperation in the 21st Century. New York: Oxford University Press.
Keohane, Robert O. und Joseph S. Nye. 1977. Power and Interdependence. World Politics in Transition. Boston: Little, Brown.
Keohane, Robert O. und Joseph S. Nye. 2000. Introduction: Governance in a Globalizing World, in: Joseph S. Nye und John D. Donahue (Hg.). Governance in a Globalizing World. Cambridge: Brookings Institution Press, 1–44.
Kupchan, Charles A. 1999. Life after Pax Americana, aus: World Policy Journal, Herbst, 20–27.
Link, Werner. 1998. Die Neuordnung der Weltpolitik. München: C.H. Beck.
March, James G. und Johan P. Olsen. 1988. The Uncertainty of the Past. Organizational Learning under Ambiguity, in: James G. March (Hg.). Decisions and Organizations. Oxford: Blackwell, 335–358.
Marx, Karl und Friedrich Engels. 1970. Manifest der Kommunistischen Partei, in: ebd. Ausgewählte Werke in sechs Bänden, Band 1. Frankfurt a.M.: Marxistische Blätter, 383–451.
Mayntz, Renate. 2000. Politikwissenschaft in einer entgrenzten Welt. Discussion Paper 00/3, Max-Planck-Institut für Gesellschaftsforschung, Köln.
Mayntz, Renate und Fritz W. Scharpf. 1995. Selbstregelung und Steuerung. Frankfurt a.M./ New York: Campus.
Messner, Dirk. 1997. The Network Society. London: Frank Cass.
Messner, Dirk. 1999. Trends und Interdependenzen in der Weltgesellschaft, in: Ingomar Hauchler, Dirk Messner und Franz Nuscheler (Hg.). Globale Trends 2000, Frankfurt a.M.: Fischer, 45–76.
Messner, Dirk. 2001a. Kooperative Weltmacht. Die Zukunft der EU in der neuen Weltpolitik, aus: Internationale Politik und Gesellschaft, 1, 26–39.
Messner, Dirk. 2001b. Globalisierungsanforderungen an Institutionen deutscher Außen- und Entwicklungspolitik, aus: Aus Politik und Zeitgeschichte, 18/19, 21–30.
Messner, Dirk und Franz Nuscheler (Hg.). 1996. Weltkonferenzen und Weltberichte. Bonn: J.H.W. Dietz Nachfolger.

Messner, Dirk und Franz Nuscheler. 1999. Strukturen und Trends der Weltpolitik, in: Ingomar Hauchler, Dirk Messner und Franz Nuscheler (Hg.). Globale Trends 2000. Frankfurt a.M.: Fischer, 371–198.
Meyer-Stamer, Jörg. 1996. Technologische und industrielle Wettbewerbsfähigkeit. Köln: Weltforum.
Methews, Jessica. 1997. The Power Shift, aus: Foreign Affairs, 1, 50–66.
Mintzberg, Henry. 1996. Managing Government – Governing Management, aus: Havard Business Review, Mai/Juni, 75–83.
Mürle, Holger. 1998. Global Governance. Literaturbericht und Forschungsfragen. INEF-Report 32, Duisburg.
Nuscheler, Franz. 2000. Kritik der Kritik am Global Governance-Konzept, aus: PROKLA. Zeitschrift für kritische Sozialwissenschaft, 118, 151–157.
Nuscheler, Franz. 2001. Multilateralismus versus Unilateralismus. Kooperation versus Hegemonie in den transatlantischen Beziehungen. Policy Paper 16, Stiftung Entwicklung und Frieden, Bonn.
Oye, Kenneth A. 1986. Cooperation under Anarchy. Princeton: Princeton University Press.
Reinicke, Wolfgang H. 1998. Global Public Policy, Governing without Government? Washington: Brookings Institution Press.
Rieff, David. 1999. A New Age of Liberal Imperialism?, aus: World Policy Journal, Sommer, 1–10.
Rodrik, Dani. 2000. Grenzen der Globalisierung. Frankfurt a.M./New York: Campus.
Rosenau, James. 1997. Along the Domestic-Foreign Frontier. Cambridge: Cambridge University Press.
Rosenau, James und Ernst-Otto Czempiel. 1992. Governance without Government. Cambridge: Cambridge University Press.
Rosenau, James und Mary Durfee. 2000. Thinking Theory Thoroughly. Boulder: Westview.
Sandel, Michael. 1996. Democracy´s Discontents. Cambridge et al.: Belknap Press.
Scharpf, Fritz W. 1999. Regieren in Europa. Effektiv und demokratisch? Frankfurt a.M./New York: Campus.
Scharpf, Fritz W. 2000. Interaktionsformen. Akteurorientierter Institutionalismus in der Politikforschung. Opladen: Leske + Budrich.
Scherrer, Christoph. 2000. Vom fordistischen Trilateralismus zum neoliberalen Konstitutionalismus, aus: PROKLA. Zeitschrift für kritische Sozialwissenschaft, 118, Berlin, 13–38.
Schmitter, Phillipe. 1991. The European Community as an emergent and novel form of political domination. Working Paper 91/26, Instituto Juan March de Estudios e Investigaciones, Madrid.
Streeck, Wolfgang (Hg.). 1998. Internationale Wirtschaft, nationale Demokratie. Frankfurt a.M./New York: Campus.
Waltz, Kenneth N. 1979. Theory of International Politics. Reading, Mass.: Addision Wesley.
Wiesenthal, Helmut. 1995. Konventionelles und unkonventionelles Organisationslernen: Literaturreport und Ergänzungsvorschlag, aus: Zeitschrift für Soziologie, 2, 137–155.
Willke, Helmut. 1998. Systemisches Wissensmanagement. Stuttgart: Lucius & Lucius.
Wolf, Klaus Dieter. 2000. Die neue Staatsräson. Zwischenstaatliche Kooperation als Demokratieproblem in der Weltgesellschaft. Baden-Baden: Nomos.
Zürn, Michael. 1998. Regieren jenseits des Nationalstaates. Frankfurt a.M.: Suhrkamp.

Lothar Brock und Stephan Hessler

Normen in der internationalen Politik: Geschichte, Bestimmungsfaktoren und Wirksamkeit

1	Die Selbstbindung von Staaten als Grundlage von Global Governance .	55
2	Zum Begriff der Norm	57
3	Geschichte der Normenbildung	58
4	Normen auf dem Gebiet der Weltwirtschaftspolitik	64
4.1	Das klassische Normengerüst: ein Erfolgsmodell	64
4.2	Fallbeispiel Finanzmärkte: der Markt als Norm	65
4.3	Rechtspluralismus und *Lex Mercatoria*	68
5	Theoriebezogene Fragen	71
5.1	Warum lassen sich Staaten auf Selbstbindung durch Normen ein?	71
5.2	Wirksamkeit	73
6	Fazit	75

1 Die Selbstbindung von Staaten als Grundlage von Global Governance

Die gegenwärtige Staatenwelt ist eingebunden in ein Netz von Normen, die sich inzwischen auf alle Bereiche des Öffentlichen beziehen – von der Gewährleistung physischer Sicherheit (einschließlich der Bekämpfung des Terrorismus) über die ökonomische Wohlfahrt, den Schutz des Einzelnen vor Willkür und Diskriminierung (Menschenrechte) und die Erhaltung der natürlichen Grundlagen des Lebens bis hin zur Regelung von Kommunikation und Verkehr, der Patentierung von Erfindungen oder der Bekämpfung von Krankheiten (Brock 1999). Das Bemerkenswerte dieses Sachverhaltes ist, dass die Rechtssubjekte, die diese Normen hervorbringen (das sind immer noch überwiegend die Staaten), sich durch die Normen selbst binden, soweit sie die entsprechenden Konventionen und Verträge ratifizieren. Zudem beteiligen staatliche Instanzen nichtstaatliche Akteure an ihrer Entscheidungsfindung. Diese Nichtregierungsorganisationen haben mit ihrer Expertise und ihrem Engagement bei der Regulierung grenzüberschreitender Problemfelder in den vergangenen Jahren eine erhebliche Bedeutung erlangt.

Staatenwelt: ein Netz von Normen

Die Selbstbindung der Akteure bezeichnet einen zentralen Aspekt von Global Governance, nämlich die Regulierung der Sozialbeziehungen im Wege einer frei vereinbarten Kooperation. Diese Kooperation hat sich im Laufe der Ent-

Internationale Kooperation:

wicklung des modernen Staatensystems vom Dreißigjährigen Krieg bis zur Gegenwart erheblich (allerdings nicht kontinuierlich) erweitert. Mehr und mehr bezieht sie auch die Regulierung innerstaatlicher Beziehungen (Menschenrechte, Sozialstandards) ein. Aus der Perspektive der Global Governance geht es dabei nicht um die formale Abgabe von Souveränität, sondern letztlich um den Versuch, rivalisierende Selbstbestimmungsansprüche ansatzweise auszugleichen und Nullsummenspiele, bei denen der eine verliert, was der andere gewinnt, in Mehrsummenspiele mit absoluten Gewinnen für alle umzuwandeln. Hier zeigt sich die Vielschichtigkeit von Global Governance. Der Begriff bezieht sich auf eine empirisch beobachtbare Entwicklung (wachsende Regelungsdichte) und fordert zugleich deren Weiterentwicklung im Sinne einer kooperativen Problem- und Konfliktbearbeitung (normative Komponente).

Vom Nullsummenspiel zum Mehrsummenspiel

Bei der Analyse der Normenbildung stellt sich eine Reihe von Fragen, deren Beantwortung unmittelbar für die Beurteilung der Entwicklungschancen von Global Governance relevant ist: Inwieweit kann man von einem historischen Prozess der fortschreitenden Ausdifferenzierung von internationalen Normen sprechen? Warum kommt es zur Herausbildung von Normen auf internationaler Ebene, und wie wirken die Normen angesichts des Sachverhalts, dass es auf der internationalen Ebene kein Gewaltmonopol gibt? Welche Bedeutung kommt Mischformen des Regierens jenseits des Staates, also den so genannten öffentlich-privaten Partnerschaften (*public-private partnership*), für die Generierung und Umsetzung von Normen zu? Inwieweit sind *zwischenstaatliche* Normen noch angemessen in einer Zeit der transnationalen, also die Grenzen durchschneidenden wirtschaftlichen, technologischen und sozialen Verflechtung, die auch die internationale organisierte Kriminalität und den Terror einschließt?

Das Phänomen Normenbildung wirft eine Vielzahl von Fragen auf

Die Beantwortung dieser Fragen hängt nicht nur von der Genauigkeit unserer Beobachtungen ab, sondern auch von den theoretischen Grundannahmen, die die Interpretation der internationalen Politik steuern und die weiter unten erläutert werden sollen. Der vorliegende Text geht eklektisch vor. Er greift die Probleme auf, die aus „realistischer", „materialistischer" und „idealistischer" Sicht thematisiert werden, und versteht sowohl die Struktur des internationalen Systems (fehlendes Gewaltmonopol) als auch materielle Interessen (Wechselwirkung zwischen inner- und zwischengesellschaftlichen Konflikten) sowie Ideen, Wertvorstellungen und Weltbilder als Bestimmungsfaktoren der internationalen Beziehungen. So werden hier die Herausbildung und Befolgung von Normen auf gesellschaftliche Präferenzen zurückgeführt, die sich im Spannungsfeld zwischen den strukturellen Gegebenheiten des internationalen Systems, der weltweiten technologischen Entwicklung und der Ausbreitung der Idee bilden, dass die Verhaltensregulierung durch Normen (statt durch unmittelbaren Zwang) im wohlverstandenen Interesse aller liegt und insofern der Fähigkeit des Menschen zu vernünftigem Handeln entspricht. Der Text nimmt zur Kenntnis, dass die technologische Entwicklung (von der industriellen Revolution bis zur Gegenwart) und die durch sie geförderten inter- und transnationalen Verflechtungsprozesse die materielle Grundlage für die enorme Beschleunigung der internationalen Normenbildung im 19. und 20. Jahrhundert bilden. Die Ausdifferenzierung von Normen dient der Ausschöpfung des damit geschaffenen Wohlfahrtspotentials durch Senkung von Transaktionskosten. Sie folgt insofern dem Theorem der ra-

Normenbildung aus realistischer, materialistischer und idealistischer Sicht

Normenbildung zur Senkung von Transaktionskosten: die institutionalistische Sicht

tionalen Wahl. Der jeweils artikulierte Bedarf und die tatsächliche Normenpolitik hängen aber zu einem erheblichen Teil von der Wahrnehmung der Grundstruktur des internationalen Systems und von den Weltsichten und Kulturtraditionen der Akteure ab. Die Normenbildung wird also keineswegs durch einen vorgegebenen Bedarf determiniert. Letzterer stellt vielmehr eine Konstruktion (i. S. einer geistigen Operation) dar, die in starkem Maße durch ideelle Faktoren beeinflusst wird.

Normenbildung beeinflusst von ideellen und ...

Es ist aber auch zu beachten, dass „ideell" nicht gleichbedeutend ist mit „ideal". Dies ist besonders deswegen bedeutsam, weil die Normenpolitik auch Teil einer hegemonialen Machtordnung ist (vgl. Brand und Scherrer in diesem Band). Dies kann sich positiv zugunsten der internationalen Normenbildung auswirken, soweit der Hegemon sie selbst forciert. Aber gerade die hegemoniale Normenpolitik führt umgekehrt dazu, dass der universelle Geltungsanspruch bestimmter Normen immer wieder in Frage gestellt wird (Universalismuskritik). Die Gegenkritik hebt darauf ab, dass die universelle Geltung von Normen durch ihren Entstehungszusammenhang keineswegs prinzipiell in Frage gestellt wird und dass z.B. die Gegenüberstellung von westlichen und asiatischen oder islamischen Werten nur dazu dient, autoritäre Herrschaftsverhältnisse zu stabilisieren. Diese Auseinandersetzungen offenbaren die politische Brisanz der Normenbildung, wobei der Streit um die Universalität von Normen mehr und mehr als Streit über ihre Interpretation in konkreten politischen, wirtschaftlichen und kulturellen Kontexten geführt wird. Global Governance umfasst von daher die Fähigkeit, die Kontroversen über die weltweite Normenentwicklung in rechtliche Bahnen zu lenken, d.h. prozedurale Regeln für den Umgang mit solchen Kontroversen zu schaffen.

strukturellen Faktoren

2 Zum Begriff der Norm

Normen können in einem umfassenden Sinne als kollektive Verhaltenserwartungen definiert werden oder, etwas genauer, als

> „kollektiv geteilte Standards angemessenen Verhaltens auf der Grundlage gegebener Identitäten einer Gemeinschaft von Akteuren" (Forschungsgruppe Menschenrechte 1998, 7; vgl. Jachtenfuchs 1995).

Unter dieser Perspektive wirken Normen als solche auf das Verhalten von Akteuren ein. Sie bedürfen nicht in jedem Fall der Durchsetzung (*Enforcement*) durch eine hierfür bestimmte Instanz. Die verhaltensregulierende Wirkung von Normen ergibt sich im Gegensatz zum unmittelbaren Zwang daraus, dass Normen auf einem Grundkonsens der Betroffenen beruhen, sich an Normen halten zu wollen, und dass Verhaltensstandards formuliert werden, von denen angenommen werden kann, dass sie von der Gemeinschaft der Normadressaten gebilligt werden. Der so verstandene Normbegriff ist demzufolge selbst normativ: Norm ist nur das, was von einer gedachten Gemeinschaft (zumindest im Grundsatz) als angemessen akzeptiert wird. Die Norm verweist in diesem Sinne auf das Recht bzw. ein allgemeines Rechtsempfinden. Zwar kann sie mit Sanktionen „bewehrt" sein (wie das z.B. im Strafrecht der Fall ist), sie wirkt aber nicht nur aufgrund dieser Sanktionen, sondern in erster Linie aufgrund ihrer Übereinstimmung mit dem von der jeweiligen Akteurgemeinschaft geteilten Rechtsempfinden.

Wirkung von Normen

Formale Bestimmung von Normen:

Normen sind nicht gleichbedeutend mit Gesetzen. Letztere können vielmehr als eine bestimmte Art von Normen gelten – nämlich als solche, bei denen die Verhaltensstandards in verbindlicher Weise festgelegt und in ein bestimmtes (hoheitlich sanktioniertes) Verfahren zur praktischen Anwendung der Regelungen eingebunden sind. Auf internationaler Ebene sind Normen in Verträgen, Abmachungen und Willensbekundungen (z.B. in den Resolutionen der *Vereinten Nationen*) enthalten. Sie können in ihrer Gesamtheit als internationales oder als Völkerrecht gelten. Insofern hier die Staaten Träger der Rechtsbildung sind,

Normen als zwischenstaatliches Recht

handelt es sich um zwischenstaatliches Recht. Der Staat ist aber nicht immer die Quelle des Rechts. So werden die Menschenrechte in der westlich-naturrechtlichen Denktradition als vorstaatliche Rechte verstanden. Die Menschenrechte werden aus dieser Sicht keineswegs durch internationale Menschenrechtsabkommen (s.u.) gewährt. Die Abkommen dienen lediglich als Instrument zum Schutz der dem Staat vorgegebenen Rechte.

Normen als privates Regelwerk

Darüber hinaus existieren Normen, die nichthoheitlichen Charakter haben. Dies gilt für einen Teil der Regeln, nach denen der Welthandel abläuft (*Lex Mercatoria*, Teubner 1995; 1998), und für die gegenwärtig allenthalben zu beobachtenden Tendenzen, Standards für Wirtschaftsaktivitäten zu formulieren. Während auf zwischenstaatlicher Ebene (unter Beteiligung von Nichtregierungsorganisationen) eine heftige Debatte über die Einführung von Sozialstandards (z.B. als Klauseln in Handelsverträgen) geführt wird, häufen sich auf nichtstaatlicher Ebene sehr viel weniger umstrittene Bemühungen, bestimmte Produkt- und Verfahrensstandardisierungen einzuführen. Zu nennen sind hier die Aktivitäten der *International Organization for Standardization* (ISO), die in einem seit langem eingespielten Verfahren bestimmte (technische, ökologische und soziale) Standards für die Herstellung und Qualität von Produkten formuliert. Besondere Beachtung hat in jüngerer Zeit der Versuch von Nichtregierungsorganisationen gefunden, Standards für „saubere Kleidung" oder die sozialverträgliche Herstellung von Teppichen zu entwickeln (Eindämmung von Kinderarbeit) und entsprechende Kennzeichnungen (*Labels*) einzuführen, die das Verhalten der Verbraucher im Sinne der Zielsetzung beeinflussen sollen.

3 Geschichte der Normenbildung

Normenbildung zur Friedenssicherung

Das moderne Staatensystem, dessen Konturen sich im Westfälischen Frieden (1648) abzuzeichnen begannen, beruht auf der wechselseitigen Anerkennung der Staaten als souveräne Einheiten mit gleichen Rechten. Immanuel Kant geißelte diese Rechte als gesetzlose Freiheit der Staaten, sich wie die „Wilden" im Naturzustand „unaufhörlich zu balgen". Der Rückgriff auf den Naturzustand stellte aber lediglich einen argumentativen Kunstgriff dar, der dazu diente, Kants Idee einer von der Vernunft gebotenen Friedensordnung Nachdruck zu verleihen. Tatsächlich befanden sich die Staaten keineswegs in einem Naturzustand. Vielmehr begründete die wechselseitige Anerkennung ein Rechtsverhältnis, das sich in der

Das Völkerrecht

Herausbildung des modernen *Völkerrechts* manifestierte. Das Völkerrecht war freilich zunächst darauf beschränkt, das Verhalten der Staaten im Krieg zu regeln (*ius in bello*). Das Recht zum Krieg (*ius ad bellum*) blieb davon unberührt, mehr noch: Es wurde durch das Recht im Krieg (also den Versuch, überbordende Gewalt zu verhüten) gestützt. Zahlreiche Vertreter der europäischen Aufklärung entwickelten Pläne dafür, wie dieses Recht eingeschränkt werden könnte (Raumer 1953). Aber erst in der zweiten Hälfte des 19. Jahrhunderts wurde der praktische Versuch unternommen, das Verhalten der Staaten über das klassische Völkerrecht hinaus bestimmten Regeln zu unterwerfen. Dies geschah zunächst durch die Herausbildung eines „humanitären Völkerrechts", das Kombattanten, Zivilpersonen und unbefestigte Wohnstätten im Krieg schützen sollte (Kimminich 1972). Neben die strengere Regelung der Kriegführung (die u.a. in der *Haager Landkriegsordnung* von 1907 festgeschrieben und durch die *Genfer Protokolle* von 1949 ergänzt wurde) trat aber auch schon der Versuch, durch die Einrichtung einer *Ständigen Schiedsgerichtsbarkeit* dem Recht zum Krieg die Pflicht zur friedlichen Beilegung von Streitigkeiten entgegenzustellen (*Haager Friedenskonferenzen* von 1898 und 1907). Damit wurde der Grundstein für den in Den Haag beheimateten *Internationalen Gerichtshof* gelegt. Außerdem wurden erste internationale Fachorganisationen zur Regelung von Kommunikation, Verkehr und Handel eingerichtet.

Seit dem Ende des 19. Jahrhunderts ist denn auch der Prozess der Normenbildung eng mit der Einrichtung internationaler Organisationen verbunden – zum einen in der Form, dass in den Satzungen dieser Organisationen je spezifische Verhaltensstandards formuliert wurden, zum anderen in dem Sinne, dass die Tätigkeit der internationalen Organisationen ihrerseits den Prozess der internationalen Normenbildung unterstützt. Damit ist keineswegs gesagt, dass die Vermehrung internationaler Organisationen als solche identisch sei mit der Verbreitung eines normengesteuerten Verhaltens der Staaten; denn beide, die Bildung von internationalen Organisationen und das Zustandekommen von Normen, erfolgen nicht jenseits je konkreter Machtverhältnisse und Interessenkonstellationen, sondern in enger Wechselwirkung mit ihnen. Ein viel zitiertes Beispiel für eine entsprechende Kritik internationaler Organisationen und der durch sie lancierten Normen ist die Studie des britischen Historikers E. H. Carr (1981) über den *Völkerbund*. Die Kritik internationaler Organisationen als Teil hegemonialer Ordnungen schließt ihrerseits aber keineswegs aus, dass internationale Organisationen zur Quelle internationaler Normenbildung werden, wie dies in der Geschichte der Normenbildung seit dem Ende des 19. Jahrhunderts tatsächlich der Fall war.

Normenbildung nicht jenseits konkreter Machtverhältnisse

Einen wichtigen Impuls lieferte in dieser Hinsicht die Satzung des eben schon erwähnten Völkerbundes, die einen entscheidenden Schritt über den auf den Haager Konferenzen erzielten Konsens hinaus machte. Nunmehr wurde eine erste *direkte* Einschränkung des Rechts zum Krieg (Pflicht zur Einhaltung einer Abkühlungsfrist in akuten Konflikten) eingeführt. Der *Briand-Kellogg-Pakt* von 1927 sprach darüber hinaus eine allgemeine Ächtung des Krieges als Mittel der Politik aus. In die Charta der Vereinten Nationen wurde dann ein generelles Gewaltverbot aufgenommen (Artikel 2, 4). Ausgenommen hiervon sind Maßnahmen im Rahmen der UN-Charta zur Erhaltung oder Wiederherstellung des Friedens (Kapitel VII UN-Charta) und das „naturgegebene" (also nicht erst durch die Charta gewährte) Recht eines jeden Staates auf Selbstverteidigung gegen einen bewaffneten Angriff (Artikel 51 UN-Charta).

Vom Völkerrecht zum Völkerbund

Schaubild I-3: Das System der Vereinten Nationen

HAUPTORGANE					
Sicherheitsrat	Generalversammlung	Wirtschafts- u. Sozialrat	Sekretariat	Internationaler Gerichtshof	Treuhandrat

UNTER-, HILFS- U. SONDERORGANE			SONDERORGANISATIONEN			
UN-Friedenstruppe	Ausschüsse, Kommissionen	Ausschüsse, Kommissionen	IFC	IDA	IMF	IBRD
			ILO	FAO	IFAD	WHO
2 int. Strafgerichtshöfe	Sonderorgane z.B. UNEP	Regionale Wirtschaftskommissionen	UNESC	UNIDO	WIPO	UPU
			ITU	WMO	ICAO	IMO

	SONDERSTATUS		AUTONOME	
	IAEA	CTBIO	WTO	WTO
	OPCW			

Abkürzungsverzeichnis:

CTBTO	Comprehensive Nuclear-Test-Ban-Treaty Organization
FAO	Food and Agriculture Organization
IAEA	International Atomic Energy Agency
IBRD	International Bank for Reconstruction and Development
ICAO	International Civil Aviation Organization
IDA	International Development Association
IFAD	International Fund for Agricultural Development
IFC	International Finance Corporation
ILO	International Labour Organization
IMF	International Monetary Fund
IMO	International Maritime Organization
ITU	International Telecommunications Union
OPCW	Organisation for the Prohibition of Chemical Weapons
UNESCO	United Nations Educational, Scientific and Cultural Organization
UNIDO	United Nations Industrial Development Organization
UPU	Universal Postal Union
WHO	World Health Organization
WIPO	World Intellectual Property Organization
WMO	World Meteorological Organization
WTO	World Tourism Organization
WTO	World Trade Organization

Das UN-System Aus dem Scheitern des Völkerbundes wurde bei der Gründung der Vereinten Nationen die Lehre gezogen, dass die Normenbildung im Bereich der hohen Politik (Entscheidung über Krieg und Frieden) durch entsprechende Anstrengungen in funktionsspezifischen Bereichen (Wirtschaft, Soziales, Gesundheit etc.) ergänzt werden müsste. So wurde neben dem UN-*Sicherheitsrat* der UN-*Wirtschafts- und Sozialrat* eingerichtet, dessen Arbeit von verschiedenen Fachkommissionen und Regionalausschüssen für wirtschaftliche Zusammenarbeit unterstützt wird. Daneben existieren unter dem Dach der UNO zahlreiche Sonderorganisationen (z.B. für Arbeit, Ernährung, Erziehung, Gesundheit und geistiges Eigentum) sowie ständige Hilfsorganisationen und Fachprogramme (z.B. für Kinder, Flüchtlinge, Entwicklung, Umwelt), die u.a. damit beschäftigt sind, Standards angemessenen Verhaltens in den jeweiligen Sachgebieten auszuarbeiten. Allerdings ist gerade die Regelung von Wirtschaftsfragen nur lose in das UN-System integriert. Mit dem *Allgemeinen Zoll- und Handelsabkommen* (GATT) von 1947 ist ein normativer Rahmen für die Welthandelspolitik geschaffen worden, der seit 1995 im Rahmen der *Welthandelsorganisation* (WTO) weiterentwickelt wird (Regelung des Handels mit Dienstleistungen, Schutz geistigen Eigentums etc.; vgl. Behrens in diesem Band). Der Versuch der Entwicklungsländer zu Beginn der 1970er Jahre, als Teil einer Neuordnung der Weltwirtschaft die *Welthandels- und Entwicklungskonferenz* der Vereinten Nationen (UNCTAD) anstelle von IWF, Weltbank und GATT zum eigentlichen Zentrum der Normenbildung in allen die Weltwirtschaft betreffenden Fragen zu machen, scheiterte spätestens mit der 1982 einsetzenden Verschuldungskrise. Von bleibender Bedeutung für die Herausbildung von Normen in diesem Bereich ist jedoch das *Internationale Arbeitsamt* (ILO), zu dessen Aufgaben es gehört, die Regelung der Arbeitsbeziehungen auf globaler Ebene nach bestimmten Standards zu vereinheitlichen (vgl. Schaubild I-3).

Von großer Bedeutung für die Weiterentwicklung der völkerrechtlichen Aspekte internationaler Normenbildung ist der bereits erwähnte Internationale Gerichtshof (IGH) in Den Haag, dessen Mitglieder vom *Sicherheitsrat* und der *UN-Generalversammlung* gewählt werden. Durch die Begründung seiner Entscheidungen in konkreten Streitfällen fungiert der IGH ähnlich wie Gerichte auf nationaler Ebene als zusätzliche Rechtsquelle (neben den entsprechenden legislativen Organen). Er spielt eine zentrale Rolle nicht nur für die Stabilisierung von Verhaltenserwartungen auf internationaler Ebene, sondern auch für deren inhaltliche Ausrichtung. In diesem Sinne wirken auch die Sondertribunale, die zunächst am Ende des Zweiten Weltkriegs eingerichtet wurden (Nürnberg und Tokio), um die damaligen Kriegsverbrecher abzuurteilen. In den 1990er Jahren wurden solche Sondertribunale zu den Konflikten im ehemaligen Jugoslawien und in Ruanda geschaffen. Damit wird das Verhalten von Einzelpersonen zum Gegenstand internationaler Normenbildung. Die 1998 in Rom von einer Vertragsstaatenkonferenz beschlossene Einrichtung eines *Internationalen Strafgerichtshofes* wird (analog zum Übergang von der Ad-hoc- zur ständigen Schiedsgerichtsbarkeit vor mehr als hundert Jahren) ein neues Kapitel der Normenbildung und Normenanwendung eröffnen.

<small>Der Internationale Gerichtshof</small>

<small>Der Internationale Strafgerichtshof</small>

Die Ausbreitung und Differenzierung von Normen auf internationaler Ebene haben sich keineswegs gleichmäßig vollzogen. Die beiden Weltkriege stellen tiefe Einschnitte dar, ebenso der Uni- und Bilateralismus in den 1930er Jahren (im Gefolge der Weltwirtschaftskrise von 1929). Solche Einschnitte und Brüche sind prinzipiell weiterhin möglich. Es wäre aber falsch zu vermuten, dass die Wende zu einer Politik der Deregulierung, die in den späten 1970er Jahren und in den 1980er Jahren vollzogen wurde, an sich einen solchen erneuten Einschnitt in die Weiterentwicklung internationaler Normen markiert. Es geht nicht um eine generelle Deregulierung, sondern um die Verlagerung der Stoßrichtung von Regulie-

<small>Kontinuität und Brüche der Normenbildung in der Geschichte</small>

rungsmaßnahmen. Als Beispiel sei hier auf die Auseinandersetzungen zwischen Industrie- und Entwicklungsländern über einen Ausbau des Patentschutzes im Kontext einer weiteren Liberalisierung des Welthandels verwiesen. Dieselben Akteure (allen voran die USA) treten hier für die Liberalisierung des Handels und zugleich für eine Verbesserung des Patentschutzes (als Barriere gegen den Missbrauch der Liberalisierung durch die Verletzung von Patentrechten) ein. Die Befürchtung, dass es im Zuge des verschärften globalen Wettbewerbs in den Industrieländern zu einem generellen Deregulierungswettlauf kommen werde, ist ebenfalls so nicht stichhaltig. Dieser Befürchtung steht die Beobachtung entgegen, dass gerade zunehmende Konkurrenz auch zu einem Wettlauf um Regulierung führen kann. Dies ist z.B. dort der Fall, wo sich die Einhaltung höherer Produkt- oder Verfahrensstandards einschließlich der ökologischen und sozialen Inputs als Wettbewerbsvorteil durch Imageverbesserung auswirkt (so genannter *Kalifornien-Effekt*, Genschel und Plümper 1997). Das kann dahingehend interpretiert werden, dass eine branchenspezifisch ansetzende Formulierung von Produkt- und Verfahrensstandards gegenüber einer wohlfahrtsstaatlich ansetzenden Regulierung gesamtgesellschaftlicher Belange an Bedeutung gewinnt.

Zugleich werden im Rahmen der Handelspolitik sozialpolitisch begründete Regulierungsforderungen erhoben. Die Rede ist hier von der „Nord-Süd"-Debatte über die Einbeziehung von Sozialklauseln in Handelsabkommen. Hier zeigt sich erneut, dass die Herausbildung von Normen in ein komplexes Interessengeflecht eingebunden ist (vgl. auch Kasten I-2). Die Befürworter der Sozialstandards in den westlichen Industrieländern argumentieren, dass die schlechten sozialen Bedingungen in vielen Entwicklungsländern zu Wettbewerbsverzerrungen führen. Die Entwicklungsländer halten dagegen, dass es den Industrieländern weder um soziale Fragen noch um fairen Handel gehe, sondern um die Schaffung neuer Formen des Protektionismus, die als „Antwort" auf Liberalisierungsvorbehalte in Entwicklungsländern gerechtfertigt werden.

Die Ausdifferenzierung von internationalen Normen ist mit einer Diversifizierung der Akteure (auf dem Gebiet der Normenbildung und -umsetzung) und der Rechtsquellen (s.u. Rechtspluralismus) einhergegangen. Schon die Bildung internationaler Fachorganisationen im 19. Jahrhundert ist z.T. in Verbindung mit den Aktivitäten einer sich damals (neu) formierenden internationalen Zivilgesellschaft zu sehen (Friedensbewegung, Arbeiterbewegung, Frauenbewegung; vgl. Finnemore 1996). In der Zwischenzeit hat die Rolle der Nichtregierungsakteure im Prozess der internationalen Normenbildung erheblich an Bedeutung gewonnen, wobei hier ebenso Lobbyorganisationen am Werk sind, die Partikularinteressen befördern (z.B. Industrie- und Handelskammern), wie Gruppen, die gemeinwohl-orientierte Anliegen vertreten (z.B. Umweltorganisationen). In offenbar zunehmendem Maße wirken solche Akteure nicht nur auf die Normenbildung durch offizielle Gremien ein, sondern bringen selbst oder in Verbindung mit offiziellen Gremien (*public private partnership*) Verhaltensstandards hervor (Brühl et al. 2001). Ein Beispiel liefert die schon erwähnte International Organization for Standardization (ISO), die 1947 gegründet wurde und inzwischen eine enorme Bedeutung für die Steuerung von Wirtschaftsprozessen durch die Formulierung von Produktstandards gewonnen hat. Die Selbstregulierung der Staaten interagiert hier mit der Selbstregulierung von Wirtschaftssubjekten, wobei der Spielraum, den der Staat für die „private" Selbstregulierung bietet, mit der wirtschaftspolitischen Wende vom nationalstaatlichen Wohlfahrts- zum globalistischen Wettbewerbsstaat erheblich zugenommen hat.

Kasten I-2: Ein globaler Pakt?

> Im Januar 1999 lancierte Kofi Annan auf dem Weltwirtschaftsforum in Davos, bei dem sich alljährlich die Eliten aus Politik und Wirtschaft einfinden, die Idee zu einer Partnerschaft zwischen der UNO und der Geschäftswelt. Die Initiative mit dem Namen Global Compact (Globaler Pakt) wurde nur kurz nach dem Fiasko des Weltwirtschaftsgipfels aus der Taufe gehoben. Sie soll die Schwierigkeiten bewältigen helfen, die manchen Volkswirtschaften aus der direkten Konfrontation mit der Allmacht des Marktes erwachsen, wenn dem sozialen Fortschritt angesichts der Globalisierung enge Grenzen gesetzt sind und sich die Opposition gegen die Auswirkungen dieser Globalisierung lauter artikuliert.
>
> Mit Global Compact ruft Annan die Eliten des privaten Sektors auf, sich zu ihrer zivilen Grundeinstellung zu bekennen und Verantwortung zu übernehmen. In enger Zusammenarbeit mit der UNO und ihren Unterorganisationen sowie mit Nichtregierungsorganisationen sollen sie bei der Ausarbeitung allgemein verbindlicher universaler Werte mitwirken. Nach den Worten des Generalsekretärs geht es darum, „das Potenzial des Marktes mit der Autorität universeller Ideen zu verbinden". Global Compact schlägt vor, in den Bereichen Menschenrechte, Arbeit und Umwelt neun Hauptprinzipien einzuhalten, die niedergelegt sind in der allgemeinen Erklärung der Menschenrechte, in den Statuten der Internationalen Arbeitsorganisation (ILO) und auch in den Resolutionen des Umweltgipfels von Rio 1992 und des Kopenhagener Gipfels für soziale Fragen 1995. Es handelt sich, wie die UNO erklärt, um die „ambitionierteste Bemühung zur Etablierung von Arbeitsbeziehungen zwischen der UNO, dem privaten Sektor und den Bürgerbewegungen".
>
> Die Kontakte mit dem privaten Sektor führten im Juni 1999 zu einem Treffen bei den Vereinten Nationen in New York, bei dem sich etwa hundert Führungskräfte internationaler Konzerne öffentlich dafür ausgesprochen haben, den Globalen Pakt zu unterstützen. In drei Jahren, so eines der beschlossenen Ziele, wolle man die Unterstützung von etwa hundert multinationalen Firmengruppen und etwa tausend nationalen Unternehmen gewonnen haben.
>
> Am Ende einigte man sich auf eine Formulierung, wonach es sich bei Global Compact nicht um einen Verhaltenskodex handelt, „sondern um einen Referenzrahmen und eine Dialogplattform, die zu mehr Übereinstimmung zwischen den Praktiken des privaten Sektors und den universellen Werten führen soll". Als Garant des Unternehmens soll die UNO fungieren. Deren Initiative versteht sich in einem evolutionären Sinn. Aber ihre Unschärfe sowie das Fehlen juristischer Druckmittel und jeglicher Kontrolle darüber, ob die unterzeichneten Vereinbarungen von den multinationalen Firmen auch eingehalten werden, haben auch Kritiker auf den Plan gerufen. In dem Text „Die Vereinten Nationen in zweifelhafter Gesellschaft" hebt eine Vereinigung von Nichtregierungsorganisationen hervor, dass „Global Compact denjenigen Konzernen, deren Menschenrechtsverletzungen und Umweltzerstörungen notorisch sind, die Möglichkeit gibt, ihr Image aufzubessern, indem sie sich mit dem blauen Banner der Vereinten Nationen drapieren".

Quelle: LE MONDE *diplomatique*, Dezember 2000, 13

4 Normen auf dem Gebiet der Weltwirtschaftspolitik

Globalisierung: relativer und selektiver Anstieg grenzüberschreitender Aktivitäten

Begriffliche Charakterisierung: „ungleichzeitige Denationalisierung" (Zürn), „Entgrenzung" (Brock und Albert)

Globalisierung kann, ohne auf die Problematik und Vielschichtigkeit des Begriffes und seiner Verwendung eingehen zu müssen, als ein relativer Anstieg der grenzüberschreitenden gegenüber inländischen Aktivitäten definiert werden (Albert et al. 1999). Ganz offensichtlich vollzieht sich Globalisierung in unterschiedlichen Geschwindigkeiten: Während sich die grenzüberschreitenden Wirtschaftsbeziehungen sowie die globalen Informations- und Kommunikationsstrukturen rasch verdichten, bleibt die politische Einbindung der ökonomischen Sphäre vorerst hinter dieser Dynamik zurück. Zürn (1992) hat hierfür den Begriff der „ungleichzeitigen Denationalisierung" geprägt; Brock und Albert (1995) sprechen mit Blick auf das Auseinanderfallen der Grenzen von Staat, Wirtschaft und Gesellschaft von „Entgrenzung".

Insbesondere aus der Sicht privater Akteure scheinen die Transaktionskosten einer klassischen Konfliktregelung im internationalen System anzusteigen. Das hat zur Folge, dass sich in der Konfliktbearbeitung und Regulierung der internationalen Wirtschaftsbeziehungen neben den klassischen Foren der Konfliktaustragung zum Teil eine eigene, Normen generierende Praxis privater Regulierungsformen entwickelt hat. Es stellt sich die Frage, ob die Zunahme privater Initiativen, die ohne Rückgriff auf die klassischen Institutionen zwischenstaatlicher Kooperation auszukommen scheinen, in Konkurrenz zum „althergebrachten" Normensystem der Moderne steht und ob sich gar ein Strukturbruch in der Ausbreitung der normativen Integration in Richtung eines „postmodernen" Partikularismus privater Couleur abzeichnet.

Aus dem Vorherigen ergibt sich, dass die Global-Governance-Problematik nicht nur die zwischenstaatlichen Normen umfasst, sondern auch die Selbstregulierung der Wirtschaftssubjekte und deren hybride Regulierungsformen. Dieser Normen- oder Rechtspluralismus verweist auf die zunehmende Flexibilität von Regulierungsansätzen, damit zugleich aber auch auf die wachsenden Schwierigkeiten demokratischer Kontrolle. Eine solche Kontrolle stellt das zentrale Problem der Global Governance dar.

4.1 Das klassische Normengerüst: ein Erfolgsmodell

Verregelung internationaler Beziehungen nimmt zu

Die Ausführungen zur Geschichte der normativen Integration haben gezeigt, dass die Verregelung der internationalen Beziehungen säkular zunimmt: in geographischer Hinsicht, weil sich immer mehr Staaten dem westlichen Konstitutionsmuster demokratischer Verfasstheit anschließen, und in struktureller Hinsicht, weil immer mehr Problembereiche von einer Normierung erfasst und in ein institutionalisiertes, immer dichteres Netz von Regeln eingebunden werden. Man kann also von einer Erweiterung und Vertiefung der normativen Selbstbindung von Nationalstaaten sprechen. Was sich zunächst als ein innerstaatlicher Prozess der bürgerlichen Emanzipation vollzog und sich in der weithin akzeptierten rechtlichen Verfasstheit einer *balance of power* zwischen der Staatsmacht und den Staatsbürgern manifestierte, kennzeichnete zunehmend auch das Verhältnis der Staaten zueinander. Es handelt sich heute aber nicht um die Annäherung an einen Weltstaat, sondern um eine Verfasstheit in der Form dauerhafter, multinationaler Foren und Konfliktregelungsmechanismen, wie sie im UN-System angelegt und später in Streitschlichtungs- und Rechtsprechungsinstrumenten verfeinert wurden. Beispielhaft sind in dieser Hinsicht das *Dispute Settlement Body* der Welthandelsorganisation für den Bereich des Güterhandels (vgl. Behrens in diesem Band) und der Internationale Strafgerichtshof zur Ahndung von Kriegsverbrechen. Hier können Regelverstöße nicht nur angeprangert, sondern auch bestraft werden. Sie stellen einen Vorgriff auf eine von universalistischen Normvorstellungen durchsetzte Staatlichkeit auf globaler Ebene dar (Albert und Hessler 2002; vgl. kritisch dazu Schmidt in diesem Band).

Seit dem Ende des Ost-West-Konfliktes beobachten wir eine Universalisierung und Homogenisierung politischer Herrschaft in der Form des Territorialstaates und eine zunehmende Verrechtlichung der innerstaatlichen Ordnung. Das Konstitutionsmuster des Nationalstaates kontinentaleuropäischer und angelsächsischer Prägung setzt sich weltweit durch. Noch nie in der Geschichte sind so viele Länder demokratisch regiert worden. Im Transformationsprozess in den ehemals sozialistischen Ländern und in der Entwicklungszusammenarbeit wird die demokratische Verfasstheit von Staaten durch *institution building* unterstützt.

<small>Normative Integration internationaler Beziehungen</small>

Good-Governance- und Institution-Building-Konzepte beschränken sich freilich auf die innerstaatliche Ebene. Dies belegt, dass die Herausbildung von Normen und deren Durchsetzung einem Wertekonsens entwachsen, der an ein aufgeklärtes Bewusstsein in der OECD-Welt gebunden ist. Er appelliert an die Eigenverantwortung des Individuums und lässt die Ungleichheiten auf der globalen Ebene dabei oft außer Acht. So fristen die vom Süden propagierten Menschenrechte der dritten Generation, die ein Recht auf Entwicklung einschließen, nach wie vor ein Schattendasein. Es besteht die Gefahr, dass mit einer Verrechtlichung der internationalen Beziehungen, die von den Interessen der Industrieländer geprägt wird, auch eine Zementierung der globalen Ungleichheit einhergeht. Der Entwurf zu dem im Rahmen der OECD verhandelten *Multilateral Agreement on Investment* (MAI) sah vor, dass der Reisefreiheit unternehmerischer Führungskräfte keinerlei Grenzen gesetzt werden dürfen (Albert und Hessler 2002). Das Recht zum Grenzübertritt bleibt dagegen allen Kriegs- und Elendsflüchtlingen verwehrt. Aus der Sicht der Entwicklungsländer vollzieht sich die normative Integration der internationalen Beziehungen mehr als eine zunehmende Welteinheit in wachsender Ungleichheit.

<small>Die Schattenseite normativer Integration: Ungleichheit</small>

4.2 Fallbeispiel Finanzmärkte: der Markt als Norm

Es entspricht dem demokratischen Ideal, dass möglichst viele Menschen über einen möglichst großen Teil dessen mitbestimmen können, was ihr Leben beeinflusst. Die Strukturveränderungen in der Weltwirtschaft aber haben die Gewichte dahingehend verschoben, dass ein immer größerer Teil globaler Einflussfaktoren aus einer regulativen Einbindung herausfällt.

Insbesondere die Finanzmärkte (vgl. Huffschmid in diesem Band) entziehen sich heute weitgehend einer demokratischen Kontrolle. Die globalen Finanzmärkte wiesen in den vergangenen zwei Jahrzehnten ein Wachstum auf, das die Entwicklung anderer Branchen in den Schatten stellt. So beträgt der Umsatz an

<small>Unregulierte Finanzmärkte</small>

den Devisenmärkten heute pro Tag 1,5 Billionen US-Dollar, das entspricht dem Neunzigfachen des weltweiten Güterhandels (Albert und Hessler 2002). Während klassische Bereiche weltwirtschaftlicher Verflechtung auf der nationalen oder internationalen Ebene in ein Regelsystem eingebunden sind, sind es ausgerechnet prioritäre ökonomische Problemfelder wie die Instabilität der globalen Finanzmärkte, die von einer normativen Integration (bisher) weitgehend ausgenommen sind.

Das mag aus dem universalistischen Blickwinkel ein historisches Zwischenstadium darstellen, das nach einigen Krisenjahren schließlich mit der Einbettung in ein verfasstes Regelsystem abgeschlossen werden wird. Das gegenwärtige Stadium der „disembedded financial markets" (Ruggie 1982; Polanyi 1990) kann aber auch als ein autonomes, vom gesellschaftlichen Konsens abgekoppeltes Normengerüst interpretiert werden, das den „Markt" als ideologische Alternative zum „Staat" ansieht. Dem Staat und den staatenzentrierten internationalen Organisationen kommt darin allenfalls die Funktion des Garanten einer marktgerechten Infrastruktur zu. Vertreter des „minimal state" (z.B. Nozick 1974) gehen sogar so weit, die Garantiefunktionen im Bereich der Ökonomie, des Rechts und der Sicherheit infrage zu stellen.

Markt: ideologische Alternative zum Staat?

Die Ideologie des *minimal state* ist unter den vom Neoliberalismus geprägten Akteuren auf den Finanzmärkten weit verbreitet. Strategien und Instrumente auf den neuen Finanzmärkten haben sich in einer mehr oder weniger bewussten, aber zumindest hoch profitablen Opposition zu den Nationalstaaten und ihren internationalen Regulierungsinstrumenten herausgebildet. Positiv formuliert, unterziehen Finanzmarktakteure die institutionellen Stabilitätsvorgaben wie etwa fixierte Wechselkurse einem permanenten Test. Negativ ausgedrückt, spekulieren sie gegen die Stabilität, die Staaten aufgrund ihrer normativen Rückkoppelung nach innen und außen gewährleisten müssen, und produzieren damit Instabilität. Millman (1995) beschreibt Finanzmarktakteure in bewusster Analogie zu den Warlords vergangener Zeiten als die neuen Vandalen, die von unregulierten Offshorestandorten ihre Raubzüge unternehmen. Von Offshorestandorten wie den britischen Kanalinseln, den karibischen Virgin Islands oder den Banken und Stiftungen in Luxemburg, Liechtenstein, Malta oder Panama wird heute ein beträchtlicher Teil des Weltvermögens verwaltet, der in kurzfristigen Spekulationsgeschäften zirkuliert. Die Akteure auf diesen Märkten entziehen sich nicht nur der Kontrolle mächtiger Territorialstaaten, deren Steuergesetzgebung und deren Regulierungsvorschriften, sondern auch deren Normen-und-Werte-Gerüst. So rechtfertigte sich George Soros (1998), dessen spekulative Attacke das britische Pfund 1992 aus dem Europäischen Währungssystem herauskatapultiert hatte, dass die Unfähigkeit der internationalen Finanzmarktregulierung Spekulanten geradezu ermuntere, sich öffentliche Güter anzueignen. Die Normverletzung wird dadurch selbst zur Norm stilisiert. Dies kann zu einer Erosion bestehender Normen und zur Ausbreitung eines neuen Ordnungsmusters führen.

Finanzmarktakteure:

Globale „Warlords"

Gefahr für Stabilität, wenn Normverletzung zur Norm wird

Unfehlbarer Markt? Die strukturelle Perspektive

Im Falle der Normenkonkurrenz mit den Finanzmärkten beobachten wir seit Jahren eine freiwillige Selbstentmachtung des Staates und der internationalen Institutionen, deren Normengerüst bereits unter dem Eindruck der neuen, geschichtsmächtigen Erzählung vom unfehlbaren Markt steht. Er wird zu einer legitimen Entscheidungsinstanz erhoben, die mit einem höheren Anspruch auf Gerechtigkeit ausgestattet ist, als sie fehlbare politische Akteure jemals herstellen könnten. Rolf Breuer (2000) bezeichnet die Finanzmärkte als „fünfte Gewalt". Der Markt erscheint in dieser Interpretation, die im Übrigen von der Mehrzahl der Finanzmarktakteure geteilt wird, als ein entpersonalisierter Souverän, der den Staat in seinen Aufgaben entlastet und seine Funktion auf die Bereitstellung eines geeigneten Marktumfeldes reduziert.

Bei genauer Betrachtung stellen wir allerdings fest, dass die Finanzmärkte, die in der ökonomischen Theorie des Mainstream oft als eine dem idealen Modell nahe, vollständige Konkurrenzsituation dargestellt werden, keine entpersonalisierte Entscheidungsebene sind, sondern von Akteuren betrieben werden. Sie neigen aufgrund eigener Welt- und Wertvorstellungen zu Fehlperzeptionen, die sich immer wieder in Finanzkrisen manifestieren. Die Attraktivität des Modells der privaten Regulierung ist dadurch gesunken. In der Bereinigung der Finanzkrisen der letzten Jahre in Mexiko, Asien, Russland und Brasilien kam nicht das Verursacherprinzip zur Anwendung, sondern es wurde eine Sozialisierung der Kosten betrieben. Die Rettungspakete des IMF in Höhe von mehr als 150 Mrd. US-Dollar zahlte letztlich die Staatengemeinschaft, die Steuerzahler in den Geberländern und die Opfer der Auflagenpolitik in den Krisenländern.

Fehlperzeptionen aus der Akteurperspektive

Sozialisierung von Kosten als Folge von Fehlperzeptionen

Die Sozialisierung der Kosten führte aufgrund der demokratischen Selbstbindung der Staaten dazu, dass diese von den Finanzmärkten nun verstärkt die Kosten der Sozialisierung einfordern. Ende der 1990er Jahre begann eine ordnungspolitische Debatte um die Reform der *Internationalen Finanzinstitutionen* (IFI) und eine neue Finanzmarktarchitektur, in der sich zwei konkurrierende Vorstellungen herausgebildet haben: In den USA tendiert man dazu, die indirekte Subventionierung der neuen Finanzmärkte zu beenden, und strebt einen Rückzug der IFI aus der Verantwortung für die Finanzmärkte an (Meltzer-Report 2000). In Kontinentaleuropa, in Japan und in vielen Schwellenländern wird gefordert, die klassischen Modi normativer Integration nun auch in eine Regulierung der Finanzmärkte einfließen zu lassen. In der Diskussion stehen neben einer Einbeziehung der Gläubiger in die Kosten der Krisenbereinigung (IMF 2001) und der Wiedereinführung nationalstaatlicher Kapitalverkehrskontrollen (Eichengreen 1998; Krugman 1999) auch die Schaffung einer globalen Aufsichtsbehörde, einer *World Financial Authority* (Eatwell und Taylor 1999), einer Tobin-Steuer auf spekulative Devisenumsätze sowie eine stärkere Überwachung bisher unregulierter Standorte und Produktsegmente (Huffschmid 1998 und in diesem Band).

Versuche öffentlicher Regulierung der Finanzmärkte

Es ist zu erwarten, dass sich das Verhältnis zwischen privater und öffentlicher Regulierung mit dem Wechsel von Marktsituationen verschiebt. Erfüllen die Finanzmärkte die Funktion effizienter Kapitalallokation, dann werden private Foren dominieren. Gerät das Finanzsystem in eine erneute Krise, dann wird die private durch öffentliche Regulierung ersetzt werden. Die Selbstbindung privater Akteure wird aber voraussichtlich nicht zu staatlicher Autonomieübertragung führen, solange keine demokratische Kontrolle der Finanzmärkte besteht. Es wird also auf absehbare Zeit eine Koexistenz zwischen beiden Regulierungsformen geben. So hat sich zur Begrenzung des Erfüllungsrisikos im Devisenhandel, das im Extremfall in einer Kettenreaktion das gesamte Weltfinanzsystem lahm legen könnte, auf Initiative der *Bank für Internationalen Zahlungsausgleich* eine „G-20"-Initiative gegründet. Darin sind nicht, wie man meinen könnte, die zwanzig größten Staaten, sondern die umsatzstärksten Finanzhäuser involviert.

Prognose: Koexistenz öffentlicher und privater Regulierungsformen bzw ...

"hybride Regulierungsformen" | Auch dem *Financial Stability Forum* gehören neben Vertretern von Zentralbanken und multinationalen Organisationen auch Wissenschaftler und Bankexperten an. Man spricht in diesem Zusammenhang von „hybriden Regulierungsformen" (Brock und Hessler 1999). Untersuchungen zur Risikobegrenzung auf den Finanzmärkten haben gezeigt, dass auf der Seite privater Akteure durchaus eine Bereitschaft zur regulativen Selbstbindung vorhanden ist (Strulik 2000). Es wäre aber grob fahrlässig, das Risikomanagement von Banken oder die Verhaltensnormen zur Bekämpfung von Geldwäsche ausschließlich privaten Foren zu übertragen.

4.3 Rechtspluralismus und Lex Mercatoria

Globalisierung des Rechts ...

Weltrechtsordnung?

Eine mit den Veränderungen auf den Finanzmärkten verbundene Entwicklung zeichnet sich auch in der Globalisierung des Rechts ab. Aus einer universalistischen Perspektive muss auf die ökonomische Globalisierung eine gemeinsame Weltrechtsordnung folgen, welche die unterschiedlichen nationalen Rechtsauslegungen durch einheitliche Kodizes ersetzt. Ein homogener Rechtsraum würde in funktionaler Sichtweise die Transaktionskosten grenzüberschreitender Beziehungen senken, die Verhaltenserwartungen der Akteure stabilisieren und die Akzeptanz von Verhaltenseinschränkungen erhöhen.

Problem: unterschiedliche Rechtstraditionen

Von einer einheitlichen, universellen Rechtsordnung sind wir aber derzeit weit entfernt. Vielmehr koexistieren heute mehrere unterschiedliche Rechtstraditionen, die sich aus dem historisch gewachsenen Werte-und-Normen-System der Nationalstaaten herausgebildet haben, und wirken auf regionaler und globaler Ebene in die Verregelung und Verrechtlichung der internationalen Beziehungen hinein. Dort finden sich Ordnungsvorstellungen, die dem kontinentaleuropäischen Staatsrecht entsprechen, und ebenso tradierte Normen des angelsächsischen *Common Law*.

Zwei Blöcke von Rechtsordnungen:

Common Law und das europäische Staatsrecht

Betrachtet man die Weltkarte für Rechtssysteme, so deckt das Staatsrecht kontinentaleuropäischer Prägung einen großen Teil der Staatenwelt ab. Wenn wir von einigen Mischformen wie in Skandinavien und diversen Ausnahmen wie Russland, Nordkorea, Kuba oder dem islamischen Recht der Scharia einmal absehen, so ist die Rechtsordnung der Welt heute in zwei Blöcke geteilt: In Großbritannien, Australien, Nordamerika und vielen Staaten des Commonwealth herrscht das Common Law vor. In den übrigen Regionen dominiert die kontinentaleuropäische Rechtsauffassung. Die geographische Ausbreitung des europäischen Staatsrechtes lässt sich aber nicht allein durch dessen Legitimitätsgrad begründen. Vielmehr erfolgte die „normative Integration" dieses Rechtsraumes der Logik der kolonialen Ausbreitung. Das gilt auch für den zweiten großen Rechtsraum, dessen Verbreitung sich auf die angelsächsische Welt beschränkt. Dort hat sich das Richterrecht, das Common Law, etabliert, dessen Rechtsquellen ausschließlich frühere Rechtsentscheidungen darstellen.

Die Rechtspraxis innerhalb dieser beiden Blöcke weist von Staat zu Staat ebenfalls große Unterschiede auf. Zudem haben sich noch weitere Varianten von Rechtssystemen etabliert, in denen sich eigenständige Rechtstraditionen mit denen Kontinentaleuropas und der angelsächsischen Welt vermischen. Innerhalb der OECD-Staaten sind hier besonders die skandinavischen Länder zu nennen.

Die Komplexität steigt weiter an, wenn wir die OECD-Welt verlassen: Unternehmen, die in arabischen Staaten Niederlassungen betreiben, müssen sich zusätzlich mit dem islamischen Recht auseinander setzen, in welchem das Zinsverbot die Palette der Finanzprodukte erheblich einschränkt. Auch das Recht in postsozialistischen Staaten weicht mitunter erheblich vom Rechtsverständnis in anderen Regionen ab. So war der Erwerb von privatem Landbesitz im russischen Recht nicht vorgesehen.

Alle diese regionalen und nationalen Ausprägungen sind kaum in ein Kategoriensystem von besser oder schlechter zu überführen. Sie sind vielmehr das Ergebnis eines dauerhaften Prozesses der Normenbildung und -ausbreitung auf der Basis unterschiedlicher kultureller Traditionen und Wertvorstellungen.

Normenbildung und ausbreitung: ein historisches Produkt

Die plurale Weltrechtsordnung war schon immer konflikträchtig, garantierte aber immerhin im nationalstaatlichen Rahmen Rechtssicherheit. Mit dem Anstieg grenzüberschreitender Wirtschaftsbeziehungen und dem Aufbrechen der Einheit von Nationalstaat, Nationalökonomie und Rechtsraum, das wir als „Entgrenzung" bezeichnen (Brock und Albert 1995), traten die Schwächen des Rechtspluralismus zutage.

Rechtspluralismus wird durch „Entgrenzung" zum Problem ...

Wenn Unternehmen in mehreren Staaten oder gar Offshorestandorten agieren, ergibt sich die Schwierigkeit, dass Geschäftspartner unterschiedliche Rechtstraditionen beachten müssen. Sind mehrere Parteien an einem Geschäft beteiligt, dann entstehen zwangsläufig Konflikte. Diese Konflikte häufen sich, wenn es um Bereiche geht, deren nationalstaatliche Regulierung aufgrund unterschiedlicher Rechtstraditionen und Wertvorstellungen große Unterschiede aufweist. Zugleich können plurale Rechtsordnungen zu internationalen Spannungen führen, wenn etwa multinationale Unternehmen die Unterschiede im Steuerrecht oder den Bilanzierungsrichtlinien ausnutzen. Angesichts dieses Patchworks an Rechtssystemen wird klar, weshalb sich die Globalisierung der Wirtschaft bisher weitgehend auf große Unternehmen beschränkt. Kleinere Unternehmen könnten die Kosten der Rechtsabwicklung gar nicht aufbringen. Es gibt zwar auch internationale Gremien, die mit dem universalistischen Anspruch einer normativen Integration auf Weltebene korrespondieren, wie die International Organization for Standardization (ISO), die *International Chamber of Commerce* (ICC), das internationale Handelsrecht und diverse Spezialbehörden, die sich etwa mit der Sicherheit von Öltankern befassen, für weite Bereiche postmoderner Dienstleistungen im Bereich der Kommunikation, im Markt für Patente und in den Finanzmärkten hat sich bisher jedoch kein verbindlicher Standard etabliert, der Akteuren ein einheitliches Normensystem böte. Das vorherrschende Ordnungsmuster der internationalen Rechtsordnung stellt nach wie vor der Bilateralismus dar, der sich in Auslieferungs- oder Doppelbesteuerungsabkommen manifestiert.

und führt infolgedessen zu Konflikten

In diesem regulativen Umfeld hat sich eine Vielzahl privater Intermediäre eingeschaltet, deren Tätigkeit aber keineswegs nur unter dem Aspekt einer additiven Konfliktbereinigung gesehen werden darf. Die Tätigkeit internationaler Anwaltskanzleien zur Normenbildung und Konfliktbereinigung verweist auf den steigenden Einfluss privater Akteure in der Bearbeitung von Rechtsfragen, die sich aus der Zunahme grenzüberschreitender Wirtschaftsaktivitäten ergeben. In der Regulierung des Internets (Braithwaite und Drahos 1999; Cutler et al. 1999) oder des Risikomanagements im Devisenhandel (Brock und Hessler 1999) und

Private Akteure als Intermediäre zur Konfliktbereinigung ...

im Bankenwesen (Strulik 2000) gehen private Akteure zunehmend eigene Wege. Neben den öffentlichen Rechtsordnungen Staatsrecht und Common Law etabliert sich auf der Ebene der globalen Wirtschaftsbeziehungen eine weitere, private Rechtsordnung, die *Lex Mercatoria*. Nach Teubner (1996) und Ziegert (2002) stellt die private Rechtsfindung eine effiziente Ergänzung zu den verfassten Rechtssystemen dar, weil ihre Flexibilität dem oft kurzfristigen Charakter der Geschäftsbeziehungen, immer schnelleren Produktlebenszyklen und dem hohen Innovationsgrad auf einigen Märkten entgegenkommt. Sie folgt dabei einem rein funktionalen Rechtsverständnis. Aus systemtheoretischer Sicht stellt Recht eine „Sonderform der Kommunikation" dar (Luhmann 1993). Diese Minimaldefinition schreibt dem Recht die Funktion der Stabilisierung von Verhaltenserwartungen zu, eine Aufgabe, die zweifelsohne nicht nur von einem einzigen Rechtstypus erfüllt werden kann. Vielmehr können sich je nach Umwelt und Selbstwahrnehmung verschiedenste Rechtsordnungen herausbilden und in funktionaler Differenzierung weiterentwickeln. Recht kann im weitesten Sinne nur dort zur Anwendung kommen, wo es akzeptiert wird. Wo also Kommunikation stattfindet, ist auch Recht. Teubner (1996; 1998) führte ein Argument des Rechtssoziologen Eugen Ehrlich (1913) ins Feld, um zu verdeutlichen, dass eine normative Durchsetzung des Staatsrechts bis in den letzten Winkel der modernen Welt nicht der Weisheit letzter Schluss sein könne. Ähnlich der Peripherie des Habsburger Reiches, dessen Rechtsordnung in der Bukowina, einer Vielvölkerregion an den Rändern der Monarchie, nie Fuß fassen konnte, erzwängen auch die komplexen Verhältnisse der „globalen Bukowina" eine Rechtsordnung, die sich signifikant von der Idee der normativen Durchdringung der Welt universalistischer Couleur unterschiede.

In der normativen Interpretation ist Recht wesentlich mehr als nur Funktion. Recht steht immer im Zusammenhang mit der Legitimität von Herrschaft, der Transparenz der Entscheidungsmodi, einer dauerhaften Gültigkeit und einem Wertesystem, das sich im Recht widerspiegelt und vervielfältigt. Es stellt sich die Frage, ob es sich bei den privaten Entscheidungssystemen überhaupt um Recht handelt. Dies wird von der normativen Schule ebenso wie von der juristischen Orthodoxie verneint. Mehrere Argumente kommen hier zum Tragen:

- Dem „Recht", wie es von privaten Anwaltskanzleien und diversen Ad-hoc-Gremien ausgehandelt wird, liegen keine eingrenzbaren Rechtsquellen zugrunde. Es herrscht vielmehr eine *Beliebigkeit in der Auswahl von Rechtsquellen*, die bei Bedarf dem Richterrecht, dem Staatsrecht, dem Naturrecht oder der eigenen Rechtsschöpfung entspringen können.
- Es werden Entscheidungen getroffen, die meist *nur von kurzer Gültigkeitsdauer* sind. Sobald sich die Marktsituation oder die internen Machtkonstellationen verändern, stehen die getroffenen Entscheidungen erneut zur Disposition.
- Die privaten Foren der Entscheidungsfindung sind *keine transparenten Gremien*, deren Arbeit nach festgelegten Arbeitsschritten und Verfahrensweisen erfolgt. Ihnen haftet der Makel der Nichtöffentlichkeit und des Klandestinen an.
- In den Verhandlungen kommt nur eine kleine Gruppe von Akteuren zusammen, deren Verhandlungsergebnisse in hoheitsstaatliches Recht übergehen.

Hierin kommt der *exklusive Charakter der privaten Regulierungsmodi* zum Ausdruck. Bestimmte Marktteilnehmer können bewusst von diesem Prozess ausgeschlossen und von den getroffenen Entscheidungen ökonomisch geschädigt werden.

– exklusiver Charakter

- Die in privaten Gremien getroffenen Entscheidungen können Auswirkungen haben, die über das Marktumfeld hinausgehen und somit gesamtgesellschaftliche Relevanz erhalten. Es handelt sich also um eine *Umkehr der Legitimationskette*, die üblicherweise demokratisch rückgekoppelte Entscheidungen auf private Akteure anwendet.

– Umkehr der Legitimationskette

- In diesen Gremien werden Lösungen entwickelt, die nicht die Prinzipien des Minderheitenschutzes und der Nivellierung von Machtpositionen widerspiegeln, sondern Ausdruck der Machtungleichheiten in den Verhandlungen sind. Es kommt also zu einer *Verschärfung von Machtdisparitäten*.

– Verschärfung von Machtdisparitäten

Private Rechtsschöpfungen, wie sie zur Ergänzung oder zur Umgehung des bestehenden, klassischen Rechtssystems immer häufiger Anwendung finden, müssen sich also mit den genannten Argumenten auseinander setzen. Bisher vollziehen sich die Rechtsakte in der „globalen Bukowina" zumeist in Hinterzimmern, Salons und Klubs einer saturierten, selbsternannten Weltelite. Es ist aber denkbar, dass auch zivilgesellschaftliche Akteure verstärkt in die Produktion privater Normen und deren institutionelle Ausgestaltung einbezogen werden. Dies könnte das Legitimitätsproblem privater Normengenerierung begrenzen. Nichtregierungsorganisationen blieb der Zugang zu privaten Foren in den beiden genannten Fallbeispielen bisher noch verwehrt. Dass sich aber auch hier eine Veränderung abzeichnet, belegt die Praxis internationaler Ratingagenturen, Umweltschutz- und Menschenrechtsgruppen an der Ausarbeitung von Länderanalysen zu beteiligen (Hillebrand 2001).

Zunehmende Einbeziehung zivilgesellschaftlicher Akteure in private Normenbildung?

5 Theoriebezogene Fragen

5.1 Warum lassen sich Staaten auf Selbstbindung durch Normen ein?

Auf die in der Überschrift gestellte Frage gibt es ganz unterschiedliche Antworten. Aus neorealistischer Sicht kommen Normen dann zustande und werden befolgt, wenn dies von den Beteiligten als nützlich eingeschätzt wird. Die Entwicklung des Völkerrechts wäre dann damit zu erklären, dass es hilft, bei der Durchsetzung von Interessen Transaktionskosten zu sparen. Die Normen würden jedoch aus dieser Sicht nur insoweit respektiert, wie sie dem ursprünglichen Kosten-Nutzen-Kalkül entsprächen. Gegebenenfalls würden bestehende Normen auch wieder aufgegeben. Im Übrigen wird den Normen selbst eine eher geringe Bedeutung im politischen Prozess beigemessen. Aus *institutionalistischer* Sicht bieten Normen über die bloße Senkung von Transaktionskosten hinaus Orientierungshilfen in Umbruch- und anderen komplexen Situationen, in denen Unsicherheit hinsichtlich der eigenen Interessen und Normen besteht. Auch können durch Institutionen gesicherte Normen dadurch Handlungsoptionen einschrän-

Neorealistische Sicht

Institutionalistische Sicht

ken, dass sie Kosten für die Nichtachtung von Normen oder das Ausscheiden aus den einschlägigen Institutionen erzeugen (Sikkink 1991; Goldstein und Keohane 1993).

Beide Sichtweisen bleiben jedoch dem Theorem der rationalen Wahl, also der Nutzenmaximierung des Akteurs als *homo oeconomicus,* verhaftet. Gegen diese Interpretation hat sich eine Sichtweise der Problematik herausgebildet, die die Eigendynamik von Kommunikationsprozessen (Müller 1994; Risse-Kappen 1995; Schmalz-Bruns 1995) sowie die sich darin entfaltende Wechselwirkung zwischen *Verhandeln* und *Argumentieren* (Prittwitz 1996; Forschungsgruppe Menschenrechte 1998) bei der Herausbildung von Normen und darüber hinaus die konstitutive Bedeutung von Normen für die Selbstdefinition der Akteure (Identität) herausstreicht (Kratochwil 1989; Wendt 1999; Finnemore 1996; Katzenstein 1996). Dem liegt die Beobachtung zugrunde, dass Staaten ihre Beziehungen untereinander routinemäßig durch Normen regulieren und diese Normen (wie das ähnlich auf innerstaatlicher Ebene der Fall sei) im Grundsatz ebenso routinemäßig respektiert werden. Dies wird u.a. im Rückgriff auf Habermas' Theorie des kommunikativen Handelns (Habermas 1981) damit erklärt, dass die Hervorbringung und Befolgung von Normen nicht nur ein Produkt „rationaler Wahl" (Gehring 1996) sind, sondern dass die Vorstellungen der Akteure darüber, was ihre Interessen sind (und welche Präferenzen ihnen entsprechen), im Zuge der zwischen den Akteuren ablaufenden (nichtstrategischen) Kommunikationsprozesse sich verändern und in Wechselwirkung mit einschlägigen Sozialisationsprozessen (Schimmelfennig 2000) sich zugunsten der Bereitschaft entwickeln können, sich selbst als normengeleiteter Akteur bzw. als Mitglied einer bestimmten Wertegemeinschaft zu definieren. Die Selbstbindung durch Normen kann in diesem Sinne zu einem integralen Bestandteil der Selbstdefinition von Akteuren und ihrer Handlungspräferenzen werden. Staaten können dementsprechend auch lernen, kooperative Arrangements (z.B. in Gestalt „geteilter Souveränitäten") nicht in erster Linie als Einschränkung von Handlungsfreiheit, sondern als Verwirklichung eigener Präferenzen zu erleben.

Man kann die eben angedeutete Betrachtungsweise behelfsweise als *Konstruktivismus* bezeichnen, da eine der Grundannahmen darin besteht, dass die „harten Tatsachen", auf die der Realismus sich beruft, sozial konstruiert sind und im Wege der sich selbst erfüllenden Prophezeiung perpetuiert werden. Der Sozialkonstruktivismus behauptet damit nicht, dass die Welt nach beliebigen Ideen gestaltet werden könnte, sondern lediglich, dass andere Sozialisationsmuster internationaler Politik als die vom Realismus beobachteten durchaus denkbar sind. In diesem Zusammenhang sei auch auf die *Englische Schule* verwiesen, die selbst dem Realismus nahe steht. Im Unterschied zu den im Realismus vorherrschenden *Hobbesianischen* Vorstellungen über vermeintliche Gesetzmäßigkeiten der internationalen Politik verweist die Englische Schule aber auf die Existenz von *Staatengesellschaften,* in denen das Verhalten der Akteure durch „Regeln und Institutionen" gebunden ist, über die sich die jeweilige Staatengesellschaft konstituiert (Bull 1995, 25). Als Vordenker fungiert hier nicht Hobbes, sondern Hugo Grotius, einer der Väter des modernen Völkerrechts. Im Einklang mit dem institutionalistischen Denkansatz geht die Englische Schule von der Möglichkeit einer normativen Integration der Staatenwelt aus, die das Verhalten der miteinander verbundenen Staaten beeinflusst. Dies gilt auch für die *Regime*theorie, die sich mit der raschen Ausbreitung sachspezifischer Regelsysteme (Umwelt, Menschenrechte, Entwicklung, Wirtschaft etc.) und deren Wirksamkeit befasst (Rittberger und Mayer 1993).

Die *internationalen Regime* werden nach der Regimetheorie zunächst als Instrumente staatlicher Politik geschaffen (abhängige Variable), wirken aber, sobald sie eine gewisse Eigenroutine herausgebildet haben, auf die Staatenpolitik zurück und können insofern zu einem Bestimmungsfaktor (d.h. zu einer unabhängigen Variablen) der Politik werden. Dies ist nach der Regimetheorie besonders dann der Fall, wenn sich die Institutionen auf eng begrenzte Sachverhalte beziehen, in denen Sachkompetenz eine große Rolle spielt. Gerade hier gibt es denn auch einen erheblichen Spielraum für Normenbildung, der auch von schwachen Akteuren (Nichtregierungsorganisationen) mit Erfolg genutzt werden kann, wie die Kampagnen zur Ächtung von Landminen, zur Ausweitung des internationalen Schutzes der Menschenrechte oder zur Unterstützung der staatlichen Koalition für die Einrichtung des Internationalen Strafgerichtshofes (likeminded countries) belegen. Gerade der Erfolg solcher Bemühungen verweist darauf, dass strategisches *und* nichtstrategisches Handeln keineswegs Alternativen der Normenbildung bezeichnen, sondern im Prozess der Normenbildung ineinander greifen (Deitelhoff 2002).

Sicht der Regimetheorie

5.2 Wirksamkeit

Die einleitende Definition von Normen als kollektiven Verhaltenserwartungen bedeutet nicht, dass die Existenz von Normen gleichbedeutend ist mit einem normenkonformen Verhalten. Dies gilt ebenso, wenn man der Normenbildung eine konstitutive Funktion für die Herausbildung von Identitäten und Interessen zubilligt. Normen beziehen sich auf die Regelung der Beziehungen innerhalb einer Gruppe (von Individuen, Organisationen, Staaten etc.). Abweichendes Verhalten bringt dem Einzelnen umso mehr ein, je stärker ein Kollektiv normativ integriert ist: Wo alle anderen die Gesetze achten, hat der Dieb den relativ größten Vorteil, wobei die Normenverletzung wiederum nicht mit einem Identitätsverlust gleichzusetzen ist, sondern zunächst nur Unrechtsbewusstsein hervorbringt. Dies ist insofern nicht unerheblich, als es Ansatzpunkte für eine identitätbedrohende Bloßstellung (*shaming*) des Normenbrechers liefert. Der relative Vorteil des Normenbrechers in einer Gesellschaft von Normenbefolgern liefert einen Grund dafür, dass die Einhaltung von Normen stets zu wünschen übrig lässt, obwohl ein allgemeines Interesse an der Normenbefolgung besteht bzw. sich das allgemeine Interesse als Interesse an der Aufrechterhaltung und Weiterentwicklung von Normen definiert. In Kategorien des *rational choice* besteht hier ein Spannungsverhältnis zwischen individueller und kollektiver Rationalität. Dieses Spannungsverhältnis wird immer wieder durch Regelbrüche zugunsten des individuellen Kosten-Nutzen-Kalküls beantwortet. Aus institutionalistischer Sicht fände dieses Verhalten seine Grenzen dort, wo Regelverletzungen zur Routine werden und die Orientierungs- und Selektionsfunktion von Normen aushöhlen oder das Normensystem als solches gefährden. Aus konstruktivistischer Sicht hängt

Das Problem der Normeneinhaltung

Das Spannungsverhältnis individueller und kollektiver Rationalität

die Wirksamkeit von Normen nicht in erster Linie von Gewinnerwartungen oder dem Risiko hoher sozialer Kosten der Nichtbefolgung ab, sondern vom Selbstverständnis der Akteure als Stützen einer bestimmten normativ integrierten Ordnung. Aus dieser Sicht fallen die Unterschiede zwischen dem innerstaatlichen und dem internationalen Milieu, innerhalb dessen Normen wirken, weniger ins Gewicht, als dies bei den Realisten und Institutionalisten der Fall ist.

Die Wirksamkeit von Normen hängt zum einen auch auf nationaler Ebene stärker von der Verinnerlichung der Normen als von der Strafandrohung bei Normenverletzung ab. Zum anderen bestehen auch auf internationaler Ebene Möglichkeiten, Regelverletzungen zu „bestrafen". Dies ist z.B. in Kapitel VII der UN-Charta vorgesehen, dem zufolge Friedensbrecher mit Sanktionen der internationalen Gemeinschaft zu rechnen haben. Der Streitschlichtungsmechanismus der Welthandelsorganisation erlaubt Sanktionen gegen Staaten, wenn festgestellt wird, dass diese gegen Satzungsbestimmungen der Welthandelsorganisation verstoßen haben.

<small>Gründe für die Einhaltung von Normen</small>

Der entscheidende Punkt ist jedoch, dass (a) die Einhaltung von Normen (z.B. durch Staaten oder Konzerne) sich auszahlen kann, weil relevante Referenzgruppen (Wähler, Verbraucher, Menschenrechtsgruppen) entsprechende *normative Präferenzen* haben bzw. sie in der Öffentlichkeit forcieren, und (b) auch auf internationaler Ebene der Diskurs über Normen auf die Bestimmung dessen einwirkt, was jeweils als Kosten und Nutzen eines bestimmten Verhaltens interpretiert wird (Risse-Kappen 1995). Es geht also, wie eben schon angemerkt, nicht nur um eine *rationale Wahl* nach vorgegebenen Kriterien, sondern auch um die Veränderung dieser Kriterien unter dem Einfluss internationaler Auseinandersetzungen über Normen (Forschungsgruppe Menschenrechte 1998; Keck und Sikkink 1998; Risse et al. 1999). Als Beispiel sei auf die Einführung des humanitären Völkerrechts verwiesen, die in erheblichem Umfang auf zivilgesellschaftliche Aktivitäten (Rotes Kreuz) zurückgeht (Finnemore 1996), oder auf die substanziellen Veränderungen des Kosten-Nutzen-Kalküls der westlichen Südafrikapolitik in Verbindung mit der internationalen Anti-Apartheid-Kampagne (Klotz 1995).

<small>Der handlungstheoretische Beitrag zur Erklärung der Einhaltung von Normen</small>

Von Bedeutung ist hier auch die oben schon erwähnte z.T. kommunikationstheoretisch ansetzende Ausdifferenzierung von Handlungstypen (Verhandeln und Argumentieren). Machtgestützte Interessen, so die These, werden in Verhandlungen *Argumenten* gegenübergestellt, die ihrerseits und aus sich heraus eine gewisse das Verhalten beeinflussende Kraft entfalten können (Kratochwil 1989). Von besonderer Relevanz ist hier das Vorbringen „guter Gründe", das die andere Seite „zwingt", ihrerseits solche Gründe vorzutragen, und über die bloße Selbstrechtfertigung hinaus auch neue Einsichten ermöglicht (Schmalz-Bruns 1995 und in diesem Band). In diesem Zusammenhang sei noch einmal betont, dass strategisches *und* nichtstrategisches Handeln in jeder nichtbeiläufigen Begegnung unauflösbar miteinander verknüpft sind. Dies gilt sowohl für die zwischenstaatlichen Beziehungen wie für das Verhältnis zwischen Staaten und Nichtregierungsorganisationen. Wenn man davon ausgehen kann, dass die Menschenrechtspolitik zu einem Gutteil von (relativ schwachen) nichtstaatlichen Akteuren vorangetrieben wird, die sich argumentativ gegenüber staatlichen Akteuren durchsetzen, so darf nicht übersehen werden, dass auch Menschenrechtsgruppen strategisch handeln; denn ihr Bekenntnis zu bestimmten Normen begründet ihren „Marktwert" (also ihr relatives Gewicht) in der Politik. Sie sind in diesem Sinne *Normenunternehmer* mit Eigeninteressen. Sofern sie dies außer Acht lassen, gefährden sie sich selbst und damit zugleich die ideellen Anliegen, für die sie einstehen. Die Identität von politischen Akteuren hat in diesem Sinne auch immer etwas mit Imagepflege zu tun. Das Image darf sich aber nicht allzu weit vom Selbstverständnis der Akteure entfernen, wenn es darum geht, Unterstützung von außen durch Mobilisierung nach innen zu ergänzen.

6 Fazit

Wir haben gezeigt, dass die Staaten trotz des Fehlens eines Gewaltmonopols in ein dichtes Netz von Normen eingebunden sind. Dies ist das Ergebnis einer langen, aber keineswegs immer gradlinigen Entwicklung, wobei der Zusammenbruch normativer Selbstbindungen der Staaten in den beiden Weltkriegen Anlass zu einer weiteren Ausdifferenzierung der Normen gab. Hierin manifestiert sich nicht nur ein wachsender Regelungsbedarf, sondern auch das Bemühen, vor dem Hintergrund der Weltkriegserfahrung mit Hilfe der Normenbildung (Satzungen von Völkerbund und UNO) allgemeine Werthaltungen zu stärken, die kooperativem gegenüber nichtkooperativem Handeln den Vorzug geben. Die Ausdifferenzierung von Normen geht mit der Ausdifferenzierung von Akteuren (Nichtregierungsorganisationen als Normenunternehmer), Rechtsquellen und Handlungsebenen bzw. -formen einher (öffentlich-private Partnerschaften). Das Ergebnis sind plurale Formen der Regulierung, wie sie in der Globalisierung der Finanzmärkte oder des Rechts auftreten (Gleichzeitigkeit von Selbst- und Fremdregulierung im Wege der Generierung von Normen unterschiedlicher Herkunft und Verbindlichkeit). Man sollte zwar das Neue an dieser Entwicklung nicht überschätzen, aber Reichweite, Komplexität und Dichte der Normenbildung sind ohne historisches Beispiel. Hierin kann man einen Hinweis für die faktische Ausbildung von Global-Governance-Strukturen sehen. Die Normenbildung bleibt jedoch in hohem Maße politisch umkämpft.

> Prozess der Ausdifferenzierung von Normen, Akteuren, Rechtsquellen und Handlungsformen

Die wechselhafte Entwicklung der normativen Integration auf internationaler Ebene spiegelt ein die Akteure konstituierendes Spannungsverhältnis zwischen Autonomiestreben und Selbstbindung. „Gute Gründe" können für sich genommen dieses Spannungsverhältnis nicht zugunsten der Selbstbindung auflösen. Das den Akteuren eingeschriebene Autonomiestreben macht diese aber nicht von vornherein gegenüber „guten Gründen" immun (Zangl und Zürn 1996). Vielmehr haben auch „schwache" Akteure die Möglichkeit, die Bedeutung des Argumentierens in Verhandlungen zu stärken. Hier liegt die Chance der Zivilgesellschaft. Empirisch belegen Boli und Thomas (1997), dass die Verregelung der internationalen Beziehungen über einen Zeitraum von über einhundert Jahren mit der Zahl international tätiger NGOs korreliert. Die Aufwertung der Zivilgesellschaft geht von daher nicht zwangsläufig mit einer normativen Desintegration und einer Entstaatlichung der Politik (Brühl et al. 2001) einher. Hier bietet sich vielmehr die Chance, die hierarchische Steuerung von Gesellschaften zugunsten größerer Anpassungsfähigkeit zu überwinden. Allerdings bleibt die Frage, wie gesellschaftliche Integration und demokratische Kontrolle unter den Bedingungen pluralistischer Normenbildung und -anwendung (Nebeneinander öf-

Spannungsverhältnis
zwischen Regelungs-
pluralismus und
Global Governance

fentlicher und privater Regelung auf der einen Seite, gemischte Regelung im Rahmen von Mehrebenensystemen auf der anderen) aufrechterhalten werden können. Regelungspluralismus kann zwar zu einer Art Ultrastabilität politischer Systeme führen, er kann aber auch soziale Desintegration hervorrufen und einer Entdemokratisierung der Politik (Auslagerung politischer Entscheidungen in demokratisch nur schwer kontrollierbare Räume) Vorschub leisten (Wolf 2000). Insofern stellt die Ausdifferenzierung von Normen, Rechtsquellen und Rechtssubjekten für sich genommen noch keine Annäherung an Global Governance dar. Sie vermittelt eher ein Bild von den Schwierigkeiten einer solchen Annäherung.

Literatur

Albert, Mathias und Stephan Hessler. 2002. Das Multilateral Agreement on Investment (MAI) – ‚Failed Governance' oder erster Schritt zu ‚Global Governance by the People', in: Peter Nahaowitz und Rüdiger Voigt (Hg.). Globalisierung des Rechts II. Baden-Baden: Nomos. i.E.

Albert, Mathias, Lothar Brock, Stephan Hessler, Ulrich Menzel und Jürgen Neyer. 1999. Die Neue Weltwirtschaft. Entstofflichung und Entgrenzung der Ökonomie. Frankfurt a.M.: Suhrkamp.

Boli, John und George Thomas. 1997. World Culture in World Polity: a century of International Non-Governmental Organizations, aus: American Sociological Review, 62, 171–190.

Braithwaite, John und Peter Drahos. 1999. Global Business Regulation. Cambridge: University Press.

Breuer, Rolf E. 2000. Die fünfte Gewalt, aus: Die Zeit vom 27. April.

Brock, Lothar. 1999. Normative Integration und kollektive Handlungskompetenz auf internationaler Ebene, aus: Zeitschrift für Internationale Beziehungen, 6 (2), 323–348.

Brock, Lothar und Mathias Albert. 1995. Entgrenzung der Staatenwelt. Zur Analyse weltgesellschaftlicher Entwicklungstendenzen, aus: Zeitschrift für Internationale Beziehungen, 2 (2), 259–285.

Brock, Lothar und Stephan Hessler. 1999. Weltwirtschaftliche Strukturveränderungen: Indikatoren und politische Implikationen, in: Andreas Busch und Thomas Plümper (Hg.). Nationaler Staat – internationale Wirtschaft. Anmerkungen zum Thema Globalisierung. Baden-Baden: Nomos, 277–306.

Brühl, Tanja, Tobias Debiel, Brigitte Hamm, Hartwig Hummel und Jens Martens (Hg.). 2001. Die Privatisierung der Weltpolitik. Entstaatlichung und Kommerzialisierung im Globalisierungsprozess. Bonn: J.H.W. Dietz Nachfolger.

Bull, Hedley. 1995. The Anarchical Society. Houndmills: Macmillan (zuerst erschienen 1977).

Carr, Edward H. 1981. The Twenty Year's Crisis. London: Macmillan.

Cutler, Claire A., Virginia Haufler und Tony Porter (Hg.). 1999. Private Authority and International Affairs. Albany: State University of New York Press.

Deitelhoff, Nicole. 2002. Der Internationale Strafgerichtshof kommt – auch ohne die USA, in: Bruno Schoch, Corinna Hauswedell, Christoph Weller, Ulrich Ratsch und Reinhard Mutz (Hg.). Friedensgutachten 2002. Münster: Lit., 177–185.

Eatwell, John und Lance Taylor. 2000. Global Finance at Risk: the case for international regulation. New York: New Press.

Eichengreen, Barry. 1998. Capital Controls: Capital Idea or Capital Folly? Berkeley: University of California, unveröffentl. Manuskript, November (http://emlab.berkeley.edu/pub/users/eichengreen/capcontrols.pdf).

Finnemore, Martha. 1996. National Interests in International Society. Ithaca: Cornell University Press.

Forschungsgruppe Menschenrechte. 1998. Internationale Menschenrechtsnormen, transnationale Netzwerke und politischer Wandel in den Ländern des Südens, aus: Zeitschrift für Internationale Beziehungen, 1, 5–41.

Gehring, Thomas.1996. Arguing und Bargaining in internationalen Verhandlungen. Überlegungen am Beispiel des Ozon-Regimes, aus: Volker Prittwitz (Hrsg.). Verhandeln und Argumentieren. Opladen, 208–238.
Genschel, Philipp und Thomas Plümper. 1997. Regulatory Competition and International Cooperation, aus: Journal of European Public Policy, 4 (4), 626–642.
Goldstein, Judith und Robert Keohane (Hg.). 1993. Ideas and Foreign Policy: Beliefs, Institutions and Political Change. Ithaca: Cornell University Press.
Habermas, Jürgen. 1981. Theorie des kommunikativen Handelns. 2 Bde., Frankfurt a.M.: Suhrkamp.
Hillebrand, Ernst. 2001. Schlüsselstellung im globalen Kapitalismus. Der Einfluß privater Rating Agenturen auf Finanzmärkte und Politik, in: (Brühl u.a. 2001), 150–173.
Huffschmid, Jörg. 1998. Politische Ökonomie der Finanzmärkte. Hamburg: VSA.
IMF. 2000. Report of the Acting Managing Director to the International Monetary and Financial Committee on Progress in Reforming the IMF and Strengthening the Architecture of the International Financial System. Washington D.C.: IMF, 12. April.
Jachtenfuchs, Markus. 1995. Ideen und Internationale Beziehungen, aus: Zeitschrift für Internationale Beziehungen, (2), 417–442.
Katzenstein, Peter (Hg.). 1996. The Culture of National Security. Norms and Identity in World Politics. New York: Columbia University Press.
Keck, Margret und Kathryn Sikkink. 1998. Activists Beyond Borders. Transnational Advocacy Networks in International Politics, Ithaca: Cornwell University Press.
Keohane, Robert O. 1989. International Institutions and State Power. Boulder: Westview.
Kimminich, Otto. 1972. Humanitäres Völkerrecht. München: Kaiser.
Klotz, Audie. 1995. Norms Reconstituting Interests: Global Racial Equality and U.S. Sanctions against South Africa, aus: International Organization, 49 (3), 451–478.
Kratochwil, Friedrich. 1989. Rules, Norms and Decisions. On the Conditions of Practical and Legal Reasoning in International Relations and Domestic Affairs. Cambridge: Cambridge Universität Press.
Krell, Gert. 2000. Weltbilder und Weltordnung. Einführung in die Theorie der internationalen Beziehungen. Baden-Baden: Nomos.
Krugman, Paul. 1999. Capital Control Freaks. How Malaysia Got away with Economic Heresy, aus: Slate, 27. September (http://slate.msn.com).
Luhmann, Niklas. 1993. Das Recht der Gesellschaft. Frankfurt a.M.: Suhrkamp.
Meltzer Report 2000. Report of the International Financial Institution Advisory Commission. Allan H. Meltzer, Chairman. Washington D.C., März (http://www.phantom-x.gsia.cmu.edu/IFIAC/USMRPTDV.html).
Millman, Gregory J. 1995. The Vandals' Crown. How Revel Currency Traders Overthrouw the World's Central Banks. New York: The Free Press.
Müller, Harald. 1994. Internationale Beziehungen als kommunikatives Handeln. Zur Kritik der utilitaristischen Handlungstheorien, aus: Zeitschrift für Internationale Beziehungen, 1 (1), 15–44.
Nozick, Robert. 1974. Anarchy, State, and Utopia. Oxford: Oxford University Press.
Polanyi, Karl. 1990. The Great Transformation: politische und ökonomische Ursprünge von Gesellschaften und Wirtschaftssystemen. Frankfurt a.M.: Suhrkamp, 2. Auflage.
Prittwitz, Volker von (Hg.). 1996. Verhandeln und Argumentieren. Dialog, Interessen und Macht in der Umweltpolitik. Opladen: Westdeutscher Verlag.
Raumer, Kurt von. 1953. Ewiger Friede. Friedensrufe und Friedenspläne seit der Renaissance. Freiburg/München: Karl Alber.
Risse, Thomas. 2000. „Let's Argue!": Communicative Action in World Politics, aus: International Organization, 54 (1), 1–39.
Risse, Thomas, Stephen Ropp und Kathryn Sikking (Hg.). 1999. The Power of Human Rights: International Norms and Domestic Change. Cambridge: Cambridge University Press.
Risse-Kappen, Thomas. 1995. Reden ist nicht billig. Zur Debatte um Kommunikation und Rationalität, aus: Zeitschrift für Internationale Beziehungen, 2 (1), 171–184.
Rittberger, Volker und Peter Mayer (Hg.). 1993. Regime Theory and International Relations. Oxford: Clarendon Press.

Ruggie, John Gerard. 1982. International Regimes, Transactions and Change: embedded liberalism in the post-war economic order, aus: International Organization, 36 (2), 379–415.
Schimmelfennig, Frank. 1995. Debatten zwischen Staaten. Eine Argumentationstheorie internationaler Systemkonflikte. Opladen: Leske + Budrich.
Schimmelfennig, Frank. 2000. International Socialization in the New Europe: Rational Action in an Institutional Environment, aus: European Journal of International Relations, 6 (1), 109–139.
Schmalz-Bruns, Rainer. 1995. Theorie kommunikativen Handelns. Eine Flaschenpost, aus: Zeitschrift für Internationale Beziehungen, 2 (2), 347–361.
Sikkink, Kathryn. 1991. Ideas and Institutions. Developmentalism in Brazil and Argentina, Ithaca: Cornell University Press.
Soros, George. 1998. Die Krise des globalen Kapitalismus: offene Gesellschaft in Gefahr. Berlin: Fest.
Strulik, Torsten. 2000. Risikomanagement globaler Finanzmärkte. Herausforderungen und Initiativen im Kontext der Baskenregulierung. Frankfurt a.M./ New York: Campus.
Teubner, Gunther. 1996. Globale Bukowina. Zur Emergenz eines transnationalen Rechtspluralismus, aus: Rechtshistorisches Journal, 15, 255–290.
Teubner, Gunther. 1998. Die unmögliche Wirklichkeit der lex mercatoria, in: Manfred Lieb (Hg.). Festschrift für Wolfgang Zölner zum 70. Geburtstag. Köln: Heymann, 565–588.
Waltz, Kenneth. 1979. Theory of International Relations. Reading, Mass.: Addision Wesley.
Wendt, Alexander. 1999. Social Theory of International Politics. Cambridge: Cambridge University Press.
Wolf, Klaus Dieter. 2000. Die neue Staatsräson. Zwischenstaatliche Kooperation als Demokratieproblem. Baden-Baden: Nomos.
Zangl, Bernhard und Michael Zürn. 1996. Argumentatives Handeln bei internationalen Verhandlungen, aus: Zeitschrift für Internationale Beziehungen, 3 (2), 341–366.
Ziegert, Klaus A. 2002. Globale Bukowina. Regelungsbedarf oder *rule of law* des globalen Rechts?, in: Peter Nahamowitz und Rüdiger Voigt (Hg.). Globalisierung des Rechts II. Baden-Baden: Nomos. i.E.
Zürn, Michael. 1992. Jenseits der Staatlichkeit. Über die Folgen der ungleichzeitigen Denationalisierung, aus: Leviathan, 20 (4), 490–513.
Zürn, Michael. 1998. Regieren jenseits des Nationalstaates. Frankfurt: Suhrkamp.

Rainer Schmalz-Bruns

Demokratie im Prozess der Globalisierung: Zur Demokratieverträglichkeit von Global Governance

1	Globalisierung und Demokratie	79
2	Demokratische Legitimität und nationale Form	81
2.1	Das demokratieethische Argument gegen Entstaatlichung	82
2.2	Das demokratienormative Argument gegen Entstaatlichung	86
3	Demokratiepotenziale von Global Governance	89
4	Deliberative Demokratie als Modell des Regierens in der postnationalen Konstellation	92

1 Globalisierung und Demokratie

Der Prozess der Globalisierung bietet heute in vielerlei Hinsicht die Ansicht eines „Schweizer Käses", bei dem, wie Matthias Junge (2001, 444) notiert, irgendwie alles miteinander zusammenhängt (weil der Käse ein Ganzes ist), für den aber gleichzeitig auch gilt, dass der Käse viele Löcher hat, so dass der Käse „Schweizer Käse [ist] aufgrund der einzigartigen Kombination von Löchern und Käsemasse". Dementsprechend umfasst der Begriff der Globalisierung, so viel ist heute Allgemeingut, ganz unterschiedliche Sachverhalte und Problemtypen (vgl. Messner in diesem Band). Es bleibt bei alldem allerdings umstritten, inwieweit und in welcher Hinsicht es sich hier um ein historisch neues Phänomen oder um eher periodische Entwicklungen verstärkter Internationalisierung und Renationalisierung handelt (vgl. Rieger und Leibfried 2001, 29–32). Weiterhin ist wohl einzuräumen, dass die Reichweite dieser Prozesse nicht in jedem Fall global ist, sondern sich in vielen Fällen auf die entwickelten Volkswirtschaften der OECD-Welt beschränkt und dass ihre Tiefenwirkung auf die Nationalstaaten in einzelnen Sachbereichen sehr unterschiedlich ausfällt (vgl. Zürn 1998a, 68–72).

Globalisierung: ein umstrittenes Phänomen ...

Schließlich provoziert die Globalisierung auch Auseinandersetzungen bezüglich der normativen Qualität der angedeuteten Prozesse: Auf der einen Seite stehen dabei jene, die das mögliche Ende des an den Nationalstaat gebundenen Projekts der sozialen Demokratie und die strukturelle Favorisierung der liberalen Demokratie begrüßen oder darin die Chance erblicken, das Projekt der Demokratie im Zuge einer dritten demokratischen Transformation (vgl. Dahl 1989, 311–341) aus den Bornierungen der nationalstaatlichen Perspektive heraus- und

auch in normativer Hinsicht

seine universalen Gehalte auch institutionell einzulösen (vgl. Zürn 1998a, 294–309; Schmalz-Bruns 1999). Auf der anderen Seite bringen sich jene Stimmen zu Gehör, die durch die soziale und ethisch-gemeinschaftliche Entwurzelung der Demokratie das Ende des demokratischen Zeitalters insgesamt heraufziehen sehen (vgl. Streeck 1998b; Offe 1998; Rieger und Leibfried 2001, 49–65).

Das Dilemma ungleichzeitiger wirtschaftlicher und politischer Internationalisierung

Was indessen bei allem Streit über das tatsächliche Ausmaß und den Gehalt des Globalisierungsprozesses diesem seine Bedrohlichkeit und Dramatik verleiht, ist das spannungsreiche Verhältnis respektive das in demokratischer Hinsicht dilemmatische Zusammenwirken von wirtschaftlicher und politischer Internationalisierung: Dem Versuch, den nationalstaatlichen Kontrollverlusten durch eine „von Regierungen für Regierungen und durch Regierungen" (Rieger und Leibfried 2001, 53) betriebene exekutivlastige (Handels-)Politik der institutionellen Internationalisierung zu entkommen, entspricht die Entfaltung einer „Neuen Staatsräson" (Wolf 2000, 61–99), die die an den nationalstaatlichen Rahmen gebundenen staatsbürgerlichen Teilnahme- und Teilhaberechte unterläuft und Strukturen des internationalen Regierens in Organisationen, Institutionen und Netzwerken schafft, an denen demokratische Ansprüche auf Selbstbestimmung, Kontrolle und verantwortliches Regierungshandeln auflaufen (vgl. Zürn 1998a, 236–245). Diese gleich doppelte Bedrohung der Demokratie durch die Unterminierung der Bedingungen effektiver Schicksalskontrolle (Scharpf 1997, 19) und den abnehmenden Einfluss der (nationalen) Gesellschaft auf die Politik ihres Staates einerseits sowie die Exekutivlastigkeit des Regierens auf internationaler Ebene andererseits hat Dahl (1994, 28) denn auch mit der skeptischen Bemerkung quittiert, dass

> "[...] in very small systems a citizen may be able to participate extensively in decisions that do not matter a great deal; whereas large systems may be able to cope with problems that matter more to a citizen, the opportunities for citizens to participate in and greatly influence decisions are vastly reduced".

Dahls Plädoyer demokratischer Besitzstandswahrung

Deshalb konfrontiert er die Advokatoren einer transnationalen Demokratie auch mit einer Warnung und einer Forderung: Die Warnung besteht darin, die gegenwärtigen Prozesse der Globalisierung nicht voreilig zu verdinglichen oder gar mit einer ungerechtfertigten geschichtsphilosophischen Weihe zu versehen und dem Argument des unvermeidlichen Niedergangs der nationalen Demokratie mit dem Hinweis zu widerstehen, „that the last three centuries are a graveyard packed with the corpses of ‚inevitable' developments" (Dahl 1999, 34). Die Forderung besteht darin, dass er eine Beweislastumkehrung derart anmahnt,

> "[...] that the burdens of proof should be placed squarely on the advocates (of a drastic increase of the size of a democratic unit) to show that the trade-offs definitely support the values of a majority of citizens" (Dahl 1994, 34).

Ziel des Beitrags: Analyse demokratischer Potenziale transnationaler Politik

Ich möchte diese von Dahl vorgeschlagene vorsichtige und konservierende, aber durchaus berechtigte Strategie einer demokratischen Besitzstandswahrung (vgl. Offe 1996, 144) so verstehen, dass ich sie als Herausforderung begreife zu zeigen, dass unter gewissen Bedingungen und Voraussetzungen die Idee einer trans- und (in einem noch zu qualifizierenden Sinne) supranationalen Kompensation der Defizite einer bloß nationalstaatlich gehegten Form von Demokratie nicht als bloße Schimäre erscheinen muss. Dabei gehe ich von der These aus, dass jede Zwischenlösung zwischen den Extrempolen intakter nationalstaatlicher Souveränität

Demokratie im Prozess der Globalisierung 81

einerseits und einer komplettierten globalen Supranationalität andererseits zwangsläufig beides bedrohen wird, die soziale Substanz der Demokratie ebenso wie die Bedingungen der demokratischen Legitimation internationalen Regierens (vgl. Offe 1998, 110–111).[1] Zu diesem Zweck werde ich zunächst die wesentlichen demokratiefunktionalen, -ethischen und -normativen Einreden resümieren, die gegen eine trans- oder supranationale Lösung des Demokratieproblems sprechen (Kapitel 2), bevor ich jene transnationalen Formen des Regierens in den Blick nehme, denen ein demokratischer Gehalt nicht von vornherein abgesprochen werden kann (Kapitel 3). Zweifellos bleiben diese „Governance"-Strukturen unter funktionalen wie normativen Aspekten in vielerlei Hinsicht unvollständig; deshalb hängt am Ende einiges davon ab, ob es gelingt, ein normativ gehaltvolles Modell demokratischer Politik zu entwickeln, das zugleich den besonderen Bedingungen transnationalen Regierens gerecht wird und dem man Hinweise entnehmen kann, wie die konstitutionellen und institutionellen Lücken im System globalen Regierens zu schließen wären (Kapitel 4).

2 Demokratische Legitimität und nationale Form

Die Erwartungen, vor deren Hintergrund wir die unter dem Summentitel der Globalisierung zusammengefassten Prozesse der Zunahme grenzüberschreitender Interaktionen in Bereichen von Kultur und Kommunikation, Sicherheit, Umwelt und Wirtschaft u.a. und des die Reichweite nationalstaatlicher Regelungen überschreitenden Bedarfs an Verregelung dieser Interaktionsbeziehungen (vgl. Beisheim et al. 1999) als Herausforderung empfinden, entstammen dem Horizont des aufklärerischen Projekts der Moderne, der unser Selbstverständnis in den normativen Prinzipien von Selbstbewusstsein, Selbstentfaltung und Selbstbestimmung zum Ausdruck bringt (Habermas 1998b, 81). Politisch-institutionell legen uns diese fundamentalen Werte auf eine Ordnung fest, in der wir uns als Adressaten von unser Leben betreffenden, kollektiv verbindlichen Entscheidungen zugleich immer auch als Autoren dieser Entscheidungen verstehen können, so dass die im demokratischen Verfassungsstaat sedimentierte Maxime gilt, dass

---

1 Zur allgemeinen Kennzeichnung der sich verändernden Formen, Strukturen und Legitimitätsgrundlagen des Regierens jenseits des Nationalstaates spreche ich im Folgenden von der postnationalen Konstellation (vgl. Habermas 1998b). „Transnationalität" und „Supranationalität" bezeichnen alternative Muster der Ordnungsbildung innerhalb dieser Konstellation, die aber auch gemeinsam und in unterschiedlichen Mischungsverhältnissen auftreten können. Da ich an dieser Stelle Probleme supranationaler Ordnungsbildung nicht diskutiere, bei denen es im Kern um Fragen der Herausbildung neuer Formen von Staatlichkeit auf regionaler oder globaler Ebene im Sinne einer hierarchischen Form der politischen Selbsteinwirkung und Gestaltung geht, kann ich mich auf eine knappe Charakterisierung des im Folgenden zugrunde gelegten Konzepts von „Transnationalität" beschränken: Transnationale Muster des Regierens sind danach durch 1. nichthierarchische Formen der Willensbildung und politischen Problemlösung gekennzeichnet, in denen 2. neben Staaten auch andere (zivilgesellschaftliche und private) Akteure eine tragende Rolle spielen, die sich 3. netzwerkartig organisieren und damit horizontale Interaktionsstrukturen ausbilden, die 4. die Interaktionsmodi des Verhandelns und vor allem des Argumentierens favorisieren und damit 5. auf nichtmajoritäre Formen der Legitimation verwiesen sind (vgl. dazu genauer Wolf 2000 und 2002).

Maxime des demokratischen Verfassungsstaats

„es nicht der Fall sein soll, dass andere als unter der letztinstanzlichen Kontrolle des verfassten Staatsvolkes stehende Akteure maßgeblich an der Ausübung politischer Herrschaft beteiligt sind" (Offe 1996, 144).

Grenzen nationalstaatlicher Politik

Wo mithin die Souveränität des Volkes als normative Quelle der Legitimität einer politischen Ordnung identifiziert wird, dort könnten Prozesse der *wirtschaftlichen* Internationalisierung, durch die der Nationalstaat einem Wettbewerb um mobile Produktionsfaktoren ausgesetzt und damit gegenüber deren Eigentümer entmachtet wird, und Prozesse der *institutionellen* Internationalisierung, durch die der Nationalstaat, vermittelt über die Exekutiven, in ein Geflecht internationaler Institutionen eingebunden wird, stattfinden. Durch diese Einbindung wird der Einfluss der nationalen Gesellschaft auf ihren Staat begrenzt (zu dieser Unterscheidung vgl. Streeck 1998b, 15–18; vgl. auch Wolf 2000). Die Prozesse der Internationalisierung stellen „jene legitimitätsstiftenden Mechanismen still [...], die eine feste nationalstaatliche Hülle zur Voraussetzung ihrer Wirksamkeit haben", so dass es schwer fallen wird, „die Demokratie fortzuschreiben, wenn nicht transnationale Äquivalente für nationalstaatliche Prozeduren der Sicherung von Legitimität *und* Effektivität der Politik entstehen" (Offe 1996, 146).

Probleme der Entstaatlichung von Demokratie aus ...

An dieser von Offe nur stellvertretend für viele ausgedrückten Sorge bezüglich der Zukunft des Projekts der Demokratie unter Bedingungen der Globalisierung sind nun vor allem die Qualifizierungen interessant, unter denen sie aktualisiert wird: Was bindet den „legitimationsstiftenden Mechanismus" der Volkssouveränität an die Festigkeit der nationalstaatlichen Hülle, und wie ist es um die Voraussetzungen bestellt, unter denen trans- oder supranationale Äquivalente zum Tragen kommen könnten? Abgesehen davon, dass es ohnehin schwer fällt zu sehen, wie wir beides zugleich behaupten können, dass nämlich die Wirksamkeit legitimitätsstiftender Mechanismen in relevanter Hinsicht an den Nationalstaat gebunden sei und dass es trans- oder supranationale Äquivalente geben könnte, möchte ich im Folgenden zunächst das demokratieethische (Kapitel 2.1)

demokratieethischer und demokratienormativer Perspektive

und dann das demokratienormative Argument (Kapitel 2.2) gegen die Entstaatlichung und Transnationalisierung der Demokratie kurz resümieren.

2.1 Das demokratieethische Argument gegen Entstaatlichung

Demokratieethische Prinzipien:

Der demokratieethische Einwand ist eng mit der Einsicht in den internen Zusammenhang von Rechts-, Wohlfahrtsstaatlichkeit und Demokratie, also der Idee sozialer Demokratie, verbunden und kann auf den ersten Blick eine gewisse Plausibilität reklamieren. Denn danach bilden die wechselseitige Sicherung privater und öffentlicher Autonomie einerseits und die reziproke Garantie sozialer Rechte, die die effektive Inanspruchnahme politischer Beteiligungsrechte absichern soll, andererseits einen Kreisprozess (vgl. dazu Habermas 1992, 155–165), der aber nur in Gang gehalten werden kann, wenn wir nicht nur mit der Moralität politischer Akteure, also der effektiven Orientierung an der Einsicht, rechnen

das Egalitätsprinzip und

dürfen, dass in einem kooperationsgemeinschaftlich gestifteten politischen Handlungszusammenhang sich alle wechselseitig als frei und gleich anerkennen und unter der Prämisse handeln, dass niemand bessere Rechte hat als irgendjemand anderer. Vielmehr müssen wir auch davon ausgehen können, dass die zur sozialen Absicherung effektiver politischer Gleichheit notwendigen Verteilungen in einem distributiv-allgemeinen Interesse eines jeden am Wohlergehen aller anderen solidarisch verankert sind. Erst diese Annahme, verbunden mit der Vermutung einer vergleichsweise gegenüber moralisch-universalistischen Einstellungen geringeren Elastizität solidarisch-ethischer Orientierungen (vgl. dazu kritisch Brunkhorst 2002), bildet den Hintergrund für die Behauptung eines konstitutiven und nicht nur kontingenten Zusammenhangs zwischen Nationalstaat und Demokratie.

das Solidaritätsprinzip

Diese Koppelung könnte unter dem Globalisierungsdruck aufgelöst werden und dazu führen, dass wir im Zuge der ungleichen Denationalisierung von Politik und Gesellschaft (Zürn 1998a, 254) den Prozess nunmehr rückwärts durchlaufen, der über die Stufen der kumulativen Sicherung liberaler, demokratischer und sozialer Rechte zum demokratischen Rechts- und Wohlfahrtsstaat geführt hat, der in den sechziger und siebziger Jahren des 20. Jahrhunderts seine Blütezeit erlebte und die historisch einmalige Realisierung der Ziele des Regierens, von Sicherheit, Recht, Partizipation und Wohlfahrt (vgl. Zürn 2002, 216) mit sich brachte: Könnte es nicht sein, so die suggestive Frage Offes (1998, 111), dass die Unterminierung demokratischer Selbstbestimmung im Sinne effektiver Partizipation als Ferment des Modernisierungsprozesses nunmehr eine Abwärtsspirale in Gang setzt, in der zunächst die sozialen und dann die demokratischen Rechte preisgegeben werden, so dass am Ende der Weltbürger allein mit der Rechtsausstattung und den Orientierungen des (neo-)liberalen Marktbürgers zurückbleibt?

Die Entkoppelung von Nationalstaat und Demokratie ...

bewirkt nach Offe eine Abwärtsspirale demokratischer Errungenschaften

Die Krisendiagnose Offes folgt einer Logik, die sich im Sinne einer Kettenreaktion folgendermaßen rekonstruieren lässt:

Stufen der Abwärtsspirale

1. Am Anfang erleidet, ausgelöst durch die Einbettung staatlicher Politik in Märkte (statt von Märkten in staatliche Politik), der Staat als Adressat wohlfahrtsstaatlicher Solidaritätspflichten einen Verlust an Kontrolle über jene Ressourcen, die er zur Einlösung dieser Pflichten einsetzen könnte;
2. daraus resultiert aber eine Abnahme der Verpflichtungsfähigkeit gegenüber seinen Bürgern, denen die rationalen Motive zur Folgebereitschaft aufgrund der Aushöhlung ihrer staatsbürgerlichen Statusrechte zunehmend abhanden kommen (Streeck 1998b, 21) – ein rationales Motivationsdefizit, das seinerseits nur durch eine erhöhte Inanspruchnahme moralischer Orientierungen kompensiert werden könnte; diese Strapazierung eher knapper Ressourcen könnte dann
3. durch eine Reaktion quittiert werden, die auf eine Art moralischer Selbstunterforderung, d.h. eine „entsolidarisierende Schrumpfung der operativen Horizonte von Vertrauen und Verpflichtung" (Offe 1998, 133), mit dem Effekt einer systematischen Verknappung der moralischen Grundlagen der Demokratie hinausläuft, so dass
4. jener Mechanismus stillgestellt wird, der die Verknüpfung politischer Teilnahme- und sozialer Teilhaberechte garantieren soll.

So beeindruckend sich diese Diagnose, die, ausgehend von einem wohlfahrtsstaatlich vermittelten, konstitutiven Zusammenhang von Nationalstaat und Demokratie, das demokratische Projekt durch den Prozess der Globalisierung insgesamt gefährdet sieht, zunächst präsentiert, so überzogen scheinen doch auf den zweiten Blick bereits die empirischen, konzeptionellen und theoretischen Annahmen, die in sie eingehen. So gibt es mindestens drei Punkte, an denen sich die

Drei Argumente gegen Offes Krisendiagnose aus ...

skeptische Diagnose aufbrechen lässt – Punkte, auf die ich hier allerdings nur verweisen und die ich aus Platzgründen nicht argumentativ ausführen kann:

historisch-genetischer Perspektive,

1. Aus der *historisch-genetischen Perspektive* kann man darauf verweisen, dass in Umkehrung der vorherrschenden Sichtweise die wohlfahrtsstaatliche Konsolidierung der Nationalstaaten eine der entscheidenden Voraussetzungen weltwirtschaftlicher Integration gebildet hat, so dass die forcierte wettbewerbliche Auszehrung der fiskalischen Ressourcenbasis des Wohlfahrtsstaates eine Art negativer Dialektik der Globalisierung in Gang setzt, der schließlich diese selbst zum Opfer fallen muss (vgl. Rieger und Leibfried 2001, 25 und 40–44). Dieser Einwand betont vor allem die Grenzen der politischen Disponibilität des sozialen Moments demokratischer Selbstbestimmung.

komparativer Perspektive und

2. Aus der *komparativen Perspektive* gewinnt man auch einige Anhaltspunkte dafür, dass das tatsächliche Ausmaß der Wirkung der wirtschaftlichen Globalisierung auf den Sozialstaat durch die institutionellen Besonderheiten der jeweiligen nationalen Sicherungssysteme kanalisiert werden kann (vgl. etwa Scharpf 2000). Vor diesem Hintergrund kommen dann einerseits globalisierungstauglichere Instrumente der Sozial- und Arbeitsmarktpolitik in den Blick, die gemeinwohlverträgliche Lösungen der Anpassungsprobleme unter Wahrung von etablierten Standards sozialer Gerechtigkeit unter der Voraussetzung erlauben, dass

   – Verteilungsziele eher im Bereich der Kapital- als im Bereich der Lohneinkommen verfolgt werden,
   – eine (teilweise) Umstellung des Rentensystems auf individuell angesparte Versicherungsleistungen gelingt,
   – eine Finanzierung der sozialen Sicherungen aus dem allgemeinen Steueraufkommen ins Auge gefasst wird und
   – schließlich im Bereich der Arbeitsmarktpolitik beschäftigungspolitische Kompensationen der wettbewerbsinduzierten Rationalisierungen im Bereich der Industrie vor allem bei den binnenabsatzorientierten Dienstleistungen gesucht werden, die der internationalen Konkurrenz nicht ausgesetzt sind (Scharpf 1998, 168–171).

   Über den Horizont dieser reformorientierten Perspektive hinaus kann man aber auch argumentieren, dass (möglicherweise) unvermeidliche Verluste im Bereich individueller Teilhaberechte (subjektiver Wohlfahrtsrechte) durch einen angebotsseitigen Egalitarismus einer „enhanced equality in economic endowment (capacities)" (Cohen und Rogers 1998, 186–189) zu kompensieren wären – eine Strategie, die freilich nur dann überzeugen kann, wenn es in auch normativ befriedigender Weise gelingt, die funktionalen Erfordernisse einer verstärkten ökonomischen Denationalisierung mit den Forderungen von Gleichheit und Gerechtigkeit neu zu vermitteln (vgl. Kersting 2000; Krebs 2000) und die Form dieser Vermittlung von der institutionellen Sklerose des etablierten Sozialstaatsmodells zu befreien (vgl. Nullmeier 2000).

3. Selbst wenn man das so weit zugesteht, drängt sich allerdings sofort der weitere Einwand auf, dass sich derart weitreichende Umstellungen der Leistungsfähigkeit von Verhandlungssystemen (und damit internationaler Politik) weitgehend entziehen, weil diese nicht die (gerade für Verteilungsentscheidungen notwendige) politische Stoßkraft entfalten können, die robusten

Mehrheitsentscheidungen zukommt: robust in dem entscheidenden Sinn, dass auch die unterlegenen Minderheiten Mehrheitsentscheidungen als Ausdruck eines kollektiv-einheitlichen Willens verstehen können. Dieses Argument wird nun häufig genutzt, um die äußersten Grenzen der Denationalisierung von (zumindest demokratischer) Politik zu markieren. Dieser Zusammenhang lässt sich freilich so nur herstellen, wenn man den Legitimitätsbedingungen von Mehrheitsentscheidungen eine Form von Solidarität einschreibt, die ihrer Substanz nach an gleichsam primordiale, präreflexive Gefühle der (nationalen) Zusammengehörigkeit und des gemeinschaftlichen Zusammenhalts appelliert. Deshalb kann man diesem Einwand die Spitze nehmen, wenn man auf abstraktere Formen der Solidarität (unter Rechtsgenossen, vgl. dazu neuerdings Brunkhorst 2002, 9–20) rekurriert und sie eher institutionell als ethisch vermittelt versteht (vgl. dazu auch Scharpf 1998, 154f.). Wiederum aus Raumgründen müssen anstelle einer ausführlichen Begründung zwei knappe Bemerkungen dazu genügen. Zum einen spricht einiges dafür, dass horizontales Vertrauen unter Bürgern und die auf dieser Basis zu knüpfenden solidarischen Beziehungen unter den Mitgliedern einer politischen Gemeinschaft nicht in erster Linie auf einem vorpolitischen, askriptiven oder kategorial gestifteten Zusammengehörigkeitsgefühl aufbauen, sondern dass sie vielmehr der normativen Bedeutung und der moralischen Plausibilität der die politischen Beziehungen regulierenden Institutionen (vgl. Offe 2001, 278–283) und in rationaler Hinsicht der Bedingung der Zurechenbarkeit, Kanalisierung und Einlösung politischer Verantwortlichkeit (vgl. Scharpf 1998, 155) zuzurechnen sind. Zum anderen hat vor diesem Hintergrund etwa Zürn (1998b, 12–15) zeigen können, dass man den Begriff des Demos, der als kategorialer Bezugspunkt der Erläuterung der Legitimität von Mehrheitsentscheidungen in Anspruch genommen wird, in strukturelle Komponenten u.a. der wechselseitigen rechtlichen Anerkennung, des horizontalen Vertrauens, des Gemeinsinns wie des öffentlichen Diskurses und der Solidarität, in denen jeweils unterschiedliche Aspekte der normativen und der sozialen Vermittlung demokratischer Prozesse hervortreten, so aufspalten kann, dass sichtbar wird, wie sie auch auf inter- oder transnationaler Ebene rekonstruiert und institutionalisiert werden könnten.

aus institutioneller Perspektive

Es gibt also m. E. insgesamt beachtliche Gründe, die dafür sprechen, die demokratieethischen Schranken vor dem Projekt der Entstaatlichung und Transnationalisierung der Demokratie nicht zu hoch anzusetzen. Dennoch bilden sie im Zusammenhang des Nachweises der Globalisierungstauglichkeit der Demokratie nur einen ersten, defensiven Zug, der, bevor wir uns eher konstruktiven Fragen zuwenden können, noch um die Abwehr der Einrede aus demokratienormativer Sicht zu ergänzen ist: Diese Einrede entzündet sich an dem Verdacht einer Aushöhlung des Prinzips der Volkssouveränität, und sie ist deshalb im Rahmen der Frage nach dem normativen Gehalt und der Qualität der Idee einer Weltrepublik zu diskutieren (vgl. Lutz-Bachmann und Bohman 2002).

Zwischenfazit: Demokratieethische Einrede kann weitgehend zurückgewiesen werden

2.2 Das demokratienormative Argument gegen Entstaatlichung

Lösung von Interdependenz-problemen bedarf institutioneller Kapazitäten auf globaler Ebene

Ruft man sich in funktionaler Perspektive nur den hartnäckigen Bodensatz an Koordinations- und Kooperationsproblemen in Erinnerung, mit denen internationale Politik, gleich welchen institutionell-konstitutionellen Rahmen man ins Auge fasst, konfrontiert ist, dann wird schnell deutlich, dass man auf globaler Ebene den Horizont des Nationalstaates überschreitende institutionelle Kapazitäten vorsehen muss, die den Modus der kollektiven Einwirkung mindestens auf unvermeidliche Interdependenzprobleme operativ werden lassen: Selbst in einer minimalen Fassung dieser Probleme geht es dabei um die Begrenzung und Eindämmung der Anwendung organisierter Gewalt, die Kontrolle der negativen Externalitäten dezentraler Handlungen, die Herstellung globaler öffentlicher Güter oder die Vermeidung globaler öffentlicher Schäden (prominente Beispiele für diesen Problemtypus bilden u.a. Umweltprobleme) und die Bearbeitung von gerechtigkeitsrelevanten Folgeproblemen der vor allem wirtschaftlichen Globalisierung (vgl. u.a. Keohane 2001, 2f.; Messner in diesem Band, 26–29). Diese Probleme lassen unilaterale Lösungen, ganz unabhängig von der Frage, wie man ansonsten die Ressourcenlage des Nationalstaates, sein Interventionspotenzial oder seine legitimitätsverbürgenden Strukturen einschätzt, aus prinzipiellen Gründen nicht zu. Daher kommt man gar nicht umhin, die emergenten oder zu schaffenden Formen der kollektiven Selbsteinwirkung so zu beschreiben, dass sie mindestens minimalen Standards legitimer Politik, also den Prinzipien der Verantwortung, der Partizipation von Betroffenen und der (öffentlichen) Rechtfertigung, genügen (vgl. dazu auch Keohane 2001, 3).

Weltrepublik?

Damit ist gewiss keine Vorentscheidung darüber getroffen, ob es zur Lösung der genannten Probleme eines internationalen, supra-, infra- oder transnationalen Handlungsrahmens bedarf – jedenfalls scheint es voreilig, von hier aus, wie etwa Friedrich Tomberg (2001, 217), unmittelbar zu folgern, dass wir einen republikanisch domestizierten Weltstaat brauchen, von dem er zusätzlich annimmt, dass wir ihn mit einiger Zwangsläufigkeit auch bekommen werden (vgl. Wendt 2002). Ebenso gewiss ist aber auch, dass keine dieser Perspektiven normativ gesehen unschuldig ist, weil in jedem Fall das bisher in der Form des Nationalstaats konzentrierte, auf die Idee der Selbstgesetzgebung berechnete, fundamentale Prinzip der Volkssouveränität tangiert ist. Zwar kommt dem Nationalstaatsprinzip in Hinblick auf die Ausgestaltung der rechtlichen Autonomie derjenigen, denen nach Kant ein Gesetz legitimerweise nur auferlegt werden darf, „wenn diese zuvor als Akteure des Gesetzgebungsprozesses auftreten konnten" (Maus 2002, 230), nicht unmittelbar ein normativer Gehalt zu – diesen verdankt es lediglich der Tatsache, dass das demokratische Prinzip des „Rechts, Rechte zu haben", dort eine normative Lücke hinterlässt, wo es um die mit demokratischen Mitteln schwer lösbare Aufgabe der Bestimmung der Grundgesamtheit derjenigen geht, auf die sich Bürgerrechte legitim beziehen sollen (vgl. Habermas 1996, 167f.). Aber es kann andererseits auch normativ gesehen nicht bedeutungslos bleiben, wenn die nationalstaatliche Schutzhülle der Volkssouveränität perforiert wird, ohne dass ein plausibler Ersatz bereitsteht. Kurz: Die Einrede gegen die unterschiedlichen Formen der Internationalisierung der Politik kann sich m.E. zwar nicht auf normative Gründe stützen, sondern sie muss sich, wie schon Kants Bedenken gegen eine Weltrepublik, auf eher pragmatische Gründe verlassen (vgl. Höffe 2001, 232 und 225; Schmidt in diesem Band). Diesen kommt aber zumindest so lange ein erhebliches Gewicht zu, wie man nicht auf legitimitätssichernde Formen und Strukturen einer internationalisierten Politik verweisen kann (darauf komme ich in Kapitel 3 zurück).

Wie sehen nun diese pragmatischen Gründe aus? In einem sehr instruktiven Beitrag zur Beantwortung der Frage nach der demokratischen Legitimität eines Globalstaates folgt Ingeborg Maus (2002) ziemlich genau der von Kant vorgezeichneten Strategie, wenn sie in drei Schritten zunächst das Nationalstaatsprinzip von falschen völkischen und territorialen Substanzialisierungen befreit, um dann eine demokratisch-rechtsstaatliche Lesart vorzuschlagen, die zeigt, dass das nationalstaatliche Identifikationsangebot mehrere Aspekte der Grenzüberschreitung enthält, und wenn sie schließlich drei pragmatische Gründe mobilisiert, die zumindest jene Schwellen markieren, die im Zuge der institutionellen Internationalisierung von Politik nicht unterschritten werden dürfen, wenn das Prinzip der Volkssouveränität nicht beschädigt werden soll. Vor allem mit Blick auf Kant und Rousseau arbeitet sie so zunächst überzeugend heraus, dass sich die in der Französischen Revolution materialisierte Idee des demokratischen Nationalstaates vor allem der Zusammenführung von zwei Prinzipien verdankt: ausgelegt auf die Funktion der (Selbst-)Gesetzgebung unter Bedingungen des autonomiewahrenden Prinzips des „Rechts, Rechte zu haben", einerseits mit der Ersetzung des Territorialprinzips durch das des Personenverbandes andererseits (ebd., 227–230). Die heute noch (oder wieder) aktuelle Pointe dieser Idee besteht dann darin, dass diese „Entsubstanzialisierung des nationalstaatlichen Identifikationsangebots" (ebd., 231) von sich aus auf Grenzüberschreitungen hin angelegt ist, die diese politische Form im Prinzip auch als Organisationsform der Politik jenseits des Nationalstaates geeignet erscheinen lassen. Die nationalstaatlichen Grenzen bezeichnen dann nichts anderes mehr „als den Geltungsradius der demokratischen Verfassung und der nach ihrer Verfahrensordnung zustande gekommenen demokratischen Gesetze". Insoweit sind sie „durchlässig für jeden, der die in ihnen geltende Verfahrensordnung anerkennt", und sie sind auch insofern zukunftsoffen, als die kollektive Identität einer politischen Gemeinschaft unter dieser Form nicht als gegeben betrachtet werden kann, sondern in je neuen Akten der demokratischen Gesetzgebung, in die das universalistische Moment der wechselseitigen Anerkennung gleicher Rechte von vornherein eingeschrieben ist, jeweils neu hergestellt werden muss (ebd., 231f.).

In dieser vernunftrechtlichen Deutung wird die Idee des Nationalstaates also von allem Bodenständigen befreit und weist gerade deshalb eine gewisse Elastizität bezüglich der raumzeitlichen Konkretisierung dieser politischen Form auf. Allerdings sind dieser Elastizität und damit der maßstäblichen Übertragung des demokratischen Verfassungsstaates auf die Ebene globaler Prozesse in der Sicht von Maus auch deutliche normative Grenzen gesetzt, die sich aus der für das demokratische Prinzip konstitutiven rechtlichen Verpflichtung der Herrschenden auf den Willen der Beherrschten ergeben: Aktuelle Globalstaatskonzeptionen, so die These, müssen normativ gesehen daran scheitern, dass sie die

Pragmatische Bedenken gegen eine Weltrepublik nach Kant:
1. das Prinzip der Volkssouveränität und

2. das Territorialprinzip ...

enthalten nach Maus Potenziale der Grenzüberschreitung,

denen jedoch normative Grenzen gesetzt sind

„gegenläufige Verbindung ungeteilter (gesetzgebender) Souveränität [des Volkes, der Verf.] und strikter Gewaltenteilung zwischen Rechtssetzung und Rechtsdurchsetzung [...] hinter sich lassen" (Maus 2002, 248)

Gefahr der „Universalmonarchie"

und eine exekutivische Monopolisierung politischer Macht zu prämieren scheinen (vgl. Wolf 2000; Lindseth 1999). Dieser Vorbehalt gegenüber einer, wie es schon bei Kant heißt, „Universalmonarchie" ist nun allerdings eher pragmatischer als prinzipieller Natur, weil ja im Prinzip die gewaltenteilige Organisation der Staatsmacht auch auf globaler Ebene (etwa Ausbau der UN-Vollversammlung zu einem Weltparlament und des Sicherheitsrates zu einer Weltregierung) nicht undenkbar (wenn auch unwahrscheinlich und mit großen Problemen bezüglich der Kanalisierung demokratischer Willensbildung belastet) ist. Nichtsdestotrotz markiert diese „neue Staatsräson" (Wolf 2000) ebenso wie das Problem der „Demokratiekompatibilität territorialer Ausdehnung" (ebd., 240) und das Problem der „Halbierung der Demokratie" durch ihre Reduktion auf die Öffentlichkeitsfunktion transnationaler zivilgesellschaftlicher Akteure (ebd., 249) fraglos Schwellen, die überschritten werden können müssen, wenn das demokratische Prinzip im Prozess der Globalisierung nicht leer laufen soll.

Zwischenfazit: normative Einrede wichtiger Prüfstein der Demokratietauglichkeit transnationaler Politik

Insofern kommt diesem zunächst nur defensiven Argument, und so möchte ich es hier verstehen, auch eine heuristische Funktion zu: Es bildet eine Art demokratisch-normativer Sonde, die es nicht nur ermöglicht, emergente Strukturen inter- oder transnationalen Regierens auf ihre Demokratietauglichkeit hin zu überprüfen, sondern die zugleich sensibel Strukturbildungen verzeichnet, die vielleicht als (zu konkretisierende und auszubauende) Vorläufer einer neuen Form von (globaler) Demokratie gelten können. Das jedenfalls ist die Perspektive, in der ich die Titelfrage nunmehr in zwei weiteren Schritten noch einmal aufgreifen möchte. Dabei lasse ich mich von der für die Idee demokratischer Selbstbestimmung zentralen Gesetzgebungsfunktion politischer Meinungs- und Willensbildung leiten und gehe von der Vermutung aus, dass es grundsätzlich vier alternative Strategien zur Sicherung der Allgemeinheit der Gesetzgebung unter Bedingungen der Globalisierung gibt: *Distributiv* lässt sich diese Allgemeinheit entweder 1. über eine „interne Globalisierung" der nationalstaatlichen Meinungs- und Willensbildung einerseits wie 2. über vertragliche Beziehungen zwischen dezentralen Akteuren andererseits stiften, während sich die *kollektive* (auf ein einheitliches Subjekt der Willensbildung bezogene) Allgemeinheit der Gesetzgebung entweder 3. über supranationale Strukturen oder 4. über assoziative Strukturen auf der Ebene einer trans- oder infranationalen Zivilgesellschaft einstellen kann (vgl. Zürn 2002, 224–232). Dieses Alternativenspektrum kann ich allerdings im Folgenden nicht ausfüllen, sondern werde mich zu illustrativen Zwecken vorrangig auf die letztgenannte Option konzentrieren (vgl. aber Schmalz-Bruns 1999, 2001 und 2002).

3 Demokratiepotenziale von Global Governance

Trotz der eingangs erwähnten begrifflichen Unsicherheiten im Umgang mit dem Phänomen der Globalisierung scheint unter den Beobachtern zumindest auf deskriptiver Ebene doch weitgehend Einigkeit darüber zu bestehen, dass wir mit säkularen Trends der Neukonfiguration des Regierens konfrontiert sind, die mindestens vier Merkmale aufweisen:

Deskriptive Merkmale bestehender Global Governance

1. Wir haben es mit einem starken Anwachsen der Zahl internationaler Regelungen zu tun.
2. Der Charakter dieser Regelungen ändert sich dahingehend, dass die Regelungsadressaten nicht mehr ausschließlich Staaten, sondern gesellschaftliche Akteure sind und dass positive und substanzielle Regelungen gegenüber negativen, die sich primär auf die Lösung von Koordinationsproblemen richten, zunehmen.
3. Damit hängt zusammen, dass in dem Maße, in dem sich der Gesichtspunkt der effektiven Problemlösung in den Vordergrund drängt, sich ein Trend entweder zur Supranationalisierung internationaler (intergouvernementaler) Institutionen (prominente Beispiele bilden die EU und die WTO, vgl. neuerdings von Bogdandy 2001a; 2001b) oder
4. zur Vernetzung internationaler Institutionen abzeichnet, die auf das Phänomen überlappender Zuständigkeiten reagiert und sich häufig in der Form der Netzwerkbildung zwischen institutionellen und zivilgesellschaftlichen Akteuren vollzieht (vgl. Jachtenfuchs und Knodt 2002b, 14–20).

Angesichts dieser Lage drängt sich, will man diese neue postnationale Konstellation (Zürn 1998a) in analytischer wie konstruktiver Perspektive angemessen in den Blick bekommen, eine Analogie auf: Wie man bei der Steuerung eines Kraftfahrzeugs schlecht beraten ist, wenn man die steuerungsrelevanten Informationen nur aus dem Rückspiegel bezieht, so kann man auch die Gesichtspunkte, unter denen man die emergenten Strukturen des Regierens analysiert und demokratisch fortschreibt, nicht allein (und nicht einmal primär) im (Rück-)Blick auf die nationale Konstellation gewinnen (vgl. Wendt 2001; Zürn 2002). Man muss also, wie Renate Mayntz (2001) notiert, die „Selektivität erprobter Perspektiven" einer (allein oder primär) nationalstaatlichen Hegung von Politik und politischer Herrschaft aufgeben und die konstitutiven Merkmale der Politik in der postnationalen Konstellation herausarbeiten, um diese anschließend in legitimationstheoretischer Perspektive zu prüfen, ein möglicherweise eigenständiges Legitimationspotenzial zu identifizieren und institutionell zu sichern – ein Argumentationsgang, den ich hier wiederum nur exemplarisch unter Rückgriff auf einzelne Autoren illustrieren kann.

Man kann dann, folgt man Michael Zürn (2002, 225f.), dem Prinzip „funktionaler Selbstregulierung" (Wolf 2000, 156–160) entsprechend, das sich aus der Gemengelage zwischen den Extrempolen internationaler Anarchie einerseits und einer ausgebauten Globalstaatlichkeit andererseits einrichtet, davon ausgehen, dass das Organisationsprinzip des Regierens in der postnationalen Konstellation vier konstitutive Merkmale aufweist:

Konstitutive Merkmale bestehender Global Governance

1. Die nationalstaatliche Souveränitätsfiktion wird nach oben hin dadurch durchbrochen, dass sich eine Reihe nichtstaatlicher inter- oder supranationaler Organisationen etabliert hat, die die einzelnen Staaten externen Legitimitätskontrollen unterwerfen können und insofern eine Art „autoritätszuweisende" Funktion (Zürn 2002, 223) annehmen (Beispiele dafür sind Amnesty International im Bereich der Menschenrechte ebenso wie privatwirtschaftliche Credit Rating Agencies und supranationale Organisationen wie der IWF und der EuGH u.a.), und damit so etwas wie eine Kompetenz zur Generierung und Begrenzung von Kompetenz-Kompetenzen entsteht (ebd., 224).
2. Die Zuweisung von Autorität folgt eher dem Muster funktionaler Differenzierung, also der begrenzten Allokation von Zuständigkeiten und Entscheidungsrechten in Hinblick auf sektorale, politikbereichsspezifische Aufgaben (ebd., 225).
3. Unter diesen organisationalen Anforderungen sind die politischen Subjekte in aller Regel nicht mehr Einzelne (individuelle Staatsbürger wie im Prinzip auf nationalstaatlicher Ebene), sondern kollektive, häufig assoziativ vermittelte Akteure (ebd., 226).
4. Die Motivation zur Teilnahme vermittelt sich nicht solidargemeinschaftlich über subjektive Rechte und (staatsbürgerliche) Pflichten, sondern primär kooperationsgemeinschaftlich über ein gemeinsames Interesse an Problemlösungen (ebd., 226).

Das nun sind Merkmale, die ein netzwerkartiges Strukturierungsprinzip favorisieren. Nimmt man deshalb die Probleme hinzu, die sich mit diesem Prinzip vor allem in der Perspektive demokratischer Legitimierung verbinden (also vor allem Transparenz-, Repräsentations- und Inklusions- sowie Zurechenbarkeits- und Verantwortungsprobleme, vgl. Schmitter 2002, 53–58), so wird man für Governance-Strukturen, die als Methode oder Mechanismus

> "[...] for dealing with a broad range of problems/conflicts in which actors regularly arrive at mutually satisfactory and binding decisions by negotiating with each other and cooperating in the implementation of these decisions" (Schmitter 2002, 53)

Demokratische Legitimationspotenziale zukünftiger Global Governance

definiert werden können, auch nach Legitimationsquellen suchen müssen, die sich weniger einem voluntaristischen Modus verdanken und zunehmend auch einen epistemischen Gehalt aufweisen (vgl. Habermas 1998a, 166). Und dies ist denn auch die grundsätzliche Perspektive, in der u.a. Klaus Dieter Wolf (2000; 2002) die Möglichkeiten der Demokratisierung des Regierens jenseits des Staates prüfen möchte. Zu diesem Zweck lenkt er die Aufmerksamkeit zunächst auf solche Strukturen, die durch ihre Aufgeschlossenheit für das sektoral-funktionale Differenzierungsprinzip, die gleichwertige Berücksichtigung von input- und outputorientierten Legitimationsmodi, die Offenheit gegenüber einem horizontalen Politikstil des Aushandelns oder der vernünftigen, über Gründe vermittelten Problemlösung, die Nichtangewiesenheit auf vorpolitische Solidaritäten und die Loslösung vom Staat als Träger von Souveränitätsrechten programmiert sind (Wolf 2000, 164). Vor diesem Hintergrund befragt er dann insbesondere Formen

Zivilgesellschaftliche Akteure als Legitimationsquelle für ...

zivilgesellschaftlicher Selbstregulierung darauf hin, ob sie als „Auswege aus dem Dilemma internationalen Regierens" geeignet sind (Wolf 2002; vgl. auch Bohman 2002). Im Rahmen dieser Aufgabenstellung ist es erforderlich, einen internen Zusammenhang zwischen einer organisierten Form der Staatsentlastung oder Entstaatlichung einerseits mit auf zivilgesellschaftlicher Ebene autonom zu generierenden Legitimationspotenzialen andererseits herzustellen, wobei die Breite des Spektrums an Aufgaben und Funktionen und die konstitutionelle Reichweite getroffener Entscheidungen und Regelungen als Maßstab für den Entstaatlichungsgrad und eine Kombination aus Input-, Output- und prozeduralen Kriterien als Indikator für das zu erreichende Legitimationsniveau verwendet werden.

Ohne die dann folgenden sehr instruktiven Unterscheidungen etwa zum Umfang potenzieller Beiträge zivilgesellschaftlicher Akteure zum grenzüberschreitenden Regieren (die sich auf einer Skala abtragen lassen, die von bloßer Problemidentifikation über die Generierung von Problemlösungspotenzialen bis hin zur Implementation reicht, vgl. Wolf 2000, 190) oder des Autonomiegewichts dieser Beiträge (das zwischen beratenden und konstitutionellen Funktionen einerseits und zwischen delegativer Autorisierung und Eigenautorisierung qua besonderer fachlicher oder moralischer Kompetenz schwanken kann, vgl. ebd., 192 und 199) im Einzelnen nachzeichnen zu können, lässt sich doch ein Muster organisierter Entstaatlichung erkennen, das als Folie der demokratischen Domestizierung eher naturwüchsiger Prozesse dienen kann. Die entsprechende Formel könnte dann etwa lauten: Überall dort, wo zivilgesellschaftliche Akteure sich auf staatlich nicht monopolisierbare, aber allgemein anerkannte Normen oder Werte beziehen können (etwa Menschenrechte oder allgemeine Gerechtigkeitsnormen) und wo administrativ nicht zu erzeugende, öffentlich zu beglaubigende „gute Gründe" eine entscheidende Rolle spielen, wo mithin die deliberative Qualität von Verfahren eine Rolle spielt (ebd., 199 und 201), dort generieren sie eine eigenständige Form von Legitimität, die es ihnen erlaubt, tief in Prozesse der Problemlösung, Normsetzung und Regeldurchsetzung einzugreifen und konstitutionelle wie Funktionen der Entscheidung an sich zu ziehen.

staatlich nicht monopolisierbare allgemein anerkannte Normen ...

Damit ist ein heuristisch, wie ich meine, sehr überzeugender Weg eingeschlagen, auf dem sich in zunächst analytischer Hinsicht die weitere Vermessung des globalen Terrains demokratischen Regierens vorantreiben lassen sollte. Darüber hinaus enthält das so entstehende Bild bereits erste Hinweise auf jene Legitimationsressourcen, die in konstruktiver Absicht über entsprechende institutionelle Designs systematisch erschlossen und zur Geltung gebracht werden müssen, ohne damit freilich, wie auch Zürn (2002, 232) einräumt, ein zusammenhängendes und schlüssiges Gesamtbild der Architektur postnationalen Regierens vermitteln zu können. Ein solches Bild kann sich erst dann ergeben, wenn man ein Modell von Demokratie zur Verfügung hat, das elastisch genug ist, die bisher diskutierten Einzelaspekte in sich aufzunehmen, und das normativ gehaltvoll genug ist, um sie in einer überzeugenden konstitutionellen Perspektive zu integrieren. Diese Diskussion ist in vollem Gange und an dieser Stelle auch nicht ansatzweise zu referieren. Deshalb werde ich abschließend wenigstens versuchen, auf die Vorzüge eines Modells deliberativer Demokratie stichwortartig und in auf die allgemeine Programmatik begrenzter Form aufmerksam zu machen.

verweisen auf bestehende Legitimationsressourcen ...

einer bisher fehlenden Architektur postnationalen Regierens ...

in Richtung eines Modells deliberativer Demokratie

4 Deliberative Demokratie als Modell des Regierens in der postnationalen Konstellation

Kriterien demokratischer Legitimität und

Ganz allgemein kann Demokratie als eine Form von Herrschaft verstanden werden, die die Autonomie von politischen Subjekten ins Zentrum der Legitimation von Herrschaft rückt und auch angesichts der Notwendigkeit kollektiv verbindlicher Entscheidungen im Minimum einen autonomieschonenden Umgang mit den Bedürfnissen, Interessen, Meinungen und Präferenzen von Personen verlangt. Unter dieser Maßgabe scheint das Kriterium demokratischer Legitimität auf den ersten Blick relativ eindeutig und klar geschnitten, indem die Legitimität politischer Herrschaft (respektive politischer Entscheidungen) zum einen davon abhängig gemacht wird, dass diese Entscheidungen die Dispositionen der aller Einzelnen möglichst weitgehend wiedergeben; umgekehrt wird von diesen aber auch erwartet, dass sie sich als Teil einer politischen Gemeinschaft verstehen, so dass ihnen in der Bildung und Artikulation ihrer Meinungen und Interessen ein reflexives Urteil der Art angesonnen wird, dass es auch ein Urteil darüber enthält, was alle anderen für eine gute oder akzeptable Entscheidung hielten. Schon auf den zweiten Blick stellen sich aber an dieser fundamentalen Formel mindestens drei Komplikationen ein, die daraus resultieren, dass 1. diese „anderen" in der Regel anonyme andere sind, 2. die reflexiven Urteile Konturenschärfe nur dann gewinnen können, wenn sie sich auf eine vorgängig definierte Grundgesamtheit derjenigen beziehen, die in Betracht gezogen werden müssen, und 3. Unklarheit darüber besteht, ob der Autonomieanspruch sich auf ein voluntaristisches Prinzip gründet, wonach jeder die Chance haben soll, seine Präferenzen (gleich welcher Art) entscheidend zu Gehör zu bringen, oder ob er auch eine „epistemische" Qualifizierung enthält, die in Rechtfertigung dieser Präferenzen im Lichte „guter" Gründe steht.

deren Komplikationen

Diese Komplikationen (respektive die Antworten darauf) stehen zwar in einem gewissen internen Zusammenhang, weil man nach einer Lesart (die man als nationalstaatliche Lesart bezeichnen kann) das Anonymitätsproblem durch einen konstitutiven Gemeinschaftsbezug wo nicht überwinden, so doch begrenzen und deshalb das Gewicht, das auf der vermittelnden Kraft guter Gründe liegt, ermäßigen kann, aber nicht dieser Effekt interessiert mich hier, sondern vielmehr der eher glückliche Umstand, dass man diesen Ableitungszusammenhang auch umkehren kann: Verschiebt man nämlich den Angelpunkt demokratischer Legitimität ein Stück weit in Richtung auf den epistemischen Pol und damit auf die Idee des öffentlichen Vernunftgebrauchs (John Rawls), dann kann man anonyme andere als in ihrem Handeln durch gute Gründe bestimmte Personen repräsentieren, die ihre Meinungs- und Willensbildung nicht mehr primär gemeinschaftlich, sondern kommunikativ und diskursiv vermitteln.

Idee öffentlichen Vernunftgebrauchs (Rawls) ...

eröffnet postnationales Legitimationspotenzial und führt ...

Diese Lesart hat jedenfalls den Vorzug, dass sie sich, ohne dass man ihr aufgrund der Unschärferelationen der demokratischen Legitimationsformel den (häufig geäußerten) Vorwurf einer flagranten Verletzung demokratischer Standards machen könnte, besser auf die postnationale Konstellation anwenden lässt. Genau diesen Effekt hat denn auch etwa John S. Dryzek (2000) im Auge, wenn er insistiert, dass die Ausdehnung der Demokratie über die Grenzen des Nationalstaates hinaus in dem Maße erleichtert und plausibel wird,

"[...] to which we think of democracy not in terms of voting or the representation of persons or interests, but rather in terms of communication and deliberation [...] Such a model of democracy is particularly conducive to international society, because unlike older models of democracy, it can downplay the problem of boundaries" (Dryzek 2000, 129).

Warum ist das so? Im Kern verdankt sich dieser Effekt, ideengeschichtlich eingeleitet durch eine seit den achtziger Jahren des vergangenen Jahrhunderts wieder einsetzende verstärkte Hinwendung zu den republikanischen Demokratieidealen Kants, Rousseaus oder J. S. Mills (vgl. Niesen 2001), einer zweifachen Verschiebung des Gravitationszentrums der Idee demokratischer Legitimität: auf der Achse, die durch die Pole eines voluntaristischen und eines epistemischen Legitimationsmodus gebildet wird, in Richtung auf den epistemischen Pol und auf einer Achse, die zwischen den Eckpunkten einer ethischen oder einer moralischen Begründung der Demokratie verläuft, in Richtung auf den moralisch-universalistischen Bezugspunkt (vgl. Schaubild I-4).

zum Wandel der Idee demokratischer Legitimität

Schaubild I-4 Idee demokratischer Legitimität im Wandel

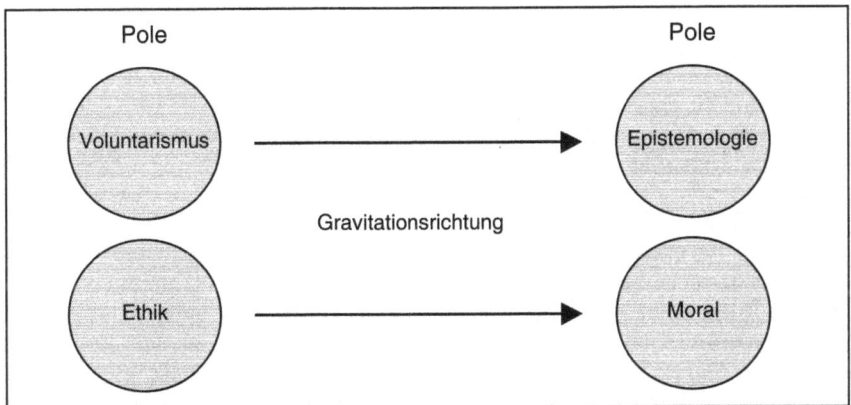

Im Ergebnis führt diese Bewegung einerseits zu einer deutlichen Kontrastierung des Modells deliberativer Demokratie gegenüber aggregativen und wettbewerblichen Modellen:

"Deliberative democracy, broadly defined, is thus anyone of a family of views according to which the public deliberation of free and equal citizens is the core of legitimate political decision making and self-government" (Bohman 1998, 401).

Ein Ideal öffentlicher Rechtfertigung rückt somit ins Zentrum, nach dem die Legitimität politischer Entscheidungen davon abhängig gemacht wird, dass diese sich auf Gründe stützen müssen, die von allen (Betroffenen) akzeptiert oder nicht vernünftigerweise zurückgewiesen werden können. Das hat dann andererseits drei weitere Konsequenzen, die im Zusammenhang der Globalisierungsdiskussion von besonderem Interesse sind: Erstens kommt es, dem Prinzip der öffentlichen Rechtfertigung folgend, zu einer Reartikulation der Bedeutung politischer Öffentlichkeit für die politische Meinungs- und Willensbildung, in de-

Konsequenzen des Ideals öffentlichen Vernunftgebrauchs:

1. Bedeutungszuwachs politischer Öffentlichkeit

ren Zusammenhang das legitimatorische Gewicht staatlich-administrativer und institutioneller Willensbildung zugunsten der nichtinstitutionalisierten, zivilgesellschaftlichen Öffentlichkeit reduziert wird. Zweitens wird innerhalb des zivilgesellschaftlichen Rahmens von Demokratie die konstitutive Differenz zwischen Staat und Gesellschaft abgetragen und ein Wechsel von hierarchischen zu horizontalen, dezentralen oder sektoralen Modellen der Politikvermittlung konzeptuell unterstützt, und drittens tritt damit die assoziative (im Unterschied zur gemeinschaftlich-nationalen) Grundstruktur legitimer Politik deutlicher hervor (vgl. Cohen und Sabel 1997) – so dass insgesamt im Modell deliberativer Demokratie Neuarrangements möglich werden, die den Bedingungen und Kontexten internationaler Politik nicht nur weit besser entsprechen als die liberalen oder republikanischen Modelle der Demokratie, sondern die darüber hinaus eine Perspektive auf die Demokratisierung emergenter Strukturen und Institutionen der Politik im globalen Maßstab eröffnen.

2. Horizontale statt hierarchische Politikvermittlung

3. Stärkung assoziativer Elemente legitimer Politik

Diese Effekte verdanken sich, wie schon gesagt, vor allem der Herstellung einer internen Verbindung des moralischen mit dem epistemischen Gehalt der Idee der Demokratie, die den moralisch geforderten Respekt für Personen als Freie und Gleiche unmittelbar mit der epistemischen Idee vernünftiger Autonomie verbindet. Darin sind Personen als Autoren und Adressaten über den Austausch von Gründen miteinander verbunden und in ihrer Meinungs- und Willensbildung vermittelt. Nun ist vor allem voluntaristisch gesonnenen Kritikern dieses Modells zwar zuzugeben, dass der moralische Gehalt der Idee demokratischer Selbstbestimmung nicht vollständig in dem epistemischen Prinzip der vernünftigen Autonomie aufgehen kann (die Idee der Freiheit wie die der Gleichheit enthalten beide ein irreduzibel subjektives und voluntaristisches Moment; vgl. Bohman 1998, 402–407; Dryzek 2000, 166–175), aber immerhin zeigt diese Spannung auch an, dass sich die Attraktivität des Modells deliberativer Demokratie keineswegs, wie manchmal suggeriert, der Ermäßigung normativer Standards auf das durch die Strukturen internationaler Politik ohnehin etablierte Niveau verdankt: Seine Attraktivität resultiert m. E. vielmehr aus der Verbindung normativer Unbescheidenheit mit einer Bescheidung hinsichtlich der (tugend-)ethischen und gemeinschaftlichen Voraussetzungen legitimer und demokratischer Politik. Die Vorzüge dieser Kombination möchte ich abschließend anhand von fünf Charakteristika zusammenfassend noch einmal erläutern (vgl. zum Folgenden Forst 2001):

Charakteristika des Modells deliberativer Demokratie:

Öffentliche Rechtfertigung

– Reziprozität und

– Allgemeinheit

– Was zunächst die kognitiven Fähigkeiten der Bürger angeht, die im Modus deliberativer Politik vorausgesetzt werden, so ist es vor allem der Sinn für die Art von öffentlicher Rechtfertigung, die erforderlich ist, wenn es darum geht, reziprok und allgemein bindende Normen festzulegen: Die Rechtfertigung solcher Normen unterliegt strikten Anforderungen von Reziprozität (wonach als rechtfertigender Grund nur gelten kann, dass er keine Ansprüche enthält, die man anderen nicht auch zugestehen würde) und Allgemeinheit, die fordert, dass alle Normunterworfenen das gleiche Recht und die gleichen Chancen haben, ihre Ansprüche anzumelden und ihre Argumente einzubringen. Die besondere Pointe dieser Fokussierung auf die Anforderungen reziprok-allgemeiner öffentlicher Rechtfertigung liegt dann darin, dass „[...] what is presupposed in procedures of democratic argumentation is not the

ethical transformation of persons into ‚we-thinkers' or into beings who reflect on their being communally constituted [...]" (ebd., 364).
- Entsprechend der Idee öffentlicher Rechtfertigung sind es vor allem drei Arten von Tugenden, über die Bürger verfügen sollten und die zudem hierarchisch geordnet sind: Es handelt sich dabei zunächst um liberale Tugenden (die Toleranz), dann um dialogische Tugenden (also die Bereitschaft, in rechtfertigende Dialoge einzutreten und sich den Normen öffentlicher Rechtfertigung zu unterwerfen) und schließlich um gemeinschaftliche Tugenden wie Solidarität und Verantwortlichkeit gegenüber der jeweils relevanten Gruppe von Personen, die in einem spezifischen politischen Handlungszusammenhang stehen und von politischen Entscheidungen betroffen sind (ebd., 366). *[Tugenden der Bürger: – Toleranz – Dialogbereitschaft – Solidarität]*
- Dieses demokratische Ethos ist zweifellos seinerseits auf entgegenkommende kulturelle Lebensformen angewiesen, die in einem geteilten Sinn für Gerechtigkeit, verstanden als Projekt politischer und sozialer Gerechtigkeit, das sich in der Bereitschaft zur Übernahme von Verantwortung materialisiert, interferieren müssen: in diskursiver Verantwortlichkeit bezüglich der Realisierung der Standards öffentlicher Rechtfertigung, in der Verantwortlichkeit für die Herstellung der erforderlichen institutionellen und materiellen Bedingungen öffentlicher Rechtfertigung, in der Bereitschaft zur Übernahme von Verantwortung für materiale Entscheidungen gegenüber jenen, die von diesen Entscheidungen betroffen sind. Entscheidend ist auch hier, dass dieses kulturelle Selbstverständnis, wie es sich in der Idee der Verantwortlichkeit zum Ausdruck bringt, sich nicht primär partikularen ethischen Überzeugungen verdankt, sondern im demokratischen Ethos einer „Verantwortungsgemeinschaft" wurzelt (ebd., 368). *[Verantwortungsgemeinschaft]*
- Dem entspricht in der institutionellen Dimension die Konzentration auf solche Arrangements, die dem normativen Kriterium von Reziprozität und Allgemeinheit in besonderer Weise entgegenkommen: Ins Zentrum rückt damit die Idee einer zivilgesellschaftlichen Öffentlichkeit, die als Sphäre öffentlicher Information, Argumentation und Kontestation verstanden und von einer Vielzahl von Akteuren wie Assoziationen, sozialen Bewegungen u.a. gebildet wird (ebd., 369). *[Zivilgesellschaftliche Öffentlichkeit]*
- Eine solche kommunikative Assoziationsform ruht zweifellos auch auf materialen Voraussetzungen – sie ist also gegenüber Ansprüchen der sozialen Demokratie nicht unempfindlich, auch wenn sie keine bestimmte Verteilungsordnung vorschreibt: Eine in diesem Sinne gerechtfertigte soziale Ordnung ist dann in prozeduralem Sinn als Ergebnis eines Prozesses reziproker und allgemeiner Rechtfertigung zu verstehen, in dem gerade den Schlechtestgestellten ein – wenn auch qualifiziertes und nur suspensives – Vetorecht zukommt (ebd., 371). *[Vetorecht für Minderheiten]*

Im Lichte dieser zweifellos programmatisch gehaltenen Bemerkungen sollte immerhin deutlich werden, dass es keinen Grund gibt, vor der postnationalen Herausforderung der Demokratie normativ zu resignieren. Allerdings hängt die Einschätzung der Chancen, diesen Herausforderungen auch in institutioneller und sozialer Hinsicht begegnen zu können, entscheidend auch von der Wahl eines geeigneten demokratischen Rahmenmodells ab, eines Modells, das einerseits *[Fazit: Postnationale Politik ist demokratisch gestaltbar]* das demokratische Ethos nicht zu tief und zu fest im Boden partikularer gemeinschaftlicher Überzeugungen verankert (wie das republikanisch-kommunitäre Modell) und das andererseits (wie im liberalen Modell) den Bereich politischer Selbstbestimmung nicht zu restriktiv auf Fragen konstitutioneller Selbstgesetzgebung hin auslegt und Fragen der zivilgesellschaftlichen Selbstregierung um den Preis aus dem Blick verliert, dass dann der Raum gesellschaftlicher Vermittlung zu weitgehend von Strukturen einer reinen Marktvergesellschaftung durchdrungen wird.

Literatur

Beisheim, Marianne, Sabine Dreher, Gregor Walter, Bernhard Zangl und Michael Zürn. 1999. Im Zeitalter der Globalisierung? Thesen und Daten zur gesellschaftlichen und politischen Denationalisierung. Baden-Baden: Nomos.
Bogdandy, Armin von. 2001a. Verfassungsrechtliche Dimensionen der Welthandelsorganisation. 1. Teil: Entkoppelung von Recht und Politik, aus: Kritische Justiz 34 (3), 264–281.
Bogdandy, Armin von. 2001b. Verfassungsrechtliche Dimensionen der Welthandelsorganisation. Teil 2: Neue Wege globaler Demokratie?, aus: Kritische Justiz 34 (4), 425–441.
Bohman, James. 1998. Survey Article: The Coming of Age of Deliberative Democracy, aus: The Journal of Political Philosophy 6 (4), 400–425.
Bohman, James 2002. Internationale Regime und demokratische Governance: Gleicher Einfluss auf globale Institutionen, in: Lutz-Bachmann und Bohman 2002, 75–103.
Brunkhorst, Hauke. 2002. Solidarität. Von der Bürgerfreundschaft zur globalen Rechtsgenossenschaft. Frankfurt a. M.: Suhrkamp.
Cohen, Joshua und Joel Rogers. 1998. Can Egalitarianism Survive Internationalization?, in: Streeck 1998a, 175–193.
Cohen, Joshua und Charles W. Sabel. 1997. Directly-Deliberative Polyarchy, aus: European Law Journal 3 (4), 313–342.
Dahl, Robert A. 1989. Democracy and Its Critics. New Haven, CN: Yale University Press.
Dahl, Robert A. 1994. A Democratic Dilemma: System Effectiveness versus Citizen Participation, aus: Political Science Quaterly 109 (1), 23–34.
Dahl, Robert A. 1999. Can international organizations be democratic? A skeptic's view, in: Ian Shapiro und Casiano Hacker-Cordón (Eds.). Democracy's Edges. Cambridge: Cambridge University Press, 19–36.
Dryzek, John S. 2000. Deliberative Democracy and Beyond. Liberals, Critics, Contestations. Oxford: Oxford University Press.
Forst, Rainer. 2001. The Rule of Reason. Three Models of Deliberative Democracy, aus: Ratio Juris 14 (4), 345–378.
Habermas, Jürgen. 1992. Faktizität und Geltung. Beiträge zur Diskurstheorie des Rechts und des demokratischen Rechtsstaats. Frankfurt a. M.: Suhrkamp.
Habermas, Jürgen. 1996. Die Einbeziehung des Anderen. Studien zur politischen Theorie, Frankfurt a. M.: Suhrkamp.
Habermas, Jürgen. 1998a. Die postnationale Konstellation und die Zukunft der Demokratie, in: Jürgen Habermas. Die postnationale Konstellation. Politische Essays. Frankfurt a. M.: Suhrkamp, 91–169.
Habermas, Jürgen. 1998b. Jenseits des Nationalstaats? Bemerkungen zu Folgeproblemen wirtschaftlicher Globalisierung, in: Ulrich Beck (Hg.). Politik der Globalisierung. Frankfurt a. M.: Suhrkamp, 67–84.
Höffe, Otfried. 2001. „Königliche Völker". Zu Kants kosmopolitischer Rechts- und Friedenstheorie. Frankfurt a. M.: Suhrkamp.
Jachtenfuchs, Markus und Michèle Knodt (Hg.). 2002a. Regieren in internationalen Institutionen. Opladen: Leske + Budrich.

Jachtenfuchs, Markus und Michèle Knodt. 2002b. Einleitung: Regieren in internationalen Institutionen, in: Jachtenfuchs und Knodt 2002a, 9–28.
Junge, Matthias. 2001. Die Welt als Schweizer Käse – Neue Literatur zur Globalisierung, aus: Soziologische Revue 24 (4), 444–453.
Keohane, Robert O. 2001. Governance in a Partially Globalized World. Presidential Address, American Political Science Association, 2000, aus: American Political Science Review 95 (1), 1–12.
Kersting, Wolfgang (Hg.). 2000. Politische Philosophie des Sozialstaats. Weilerwist: Velbrück Wissenschaft.
Krebs, Angelika (Hg.). 2000. Gleichheit oder Gerechtigkeit. Texte der neuen Egalitarismuskritik. Frankfurt a. M.: Suhrkamp.
Lindseth, Peter L. 1999. Democratic Legitimacy and the Administrative Character of Supranationalism: The Example of the European Community, aus: Columbia Law Review 99 (628), 628–738.
Lutz-Bachmann, Matthias und James Bohman (Hg.). 2002. Weltstaat oder Staatenwelt? Für und wider die Idee einer Weltrepublik. Frankfurt a. M.: Suhrkamp.
Maus, Ingeborg 2002. Vom Nationalstaat zum Globalstaat oder: der Niedergang der Demokratie, in: Lutz-Bachmann und Bohman 2002, 226–259.
Mayntz, Renate. 2001. Politikwissenschaft in einer entgrenzten Welt, in: Christine Landfried (Hg.). Politik in einer entgrenzten Welt. Köln: Verlag Wissenschaft und Politik.
Niesen, Peter. 2001. Volk-von-Teufeln-Republikanismus. Zur Frage nach den moralischen Ressourcen der liberalen Demokratie, in: Lutz Wingert und Klaus Günther (Hg.). Die Öffentlichkeit der Vernunft und die Vernunft der Öffentlichkeit. Festschrift für Jürgen Habermas. Frankfurt a. M.: Suhrkamp, 568–605.
Nullmeier, Frank. 2000. Politische Theorie des Sozialstaats. Frankfurt/New York: Campus.
Offe, Claus. 1996. Bewährungsproben. Über einige Beweislasten bei der Verteidigung der liberalen Demokratie, in: Werner Weidenfeld (Hg.). 1996. Demokratie am Wendepunkt. Berlin: Siedler Verlag, 141–157.
Offe, Claus. 1998. Demokratie und Wohlfahrtsstaat: Eine europäische Regimeform unter dem Stress der europäischen Integration, in: Streeck 1998a, 99–136.
Offe, Claus. 2001. Wie können wir unseren Mitbürgern vertrauen?, in: Martin Hartmann und Claus Offe (Hg.). 2001. Vertrauen. Die Grundlage des sozialen Zusammenhalts. Frankfurt a. M.: Campus, 241–294.
Rieger, Elmar und Stephan Leibfried. 2001. Grundlagen der Globalisierung. Perspektiven des Wohlfahrtsstaates. Frankfurt a. M.: Suhrkamp.
Scharpf, Fritz W. 1997: European integration, democracy and the welfare state, aus: Journal of European Public Policy 4 (1), 18–36.
Scharpf, Fritz W. 1998. Demokratie in der transnationalen Politik, in: Streeck 1998a, 151–74.
Scharpf, Fritz W. 2000. The viability of advanced welfare states in the international economy: vulnerabilities and options, aus: Journal of European Public Policy 7 (2), 190–228.
Schmalz-Bruns, Rainer. 1999. Deliberativer Supranationalismus. Demokratisches Regieren jenseits des Nationalstaates, aus: Zeitschrift für Internationale Beziehungen 6 (2), 185–244.
Schmalz-Bruns, Rainer. 2001. The Postnational Constellation: Democratic Governance in the Era of Globalization, aus: Constellations 8 (4), 554–568.
Schmalz-Bruns, Rainer. 2002. Demokratisierung der Europäischen Union – oder: Europäisierung der Demokratie? Überlegungen zur Zukunft der Demokratie jenseits des Nationalstaates, in: Lutz-Bachmann und Bohman 2002, 260–307.
Schmitter, Philippe C. 2002. Participation in Governance Arrangements: Is there any Reason to Expect it will Achieve „Sustainable and Innovative Policies in a Multilevel Context"?, in: Jürgen R. Grote und Bernard Gbikpi (Hg.). Participatory Governance. Political and Societal Implications. Opladen: Leske + Budrich, 51–69.
Streeck, Wolfgang (Hg.). 1998a. Internationale Wirtschaft, nationale Demokratie. Herausforderungen für die Demokratietheorie. Frankfurt/New York: Campus.
Streeck, Wolfgang. 1998b. Einleitung: Internationale Wirtschaft, nationale Demokratie?, in: Streeck 1998a, 11–58.

Tomberg, Friedrich. 2001. Brauchen wir eine Weltrepublik?, aus: Das Argument 240, 217–226.
Wendt, Alexander. 2001. Driving with the Rearview Mirror: On the Rational Science of Institutional Design, aus: International Organization 55 (4), 1019–1049.
Wendt, Alexander. 2002. Why a World State is Inevitable: Revisiting the Logic of Anarchy (Paper presented at the Annual Meeting of the International Studies Association in New Orleans, March 2002).
Wolf, Klaus Dieter. 2000. Die neue Staatsräson – Zwischenstaatliche Kooperation als Demokratieproblem in der Weltgesellschaft. Baden-Baden: Nomos.
Wolf, Klaus Dieter. 2002. Zivilgesellschaftliche Selbstregulierung: ein Ausweg aus dem Dilemma internationalen Regierens?, in: Jachtenfuchs und Knodt 2002a, 183–214.
Zürn, Michael. 1998a. Regieren jenseits des Nationalstaates. Frankfurt a. M.: Suhrkamp.
Zürn, Michael. 1998b. Democratic Governance Beyond the Nation State? Bremen: InIIS Arbeitspapier Nr. 12
Zürn, Michael. 2002. Zu den Merkmalen postnationaler Politik, in: Jachtenfuchs und Knodt 2002a, 215–234.

Alexander Siedschlag

Realisierung von Global Governance: Chancen und Grenzen aus neorealistischer Perspektive

1	Neorealismus als skeptische Gegenwartswissenschaft	99
2	Voraussetzungen und Grenzen von Steuerungsleistungen im anarchischen Weltsystem	100
3	Realistische Möglichkeiten interdependenzgetriebener Global Governance	103
4	Realistische Global-Governance-Mechanismen und Nachhaltigkeit einer Global-Governance-Architektur	105
5	Neorealismus und das Fünf-Säulen-Modell von Global Governance	108
6	Fazit	111

1 Neorealismus als skeptische Gegenwartswissenschaft

Anfang der 1980er Jahre fand im Fach Internationale Politik die Realismus-Globalismus-Debatte statt. Realismuskritiker glaubten damals, die „kapitalistische Weltwirtschaft" werde die Staaten ebenso wie die wachsende Zahl nichtstaatlicher Akteure in der internationalen Politik gleichermaßen einfangen und ein geordnetes, integriertes globales Weltsystem schaffen (vgl. Maghroori und Ramberg 1982). Internationale Organisationen würden darin eine den Nationalstaaten vergleichbare souveräne Rolle spielen und Routine in die internationale Politik bringen, sie bürokratisieren, vorhersagbar machen und in diesem Sinn zu einer aktenkundlichen Lösung der Weltprobleme führen. Die Essenz der Macht als Motor internationaler Politik werde so der Essenz der rational verwalteten Interdependenz weichen.

1980er Jahre: Realismus-Globalismus-Debatte

Heute, zwanzig Jahre später und in einem neuen Jahrhundert, befindet sich das internationale System jedoch nach wie vor im Übergang. Es steht zwischen den Polen *Staatenwelt* und *Weltgesellschaft*, und wir haben es anders als im Kalten Krieg gerade mit keiner Globalkonstellation zu tun. Die Globalkonstellation des Kalten Krieges hat alles internationale Handeln irgendwie in ihren Bann gezogen und überlagert, doch dadurch hat sie auch oft genug Kooperation fördernd und Konflikt regelnd gewirkt. Derart umfassende, existenziell bedeutsame strukturelle Bestimmungsfaktoren gibt es aus neorealistischer Sicht gegenwärtig nicht. Ähnlich wie die kulturtheoretische Sichtweise von Mike Featherstone

Heute: Staatenwelt-Weltgesellschaft-Debatte

Neorealistische Perspektive

(1995) geht der Neorealismus davon aus, dass wir es strukturell gesehen nicht mit der „einen Welt" oder der neuen, „zweiten Moderne" zu tun haben, sondern mit einem ungeordneten Zusammenspiel verschiedenster „globaler Modernitäten". Diese Eingangsdiagnose teilt der Neorealismus übrigens mit den wissenschaftlichen Anwälten einer Weltgesellschaft (z.B. Czempiel 1993, 196f.; Rosenau und Czempiel 1992). Die neuen kollektivistischen Ordnungsvisionen unserer Zeit eröffnen nach Meinung des Neorealismus indes nicht die Möglichkeit einer kosmopolitischen Weltdemokratie, sondern sind ein dysfunktionaler Reflex auf archetypische abendländische Einheitssehnsüchte (Link 2001a, 12f.).

Global Governance: Was ist realistisch?

Die Realisierungschancen von Global Governance aus neorealistischer Sicht einzuschätzen, bedeutet skeptisch, tatsachenorientiert und nicht zivilgesellschaftsemanzipatorisch zu untersuchen, was mit den gegenwärtig verfügbaren *politischen* Mitteln machbar erscheint bzw. was nun eigentlich diese politischen Mittel genau sind und unter welchen Bedingungen sie sich überhaupt Erfolg versprechend einsetzen lassen. Nach der Erläuterung in diesem Zusammenhang wichtiger neorealistischer Grundannahmen werden in diesem Beitrag prototypische Global-Governance-Mechanismen identifiziert, die aus neorealistischer Perspektive prinzipiell möglich sind. Danach wird untersucht, ob sich daraus dem Neorealismus zufolge eine Ebenen übergreifende Global-Governance-Architektur herausbilden kann. Die Ergebnisse werden im gemäßigten Fünf-Säulen-Modell von Global Governance verortet, wie es sich in der deutschen Diskussion herausgebildet hat.

2 Voraussetzungen und Grenzen von Steuerungsleistungen im anarchischen Weltsystem

Mechanismen zur Realisierung von Ordnungskonzepten

Der Neorealismus fragt vor allem auch nach den konkreten *Mechanismen*, die erforderlich sind, um politische Ordnungskonzepte zu verwirklichen. Gerade dafür muss er erst einmal mit einer technischen – und keiner von vornherein normativen oder gar teleologischen – Definition von Globalisierung arbeiten. Nicht sinnvoll ist in dieser Perspektive eine Begriffsfassung von Globalisierung, welche die Möglichkeit und den Nutzen nationaler Politik verneint und kollektives Entscheidungshandeln sowie gesamtgesellschaftliche Daseinsvorsorge Nichtregierungsorganisationen (NGOs) oder gleich der „Weltgesellschaft" überantwortet (z.B. Fues und Hamm 2001).

Postinternationale Politik:

Vielmehr erscheint es angebracht, an den Begriff *postinternationale Politik* (Czempiel und Rosenau 1989) anzuschließen. Er stammt zwar aus dem realismuskritischen Lager, doch auch aus neorealistischer Perspektive ist er treffend, weil er sowohl auf die prinzipielle Weite als auch auf die immanenten Grenzen des Möglichkeitsraums hinweist, in dem sich Global Governance abspielen kann. Der Begriff postinternationale Politik soll klar machen, dass globale politische Herausforderungen und globale politische Strukturen weder etwas Neues sind noch das Ende staatlichen Handelns oder der Staatenwelt bedeuten.

nicht das Ende der Staatenwelt

Herkömmliches Bild vom Realismus

Viele Anhänger von Global Governance missverstehen jedwede „realistische" Sichtweise internationaler Politik als eine verwerfliche, ja weltfeindliche Machtstaatstheorie: Realismus bezeichne das unangemessen düstere und weltgeschichtlich überholte Bild der vom ewigen Machttrieb mit Energie versorgten und von hyperrationalen Kalkülen des Eigeninteresses rastlos von einem Konflikt in den anderen getriebenen Staaten. Das ist das so genannte Billardballmodell (mit den Staaten als Kugeln), wie es am ehesten noch dem von Kenneth N. Waltz begründeten amerikanischen Neorealismus entspricht – auch struktureller Realismus genannt, weil er von der Struktur des internationalen Systems direkt auf das Verhalten der Staaten schließt (zusammenfassend Waltz 1990; zuletzt Waltz 2000).

Zum Neorealismus gehören aber auch europäische Beiträge (z.B. Buzan et al. 1993; Kindermann 1986, 1996; Link 2001a; Siedschlag 1997, 66–150, 2001a), die davon ausgehen, dass wir es mit einer *Akteursvielfalt* und überhaupt mit einem *pluralistisch* organisierten internationalen System zu tun haben, in dem von einzelnen Akteuren keine durchgreifenden Steuerungsleistungen, sondern höchstens bestimmte Managementtätigkeiten erbracht werden können. Darüber hinaus betrachten diese Theorierichtungen internationale Politik nicht als ungeregeltes System und Nullsummenspiel in Form eines Ringens von Staaten um Machtpotenzial, sondern als ein *pluralistisches und dynamisches Interaktionssystem* – jedoch als ein anarchisches System ohne zentrale Entscheidungs- und Vollzugsorgane sowie ohne erzwingbare Rechtsordnung.

Europäische Varianten des Neorealismus

Kasten I-3: Einige neorealistische Axiome

Bild des internationalen Systems
- Das internationale System ist anarchisch organisiert.
- Anarchie bedeutet nicht Chaos, sondern „Nichtherrschaft": Auf internationaler Ebene gibt es keine Zentralinstanz, die verbindlich Recht setzen und durchsetzen kann.
- Institutionelle Werte und Regeln haben keine systematisch Politik prägende Kraft.

Ordnungspolitische Grundannahmen
- Institutionelle Ordnungen sind im labilen Gleichgewicht.
- Die der Akteure abhängig.
- Internationale Institutionen sind keine Quellen für Problemlösungen oder „Macher" von Entscheidungen; sie erfüllen lediglich derivative, d.h. aus der Souveränität und den Eigeninteressen ihrer Mitglieder abgeleitete Funktionen. Deshalb sind sie in ihrer Zielsetzung und Wirksamkeit klar durch die Handlungsbereitschaft (oder -verweigerung) der Mitglieder determiniert.
- Letzten Endes kann ein durchgreifender Ordnungswandel internationaler Politik nur emergent sein, d.h. spontan und selbstorganisiert entstehen, nicht aber durch Global Governance herbeigeführt werden.

Grundkategorien der Weltpolitik
- Systemische Struktureffekte: Staatliche Autonomie – Einwirkungsmöglichkeit und Regelungskompetenz – wird durch die Existenz anderer Akteure sowie durch die Struktur des Systems, in das die Akteure eingebettet sind, konditioniert.
- Macht- und Gegenmachtbildung als Ordnungsprinzip: Es geht darum, relativ zu anderen Staaten zu gewinnen.
- Pfadabhängigkeiten: Beharrungstendenzen einmal eingeschlagener Entwicklungsrichtungen und zugleich Abhängigkeit aktueller Entscheidungen von vergangenen, vor allem in dem Sinn, dass früher getroffene Entscheidungen die gegenwärtigen Handlungsalternativen begrenzen.

Neorealistisches Verständnis von Anarchie

Wenn innerhalb des Neorealismus von der *Anarchie* des internationalen Systems gesprochen wird, ist das allerdings in der Regel nicht hobbesianisch (dann erledigte sich die Frage nach der Möglichkeit von Global Governance von vornherein; denn es wäre dann nur ein Welt-Leviathan denkbar, dem sich alle gleichzeitig und in gleicher Weise unterwerfen), sondern im Sinn von John Locke gemeint: Dem Weltsystem fehlt eine herrschende und durchsetzungsfähige regulative Idee, die es ermöglichen könnte, alle seine Mitglieder kollektiv in die Pflicht zu nehmen. Aus der fehlenden zentralen Normierungs-, Entscheidungs- und Aufsichtsinstanz resultiert eine existenzielle Unsicherheit, die bei den Staaten zu einer vorherrschenden Handlungsorientierung gemäß dem nationalen Eigeninteresse und einem Streben nach Macht und Sicherheit führt. Neorealismus sagt aber keineswegs, dass Global Governance deswegen prinzipiell unmöglich ist. In gewissem Sinn geht ja auch die Global-Governance-Schule von einem Anarchieaxiom aus, wenn sie eben von *Governance* spricht und nicht von Government.

Wohlgemerkt ist auch aus Sicht des Neorealismus staatliches Handeln den Struktur bildenden Prozessen der Globalisierung unterworfen (Link 2001c). Waltz (1979, 79–101) hat ausdrücklich darauf hingewiesen, dass staatliche Autonomie – Einwirkungsmöglichkeit und Regelungskompetenz – durch die Existenz anderer Akteure sowie durch die Struktur des Systems, in das die Akteure eingebettet sind, konditioniert wird. Globalisierung kann deshalb zu einem *systemischen Druck* werden, der die Akteure in bestimmte Verhaltensrichtungen drängt (zu dieser Logik siehe Waltz 1979, 73–78). Dass das „Ordnungsprinzip" der Anarchie das Akteursverhalten von vornherein in bestimmte Bahnen lenkt, ist im Grunde sogar ein neorealistischer Global-Governance-Mechanismus: „Strukturwandel wirkt sich auf das Verhalten von Staaten und auf die Ergebnisse ihrer Interaktionen aus" (Waltz 2000, 39).

Dadurch, dass die Systemstruktur bestimmte Verhaltensweisen der Akteure hervorruft, können die Akteure jedoch prinzipiell auch wieder die Systemstruktur beeinflussen und verändern, sodass auch staatliche Global-Governance-Leistungen strukturell möglich sind und ein Interesse der Staaten an der Verwirklichung dieser Steuerungsmöglichkeiten entstehen kann. Allerdings muss das Ergebnis dabei nicht unbedingt den zugrunde liegenden Absichten entsprechen. Waltz bezieht sich dabei auf die Marktanalogie:

> „Der Markt entsteht aus den Aktivitäten getrennter Einheiten heraus [...], deren Ziele und Bemühungen nicht darauf gerichtet sind, eine Ordnung zu schaffen, sondern eher darauf, ihre eigenen intern definierten Interessen zu verwirklichen [...]. Die einzelne Einheit handelt für sich selbst. Aus der Koaktion einzelner Einheiten taucht eine Struktur auf, die allen von ihnen Beschränkungen auferlegt. Einmal geschaffen, wird ein Markt zu einer eigenständigen Kraft und zu einer Kraft, die die konstitutiven Einheiten [...] nicht kontrollieren können. Stattdessen werden die Gründer mehr oder weniger [...] zu den Geschöpfen des Markts [...]. International-politische Systeme sind, wie ökonomische Märkte, individualistischen Ursprungs, spontan errichtet und unintendiert" (Waltz 1979, 90f.).

Der europäische Neorealismus geht noch ein Stück weiter. Zu ihm gehört die Annahme, dass das Handeln der Staaten in einem steten dynamischen und wechselseitigen Verhältnis zur Struktur des Weltsystems steht (z.B. Buzan et al. 1993, 65; Link 1991). Prinzipiell kann das Weltsystem sogar selbst zum Akteur werden oder zumindest ein Interaktion steuerndes Netzwerk bilden (Buzan et al. 1993, 69–80). Gleichwohl ist auch der europäische Neorealismus skeptisch gegenüber

Realisierung von Global Governance 103

Richtungen von Global Governance (z.B. der Englischen Schule der Transformationalisten mit Martin Albrow, David Held u.a., vgl. Menzel 2001, 232f.), die damit rechnen, dass sich über die Entwicklung der Gesellschaftswelt sozusagen zu einem System der internationalen Verhandlungsdemokratie eine dauerhafte Affektbändigung staatlicher Eigeninteressen erreichen und eine Konflikt beseitigende und kooperationsträchtige Transformation des internationalen Systems zugunsten der Verwirklichung kollektiver „Weltinteressen" bewerkstelligen lasse.

Zusammenfassend gesagt betont der europäische Neorealismus vor diesem Hintergrund bestimmte Grundvoraussetzungen für erfolgreiche Steuerungsleistungen im internationalen oder auch globalen Maßstab. Dass die neuere Global-Governance-Diskussion in wichtigen Stücken entweder daran anschließt oder von einem anderen Ausgangspunkt aus zum gleichen Ergebnis kommt, ist offensichtlich (vgl. Arbeitsgruppe „Global Governance" 2001, 108f.; Messner, in diesem Band, 36–37 und 43–45).

<small>Grundvoraussetzungen für erfolgreiche Steuerungsleistungen</small>

- Transformationsprozesse im internationalen System sind typischerweise langfristig, unterschwellig und verschwommen: „Neue Strukturen entstehen nicht auf einer tabula rasa. Sie entwickeln sich in Anknüpfung an (noch) bestehende Strukturelemente, die sich wandeln und die dann zusammen mit neuen Elementen eine neue Konfiguration bilden" (Link 1991, 84).
- Deshalb muss staatliches Handeln – gerade auch im Dienst von Global Governance – darauf ausgerichtet sein, auf der Grundlage seiner *wertorientierten* außenpolitischen Handlungsmaximen ein *Gleichgewicht* zwischen den jeweils aktuellen Struktur bildenden Tendenzen im internationalen System zu erreichen, das auch *Pfadabhängigkeiten* berücksichtigt (Siedschlag 2001b, 43f.).
- Effektive Interaktion unter den Bedingungen von Globalisierung hängt davon ab, dass es auf der *regionalen* Ebene zu historisch gewachsener *kollektiver Identitätsbildung* kommt, die dann zu einer eigenen Struktur wird, die staatliches Handeln koordiniert und Reibungsverluste verringert (Buzan und Little 1994).

3 Realistische Möglichkeiten interdependenzgetriebener Global Governance

Auch aus neorealistischer Sicht bringen Interdependenz und Globalisierung also klare Herausforderungen an die Staaten mit sich und können das internationalpolitische System verändern. Zugleich eröffnen sie neue Möglichkeiten, neue Notwendigkeiten und neue Ebenen des Regierens (Roloff 1998, 65):

<small>Interdependenz als Herausforderung an die Staaten durch:</small>

- Erstens wird die durch die Anarchie bedingte funktionale Vereinheitlichung der Staaten (ein Axiom von Waltz 1979, 96f. und 104) dadurch überlagert, dass durch ökonomische Verflechtungs- und Verdichtungsprozesse neue Akteure an Bedeutung gewinnen und im Rahmen des Pooling von Souveränität z.B. in der EU zwischen den Staaten *funktionale Differenzierung* stattgefunden hat und sich weiterentwickelt.

<small>– neue Akteure</small>

– Mehrebenen-
struktur

Globalisierung als
zeitbedingter Zustand

Fehlannahmen des
neoliberalen
Institutionalismus
aus neorealistischer
Sicht

Pfadabhängigkeit
von
Ordnungsmustern

Institutionen liefern
keine Problem-
lösungen, sondern ...

erfüllen auf
Interessen basierende
Funktionen

– Zweitens ist infolge der Verschiebung der Funktion verbindlicher Wertzuweisung vom Staat zum Markt eine *Mehrebenenstruktur* internationaler, regionaler und interregionaler Zusammenarbeit und Konkurrenz entstanden, in deren Rahmen Staaten und gesellschaftliche Akteure in flexiblen Koalitionen teils miteinander, teils nebeneinander und teils gegeneinander arbeiten.

Gleichwohl ist Globalisierung für den Neorealismus nicht universell, sondern eine ausschnitthafte, netzwerkartige Verdichtung und Verflechtung der ökonomischen, politischen und sozialen Beziehungen in der industrialisierten und sich industrialisierenden Welt (Roloff 1998, 68). Sie betrifft nicht alle Staaten in gleicher Weise, sondern in unterschiedlichen Graden. Wie in anderen strukturlogischen und staats-, nicht gesellschaftsorientierten Theorien internationaler Politik auch (z.B. im so genannten neoliberalen Institutionalismus, vgl. Keohane und Nye 2000, 2) versteht der Neorealismus Globalisierung darüber hinaus weniger als Prozess oder als neue Ordnungsidee (oder neue Chaosgefahr), sondern als einen *zeitbedingten Zustand* des internationalen Systems, der viel weniger auf Homogenisierung hinweist als auf neue *Bruchstellen* und *Konfliktlinien*. Daran muss die Global-Governance-Schule denken, wenn sie sich zum Beispiel auf das neoliberal-institutionalistische Modell „komplexe Interdependenz" bezieht (wie Messner in diesem Band, 27f.).

In wichtigen Aspekten stützen sich Global-Governance-Modelle allerdings auf diejenigen Ansichten des neoliberalen Institutionalismus, die der Neorealismus für erwiesenermaßen falsch hält (vgl. Baldwin 1993, 4–11; Mearsheimer 1994/95). Das bezieht sich vor allem auf die Auffassung, internationaler Einfluss resultiere nicht in erster Linie aus strukurbedingten Positionen oder aus Machtressourcen, sondern aus Überzeugungsarbeit und aus dem gekonnten Umgang mit den Restriktionen und den Möglichkeiten, die der Zustand komplexer internationaler Interdependenz mit sich bringt. Deshalb gehe der Gewinn des einen Akteurs nicht zu Lasten der anderen Akteure, sondern trage zur kontinuierlichen Entwicklung der Gesamtmenge politischer und gesellschaftlicher Ressourcen bei und schaffe Kooperationsanreize. Dagegen vertritt der Neorealismus die Auffassung: Neue internationale Strukturen und Ordnungsmuster entstehen nie aus dem Nichts und deshalb auch nie auf der Grundlage reiner Kosten-Nutzen-Kalküle, sondern knüpfen – im Sinn von Pfadabhängigkeit – immer an schon bestehende an. Außerdem führen zu starke Problemverknüpfungen gemeinsame Problemwahrnehmungen in relativ dichten Verhandlungs- und Governance-Netzwerken nicht in erster Linie zur Schaffung gemeinsamer Regelungsmechanismen, sondern erhöhen die *Konfliktgefahr* und mindern die Realisierungschancen von Global Governance.

Institutionen können aus neorealistischer Sicht auch nur vorhandene Kapazitäten bündeln, aber keine neuen Problemlösungsansätze und Handlungsressourcen liefern. *Multilateralismus* (oder allgemein gesagt Institutionalisierung) schafft keine neuen Eigenschaften/Fähigkeiten, sondern *redistribuiert* nur, d.h. ändert ihre Verteilung (Siedschlag 1997, 136). Internationale Organisationen und Regime ebenso wie Weltkonferenzen sind somit zwar relevante Handlungskontexte, aber nicht Quellen für Problemlösungen oder „Macher" von Entscheidungen: Sie erfüllen lediglich *derivative*, d.h. aus der Souveränität und den Eigeninteressen ihrer Mitglieder abgeleitete Funktionen. Deshalb sind sie in ihrer Zielsetzung und

Wirksamkeit klar durch die Handlungsbereitschaft (oder -verweigerung) der Mitglieder determiniert.

Kasten I-4: Das PRiME-Faktorenbündel: Chancen und Grenzen komplexer Interdependenz aus neorealistischer Sicht

---

Wie wirken **P**roblemverknüpfungen auf Effektivität und Stabilität von Kooperation?

→ Problemverknüpfungen stören; sie werfen einen zu großen Schatten auf die Zukunft.

Ist die Organisation der Beziehungen auf der Grundlage direkter oder diffuser **R**eziprozität zu empfehlen?

→ Diffuse Reziprozität ist, vor allem am Anfang, vorzuziehen; denn damit wird es Abweichlern ermöglicht, später in den Kooperationsrahmen zurückzukehren.

Wie dicht soll das **i**nstitutionelle Rahmenwerk für die Kooperation sein?

→ Vorzuziehen ist ein möglichst flexibler Multilateralismus, der eine Anpassung der Kooperationsnormen und variable Akteurskonfigurationen ermöglicht.

Wie soll die **M**itgliederstruktur von Kooperationsordnungen beschaffen sein?

→ Vorzuziehen sind eine eher größere Mitgliederzahl und eine heterogene Mitgliederstruktur, die viele Interaktions- und Kompensationsmöglichkeiten schafft.

Wie sind zu erwartende Ausstrahlungseffekte der Kooperation zu bewerten? Wie groß ist die allgemeine politische **E**ffektivität der Kooperation und der erzielten Konfliktregelungen jenseits des ursprünglichen Problembereichs?

→ Ausstrahlungseffekte sind positiv: Es entstehen Bausteine internationaler Kooperation, die je nach Eigeninteresse aufgegriffen werden können oder nicht.

Quelle: Siedschlag 2001b, 27–31

4 Realistische Global-Governance-Mechanismen und Nachhaltigkeit einer Global-Governance-Architektur

Vor dem Hintergrund der bisherigen Erläuterung prinzipieller neorealistischer Annahmen über nachhaltige Kooperation im großen Maßstab – vor allem, aber nicht nur zwischen Staaten – lassen sich die folgenden prototypischen neorealistischen Global-Governance-Mechanismen festhalten:

Neorealistische Global-Governance-Mechanismen:

Global Governance *als Hegemonieklub:* Dieser Mechanismus ergibt sich aus der spezifischen Auffassung, welche die Strukturalisten (v.a. Link, Waltz) unter den Neorealisten von einem idealen internationalen System haben: Stabilität und Kooperation können prinzipiell nicht durch Institutionen und Machtverteilung relativ dauerhaft hergestellt werden, sondern nur auf dem Weg eines Managements der Weltpolitik durch Großmächte (z.B. Waltz 1979, 138f.).

– Management der Weltpolitik durch Großmächte

Organisierter Multilateralismus: Internationale Organisationen und Institutionen (gemeinsam vereinbarte Normen, Regeln und Verfahrensweisen) entfalten dem Neorealismus zufolge nie Eigenleben, sondern sind Instrumente der Staaten. Besonders deutlich hat das Joseph M. Grieco (1996) mit seiner *Voice-Opportunity-*

Hypothese herausgearbeitet: Staaten suchen organisierte multilaterale Kooperation nicht nur aus institutionenökonomischen Gründen, um Kooperation billiger zu machen, sondern vor allem, um sich gerade auf dem Weg institutioneller Einbindung individuelles Handlungskapital zu schaffen. Dabei sind sie nicht an dem absoluten Nutzen, sondern an dem *relativen* Nutzen von Kooperation interessiert (Grieco 1990, 37–50): Jeder Staat will sich immer besser stellen bzw. mehr gewinnen als die anderen. Deshalb darf der Institutionalisierungsgrad aber nicht zu hoch sein und multilaterale Kooperation nie generalisiert werden, sondern muss immer fokussiert bleiben und auf spezifischen „Investitionen" der Akteure aufbauen. Sonst drohen Governance-Konflikte (vgl. Gourevitch 1999): Die Institutionen prägen dann keine kooperativen Strategien und Politikergebnisse, sondern die Akteure benutzen sie, um ihre unilateralen Optionen zu erweitern und ihr Eigennutzstreben optimal an die Umweltbedingungen anzupassen.

– Multilateralismus zur Erhöhung *relativen*, nicht *absoluten* Nutzens

Regionale Konsolidierung und Integration: Dies ist eine klassisch neorealistische Strategie der Gegenmachtbildung: Staaten suchen gemeinsam Problemlösungen und berücksichtigen die Position von NGOs nicht, um gemeinsam tragfähige Lösungen für Weltprobleme zu erreichen, sondern um eine bessere relative kollektive und auf diesem Weg vor allem auch individuelle Position zu verbessern. Ein Beispiel ist die kooperative Balancepolitik im Rahmen der EU, die weniger darauf gerichtet ist, gemeinsam die Herausforderungen der Globalisierung zu bewältigen, als vielmehr darauf, durch die Vertiefung und Erweiterung der Integration in eine Position zu kommen, die es erlaubt, die Chancen der Globalisierung ebenso zum eigenen Vorteil zu nutzen wie die USA oder möglichst noch besser (Link 2001b, 307).

– Regionalisierung als Gegenmachtbildung

Regression: Die Antwort der Staaten auf den Anpassungsdruck der Globalisierung muss keineswegs in der Schaffung gemeinsamer Institutionen oder in der Unterstützung von multilateralen Regimen, geschweige denn von globalem Multilateralismus bestehen. Auch hier ist der Neorealismus ähnlich skeptisch wie der neoliberale Institutionalismus (vgl. Keohane und Nye 2000, 21): Staaten können natürlich auch isolationalistisch oder unilateral antworten, und gerade die Aggregation solcher Unilateralismen kann dann zu einem Global-Governance-Effekt führen. Ein Beispiel dafür ist *Emulation*, die Übernahme anderer nationaler Standards, verändert um einige Zugeständnisse an die Situation oder den „Geschmack" im eigenen Land. So lassen sich Funktionsprobleme mit geringem Aufwand lösen, und man kann vom Legitimitätspotenzial fremder Lösungen profitieren. Zu den Beispielen zählen die internationale Übernahme der in den USA entwickelten Y2K-(Jahr-2000-) Standards und die Übernahme von Verfassungssystemen durch andere Staaten.

Staaten reagieren nicht unbedingt kooperativ zur Lösung gemeinsamer Probleme

Emulationsprozesse

Das politisch Relevante und zugleich Ambivalente an Emulationsprozessen ist, dass zwar Muster und Funktionen nachgeahmt werden, nicht aber notwendigerweise die ihnen zugrunde liegenden Ideen und Ziele (Rosenau 1996, 259f.): Nationenbildung und Souveränitätspolitik verfechten heutzutage nicht typischerweise diejenigen Ideen und Ziele, die damit in den westlichen Modellstaaten verbunden waren und sind (Bürgerrechte, Grundfreiheiten, Parlamentarismus, Volkssouveränität usw.). Dieses Beispiel weist zudem auf die Fragwürdigkeit der auch von Global-Governance-Anhängern vertretenen These und Entwicklungsstrategie hin, wonach die weltweite Verbreitung demokratischer Ordnung direkt zum Weltfrieden führt.

Die Herausstellung der Mechanismen für Global Governance aus neorealistischer Perspektive beantwortet die Frage nach den Realisierungschancen jedoch allenfalls zur Hälfte. Zusätzlich muss man auf alle Fälle fragen, inwieweit sich darauf eine ganze Global-Governance-Architektur gründen lässt, die Bestand haben kann. Die Frage, wie *nachhaltig* eine einmal in Funktion gesetzte Global Governance also sein kann, findet aus neorealistischer Sicht keine ermutigende Antwort. Auf der Grundlage des ökonomischen Realismus von Gilpin (1981) wird das am deutlichsten. Dieser Ansatz geht davon aus, dass internationaler Strukturwandel und das Entstehen neuer Kooperationsordnungen nie die Handlungsrationalität der Akteure – die alle in irgendeiner Weise auch am Eigennutz und Selbsterhalt interessierte Interessengruppen sind – verändern werden. Diese Handlungsrationalität ist immer in allererster Linie auf *Eigengewinn* – genauer: den Gewinn von Machtressourcen – ausgerichtet.

<small>Neben Mechanismen auch die Frage der Nachhaltigkeit von Global Governance relevant</small>

<small>Handlungsrationalität auf Gewinn von Machtressourcen ausgerichtet</small>

Sobald ein Gleichgewicht zwischen dem Nutzen und den Kosten weiteren Wandels erreicht ist, besteht deshalb die Tendenz, dass die Kosten für den Erhalt des Status quo schneller wachsen als die Kapazität, die nötig ist, um den Status quo zu untermauern. Infolge dieses Ungleichgewichts ändert sich das System auf selbstorganisierte Weise, und ein neuer Gleichgewichtszustand pendelt sich ein.

Global Governance kann sich in diesem Sinn nur selbst organisieren, ist also ein *emergentes* Phänomen und kein Steuerungsmodell. Allenfalls möglich erscheint auf der Grundlage dieser Logik die Verwirklichung von Global Governance im Sinn einer „pluralistischen Führerschaft" der Weltwirtschaft (vgl. Gilpin 1987, 366–378) oder, allgemeiner gesagt, eine konsortiale Führung der Weltpolitik auf der Grundlage der wachsenden Problemfeld übergreifenden Bedeutung informeller Gremien (Roloff 2001, 1062f.) – zum Beispiel der G 8, die seit dem Kölner Gipfel von 1999 auch als sicherheitspolitischer Akteur auftritt.

<small>Global Governance: kein Steuerungsmodell, sondern emergentes Phänomen</small>

Gerade vor diesem Hintergrund können es Staaten jedoch als in ihrem Interesse liegend betrachten, gemeinsam sozusagen über den Staat als Institution hinaus zu regieren. Dies kann durchaus im Sinn des Global-Governance-Modells geschehen, spielt sich für den Neorealismus aber – wie eben gesagt – nicht auf der globalen Ebene ab, sondern im regionalen Maßstab. Solch regionale, internationalisierende Governance, die globale Effekte erzielen kann, ist in der neorealistischen Modell-Logik als generalisierte Allianz zu verstehen (Link 2001a, 135–150; Roloff 1998, 77f.): um entweder wahrgenommene Machtungleichgewichte auszubalancieren oder durch Gegenmachtbildung („pooled souvereignty", d.h. Bündelung nationaler Fähigkeiten) in ihrem Entstehen zu hemmen. Von regionaler Kooperation versprechen sich Staaten eine Stärkung ihrer individuellen Position und ihres politischen (Ver-)Handlungskapitals im engen und weiten internationalen Umfeld. Regionalismus als möglicher Baustein einer Global-Governance-Architektur dient also aus neorealistischer Perspektive nicht zur Lösung von gemeinsamen oder gar von Weltproblemen, sondern zur *Gegenmachtbildung* gegenüber anderen Regionen, zur Stärkung des Multilateralismus und damit zur Sicherung komparativer ökonomischer und politischer Wettbewerbsvorteile.

<small>Leitziel des Regionalismus: Gegenmachtbildung zur Sicherung komparativer Wettbewerbsvorteile</small>

5 Neorealismus und das Fünf-Säulen-Modell von Global Governance

Wie die Realisierungschancen von Global Governance aus neorealistischer Perspektive bausteinspezifisch zu beurteilen sind, lässt sich auf der Grundlage der bisherigen Darstellung gut anhand des gemäßigten Fünf-Säulen-Modells des Instituts für Entwicklung und Frieden (INEF) und der Stiftung Entwicklung und Frieden (SEF) (z.B. Messner und Nuscheler 2000; Nuscheler 2000, 2001; vgl. auch Arbeitsgruppe „Global Governance" 2001, 108–111) systematisieren. Demnach beruht Global Governance auf fünf Prinzipien (oder zumindest Thesen), die im Folgenden neorealistisch kommentiert werden.

Das Fünf-Säulen-Modell aus neorealistischer Sicht

1. Zur These: Global Governance heißt nicht Global Government

Im Zentrum dieses Bausteins stehen in Anlehnung an den weltpolitischen Kantianismus und Idealismus auf der Solidarität kollektiver Erfahrungsgemeinschaften beruhende Regelungen und kollektive Weltinteressen, denen Politikfeld übergreifende Ordnungsstrukturen folgen. David Held (1995) zufolge könnte dies über eine kosmopolitische Demokratie bewerkstelligt werden, ein System ineinander greifender demokratischer und Frieden schaffender Institutionen und entsprechender Werte und Einstellungsmuster – von der Stadt bis zum globalen Weltsystem.

Kosmopolitische Demokratie ...

Aus neorealistischer Perspektive dagegen hat eine auf weltumspannende Werte und Moralvorstellungen gebaute Governance-Ordnung nicht nur feste strukturelle Grenzen ihrer Verwirklichung, sondern ihre Verwirklichung ist auch mit *Risiken* verbunden und deshalb nicht in jedem Fall wünschenswert. Bereits Edward H. Carr merkte in seinem idealismuskritischen Buch *The Twenty Years' Crisis* von 1939 dazu an:

ist mit Risiken verbunden

> „Ebenso wie Rufe nach ‚nationaler Solidarität' in der Innenpolitik immer seitens der überlegenen Gruppe erhoben werden, die diese Solidarität dafür benutzen kann, ihre eigene Kontrolle über die Nation als ganzes zu verstärken, so kommen Rufe nach internationaler Solidarität und Weltgemeinschaft von solchen überlegenen Staaten [oder Gruppen, A.S.], die die Hoffnung hegen können, dann die Kontrolle über die geeinte Welt auszuüben" (ebd., 86).

System von Checks and Balances als universelles Prinzip notwendig

Der Neorealismus betrachtet deshalb ein System von *Checks and Balances* als ein universelles Prinzip aller pluralistischen Gesellschaften und Beziehungen zwischen Staaten. Politikfeld übergreifenden Ordnungsstrukturen kann man sich seiner Ansicht nach höchstens dadurch annähern, dass man Interessen gegeneinander ausgleicht – was immer nur zeitweilig gelingen kann – und Konflikte zu transformieren und auszugleichen, nicht von Grund auf zu „lösen" versucht. Denn verstärkte, noch dazu Ebenen übergreifende Interaktion führt auch zu verschärften Konkurrenzsituationen. Lockere Ausstrahlungseffekte von einem Kooperationsfeld auf ein anderes oder von einer Ebene auf die andere bewertet der Neorealismus jedoch insgesamt positiv: Es entstehen variable Bausteine weltpolitischer Kooperation, die je nach Eigeninteresse aufgegriffen werden können oder nicht.

2. Zur These: Global Governance beruht auf verschiedenen Formen und Ebenen internationaler Koordination, Kooperation und kollektiver Entscheidungsbildung

Dieser Baustein besteht aus neuen Regelungsformen: einem komplexen Zusammenspiel von Akteuren mit unterschiedlichem Status und unter Einbezug unterschiedlicher politischer Ebenen und dezentralisierter Abstimmungsmechanismen. Selbst Hegemone lassen sich demzufolge auf diese Kooperation ein, weil die Regelung im gemeinsamen Interesse ist.

Global Governance als komplexes Zusammenspiel von Akteuren ...

Die dafür notwendige globale Aufgabenteilung lässt sich aus neorealistischer Sicht nicht bewerkstelligen und vor allem nicht überwachen und sanktionieren. Ein Glaube an die rationale Gestaltbarkeit globaler Beziehungen und ein Vertrauen auf die gestalterische Eigenkraft von Institutionen grenzen aus dieser Perspektive deshalb an politisch verantwortungslose Utopie. Der Neorealismus, vor allem der strukturelle Realismus, hält multipolare Systeme sowieso aus drei prinzipiellen Gründen für instabil (klassisch Waltz 1964; danach Mearsheimer 1990/91): Erstens sind bei mehr Akteuren auch mehr *Konfliktbeziehungen* strukturell möglich. Zweitens besteht mehr Tendenz zum *Machtungleichgewicht*. Deshalb wird die natürliche Tendenz des internationalen Systems geschwächt, sich nach Ausregelungen aus dem aktuellen Gleichgewichtszustand selbstorganisiert in ein neues, kooperatives Machtgleichgewicht einzupendeln. Drittens bestehen vielfältige Gelegenheiten zu *Fehlwahrnehmungen* und *Fehlkalkulationen*, und relative Machtunterschiede können sehr große Wirkungen haben. Auch ungewollt können so Destabilisierung und Konflikte ausgelöst werden.

ist aus neorealistischer Sicht instabil

3. Zur These: Der objektive Zwang zur Kooperation verlangt Souveränitätsverzicht

Diesem Baustein zufolge wird im Zuge der Entwicklung globaler Rechtsstaatlichkeit traditionelle staatliche Souveränität zu einem anachronistischen Relikt des Westfälischen Systems. Wenn Staaten sich dieser Entwicklung anschließen und ihre Souveränität sozusagen aktiv zur Verfügung stellen oder jedenfalls mit nichtstaatlichen Akteuren teilen, ergibt sich ein Zugewinn an gemeinsamer Handlungs- und Problemlösungsfähigkeit.

Geteilte Souveränität ...

Demgegenüber sind aus neorealistischer Sicht die internationalen Ordnungsgaranten einzig und allein die Staaten (sofern die Ordnungsgarantie in ihrem Eigeninteresse liegt). Um globale Handlungsgleichgewichte herzustellen, ist ein Souveränitätsabtritt der Staaten nicht erforderlich und brächte auch nichts, weil sich Gleichgewichte im Weltsystem von allein einstellen: Sie sind *emergent* und können nicht willentlich herbeigeführt werden (Waltz 1979, 121). Dabei stimmt gerade Waltz' struktureller Neorealismus durchaus mit der Ausgangsdiagnose der Transformationalisten unter den Global-Governance-Anhängern (z.B. die „Englische Schule" – v.a. Martin Albrow, Anthony Giddens, David Held, Martin Shaw – und in Deutschland u.a. Dirk Messner, Ulrich Menzel, Franz Nuscheler) überein: Globalisierung übt auf die Staaten (und ihre Gesellschaften) unausweichlich *strukturellen Druck* aus; sie müssen sich anpassen, ob sie wollen oder nicht.

ist für den Neorealismus nicht erforderlich und nicht herstellbar

4. Zur These: Global Governance ist ein gesellschaftsgetragenes Public-Private-Partnership-Projekt

Einbeziehung der Zivilgesellschaft in Entscheidungsverfahren ...

Dieser Baustein besteht im Zusammenwirken von staatlichen und nichtstaatlichen Akteuren von der globalen bis zu lokalen Ebene unter Einschluss einer horizontal und vertikal vernetzten Zivilgesellschaft. Er setzt auf partizipatorische Bottom-up-Entscheidungsverfahren, die sich als leistungsfähiger erwiesen hätten als zentralistische Top-down-Verfahren.

kann wegen Selektivität politisch gefährlich sein

Dagegen betont der Neorealismus, was die Rolle der *Zivilgesellschaft* anbelangt, dass sich hinter der wachsenden Relevanz und dem zunehmenden Kompetenzanspruch von NGOs auch konkrete *politische Gefahren* verbergen: dass nämlich in Konfliktfällen, zum Beispiel bei Minderheitenkonflikten, die traditionelle zwischenstaatliche Ebene und die dortigen Möglichkeiten einer Konfliktregelung von vornherein ausgeblendet werden und der Konflikt durch die direkte Einmischung von NGOs auf eine weltpolitische Ebene gehoben und verschärft wird.

Auf der anderen Seite ist dem Neorealismus klar, dass die Devolution weltpolitischer Verantwortung von der Staaten- auf die Gesellschaftswelt Konflikte prinzipiell auch mäßigen und ein internationales *Sozialmilieu* (also eine systemische Struktureigenschaft) schaffen kann, das sachdienliche Lösungen fördert, etwa in den Bereichen Klima- und Umweltschutz. Aber solche Funktionsbeiträge und die sie regelnden Normen erwachsen nicht selbständig aus irgendwelchen objektiven Trends internationaler Vergemeinschaftung. Internationale Vergemeinschaftung und die Verrechtlichung sind keine Imperative der Geschichte oder automatische Prozesse, sondern basieren auf bewussten politischen Entscheidungen von Staaten. Hier vertritt der Neorealismus denselben Standpunkt wie die völkerrechtliche Debatte über neue internationale Akteure (z.B. Hofmann 1999).

5. Zur These: Staaten als Hauptakteure internationaler Politik sind die Schnittstellen und Klammern zwischen den verschiedenen Handlungsebenen und die tragenden Pfeiler der Global-Governance-Architektur

Die beispielsweise von Zürn (1998) vertretene ebenso antirealistische wie sträflich unrealistische Auffassung, in Globalisierungsprozessen und im politischen Prozess von Global Governance löse sich der Zusammenhang zwischen Nationalstaaten und ihren Gesellschaften auf, die Gesellschaft werde ein eigener Akteur (Zivilgesellschaft), was zu einer „Denationalisierung" und „Entgrenzung" (Brock und Albert 1995) der Welt führe, ist in den gegenwärtigen Global-Governance-Modellen kein maßgeblicher Faktor mehr. Vielmehr gilt als wichtige Komponente von Global Governance, dass Staaten als Moderatoren und Klammern zwischen den verschiedenen Bausteinen bzw. Säulen fungieren: Global Governance benötigt und stützt Nationalstaaten (Arbeitsgruppe „Global Governance" 2001, 108; Messner in diesem Band, 38).

Global Governance setzt leistungsfähige Staaten als Moderatoren voraus ...

Ebenso wie inzwischen die Global-Governance-Diskussion selbst weist der Neorealismus darauf hin, dass funktionsfähige übernationale Regulierungssysteme sich auf handlungsfähige Staaten stützen. Ohne *leistungsfähige Staaten* ist Global Governance nicht zu verwirklichen. Im gegenwärtigen, von verschiedengradigen, vielfach durchbrochenen Integrationsniveaus und von flexibler Multipolarität gekennzeichneten internationalen System gibt es jedoch viele unklare Konstellationen. Es gibt viele Gelegenheiten, politische Fehler zu machen, und es gibt zu wenige kompetente und anerkannte Akteure, um diese Fehler gutzumachen. Auch die Definition vitaler Interessen wird immer schwieriger.

Mangelnde nationale Interessendefinition und schwammige Selbstbeschreibungen internationaler Organisationen machen die internationale Politik nicht gerade berechenbarer. Unter diesen Umständen wird sich aus neorealistischer Sicht die Bereitschaft der Staaten verringern, dauerhafte Selbstbindung einzugehen und sich aktiv für stabile Kooperation und den Ausbau internationaler Integration einzusetzen. Die Bedingungen der *Unsicherheit* begünstigen Trends zu politischer Desintegration und erhöhen die Bereitschaft zum Einsatz von Gewalt. Auch die Verrechtlichung internationaler Politik wird viel langsamer voranschreiten; denn internationale Normenbildung ist neorealistisch gesehen am besten innerhalb von stabilen Konstellationen möglich.

da Unsicherheit politische Desintegration fördert

Kasten I-5: Fortgesetzte Funktionen von Staatlichkeit aus neorealistischer Sicht

1. Souveräne Staaten sind nach wie vor Garanten dafür, dass Vereinbarungen, Kooperationsformen und Integrationsprozesse überhaupt stabil sein können und Erwartungsverlässlichkeit entsteht.
2. Allein der legitime Nationalstaat besitzt eine allgemeine Handlungsfähigkeit: Das Völkerrecht kennt vornehmlich Staaten, und über den Staaten existiert mit wenigen Ausnahmen (z.B. bestimmten Feldern der Europäischen Union) keine allgemein anerkannte, tatsächlich von sich aus sanktionsfähige Ordnungsmacht. Staaten sind – im Gegensatz etwa zu internationalen Organisationen und zu NGOs – formal gleichberechtigte Aktionseinheiten mit formal gleichen Rechten und Pflichten.
3. Staaten sind normalerweise dauerhafte Einrichtungen mit nachvollziehbarem Entscheidungsablauf: Sie verleihen dem komplexen Prozess der globalen Politik ein notwendiges Maß an Berechenbarkeit.
4. Staaten verlieren ihre Funktionen mit der Erosion des Westfälischen Systems nicht zusehends, sondern nehmen nach wie vor vielfältige Aufgaben nach innen und außen wahr. Beispielsweise transformieren sie Informationen aus ihrer internationalen Umwelt nach innen, wie sie ebenso innere Meinungsbilder nach außen vermitteln.
5. Staaten verkörpern aufgrund ihrer nach wie vor maßgeblichen Souveränität die entscheidenden Kristallisationspunkte in den internationalen, transnationalen und auch weltgesellschaftlichen Beziehungen.

Quelle: Siedschlag 1997, 224f.; Spruyt 1994

6 Fazit

Die Frage der politischen Beherrschbarkeit von Weltproblemen und Globalisierungstendenzen fordert die traditionellen Fähigkeiten der Staatenwelt mit ihren herkömmlichen Verfahren und Instrumenten der nationalstaatlichen Macht- und Interessenpolitik heraus. Das bestreitet der Neorealismus auf dem heutigen Stand seiner Entwicklung nicht, und er plädiert auch nicht krampfhaft für eine universelle Aufrechterhaltung der Staatenwelt oder übersieht nichtstaatliche Akteure. Die Herausforderung besteht aus seiner Sicht darin, punktuelles und reaktives

Krisenmanagement und neue Ordnungsstrukturen notwendig

Krisenmanagement durch neue Ordnungsstrukturen und Koordinationsinstrumente zu ersetzen, ohne den Möglichkeitsspielraum, den die Struktur des internationalen Systems dafür bietet, zu überschätzen.

Die über verschiedene Handlungsebenen laufenden dialogischen und kooperativen Prozesse, die für Global Governance zentral sind, sind aus neorealistischer Sicht sehr wohl möglich. Allerdings ist der Staat gerade dem Neorealismus zufolge überfordert, wenn er als Interdependenzmanager auftreten soll, wie das vor allem die deutschen Global-Governance-Modelle vorsehen. Nationale Eigeninteressen und existierende Machtasymmetrien sind und bleiben zentrale Hindernisse nicht unbedingt für bestimmte einzelne Global-Governance-Prozesse, aber doch für eine übergreifende Global-Governance-Architektur.

Hindernisse: nationale Eigeninteressen und Machtasymmetrien

Moralischen Universalismus der Commission on Global Governance lehnt die realistische Schule ab

Global Governance als romantisches Konzept für eine einige, gesunde Welt mit globalem Weltbürgerethos, wie es bei den Diskussionsbeiträgen der *Commission on Global Governance* (CGG) teilweise durchscheint, ist aus neorealistischer Perspektive schon gar nicht umsetzbar. Eine Verwirklichung wäre für den Neorealismus auch nicht wünschenswert; denn moralischen Universalismus lehnt die realistische Schule Internationaler Politik insgesamt ab. Nicht scheinbare Weltinteressen, sondern faktische *Machtverteilungen* gelten ihr als regulative Idee und verantwortungsbewusste Grundlage kooperativer Weltpolitik.

Fünf-Säulen-Modell von Global Governance in Teilen realisierbar

Dahingegen hat das gemäßigte Fünf-Säulen-Modell von Global Governance aus neorealistischer Sicht zumindest in wichtigen Teilen gute Realisierungschancen: Gerade auch aus neorealistischer Perspektive übt Globalisierung auf alle Akteure unausweichlich strukturellen Druck aus und zwingt sie zur Anpassung. Allerdings sollte diese Anpassung am besten auf regionaler Ebene und in einem revisionsoffenen, problemangemessenen statt stur ideengetriebenen Handlungssystem erfolgen, nicht etwa in Form eines globalen Multilateralismus. Letzten Endes sagt der Neorealismus: *Je dichter die Globalisierung wird, desto diffuser muss effektive Global Governance sein,* damit es den Akteuren möglich ist, unterschiedliche Probleme in unterschiedlichen Akteurskonfigurationen zu bearbeiten und somit sowohl ihr politisches Eigenkapital zu vergrößern als auch tragfähige Entscheidungen über ausbalancierte gemeinsame Maßnahmen zur globalen Problembewältigung zu treffen. Einige mag es überraschen, dass neorealistisch gesehen aus den von Messner (in diesem Band, 37) zusammengestellten Szenarien also nicht das Hegemonieszenario, sondern das Regionalismusszenario die besten Realisierungschancen hat.

Regionalismusszenario hat die besten Realisierungschancen

Literatur

Arbeitsgruppe „Global Governance" (der Enquete-Kommission „Globalisierung der Weltwirtschaft – Herausforderungen und Antworten"). 2001. Global Governance, in: Zwischenbericht der Enquete-Kommission „Globalisierung der Weltwirtschaft – Herausforderungen und Antworten". Deutscher Bundestag, 14. Wahlperiode, Drucksache 14/6910 (21.9. 2001), 105–120 (http://www.bundestag.de/gremien/welt/index.html).

Baldwin, David A. 1993. Neoliberalism, Neorealism, and World Politics, in: David A. Baldwin (Hg.). Neorealism and Neoliberalism. The Contemporary Debate. New York: Columbia University Press, 3–25.

Brock, Lothar und Mathias Albert. 1995. Entgrenzung der Staatenwelt. Zur Analyse weltgesellschaftlicher Entwicklungstendenzen, aus: Zeitschrift für Internationale Beziehungen, 2 (2), 259–285.

Buzan, Barry, Charles A. Jones und Richard Little. 1993. The Logic of Anarchy. Neorealism to Structural Realism. New York: Columbia University Press.
Buzan, Barry und Richard Little. 1994. The Idea of „International System": Theory Meets History, aus: International Political Science Review, 15, 231–255.
Carr, Edward H. 1939. The Twenty Years' Crisis, 1919–1939. An Introduction to the Study of International Relations. London: Macmillan.
Czempiel, Ernst-Otto. 1993. Weltpolitik im Umbruch. 2., neu bearbeitete Auflage. München: Beck.
Czempiel, Ernst-Otto und James N. Rosenau (Hg.). 1989. Global Changes and Theoretical Challenges. Approaches to World Politics for the 1990s. Lexington, MA: Lexington Books.
Featherstone, Mike. 1995. Undoing Culture. Globalization, Postmodernism and Identity. London et al.: Sage.
Fues, Thomas und Brigitte I. Hamm (Hg.). 2001. Die Weltkonferenzen der 90er Jahre: Baustellen für Global Governance. Bonn: J.H.W. Dietz Nachfolger.
Gilpin, Robert G. 1981. War and Change in World Politics. Oxford: Oxford University Press.
Gilpin, Robert G. 1987. The Political Economy of International Relations. Princeton, NJ: Princeton University Press.
Gourevitch, Peter Alexis. 1999. The Governance Problem in International Relations, in: David A. Lake und Robert Powell (Hg.). Strategic Choice and International Relations. Princeton, NJ: Princeton University Press, 137–164.
Grieco, Joseph M. 1990. Cooperation among Nations. Europe, American and Non-tariff Barriers to Trade. Ithaca, NY und London: Cornell University Press.
Grieco, Joseph M. 1996. State Interests and Institutional Rule Trajectories: A Neorealist Interpretation of the Maastricht Treaty and the European Economic and Monetary Union, in: Benjamin Frankel (Hg.). Realism. Restatement and Renewal. London: Cass, 261–301.
Held, David. 1995. Democracy and the Global Order. From the Modern State to Cosmopolitan Governance. Cambridge: Polity.
Hofmann, Rainer (Hg.). 1999. Non-State Actors as New Subjects of International Law. International Law – From the Traditional State Order Towards the Law of the Global Community. Proceedings of an International Symposium of the Kiel Walther-Schücking-Institute of International Law, March 25 to 28, 1998. Berlin: Duncker und Humblot.
Keohane, Robert O. und Joseph S. Nye jr. 2000. Introduction, in: Joseph S. Nye jr. und John D. Donahue (Hg.). Governance in a Globalizing World. Washington, D.C.: Brookings Institution Press, 1–41.
Kindermann, Gottfried-Karl (Hg.). 1986. Grundelemente der Weltpolitik. 3., erweiterte Auflage. München: Piper.
Kindermann, Gottfried-Karl. 1996. Neorealismus und Analyse. Zum Ansatz der Münchner Schule, aus: Internationale Politik, 51 (8), 21–28.
Link, Werner. 1991. Handlungsmaximen deutscher Außenpolitik im neuen internationalen System, aus: Jahrbuch für Politik, 1, 77–102.
Link, Werner. 2001a. Die Neuordnung der Weltpolitik. Grundprobleme globaler Politik an der Schwelle zum 21. Jahrhundert. 3. Auflage. München: Beck.
Link, Werner. 2001b. Die Entwicklungstendenzen der Europäischen Integration (EG/EU) und die neo-realistische Theorie, aus: Zeitschrift für Politik, 48, 302–321.
Link, Werner. 2001c. Perspektiven für eine Außen- und Sicherheitspolitik im Zeitalter der Globalisierung, in: Ost-West-Kolleg der Bundeszentrale für politische Bildung: Die Zukunft der transatlantischen Beziehungen im Kontext der Globalisierung. Eine deutsch-amerikanische Konferenz. Ost-West-Kolleg der Bundeszentrale für Politische Bildung, Brühl, 7–16.
Maghroori, Ray und Bennett Ramberg (Hg.). 1982. Globalism Versus Realism: International Relations' Third Debate. Boulder, CO: Westview.
Mearsheimer, John J. 1990/91. Back to the Future. Instability in Europe After the Cold War, aus: International Security, 15 (1), 5–56.
Mearsheimer, John J. 1994/95. The False Promise of International Institutions, aus: International Security, 19 (3), 5–49.

Menzel, Ulrich. 2001. Zwischen Idealismus und Realismus. Die Lehre von den Internationalen Beziehungen. Frankfurt a.M.: Suhrkamp.
Messner, Dirk und Franz Nuscheler. 2000. Politik in der Global-Governance-Architektur, in: Rolf Kreibich und Udo Ernst Simonis (Hg.). Global Change – Globaler Wandel. Ursachenkomplexe und Lösungsansätze. Berlin: Berlin Verlag, 171–188.
Nuscheler, Franz. 2000. Global Governance, Entwicklung und Frieden. Zur Interdependenz globaler Ordnungsstrukturen, in: Franz Nuscheler (Hg.). Entwicklung und Frieden im 21. Jahrhundert. Zur Wirkungsgeschichte des Brandt-Berichts. Bundeszentrale für politische Bildung, Bonn, 471–507.
Nuscheler, Franz. 2001. Global Governance, in: Dieter Nohlen (Hg.). Kleines Lexikon der Politik. München: Beck, 180–181.
Roloff, Ralf. 1998. Globalisierung, Regionalisierung und Gleichgewicht, in: Carlo Masala und Ralf Roloff (Hg.). Herausforderungen der Realpolitik. Beiträge zur Theoriedebatte in der Internationalen Politik. Köln: SH-Verlag, 61–94.
Roloff, Ralf. 2001. Die Außenbeziehungen der Europäischen Union zwischen Globalisierung und Regionalisierung, aus: Zeitschrift für Politikwissenschaft, 11, 1045–1072.
Rosenau, James N. 1996. The Dynamics of Globalization: Toward an Operational Formulation, aus: Security Dialogue, 27, 247–262.
Rosenau, James N. und Ernst-Otto Czempiel (Hg.). 1992. Governance Without Government. Order and Change in World Politics. Cambridge et al.: Cambridge University Press.
Siedschlag, Alexander. 1997. Neorealismus, Neoliberalismus und postinternationale Politik. Opladen: Westdeutscher Verlag.
Siedschlag, Alexander (Hg.). 2001a. Realistische Perspektiven internationaler Politik. Opladen: Leske + Budrich.
Siedschlag, Alexander. 2001b. Internationale Politik als skeptische Gegenwartswissenschaft und die Münchner Schule des Neorealismus, in: Alexander Siedschlag (Hg.), a.a.O., 13–66.
Spruyt, Hendrick. 1994. Institutional selection in international relations: state anarchy as order, aus: International Organization, 48, 527–557.
Waltz, Kenneth N. 1964. The Stability of a Bipolar World, aus: Daedalus, 93, 881–909.
Waltz, Kenneth N. 1979. Theory of International Politics. New York et al.: McGraw-Hill.
Waltz, Kenneth N. 1990. Realist Thought and Neorealist Theory, aus: Journal of International Affairs, 44, 21–37.
Waltz, Kenneth N. 2000. Structural Realism after the Cold War, aus: International Security, 25 (1), 5–41.
Zürn, Michael. 1998. Regieren jenseits des Nationalstaates. Frankfurt a.M.: Suhrkamp.

Ulrich Brand und Christoph Scherrer

Contested Global Governance: Konkurrierende Formen und Inhalte globaler Regulierung

1 Global Governance als deskriptive und analytische Kategorie	117
2 Global Governance = „gutes" Regieren?	119
3 Zur Politischen Ökonomie von Global Governance	120
3.1 Politik und Ökonomie	120
3.2 Re-Regulierung und Regulation	123
3.3 Der Konstitutionalismus: die neoliberale Version der Global Governance	124
4 Fazit	126

Unter dem Begriff Global Governance wird seit einigen Jahren das Phänomen diskutiert, dass grenzüberschreitende Aktivitäten zunehmend Mischformen der Steuerung unterliegen. Traditionell wurde internationale Politik als Regierungshandeln aufgefasst: durch zwischenstaatliche Verträge, durch internationale Organisationen bzw. – in die Zukunft projiziert – durch eine Weltregierung. Heute wird für einzelne Politikfelder festgestellt, dass an der Vorbereitung, der Vereinbarung und sogar der Umsetzung von transnationalen Regeln nicht nur Vertreter von Regierungen beteiligt sind, sondern auch private Akteure, seien sie Vertreter von Wirtschaftsunternehmen, von traditionellen Verbänden, von Nichtregierungsorganisationen, Medien und von so genannten Expertengemeinden. Zugleich wird beobachtet, dass neben expliziten vertraglichen bzw. satzungsmäßigen Regelungen noch implizite Normen in die Steuerung einfließen (vgl. CGG 1995, 2).

> Traditionelles Verständnis: internationale Politik = Handeln von Staaten

> Global Governance umfasst eine Vielzahl von Akteuren und Steuerungsformen

Mit dem Begriff der *Governance*[1], der mittlerweile in viele wirtschafts- und sozialwissenschaftliche Diskurse Eingang gefunden hat (Pierre und Peters 2000), wird somit versucht, Formen der Steuerung zu fassen, die sich einer Polarisierung von Steuerungsformen wie Hierarchie und Markt (Lindberg et al. 1991) bzw. von Weltregierung und Konkurrenz der Nationalstaaten entziehen. Über die *deskriptive* Feststellung hinaus bestehen Versuche, das Phänomen Global Governance *analytisch* zu durchdringen. Um beide Verwendungen geht es hier.

> Drei Zugänge zum Phänomen Global Governance: deskriptiv, analytisch und

---

[1] Vgl. Definition der *Commission on Global Governance* bei Messner in diesem Band, Kasten I-1.

Eine dritte Variante des Umgangs mit Global Governance, die sich mit deskriptiven und analytischen Elementen überlagert, verwendet den Begriff eher *normativ* im Sinne einer wünschbaren Entwicklungsrichtung. An prominentester Stelle ist hier die *Commission on Global Governance* selbst zu nennen (CGG 1995), im deutschsprachigen Raum die Beiträge aus dem Duisburger Institut für Entwicklung und Frieden (Messner und Nuscheler 1996; zur Systematisierung Brunnengräber und Stock 1999; Brand et al. 2000, 21–47; Scherrer 2000). Auch in der feministischen Diskussion sind normative Aspekte stark vertreten, die häufig mit Akteurinnen einer Neuausrichtung von Politik, nämlich der internationalen Frauenbewegung, verknüpft werden (Wichterich 2000; Ruf 1998; Ruppert 1998; von feministischen Autorinnen kommen gleichzeitig die dezidiertesten Kritiken am herrschenden Global-Governance-Verständnis: vgl. etwa Runyan 1999; Stienstra 1999). In der normativen Ausrichtung des Begriffs spielen auch politisch-strategische Überlegungen eine Rolle (vgl. bspw. Hein 1999).

Unseren Zugang informieren neue Theorien der Internationalen Politischen Ökonomie in der Tradition von Karl Marx, die von einer wechselseitigen Durchdringung von Politik und Ökonomie ausgehen. Zu diesen gehören vor allem die französische Regulationstheorie (Aglietta 2000; Boyer 2000; Hübner 1989) und ihre politikwissenschaftliche Weiterentwicklung (Esser et al. 1994; Jessop 2000) sowie die neogramscianische Hegemonietheorie (Cox 1987; Gill 2000; Scherrer 1999). Diese Theorien lenken unsere Aufmerksamkeit einerseits auf die ökonomisch-institutionellen Umwälzungen, die dem Phänomen Global Governance zugrunde liegen, und andererseits auf die Herrschaftsaspekte der Global-Governance-Diskurse. Mit dem Begriff der *Hegemonie* wird im Anschluss an Antonio Gramsci ein Typus von Herrschaft benannt, der im Wesentlichen auf der Fähigkeit basiert, eigene Interessen als gesellschaftliche Allgemeininteressen zu definieren und durchzusetzen (vgl. Kasten I-6). Dies geschieht in der Regel nicht mit offenem Zwang, sondern über Kompromisse und gesellschaftlichen Konsens im Sinne allseits geteilter Auffassungen über die grundlegende Entwicklungsrichtung der Gesellschaft. Durch unseren *politisch-ökonomischen Fokus* verlieren bei uns andere, zum Beispiel kulturelle Aspekte von Global Governance an Schärfe. Zu deren genaueren Erfassung sollte zu weiteren Theorien gegriffen werden.

Kasten I-6: Definition von Welthegemonie nach Robert W. Cox (1993, 62)

> "World Hegemony is describable as a social structure, an economic structure, and a political structure; and it cannot be simply one of these things but must be all three. World hegemony, furthermore, is expressed in universal norms, institutions and mechanisms which lay down general rules of behavior for states and for those forces of civil society that act across national boundaries – rules which support the dominant mode of production."

Der Beitrag ist folgendermaßen aufgebaut. Wir begründen, inwiefern wir den Global-Governance-Begriff als deskriptive Kategorie für brauchbar halten. Dann führen wir aus, in welchen Bereichen der Begriff erweitert und präzisiert werden müsste, um einer analytisch anspruchsvollen Verwendung zu genügen. Dabei legen wir unsere Kriterien offen, denen der Begriff genügen müsste. Anschließend skizzieren wir die u.E. zentralen Ausgangspunkte, um Global Governance als analytische Kategorie fruchtbar zu machen.

1 Global Governance als deskriptive und analytische Kategorie

Der Begriff Global Governance markiert als *deskriptive* Kategorie folgende Neuerungen in den internationalen Beziehungen:
- die zunehmende Bedeutung anderer räumlicher Ebenen von Politik neben der nationalstaatlichen, insbesondere der internationalen Ebene,
- entsprechende Steuerungsprobleme des nationalen Staates,
- die wachsende Relevanz anderer politischer Akteure wie Nichtregierungsorganisationen oder privater Unternehmen.

Damit verändern sich die Bedingungen politischer Regulierungen auf verschiedenen räumlichen Ebenen, deren Gesamtheit als Global Governance verstanden werden kann.[2] Allerdings ist bisher nicht hinreichend geklärt worden, ob diese Entwicklungen tatsächlich neu bzw. von neuer Qualität sind. Unseres Erachtens wird vielfach die Souveränität der Nationalstaaten in der goldenen Epoche vor der so genannten Globalisierung überschätzt. Als nach innen und außen einigermaßen souverän können in der Nachkriegsperiode allein die USA, die Sowjetunion und die Volksrepublik China gelten. Deutschland bspw. erlangte erst kurz vor dem Beginn des Globalisierungsdiskurses mit der Wiedervereinigung seine formale Souveränität. Auch lassen die hohen Transferzahlungen im Zuge der Wiedervereinigung Zweifel entstehen, ob tatsächlich der wirtschaftspolitische Spielraum aufgrund der Globalisierung bereits so viel kleiner geworden ist.

Globalisierung: tatsächlich neue Qualität oder gar radikaler Wandel? Stichwort: Souveränität

Ferner sind Nichtregierungsorganisationen nicht erst seit kurzem an der Formulierung von Außenpolitik und an der Steuerung und Verregelung transnationaler Aktivitäten beteiligt. Das von der so genannten realistischen Schule der Theorien Internationaler Beziehungen gezeichnete Bild von grenzüberschreitenden politischen Beziehungen als Beziehungen allein zwischen Regierungen souveräner Staaten war immer schon eine Vereinfachung ohne empirische Evidenz. Ekkehardt Krippendorff forderte bereits vor vierzig Jahren dazu auf, die „unhaltbare Unterscheidung" zwischen Innen- und Außenpolitik aufzuheben (Krippendorff 1963). Craig Murphy (1994) arbeitete den Beitrag privater Initiativen zur Global Governance seit 1850 heraus, und Kees van der Pijl (1984) wies die Rolle privater Gesellschaften bei der Bildung und Sicherung der transatlantischen Allianz in der Nachkriegszeit nach.

Stichwort: NGO

Die heute mit Global Governance beschriebenen Phänomene sind somit nicht ganz so neu wie der Begriff selbst; gleichwohl müssen ihre Veränderung und Bedeutung heute erfasst werden. Dabei behandelt der Diskurs über Global Governance allerdings die Steuerungsformen jenseits zwischenstaatlicher Regelungen noch recht unterschiedslos. Weder werden Global-Governance-Zustände nach dem unterschiedlichen Mischungsverhältnis der der Governance zugrunde liegenden Steuerungsformen wie zwischenstaatliche Verträge, internationale Orga-

Globalisierungsphänomene nicht so neu

Mischungsverhältnis von Steuerungsformen noch ungeklärt

---

2 Dabei benennen wir mit dem Adjektiv „global" die Verschränkung (Artikulation) von lokaler, nationaler und internationaler Ebene. Zwar liegt auch in diesem Beitrag wie in den meisten zum Thema Global Governance der Schwerpunkt auf der internationalen Ebene, jedoch sollte nicht vergessen werden, dass internationale soziale Strukturen und Prozesse weiterhin mit nationalen und lokalen aufs engste verbunden sind.

Analytische Fragen nach Kräften, Faktoren, Konstellationen sowie ihrer Funktionsweise und Wirkung

nisationen, private Netzwerke und Markt unterschieden noch nach den sie jeweils prägenden Weltanschauungen.

Aus *analytischer* Perspektive stehen drei Fragen im Vordergrund, und zwar erstens nach den *Kräften, Faktoren und Konstellationen*, die neue Formen politischer Regulierung und damit ein System von Global Governance hervorbringen, zweitens nach ihrer *Funktionsweise* und drittens nach ihrer *Wirkung*. Hier steht noch am meisten Arbeit aus, um Global Governance zu einer anspruchsvollen sozialwissenschaftlichen Kategorie zu machen (vgl. Schaubild I-5).

Schaubild I-5: Analytische Dimensionen von Global Governance

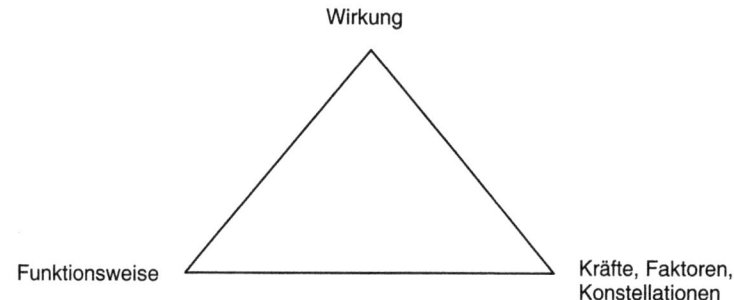

Regimetheorie vs. realistische Theorie

Bislang wird in der wissenschaftlichen Debatte auf verschiedene theoretische Ansätze zurückgegriffen. An prominenter Stelle steht die Regimeanalyse, die sich in den letzten zwanzig Jahren entwickelte (Krasner 1982). Dabei stand vor allem die Abgrenzung gegenüber der bereits erwähnten „realistischen" Theorie im Vordergrund. Aus „realistischer" Sicht kommt es nur dann zur Kooperation zwischen Nationalstaaten, wenn diese in deren „objektiven" Interessen liegt. Ändern sich die „objektiven" Interessen, wird die Kooperation beendet (Grieco 1990). Demgegenüber versuchten die Anhänger der Regimetheorie nachzuweisen, dass internationale Übereinkommen und Verträge, soweit sie auf weitgehend geteilten Normen und Werten beruhen und sich eine Weile bewährt haben, gegenüber einzelnen Nationen inklusive den dominanten Nationen von eigenem Gewicht sind, und zwar weil sie die Interessenstrukturen der jeweils beteiligten Nationen beeinflussen (Efinger et al. 1990).

Michael Zürn (1998, 171–176) weist darauf hin, dass internationale Institutionen weit mehr umfassen als lediglich Regime: nämlich konstitutive Prinzipien, inter- oder transnationale Netzwerke oder formale internationale Organisationen. Die Gesamtheit internationaler Institutionen, die zu dauerhaften und verfestigten Verhaltensmustern führen, sind „Mechanismen des Regierens". „Die Summe der Regelungen all dieser Institutionen macht das Regieren jenseits des Nationalstaates bzw. Global Governance aus" (ebd., 176). Unseres Erachtens wäre diese Perspektive noch zu erweitern um nationale und lokale Institutionen, gerade weil heute noch Mechanismen der „governance with government" (ebd.) dominieren. Wird jedoch die nationalstaatliche Fundierung internationaler Politik ausgeblendet, läuft die Regimetheorie weiterhin Gefahr, den Nationalstaat als *Blackbox* zu behandeln, der scheinbar vorgegebene „nationale Interessen" verfolgt, ohne deren umkämpfte „interne" Konstitution in den Blick zu nehmen.

Zürn: „Mechanismen des Regierens"

Gegenüber den hier erwähnten Ansätzen erachten wir unseren Ansatz als am besten geeignet zur Klärung der analytischen Frage nach den Triebkräften, konkurrierenden Regulierungsmechanismen und nach den Herrschaftsdimensionen von Global Governance (vgl. Kapitel 3).

2 Global Governance = „gutes" Regieren?

Die Herausbildung von Global-Governance-Formen wird jedoch nicht nur beschrieben und untersucht, sondern sowohl von wissenschaftlicher als auch von politischer Seite normativ gutgeheißen. Die Forderung nach Global Governance wird zumeist damit begründet, dass sie gegenüber bisherigen Formen internationaler Kooperation bzw. dem Verzicht auf Kooperation eine effizientere Form der Problemlösung darstellt (CGG 1995; Messner und Nuscheler 1996; vgl. auch Nuscheler 2000). Wenn die Notwendigkeit für Global Governance mit deren angeblichen Kapazitäten zur Problemlösung begründet wird, dann stellt sich die Frage nach den Kriterien, anhand derer Effektivität gemessen werden kann. Implizit messen die meisten Protagonisten von Global Governance die Effektivität an dem Potenzial von (internationalen) Institutionen, spezifische inhaltliche Resultate zu erzielen. Mithin fließen in die Kriterien für eine effektive Governance konkrete Vorstellungen über die zu treffende politische Maßnahme ein. Ein solches Vorgehen lässt sich nur rechtfertigen, wenn die anvisierte Maßnahme als objektiv notwendig angesehen werden kann. Andernfalls bleibt ihre Notwendigkeit eine Frage des politischen Standpunktes. In der Tat scheinen die meisten Protagonisten von Global Governance implizit davon auszugehen, dass die von ihnen identifizierten internationalen Probleme – globale öffentliche Güter, grenzüberschreitende Probleme, Systemwettbewerb etc. (Messner in diesem Band) – auch allgemein als solche angesehen werden und entsprechend Handlungsbedarf besteht. Ob eine solche Annahme gerechtfertigt ist, wird nicht diskutiert.

Global Governance als normatives Konzept für „gutes" Regieren

Doch was ist „gutes" Regieren?

Explizit setzt sich allein Zürn (1998) mit der Frage auseinander, was unter „gutem" Regieren zu verstehen sei. Für ihn sind im historischen Prozess vier Ziele des Regierens zum nicht hintergehbaren Allgemeingut geworden: Sicherheit, Identität, Legitimation und Wohlfahrt. Diese vier Ziele seien in den Sechziger- und Siebzigerjahren des 20. Jahrhunderts innerhalb der Mitgliedsländer der OECD erreicht worden, so dass der damalige Standard als Folie genutzt werden könne, um heutige Defizite des Regierens aufzuspüren (ebd., 35–63).

Zürn: Sicherheit, Identität, Legitimation und Wohlfahrt

Diese Vorgehensweise, jenes als allgemein gültig zu erklären, was faktisch durch die Praxis nahezu allgemein anerkannt wird, ist auf den ersten Blick plausibel. Allerdings setzt sich Zürn mit seiner Einschränkung des „guten" Regierens auf die OECD dem Vorwurf eines „OECD-Zentrismus" aus. Seine vier Ziele können, wenn es um das *globale* Regieren geht, deshalb nicht als allgemein gültig gelten. Denn Wohlstand und Sicherheit wurden nicht zuletzt in der ungleichen Konkurrenz mit bzw. durch die neokoloniale Ausbeutung von „Nicht-OECD-Staaten" erreicht. Aber auch sein Anspruch auf Gültigkeit dieser Ziele für die OECD steht auf unsicherem Fundament. Zu der damaligen Zeit wurde sein heute gefälltes positives Urteil ganz gewiss nicht von nahezu der gesamten OECD-Bevölkerung geteilt. Gerade sein Paradebeispiel für „gutes" Regieren, die Wohlfahrtspolitik, war bereits damals

Kritik: „OECD-Zentrismus" ...

in den USA höchst umstritten. Die Forderung der schwarzen Bürgerrechtsbewegung, auch die schwarze Bevölkerung in den Wohlfahrtsstaat aufzunehmen, führte zu heftigen Verwerfungen des politischen Systems (Horowitz 1997, 261–308). Mithin bleibt es problematisch, von einem allseits geteilten Standard für „gutes" Regieren auszugehen. Wer für Global Governance eintritt, muss sowohl die angestrebten inhaltlichen Ziele begründen als auch aufzeigen, dass diese Ziele mit Global Governance erreicht werden. Es gibt keine wertneutrale, objektive Global Governance, die bloß technokratisch umgesetzt werden müsste.

> der selbst für die OECD-Staaten nicht trägt

3 Zur Politischen Ökonomie von Global Governance

Der Begriff Global Governance, so unsere These, bedarf daher einiger Erweiterungen und Präzisierungen. Zentrale Kriterien eines analytisch gehaltvollen Begriffs von Global Governance sind, dass mit ihm Kräfte, Faktoren und Konstellationen benannt werden, die zu neuen Formen politischer Regulierung und damit zu Global Governance führen, sowie deren Funktionsweise und Wirkung eingeschätzt werden können.

Politische Regulierung und Steuerung sind dabei zweifellos wichtig. Dennoch können sie *erstens* nicht abstrakt verstanden werden in dem Sinne, dass Steuerung per se positiv sei. Entsprechend kann als Ausgangspunkt von Global Governance nicht lediglich angenommen werden, dass die gegenwärtigen Entwicklungen Dysfunktionalitäten mit sich bringen, denen politisch gegengesteuert werden muss. Vielmehr sind die gegenwärtigen Krisen wie auch ihre Bearbeitung Ausdruck des nicht widerspruchsfreien Charakters von Vergesellschaftung. Vor diesem Hintergrund fassen wir den Staat und die sich verändernden Formen und Inhalte politischer Regulierungen in einer anderen Weise als viele Beiträge zu Global Governance. Diese werden von uns *zweitens* im Kontext der aktuellen Gesellschaftstransformation hin zu einer neuen Phase kapitalistischer Entwicklung verstanden, die mit dem Begriff der Globalisierung nur unzureichend erfasst wird. Dabei verändert sich das Politische tief greifend, insbesondere im Verhältnis zur Ökonomie, weshalb dieses Verhältnis genauer bestimmt werden muss. Aber auch andere gesellschaftliche Verhältnisse wie die Geschlechter- oder Naturverhältnisse werden tief greifend transformiert (einen knappen Überblick geben Brand et al. 2000, 48–88; Hirsch 2001; vgl. zur Transformation der Geschlechterverhältnisse Stolz-Willig und Veil 1999).

> Politische Regulierung: wichtig, aber nicht per se positiv

> Tief greifende Veränderungen müssen berücksichtigt werden

3.1 Politik und Ökonomie

Die Debatte um Global Governance wird größtenteils mit dem Erkenntnisinteresse nach den Bedingungen gesellschaftlicher Ordnung im Zeitalter der Globalisierung geführt. Insbesondere dem Staat wird dabei die Funktion zugeschrieben, über steuernde Eingriffe dafür zu sorgen, dass die positiven Effekte der Globalisierung möglichst groß seien und die negativen Konsequenzen klein gehalten würden (vgl. Messner 2000, 129). Der Staat wird dabei als rational handelnder Akteur gefasst, der über internationale Kooperation und Global Governance die

> Der Staat: kein rational handelnder Akteur, sondern ...

staatliche Steuerungsfähigkeit und den Primat der Politik wiederherstellen könne. Die Ökonomie bzw. die als ökonomisch verstandene Globalisierung wird demgegenüber kaum mehr hinterfragt (einen Überblick über die neue staatstheoretische Diskussion gibt Esser 1999).

Wir verstehen demgegenüber Staat weder als gesellschaftliches Steuerungszentrum noch als neutrale Instanz im Sinne eines Allgemeininteresses, die als „Moderator" auftritt, sondern als die „Verdichtung gesellschaftlicher Kräfteverhältnisse" (Poulantzas 1978). Damit wird Staat selbst als Terrain sozialer Auseinandersetzungen begriffen (Hirsch 1995, 11–73). Antonio Gramsci (1991) hat mit dem Begriff des „erweiterten Staates" auf den Umstand hingewiesen, dass sich Hegemonie und gesellschaftlicher Konsens vornehmlich über Auseinandersetzungen in der Zivilgesellschaft bilden. Letztere tritt allerdings in modernen repräsentativen Demokratien nicht dem Staat autonom gegenüber, sondern Staat und Zivilgesellschaft durchdringen sich in unterschiedlichen Mischungsverhältnissen gegenseitig. Beispielsweise schaffen staatliche Gesetze den Raum für Tarifautonomie; die so genannten Tarifpartner, Arbeitgeberverbände und Gewerkschaften, nehmen wiederum als zivilgesellschaftliche Akteure Einfluss auf staatliche Politik, sei es als Lobbyisten oder als Teilnehmer eines „Bündnisses für Arbeit". Wie das Beispiel zeigt, ist Zivilgesellschaft selbst kein homogenes Gebilde, das etwa ein konsistentes „Gesellschaftsinteresse" oder Interessen am Erhalt der Natur vertritt, sondern ist in sich hochgradig machtförmig strukturiert. Zivilgesellschaft wird in den gramscianischen Ansätzen nicht wie in vielen Beiträgen zu Global Governance funktionalistisch daraufhin reduziert, inwieweit sie zur Effizienz und Legitimität staatlicher Politik beiträgt, sondern inwieweit dort Hegemonie entsteht, die dann staatliche Politik – und damit auch Formen von Global Governance – erst ermöglicht. Die „Macht" des Staates ist also gesellschaftlich bestimmt, denn seine Kompetenzen hängen von spezifischen Kräfteverhältnissen ab.

Ausdruck der „Verdichtung gesellschaftlicher Kräfteverhältnisse"

Verhältnis von Staat und Zivilgesellschaft: ein Beispiel

Vielfach wurde analysiert, dass die gegenwärtige kapitalistische Globalisierung in der Krise des Fordismus (zum Fordismus vgl. Kasten I-7) seit den 1970er Jahren ihren Ausgangspunkt nahm (Altvater und Mahnkopf 1999; Hirsch 1995). Die veränderten Bedingungen der Vermehrung von Kapital, die so genannten Akkumulationsbedingungen, äußern sich heute insbesondere als verschärfte Konkurrenz zwischen Unternehmen und Standorten. Diese Bedingungen wurden politisch hergestellt, waren und sind Teil intentionaler Strategien von dominanten ökonomischen *und* politischen Akteuren.

Verhältnis von Politik und Ökonomie

So lässt sich die liberale Weltmarktordnung der Nachkriegszeit als ein Projekt der international orientierten Kapitalgruppen in den USA (insbesondere der New Yorker Banken und Anwaltskanzleien sowie der transnationalen Konzerne der jeweiligen Branchen) interpretieren, die zum einen wichtige Gruppen in den USA und zum anderen – mittels der Ressourcen des US-Staates – die anderen kapitalistischen Industrienationen in dieses Projekt hegemonial einbinden konnten. Der Kontakt zu den verbündeten Nationen wurde nicht nur auf Regierungsebene organisiert, sondern auch auf privaten Foren, die den jeweiligen international orientierten Kapitalgruppen zur Interessenabstimmung dienten. Die US-amerikanischen Akteure waren hegemonial in dem Sinne, dass sie bei der Verfolgung ihrer langfristigen Anliegen die Interessen der verbündeten Nationen/Kapitalgruppen berücksichtigten (Cafruny 1990; Gill 1990; siehe auch Kapitel 3.3).

Kasten I-7: Fordismus

> Unter Fordismus verstehen wir eine spezifische Phase kapitalistischer Entwicklung, die auf der relativ gleichläufigen Entwicklung von industrieller Massenproduktion und standardisiertem Massenkonsum der Lohnabhängigen basierte. Die Massenproduktion von Konsumgütern erfolgte auf der Grundlage des tayloristisch-fordistischen Produktionsmodells. Dieses beruhte zum einen auf der Rationalisierung der Produktion durch eine feingliedrige Arbeitsteilung sowie durch eine rigide Trennung von Arbeitsausführung und -kontrolle, zum anderen auf einer weitestgehenden Standardisierung von Produkten und Fertigungsprozessen, die den maschinen- oder fließbandgesteuerten Produktionstakt zur Basis der Arbeits- und Leistungsregulierung machten. Zu den gesellschaftlichen Institutionen, die zur Entfaltung der Massenkonsumtion erforderlich waren, gehörte vor allem die Koppelung der Reallohnsteigerungen an das Wachstum der Arbeitsproduktivität. Dies wurde direkt durch Tarifverträge, die sich am gesamtwirtschaftlichen Produktivitätsfortschritt orientierten, gewährleistet, indirekt durch Sozialversicherungen, die Oligopolisierung oder staatliche Regulierung wichtiger Märkte, die staatliche Geldpolitik und eine antizyklische Konjunktursteuerung (Aglietta 1979; Hirsch und Roth 1986).

Entwicklungstendenz: vom nationalen Wohlfahrtsstaat zum nationalen Wettbewerbsstaat

Aufgrund der globalisierungsbedingten Verschärfung der Standortkonkurrenz und deren Stilisierung als Sachzwang befinden sich derzeit die Wohlfahrtsstaaten in einem Umbauprozess in Richtung „nationale Wettbewerbsstaaten" (Hirsch 1995). Zum überragenden Kriterium politischen Handelns gerät die permanente Herstellung internationaler Konkurrenzfähigkeit und Effizienz. Staatliche Politik wird bei weitem nicht unbedeutend, doch die Kräfte, die beispielsweise den Ausbau des Sozialstaates vorantreiben, werden schwächer, und der finanzielle Spielraum für staatliche Verteilungspolitik nimmt aufgrund ihrer Schwäche und der neuen, globalen Konkurrenzbedingungen ab. Der Nationalstaat ist zwar weiterhin das zentrale Terrain sozialer Auseinandersetzungen, gleichzeitig wird aber die internationale Ebene für soziale Auseinandersetzungen und damit für Organisierungs- und Hegemoniebildungsprozesse wichtiger – hier setzen ja viele Beiträge zu Global Governance an.

Korrigierende Funktion der Zivilgesellschaft?

Diese Weltmarkt- und Effizienzorientierung, die zuvorderst im Interesse des weltmarktorientierten Kapitals liegt, ist nicht nur ein staatliches Projekt, sondern auch tief in der Gesellschaft verankert. Sie gehört mittlerweile zum „Alltagsverstand" (Gramsci) und ist somit hegemonial. Die Ambivalenz der Zivilgesellschaft besteht darin, dass hier nicht nur hegemoniale Orientierungen ausgearbeitet werden, sondern auch alternative Vorstellungen und gegenhegemoniale Strategien entstehen können. Gerade dieser Tatsache entspringt ein Teil des Interesses an Nichtregierungsorganisationen und sozialen Bewegungen als „zivilgesellschaft-liche Akteure", die möglicherweise andere Interessen und Rationalitäten verkörpern und in politische Prozesse einbringen (vgl. Brand et al. 2001).

Schließlich sollte nicht vergessen werden, dass auch heute Politik auf Zwangs- und Gewaltverhältnissen beruht. Gerade dort, wo sich grundsätzliche Kritik an bestehenden Verhältnissen deutlich zu artikulieren vermag oder sich dominante Interessen nicht durchsetzen können, wird teilweise auf offene Gewalt zurückgegriffen (Ruf 1994). Dieser Sachverhalt bleibt in vielen Beiträgen zu Global Governance ausgeblendet.

3.2 Re-Regulierung und Regulation

Die Debatte um Global Governance wird in einer historischen Situation wichtig, in der Krisenhaftigkeit und negative Folgen des globalisierten Kapitalismus immer offensichtlicher werden. Die wissenschaftliche und politische Perspektive ist die einer Re-Regulierung der Weltwirtschaft, eines *Re-embedding* ökonomischer Prozesse, um den Dysfunktionalitäten des Weltmarktes zu begegnen.

Damit droht jedoch ein Sachverhalt unterschlagen zu werden, der mit dem Begriff Global Governance thematisiert werden müsste. Ökonomische Prozesse sind *immer* in umfassende soziokulturelle und politisch-institutionelle Verhältnisse „eingebettet", d.h., sie können in keiner Gesellschaft und zu keiner Zeit unabhängig von anderen Verhältnissen stattfinden. Diese Einbettung kann relativ stabil oder krisenhaft sein, aber ihre Existenz steht auch im Kapitalismus außer Frage. Die beiden grundlegenden Verhältnisse der kapitalistischen Produktionsweise, das Warenverhältnis (die Koordination der gesellschaftlichen Arbeitsteilung durch den Tausch von Waren) und das Lohnverhältnis, sind nämlich prekär und nicht widerspruchsfrei. Ein Gleichgewicht zwischen Angebot und Nachfrage ist im Warenverhältnis, d.h., der privaten, dezentralen Produktion von Gütern für den Markt und damit für den privaten Konsum anderer, nicht automatisch gesichert. Nicht nur dass Waren zuweilen den Geschmack der Konsumenten verfehlen und deshalb keinen Absatz finden, sondern der Tausch an sich kann aufgrund unsicherer Eigentumsverhältnisse oder unzulänglicher Zahlungsmittel in Frage gestellt sein. Damit das Tauschen sich ständig wiederholen kann, bedarf es einer Reihe von gesellschaftlichen Regularitäten in Form von Institutionen, Netzen sowie expliziten oder impliziten Normen. Dazu gehört beispielsweise der Kredit, der ein hohes Vertrauen bzw. Rechtssicherheit voraussetzt (Lipietz 1985, 115–117). Ebenso machen die dem Lohnverhältnis innewohnenden Konflikte („zu viel Lohn und zu wenig Investition oder zu viel Profit und zu wenig Nachfrage" sowie Kontrolle der Arbeitsleistung gegenüber Eigeninitiative, Lipietz 1985, 118) besondere Institutionen zur Sicherung wirtschaftlichen Wachstums notwendig. Doch diese Institutionen, zu denen staatliche Regulierung bzw. Global Governance gehört, sind aufgrund der konkurrenzgetriebenen Dynamik wirtschaftlicher und gesellschaftlicher Entwicklungen nicht in der Lage, dauerhaft diese prekären Verhältnisse zu stabilisieren.

Zur Analyse der Formen, in denen historisch-konkret diese Verhältnisse stabilisiert werden, dient u.E. am ehesten der Begriff der *Regulation*:

> „Wir nennen Regulation eines sozialen Verhältnisses die Art und Weise, in der sich dieses Verhältnis trotz und wegen seines konfliktorischen und widersprüchlichen Charakters reproduziert" (Lipietz 1985, 109; zu den verschiedenen Definitionen Boyer 1990, 117–123).

Dabei kann Regulation nicht als Resultat eines bewussten Steuerungsaktes aufgefasst werden, da sich diese Verhältnisse aufgrund ihrer Komplexität und der ihnen eingeschriebenen Interessenkonkurrenz einer Steuerung entziehen. Eine zeitweise stabile Regulation des Waren- und Lohnverhältnisses ist vielmehr ein „glücklicher Fund", der sich aus den gesellschaftlichen Auseinandersetzungen ergibt. Die Stabilisierung sozialer Verhältnisse hängt von mehr ab als von der intentionalen Politik staatlicher Akteure und zwischenstaatlicher Institutionen – selbst im Verbund mit anderen Akteuren in Form von Governance. „Explizite Politik" ist wichtig, sie kann Gesellschaft aber aus den genannten Gründen nicht planen oder kontrollieren. Das macht auch vorausschauende Analysen so schwierig, weil die gelungene Regulation kapitalistischer Verhältnisse in vielen Fällen nur im Nachhinein, ex post, feststellbar ist.

Global Governance zur Erfassung neuer Regulationsweisen

Die gegenwärtigen Auseinandersetzungen um verschiedene Formen der Re-Regulierung im Prozess der Globalisierung sind daher als Teil der *Herausbildung einer neuen Regulationsweise* zu verstehen, d.h. als umkämpfte und herrschaftsförmige Stabilisierung sozialer Verhältnisse hin zu einer neuen Entwicklungsphase des Kapitalismus. Hier liegt der Wert eines analytischen Begriffs von Global Governance, wenn es gelingt, die Auseinandersetzung um die konkrete Ausgestaltung politischer Institutionen auf lokaler, nationaler und internationaler Ebene zu fassen und in ihrem Funktionieren und in ihren Wirkungen einzuschätzen.

Unverzichtbar ist es also, die strukturellen Rahmenbedingungen wie auch die in spezifische Institutionen eingelassenen Interessen und Kräfteverhältnisse zu analysieren. Dies soll an einem zentralen Feld gegenwärtiger Veränderungen und damit von Global Governance ausgeführt werden.

3.3 Der Konstitutionalismus: die neoliberale Version der Global Governance

Regimetheorie als ursprüngliches Konzept von Kapitalgruppen, das sich entwickelt ...

Die bereits erwähnte Regimetheorie, die ein wesentliches theoretisches Fundament für die heutigen Forderungen nach einer sozialen und ökologischen Global Governance bildet, wurde vor allem in den außenpolitischen Foren international orientierter Kapitalgruppen der USA entwickelt. Diesen Wirtschaftsinternationalisten ging es aber vordringlich um die Sicherung weltwirtschaftlicher Strukturen (Gill 1990; zwei der zentralen Texte aus dieser Zeit stammten von Crozier et al. [1975] sowie Keohane und Nye [1977]). Sie versuchten seit den frühen 1970er Jahren ihre Version von Global Governance auch praktisch umzusetzen, wobei ein inhaltlicher und ein auf die Politikform bezogener Wandel zu beobachten waren. Zunächst stand die Festigung des Bündnisses zwischen staatlichen und wirtschaftlichen Akteuren in den entwickelten kapitalistischen Industriestaaten (Westeuropa und Japan) bei gleichzeitigem Einbezug anderer gesellschaftlicher Gruppen und der so genannten Dritten Welt im Vordergrund. Dieses Projekt kann als „fordistischer Trilateralismus" bezeichnet werden (Scherrer 1999, 207–221).

vom fordistischen Trilateralismus

zum globalen Konstitutionalismus:

Nach dem Scheitern des ersten Versuches einer makroökonomischen Politikkoordinierung Ende der 1970er Jahre fand eine Transformation des trilateralen Projektes zu einem „globalen Konstitutionalismus" (Gill 2000) statt, d.h. zur vertraglichen internationalen Absicherung der Rechte am Privateigentum gegenüber einzelnen Staaten und internationalen Organisationen. Der Schutz des privaten Eigentums soll weltweit Vorrang haben vor nationalen Gesetzen und zum Kernbestand einer sich entwickelnden globalen Verfassung (Konstitution) gehören. Politische Gestaltung soll, soweit möglich, auf die klassischen Themen des liberalen „Nachtwächterstaates" begrenzt bleiben: Sicherung von Recht und Ordnung (Zoellick 1999). Deshalb kann sie auch als neoliberale Version der Global Governance bezeichnet werden.

quasi die neoliberale Version von Global Governance

Die neoliberale Version von Global Governance hat mit anderen gemeinsam, dass die Spielräume für nationale „Egoismen" durch internationale Regeln drastisch eingeschränkt werden und dass nichtstaatliche Akteure stärker in die internationalen Aushandlungs- und Implementierungsprozesse eingebunden werden bzw. für einzelne Regelungsbereiche selbst Verantwortung übernehmen sollen.

Starker Staat ist danach nicht erwünscht,

Soweit unilaterales Handeln seitens der US-Regierung allerdings für die Durchsetzung eines globalen Konstitutionalismus förderlich ist, findet es auch unter den transnationalen Konzernen Anhänger. So stieß der von der Reagan-Regierung zu Beginn der 1980er Jahre propagierte Kurs des Unilateralismus, d.h. wirtschaftspolitische Maßnahmen ohne Rücksicht auf die Verbündeten zu treffen, auch im Kreis der Trilateralisten auf Zustimmung. Mit diesem Kurs verband sich die Hoffnung, durch die restriktiven Auswirkungen der Hochzinspolitik die anderen Länder ebenso zu einer Politik des Abbaus wirtschaftlicher und wohlfahrtsstaatlicher Regulierungen bewegen zu können (Nau 1985). Diese Erwartungen wurden weitgehend erfüllt. Beispielsweise ermöglichte die durch die US-Hochzinspolitik ausgelöste Schuldenkrise Lateinamerikas in Zusammenarbeit mit dem Internationalen Währungsfonds (IWF) die Stärkung marktwirtschaftlicher Elemente in den betroffenen Ländern (Smith 1993). Gegenüber den verbündeten Industrieländern konnte eine weitere Folge der Hochzins-Hochdollar-Politik der ersten Reagan-Jahre genutzt werden, nämlich die rasant ansteigenden Handelsbilanzdefizite der USA. Diese Länder waren nicht zuletzt aufgrund dieser Defizite stärker vom Zugang zum US-amerikanischen Markt abhängig als umgekehrt die US-Wirtschaft vom Zugang zu ihren Märkten. Die US-Regierung konnte daher als eine Art „Rammbock" gegenüber den nationalen Egoismen der transnationalen Konzerne anderer Länder fungieren. Mit der vereinzelt auch umgesetzten Drohung, Handelssanktionen zu verhängen, konnte nicht nur in Japan der Abbau nichttarifärer Handelsbarrieren und Deregulierungsmaßnahmen erzwungen werden, sondern auch in Westeuropa. In beiden Regionen wurden die US-amerikanischen Forderungen von inländischen Interessengruppen und Teilen der Ministerialbürokratie aufgegriffen (Schoppa 1997; CEO 1997). Die unilateralen Maßnahmen erwiesen sich auch für den Abschluss von bilateralen Freihandels- und Investitionsschutzabkommen sowie für die Errichtung der Welthandelsorganisation (WTO) als hilfreich (Scherrer 1999, 222–314).

außer zur Durchsetzung eines globalen Konstitutionalismus

Beispiel I: Hochzinspolitik der USA

Ein anderes Beispiel ist die internationale Umweltpolitik. Hier geht es nicht nur um den Schutz der Umwelt bzw. globaler Gemeingüter, sondern hier finden Auseinandersetzungen um die spezifischen Formen der Aneignung von Natur statt (vgl. Brock und Hessler in diesem Band, 60). Die Konvention über biologische Vielfalt, um ein pointiertes Beispiel zu nennen, erschöpft sich keineswegs darin, genetische Ressourcen, Arten und Ökosysteme zu schützen. Vielmehr wird sie deshalb immer bedeutender, weil mit ihr ein internationaler politischer Rahmen bereitgestellt wird, der die Inwertsetzung genetischer Ressourcen durch die Agrar- und Pharmaindustrie rechtlich absichert. Politik steht hier also nicht gegen (umwelt-)zerstörerische Konsequenzen der Ökonomie, sondern schafft überhaupt erst die Bedingungen für ökonomische Aktivitäten: über den effektiven Zugang zum „grünen Gold der Gene", Planungs- und Investitionssicherheit angesichts hoher Investitionen, die Absicherung geistigen Eigentums u.a. (vgl. Görg und Brand 1999).

Beispiel II: internationale Umweltpolitik

4 Fazit

Global Governance als analytische Kategorie sollte einbeziehen:

Um Global Governance zu einer gehaltvollen analytischen Kategorie zu machen, so unsere These, bedarf es einiger Erweiterungen. Politische Regulierungen und die sich entwickelnden Governance-Systeme sollten in einem breiteren gesellschaftlichen Kontext, und hier insbesondere im Verhältnis zur Ökonomie, verstanden werden.

– Verhältnis von Politik zur Ökonomie

Ökonomische Prozesse bleiben konstitutiv auf eine politisch-soziale, d.h. auch politisch-institutionelle Einbettung angewiesen. Zu analysieren ist dann, wie diese Einbettung erfolgt. Und hier ändert sich einiges im aktuellen Transformationsprozess. Zu fragen ist dabei jeweils, warum es zu den Transformationen kommt und welche Kräfte sie vorantreiben. Die von uns vorgeschlagene hegemonietheoretische Herangehensweise hat hier ihre größten Stärken, zumal sie viele Sachverhalte, die in anderen Theorien als gegeben angenommen werden, selbst noch mal hinterfragt.

– Funktionsweisen und

Auch unser Ansatz muss konzeptionell weiterentwickelt und empirisch unterfüttert werden. Insbesondere hinsichtlich der Funktionsweisen und Wirkungen politischer Regulierungen, die in ihrer Gesamtheit Global Governance ausmachen, steht noch einige Arbeit an. So können unterschiedliche Regulierungen und ihre Institutionen in einem durchaus widersprüchlichen Verhältnis zueinander stehen. Beispielsweise werden derzeit die verschiedenen internationalen Bestimmungen zur Sicherung der geistigen Eigentumsrechte nicht nur im Abkommen zu handelsbezogenen geistigen Eigentumsrechten (TRIPS) innerhalb der Welthandelsorganisation (WTO) entwickelt und sind schon dort hochgradig umstritten. Auch andere internationale Abkommen wie etwa die Konvention über biologische Vielfalt regeln Teile dieses Gegenstandsbereichs, und zwar keineswegs im Einklang mit dem TRIPS-Abkommen.

– Wirkungen politischer Regulierung

Was die Wirkungen angeht, so sind verstärkt Forschungen nicht nur auf der internationalen Ebene notwendig, sondern gerade in Bezug auf die Verschränkung verschiedener räumlicher Ebenen. Viele internationale Regulierungen bedürfen ausdrücklich der nationalen Umsetzung, was, nebenbei bemerkt, der These von der Aushöhlung des Staates deutlich widerspricht.

– die Reflexion wissenschaftlicher Sichtweisen sowie

Und schließlich sollten wissenschafts- und gesellschaftspolitische Interessen nicht außen vor bleiben: Die diversen „Konzepte" sind ja keineswegs objektiv, sondern wollen selbst ein bestimmtes Problem- und Politikverständnis sowie ein Konzept als legitim stärken, andere zurückweisen und sind damit selbst Teil der Herausbildung neuer Regulationsformen (vgl. ausführlich Brand 2001).

– Gestaltungsmöglichkeiten verschiedene Akteure

Eine herrschaftskritische Perspektive stellt normativ weniger den Begriff der Ordnung ins Zentrum, sondern fragt nach den unterschiedlichen Gestaltungsmöglichkeiten verschiedener Akteure im Horizont einer Demokratisierung gesellschaftlicher Verhältnisse.

Literatur

Aglietta, Michel. 1979. A Theory of Capitalist Regulation. The US Experience. London: New Left Books.
Aglietta, Michel. 2000. Ein neues Akkumulationsregime. Die Regulationstheorie auf dem Prüfstand. Hamburg: VSA.

Altvater, Elmar und Birgit Mahnkopf. 1999. Grenzen der Globalisierung. Ökonomie, Ökologie und Politik in der Weltgesellschaft. Münster: Westfälisches Dampfboot.
Boyer, Robert. 1990. The regulation school: a critical introduction. New York und Oxford: Columbia University Press.
Boyer, Robert. 2000. The Regulation Approach as a Theory of Capitalism: A New Derivation, in: Agnes Labrousse und Jean-Daniel Weisz (Hg.). Institutional Economics in France and Germany: German Ordoliberalism versus the French Regulation School. Berlin: Springer, 51–92.
Brand, Ulrich. 2001. Ordnung und Gestaltung. Global Governance als hegemonialer Diskurs postfordistischer Politik?, in: Michael Berndt und Detlef Sack (Hg.). Glocal Governance. Voraussetzungen und Formen demokratischer Beteiligung im Zeichen der Globalisierung. Wiesbaden: Westdeutscher Verlag, 93–110.
Brand, Ulrich, Achim Brunnengräber, Lutz Schrader, Christian Stock und Peter Wahl. 2000. Global Governance: Alternative zur neoliberalen Globalisierung? Münster: Westfälisches Dampfboot.
Brand, Ulrich, Alex Demirovic, Christoph Görg und Joachim Hirsch. 2001. Nichtregierungsorganisationen in der Transformation des Staates. Münster: Westfälisches Dampfboot.
Brunnengräber, Achim und Christian Stock. 1999. Global Governance. Ein neues Jahrhundertprojekt?, aus: PROKLA, 29 (116), 445–468.
Cafruny, Alan W. 1990. A Gramscian Concept of Declining Hegemony: Stages of U.S. Power and the Evolution of International Economic Relations, in: David P. Rapkin (Hg.). World Leadership and Hegemony. Boulder, Col. : Lynne Rienner Publ., 97–118.
CEO (Corporate Europe Observatory). 1997. Europe Inc. – Dangerous Liaisions between EU Institutions and Industry. Amsterdam.
CGG (Commission on Global Governance). 1995. Nachbarn in Einer Welt. Der Bericht der Kommission für Weltordnungspolitik, hrsg. von der Stiftung Entwicklung und Frieden. Bonn: J.H.W. Dietz Nachfolger.
Cox, Robert W. 1987. Production, Power and World Order. Social Forces in the Making of History. New York: Columbia University Press.
Cox, Robert W. 1993. Gramsci, Historical Materialism and International Relations. An Essay in Method, in: Stephen Gill (Hg.). Gramsci, Historical Materialism and International Relations. Cambridge: Cambridge University Press, 49–66.
Crozier, Michel, Samuel P. Huntington und Watanuki Joji. 1975. The Crisis of Democracy. Report on the Governability of Democracies to the Trilateral Commission. New York: New York University Press.
Efinger, Manfred, Volker Rittberger, Klaus-Dieter Wolf und Michael Zürn. 1990. Internationale Regime und internationale Politik, in: Volker Rittberger (Hg.). Theorien der Internationalen Beziehungen. Wiesbaden: Westdeutscher Verlag, 263–285.
Esser, Josef. 1999. Der kooperative Nationalstaat im Zeitalter der „Globalisierung", in: Diether Döring (Hg.). Sozialstaat in der Globalisierung. Frankfurt a.M.: Suhrkamp, 117–144.
Esser, Josef, Christoph Görg und Joachim Hirsch (Hg.). 1994. Politik, Institutionen und Staat. Zur Kritik der Regulationstheorie. Hamburg: VSA.
Gill, Stephen. 1990. American Hegemony and the Trilateral Commission. New York und Cambridge: University Press.
Gill, Stephen. 2000. Theoretische Grundlagen einer neo-gramscianischen Analyse der europäischen Integration, in: Hans-Jürgen Bieling und Jochen Steinhilber (Hg.). Die Konfiguration Europas. Münster: Westfälisches Dampfboot, 23–50.
Görg, Christoph und Ulrich Brand. 1999. Globale Umweltpolitik und nationalstaatliche Konkurrenz. Zur Regulation der biologischen Vielfalt, in: Fuchs, Peter und Wolfgang Hein (Hg.). Globalisierung und ökologische Krise. Hamburg: Deutsches Übersee-Institut, 231–264.
Gramsci, Antonio. 1991. Gefängnishefte. Heft 1–29, 9 Bände. Hamburg und Berlin: Argument.
Grieco, Joseph M. 1990. Cooperation among Nations. Europe, America, and Non-tariff Barriers to Trade. Ithaca N.Y.: Cornell Univ. Press.
Hein, Wolfgang. 1999. Postfordistische Globalisierung, Global Governance und Perspektiven eines evolutiven Prozesses „Nachhaltiger Entwicklung", in: Wolfgang Hein und Peter

Fuchs (Hg.). Globalisierung und ökonomische Krise. Hamburg: Deutsches Übersee-Institut, 13–76.
Hirsch, Joachim. 1995. Der nationale Wettbewerbsstaat. Demokratie und Politik im globalen Kapitalismus. Berlin: ID-Archiv.
Hirsch, Joachim. 2001. Postfordismus: Dimensionen einer neuen kapitalistischen Formation, in: Joachim Hirsch, Bob Jessop und Nicos Poulantzas (Hg.). Die Zukunft des Staates. De-Nationalisierung, Internationalisierung, Re-Nationalisierung. Hamburg: VSA, 171–209.
Hirsch, Joachim und Roland Roth. 1986. Das neue Gesicht des Kapitalismus. Vom Fordismus zum Postfordismus. Hamburg: VSA.
Horowitz, David A. 1997. Beyond Left and Right: Insurgency and the Establishment. Urbana: University of Illinois Press.
Hübner, Kurt. 1989. Theorie der Regulation. Eine kritische Rekonstruktion eines neuen Ansatzes der Politischen Ökonomie. Berlin: edition sigma.
Jessop, Bob. 2000. (Un)Logik der Globalisierung. Der Staat und die Reartikulation des ökonomischen Raumes, aus: Das Argument, 42 (236), 341–354.
Keohane, Robert O. und Joseph S. Nye. 1977. Power and Interdependence. World Politics in Transition. Boston: Little, Brown and Co.
Krasner, Stephen D. 1982. Structural Causes and Regime Consequences: Regimes as Intervening Variables, aus: International Organization, 36 (2), 185–206.
Krippendorff, Ekkehardt. 1963. Ist Außenpolitik Außenpolitik?, aus: Politische Vierteljahresschrift, 3, 229–242 (wiederabgedruckt 1997 in: Wolfgang Seibel, Monika Medick-Krakau, Herfried Münkler und Michael Th. Greven [Hg.]. Demokratische Politik – Analyse und Theorie. Politikwissenschaft in der Bundesrepublik Deutschland. Opladen: Westdeutscher Verlag, 329–352).
Lipietz, Alain. 1985. Akkumulation, Krisen und Auswege aus der Krise: Einige methodische Überlegungen zum Begriff „Regulation", aus: PROKLA, 15 (58), 109–137.
Lindberg, Leon N., John C. Campbell und J. Rogers Hollingsworth. 1991. Economic Governance and the Analysis of Structural Change in the American Economy, in: John C. Campbell, Leon N. Lindberg und J. Rogers Hollingsworth (Hg.). Governance of the American Economy. Cambridge: Cambridge University Press.
Messner, Dirk. 2000. Die Transformation der Politik in der „Ära des Globalismus", aus: PROKLA, 30 (118), 123–150.
Messner, Dirk und Franz Nuscheler. 1996. Global Governance. Organisationselemente und Säulen einer Weltordnungspolitik, in: Dirk Messner und Franz Nuscheler, a.a.O., 12–36.
Messner, Dirk und Franz Nuscheler (Hg.). 1996. Weltkonferenzen und Weltberichte. Ein Wegweiser durch die internationale Diskussion. Bonn: J.H.W. Dietz Nachfolger.
Murphy, Craig. 1994. International Organization and Industrial Change: Global Governance since 1850. Europe and the International Order. New York: Oxford University Press.
Nau, Henry R. 1985. International Reaganomics: A Domestic Approach to the World Economy. Washington D.C.: Georgetown University.
Nuscheler, Franz. 2000. Kritik der Kritik am Global-Governance-Konzept, aus: PROKLA, 30 (118), 151–156.
Pierre, Jon und B. Guy Peters. 2000. Governance, Politics and the State. London: MacMillan.
Poulantzas, Nicos. 1978. Staatstheorie. Politischer Überbau, Ideologie, Sozialistische Demokratie. Hamburg: VSA.
Ruf, Anja. 1998. Frauennetzwerke im Spannungsfeld von Globalisierung und Vielfalt, in: Ruth Klingebiel und Shalini Randeria (Hg.). Globalisierung aus Frauensicht. Bilanzen und Perspektiven. Bonn: J.H.W. Dietz Nachfolger, 66–84.
Ruf, Werner. 1994. Die neue Welt-UN-Ordnung. Münster: agenda.
Runyan, Anne Sisson. 1999. Women in the Neoliberal „Frame", in: Mary K. Meyer und Elisabeth Prügl (Hg.). Gender Politics in Global Governance. Maryland und Oxford: Rowman & Littlefield, 210–220.
Ruppert, Uta. 1998. Perspektiven internationaler Frauen(bewegungs)politik, in: Uta Ruppert (Hg.). Lokal bewegen – global verhandeln. Internationale Politik und Geschlecht. Frankfurt a.M. und New York: Campus, 233–255.

Scherrer, Christoph. 1999. Globalisierung wider Willen? Die Durchsetzung liberaler Außenwirtschaftspolitik in den USA. Berlin: edition s,gma.
Scherrer, Christoph. 2000. Die Spielregeln der Globalisierung ändern? Global Governance – zu welchem Zweck?, aus: Kommune 9, 50–55.
Schoppa, Leonard J. 1997. Bargaining with Japan: What American Pressure Can and Cannot Do. New York: Columbia University Press.
Smith, William C. 1993. Neoliberale Restrukturierung und die neuen Demokratien in Lateinamerika, aus: PROKLA, 23 (90), 72–93.
Stienstra, Deborah. 1999. Of Roots, Leaves, and Trees: Gender, Social Movements, and Global Governance, in: Mary K. Meyer und Elisabeth Prügl (Hg.). Gender Politics in Global Governance. Maryland und Oxford: Rowman & Littlefield, 260–272.
Stolz-Willig, Brigitte und Mechthild Veil (Hg.). 1999. Es rettet uns kein höh'res Wesen. Feministische Perspektiven der Arbeitsgesellschaft. Hamburg: VSA.
van der Pijl, Kees. 1984. The Making of an Atlantic Ruling Class. London: Verso.
Wichterich, Christa. 2000. Strategische Verschwisterung, multiple Feminismen und die Glokalisierung von Frauenbewegungen, in: Ilse Lenz, Michiko Mae und Karin Klose (Hg.). Frauenbewegungen weltweit. Opladen: Leske + Budrich, 257–280.
Zoellick, Robert. 1999. The American View, in: Robert Zoellick, Peter D. Sutherland und Hisashi Owada (Hg). 21st Century Strategies of the Trilateral Countries. Task Force Report 53. The Trilateral Commission.
Zürn, Michael. 1998. Regieren jenseits des Nationalstaates: Globalisierung und Denationalisierung als Chance. Frankfurt a.M.: Suhrkamp.

Hartwig Hummel

Kommentar: Global Governance als neue große Debatte

Der Ursprung der hier vorgestellten Global-Governance-Debatte in der Disziplin Internationale Beziehungen (IB) kann auf den 1992 von James Rosenau und Ernst-Otto Czempiel herausgegebenen Sammelband datiert werden, der den programmatischen Titel „Governance Without Government" trägt. Rosenau argumentiert darin, dass die Steuerung bzw. Regelung menschlichen Handelns (*Governance*) nicht nur durch die Staatsgewalt (*Government*) erfolge, sondern auch durch autonome gesellschaftliche Regulierung auf vielen Ebenen, von der Familie bis zur transnationalen sozialen Bewegung, zum transnationalen Unternehmen oder zum transnational organisierten Verbrechersyndikat. Er stellt dann die Frage, wie angesichts dieser Vielzahl von Steuerungsakteuren und Ordnungssystemen eine einigermaßen stabile und kohärente Weltordnung zustande kommen könne. Rosenau hält eher eine evolutionäre „Verdichtung" und gegenseitige Abstimmung der vielen autonomen Ordnungssysteme zu einer Weltordnung von „unten" für wahrscheinlich als die zentrale Durchsetzung einer Weltordnung von „oben". Interessant ist, dass Rosenau den Begriff *Governance* empirisch-analytisch verwendet, also *Governance* weder positiv als anzustrebendes Ziel noch negativ als einzudämmenden Trend darstellt.

Genese des Begriffs Global Governance

Governance zur Beschreibung komplexer Regulierungs- und Koordinationsformen

Die Global-Governance-Debatte setzte nicht zufällig am Ende des Kalten Krieges ein. Reformorientierte Politiker und Regierungen begriffen nun die neuen weltpolitischen Bedingungen als Chance, die liberale Vision einer Weltordnung wiederzubeleben, in der mithilfe des UN-Systems weltpolitische Angelegenheiten kooperativ und friedlich geregelt und damit die anarchische Staatenwelt und der ungezügelte ökonomische Wettbewerb überwunden werden. Willy Brandt und die anderen Vordenker dieser Weltordnung aus dem Umfeld der vier großen Weltkommissionen (Brandt-, Palme-, Brundtland- und Nyerere-Kommission; vgl. Messner und Nuscheler 1996) gründeten zu diesem Zweck mit Unterstützung durch den damaligen UN-Generalsekretär Boutros Boutros-Ghali die *Commission on Global Governance*, die 1995 ihren Bericht *Our Global Neighbourhood* veröffentlichte. Die Kommission lehnte sich in diesem Bericht zwar an die Argumente und Begrifflichkeiten von Rosenau an, verwandelte Global Governance aber von einem empirischen Konzept zur Analyse der Weltpolitik in ein normatives Programm zur Gestaltung von Weltpolitik. Dieses sollte als gemeinsame Plattform der reformorientierten Politiker dienen.

Die normative Wende von Global Governance

Die Veröffentlichung des Berichts der *Commission on Global Governance* wirkte auf zweierlei Weise als belebender Impuls auf die wissenschaftliche Debatte. Erstens griffen den Reformpolitikern nahe stehende Think-Tanks, Forschungsinstitute und wissenschaftliche Netzwerke den Kommissionsbericht auf, konkretisierten ihn und speisten ihn in die jeweiligen lokalen Diskurse ein (vgl. Mürle 1998). Diese Funktion übernahmen in Deutschland die von Willy Brandt gegründete Stiftung Entwicklung und Frieden (SEF) und das mit ihr verbundene Institut für Entwicklung und Frieden (INEF). Zweitens fanden bislang unverbunden nebeneinander her und aneinander vorbei geführte Forschungsstränge in der Disziplin Internationale Beziehungen über den Global-Governance-Diskurs der Kommission bzw. von SEF und INEF einen gemeinsamen Bezugspunkt.

Work in progress – zu den einzelnen Beiträgen

Die einzelnen Beiträge des vorliegenden Theorieteils führen in die gegenwärtige Global-Governance-Debatte in den deutschen IB ein. Es handelt sich um einen dynamischen, sich noch in Entwicklung befindlichen Diskussions- und Forschungsprozess, in dem das argumentative Potenzial einiger theoretischer Zugänge erst teilweise ausgeschöpft ist und die unterschiedlichen Denkschulen bislang höchst ungleich repräsentiert sind.

Spezifische Prägung des deutschen Global-Governance-Diskurses

Außerdem weist die Debatte in einigen Punkten eine spezifisch deutsche Prägung auf, die nur teilweise bewusst mitreflektiert wird. Diese betrifft vor allem zwei Punkte. Erstens ist meist undifferenziert von „den" Staaten die Rede, womit unausgesprochen mittelgroße, demokratisch verfasste und industriell entwickelte Staaten à la Deutschland gemeint sind. Aus der Sicht der Supermacht USA müssten viele Argumente vor allem zum behaupteten Souveränitätsverlust deutlich relativiert werden. Und die erst in jüngster Zeit unabhängig gewordenen Staaten im Süden und Osten dürften sich schwer tun, gleich wieder zugunsten ferner Entscheidungszentren in New York oder Washington, in Brüssel oder Genf auf ihre Autonomie zu verzichten. Zweitens neigen die Protagonisten des Global-Governance-Diskurses, vor allem die SEF/INEF-Autoren, dazu, den deutschen Bundesstaat und die Europäische Union als Modell und Vorbild für Global Governance darzustellen. Implizit ist damit natürlich nicht die neoliberale Variante Europas à la Thatcher oder die rechtspopulistische à la Berlusconi gemeint, sondern die sozialdemokratische Variante eines „rheinischen Kapitalismus" bzw. eines „dritten Weges". Gleichzeitig werden die nicht ins Modellbild passenden Seiten des deutschen Föderalismus (Stichwort: Parteienoligarchie) oder der EU (Stichwort: Festung Europa) weitgehend ignoriert.

Das Spektrum der Beiträge repräsentiert die Hauptrichtungen der Debatte in den IB. Während aber die tonangebende US-amerikanische *Community* nach wie vor weitgehend durch die neorealistische Denkschule (in ihrer *Rational-choice*-Variante) bestimmt wird, scheint sich in den deutschen IB das Interdependenzparadigma als einflussreichste Denkschule zu behaupten; dieser Ansatz geht ideengeschichtlich auf den Liberalismus und die Aufklärung zurück. Daher verwundert es nicht, dass gleich drei der vorliegenden Theoriebeiträge der liberalen Theorietradition zuzurechnen sind (Messner, Brock und Hessler und Schmalz-Bruns).

Kommentar 133

Der Mainstream: liberale Konzepte einer Global Governance

Der ehemalige Wissenschaftliche Geschäftsführer des INEF, Dirk Messner, von dem der einleitende Theoriebeitrag stammt, gilt zusammen mit dem Institutsleiter Franz Nuscheler als Hauptprotagonist des normativen, sich an die *Commission on Global Governance* anlehnenden Global-Governance-Diskurses in Deutschland. Messner argumentiert, dass sich Weltpolitik wegen des erreichten Interdependenzniveaus und wegen der Globalisierung verändere und verändern müsse. Alte Vorstellungen von nationalstaatlicher Souveränität und hierarchischer Steuerung seien nicht mehr zeitgemäß; erforderlich sei vielmehr die global koordinierte Steuerung der Vielzahl staatlicher und nichtstaatlicher Akteure. Als Rahmen für die Koordinierung dieser Akteure soll nach Messner eine „Global-Governance-Architektur" dienen, in der etwa nach dem Muster des UN-Systems jeweils für die verschiedenen Politikfelder gemeinsame Ziele und Institutionen festgelegt werden sollen.

<small>Global Governance: Rahmen für global koordinierte Steuerung</small>

Kritiker (Brand et al. 2000) werfen Messner vor, er stelle Global Governance einfach als einzig vernünftige Antwort auf den nicht weiter hinterfragten Sachzwang der Globalisierung dar und blende dabei die historischen und machtpolitischen Hintergründe weitgehend aus. Nun erwähnt Messner durchaus, dass sich etwa die Unilateralisten in den USA oder die neoliberalen Wettbewerbsideologen dem Konzept der Global Governance widersetzen. Er führt dies aber nicht auf spezifische Interessenlagen zurück, sondern präsentiert eine lerntheoretische Erklärung: Die Betroffenen seien mit der Komplexität der neuen weltpolitischen Lage überfordert, und das Lernen der Unumgänglichkeit von Global Governance brauche noch Zeit.

<small>„Sachzwang" Globalisierung zu wenig hinterfragt</small>

Messner räumt letztlich den Staaten eine Schlüsselrolle in der Global-Governance-Architektur ein, vor allem mit der Forderung nach einer verbindlichen Verregelung von Politik. Rechtsverbindlichkeit bedarf der Staatlichkeit und ist durch die freiwillige Selbstregulierung gesellschaftlicher Akteure nicht herzustellen, auf die Schmalz-Bruns in seinem Beitrag abhebt. Da Messner gleichzeitig gegen einzelstaatlichen Partikularismus argumentiert, liegt die Perspektive einer Weltstaatlichkeit nahe. Zwar plädiert Messner im hier vorliegenden Text gegen einen Weltstaat, doch schließt dies nicht aus, dass er sich neuerdings zusammen mit anderen SEF-/INEF-Autoren durchaus für „Elemente globaler Staatlichkeit" (Hauchler et al. 2001, 23) zur Etablierung einer globalen Rechtsgemeinschaft einsetzt.

<small>Perspektive Weltstaatlichkeit</small>

Insgesamt enthält der Text von Messner ebenso wie der Bericht der *Commission on Global Governance* immer wieder neue Variationen der These vom Sachzwang der Globalisierung und neue Forderungenkataloge zur Umsetzung von Global Governance. In beiden Fällen geht es den Autoren nicht um tiefer gehende Analysen, sondern zunächst darum, für das Konzept der Global Governance zu werben und es im wissenschaftlichen und politischen Diskurs zu verankern. Dass dies inzwischen gelungen ist, zeigt die in diesem Sammelband dokumentierte lebhafte Fachdebatte.

Brock und (vor allem) Hessler repräsentieren in ihrem Beitrag die konstruktivistische Variante des liberalen Diskurses. Diese geht von einer durch Normen und Weltbilder vorgeprägten Weltpolitik aus und analysiert die existierende

<small>Konstruktivistische Variante des liberalen Diskurses</small>

Global Governance empirisch als Ausdruck einer spezifischen normativen Bindung der weltpolitischen Akteure. Anders als bei Messner erscheint also nicht (nur) eine *fehlende* oder unzulängliche normative Bindung, sondern (auch) eine *andere* als die von den Global-Governance-Protagonisten angestrebte normative Bindung als Problem.

Universal geltende Normen – Weltgemeinschaft?

Brock und Hessler machen auf die Pluralisierung und Ausdifferenzierung der globalen Normbildung aufmerksam. Immer mehr Politikbereiche werden immer detaillierter international verregelt. Noch wichtiger ist aber, dass sich die Normbildung von den Staaten löst: Internationale Organisationen, ursprünglich aufgrund spezifischer internationaler Machtverhältnisse und Interessenkonstellationen entstanden, seien zur eigenständigen Quelle internationaler Normbildung jenseits nationaler Interessen geworden. Und jenseits der Staaten sei eine Sphäre gesellschaftlicher (vor allem wirtschaftlich-marktförmiger) Selbstregulierung entstanden. Brock und Hessler weisen durchaus kritisch auf die Uneindeutigkeit und die demokratietheoretische Problematik dieser Entwicklungen hin. Dessen ungeachtet stehen sie aber letztlich der zunehmenden Verregelung in den internationalen Beziehungen positiv gegenüber.

Die beiden Autoren argumentieren, dass Normen nicht primär auf Kosten-Nutzen-Kalkülen und Sanktionierungsmacht beruhen müssten. Die faktische Wirksamkeit von Normen lasse sich vielmehr auch von handlungsleitenden kollektiven Identitäten ableiten. Weil diese kollektiven Identitäten letztlich auf einem Grundkonsens beruhten, würden die daraus abgeleiteten Normen in der Regel auch ohne Zwang befolgt. Global Governance im Sinne universal geltender Normen setzt also nach dieser Argumentation auch eine *globale* Identität, eine Weltgemeinschaft, voraus.

Hier setzt Rainer Schmalz-Bruns in seinem Beitrag an. Er diskutiert die Frage, ob und wie demokratische Legitimität jenseits klassisch-nationalstaatlicher Demokratie hergestellt werden kann, unter welchen Umständen also an Entscheidungen globaler Reichweite nicht direkt Beteiligte oder beim Entscheidungsprozess unterlegene Minderheiten diese Entscheidungen dennoch akzeptieren. In seinem Beitrag referiert er dazu vornehmlich die deutsche Debatte in der Tradition liberal-aufklärerischen Denkens.

Betonung entstaatlichter Entscheidungsfindung

Bei der Global Governance betont Schmalz-Bruns vor allem die *entstaatlichte* kollektiv verbindliche Entscheidungsfindung und nicht – wie Messner oder Brock und Hessler – das kooperative Verhalten zwischen den Staaten. Dabei steht er anders als Brock und Hessler der zivilgesellschaftlichen Selbstregulierung sehr positiv gegenüber. Entscheidend sind schließlich seine Ausführungen zu den Demokratiepotenzialen von Global Governance, in denen er vier Merkmale der Demokratie in der postnationalen Konstellation herausarbeitet: Legitimitätskontrolle durch NGOs, auf Politikfelder begrenzte Autorität, den Bezug auf kollektive bzw. assoziativ vermittelte Akteure (also nicht auf individuelle Staatsbürgerinnen und -bürger) und deren Teilnahme an Entscheidungsprozessen wegen funktionaler Interessen an Problemlösungen, nicht wegen solidarischer oder staatsbürgerlicher Bindungen. Darauf aufbauend präsentiert Schmalz-Bruns die *deliberative Demokratie* als angemessenes Legitimationsmodell für die postnationale Konstellation. Im Zentrum steht dabei die Notwendigkeit, für die eigenen Präferenzen „gute Gründe" anzugeben.

Deliberative Demokratie als Legitimationsmodell

Wegen der praktischen Schwierigkeiten, diese deliberative Demokratie durchzuführen, bevorzugt Schmalz-Bruns eine „epistemische Qualifizierung". Er setzt also ein bestimmtes gemeinsames Weltbild voraus. An dieser Stelle stellt sich die Frage, wer eigentlich definiert, welches Weltbild das gemeinsame sein und welche Argumente mithin als gut gelten sollen. Schmalz-Bruns nennt notwendige, aber keineswegs hinreichende Bedingungen für die deliberative Demokratie, vor allem Öffentlichkeit, Reziprozität und Allgemeinheit sowie Toleranz. Die Kriterien, die Schmalz-Bruns für die deliberative Demokratie auf globaler Ebene entwickelt, könnten und sollten allerdings auch für die wissenschaftliche Debatte darüber gelten. Soll Überzeugung durch Argumente nicht nur für elitäre Kreise gelten, muss auch in der Wissenschaft auf Allgemeinverständlichkeit des Diskurses geachtet werden. Schließlich sollte in einer Debatte über Demokratiepotenziale von Global Governance auch andere Literatur außer der deutschen und nordamerikanischen einbezogen werden. Erst dadurch kann das Konzept Global Governance tatsächlich seinem Anspruch nach globaler Reichweite gerecht werden und der Kritik eines OECD-Zentrismus entgegenwirken.

Realistische Skepsis

Siedschlag stellt mit seinem Beitrag die neorealistische Sichtweise vor. Der Neorealismus geht davon aus, dass die Weltpolitik nach wie vor ein anarchisches System ist, d.h. die zwischenstaatlichen Beziehungen keiner supranationalen Autorität, also keiner „erzwingbaren Rechtsordnung" unterworfen sind. Das Erkenntnisinteresse gilt nicht der Überwindung dieser Anarchie, sondern der Stabilisierung der internationalen Beziehungen. Die jüngeren weltpolitischen Entwicklungen – das Ende des Ost-West-Konflikts und die Pluralisierung der Akteure – helfen aus neorealistischer Sicht nicht bei dieser Aufgabe, sondern erschweren sie noch. Denn der Ost-West-Konflikt und die exklusive Rolle der Nationalstaaten in der Weltpolitik wirken sich insofern Kooperation fördernd und Konflikt regelnd aus, als die Vielzahl möglicher Konfliktlinien dadurch reduziert wird. Auch Global Governance kann aus dieser Perspektive letztlich nichts anderes bedeuten, als die internationale Anarchie übersichtlicher zu machen.

Global Governance macht internationale Anarchie „nur" übersichtlicher

Siedschlag kritisiert die normative Wende der Global-Governance-Debatte im Gefolge der *Commission on Global Governance*, wenn er davor warnt, den Wunsch mit der Wirklichkeit zu verwechseln und unrealistische, „romantische" Erwartungen zu hegen, beispielsweise wenn auf Überzeugungsarbeit, auf Verregelung und Verrechtlichung oder auf eigenständige internationale Institutionen gesetzt wird. Er plädiert stattdessen dafür, zu einer nüchternen empirischen Analyse von Global Governance zurückzukehren, angesichts mancher idealistischen Blindstellen in der Global-Governance-Debatte ein nicht unberechtigtes Anliegen.

Empirische Analyse von Global Governance notwendig

Spannend wird es an den Stellen, wo Siedschlag andeutet, dass eine „herrschende und durchsetzungsfähige regulative Idee" es einem Kollektiv ermöglichen werde, alle Mitglieder in die Pflicht zu nehmen. Er hält es für möglich, dass in Europa auf der Basis gemeinsamer Geschichte und gemeinsamer Werte eine solche kollektive Identitätsbildung gelingen und eine supranationale Struktur entstehen könnte. Siedschlag muss sich hier seinerseits romantische Verklärung vorwerfen lassen, wenn er die Irrwege auf dem historischen „Pfad" zu einem einheitlichen Europa und die vielfachen Brüche und Widersprüche einer unterstellten europäischen Identität ausblendet; immerhin beklagt er sich ja selbst an anderer Stelle über die „archetypischen abendländischen Einheitssehnsüchte". Der europäische Regionalismus würde außerdem das weltweite Anarchieproblem nicht lösen, sondern lediglich die globalen Machtchancen der Europäer etwa gegenüber den USA verbessern. Zur Stabilisierung der internationalen Beziehungen hat Siedschlag ansonsten nur das Großmächtekonzert oder ein unilaterales Vorpreschen der USA anzubieten. Noch konsequenter wäre es freilich, um der weltpolitischen Stabilität willen für eine Rückkehr zur Bipolarität zu plädieren, aber dann müssten sich die Neorealisten erneut die Frage gefallen lassen, welchen Preis eine bipolare Stabilität nach sich zöge und wer diesen Preis zu zahlen hätte.

Zur Stabilisierung internationaler Beziehungen:
– Großmächtekonzert,
– Unilateralismus oder
– Bipolarität?

Kritischer Kommentar zur liberalen Global Governance

Kritisch-dialektische Perspektive

Der Beitrag von Brand und Scherrer repräsentiert die kritisch-dialektische Tradition der IB. Diese Denkschule ist in den deutschen IB in den 1980er und 1990er Jahren immer weiter marginalisiert worden, scheint aber durch die Global-Governance-Debatte in Verbindung mit globalisierungskritischen sozialen Bewegungen eine Chance zur fachwissenschaftlichen Profilierung zu bekommen.

Global Governance als politischer Diskurs

In ihrem Beitrag stellen sie Global Governance als politischen Diskurs dar. Sie interessieren sich dafür, ob er zum hegemonialen Diskurs werden könnte. Hegemonie bedeutet bei ihnen im gramscianischen Sinne, dass sich Herrschaft gerade nicht als brutale Willensdurchsetzung, sondern als allgemeine Anerkennung, als fraglose Akzeptanz, als scheinbare Natürlichkeit und Selbstverständlichkeit der bestehenden Ordnung zeigt. Bedingung dafür ist, dass die dominierenden gesellschaftlichen Gruppen zu ausreichenden Konzessionen an die anderen gesellschaftlichen Gruppen bereit sind und dass sie ihre Herrschaft glaubhaft unter Berufung auf allgemein gültige Werte rechtfertigen, denn nur dann wird ihre Herrschaft allgemein akzeptiert (Hummel 2000, 38). Leider vermischen die Autoren in ihrem Artikel die analytische Frage, ob der gegenwärtige Global-Governance-Diskurs in diesem Sinne hegemonial werden kann, mit der Absicht, das Global-Governance-Konzept selbst weiterzuentwickeln. Sie argumentieren zwar, sie wollten das Konzept erweitern und präzisieren, um einer analytisch anspruchsvollen Verwendung zu genügen, doch plausibler erscheint dafür das politische Motiv, das Global-Governance-Konzept als im gramscianischen Sinne *gegenhegemoniales* Projekt zu begreifen und gegen den vorherrschenden Neoliberalismus stark zu machen.

Vermischung von kritischer Analyse und problemlösungsorientierter Weiterentwicklung

Ungeachtet dieses grundsätzlichen Einwands arbeitet der Beitrag überzeugend elementare Schwächen des gegenwärtigen Global-Governance-Diskurses heraus, so die mangelnde Berücksichtigung der Widersprüchlichkeit von Steuerung, die einerseits progressiv-emanzipatorische und andererseits Herrschaft stabilisierende Elemente enthält, oder auch das mangelnde historisch-politische Verständnis des Diskurses als Teil der Suche nach einer postfordistischen Regulationsweise.

Zivilgesellschaft als Terrain gesellschaftlicher Kämpfe

Wichtig ist auch ihre Differenzierung der Zivilgesellschaft, die sie im Gegensatz zu Messner nicht als einheitlichen Akteur dem Staat gegenüberstellen, sondern als Terrain gesellschaftlicher Kämpfe im Sinne des erweiterten Staatsbegriffs interpretieren. Es wäre interessant gewesen, mehr über die leider erst am Ende des Beitrags erwähnte „herrschaftskritische Perspektive" zu erfahren.

Was fehlt?

Der Global-Governance-Diskurs ist natürlich facettenreicher, als es die hier vorgelegte Auswahl von Theoriebeiträgen vermitteln kann. Ausgeklammert bleiben nichtdeutsche und nichtamerikanische Sichtweisen, denen vor allem die Zeitschrift „Global Governance" ein fachwissenschaftliches Forum bietet. Von den großen Schulen der IB fehlt die „Englische Schule", der kein eigener Beitrag gewidmet ist, auf die allerdings Brock und Hessler sowie Siedschlag in ihren Beiträgen eingehen. Die Englische Schule geht davon aus, dass in einem komplexen historischen Prozess bereits eine völkerrechtlich verfasste „Gesellschaft von Staaten" entstanden ist. Die Staaten verließen sich nun nicht mehr allein auf die eigene Macht, sondern wahrten ihre Interessen auch durch rechtliche und institutionelle Beziehungen untereinander. David Held entwickelte diesen Ansatz zum weithin beachteten Konzept der „kosmopolitischen Demokratie" weiter (Held 1995). Dieses Konzept steht für eine bereits im Keim existierende Weltrechtsordnung, die jenseits der Nationalstaaten allen Menschen gewisse Bürgerrechte sichert. Nur dadurch, so Held, sei die demokratische Selbstbestimmung der Menschen über ihr Schicksal unter den Bedingungen intensiver Interdependenz und Globalisierung noch möglich. Leider setzt sich Schmalz-Bruns im vorliegenden Beitrag nicht explizit mit David Held auseinander.

Erwähnt werden muss auch die lebhafte Auseinandersetzung über Global Governance in der feministischen Diskussion (vgl. Klingebiel und Randeria 1998). Dort finden sich zwar ähnliche Argumente und Bewertungen wie in politökonomischen und kritischen Ansätzen, aber ganz andere Begründungen für die Herrschaftskritik. Brand und Scherrer gehen zu Beginn ihres Beitrags immerhin kurz auf den feministischen Ansatz ein.

Lernen können wir aus den vorgestellten Beiträgen, dass die fachwissenschaftliche Debatte derzeit erst richtig in Gang kommt. Daher sollten die Texte nicht als fertige, abgeschlossene Theorien, sondern als „work in progress" gelesen werden. Voraussetzung für eine Weiterentwicklung der Global-Governance-Debatte ist zum einen die Einbeziehung einer entsprechenden politischen Praxis, wozu die rot-grüne Reformpolitik, die Debatte über einen „dritten Weg" in Europa und die Bemühungen zur Reform des Systems der Vereinten Nationen gehören. Voraussetzung scheint aber auch zu sein, dass die normative Einengung des Diskurses auf das politisch-normative Programm der *Commission on Global Governance* überwunden wird und analytische Fragen in den Vordergrund treten.

Es fehlen:
– die Englische Schule

– die feministische Diskussion

Resümee:
Schwerpunkt I dokumentiert Beginn einer fachwissenschaftlichen Diskussion

Literatur

Brand, Ulrich, Achim Brunnengräber, Lutz Schrader, Christian Stock und Peter Wahl. 2000. Global Governance – Alternative zur neoliberalen Globalisierung? Eine Studie von Heinrich-Böll-Stiftung und WEED. Münster: Westfälisches Dampfboot.

Commission on Global Governance. 1995. Our Global Neighbourhood: The Report of the Commission on Global Governance. Oxford, New York: Oxford University Press (deutsche Übersetzung: Nachbarn in Einer Welt. Bonn: Stiftung Entwicklung und Frieden, 1995).

Hauchler, Ingomar, Dirk Messner und Franz Nuscheler. 2001. Global Governance. Notwendigkeit – Bedingungen – Barrieren, in: Stiftung Entwicklung und Frieden (Hg.). Globale Trends 2002. Frankfurt a.M.: Fischer, 11–37.

Held, David. 1995. Democracy and the global order: from the modern state to cosmopolitan governance. Cambridge: Polity Press.

Hummel, Hartwig. 2000. Der neue Westen. Der Handelskonflikt zwischen den USA und Japan und die Integration der westlichen Gemeinschaft. Münster: agenda.

Klingebiel, Ruth und Shalini Randeria (Hg.). 1998. Globalisierung aus Frauensicht. Bilanzen und Visionen. Bonn: J.H.W. Dietz Nachfolger.

Messner, Dirk und Franz Nuscheler (Hg.). 1996. Weltkonferenzen und Weltberichte. Ein Wegweiser durch die internationale Diskussion. Bonn: J.H.W. Dietz Nachfolger.

Mürle, Holger. 1998. Global Governance: Literaturbericht und Forschungsfragen. INEF-Report 32.

Rosenau, James N. 1992. Governance, Order, and Change in World Politics, in: James Rosenau und Ernst-Otto Czempiel (Hg.). Governance Without Government: Order and Change in World Politics. Cambridge: Cambridge University Press, 1–29.

Schwerpunkt II
Internationale Sicherheit und Menschenrechte

Christoph Rohloff

Theoretische Ansätze und empirische Befunde der Friedens- und Konfliktforschung

1	Konflikte, Kriege und die Wissenschaft	141
2	„Konflikte": historische und aktuelle Kontextualisierung	143
3	Formale Definitionen und Typologien von Konflikten	149
4	Befunde der empirischen Friedens- und Konfliktforschung	154
5	Konfliktvermittlung, Krisenprävention, Konflikttransformation	158
6	Auf der Suche nach Friedensstrategien in Zeiten globalen Wandels: Potenziale des Global-Governance-Ansatzes	161

1 Konflikte, Kriege und die Wissenschaft

Wie widersprüchlich Annahmen über die Ursachen ein und desselben Phänomens sein können, lässt sich an der zugespitzten Frage veranschaulichen, ob Kriege „in den Köpfen" oder „in den Töpfen" entstehen. Im Sinne der ersten Annahme führt die UNESCO-Charta von 1945 an: „That since wars begin in the minds of men, it is in the minds of men that the defences of peace must be constructed." Dagegen vertritt das United Nations Development Programme die andere Sicht: *Widersprüchliche Annahmen über Konfliktursachen*

> "The world can never be at peace unless people have security in their daily lives. Future conflicts may often be within nations rather than between them – with their origins buried deep in growing socio-economic deprivation and disparities" (UNDP 1994).

Angesichts der Vielzahl sich gegenseitig ergänzender präventiver, humanitärer und entwicklungspolitischer Aktivitäten dieser beiden UN-Organisationen schließen ihre unterschiedlichen theoretischen Annahmen über Kriegsursachen gemeinsame Strategien in der Praxis offensichtlich nicht aus. Doch zeigt das Beispiel, dass Diskussionen über Ursachen, Typen und Tendenzen politischer Konflikte durch bestimmte Prämissen im Ergebnis vorstrukturiert sind. Die Wissenschaftsgemeinde der Friedens- und Konfliktforschung ist sich dessen bewusst und versucht, ihre jeweiligen Annahmen über Ursachen und Dynamiken des weltweiten Konfliktgeschehens durch die Identifizierung möglichst kausaler Zusammenhänge zwischen den empirischen Einzelbeobachtungen zu tragfähigen Thesen zu entwickeln.

Bevor also im Folgenden die vielfältigen empirischen Befunde zu den Tendenzen politischer Konflikte diskutiert werden (vgl. Kapitel 4), müssen *Vielfältige empirische Befunde* sowohl die Diskussionskontexte (vgl. Kapitel 2) als auch die definitorischen Vorentscheidungen bei der Untersuchung des zu beobachtenden Wirklichkeitsausschnitts (vgl. Kapitel 3) offen gelegt werden. Eine Darstellung von Konflikttypen und -tendenzen muss des Weiteren normative und strategische Dimensionen dieses Themas berücksichtigen (vgl. Kapitel 5). Durch die akademische Beschäftigung mit Konflikt- und Gewaltphänomenen kommt die Absicht zum Ausdruck, einen – wenn auch meist bescheidenen – Beitrag zu deren friedfertigen und einvernehmlichen Lösung zu leisten. Neben diesem normativen Aspekt einer auf die Förderung des Friedens ausgerichteten Wissenschaft, die im Idealfall in der Konstruktion von Friedensmodellen und -theoremen mündet, impliziert Friedens- und Konfliktforschung auch einen strategischen Aspekt. Es wird versucht, durch die Klärung von Konfliktursachen und Eskalationsdynamiken Handlungsorientierungen zur friedlichen Austragung und Beilegung von Konflikten zu liefern. „Konfliktbearbeitung" sowie „Konflikttransformation" im Sinne einer Aktivierung konstruktiver Bearbeitungspotenziale in jeweils bestimmten Phasen einer Konfliktentwicklung sind insbesondere nach dem Ende des Ost-West-Konflikts zu Schlüsselbegriffen der Friedens- und Konfliktforschung geworden.

Normatives Ziel: Konstruktion von Friedensmodellen

Strategisches Ziel: Formulierung von Handlungsoptionen

Schlüsselbegriffe: Konfliktbearbeitung und Konflikttransformation

Es wäre jedoch zu kurz gegriffen, politische Konflikte losgelöst von anderen lokalen, regionalen und globalen staatlichen, wirtschaftlichen und gesellschaftlichen Entwicklungen zu betrachten. Ausgangspunkt für die wissenschaftliche Beschäftigung mit „Krieg und Frieden" ist, dass Konflikte und Kriege, aber eben auch das friedliche Miteinander von Menschen und Staaten Ergebnis komplexer sozialer Prozesse sind. Die Forschung sollte sich daher nicht auf die Suche nach der einen Kriegs- bzw. Friedensursache begeben, sondern auf der Grundlage plausibler und theoretisch abgeleiteter Thesen die vielfältigen Korrelationen möglicher Einflussvariablen auf eine Konfliktdynamik finden und diese auf ihre jeweilige Erklärungskraft hin prüfen.

Krieg und Frieden als Ergebnis komplexer sozialer Prozesse

Am Beginn des 21. Jahrhunderts kündigen sich neue, ihrerseits ganz unterschiedliche globale Problemfelder an, deren Nichtverregelung Frieden und Sicherheit lokal, regional und global bedrohen kann. Dazu zählen im Bereich der internationalen Sicherheit die Folgen einer möglichen Destabilisierung des gegenwärtigen Völkerrechtssystems durch nicht oder nicht eindeutig mandatierte militärische Interventionen zur Wahrung der Menschenrechte und im gleichen Zusammenhang die zunehmende Delegitimierung des UN-Sicherheitsrats als Träger des Mandatierungsmonopols für internationale Zwangsmaßnahmen durch das Ausbleiben der überfälligen UN-Reform. Im Problembereich Umwelt und Sicherheit zählen hierzu die lokalen und regionalen Folgen des globalen Klimawandels (vgl. Carius und Lietzmann 1998) sowie die lokalen und regionalen Folgen der Globalisierung, also etwa die Folgen ungeregelter weltweiter Finanzströme für die Ökonomien der Entwicklungs- und Schwellenländer (vgl. Dieter 1999). Unter der Annahme, dass die herkömmlichen machtbezogenen (realistischen) und die rechts- und normbezogenen (liberalen) Ansätze lokale oder regionale Konflikt- und Gewaltträchtigkeit als Folge der Nicht- und Unterverregelung globaler Problemfelder nicht ausreichend erfassen können, werden am Ende des Beitrags die Potenziale des Global-Governance-Ansatzes betrachtet (vgl. Kapitel 6). Er erhebt den Anspruch, zur umfassenderen und verlässlicheren globalen Verregelung und

Neue sicherheitspolitische Herausforderungen:

Destabilisierung des Völkerrechts

globaler Klimawandel

ungeregelte internationale Finanzströme

Theoretische Ansätze und empirische Befunde

Verrechtlichung von Friedens-, Sicherheits- und Entwicklungsstrukturen beitragen zu können (vgl. Messner und Nuscheler 1996).

2 „Konflikte": historische und aktuelle Kontextualisierung

Konflikte im Sinne von „Positionsdifferenzen" (Czempiel 1981) und Interessengegensätzen sind ein konstitutiver Bestandteil und Wesensmerkmal sich modernisierender und moderner Gesellschaften. Während sich der Begriff „Interessengegensätze" vor allem auf ein rationales und strategisches Konfliktverständnis in Bezug auf die Verteilung eines knappen Gutes bezieht, umfasst der Begriff „Positionsdifferenz" zudem die soziale Beziehungsdimension eines Konflikts, also die gegenseitige Wahrnehmung und Einschätzung der Konfliktparteien bezüglich des Streitgegenstands, aber eben auch bezüglich der jeweiligen (relativen) Position vis-à-vis dem Kontrahenten. Dabei entstehen durch die Politisierung der gesellschaftlichen Gruppen aufgrund zunehmender Verstädterung, Alphabetisierung sowie regionaler und sozialer Mobilität ihrer Mitglieder stetig neue konfligierende Interessenlagen, die, wenn sie denn nicht ständig in einen hobbesschen Krieg aller gegen alle münden sollen, nach verbindlichen Regeln für den konstruktiven Konfliktaustrag rufen.

Positionsdifferenzen nach Czempiel

Das „zivilisatorische Hexagon"

Senghaas (1995a) hat diesen Prozess konfliktbestimmter Modernisierung in Anlehnung an das Konzept der Zivilisierung von Elias (1976) für den europäischen Geschichtsverlauf in ein zivilisatorisches Hexagon zur heuristischen Gesamtschau gefasst (vgl. Schaubild II-1).

Das „zivilisatorische Hexagon" nach Senghaas

Die sechs Eckpunkte sollen sowohl „modellplatonische oder idealtypische Variationen als auch Variationen im Hinblick auf erfahrungswissenschaftliche Befunde" darstellen (Senghaas 1995b, 53).

Sechs Eckpunkte des Zivilisierungsprozesses

1. Gewaltmonopol: Die Entprivatisierung von Gewalt bzw. die Herausbildung eines in der Regel staatlichen Gewaltmonopols ist für Senghaas wesentlich für den Beginn jedes Zivilisierungsprozesses. Die Monopolisierung von Gewalt steht nicht nur historisch am Anfang des Zivilisierungsprojekts Frieden, sondern bildet auch systematisch die Conditio sine qua non des zivilisatorischen Hexagons, verfiele doch eine Gesellschaft ohne Gewaltmonopol dem Bürgerkrieg. Die innere Befriedung der Gesellschaft bildet bei Senghaas die Basis für jeden weiteren Zivilisierungsprozess.

Gewaltmonopol

2. Rechtsstaatlichkeit: Da Senghaas davon ausgeht, dass die absolute Unterwerfung unter das Gewaltmonopol unter den Bedingungen von modernen Gesellschaften allein keine Grundlage für einen dauerhaften inneren Frieden schafft, ist die Einschränkung des staatlichen Gewaltmonopols durch Rechtsstaatlichkeit zwingend notwendig. Dadurch verliert es seinen „ursprünglichen Charakter, nämlich einfach eine Instanz von letztlich kriegerisch errungener, also willkürlicher Vollmacht zu sein" (Senghaas 1995a, 199). Die im Zuge

Rechtsstaatlichkeit

von Ausscheidungskämpfen zwischen einzelnen Feudalherren langsam zum Absolutismus zentralisierte Herrschaft der Macht wird zur Herrschaft des Rechts transformiert. Rechtsstaatlich verfasste Gesellschaften zeichnen sich weiterhin durch „eine Fülle von institutionalisierten Formen der Konfliktartikulation, des Konfliktmanagements und der Konfliktlösung aus" (Senghaas 1995a, 199). Das Produkt dieser institutionalisierten Formen der Konfliktbearbeitung sind legale Entscheidungen auf Zeit, die – unter der Voraussetzung, dass sie als legitim akzeptiert und als grundsätzlich veränderungsfähig empfunden werden – nicht selbst zum Ausgangspunkt von Konflikten und im Extremfall von Bürgerkriegen werden.

Schaubild II-1: Das „zivilisatorische Hexagon"

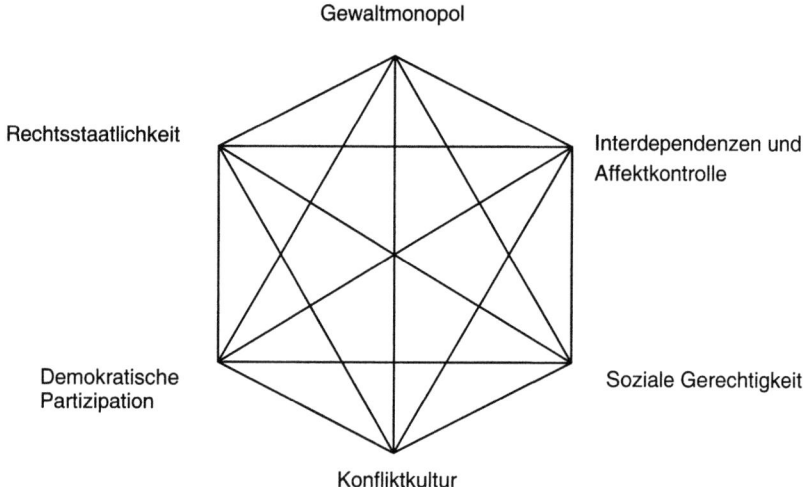

Quelle: Senghaas 1995b, 41

3. Interdependenzen und Affektkontrolle: Die Monopolisierung der Gewalt, die Herausbildung von „langen Ketten" und die Sozialisation in eine „Fülle von institutionalisierten Konfliktregelungen" erfordern die Kontrolle von Affekten, die maßgeblich durch die „Herausbildung von großflächig angelegten Verflechtungen" im eliasschen Sinne unterstützt wird, da diese vor allem in arbeitsteiligen Ökonomien ein erhebliches Maß an Berechenbarkeit und Erwartungsverlässlichkeit mit sich bringen (Senghaas 1995a, 200). Affektkontrolle ist für Senghaas gleichbedeutend mit Selbstbeherrschung, die die „Grundlage nicht nur von Aggressionshemmung und Gewaltverzicht, sondern darauf aufbauend von Toleranz und Kompromissfähigkeit" ist. In der Selbstdisziplin findet „das Autonomiestreben von Individuen und von Gruppen, das moderne Gesellschaften kennzeichnet, ein unerlässliches Korrektiv". Aus der Herausbildung dieser „Interdependenzgeflechte" entsteht nicht allein ein einheitlicher Rechts- und Wirtschaftsraum, sondern auch ein entsprechender „Gefühlsraum" (Senghaas 1995a, 200).

4. **Demokratische Beteiligung:** Gesellschaften, in denen sich weiträumige Interdependenzgeflechte entwickeln, sind zugleich sozial mobile Gesellschaften, in denen ein Transformationsprozess zur Herausbildung neuer Sozialschichten führt, die ihre jeweils spezifischen Interessen artikulieren und verfechten. Diese sozialen Schichten sind dadurch stärker politisiert bzw. politisierbar als zuvor. Aus dieser Beobachtung leitet Senghaas die demokratische Beteiligung als vierten Baustein des „zivilisatorischen Hexagons" ab, denn

   „[j]e offener und flexibler das rechtsstaatlich-demokratische Institutionengefüge ist, um so belastungsfähiger wird es bei anhaltenden und möglicherweise sich ausweitenden politischen Anforderungen sein" (Senghaas 1995a, 201).

<small>Demokratische Beteiligung</small>

5. **Soziale Gerechtigkeit:** In sozial mobilisierten Gesellschaften mit einer sich ausweitenden Partizipation wird soziale Gerechtigkeit im Sinne von Chancen- wie Verteilungsgerechtigkeit zu einem gesellschaftspolitischen Problem. Daraus erwächst die Notwendigkeit einer

   „aktiven Politik der Chancen- und Verteilungsgerechtigkeit, letztlich ergänzt um Maßnahmen der Bedürfnisgerechtigkeit (Sicherung der Grundbedürfnisse) [...] weil nur dann sich die Mehrzahl der Menschen in einem solchen politischen Rahmen fair behandelt fühlt" (Senghaas 1995a, 2001).

   Dies sei keine Orientierung, der nach Belieben gefolgt werden könne, sondern eine „konstitutive Bedingung der Lebensfähigkeit [...] und damit des inneren Friedens" (ebd.).

<small>Soziale Gerechtigkeit</small>

6. **Konstruktive politische Konfliktkultur:** Erst wenn es in einer aufgegliederten und zerklüfteten Gesellschaft faire Chancen für die Artikulation und den Ausgleich von Interessen gibt, kann unterstellt werden, dass dieses Arrangement verinnerlicht wurde, eine

   „Bereitschaft zum konstruktiven Umgang mit Konflikten vorliegt und eine kompromissorientierte Konfliktfähigkeit einschließlich der hierfür erforderlichen Toleranz zu einer selbstverständlichen Orientierung politischen Handelns wird" (Senghaas 1995a, 202).

<small>Konstruktive politische Konfliktkultur</small>

Kerngedanke des Hexagons ist also die Notwendigkeit, gewaltträchtige Konfliktlagen durch Metaregeln derart zu entschärfen, dass die Konfliktursachen als solche zwar nicht beseitigt werden – was in modernen kapitalistischen Gesellschaften schlechterdings unmöglich ist –, dass aber solche konstruktiven und wiederholbaren Austragungsmodi gefunden werden, die eine allseitig akzeptable Kompromisslösung erwarten lassen. Dabei erscheint für Senghaas die Garantie des „inneren Friedens" als wesentlicher Faktor, aus dem erst die Garantie des äußeren Friedens als sekundäre Entwicklung erwachsen kann. Dieses Gesellschaftsmodell, das sich entlang des „zivilisatorischen Hexagons" formiert, ist aber ständig von Regression und Auflösung bedroht. „Frieden" ist also kein gesellschaftlicher Zustand, der – einmal erreicht – in alle Ewigkeit fortbesteht, sondern ein gesellschaftlicher und politischer Prozess, der immer wieder geleistet, bestätigt und vertieft werden muss (Senghaas 1995a, 204).

<small>Metaregeln zur friedlichen Bearbeitung von Konflikten</small>

Systemtransitionen und Konflikte

Zwei Seiten von Konflikten: das konstruktive und das gewalttätige Potenzial

Konflikte sind also nicht per se verwerflich, zerstörerisch oder kontraproduktiv; sie sind dynamisch generierte Ausdrucksformen moderner Gesellschaften; worum es geht, ist, ihr Gewaltpotenzial einzuhegen. Wie schwierig dies auch in bereits konsolidierten Demokratien sein kann, belegt das Wiederaufflammen rechtsradikaler Gewalt, der beispielsweise in Deutschland seit 1989/90 über hundert Menschen zum Opfer gefallen sind, aber auch der nicht einhegbare Bürgerkrieg in Nordirland oder der Terror der Befreiungsorganisation für das Baskenland (ETA) in Spanien. Gesellschaften in politisch-systemischen und wirtschaftlichen Transformationsprozessen sind demgegenüber noch anfälliger für Gewalteskalationen.

Hohes Gewaltpotenzial in Umbruchprozessen

Es gibt offensichtlich keine Patentrezepte für friedliche Modernisierungsprozesse. Gesellschaftlicher Wandel, insbesondere aber Demokratisierungsprozesse sowie ökonomische Umbruchsituationen bleiben risikoreiche, prekäre Unterfangen für jeweils beide Parteien, Reformer und Reformgegner. Senghaas (1998) spitzt diese Annahme zu, indem er gar von einer „Zivilisierung wider Willen", also einer über weite Strecken auch „gewaltsamen Zivilisierung", spricht. Nur selten, so etwa bei den friedlichen Transitionen in den Ländern Mittelosteuropas (zumindest nach 1989/90), sind solche Prozesse durchgängig gewaltfrei verlaufen. Die meisten politischen Systembrüche und Transitionen im 19. und 20. Jahrhundert waren hingegen durchweg von Gewalt geprägt.

So betrachtet sollten die Erwartungen an durchweg friedliche Konfliktverläufe, insbesondere aber an die Wirkkraft von Krisenprävention und Konfliktmanagement in akuten Fällen, nicht allzu hoch geschraubt werden. Gleichwohl darf aus dieser Feststellung nicht gefolgert werden, dass die Staatengemeinschaft angesichts der mehr als dreißig derzeit laufenden Bürgerkriege (HIIK 2000) hilf- und tatenlos zur Zuschauerrolle verurteilt wäre. Es gibt zahlreiche Möglichkeiten, flankierend und unterstützend in die gesellschaftlichen Entwicklungsprozesse einzugreifen und die reformorientierten, friedfertigen und friedensfähigen Kräfte zu unterstützen. Die These, dass insbesondere ethnopolitische Konflikte „ausbluten" müssten, bis eine Partei sich durchsetzen kann und als Ordnungsmacht fungiert, ist also nicht nur aus ethischen Gründen abzulehnen (vgl. Nuscheler 2000, 155). Sie entspricht auch nicht den völkerrechtlichen Verpflichtungen der Staatengemeinschaft, durch internationalen Beistand die Wahrung der Menschenrechte zu garantieren und deren Verletzungen auch über Staatengrenzen hinweg zu ahnden. Schließlich ignoriert diese Annahme die gewachsenen Kapazitäten und die zunehmende Professionalisierung staatlicher, internationaler und privater Hilfsorganisationen bei der lokalen, nationalen und regionalen Bewältigung prekärer gesellschaftlicher Umbrüche.

Politische Konflikte als eigener Konflikttyp

Politische Konflikte um nationale Souveränität

Politische Konflikte im engeren Sinne, wie sie im Folgenden verstanden werden, unterscheiden sich von sozialen und wirtschaftlichen Konflikten insofern, als Fragen der nationalen Souveränität berührt werden. Handelskonflikte, Streiks oder Konflikte aus unterschiedlichen Rechtsansprüchen tun dies in der Regel nicht; sie sind bezüglich ihrer Austragungsform durch verfassungsrechtliche Verfahren oder durch internationale Verträge verbindlich verregelt. Zwar sind in autoritären Regimen diese Verfahren nicht demokratisch legitimiert und damit in sich selbst gesellschaftliches Konfliktpotenzial, sie erfüllen jedoch bei unangefochtenen Herrschaftsverhältnissen die gleiche Funktion wie in Demokratien. Die Regeln nun, nach denen die Regeln für stetig generierte Konflikte in und zwischen modernen Gesellschaften aufgestellt werden, werden während des Konfliktaustrags normalerweise nicht in Frage gestellt. Typische Erscheinungsformen derartiger Metaregeln im innerstaatlichen Bereich sind die jeweiligen Verfassungen und im internationalen Staatenverkehr die Quellen des Völkerrechts, also der Gesamtbestand der völkerrechtlichen Gewohnheiten und Grundsätze sowie die bi- und multilateralen Vertragsvereinbarungen einschließlich der UN-Charta. Wenn also die Metaregeln solchermaßen definierter politischer Konflikte in Frage gestellt, herausgefordert oder gefährdet werden, dann ist ein geregelter Konfliktaustrag, der „due process of law", nicht mehr oder nur noch schwer möglich. Der Konflikt wird ungeregelt und offen.

Historische Entwicklung offener politischer Konflikttypen

Keine Gesellschaft und kein Mensch können sich heute mehr dauerhaft ihrer Politisierung und damit einer lokalen, nationalen, regionalen und globalen Problemeinbindung sowie der damit einhergehenden potenziellen Mobilisierbarkeit für politische Positionen entziehen. Ungeregelte, offene politische Konflikte sind somit das Spiegelbild einer sich zunehmend politisierenden Welt, und die Gesamtzahl politischer Konflikte wird wohl auf absehbare Zeit weiter ansteigen.

Weltumspannende Modernisierungsprozesse, die die Grundlage für das aktuelle politische Konfliktgeschehen bilden, haben nicht erst mit dem Ende des Ost-West-Konflikts oder mit den Globalisierungsprozessen im ausgehenden 20. Jahrhundert eingesetzt. Vielmehr kann die bereits am Ende des 15. Jahrhunderts einsetzende Kolonisierung der Welt durch eine Handvoll europäischer Staaten als erste Vorstrukturierung der modernen Welt und als eine Frühform der Globalisierung und ihrer konfliktgeladenen Folgewirkungen gelten.

Unabhängigkeitskonflikte

Spätestens mit dem Einsetzen organisierter antikolonialer Bewegungen und den Unabhängigkeitskriegen in Nord- und Lateinamerika im späten 18. und frühen 19. Jahrhundert begann sich eine der klassisch-modernen, also postwestfälischen Konfliktformationen auszuprägen: der asymmetrische Konflikt um politische Selbstbestimmung und gegen politische Fremdherrschaft. Die Garantie fundamentaler Menschenrechte, politische Repräsentation und soziale Gerechtigkeit sowie die Anerkennung nationaler Unabhängigkeit bilden seine zentralen Streitgegenstände. An ihrer Abarbeitung entzünden sich bis heute Gewaltkonflikte, und bislang ist es auch den westlichen Demokratien mit ihren doch erhöhten innergesellschaftlichen Konfliktbearbeitungskapazitäten nicht durchweg gelungen, diese asymmetrischen

Kennzeichen von Unabhängigkeitskonflikten: asymmetrische Staatenbeziehung

Machtkonflikte derart zu kanalisieren, dass ihre weitgehend verlässliche und friedliche Bearbeitung dauerhaft und verlässlich möglich ist.

Rivalitäts- und Machtkonflikte

Der zweite dominante Konflikttyp, die Rivalitäts- und Machtkonflikte der Staaten Europas im postwestfälischen Staatensystem untereinander und in geringerem Ausmaße die der USA und Japans im späten 19. und frühen 20. Jahrhundert, stand den kolonialen Ausbeutungssystemen in ihrer Gewaltträchtigkeit um nichts nach. Hauptunterschied zwischen den beiden Konflikttypen ist die asymmetrische beziehungsweise symmetrische Konfliktbeziehung. Koloniale Konfliktbeziehungen sind durch ungleiche, Rivalitätskonflikte durch annähernd gleich starke Konfliktparteien geprägt. Die Konfliktforschung konstatiert, dass es in erster Linie zwischenstaatliche Rivalitätskonflikte um Macht und Prestige waren, die das 19. und die erste Hälfte des 20. Jahrhunderts geprägt haben (Geller und Singer 1998). Zwischenstaatliche Rivalitäten in der Ära zwischen 1648 und 1918 bzw. 1945 werden von der Konfliktforschung als eine Folge des klassischen westfälischen Selbstverständnisses von Staaten als alleinigen und letzten Entscheidungsinstanzen über die Frage von Krieg und Frieden interpretiert. Die dadurch vorgegebene Anarchie im internationalen System und das aus gegenseitigem Misstrauen resultierende Sicherheitsdilemma herrschten – abgesehen von den geringfügigen Selbstbeschränkungen der Haager Landfriedenskonferenzen – uneingeschränkt bis zum Ersten Weltkrieg.

Kennzeichen von Rivalitätskonflikten: weitgehend symmetrische Staatenbeziehung

Beginnende Einhegung der Konfliktpotenziale

Auf der Grundlage der „14 Punkte" des US-Präsidenten Woodrow Wilson wurde im Völkerbund von 1919 zum ersten Mal versucht, beide Konfliktformationen, die der Teilung der Welt in Kolonialstaaten und Kolonien sowie die der allenfalls durch prekäre Machtgleichgewichte im Zaum gehaltenen Staatenrivalität, in ein Netz von freiwilliger Vertragskooperation und ein System kollektiver Sicherheit einzubinden. Der Briand-Kellogg-Pakt von 1928, der die weltweite Ächtung des Krieges zum Ziel hatte, versuchte diesen Prozess fortzusetzen, der jedoch von immer weniger Staaten mitgetragen wurde. Nach dem Zweiten Weltkrieg wurde – nun in unmissverständlicher Form und mit Sanktionsmöglichkeiten versehen – die Ächtung der Androhung und der Anwendung zwischenstaatlicher Gewalt in Artikel 2 (4) der Charta der Vereinten Nationen geschrieben. Das Staatenrecht wurde nun an der Verwirklichung der allgemeinen Menschenrechte normativ ausgerichtet und aufgeladen. Die Funktion von Staaten im internationalen System hat sich damit grundlegend geändert. Sie werden als UN-Mitglieder Teilhaber am System der kollektiven Sicherheit. Waren sie bislang kaum beschränkte Träger der Souveränität, über Krieg und Frieden zu entscheiden, so sind sie seit 1945 aller außenpolitischen Gewaltmittel – außer dem der individuellen und kollektiven Selbstverteidigung – beraubt. Außenpolitik kann seither, so sie denn im Einklang mit der UN-Charta steht, nur noch und immer nur Verhandlungs-, Vermittlungs- und Kompromisspolitik sein. Das europäische Integrationsprojekt ist

Kollektive Sicherheit statt Anarchie der Staatenwelt durch internationale Abkommen

UN-Charta: Menschenrechte

Verbot außenpolitischer Gewaltanwendung

Theoretische Ansätze und empirische Befunde 149

sichtbarster Ausdruck dieses Wandels und hat Machtkriege unter seinen Mitgliedern undenkbar werden lassen.

Dessen ungeachtet hat die Konfliktformation „Kolonisatoren-Kolonien" beziehungsweise „Nord-Süd" das Konfliktgeschehen durch Unabhängigkeitskonflikte und -kriege noch bis Mitte der 60er Jahre des 20. Jahrhunderts geprägt. Mit der Resolution 1541 der UN-Generalversammlung von 1960 wurde schließlich auch hier der Paradigmenwechsel hin zur Anerkennung der Kolonialgebiete als unabhängige Staaten vollzogen. Das Gewaltpotenzial für diesen Konflikttyp hat sich mit der politischen Unabhängigkeit der ehemaligen Kolonien jedoch nicht in Luft aufgelöst; es besteht bis heute als ökonomisch-strukturelle Asymmetrie beziehungsweise als Folge der Marginalisierungs- und Abkoppelungsprozesse der ökonomischen Globalisierung zwischen Ländern des Nordens und einer immer noch hohen Anzahl von Ländern des Südens, die den so genannten „Anschluss an die Moderne" nicht finden, latent fort.

Nord-Süd-Gefälle als Problem der Sicherheit

Minderheitenkonflikte als neuer dominanter Konflikttyp

Die nach dem Zweiten Weltkrieg begonnene normative Aufladung des Völkerrechts hatte nicht nur Auswirkungen auf die zwischenstaatlichen Beziehungen, sondern auch auf die innerstaatlichen Beziehungen der Bürger zu ihrem Staat. Zwar sind nach Artikel 2, Absatz 7 der UN-Charta Einmischungen in Angelegenheiten, die ihrem Wesen nach zu den inneren Angelegenheiten zählen, untersagt, gleichwohl lässt sich aus der UN-Charta und noch deutlicher aus der allgemeinen Erklärung der Menschenrechte von 1948 eine internationale Mitverantwortung für das Wohl und die Sicherheit von Individuen ableiten. Menschenrechte sind zwar zunächst Vertragsnormen, die Staaten in erster Linie gegenüber ihrer eigenen Bevölkerung eingehen und garantieren, aber durch die in der UN-Charta grundgelegte und mit der allgemeinen Erklärung der Menschenrechte und ihrer Folgekonventionen einsetzende Individualisierung der Weltpolitik hat die Staatengemeinschaft eine Mitverantwortung für die grobe Missachtung von Menschenrechten durch einen ihrer Mitgliedstaaten übernommen. Damit ist neben den oben genannten Kolonialkonflikten und den Machtrivalitätskonflikten eine dritte große Konfliktformation entstanden, die mit dem Ende des Ost-West-Konflikts vollends zum dominanten Konflikttyp wurde: innerstaatliche Minderheitenkonflikte als Ausdruck kollektiver Missachtung politischer Partizipationsrechte bestimmter Bevölkerungsgruppen in einem Staat. Während die ersten beiden Konfliktformationen als akute Kriegsursachen historisch weitgehend abgearbeitet scheinen, werden Minderheitenprobleme in der Form von Autonomie- und Sezessionskonflikten auch im 21. Jahrhundert ein dominanter Konflikttyp bleiben.

Kennzeichen von Minderheitenkonflikten: innerstaatliche Missachtung von politischen Beteiligungsrechten

3 Formale Definitionen und Typologien von Konflikten

Derart hoch aggregierte Konflikttypen wie Kolonial-, Machtrivalitäts- und Minderheitenkonflikte sind zwar differenzierter als empirisch nur schwer oder gar nicht belegbare monokausale Annahmen über Kriegs- und Gewaltursachen, etwa dass es im Wesen der Staaten bzw. des anarchischen Staatensystems liege, gewaltträchtig zu sein (realistische Ansätze), oder dass das kapitalistische System per se verantwortlich für die strukturell gewaltträchtigen Beziehungen zwischen den Staaten und gesellschaftlichen Schichten bzw. Klassen sei (historisch-materialistische Ansätze); dennoch sind auch sie nur in Maßen geeignet, die empirisch beobachtbare Vielfalt an Konfliktformen zu fassen und zur Analyse in Untersuchungsmodellen zu operationalisieren.

Quantitative Ansätze zur Erfassung und Auswertung von Daten über Konflikte

Im Folgenden werden daher formalere Definitionen politischer Konflikte vorgestellt. Mit ihrer Hilfe können Typologien und darauf basierende Datenbanken zu politischen Konflikten gebildet werden, deren statistische Auswertung exaktere Aussagen über mögliche Ursachen, Dynamiken und Trends von Konflikten ermöglichen soll. Ausgangspunkt derartiger quantitativer Ansätze in der Konfliktforschung ist die Annahme, dass bestimmte Konfliktmerkmale, wie die Konfliktparteien, die Streitgegenstände oder bestimmte Konfliktphasen bzw. Intensitätsniveaus des Konfliktaustrags, grundsätzlich miteinander vergleichbar sind und folglich ein mengenmäßiger Vergleich zu Aussagen über ihre Vorkommenswahrscheinlichkeit führt.

Konflikt- und Kriegsdefinitionen

Doch was ist ein „Konflikt"? Unterschiedliche Definitionen

Erweiterte Erklärungen von Konflikten durch qualitative Ansätze

Je nach Definition fällt schon die Bestimmung von Grunddaten zu Konflikten äußerst unterschiedlich aus. So berücksichtigen Singer und Small (1972) Kriege im Rahmen des Correlates-of-War-Projekts (COW[1]) erst, wenn sie mehr als tausend Opfer pro Jahr kosten. Die niederländische Gruppe PIOOM[2] (2001) zählt hingegen Konflikte, die hundert und mehr Todesopfer pro Jahr kosten. Die Hamburger Arbeitsgemeinschaft Konfliktursachenforschung (AKUF)[3] (Gantzel und Schwinghammer 1995) sowie das Kosimo-Projekt des Heidelberger Instituts für Internationale Konfliktforschung (HIIK)[4] (Pfetsch und Rohloff 2000a) wiederum stützen sich auf eine qualitativere Definition von Konflikten, die sich nicht an Opferzahlen orientiert, sondern unabhängig vom Gewalteinsatz in allgemeiner Form besagt:

> „‚Konflikt' als Oberbegriff umfasst Interessengegensätze (Positionsdifferenzen) um nationale Werte (Unabhängigkeit, Selbstbestimmung, Grenzen und Territorium) von einiger Dauer und Reichweite zwischen mindestens zwei Parteien (Staaten, Staatengruppen bzw. Staatenorganisationen, organisierte Gruppen). Die Beteiligten, wovon mindestens einer die anerkannte Vertretung eines Staates ist, müssen entschlossen sein, die Interessengegensätze zu ihren Gunsten zu entscheiden" (Pfetsch und Billing 1994, 15).

Hier werden Kriege also als eine Untergruppe eines umfassenderen Konfliktbegriffs verstanden.

---

1 http://www.umich.edu/~cowproj
2 http://www.fsw.leidenuniv.nl/www/w3_liswo/pioom.htm
3 http://www.akuf.de
4 http://www.hiik.de

Konfliktphasen

Die Friedens- und Konfliktforschung konzentrierte sich bis in die 1980er Jahre vornehmlich auf zwischenstaatliche Kriege, so wie sie das postwestfälische Staatensystem beständig aufs Neue generierte. COW hat sich erst in jüngster Zeit innerstaatlichen Konfliktlagen zugewandt (Geller und Singer 1998). Das jüngere Kosimo-Projekt hingegen hat neben der Integration inner- und zwischenstaatlicher Konflikte die nichtgewaltsamen Phasen vor und gegebenenfalls nach einer Kriegsphase aufgenommen. Dem liegt die Annahme zugrunde, dass die Analyse von Kriegen nur die Spitze eines Eisbergs aus zahlreichen latenten und überwiegend gewaltfreien Konfliktlagen bildet. Mit der alleinigen Untersuchung von Kriegen wird der Eindruck einer zunehmend kriegerischen Welt durch die Fallauswahl vorwegbestimmt (Pfetsch und Rohloff 2000a).

<small>Einbeziehung nichtgewaltsamer Phasen von Konflikten</small>

Die Identifizierung des Anfangs und des Endes eines Konflikts ist mit einem umfassenden und in Phasen ausdifferenzierten Konfliktbegriff weitaus schwieriger als mit einer formalen Festlegung auf einen exakten Schwellenwert. Qualitative Konfliktdefinitionen bedürfen einer Interpretation des Geschehens durch den Beobachtenden, wann ein Konflikt erkennbar wird und sich von unübersichtlichen Gemengelagen abhebt. Kosimo „sieht" einen solchen Moment bereits als gegeben, wenn eine Partei ihren Willen zur Durchsetzung ihres Interesses öffentlich artikuliert und die betroffene Partei davon Kenntnis erhält. Ein Konflikt ist in diesem Sinne erst dann beendet, wenn sich alle beteiligten Parteien über alle betroffenen Gegenstände und Positionsdifferenzen einvernehmlich und ohne Vorbehalte geeinigt haben (Pfetsch und Rohloff 2000b).

<small>Interpretationsanforderungen qualitativer Konfliktdefinition</small>

Streitgegenstände in politischen Konflikten

Die Vernachlässigung der Streitgegenstände in der Friedens- und Konfliktforschung spiegelt die über Jahrzehnte dominierenden Annahmen über die Ursachen und Motive politischer Konflikte als Macht- und Prestigekonflikte der Einzelstaaten in einem anarchischen internationalen System. So konzentriert sich bis heute ein beträchtlicher Teil insbesondere der US-amerikanischen Forschung auf die Modellierung so genannter „conflict dyads" wiederholt rivalisierender Staatenpaare (Goertz und Diehl 1993). Tatsächlich unterstützen die empirischen Befunde zunächst diese Modellbildung. Die meisten gewaltsamen zwischenstaatlichen Konflikte sind Folgekonflikte zwischen zwei oder mehr Parteien, die den vormaligen Konflikt nicht einvernehmlich oder umfassend beilegen konnten. Die Rivalitäten zwischen Indien und Pakistan, Israel und seinen Nachbarn oder zwischen dem Iran und dem Irak lassen sich somit gut erfassen. Auch die westlichen Großmächte USA, Großbritannien und Frankreich befinden sich unter den Staaten mit den meisten Konfliktbeteiligungen (vgl. Tabelle II-1).

<small>Dyadisches Modell der Konfliktforschung</small>

Die Kritik an der dyadischen Modellierung von Staaten richtet sich gegen die realistische Prämisse, die diesem Modell zugrunde liegt, also die Determinierung der Akteure im Sinne von Machtgenerierung und -vermehrung. Warum jedoch viele zwischenstaatliche Konflikte nicht oder nicht mehr gewaltsam eskalieren, lässt sich mit dem dyadischen Ansatz nicht klären. Neuere Forschungen konzen-

<small>Kritik am dyadischen Ansatz</small>

Spezifizierung der Streitgegenseite

trieren sich daher vermehrt auf die Streitgegenstände eines Konflikts und beziehen beispielsweise die Frage der Territorialität als einen konfliktbestimmenden Faktor in die Konfliktmodellierung ein (Vasquez 1993). Das Issue-Correlates-of-War-Projekt weitet das vorher genannte Correlates-of-War-Projekt um diesbezügliche Variablen aus (Hensel 1998). Das Kosimo-Projekt hat insgesamt sieben mögliche Streitgegenstände kodiert, ohne freilich hieraus direkt Annahmen über die möglichen Konfliktursachen ableiten zu können: Territorium, Land- und Seegrenzen, nationale Unabhängigkeit und Dekolonisation, ethnische, religiöse und regionale Autonomie, Ideologie- und Systemkonflikte, innerstaatliche Machtkonflikte, regionale und internationale Machtkonflikte sowie die Frage um Ressourcenzugang und -verteilung. Das AKUF-Projekt (Gantzel und Schwinghammer 1995) unterscheidet zwar keine Streitgegenstände, teilt die Kriege nach ihren Ursachenfeldern aber in vergleichbare Kriegstypen ein: Antiregimekriege, Autonomie- und Sezessionskriege, zwischenstaatliche Kriege, Dekolonisationskriege sowie sonstige innerstaatliche Kriege.

Tabelle II-1: Konfliktbeteiligungen der Staaten, 1945–1995*

Beteiligungen insgesamt		Beteiligungen an Gewaltkonflikten		Beteiligungen an überwiegend gewaltfreien Konflikten		Beteiligungen an zwischenstaatlichen Konflikten		Beteiligungen an innerstaatlichen Konflikten	
UK	64	UK	25	UK	39	UK	60	UdSSR	13
UdSSR	51	China VR	17	UdSSR	38	USA	45	Indonesien	11
USA	45	Indien	15	USA	34	Frankreich	38	Äthiopien	9
Frankreich	41	Frankreich	16	Frankreich	25	UdSSR	38	Irak	9
China VR	34	Irak	16	China VR	17	China VR	28	Dom. Rep.	8
Indien	24	Israel	16	Argentinien	11	Ägypten	22	Indien	6
Irak	26	Syrien	16	Chile	10	Indien	18	Tschad	7
Ägypten	24	Ägypten	15	Irak	10	Irak	17	Syrien	7
Syrien	22	Äthiopien	15	Ägypten	9	Israel	15	Zaire	7
Äthiopien	21	Libanon	13	Indien	9	Syrien	15	Kolumbien	6
Israel	20	UdSSR	13	Kuba	8	Pakistan	14	Iran	6
Iran	19	Indonesien	12	Iran	8	Iran	13	Libanon	6
Pakistan	18	Pakistan	12	Ghana	7	Argentinien	12	Rhod. (-79)	6
Argentinien	14	Iran	11	Griechenland	7	Äthiopien	12	China VR	5
Indonesien	14	Rhod. (-79)	11	Türkei	7	Chile	11	Israel	5
Libanon	14	USA	11	Dom. Rep.	6	Kuba	11	Sri Lanka	5
Südafrika	14	Zaire	11	Äthiopien	6	Jordanien	11	Afghanistan	5
Zaire	14	DR Vietnam	9	Island	6	DR Vietnam	11	Georgien	4
Jordanien	13	Sudan	9	Marokko	6	Marokko	10	Haiti	4
Marokko	13	Jordanien	8	Pakistan	6	Kenia	9	Mosambik	4

* Die Zahl der Konfliktbeteiligungen bezieht sich auf die Teilkonflikte eines Grundkonflikts, zum Beispiel: Grundkonflikt „Kuba-USA seit 1959" und Teilkonflikt „militärische Intervention Schweinebucht 1961". Konfliktbeteiligung heißt, dass eine Konfliktpartei ein erkennbares Interesse mit entsprechenden Instrumenten (gewaltfrei oder gewaltsam) gegen eine oder mehrere andere Parteien verfolgt. Ändern sich die Interessen, Instrumente oder die Akteurskonstellationen in einem Konflikt in grundlegender Weise, wird dies als neuer Teilkonflikt eines Grundkonflikts gezählt. Zur Kodierung der Kosimo-Variablen vgl. Internetdokument (http://www.hiik.de/de/kosimo/variablen.htm).

Quelle: Pfetsch und Rohloff 2000b, 76

Konfliktparteien

Mindestens eine Partei in einem offenen, ungeregelten Konflikt ist immer der Staat. Dies zumindest ist die Grundlage, auf der die meisten empirischen Projekte der Friedens- und Konfliktforschung zur Zeit arbeiten. Waren bis 1945 Konflikte auf zwischenstaatliche Auseinandersetzungen beschränkt, gewinnen durch die anfangs erwähnten völkerrechtlichen Weiterentwicklungen hin zum internationalen Schutz von Minderheiten und Individuen auch nichtstaatliche Bewegungen und Parteien zunehmend an völkerrechtlichem Gewicht. Das Nichtinterventionsgebot in Artikel 2 (7) der UN-Charta schließt zwar die Einmischung in Angelegenheiten eines Staates, die ihrem Wesen nach zu seinen inneren Angelegenheiten gehören, aus, doch lässt sich argumentieren, dass Staaten bereits durch ihre Mitgliedschaft in der UNO oder durch die Unterzeichnung von Menschen- und Bürgerrechtspakten anzeigen, dass Artikel 2 (7) bei Minderheitenkonflikten und groben Menschenrechtsverletzungen für sie keine Anwendung findet. Unabhängig von der Lesart der Pflichten, die sich aus der bloßen Mitgliedschaft in der UNO ergeben, lässt sich ein zunehmendes völkerrechtliches Interventionsgebot auch aus der Rechtspraxis der UNO in den späten 1980er und den 1990er Jahren ableiten. Die Resolutionen des UN-Sicherheitsrates zum Schutz der Hilfslieferungen in Somalia (Resolution 794 vom 3. 12. 1992) und zum Schutz der Kurden und Schiiten im Irak (Resolution 688 vom 5. 4. 1991) beispielsweise haben Präzedenzfälle geschaffen, die die internationale Dimension innerstaatlicher Konfliktlagen bestätigen.

Für die empirische Friedens- und Konfliktforschung ergibt diese Entwicklung jedoch ein konzeptionelles und methodisches Problem. Je öfter die Konfliktparteien von Staaten substaatliche Bewegungen und Parteien sind, umso mehr verwischt der klassische Begriff vom Krieg. Enzensberger (1993) hat in diesem Zusammenhang auf die weltweit zu beobachtende Tendenz einer (Re-)Privatisierung und politischen Entfunktionalisierung öffentlicher Gewalt aufmerksam gemacht. In Krisengebieten äußert sich dies durch die Zunahme an Söldnern und privaten Sicherheitsfirmen entweder zur direkten Kriegsführung oder zur Sicherung hoheitlichen und privaten Eigentums (Wulf und Paes 2001). Huntington (1991) kommt aus der Perspektive der Demokratisierungsforschung zu einem ähnlichen Schluss: Nichtdemokratische und gewaltbereite Kräfte haben insbesondere in jungen Demokratien, die sich in ökonomischen Umbruchsituationen und politischen Transitionsprozessen befinden, leichtes Spiel, den inneren Frieden entlang ethnischer oder kultureller Differenzen unter Achtung der formalen demokratischen Spielregeln zu gefährden. Dabei nimmt der Organisationsgrad substaatlicher Konfliktparteien im Vergleich zu den klassischen quasiinstitutionalisierten Unabhängigkeitsbewegungen wie etwa der RENAMO in Mosambik oder der UNITA in Angola stetig ab. Oftmals sind Rebellengruppen nicht mehr als spontan gebildete marodierende Banden mit überwiegend kriminellen Interessen, die die politische Instabilität einer Region wie etwa in Sierra Leone oder im Kongo ausnutzen. Auch die Vorstellung eines Kombattantenstatus, wie ihn das Völkerrecht aus den Haager Landkriegsordnungen von vor über hundert Jahren kennt, trifft auf die heutige Situation in vielen Bürgerkriegen nicht mehr zu. Der Kombattantenstatus und die Rolle eines fürsorgenden Familienvaters wechseln in Bürgerkriegssituationen wie im Kosovo und in Mazedonien oft mehrmals innerhalb eines Tages.

Probleme staatszentrierter Perspektive   Forschungsergebnisse, die sich auf allzu staatszentrierte Datenbanken zu politischen Konflikten und Systemtransitionen stützen, werden also ein zunehmend verzerrtes beziehungsweise veraltetes Bild der tatsächlichen globalen Konflikt lagen wiedergeben.

4 Befunde der empirischen Friedens- und Konfliktforschung

Was sind nun – auf der Grundlage der oben diskutierten Definitionen und Typologien von Konflikten – die Befunde der empirischen Friedens- und Konfliktforschung? Welche Trends haben das weltweite Konfliktgeschehen seit 1945 bestimmt, und welche Trends lassen sich daraus für die Weiterentwicklung der gegenwärtigen Konfliktkonstellationen gegebenenfalls ableiten? Hierzu werden zunächst zwischen- sowie innerstaatliche Konfliktlagen unterschieden.

Zwischenstaatliche Konflikte

Zahl zwischenstaatlicher Kriege geht zurück   Zwischenstaatliche Konflikte, die in Kriege eskalieren, können in den 1990er Jahren nur noch als Ausnahmefälle bezeichnet werden. Die Zahl zwischenstaatlicher Gewaltkonflikte nahm nach dem Ende des Zweiten Weltkriegs zunächst wieder zu. Hierzu zählen vor allem internationalisierte Unabhängigkeitskonflikte in Indochina, in Südasien sowie im Nahen Osten und im Maghreb. Dieser Aufwärtstrend endet jedoch mit Beginn der 1960er Jahre und wird von einem kontinuierlichen Abwärtstrend abgelöst. Seit Beginn der 1970er Jahre ist die Zahl der innerstaatlichen Gewaltkonflikte höher als die der zwischenstaatlichen Konflikte. Dies kann auf die hohe Zahl neuer unabhängiger Staaten, die im Zuge der Dekolonialisierung zum Staatensystem hinzukamen, zurückgeführt werden (vgl. Schaubild II-2). Trotz seiner beeindruckenden Stetigkeit ist der Abwärtstrend bei zwischenstaatlichen Gewaltkonflikten ein in der Friedens- und Konfliktforschung sowie in der Medienöffentlichkeit weitgehend unbeachteter Trend, der – aus nachvollziehbaren Gründen – im Schatten der Zunahme von Bürgerkriegen steht.

Thesen zur Abnahme zwischenstaatlicher Konflikte

1. Ost-West-Konflikt   Dennoch ist der Abwärtstrend zwischenstaatlicher Konflikte erklärungsbedürftig. John Mearsheimer (1990) stellte die These auf, dass die Welt zwischen 1945 und der Zeitenwende 1989/90 in einem Kalten-Krieg-Frieden lebte, der durch die nukleare Abschreckungspolitik der beiden Supermächte erzwungen wurde und insbesondere nach der Kubakrise von 1962 jede lokale und regionale Krise inner- und außerhalb der unmittelbaren Einflusssphären im Keim ersticken ließ bzw. solch eine Krise vor einer Internationalisierung bewahrte. Nach der Mearsheimerschen These müsste also dieser „kalte Frieden" nach 1989/90 wieder brüchig zu werden beginnen. Die Daten der empirischen Konfliktforschung weisen aber genau den gegenteiligen Trend auf. Die Zahl der gewaltsamen zwischenstaatlichen Konflikte sinkt weiter. Dabei ist bemerkenswert, dass das zwischenstaatliche Konfliktpotenzial nicht proportional abgenommen hat, sondern weiter auf einem vergleichsweise hohen Niveau bleibt (vgl. Schaubild II-3).

Theoretische Ansätze und empirische Befunde 155

Schaubild II-2: Gewaltsame zwischen- sowie innerstaatliche Konflikte, 1945–1998

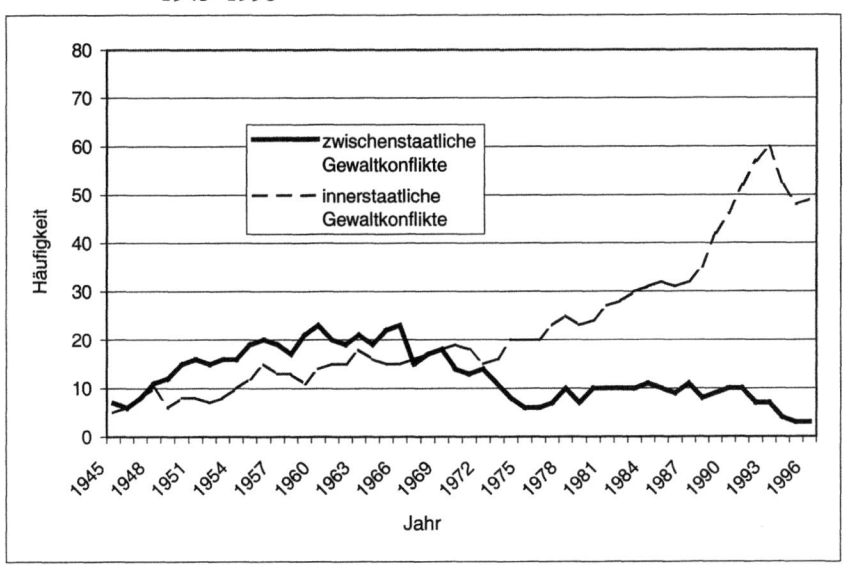

Quelle: Pfetsch und Rohloff 2000b, 101

Schaubild II-3: Gewaltsame und überwiegend nichtgewaltsame zwischenstaatliche Konflikte, 1945–1995

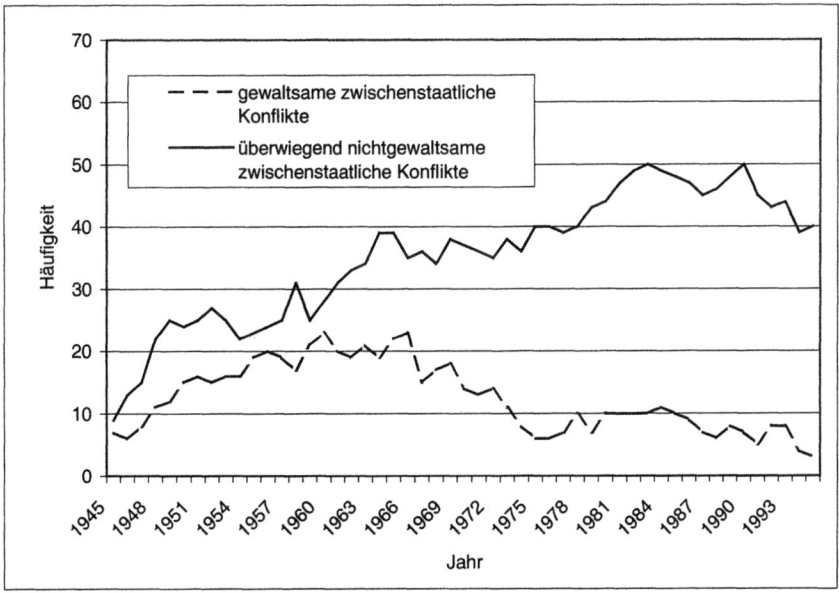

Quelle: Pfetsch und Rohloff 2000b, 99

Es bieten sich zur Erklärung dieser Entwicklung grundsätzlich zwei Möglichkeiten an (vgl. Rohloff 2001a). Erstens die Annahme, das Verschwinden der Kriege sei eine Folge sich vernetzender nationaler Wirtschaften in eine globalisierte Weltwirtschaft, die dazu geführt habe, dass sich Kriege im herkömmlichen Sinne als Raub- und Beutezüge nicht mehr lohnten. Eine zweite Erklärung bezieht sich auf die Annahme eines normativen Wandels in der Staatenwelt, wie er im Kantschen Theorem vom Demokratiefrieden angedacht ist (vgl. Russett 1993). Demokratien führen bekanntlich gegeneinander keine Kriege und sind, auch wenn sie gegen andere politische Systeme durchaus kriegsbereit sind, nur unter großem politischen Mobilisierungsaufwand zu Gewaltakten fähig.

Doch können diese beiden Annahmen nur die Beziehungen zwischen und in den Ländern des Westens bzw. den OECD-Frieden erklären. Plausible Erklärungen, warum auch autoritäre Systeme in Ländern des Südens auf einem – aus Sicht der Demokratieforschung wider Erwarten – friedfertigen außenpolitischen Kurs bleiben, fehlen bislang in der Forschung.

Minderheitenkonflikte um Autonomie und Sezession

Doch ist trotz der derzeit überwiegend friedlichen zwischenstaatlichen Beziehungen „die Menschheit von der Geißel des Krieges" keinesfalls befreit. Politische Gewalt hat sich seit den 1970er Jahren von der zwischenstaatlichen in die innerstaatliche Form zurückgezogen, die in Mischformen aus Antiregimekriegen, Macht- und Systemkonflikten, Autonomie- und Sezessionskonflikten sowie kriminellen und marodierenden Bandenkriegen ehemaliger oder unkontrollierter Milizen ohne erkennbares politisches Ziel auftritt. Systemkonflikte als ideologische Auseinandersetzungen sind mit dem Ende des Ost-West-Konflikts bis auf wenige Ausnahmen, wie in Kuba oder auf der koreanischen Halbinsel, verschwunden. Noch immer gibt es zahlreiche Machtkonflikte um ressourcenreiche Staatspfründen, etwa in Nigeria und Sierra Leone, sowie Autonomie- und Sezessionskonflikte, die häufig miteinander vermischt und nur aus der Sicht der jeweiligen Konfliktparteien unterscheidbar sind. Im Tschetschenienkonflikt beispielsweise geht die russische Zentralregierung von einem Machtkonflikt aus, der das Prinzip der territorialen Integrität in Frage stellt; aus Sicht der tschetschenischen Rebellen hingegen handelt es sich um die Loslösung aus der – historisch betrachtet – russischen Fremdherrschaft.

Ted Gurr kam 1993 auf der Grundlage seiner Datenbank, die 267 nationale Minderheitenkonflikte umfasst, zu dem Schluss, dass ethnonationale Gewalt der dominante Konflikttyp im 21. Jahrhundert bleiben wird (Gurr 1993). Sieben Jahre später jedoch (Gurr 2000) scheint sich das Bild gewandelt zu haben; die ethnopolitische Gewalt scheint abzuflauen. In Zahlen ausgedrückt (HIIK 2000), hat sich die Zahl der pro Jahr laufenden ethnopolitischen Gewaltkonflikte von ihrem Höhepunkt 1993 mit über sechzig Konflikten auf einen Sockel von seit Mitte der 1990er Jahre etwa dreißig bis vierzig Konflikten, also auf einem vergleichsweise niedrigen Niveau, eingependelt (vgl. Schaubild II-4).

Für diesen Rückgang bietet Gurr drei Erklärungen an. Erstens wurde beobachtet, dass im Vergleich zu früheren Jahrzehnten in den 1990er Jahren kaum neue, sondern vor allem altbekannte Minderheitenkonflikte eskalierten und diese in vielen Fällen weitere Minderheiten im selben Land zum Aufstand bewegten. Zweitens

Theoretische Ansätze und empirische Befunde 157

wurden in den 1990er Jahren so viele ethnonationale Konflikte einer Deeskalation oder einer Lösung zugeführt wie in keiner anderen Dekade seit dem Zweiten Weltkrieg. Betrachtet man die Auswirkungen und Ergebnisse ethnonationaler Kriege, ergibt sich für Gurr unter dem Strich eine – trotz des gewaltsamen Prozesses – überwiegend positive Bilanz: Die meisten der 54 ethnonationalen Kriege seit den 1960er Jahren haben zu einer verbesserten Autonomieregelung für die betroffenen Gruppen geführt. Die Hälfte dieser Gewaltkonflikte konnte auf dem Verhandlungsweg zu einem für beide Seiten akzeptablen Ergebnis gebracht werden, zumeist durch die geregelte Teilhabe an der Macht oder durch regionale Autonomie. Drittens kann mit den Daten aus dem Minorities-at-Risk-Projekt gezeigt werden, dass Friedensabkommen im Allgemeinen die Intensität des Konfliktaustrags mindern, auch wenn sie lange Phasen der Umsetzung und Konsolidierung benötigen. In dieser prekären Nachkriegsperiode ist das Risiko eines neuerlichen Kriegsausbruchs jedoch statistisch betrachtet am größten. Auch wenn Minderheitenbewegungen die nationale Unabhängigkeit auf ihre Fahnen geschrieben haben und das Recht auf nationale Selbstbestimmung für sich beanspruchen, erreichen ethnonationale Kriege selten das selbst gesteckte Ziel. Im Gegenteil, nach Gurr konnten seit dem Ende des Ost-West-Konflikts mehr als zwei Drittel aller ethnonationalen Konflikte ohne Staatsneugründungen eingedämmt oder beendet werden. Diese hohe Quote beigelegter und die niedrige Zahl neu begonnener ethnonationaler Gewaltkonflikte schlagen sich seit 1993 im allgemeinen Abwärtstrend der Zahl laufender ethnonationaler Gewaltkonflikte nieder.

Schaubild II-4: Ethnopolitische Gewaltkonflikte in den 1990er Jahren

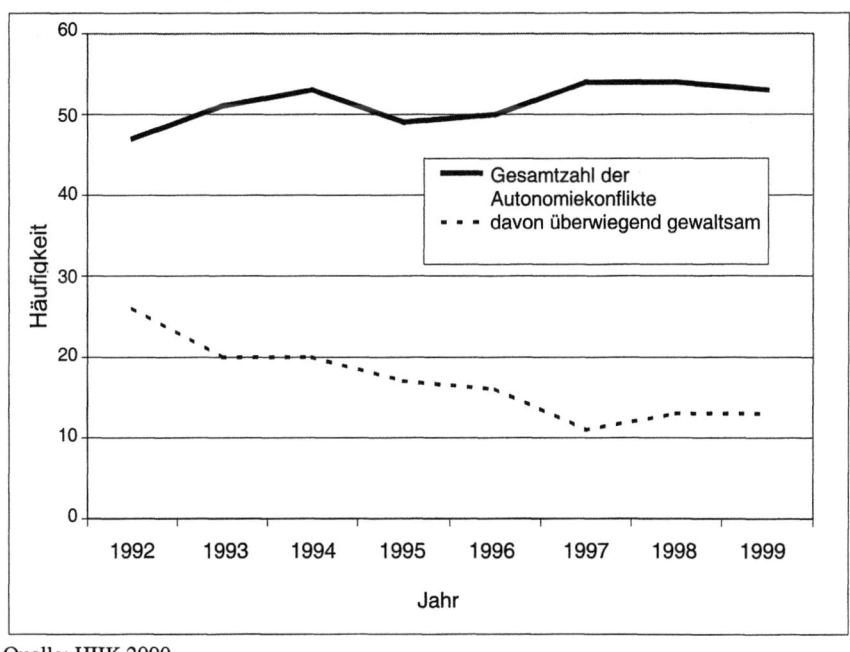

Quelle: HIIK 2000

Trotz positiver Trends: keine Entwarnung! Gleichwohl besteht kein Grund zur Entwarnung: Die grundsätzliche politische Systementscheidung zwischen Autoritarismus und Demokratie, die sich in allen sich modernisierenden Gesellschaften gleichermaßen stellt, ist in vielen Staaten des Nahen Ostens, Afrikas sowie Asiens noch nicht abgearbeitet. Systemtransformationen und kollektive Identitätsfindungsprozesse bleiben riskante Prozesse und verlaufen selten durchweg friedlich. Inwieweit die genannten optimistischen Prognosen also tatsächlich eintreffen, bleibt offen.

5 Konfliktvermittlung, Krisenprävention, Konflikttransformation

Verhältnis von Theorie und Praxis Nach einer dynamischen Phase der Konzeptfindung und Modellbildung zu Konfliktbearbeitung, Krisenprävention und Konflikttransformation in den 1990er Jahren (vgl. Ropers 1995; Lederach 1997; Sandole 1998) drängt sich insbesondere seit der Eskalation im Kosovo und in Mazedonien die Frage auf, ob die politische Umsetzung der Forschungsergebnisse jemals über das Stadium eines frommen Wunsches hinauswachsen wird.

Probleme effektiver Krisenprävention

Der Begriff der Krisenprävention erlebte in den 1990er Jahren zunächst eine einzigartige Karriere, die direkt mit der nach dem Ost-West-Konflikt denkbar gewordenen Ausweitung des Sicherheitsbegriffs im Sinne umfassender und menschlicher Sicherheit zusammenhängt (vgl. Rohloff 2001a). Gleichzeitig verband sich mit dem Begriff der Krisenprävention die Hoffnung auf ein wirksames Instrument zur Eindämmung der großen Welle ethnopolitischer Gewalt, mit der sich die OECD-Welt am Ende des Ost-West-Konflikts konfrontiert sah. Doch stand die Häufigkeit seiner Verwendung im Gegensatz zur tatsächlich geleisteten Präventionsarbeit in Krisenregionen. Der Begriff der Krisenprävention geriet daher immer mehr zu einer Chiffre für politische Ohnmacht und Tatenlosigkeit.

Vermittlungsprobleme erfolgreicher Krisenprävention Das zentrale Problem von Krisenprävention ist, dass sie, wenn sie denn erfolgreich verläuft, in einem „Nicht-Ereignis" endet, im friedlichen Konfliktaustrag innerhalb des jeweiligen Verfassungsrahmens und der internationalen Vertragsvereinbarungen, die ein Land etwa zur Behandlung von nationalen Minderheiten eingegangen ist. Erfolgreiche Prävention lässt sich daher kaum medial verwerten und politisch nutzen. Zudem kann ein tragfähiges politisches Ergebnis nur von solchen Parteien erreicht und umgesetzt werden, die diesen Erfolg auch als ihren eigenen annehmen und verbuchen. Vermittler und Konfliktbearbeiter, die als Dritte vermitteln oder gute Dienste leisten, müssen schon aus verhandlungslogischen Gründen im Hintergrund bleiben. Effektive Präventionsarbeit kann nur als flankierende Maßnahme konzeptualisiert werden; die tatsächliche Friedensarbeit wird – oder wird nicht – von den Konfliktparteien selbst erbracht.

Gestiegene Kompetenzen und Kapazitäten bei der Krisenfrüherkennung

Die Kapazitäten und Kompetenzen, Krisen zumindest frühzeitig zu erkennen, sind – trotz des häufigen Ausbleibens politischen Handelns – in den 1990er Jahren gewachsen. Neben den außen- und verteidigungspolitischen Ministerien beschäftigen sich internationale Organisationen sowie private Nichtregierungsorganisationen mit dem „Monitoring" krisenhafter Entwicklungen. Als Frühwarnzentren, die den Brüsseler Entscheidungsträgern zuarbeiten sollen, fungieren das Zentrum für Humanitäre Hilfe bei der Europäischen Kommission (ECHO[5]) und das Conflict Prevention Network (CPN[6]). Im Bereich der Nichtregierungsorganisationen ist die Früherkennungs- und Präventionsarbeit in der Form von Plattformen organisiert. Am prominentesten sind die *European Platform for Conflict Prevention and Transformation*[7] sowie das *Forum on Early Warning and Early Response* (Fewer[8]), die ihre Analysen unter anderem im Internet frei zugänglich zur Verfügung stellen.

Krisenfrüherkennung kein Wissensproblem, sondern ...

Ein Problem besteht jedoch nach wie vor in der Lücke zwischen „early warning" und „early action". Schnittstellen wie das Carter-Center in Atlanta, an denen Organisationen und Einzelpersonen aus den gefährdeten Gebieten mit Politikern, Experten und Mediatoren aus dem Norden Verbindung aufnehmen können, sind in Europa in dieser Form nur ansatzweise, etwa in der Form des *Conflict Prevention Network* der EU-Kommission, entwickelt. Somit geht eine wichtige Quelle von Informationen und Kontakten über den Zustand potenziell gefährdeter Regionen verloren (Debiel et al. 1999).

Problem der Lücke zwischen „early warning" und „early action"

Konflikte und Entwicklungszusammenarbeit

Entwicklungszusammenarbeit galt bislang als vor Ort praktizierte Krisenprävention. Mit der Publikation „Do no harm" (Anderson 1999) wurde dieser positive Zusammenhang teilweise in Frage gestellt und eine Debatte über die Folgen von Entwicklungszusammenarbeit für mögliche Konflikteskalationen ausgelöst. Demnach können bestimmte Projekte im Rahmen der Entwicklungszusammenarbeit, die einer bestimmten lokalen Gruppe zukommen, bestehende Beziehungen dieser Gruppe mit anderen verschlechtern. Entwicklungszusammenarbeit ist also unabhängig von den guten Intentionen keinesfalls konfliktneutral und kann auf verschiedene Arten bestehende Konfliktpotenziale verschärfen (Anderson und Spelten 2000, 3):

Entwicklungszusammenarbeit ist nicht konfliktneutral

– Hilfsgüter verfehlen durch Diebstahl oder absichtliche Fehlverteilung ihren Adressaten. Soldaten oder Regierungsbeamte verhindern die Weiterreichung der Güter und verteilen sie stattdessen an ihre eigene Klientel.

Fünf zentrale Gründe

---

5 http://europa.eu.int/comm/echo/en/index_en.html
6 http://www.swp-berlin.org/cpn
7 http://euconflict.siteworld.nl/euconflict
8 http://www.fewer.org

- Hilfsgüter kommen nur einem Teil einer sozialen Gruppe zu. Das Konfliktpotenzial im gesamten Verband steigt in der Folge durch Neid und Missgunst.
- Entwicklungshilfe beeinflusst das lokale und regionale Marktgeschehen sowie die Löhne und Gewinnspannen von Produzenten und Händlern. Auch hier kann Entwicklungshilfe möglicherweise konfliktverursachend oder -verschärfend wirken.
- Entwicklungshilfe ermöglicht oder erhöht die Konfliktfähigkeit der begünstigten Partei und kann somit zum frühzeitigen oder heftigen Austrag von Konflikten führen.
- Schließlich erhöht die Zuwendung von Entwicklungshilfe an ausgewählte Gruppen, Projekte oder Personen deren Legitimation und Ansehen. Auch dieser Effekt erhöht die lokale und regionale Konfliktträchtigkeit.

Beiträge zur konstruktiven Konflikttransformation

Zwar kann Frieden nicht „importiert" werden (Anderson und Spelten 2000, 11), doch stehen den Hilfsorganisationen zahlreiche Mittel zur Verfügung, nicht intendierten Wirkungen ihrer Projekte zu begegnen und sie als einen Beitrag zur konstruktiven Konflikttransformation einzusetzen:

- So sollten Hilfsorganisationen bereits frühzeitig Informationen über mögliche oder sich manifestierende Konflikte sammeln;
- sie sollten insbesondere die lokalen Medien im Sinne konstruktiver Konfliktbearbeitung nutzen, um bestehendes Konfliktpotenzial abzubauen;
- im Bereich des Sicherheits- und Polizeisektors sollten Hilfsorganisationen auf eine intensive Zusammenarbeit drängen und den Erfolg ihrer Projekte auch von deren Integration in lokale Sicherheitsstrukturen abhängig machen;
- Hilfsorganisationen sollten Korruption auf allen Ebenen bekämpfen und für größtmögliche Transparenz bei der Projektimplementation und der Mittelvergabe achten;
- insbesondere in prekären Nachkriegssituationen sollten Hilfsorganisationen zum Beispiel durch eine Gleichverteilung von Arbeits- und Investitionsmöglichkeiten auf die Wiederherstellung eines friedlichen „Normal- oder Alltagszustandes" hinwirken. Sie sollten konstruktive Träger einer sich herausbildenden Zivilgesellschaft und deren Vernetzung untereinander fördern.

Um der möglichen Gefahr zu begegnen, die von einer projektorientierten Entwicklungszusammenarbeit ausgeht, die die sozialen und ökonomischen Wirkungen nicht systematisch in die Projektplanung und Evaluierung einbezieht, haben die EU als größter Entwicklungshilfegeber sowie das *United Nations Development Program* (UNDP) mittlerweile ausdifferenzierte Kriterienkataloge für ein „Conflict Impact Assessment" für nicht intendierte Folgen von Entwicklungsprojekten aufgestellt.

6 Auf der Suche nach Friedensstrategien in Zeiten globalen Wandels: Potenziale des Global-Governance-Ansatzes

Angesichts zunehmend komplexer individueller, lokaler sowie internationaler Gemengelagen im globalen Konfliktgeschehen sind insbesondere für viele Länder des Südens ebenso komplexe wie flexible Entwicklungskonzepte, wie etwa die vom Development Assistance Committee (DAC 1996) vorgelegte Studie „Shaping the 21st Century", gefragt (vgl. Rohloff 2001b). Sie versucht als entwicklungspolitische Vision, ökonomischen Wohlstand, soziale Entwicklung und ökologische Nachhaltigkeit als strategische Ziele von Armutsbekämpfung festzulegen und der beginnenden Inflation entwicklungs- und friedenspolitischer Leitziele und Selbstverpflichtungen entgegenzuwirken (Debiel 1996, 120; Fues 2000, 22). Die zunehmende Komplexität von verregelungsbedürftigen Problemlagen auf unterschiedlichen Handlungsebenen und mit unterschiedlich miteinander verknüpften Akteuren wird seit den frühen 1990er Jahren politikfeldübergreifend auch im Rahmen von Global Governance oder globaler Strukturpolitik zu fassen versucht (Rosenau und Czempiel 1992; CGG 1995; Messner und Nuscheler 1996). Global Governance beansprucht dabei, nicht nur ein eigenes Forschungsprogramm, sondern auch normative und empirische Dimensionen entwickelt zu haben (Mürle 1998, 6). Die Anziehungskraft von Global Governance als Arbeitsmodell mit dem Anspruch zur Konzeptionalisierung und Bearbeitung wachsender globaler Widersprüche und Disparitäten, seine Akzeptanz vielfältigster gesellschaftlicher, ökonomischer und politischer Akteure und schließlich seine normative Auflandung im Sinne eines Weltethos sind Eigenschaften, die einen abschließenden Blick auf seine Tauglichkeit als Rahmen für globale Friedensstrategien sinnvoll erscheinen lassen.

Entwicklungskonzepte

Global Governance als Strukturbildungsrahmen

Global Governance und bestehende Theorieansätze in den „Internationalen Beziehungen"

Die Idee, Global Governance als ein Friedensprojekt zu betrachten, gründet auf der Annahme, dass nicht nur die klassischen grenzüberschreitenden Politikfelder, wie der Schutz der Umwelt, die Stabilisierung des internationalen Handels- und Finanzsystems oder Armutsbekämpfung, sondern dass auch „Frieden und Sicherheit" als Grundvoraussetzung jeglicher gesellschaftlichen Entwicklung in eine berechenbare und verlässliche globale Strukturbildung einbezogen werden müssen. Diese Annahme impliziert, dass eine funktionierende Global-Governance-Architektur – ungeachtet der noch offen Flanken dieses Thesen-Gebäudes, etwa der ungeklärten demokratischen Legitimation solcher Strukturen und ihrer umstrittenen Fähigkeit zur Förderung sozialer Verteilungsgerechtigkeit (Wolf 1999, 336) – nur mit einem friedens- und sicherheitspolitisch angemessenen und tragfähigen Konzept weiter ausgebaut werden kann.

Grundlage von Global Governance: Frieden und Sicherheit

Global Governance gründet dabei als Thesengebäude im Gegensatz zum politischen Realismus oder dem liberalen Institutionalismus nicht auf friedensstrategischen und sicherheitspolitischen Überlegungen zu einer tendenziell krisenhaften und vielerorts kriegerischen Welt. Global Governance versteht sich vielmehr als Korrektiv ungewünschter, vornehmlich ökonomischer und ökologischer Auswirkungen der Globalisierung und will die vielfältigen positiven und negativen Dynamiken, die sie in Gang setzt, in politisch steuerbare Verfahren und Strukturen überführen.

„Sicherheit" im Global-Governance-Konzept

Dabei ist aus friedensstrategischer Sicht die sicherheitspolitische Aufladung der Globalisierung, so wie sie teilweise für „Umwelt und Sicherheit" unternommen wurde (Carius und Lietzmann 1998, 8), nicht notwendigerweise gegeben. Siedschlag (1999, 1) beispielsweise moniert, dass der vormals enger auf die Gewaltfrage definierte Sicherheitsbegriff im Globalisierungs- beziehungsweise Zivilisierungsdiskurs zu einem schwammigen Ersatzbegriff für politische und gesellschaftliche Probleme schlechthin verkommen sei.

Global Governance sollte daher, so die These, ihre sicherheitspolitische Relevanz nicht aus der Konstruktion neuer Bedrohungsszenarien – sei es aus den Folgen der Globalisierung oder anderen krisenhaften Entwicklungen – ableiten und damit einer „securitization of politics" das Wort reden, sondern vielmehr aus ihrem Potenzial als Strukturbildungsrahmen für solche Probleme schöpfen, die auf den bislang gegeneinander abgeschlossenen Handlungsebenen – lokal, national, global – nicht mehr hinnehmbar bearbeitbar sind. Die Schwelle im Global-Governance-Ansatz, an dem ein politisches Problem auch sicherheitspolitische Relevanz erhält, läge somit an dem Punkt, an dem die gegenwärtigen und die erwartbaren zukünftigen Problemlagen mit den derzeitigen Verregelungsformen innerhalb und außerhalb des UN-Systems nicht mehr bearbeitet werden können.

Diese Definition für die internationale Ebene entspricht im Übrigen der anfangs skizzierten konfigurativen Logik des „zivilisatorischen Hexagons" für den innergesellschaftlichen Raum; das Hexagon formt seine Eckpunkte nur an den Stellen aus, an denen die europäischen Gesellschaften in ihrer jeweiligen historischen Phase zerbrochen wären, wenn sie nicht Metaregeln, etwa die demokratische Partizipation oder die soziale Verteilungsgerechtigkeit, zur Austragung immer wiederkehrender akuter Konflikte, wie etwa Herrschaftskonflikte oder Arbeitskämpfe, vereinbart hätten. Globale Herausforderungen, die derzeit das Potenzial besitzen, das bestehende internationale System in vergleichbarer Weise ins Wanken zu bringen, zeigen sich an mindestens drei Stellen: im zunehmenden Handlungsdruck zur internationalen Durchsetzung der Menschenrechte, also im schärfer werdenden Widerspruch zwischen der Verpflichtung, die Einhaltung der Menschenrechte auch durch Interventionen zu gewährleisten, und dem Interventionsverbot andererseits, in der Durchsetzung internationaler Umweltstandards angesichts der verheerenden Folgen eines drohenden Klimawandels und in den kaum kalkulierbaren volkswirtschaftlichen Risiken, die in den weitgehend ungeregelten Weltfinanzbewegungen liegen. „Sicherheit" im Global-Governance-Ansatz sollte also weder im Sinne des realistischen Abschreckungsparadigmas als Abwehr von Gefahren für die territoriale und materielle Unversehrtheit eines Staates noch im liberal-institutionellen Sinne als bloßes Gebot zur Einhaltung eines Rechtsfriedens durch Demokratien verstanden werden, sondern als ein durch

Vertragspolitik eingrenzbares Risiko von Gewalteskalation, das sich aus dem zunehmenden Verregelungsdefizit komplexer und entgrenzter Problemlagen ergibt. Die friedensstrategische Funktion innerstaatlich wirksamer multilateraler Einbindungspolitik gewänne somit neben der fortbestehenden Notwendigkeit demokratischen Systemwandels an Bedeutung (vgl. Russett und Oneal 2001).

Friedensstrategische Funktion von Global Governance

Literatur

Anderson, Mary B. 1999. Do No Harm. How Aid Supports Peace – or War. Boulder et al.: Lynne Rienner Publishers.
Anderson, Mary B. und Angelika Spelten. 2000. Conflict Transformation. How International Assistance Can Contribute. Stiftung Entwicklung und Frieden, Policy Paper, 15, Bonn.
Carius, Alexander und Kurt M. Lietzmann (Hg.). 1998. Umwelt und Sicherheit. Herausforderungen für die Internationale Politik. Berlin und Heidelberg: Springer.
CGG (Commission on Global Governance). 1995. Our Global Neighbourhood (www.cgg.ch; 7.6.2001).
Czempiel, Ernst-Otto. 1981. Internationale Politik: Ein Konfliktmodell. Paderborn et al.: Schöningh.
DAC (Development Assistance Committee). 1996. Shaping the 21st Century (www.oecd.org/dac/htm/stc.htm; 7. 6. 2001).
Debiel, Tobias. 1996. Wegweiser oder Irrlichter? Sicherheitspolitische Leitbilder für die 90er Jahre, in: Dirk Messner und Franz Nuscheler (Hg.). Weltkonferenzen und Weltberichte – Ein Wegweiser durch die internationale Diskussion. Bonn: J.H.W. Dietz Nachfolger, 120–140.
Debiel, Tobias, Martina Fischer, Volker Matthies und Norbert Ropers. 1999. Effektive Krisenprävention. Herausforderungen für die deutsche Außen- und Entwicklungspolitik. Stiftung Entwicklung und Frieden, Policy Paper, 12, Bonn.
Dieter, Heribert. 1999. Die globalen Währungs- und Finanzmärkte nach der Asienkrise: Reformbedarf und politische Hemmnisse. INEF-Report 41, Duisburg.
Elias, Norbert. 1976. Über den Prozeß der Zivilisation: soziogenetische und psychogenetische Untersuchungen. Frankfurt a.M.: Suhrkamp.
Enzensberger, Hans M. 1993. Aussichten auf den Bürgerkrieg. Frankfurt a.M.: Suhrkamp.
Fues, Thomas. 2000. Auf dem Weg zur Weltsozialordnung? Beiträge zur Debatte über globale Armutsstrategien. INEF-Report 44, Duisburg.
Gantzel, Klaus J. und Thorsten Schwinghammer. 1995. Die Kriege seit 1945. Münster: Lit.
Geller, Daniel S. und David J. Singer. 1998. Nations at War. A Scientific Study of International Conflict. Cambridge: Cambridge University Press.
Goertz, Gary und Paul F. Diehl. 1993. Enduring Rivalries: Theoretical Constructs and Empirical Patterns, aus: International Studies Quarterly, 37, 145–171.
Gurr, Ted R. 1993. Minorities at Risk. A Global View of Ethnopolitical Conflicts. Washington D.C.: United States Institute of Peace Press.
Gurr, Ted R. 2000. Ethnic Conflict on the Wane, aus: Foreign Affairs, 79 (3), 52–64.
Hensel, Paul R. 1998. Contentious Issues in World Politics: The Management of Territorial Claims in the Western Hemisphere, 1816–1996 (www.garnet.acns.fsu.edu/~phensel/icow.html; 7. 6. 2001).
HIIK (Heidelberger Institut für Internationale Konfliktforschung). 2000. Konfliktbarometer 2000 (www.hiik.de; 7. 6. 2001).
Huntington, Samuel P. 1991. The Third Wave. Democratization in the Late Twentieth Century. Norman et al.: University of Oklahoma Press.
Lederach, John P. 1997. Building Peace. Washington DC: United States Institute of Peace Press.
Mearsheimer, John. 1990. Back to the Future, aus: International Security, 15 (1), 5–56.
Messner, Dirk und Franz Nuscheler (Hg.). 1996. Weltkonferenzen und Weltberichte – Ein Wegweiser durch die internationale Diskussion. Bonn: J.H.W. Dietz Nachfolger.

Mürle, Holger. 1998. Global Governance: Literaturbericht und Forschungsfragen. INEF-Report 32, Duisburg.
Nuscheler, Franz. 2000. Anarchie und Krieg in Zentralafrika: Was kann Europa zur Befriedung tun?, in: Ulrich Ratsch, Reinhard Mutz, Bruno Schoch (Hg.). Friedensgutachten 2000. Münster: Lit., 149–157.
Pfetsch, Frank R. und Peter Billing. 1994. Datenhandbuch nationaler und internationaler Konflikte. Baden-Baden: Nomos.
Pfetsch, Frank R. und Christoph Rohloff. 2000a. KOSIMO. A New Databank on Political Conflict, aus: Journal of Peace Research, 37 (3), 379–391.
Pfetsch, Frank R. und Christoph Rohloff. 2000b. National and International Conflicts, 1945–1995. New empirical and theoretical approaches. London et al: Routledge.
PIOOM. 2000. World Conflict and Human Rights Map. Leiden: Leiden University.
Rohloff, Christoph. 2001a. Konflikte und Krisenprävention, in: Ingomar Hauchler, Dirk Messner und Franz Nuscheler (Hg.). Globale Trends 2002. Frankfurt a.M.: Fischer Taschenbuch.
Rohloff, Christoph. 2001b. Global Governance – ein tragfähiges Friedensprojekt?, in: Hartwig Hummel (Hg.). Völkermord – friedenswissenschaftliche Annäherungen. Schriftenreihe der Arbeitsgemeinschaft für Friedens- und Konfliktforschung. Baden-Baden: Nomos, 152–163.
Ropers, Norbert. 1995. Friedliche Einmischung: Strukturen, Prozesse und Strategien zur konstruktiven Bearbeitung ethnopolitischer Konflikte. Berlin: Berghof-Forschungszentrum für Konstruktive Konfliktbearbeitung.
Rosenau, James N. und Ernst-Otto Czempiel. 1992. Governance without Government. Order and Change in World Politics. Cambridge et al.: Cambridge University Press.
Russett, Bruce. 1993. Grasping the Democratic Peace. Principles for a Post-Cold War World. Princeton, N.Y.: Princeton University Press.
Russett, Bruce M. und John Oneal. 2001. Triangulating Peace: Democracy, Interdependence, and International Organization. New York: Norton.
Sandole, Dennis. 1998. A Comprehensive Mapping of Conflict and Conflict Resolution: A three pillar approach, in: Peace and Conflict Studies, 5 (2), Dezember (http:\\www.gmu.edu/academic/pcs).
Senghaas, Dieter. 1995a. Frieden als Zivilisierungsprojekt, in: Dieter Senghaas. Frieden denken. Frankfurt a.M.: Suhrkamp, 196–223.
Senghaas, Dieter. 1995b. Hexagon-Variationen: Zivilisierte Konfliktbearbeitung trotz Fundamentalpolitisierung, in: Norbert Ropers und Tobias Debiel (Hg.). Friedliche Konfliktbearbeitung in der Staaten- und Gesellschaftswelt. Reihe Eine Welt. Texte der Stiftung Entwicklung und Frieden, Bonn, 37–54.
Senghaas, Dieter. 1998. Zivilisierung wider Willen. Der Konflikt der Kulturen mit sich selbst. Frankfurt a.M.: Suhrkamp.
Siedschlag, Alexander. 1999. Globalisierung – Herausforderung und Instrument der „staatenweltlichen" Friedens- und Sicherheitspolitik. Arbeitspapier zur Tagung „Globalisierung als Aufgabe – Handlungsmöglichkeiten und Gestaltungsoptionen der Politik". Expertenkolloquium der Evangelischen Akademie Loccum vom 10.–12. Dezember 1999.
Singer, David J. und Melvin Small. 1972. The Wages of War 1816–1965. A Statistical Handbook. New York: Wiley.
UNDP (United Nations Development Program). 1994. Development Report 1994: New Dimensions of Human Security (www.undp.org; 7. 6. 2001).
Vasquez, John A. 1993. The War Puzzle. Cambridge: Cambridge University Press.
Wolf, Klaus Dieter. 1999. The New Raison d'État as a Problem for Democracy in World Society, aus: European Journal of International Relations, 5 (3), 333–363.
Wulf, Herbert und Wolf-Christian Paes. 2001. Die Kommerzialisierung von Gewalt – Zur Ökonomie der Bürgerkriege, in: Reinhard Mutz, Bruno Schoch und Ulrich Ratsch (Hg.). Friedensgutachten 2001. Münster: Lit., 105–114.

Reinhard Meyers

„Verhältnisse wie auf dem Balkan ..."?
Die Reprivatisierung des Krieges – neue Formen der Gewalt im internationalen System und die Möglichkeiten kooperativer Ordnungspolitik

1	Der Krieg zwischen Staaten: Normalfall des internationalen Naturzustandes?	167
1.1	Eckpunkte der Diskussion: Verhältnis von Staat und Krieg	167
1.2	Typologisches zum Begriff Krieg	170
2	Erste Randbedingung des Wandels: Globalisierung und Veränderung der Rolle des Staates	173
3	Zweite Randbedingung des Wandels: Veränderungen der Charakteristika der Kriegführung oder Zurück ins Mittelalter?	176
4	Chancen kooperativer Ordnungspolitik – Global Governance und neue Kriege	182

Nicht erst seit den terroristischen Anschlägen islamischer Fundamentalisten auf das World Trade Center in New York und das Pentagon in Washington am 11. September 2001 sehen sich politische Entscheidungsträger im Westen zu der ernüchternden Einsicht veranlasst, dass der klassische Krieg zwischen Staaten zwar im Begriff ist auszusterben (Konfliktbarometer 2000, 3ff.), dass aber gleichwohl die Weltpolitik auch weiterhin gekennzeichnet ist durch den Einsatz organisierter militärischer Gewalt zur Durchsetzung politisch, ökonomisch und ideologisch definierter Interessen. Über beinahe fünfzig Jahre hinweg hatten mögliche Großkriege zwischen nuklear bewaffneten, zweitschlagbefähigten Militärblöcken – oder anders: gewaltsame Auseinandersetzungen zwischen „two forces each seeking an opportunity to eliminate the other in a decisive encounter" (Freedman 1998a, 39) – unser Konfliktdenken ebenso wie die Militärplanung von NATO und Warschauer Pakt mit Beschlag belegt und für andere, außerhalb des Ost-West-Gegensatzes sich entwickelnde Konfliktformen desensibilisiert. Solche Großkriege sind nach dem Ende des Kalten Krieges obsolet geworden (Mandelbaum 1998); was bleibt, ist eine Vielzahl regionaler und lokaler Waffengänge, von denen sich die allermeisten nicht zwischen, sondern innerhalb von Staaten abspielen. Neben den Kriegszonen der Welt (typischerweise die Nicht-OECD-Staaten) gibt es gleichzeitig kontinentweise Zonen des Friedens (Nordamerika, Europa mit Ausnahme des Balkans, Australien und Neuseeland). Dieses Phänomen liefert Belege für die Gleichzeitigkeit der Ungleichzeitigkeiten, die nicht nur die Globalisierung des Weltwirtschaftssystems, sondern auch die Globalisierung von Sicherheit und Sicherheitspolitik kennzeichnen.

Vom klassischen zum neuen Krieg

Die Gleichzeitigkeit der Ungleichzeitigkeiten

Die neuen Kriege:	Damit aber scheint sich die Frage nach dem Umgang mit militärischer Gewalt wie der Bearbeitung kriegerischer Konflikte im internationalen System neu zu stellen: Zwischen den Polen der alten und der neuen Kriege (Kaldor 2000; Kaldor und Vashee 1997) entwickelt sich der hochtechnisierte, computergestützte, gleichsam auf virtuelle Schlachtfelder ausgreifende postmoderne *Cyberwar* (Gray 1997; Freedman 1998b) einerseits und der weitgehend in prämodernen Formen verharrende oder zu ihnen zurückkehrende *kleine Krieg* andererseits (Daase 1999; Hoch 2001). Das klassische Milieu *zwischenstaatlicher* Politik – der nullsummenspielartige anarchische Naturzustand – wird zumindest in schwachen und zerfallenden Staaten gespiegelt durch einen *innerstaatlichen* oder, besser, *innergesellschaftlichen* Naturzustand, dessen Akteure in zunehmendem Maße substaatliche und transnational organisierte gesellschaftliche Gruppen sind. Dies hat vor allem Konsequenzen für die Ziele, Motive und das Handlungsumfeld der Konfliktakteure. So wie sich mit fortschreitender Globalisierung, mit der Kommerzialisierung und Übernahme vormals staatlicher Handlungsfelder durch transnationale Unternehmen und nichtgouvernementale Organisationen die Weltpolitik zunehmend entstaatlicht und privatisiert (Brühl et al. 2001), so entmonopolisiert, dereguliert, privatisiert sich auch die Anwendung militärischer Gewalt: Der Prozess der rechtlichen Einhegung und Verstaatlichung des Krieges, der die Geschichte Europas von der frühen Neuzeit bis zum Dreißigjährigen Krieg gekennzeichnet hat, wird wenigstens teilweise rückgängig gemacht.
– postmoderner Cyberwar	
– kleine Kriege	
Wirtschaftliche Globalisierung bei gleichzeitiger Reprivatisierung militärischer Gewalt	
Erklärungsansätze:	Vor diesem Hintergrund sollen eher thesenartig einige Überlegungen formuliert werden, die die Frage nach den Randbedingungen von Frieden und Sicherheit auf einen weiteren Rahmen rückbeziehen. Zu einfach ist es zweifelsohne, die Konflikte einer Region als bloße Reaktion auf das Ende der Systemauseinandersetzung zwischen den beiden nuklearen Supermächten zu deuten, die im Interesse weltpolitischer Eskalationsdominanz latent oder offen vorhandene Konflikte regionaler oder lokaler Akteure gedämpft, gedeckt, am Austrag gehindert, jedenfalls aber nicht deeskalierend bearbeitet, geschweige denn gelöst haben. Die „Entdeckelung" historisch tief verwurzelter Perzeptions- und Interessenantagonismen als Folge der Implosion der östlichen Blockvormacht ist nur einer der möglichen Erklärungsbausteine des Konfliktverhaltens in der Nachkriegszeit des Kalten Krieges. Einen weiteren liefert eine sich an der klassischen Politikdefinition Harold Lasswells (1936)[1] orientierende Interessenanalyse: Zu identifizieren wären jene Führungsschichten, ehemaligen Nomenklaturaeliten und Ethnokraten (Wolkow 1991), die ökonomische, historische, kulturelle und religiöse Gegebenheiten und Differenzen ebenso wie die Notwendigkeiten der Formulierung, Durchsetzung, Behauptung und des Managements neuer kollektiver Identitäten dazu nutzen, bestimmte Bevölkerungsteile zu konfliktfähigen Gruppen zusammenzufügen, um unter dem Deckmantel der Verteidigung überkommener Werte, des Schutzes ethnopolitisch begründeter Gebiets- und Herrschaftsansprüche oder der Verteidigung weltanschaulicher Positionen im Wesentlichen ihre ureigenen Interessen zu befördern (gute Problemeinführung: Wiberg und Scherrer 1999). Schließlich aber bietet ein Blick auf die Konfliktlandschaften Südosteuropas oder der GUS-Nachfolger Einblick gleichsam in eine gesellschaftliche Werkstatt, in der neue Konfliktformen entwickelt, getestet
– Systemanalyse	
– Interessenanalyse	

---

1   *Politics: Who Gets What, When, and How.*

„Verhältnisse wie auf dem Balkan ...“?

und in großem Ausmaß in die Realität umgesetzt werden, freilich nicht die Realität des der klassischen Ontologie der internationalen Beziehungen verhafteten Bürgerkrieges, sondern des neuen Krieges (Kaldor 2000) oder des kleinen Krieges (Daase 1999), des *low intensity conflict* (vgl. van Creveld 1999, Kapitel 6), des asymmetrischen oder neohobbesianischen Krieges (Hoch 2001, 18). All diese Begriffe stehen für das gleiche Phänomen: für Auseinandersetzungen, die nicht allein zwischen den regulären Armeen moderner Staaten ausgefochten werden, sondern in die reguläre Streitkräfte einerseits, nichtstaatliche Gewaltakteure andererseits verwickelt sind. Dieses Phänomen kennzeichnet nicht nur den Balkan der 1990er Jahre, sondern ebenso deutlich jene Regionen der Dritten, schlussendlich aber auch der Zweiten Welt, in denen der Prozess der Dekolonisation zwar gewalt(anwendungs-)bereite und gewalterfahrene Führungsschichten, nicht aber in der Zivilisierung des Austrags von Interessenkonflikten und der Herstellung bzw. Bewahrung sozioökonomischer Stabilität erfolgreiche Entwicklungs- und Staatsmodelle hinterlassen hat. Um die Bedeutung dieser Entwicklung besser einschätzen zu können, ist es notwendig, das überkommene staatenzentrische Kriegsbild knapp zu skizzieren.

1 Der Krieg zwischen Staaten: Normalfall des internationalen Naturzustandes?

1.1 Eckpunkte der Diskussion: Verhältnis von Staat und Krieg

Dass Krieg und Frieden begrifflich als zwei klar voneinander unterscheidbare, sich gegenseitig ausschließende politische Zustände gelten, ist Ergebnis einer spezifisch frühneuzeitlichen Argumentation: Angesichts der Situation des konfessionellen Bürgerkrieges in Europa konstituiert vor allem Thomas Hobbes den Staat als einen öffentliche Ruhe und innere (Rechts-)Sicherheit garantierenden unbedingten Friedensverband, der auf gesellschaftsvertraglicher Grundlage den Naturzustand des *bellum omnium contra omnes* durch Setzung eines rechtlich geordnete Machtverhältnisse im Staatsinnern schützenden Gewaltmonopols aufhebt (vgl. Meyers 1997, 358–371). Gedanklich wird damit der Weg frei, den Krieg auf das Binnenverhältnis der Souveräne, den internationalen Naturzustand, zu beschränken und ihn als rechtlich geregelte Form bewaffneter Konfliktaustragung zwischen Staaten zu begreifen. Zugleich ermöglicht diese Operation die Definition des Friedens als Nichtkrieg und liefert damit eine politisch-juristische Konstruktion, mittels derer die Vielfalt sozialer und politischer Konfliktlagen begrifflich eindeutig bestimmbar scheint. Allerdings weist die ideengeschichtliche Analyse auf, dass die so gewonnenen Begriffe von Krieg und Frieden mit der Ontologie des klassischen staatenzentrischen Systems internationaler Politik aufs engste verknüpft sind. Es wird noch zu zeigen sein, dass Veränderungen der realhistorischen Randbedingungen internationaler Politik Veränderungen im Gebrauch wie im Gehalt der Begriffe von Krieg und Frieden unmittelbar nach sich ziehen. Zunächst jedoch ist der Kontext zu skizzieren, in dem sich unser alltagspraktischer Gebrauch der beiden Begriffe entwickelt und ausdifferenziert.

Randnotizen:

Begriffliche Trennung von Krieg und Frieden als Ergebnis frühneuzeitlicher Argumentationen ...

ist eng verknüpft mit klassischem staatszentrierten System internationaler Politik

Der Staat als Schutzverband   Seit der frühen Neuzeit setzt sich in der europäischen Geschichte der Staat als Schutzverband und territorial fassbarer internationaler Akteur vornehmlich deshalb durch, weil er seine Tätigkeit über die erfolgreiche Produktion von Sicherheit legitimiert: von Rechts-, später dann auch wirtschaftlicher und sozialer Sicherheit im Binnenverhältnis, von nationaler Sicherheit im Außenverhältnis zu anderen vergleichbaren Akteuren, von internationaler Sicherheit in der durch die Prozesse von Konkurrenz und Konflikt ebenso wie von Kooperation und Friedensbewahrung strukturierten Staatengesellschaft. In dieser Entwicklung erscheinen Sicherheit und Territorialität als notwendige Korrelate: Je mehr sich der frühneuzeitliche Staat territorial verfestigt, seine Herrschaft im Binnenverhältnis unwidersprochen durchsetzen und behaupten kann, desto erfolgreicher vermag er sein Schutzversprechen seinen Bürgern gegenüber im Inneren wie auch in der sich herausbildenden Staatenwelt nach außen einzulösen. Und: Begriffsgeschichtliches Ergebnis des sich ausbildenden und intensivierenden Konnexes zwischen staatlicher Herrschaft – Ausübung von Macht durch zentrale politische Institutionen – und Kriegführung war, dass Frieden und Sicherheit, über Jahrhunderte hinweg in politisch-militärischen Kategorien bestimmt, vom Staat als ihrem Produzenten und Garanten her gedacht wurden, dass sie sich auf den Schutz des Individuums ebenso wie auf den Schutz der schützenden Institution bezogen. Schließlich: Sicherheit und Schutzgewährung als Voraussetzung einer erfolgreichen Politik der Herstellung und Bewahrung von Frieden kristallisieren sich in der Verteidigung der Integrität des staatlichen Territoriums ebenso wie in der Behauptung der Freiheit der politisch-gesellschaftlichen Eigenentwicklung.

Souveränität und Territorialität als notwendige Korrelate staatlicher Herrschaft ...

und konstitutives Merkmal internationaler Politik   Insofern sind Territorialität und Souveränität seit der frühen Neuzeit konstitutives Merkmal der (Haupt-)Akteure internationaler Politik. Wie die Völkerrechtslehre begreift die Lehre von den Internationalen Beziehungen diese Akteure vornehmlich als souveräne Gebietskörperschaften, die auf einem bestimmten, abgrenzbaren Teil der Erdoberfläche die grundsätzlich alleinige, andere Staaten ausschließende Herrschaft (*Gebietshoheit*) ausüben. Das heißt im Umkehrschluss auch, dass ein über kein Territorium herrschaftlich verfügendes Völkerrechtssubjekt kein Staat ist. Der Begriff der Territorialität verknüpft so Staat, Gesellschaft, Herrschaft und Raum, ist Teil jenes traditionellen Bedeutungskontextes, der den Staat als Völkerrechtssubjekt bestimmt: die Trias Staatsgebiet, Staatsvolk, Staatsgewalt. Territorialität symbolisiert nachgerade den Horizont der Moderne in der Praxis politischer Herrschaft: den allmählichen Ersatz der Pluralität hierarchischer Bindungen des mittelalterlichen Personenverbandsstaates durch eine exklusive Identität, die sich von der Mitgliedschaft in jenem gemeinsamen Rechtsraum herleitet, in dem Wille und Gesetz einer staatlichen Gewalt unbestritten gelten. Anders formuliert: Es ist ein Kennzeichen der Moderne, dass das Prinzip der hierarchischen (Unter-)Ordnung dem Prinzip der räumlichen Ein- bzw. Ausschließung Platz macht – und damit die Trennung von innen und außen, innerer und internationaler Politik (vgl. Schaubild II-5) begründet und legitimiert.

Die Trias Staatsgebiet, Staatsvolk, Staatsgewalt bestimmt das Völkerrechtssubjekt

Schaubild II-5: Der neuzeitliche Territorialstaat – Substrat des klassischen Sicherheitsbegriffs

Prämisse: Legitimation des Staates durch Garantie von Sicherheit und Rechtsfrieden im Binnen- und Schutz vor (militärischen) Angriffen im Außenverhältnis

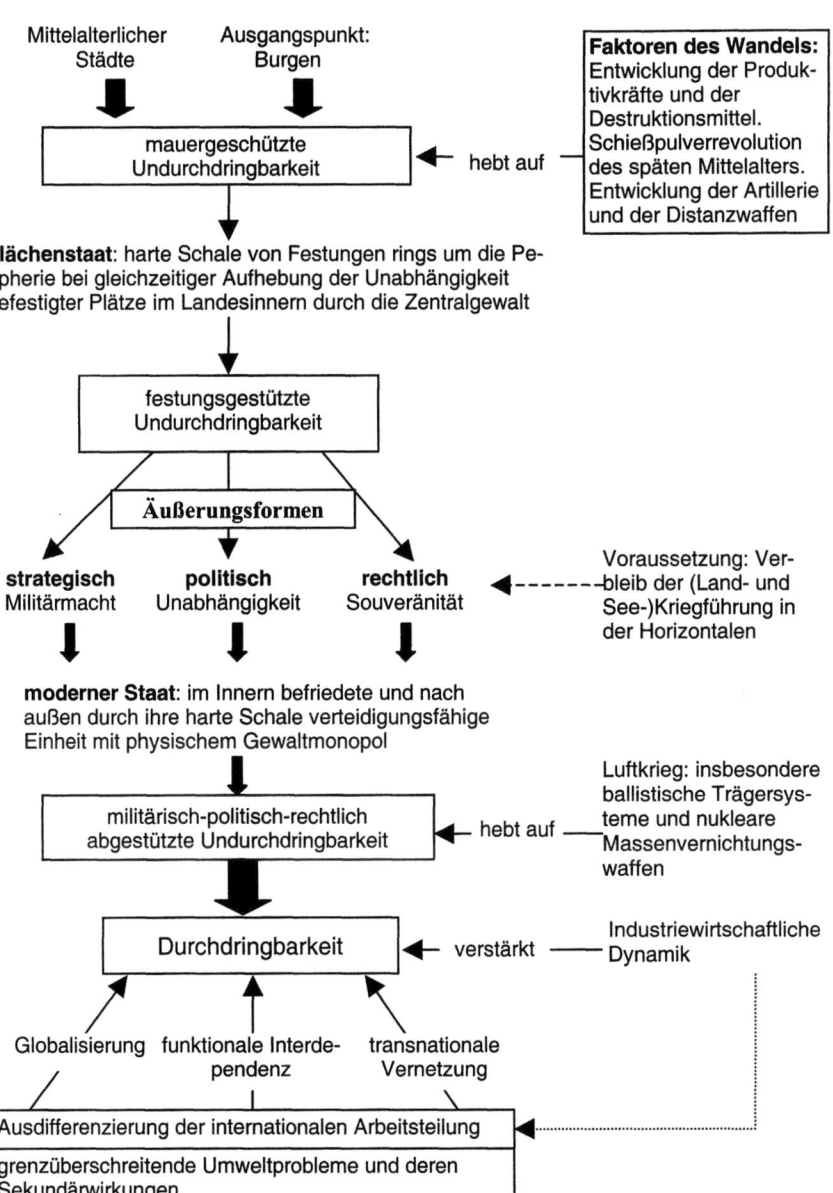

Es dürfte inzwischen zum nicht mehr bestrittenen Stand der Diskussion gehören, dass zum einen die Entwicklung des Kriegsbildes und der Kriegsformen Resultat der Entwicklung der Produktivkräfte und der Destruktionsmittel ist, zum anderen aber auch die Existenz, physisch-territoriale Gestalt, politische Struktur und politisch-gesellschaftliche Funktion des Staates mit der Ausdifferenzierung und dem Wandel der Ziele, Formen und Prozesse der Kriegführung aufs engste verknüpft sind (vgl. McNeill 1984; van Crefeld 1991; Porter 1994). Für unseren Argumentationsgang von zentraler Bedeutung ist dabei, dass zunächst die Entwicklung der *Destruktionsmittel* das klassische Symbol der erfolgreichen Umsetzung staatlicher Schutzversprechen – nämlich die militärisch-politisch-rechtlich abgestützte Undurchdringbarkeit staatlicher Grenzen durch Außeneinflüsse (Herz 1974) – in Frage stellt und aufhebt. Die insbesondere durch die Entwicklung der Luftkriegführung und der ballistischen Trägerwaffen im 20. Jahrhundert bewirkte prinzipielle Durchdringbarkeit der harten Schale des nationalen Akteurs wird intensiviert durch die moderne industriewirtschaftliche Entwicklung und die Folgen einer immer weiter voranschreitenden internationalen Arbeitsteilung (vgl. Dicken 1998), in deren Konsequenz der nationale Akteur unter Globalisierungsdruck gerät (Held et al. 1999; Held und McGrew 2000). Die Ressourcen, deren er auch weiterhin nicht nur zur Produktion von Sicherheit, sondern mehr noch angesichts seiner Wandlung vom liberalen Nachtwächterstaat der ersten Hälfte des 19. zum Daseinsvorsorgestaat der zweiten Hälfte des 20. Jahrhunderts bedarf, werden bedroht, geschmälert, in Frage gestellt. Die Entgrenzung der Staatengesellschaft als Folge von Prozessen der Verregelung, Institutionalisierung und formalen Organisation internationaler Beziehungen, der Ausbildung transnationaler Interessenkoalitionen in einer Situation des Regierens jenseits des Nationalstaates (Zürn 1998), der Entwicklung inter- und transgouvernementaler Politikverflechtungen und von Mehrebenensystemen des Regierens in staatenüberwölbenden (Integrations-)Zusammenhängen (Wallace und Wallace 2000) überdeckt, unterläuft oder ignoriert ihre überkommenen Handlungsspielräume (Meyers 1999). Damit aber beeinträchtigt sie ihre Leistungsfähigkeit als Garant von Daseinsvorsorge wie als Ordnungsmacht gesellschaftlichen Zusammenlebens im binnen- wie im zwischenstaatlichen Handlungsbereich. Wir kommen auf diesen Aspekt noch einmal zurück.

Destruktionsmittel und

internationale Arbeitsteilung heben Undurchdringbarkeit staatlicher Grenzen auf

1.2 Typologisches zum Begriff Krieg

Definition von Krieg nach Clausewitz

Im Altertum, im Mittelalter und in der Neuzeit gleichermaßen galt der Krieg als Grundtatbestand menschlichen Konfliktverhaltens, als „Akt der Gewalt, um den Gegner zur Erfüllung unseres Willens zu zwingen" (Carl von Clausewitz 1973, 191–192). „Der Krieg ist nichts als ein erweiterter Zweikampf. Sein nächster Zweck ist, den Gegner niederzuwerfen und dadurch zu jedem ferneren Widerstand unfähig zu machen." In seiner vollen Ausformung seit der Entstehung gesellschaftlicher Großorganisationen, d.h. seit der Bildung der ersten Hochkulturen der Frühgeschichte, bekannt, lässt sich der Krieg als der Versuch von Staaten, staatsähnlichen Machtgebilden oder gesellschaftlichen Großgruppen begreifen, ihre machtpolitischen, wirtschaftlichen oder weltanschaulichen Ziele mittels Anwendung organisierter bewaffneter Gewalt durchzusetzen. Im Laufe der Entwicklung lässt sich eine Einengung des vorzugsweise auf die gewaltsame Auseinandersetzung (bis hin zum Duell zwischen Individuen) abhebenden Begriffs konstatieren. Mit der Ausbildung des souveränen Territorialstaates und in seiner Folge des als Gemeinschaft souveräner Nationen begriffenen internationalen Staatensystems seit dem 17. Jahrhundert galt eine gewaltsame Auseinandersetzung nur dann als Krieg,

- wenn daran geschlossene Gruppen bewaffneter Streitkräfte beteiligt waren und es sich zumindest bei einer dieser Gruppen um eine reguläre Armee oder sonstige Regierungstruppen handelte,
- wenn die Tätigkeit dieser Gruppen sich in organisierter, zentral gelenkter Form entfaltete und
- wenn diese Tätigkeit nicht aus gelegentlichen, spontanen Zusammenstößen bestand, sondern über einen längeren Zeitraum unter regelmäßiger strategischer Leitung anhielt.

Merkmale des klassischen Krieges

Der neuzeitliche Kriegsbegriff stellt darüber hinaus darauf ab, dass die am Krieg beteiligten Gruppen in aller Regel souveräne Körperschaften gleichen Ranges sind und untereinander ihre Individualität vermittels ihrer Feindschaft gegenüber anderen derartigen Gruppen ausweisen. Indem dieser Kriegsbegriff einen (völkerrechtlichen) Rechtszustand bezeichnet, der zwei oder mehreren Gruppen einen Konflikt mit Waffengewalt auszutragen erlaubt, schließt er Aufstände, Überfälle oder andere Formen gewaltsamer Auseinandersetzung zwischen rechtlich Ungleichen aus, vermag damit aber solche Tatbestände wie Bürgerkriege, Befreiungskriege und Akte des Terrorismus nicht oder nur ungenügend abzudecken. Da die Abgrenzung des Krieges gegen andere gewaltsame Aktionen (bewaffnete Intervention, militärische Repressalie, Blockade) in der Praxis der Staaten oft verhüllt wurde, war der Kriegsbegriff im Völkerrecht lange umstritten. Erst die Genfer Fünfmächtevereinbarung vom 12. 12. 1932 ersetzte den ursprünglichen Ausdruck „Krieg" durch den eindeutigeren der „Anwendung bewaffneter Gewalt" (Artikel 3). Die Charta der Vereinten Nationen folgte dieser Tendenz, indem sie die Anwendung von oder Drohung mit Gewalt in internationalen Beziehungen grundsätzlich verbot (Artikel 2, Ziffer 4) und nur als vom Sicherheitsrat beschlossene Sanktionsmaßnahme (Artikel 42) oder als Akt individueller oder kollektiver Selbstverteidigung (Artikel 51) erlaubte.

Neuzeitlicher Kriegsbegriff: völkerrechtliche Gleichrangigkeit der Gegner

Die völkerrechtliche Definition von Krieg

Trotz aller völkerrechtlichen Klärungsversuche: in politischer Hinsicht bleibt die Ungewissheit darüber bestehen, was das Wesen des Krieges ausmacht und wo er seine Grenzen findet (vgl. Cimbala 1997). Zwar hat Clausewitz die lange Zeit gültige Auffassung vom Krieg als einem funktionalen Mittel der Politik entwickelt, als einer spezifischen Form des Verkehrs der Staaten untereinander, die wohl ihre eigene Logik hat, grundsätzlich aber den Primat der Politik gelten lässt: Der Krieg hat keinen Eigenwert, sondern gewinnt seine Berechtigung allein in einem von der Politik geprägten, der Durchsetzung der Interessen der Staaten nach außen dienenden Ziel-Mittel-Verhältnis. Aber was diese Auffassung nicht erfasst, ist die Wandlung des Krieges von einer – für die Zeit Clausewitz' noch typischen – Auseinandersetzung zwischen Souveränen und ihren Armeen – wie sie am deutlichsten in der Form der mit begrenzter Zielsetzung und unter weitgehender Schonung von

Doch was ist das Wesen des Krieges aus politischer Perspektive?

Nichtkombattanten und produktiven Sachwerten geführten *Kabinettskriege* des 18. Jahrhunderts aufscheint – zu einer Auseinandersetzung zwischen hochindustrialisierten Massengesellschaften, die als *totaler Krieg* bezeichnet wird. Ausgehend von der *levée en masse* der französischen Revolutionskriege, erstmals deutlich manifest im amerikanischen Bürgerkrieg 1861–1865, erreicht sie im Ersten und im Zweiten Weltkrieg ihre Höhepunkte. Mobilmachung aller militärischen, wirtschaftlichen und geistig-weltanschaulichen Ressourcen für die Kriegführung, Missachtung der völkerrechtlichen Unterscheidung zwischen Krieg führenden Streitkräften (Kombattanten) und nichtkämpfender Zivilbevölkerung, Zerstörung kriegs- und lebenswichtiger Anlagen im Hinterland des Gegners, Mobilisierung gewaltiger Propagandamittel, um die eigene Wehrbereitschaft zu steigern und die des Gegners zu zersetzen – all diese Elemente haben nur ein Ziel: die völlige Vernichtung des zum absoluten Feind erklärten Gegners. Der totale Krieg kehrt das clausewitzsche Zweck-Mittel-Verhältnis von Politik und Krieg nachgerade um und setzt – im Sinne der These Ludendorffs vom Krieg als der höchsten Äußerung völkischen Lebenswillens – die äußerste militärische Anstrengung absolut. Damit aber wird der Krieg der politischen Operationalisierbarkeit beraubt, werden Staat und Politik zum Mittel des Krieges erklärt, wird der Krieg stilisiert zum Medium der Selbststeigerung und Überhöhung: des Kriegers sowohl als auch der Krieg führenden Nation.

Staat und Politik werden zum Mittel des Krieges erklärt

Mit der Entwicklung nuklearer Massenvernichtungswaffen stellt sich die Frage nach der politischen Instrumentalität des Krieges vor dem Hintergrund des thermonuklearen Holocausts erneut. Der clausewitzschen Lehre von der politischen Zweckrationalität des Krieges ist im Zeitalter der auf gesicherte Zweitschlagpotenziale der Supermächte gestützten gegenseitigen Totalzerstörungsoption („mutual assured destruction" – MAD) der Grundsatz entgegenzuhalten, dass Krieg kein Mittel der Politik mehr sein darf; denn sein Charakter hat einen qualitativen, irreparablen Bruch erfahren: Das Katastrophale, Eigendynamische organisierter militärischer Gewaltanwendung ist auf in der Geschichte bis zum Jahr 1945 nie da gewesene Weise gesteigert worden. Es gilt die treffende Bemerkung des Psychologen Alexander Mitscherlich (1970, 16): Die Atombombe verändere den Charakter des Krieges „von einer Streitgemeinschaft zu einer vom Menschen ausgelösten Naturkatastrophe". Oder anders: Wo das Mittel den Zweck, dem es dienen soll, im Falle seines Einsatzes obsolet macht, führt es sich selbst ad absurdum. Damit aber wäre auch die hergebrachte Unterscheidung von Krieg und Frieden fragwürdig. Ihre Grenzen verschwimmen spätestens da, wo in der Politik der Abschreckung die Vorbereitung auf den Krieg zur Dauermaxime politischen Handelns wird. Die spezifischen Konturen von Krieg und Frieden als trennbaren gesellschaftlichen Größen gehen verloren:

Unterscheidung von Krieg und Frieden fragwürdig

> „Mit der Entwicklung des Kalten Krieges nach dem Zweiten Weltkrieg und der Tendenz zur Totalisierung politischer Ziele und technologischer Zerstörungspotentiale wurde überkommenen begrifflichen Differenzierungen endgültig der Boden entzogen. Dem Begriff des Krieges und dem Begriff des Friedens entsprechen in Politik und Gesellschaft heute keine eindeutigen Sachverhalte mehr" (Senghaas 1969, 5).

Gleichwohl gilt festzuhalten, dass in der herkömmlichen, auf die Geschichte der Neuzeit fokussierten, eurozentrischen Sicht der Krieg klassischerweise der Krieg *zwischen Staaten bzw. ihren regulären Streitkräften* ist – im Sinne des Generals von Clausewitz die Fortsetzung des diplomatischen Verkehrs unter Einmischung anderer Mittel, geführt um der Durchsetzung *staatlicher* Territorial- oder Machtansprüche willen, gestützt durch eine Produzenten und Produktivkräfte mobilisierende allumfassende Kriegswirtschaft. *Ex negatione* ist der Friede klassischerweise ein völkerrechtlich garantierter Zustand des Nichtkrieges *zwischen Staaten*; das Gewaltverbot des Artikels 2 (4) der UNO-Charta ist eine Fundamentalnorm des Völkerrechts (oder präziser: des zwischen*staatlichen* Rechts). Dieser Staatenzentrismus hat bis in die Gegenwart das Bild des Krieges – wie auch des Friedens – in Politik, Streitkräften und Öffentlichkeit geprägt und auch die Wissenschaft weitgehend in seinen Bann geschlagen. Allerdings verdeckt er, dass der Krieg zwischen Staaten weltgeschichtlich gesehen „nur in einer vergleichsweise kurzen historischen Phase und in einem beschränkten geographischen Raum die vorherrschende Kriegsform war" (Hoch 2001, 17).

2 Erste Randbedingung des Wandels: Globalisierung und Veränderung der Rolle des Staates

Die eben formulierte Einsicht ist – ebenso wie die wissenschaftliche Beschäftigung mit den neuen Kriegen – Resultat der Auseinandersetzung mit einem umgreifenderen Kontext: dem der Globalisierung. Verstanden als Zunahme und Verdichtung der den ganzen Erdball umspannenden wechselseitigen Verflechtungen politischer, wirtschaftlicher, militärischer und kultureller Art, gestützt auf revolutionäre Fortschritte der Informations- und Kommunikationstechnologie wie der Datenverarbeitung, die gleichsam die Zeit über den Raum siegen lassen, bewirkt sie nicht nur das Zerbröckeln der letzten Bastionen territorialer Autonomie. Ihr immer dichter geknüpftes Netz umhüllt den einzelstaatlichen Akteur wie weiland die Fesseln der Liliputaner den gestrandeten Gulliver. Zusehends untergräbt und überlagert sie das staatliche Gewaltmonopol: von „oben" durch die bereits mit den Weltkriegen einsetzende, in Verteidigungsbündnissen, Blöcken, Internationalisierung der Rüstungsindustrie wie des Waffenhandels, aber auch Rüstungskontrolle und Verabredung vertrauensbildender Maßnahmen greifbare Transnationalisierung des Militärs, die die Fähigkeit von Staaten, einseitig mit Gewalt gegen andere vorzugehen, erheblich einschränkt, von „unten" durch die Privatisierung der Gewaltanwendung, wie sie die kleinen oder neuen Kriege, die Bürgerkriege und *low intensity conflicts* kennzeichnet: Produkte möglicherweise einer Trotz- oder Gegenreaktion, die vor dem Hintergrund der Gleichzeitigkeit von Integration und Fragmentierung, Nivellierung kultureller Unterschiede wie Schärfung des eigenen Profils, weltweiter Verflechtung wie Lokalisierung von Beziehungen, dem macdonaldisierten politischen wie sozioökonomischen Einheitsbrei der Globalisierung, der kosmopolitischen Inklusion, dem Universalismus von Liberalität und Menschenrechten, der multikulturalistischen Verschleifung ethnokultureller Differenzen durch eine Politik des gewaltgestützten Identitätenpartikularismus zu entrinnen streben (Kaldor 2000, 14ff.).

Diese Globalisierungsphänomene (vgl. Messner in diesem Band) sind in unserem Kontext als notwendige Bedingung der Entwicklung neuer Kriege von besonderer Relevanz,

Der neue Krieg im Kontext der Globalisierung

Staatliches Gewaltmonopol wird untergraben und überlagert

Relevanz von Globalisierungsphänomenen für den neuen Krieg

- weil sie die Handlungsspielräume des klassischen internationalen Akteurs – nämlich des Nationalstaates – überwölben, unterlaufen oder schlichtweg ignorieren,
- damit aber seine Leistungsfähigkeit als Daseinsvorsorgestaat, als Ordnungsmacht gesellschaftlichen Zusammenlebens und Garant von (rechtlicher und sozialer) Sicherheit im binnen- wie im zwischenstaatlichen Handlungsbereich beeinträchtigen.

Auf die für Globalisierungsprozesse typischen Phänomene – nämlich

- Begründung und Ausbau funktionaler Interdependenzbeziehungen staatlicher und nichtstaatlicher Akteure sowie
- transnationale Vernetzung gesellschaftlicher Akteure in einer Vielzahl von Gesellschaften

– stützt sich mit Blick auf die Veränderung der überkommenen staatenweltlichen Randbedingungen des Gewalthandelns nationaler Akteure ein zweistreifiger Argumentationsgang (vgl. Schaubild II-6).

Der nationale Akteur als Führer von Krieg und Garant von Frieden verliert an Bedeutung

Als alleiniger auf das Gewaltanwendungsmonopol gestützter Führer von Krieg wie alleiniger Garant von Frieden verliert der nationale Akteur klassischer Prägung erheblich an Bedeutung. Folglich entsteht ein gravierendes Problem: Werden seine Schutz- und Ordnungsaufgaben teilweise durch andere Akteure übernommen, oder bildet sich in seiner alten Kompetenzsphäre ein Macht- und Handlungsvakuum, das andere gesellschaftliche Kräfte – und wenn ja, welche – besetzen? Wir kommen auf diese Frage noch zurück.

Schaubild II-6: Interdependenz, Vernetzung, Verflechtung der Akteure

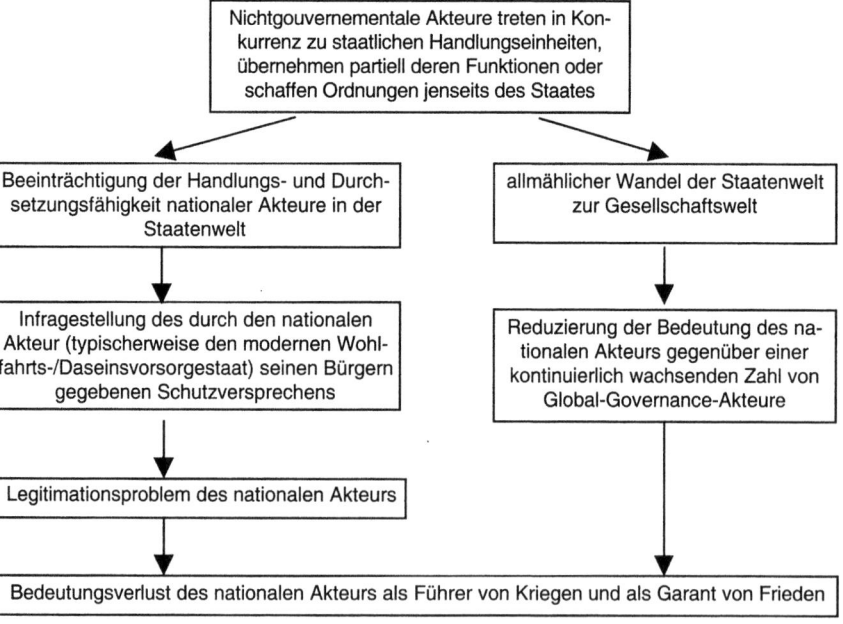

An dieser Stelle ist für unsere Argumentation zunächst die Feststellung entscheidend, dass der noch von Max Weber als unhinterfragter alleiniger Inhaber des Monopols legitimer physischer Gewaltanwendung in einem angebbaren Territorium beschriebene nationale Akteur in weiten Teilen der Welt bereits zugunsten anderer Gewaltakteure abgedankt hat. In Angola, Somalia, Sierra Leone oder dem Kongo ist er den Parteien, Handlangern und Profiteuren des neuen Krieges längst zum Opfer gefallen[2]. In Teilen des Balkans und des ehemaligen Sowjetimperiums ist immerhin noch seine Hülle begehrt, weil diese wie ein Theatermantel mafiosen Unternehmungen einen Rest von Legitimität und Respekt zu verschaffen scheint, wenn nicht gar ihre Durchführung mit Blick auf Usurpation und Kontrolle staatlicher Restmachtmittel entschieden erleichtert. In beiden Fällen aber wird die klassische neuzeitliche Legitimationsgrundlage staatlicher Existenz und staatlichen Handelns (vgl. Meyers 1997, 348–371) *insgesamt* deutlich in Frage gestellt: nämlich die, den von Hobbes postulierten vorgesellschaftlichen Naturzustand des *bellum omnium contra omnes* durch Garantie von Sicherheit und Rechtsfrieden im Binnen- wie Schutz vor militärischen Angriffen im Außenverhältnis zu überwinden. Die herkömmliche Legitimation des Krieges als Ausdruck des Rechtes der Staaten auf Inanspruchnahme des Instituts der Selbsthilfe zur Verteidigung eigener Interessen in einer anarchischen Staatenwelt ruht nachgerade auf der Erfüllung dieses Schutzversprechens: Seiner Durchsetzung dienen Monopolisierung der Gewaltanwendung und Verstaatlichung des Krieges. Erst als sich der Staat

> „als Kriegsmonopolist durchgesetzt hatte, konnten Kombattanten und Nichtkombattanten, vor allem aber Erwerbsleben und Kriegführung, voneinander getrennt werden. Weil der Staat seine Soldaten nicht mit Plünderung und Beute, sondern aus Steuern finanzierte, konnte er eine ‚Zivilisierung der Krieger' betreiben, die in deren Kasernierung, einer auf regelmäßigem Exerzieren beruhenden Disziplin und der Ausbildung einer militärischen Berufsethik ihren Niederschlag fand" (Münkler 2001).

Dass die Entwicklung der Destruktionsmittel (vgl. McNeill 1983) dieses Schutzversprechen schon zu Beginn des 20. Jahrhunderts vermittels des Luftkrieges ernsthaft hinterfragt und in der Mitte des 20. Jahrhunderts durch die Entwicklung nuklearer Massenvernichtungswaffen potenziell aufgehoben hat, müssen wir zwar einerseits konzedieren, andererseits ließe sich aber auch die Entwicklungsgeschichte von Abschreckungsdoktrin und Nuklearstrategie (vgl. Freedman 1989) als Versuch interpretieren, die Schutzfunktion des Staates durch Rekurs auf die letztmögliche, auf die in der Tat *Ultima Ratio* einer Drohung mit Mord und Selbstmord im atomaren Höllenfeuer erneut zu befestigen. Erst die Entwicklung des neuen Krieges setzt solchem Denken tatsächlich ein Ende:

- Die Verwicklung der Staaten in unkonventionelle Prozesse und Formen der Kriegführung zwischen staatlichen und sub- oder nichtstaatlichen Akteuren,
- die Vergesellschaftung des Gewaltmonopols,

---

2 Was inzwischen auch der Presse auffällt: „Kriegsparteien schlachten den Kongo aus. Der Staat als Beute" – so formuliert treffend die Süddeutsche Zeitung vom 14. Februar 2001 ihre Überschrift eines Berichts über die Vorkommnisse im Kongo nach der Ermordung Kabilas.

- die Aufhebung der Unterscheidung zwischen Armee und Zivilbevölkerung, die Zivilisten übergangslos zu Kombattanten werden, Wohnviertel und Schlachtfeld in eins fallen lässt,
- die die Brutalität der eingesetzten Mittel steigernde quantitative wie qualitative, zeitliche wie räumliche Entgrenzung eines Konflikts zwischen sich gegenseitig als illegitim bezeichnenden Einheiten,
- schließlich die Abwanderung all dieser Auseinandersetzungen aus der Zuständigkeit des Völker- oder, besser, zwischen*staatlichen* Rechts in die normative Grauzone zwischen *inner*staatlichem und *zwischen*staatlichem Recht

Das überkommene staatenzentristische Kriegsbild löst sich auf, weil ...

beschwören letztlich die Auflösung des überkommenen staatenzentrischen Kriegsbildes. Militärische Gewaltanwendung wendet sich aus dem zwischenstaatlichen Bereich in den innergesellschaftlichen, aus der Sphäre *zwischen* den handelnden Subjekten der *internationalen* Politik in die *innergesellschaftliche* Sphäre sich zersetzender und zerfallender staatlicher Handlungseinheiten. Mit diesen Veränderungen in Kriegsbild und Kriegführung aber ist militärische Gewaltanwendung heute von einem überwiegend *zwischenstaatlichen* zu einem überwiegend *innergesellschaftlichen* Problem geworden! Und: Der neue Krieg ist mit den herkömmlichen Kategorien der Sicherheitspolitik nicht zu erfassen; der Versuch, es doch zu tun, endet in der Sackgasse der Fehlperzeptionen („ethnonationaler fundamentalistischer Konflikt") oder des schlichten Unverständnisses („Anarchie"). Wir brauchen ein neues begriffliches Instrumentarium, das uns weiterhelfen kann, die genannten Phänomene zu klassifizieren, historisch zu verorten und zumindest einer Erklärung zugänglich zu machen.

Gewaltanwendung vom zwischenstaatlichen zum innergesellschaftlichen Problem geworden ist

3 Zweite Randbedingung des Wandels: Veränderungen der Charakteristika der Kriegführung oder Zurück ins Mittelalter?

Mit der Abdankung des nationalen Akteurs als klassischer Kriegführungsmacht wird auch der zwischen*staatliche* Krieg zum Anachronismus: Die seit 1945 geführten über 250 Kriege entpuppen sich überwiegend als inner- oder zwischengesellschaftliche gewaltsame Auseinandersetzungen, an denen öffentliche und private, internationale und nationale, regionale und lokale Kriegsparteien gleichermaßen teilnehmen (vgl. Rohloff in diesem Band). An die Stelle organisierter zwischenstaatlicher Gewaltanwendung tritt ein *neuer Kriegstyp*, in dem sich Momente des klassischen Krieges, des organisierten Verbrechens und der weitreichenden Verletzung der Menschenrechte miteinander verbinden. Seine asymmetrische Struktur zwischen regulären und irregulären Kampfeinheiten impliziert seine sowohl zeitliche als auch räumliche Entgrenzung: Die Heckenschützen Sarajevos kämpften weder entlang einer zentralen Frontlinie noch innerhalb eines durch Kriegserklärung formal begonnenen und durch Kapitulation oder Friedensvertrag formal geschlossenen Zeitraums. Während nach von Clausewitz im herkömmlichen Krieg zwischen Staaten die Niederwerfung des Gegners in der nach Konzentration der Kräfte angestrebten Entscheidungsschlacht das oberste Ziel der Kriegsparteien ist, besteht die Besonderheit des neuen Krieges in einer Strategie des sich lang hinziehenden

Merkmale des neuen Krieges: zeitliche und räumliche Entgrenzung sowie Beteiligung nichtstaatlicher Akteure

Konflikts, in dem der Gegner vorgeführt, ermüdet, moralisch und physisch zermürbt, durch punktuelle Aktionen räumlich gebunden, schließlich durch Schnelligkeit und Bewegung ausmanövriert und durch geschickte, gelegentlich durchaus auch eigene Opfer kostende Aktionen in den Augen einer internationalen Öffentlichkeit diskreditiert, moralisch erniedrigt und so bei möglichen Waffenstillstands- oder Friedensverhandlungen unter Vermittlung mächtigerer Dritter ins Unrecht gesetzt und zumindest teilweise um die Früchte seiner Anstrengungen gebracht wird.

Insofern ginge man auch zu kurz, den neuen Krieg als einen „bloßen" ethnonationalistischen Bürgerkrieg zu begreifen, in dem die Gewaltanwendung zur Durchsetzung von Volksgruppenzielen gleichsam privatisiert wird.[3] Er ist ein genuin politisches Phänomen, an dem externe und interne, regierungsamtliche wie nicht-regierungsamtliche Akteure gleicherweise teilhaben. In ihm geht es weniger um klassische machtpolitische und/oder territoriale Ziele, wie sie etwa die „Kanonenbootpolitik" des 19. Jahrhunderts kennzeichneten, sondern um (auch bewaffneten Zwang als Mittel der Überzeugung oder Verdrängung Andersdenkender einsetzende) *Identitätsstiftung*. In Abwandlung des klassischen Diktums von Carl Schmitt – dass nämlich souverän sei, wer über den Ausnahmezustand bestimme – ist der eigentliche Souverän des neuen Krieges derjenige, der Konflikte der *Perzeption* des anderen durch die eigenen Kampfgenossen, der *Interpretation* historischer und politischer Tatsachen auf der innergesellschaftlichen wie internationalen Referenzebene und der *Sinnstiftung* auf der Ebene der Weltanschauung, der Religion oder der Ideologie zu *seinen* Gunsten entscheiden kann.

Identitätsstiftung als Ziel des neuen Krieges

Vom Totalitätsanspruch der Sinnstiftung ist es in aller Regel nur ein kleiner Schritt zum Totalitätsanspruch der Kriegführung. Die Bezeichnung der neuen Kriege als *kleine Kriege* ist ein gutes Stück euphemistischen Orwellschen *NewSpeak*: Weder in Dauer, Intensität noch Zerstörungskraft sind die *kleinen Kriege* tatsächlich klein! Was sie vielmehr kennzeichnet, ist ihre Durchbrechung, wenn nicht gar Außerkraftsetzung verbindlicher Regeln für die Kriegführung: Die Kriegsakteure bestreiten die Geltung des Kriegs*völker*rechts, weil es sich um ein zwischen*staatliches* Rechtssystem handelt, sie sich aber gerade nicht als das *ius in bello* kodifizierenden und einhegenden Konventionen unterworfene *staatliche* Akteure begreifen. Am augenfälligsten wird diese Entwicklung in der Aufhebung der Unterscheidung zwischen Kombattanten und Nichtkombattanten: Im *kleinen Krieg* kommen paradoxerweise *alle* Mittel zum Einsatz, so dass er in seiner charakteristischen Brutalität Züge annimmt, die sonst nur mit dem Phänomen des totalen Krieges in Zusammenhang gebracht werden.

Totalitätsanspruch

Die Qualität des kleinen Krieges

---

3 Am Beispiel der Ereignisse in Jugoslawien und in Ruanda hat John Mueller (2001, 97) einleuchtend aufgezeigt, dass das Konzept des ethnonationalistischen Bürgerkrieges in seiner Gesamtheit in die Irre führt: „Specifically, insofar as it is taken to imply a war of all against all and neighbor against neighbor – a condition in which pretty much everyone in one ethnic group becomes the ardent, dedicated, and murderous enemy of everyone in another group – ethnic war essentially does not exist. I argue instead that ethnic warfare more closely resembles nonethnic warfare, because it is waged by small groups of combatants, groups that purport to fight and kill in the name of some larger entity. Often, in fact, ‚ethnic war' is substantially a condition in which a mass of essentially mild, ordinary people can unwillingly and in considerable bewilderment come under vicious and arbitrary control of small groups of armed thugs [...] bands of opportunistic marauders recruited by political leaders and operating under their general guidance [...]."

„Die Gesamtheit des Gegners, und nicht nur dessen Kombattanten, wird als Feind angesehen und bekämpft. Die Symmetrie, also die Beschränkung des Kampfes auf die Kombattanten, kennzeichnet den großen Krieg; für den kleinen Krieg hingegen ist die bewusst angestrebte Asymmetrie im Kampf gegen die verwundbarste Stelle des Gegners, eben die Nichtkombattanten, charakteristisch. Daher rührt der hohe Anteil von Zivilisten unter den Opfern kleiner Kriege. Auch reguläre Streitkräfte, die in einem kleinen Krieg gegen irreguläre Kräfte eingesetzt werden, tendieren dazu, sich die regellose Kampfesweise des Gegners zu eigen zu machen" (Hoch 2001, 19).

Ordnungsfunktionen des Staates in Frage gestellt

Diese Entwicklungen unterfüttern die Infragestellung der überkommenen Ordnungsfunktionen des Staates, wie sie weiter oben mit Blick auf weltmarktinduzierte Veränderungen der Industriegesellschaften, Globalisierungsdruck und Bildung transnationaler Interessenkoalitionen bereits knapp skizziert worden sind. Das Ignorieren des inneren wie äußeren Gewaltmonopols durch *low intensity conflicts* (van Crefeld 1999, Kapitel 6), insbesondere der gewaltträchtige Fragmentierungs- und Zerfallsprozess klassischer nationaler Akteure in Klein- und Mikrostaaten, die Auflösung staatlicher Handlungssubjekte und -strukturen (Somalia!), damit aber auch die Aufhebung des traditionell nach innen wie nach außen wirksamen Schutzversprechens, das seit Hobbes Existenz, Tätigkeit und Gewaltausübung des Staates gegenüber seinen Bürgern überhaupt erst legitimiert – all diese Phänomene der Gegenwart unterlaufen die trennscharfe Differenzierung der Begriffe von Krieg und Frieden ebenso eklatant,

Klassische Differenzierung von Krieg und Frieden trägt nicht mehr ...

wie der abschreckungsgestützte Blockantagonismus von Ost und West sie überwölbt hatte. Zumindest *prima facie* ist die treibende Kraft dieser Entwicklungen die quantitativ starke Zunahme nichtstaatlicher Akteure in den internationalen (Gewalt-)Beziehungen: Befreiungsbewegungen, Guerillaorganisationen, terroristischer Gruppierungen, fundamentalistischer Vereinigungen, Verbünde der organisierten Kriminalität, privatwirtschaftlich organisierter Söldnerunternehmen (Shearer 1998), privater Sicherheits- und Nachrichtendienste. Sie alle können – und werden – sowohl im eigenen Interesse wie auch im Interesse von Staaten oder anderen nichtstaatlichen Organisationen tätig werden. Das im Schoße all dieser Entwicklungen ausgebildete neue

aus folgenden Gründen:

Kriegsbild (vgl. Kaldor 1997; Kaldor 2000; Kaldor und Vashee 1997) ist mit den überkommenen Kategorien des Generals von Clausewitz nicht länger zu fassen. Wir verweisen insbesondere auf die folgenden Argumente:

Fragmentierung staatlicher Handlungssubjekte

– Die Fragmentierung der staatlichen Handlungssubjekte stellt die These von der politischen Zweckrationalität des Krieges aus der Perspektive einer Vielzahl von Mikroebenen radikal in Frage. Die Ebene der Gewaltanwendung verschiebt sich „nach unten", die über Jahrhunderte erarbeiteten Regeln der zwischenstaatlichen Kriegführung verlieren sich immer mehr zwischen den Fronten nichtstaatlicher Kriegs- oder Konfliktparteien (Daase 1999). In dem Maße, in dem sich Staaten auf gewaltsame Konflikte mit nichtstaatlichen Akteuren einlassen, gar deren irreguläre Kriegführung übernehmen, untergraben sie die Prinzipien ihrer eigenen Staatlichkeit – und damit auch die Prinzipien der internationalen Staatengesellschaft.

Heterogenisierung der Kriegsakteure

– Insbesondere im Kontext ethnonationalistischer Konflikte lösen sich die herkömmlichen, dem Primat der Politik unterstellten und dem Prinzip von strategischer Rationalität, einheitlicher Führung, Befehl und Gehorsam verpflichteten militärischen Großverbände als Hauptträger der Kriegführung auf. An ihre Stelle treten die Privatarmeen ethnisch-nationaler Gruppen, Partisanenverbände, unabhängig operierende Heckenschützen, marodierende Banden, Mafiagangs: „What are called armies are often horizontal coalitions of local militia, breakaway units from disintegrating states, paramilitary and organized crime groups" (Kaldor 1997, 16). Dabei schwindet nicht nur die klassische Unterscheidung von Kombattanten und Zivilisten – die Schlachtfelder des neuen Krieges werden bevölkert von Figuren, die Europa seit dem Absolutismus aus der Kriegführung verbannt hatte:

- dem *Warlord*, einem lokalen oder regionalen Kriegsherrn, der seine Anhängerschaft unmittelbar aus dem Krieg, der Kriegsbeute und den Einkünften des von ihm eroberten Territoriums finanziert (Rich 1999),
- dem *Söldner*, einem Glücksritter, der in möglichst kurzer Zeit mit möglichst geringem Einsatz möglichst viel Geld zu verdienen trachtet,
- dem *Kindersoldaten*, dessen Beeinflussbarkeit und Folgebereitschaft ihn zu einem gefügigen Instrument des bewaffneten Terrors machen.
- Militärische Gewalt richtet sich immer seltener nach *außen*, in den Bereich *zwischen* den Staaten. Vielmehr kehrt sich ihre Stoßrichtung um, in die *Innensphäre* der zerfallenden einzelstaatlichen Subjekte hinein. Ihr übergeordneter Zweck ist nicht mehr die Fortsetzung des politischen Verkehrs unter Einmischung anderer Mittel, sondern die Sicherung des innergesellschaftlichen Machterhalts von Interessengruppen, Klans, Warlords, Kriminellen, die Garantie von Beute und schnellem Profit, die Erzwingung und Erhaltung von klientelistischen und persönlichen Abhängigkeiten, die Etablierung und der Ausbau von Formen quasiprivatwirtschaftlich organisierter Einkommenserzielung. Damit einher gehen die Auflösung der Unterscheidung von Erwerbsleben und Gewaltanwendung, der fortschreitende Verlust von Zukunftsvertrauen sowie die Abwertung friedlich-ziviler Kompetenzen und Fähigkeiten, während die Fähigkeiten und Fertigkeiten zur Gewaltanwendung an Bedeutung gewinnen. Die Schichten, die am Frieden interessiert sind, werden an den Rand gedrängt, gesellschaftlich marginalisiert,

Militärische Gewalt: von der Außen- in die Innensphäre des Staates

„während jene in Friedenszeiten an die Ränder der Gesellschaft verbannten gewaltbereiten Gruppen an Macht und Bedeutung gewinnen und mit der international organisierten Kriminalität, den Waffen-, Drogen- und Menschenhändlern eine untrennbare Verbindung eingehen. Sie haben kein substantielles Interesse am Frieden, denn ihre Macht und ihr neuer Wohlstand hängen an der Fortdauer des Krieges. Wer in Bürgerkriege interveniert, muß daher wissen, daß er dabei nicht nur auf Menschen trifft, die nichts sehnlicher wünschen als den Frieden, sondern auch auf jene, denen das Ende des Bürgerkrieges ungelegen käme" (Münkler 2001).

Es sind – frei nach Karl Marx – materielles Sein und materielle Interessen, die das Bewusstsein des Warlords, des Milizionärs, des Kämpfers für diese oder jene Partei bestimmen. Für den, der vom Krieg lebt, ist die ethisch-moralische oder politisch-wertmäßige Rechtfertigung seiner Taten allenfalls ein Sekundärmoment, wie der künstlich erzeugte Gegensatz zwischen Christen und Moslems in Bosnien-Herzegowina vorgeschoben, um hinter diesem Schleier der Bereicherung, der Profitgier oder der Mordlust umso ungehinderter nachgehen zu können.

Ablösung der herkömmlichen Rationalität durch neue Rationalitäten der Kriegführung

Demobilisierung rechtmäßiger Wirtschaftsaktivitäten

– Damit aber verändert sich auch die Ökonomie des Krieges: Rekurrierte der klassische Staatenkrieg noch auf die Ressourcenmobilisierung durch den Staat (Steuern, Anleihen, Subsidien, totale Kriegswirtschaft), so finanzieren sich die Guerilla- und Low-intensity-Warfare-Konflikte der Gegenwart aus Kriegsökonomien, in denen die illegale Aneignung von Gold und Edelsteinen, der Menschen- und Rauschgifthandel, der Zigaretten- und Treibstoffschmuggel Hochkonjunktur haben (Jean und Rufin 1999). Die sich ausbildende parasitäre, über Verbindungen zu vergleichbaren Akteuren der organisierten Kriminalität gar sich globalisierende Mafiaökonomie des Bürgerkrieges, des neuen oder kleinen Krieges demobilisiert rechtmäßige Wirtschaftsaktivitäten, bringt die Produktion zum Erliegen, expropriiert humanitäre Hilfe, beschädigt nicht nur die eigene Kriegszone, sondern auch die Volkswirtschaften benachbarter Regionen.

„Bürgerkriegsökonomien sind wie schwärende Wunden an den weichen Stellen von Friedensökonomien, die sie mit illegalen Gütern, wie Rauschgift und zur Prostitution gezwungenen Frauen, aber auch durch erzwungene Fluchtbewegungen infiltrieren und zur Finanzierungsquelle des Bürgerkriegs machen" (Münkler 2001).

Das die (Bürger-)Kriegsökonomie kennzeichnende Moment ist das der *Deinvestitionsspirale*: Je länger die Kampfhandlungen dauern, desto mehr schrumpft die Zukunftsperspektive, desto eher verliert die zivile Wirtschaftsweise an Bedeutung, desto schneller gerät die Deinvestitionsspirale in Abwärtsdrehung:

„Die unmittelbar verfügbaren Ressourcen werden hemmungslos ausgeplündert, und Investitionen kommen nicht mehr zustande. Am Ende ist im Grunde jeder Einzelne auf Gewaltanwendung angewiesen, um Nahrung und Wohnung zu sichern" (Münkler 2001).

Diese Art Ökonomien hinterlassen schließlich eine räuberische Gesellschaft, die sich von der des hobbesschen Naturzustandes nur noch wenig unterscheidet.

Veränderte Organisationsstruktur und Transnationalisierung der Kriegsakteure

– Schließlich: Wie erfolgreiche transnationale Konzerne geben die Akteure des neuen Krieges in ihrer Organisationsstruktur das herkömmliche Prinzip einer pyramidal-vertikalen Kommandohierarchie auf und nähern sich den komplexen horizontalen Netzwerken und flachen Hierarchien, die die Führungsstrukturen moderner Wirtschaftsunternehmen kennzeichnen. Zu einem Gutteil ist selbst ihre Kriegführung transnational: Sie werden finanziert durch Spenden oder „Abgaben" in der Diaspora lebender Volksangehöriger oder ihren Zielen geneigter Drittstaaten (Tanter 1999); sie greifen logistisch auf einen globalisierten Waffenmarkt zu; sie rekrutieren ihre Kämpfer aus Angehörigen (fundamentalistisch-)weltanschaulich gleichgerichteter Drittgesellschaften; sie nutzen die Dienste weltweit operierender kommerzieller Anbieter militärischer Beratungs-, Trainings- und Kampfleistungen (Shearer 1998), und sie beschränken ihre Aktionen nicht auf das angestammte Territorium oder regionale Kriegsschauplätze, sondern tragen ihren Kampf mittels spektakulär-terroristischer Akte an solche Orte, an denen ihnen die Aufmerksamkeit einer multimedial rund um den Globus vernetzten Weltöffentlichkeit sicher sein kann.

Über Zeit führen diese – allenfalls aus mangelnder Einsicht in die realen Triebkräfte und Beweggründe der Konfliktakteure gern als „ethnopolitisch" bezeichneten – Auseinandersetzungen zur Auflösung staatlicher Handlungssubjekte, zum Niedergang traditioneller Ordnungsstrukturen und zur Delegitimierung jeglicher im Namen usurpierter staatlicher Autorität umgesetzten Politik. Damit verbinden sich aus der Sicht der Lehre von den Internationalen Beziehungen wenigstens zwei bedeutsame Konsequenzen:

Konsequenzen für die Lehre der Internationalen Beziehungen

- *Die Aufhebung der klassischen Trennung von innen und außen.* Subsystemische gesellschaftliche Akteure werden auf der systemaren Ebene unmittelbar handlungsrelevant, externe Konflikte/Konfliktgründe werden internalisiert, nationale gesellschaftliche Akteure externalisieren sich und/oder treten in Interessenkoalitionen mit vergleichbaren Akteuren in anderen Gesellschaften. Das überkommene State-as-Gatekeeper-Prinzip (dem zufolge die legitime Vermittlung von politischen und/oder gesellschaftlichen Beziehungen zwischen Angehörigen unterschiedlicher Akteure dem Außenvertretungsmonopol des Staates unterliegt) wird ausgehebelt; der einzelstaatliche Rückfall in den Naturzustand unterfüttert und durchdringt die internationale Anarchie.
- *Die Aufhebung des klassischen Interventionsverbots.* Der Schutz der Souveränität der Akteure durch das Prinzip der Nichteinmischung in die inneren Angelegenheiten war eine existenznotwendige Bedingung des naturzuständlichen Staatensystems; seine Außerkraftsetzung durch das Prinzip der humanitären Intervention ebenso wie durch ethnopolitisch motivierte Unterstützung von Volks- oder Glaubensgenossen bedeutet einen erheblichen Schritt vorwärts in Richtung auf weltgesellschaftliche Organisationsformen internationaler Beziehungen. Im Gegensatz zum durch das klassische Völkerrecht geschützten und geordneten Bereich des zwischenstaatlichen Verkehrs besitzen die Staaten und internationalen gouvernementalen Organisationen in den sich ausbildenden weltgesellschaftlichen Kontexten keine unmittelbaren Eingriffsrechte, werden aber gleichwohl von den Handlungen weltgesellschaftlicher (auch regionaler und lokaler) Akteure mittelbar oder unmittelbar betroffen. Sie suchen sich deshalb für ihr Handeln in Konfliktsituationen eine neue Legitimationsgrundlage, das humanitäre Völkerrecht, dessen jüngere Entwicklung die Frage zulässt, ob es dabei sei, sich zu einem humanitären Völkerinterventionsrecht zu wandeln.

Wir können die zuletzt angeschnittenen Problemkreise hier nicht weiter vertiefen, hat doch auch die Friedenswissenschaft die Entwicklung der kleinen oder neuen Kriege bislang nur partiell nachvollzogen. Dafür gibt es zwei einleuchtende Gründe: Einerseits war sie beinahe seit ihrem Beginn als ernst zu nehmende Wissenschaft gefangen im Vorstellungskreis der organisierten Friedlosigkeit, des Abschreckungsfriedens, den es zu stabilisieren und zu perfektionieren galt, um einen nuklear entfachten Weltbrand zu verhindern; andererseits war sie befangen in der antiimperialistischen Optik einer auf Befreiung der Dritten Welt von weltmarktvermittelten Dependenzverhältnissen gerichteten Analyse struktureller, seit neuerem auch kultureller Gewalt. Die neue Qualität der „kleinen Kriege" (Daase 1999), der militärischen Auseinandersetzungen der dritten Art, blieb ihr weitgehend verborgen. Ihr begriffliches und politisch-praktisches Instrumentarium der Konfliktbearbeitung und Konfliktlösung stammt ganz überwiegend noch aus der Sphäre der zwischen*staatlichen* Auseinandersetzungen – von der Phase der Prävention über

Die kleinen oder neuen Kriege sind wissenschaftlich noch nicht hinreichend erfasst, da ..

die Phase des *Peacemaking* und *Peacebuilding* bis zur Phase des *Peacekeeping*. Die Frieden schaffenden Leitprinzipien klassischer politischer Großtheorien (vgl. Tabelle II-2) sind ein exzellentes Beispiel für die staatenorientierte Kurzsichtigkeit der Wissenschaft bis zum Ende der 1980er Jahre, wenn nicht darüber hinaus.

staatenorientierte Perspektive dominierte

4 Chancen kooperativer Ordnungspolitik – Global Governance und neue Kriege

Anknüpfungspunkte zum Global-Governance-Ansatz

Welche Chancen hätte nun ein Global-Governance-Ansatz, Lösungswege zur Bearbeitung jener Konflikte und Problemkomplexe zu entwerfen, die wir oben im Kontext der Entwicklung neuer oder kleiner Kriege erörtert haben? Die Frage ist nicht unberechtigt; denn wenn, wie knapp angedeutet, neue Kriege als Gegenreaktion zur fortschreitenden Globalisierung aufgefasst werden könnten, läge es zunächst einmal nahe, sich mit einem Konzept zu beschäftigen, das Globalisierung politisch begleiten und so gestalten will, dass „deren Risiken minimiert sowie existierende Fehlentwicklungen korrigiert werden können" (Enquete-Kommission 2001, 105). Wenn darüber hinaus von Vertretern des Ansatzes noch ausgewiesen wird, dass Global Governance zu begreifen ist als Ergebnis einer Verdichtung der internationalen Kooperation und des Ausbaus des Multilateralismus, dass sie dem Staat dort Handlungsfähigkeit und Handlungskompetenz zurückgewinnen soll, wo er als einzelner Handlungsträger der internationalen Politik Gefahr läuft, diese durch Globalisierungsprozesse zu verlieren (Enquete-Kommission 2001, 108) – dann verspricht dieses Unternehmen *prima facie* auch dort Gewinn, wo es sich nicht über die Einbindung ökonomischer Prozesse in umfassendere gesellschaftliche Ziele mit einer Ordnungspolitik für die globalisierte Marktwirtschaft auseinander setzt.

Zusammenhang von Globalisierung und neuen Kriegen

Zurückgewinnung staatlicher Handlungsfähigkeit

Probleme der Anwendung von Global-Governance

Eine eingehende Betrachtung des Global-Governance-Konzeptes führt jedoch *sub specie* unserer Fragestellung zu einer gewissen Ernüchterung; denn jener Ansatz „für die Bearbeitung globaler Probleme von zunehmender Komplexität und Interdependenz" befürwortet zwar

> „im Spannungsfeld zwischen Staaten und multinationalen Institutionen, globalisierter Wirtschaft und Finanzwelt, Medien und Zivilgesellschaft [...] eine neue, kooperative Form der Problembearbeitung: Für Global Governance sind dialogische und kooperative Prozesse zentral, die über die verschiedenen Handlungsebenen subsidiär entlang der Achse lokal-global hinwegreichen sowie Akteure aus den Bereichen Politik, Wirtschaft und Gesellschaft zusammenführen und vernetzen" (Enquete-Kommission 2001, 105).

Tabelle II-2: Frieden schaffende Leitprinzipien klassischer politischer Großtheorien

	Realismus	Rationalismus	Liberaler Internationalismus
Akteure	Nationalstaaten	Nationalstaaten	Individuelle, gesellschaftliche, nationalstaatliche Akteure
Prozesse	Nullsummenspielartige Konkurrenz um Macht, Einfluss und Ressourcen	Konflikt und Kooperation im Rahmen gemeinschaftlich anerkannter Verhaltensregeln und (informeller wie formeller) Institutionen	Internationale Arbeitsteilung und funktionale Vernetzung als Ergebnis wie als Voraussetzung wissenschaftlicher, technischer, ökonomischer und politischer Modernisierung
Strukturprinzip	Sicherheitsdilemma	Kontrolle des Machtstrebens und der Machtausübung der Akteure in der internationalen Anarchie	Kooperation und Interdependenz
Milieu	Staatenwelt als internationaler anarchischer Naturzustand	Staatenwelt als rechtlich verfasste internationale Staatengesellschaft	Staaten- und Gesellschaftswelt als Friedensgemeinschaft liberaler Demokratien
Friedenskonzept	Sicherheit des Akteurs (als Voraussetzung seines Überlebens)	Garantie der Erwartungsverlässlichkeit des Akteurshandelns in der internationalen (Rechts-)Ordnung („pacta sunt servanda")	Fortschreitende Verwirklichung von Freiheit, Gerechtigkeit, Wohlfahrt als menschliche Existenzbedingungen plus Intensivierung der internationalen Kooperation plus Förderung der Modernisierung als Bedingung moralischer Perfektibilität wie zunehmender Wohlfahrt der Menschheit
(Erklärungs-) Ansatzebene	(Außengerichtetes) Aktions-/Interaktionsverhalten der Akteure („unit-level-explanation")	Vergesellschaftung/Systembildung der Akteure; Phänomen der „governance without government"	Politische/sozioökonomische Binnenstruktur der Akteure („inside-out-explanation")
Mittel	Machtakkumulation, (gewaltsame) Selbsthilfe zur Durchsetzung von Eigeninteressen, Abschreckung, Gleichgewichtspolitik	Ausbildung eines Konsenses der Akteure über gemeinschaftliche Interessen, (selbstbindender Verhaltens-) Regeln und Institutionen; insbes. Anerkennung/Befolgung von Verhaltensregeln, die die Gewaltausübung in der Staatengesellschaft einhegen, beschränken, reduzieren	Freihandel, Förderung der internationalen Organisation und kollektiven Sicherheit, Demokratisierung der Akteure im Lichte von Rechtsstaatlichkeit und Menschenrechtsverwirklichung, Aufklärung über gemeinsame (Menschheits-)Interessen und Erziehung zu kompromisshafter, interessenausgleichender Konfliktbearbeitung
Schlagwort	Abschreckungsfrieden unter Anarchie	(Rechts-)Ordnungsfrieden unter regulierter Anarchie	Demokratischer Frieden unter Kooperation

Und er setzt „auf das konstruktive Zusammenwirken von staatlichen und nichtstaatlichen Akteuren in dynamischen Prozessen interaktiver Entscheidungsfindung von der lokalen bis zur globalen Ebene" (ebd., 105) – auch wenn es den nationalen Akteur klassischer Prägung in eine Mehrebenenarchitektur der Entscheidungsfindung und Entscheidungsumsetzung einbindet, in der er zwar noch über Gewaltmonopol und Völkerrechtspersönlichkeit verfügt, seine Souveränität aber gleichwohl mit anderen Akteuren in entgrenzten Integrations- und Kooperationsräumen teilen muss. Zugrunde liegt dem der legitimatorische Rekurs auf das Subsidiaritätsprinzip. In diesem Zusammenhang

Global Governance basiert auf staatlicher Souveränität und

"scheint es sinnvoll, Problemlösungen auf der Ebene zu suchen und institutionell anzusiedeln, die sachlich und organisatorisch angemessen ist und auf der das Problem daher möglichst effizient und demokratisch zu lösen ist – sei es auf lokaler, nationaler, regionaler oder globaler Ebene. Im Zuge einer ‚postnationalen Konstellation' findet Regieren zunehmend durch das Zusammenspiel verschiedener Entscheidungsebenen statt, wobei die einzelnen Ebenen nicht mehr ohne die anderen voll funktionsfähig sind" (Enquete-Kommission 2001, 108).

<small>steht unter Rationalitätsvorbehalt</small>

Unsere Ernüchterung angesichts all dieser wohlklingenden, aus dem Geist der idealistischen Schule der Lehre von den Internationalen Beziehungen geborenen, das Vertrauen in Einsichtsfähigkeit, Rationalität der Entscheidungsfindung und Vernünftigkeit des Handelns des Individuums atmenden (Leer-)Formeln resultiert gerade aus ihrem besonderen Charakteristikum: stehen sie doch alle unter *Rationalitätsvorbehalt*. Das Grundprinzip von Global Governance – nämlich die Interessendurchsetzung durch Selbsthilfe „unter Anarchie" aufzugeben zugunsten einer kooperativen Interessenumsetzung durch Selbstkoordination in einem System sich wechselseitig überlappender und durchdringender geteilter Souveränitäten, das seinen Akteuren neue Rollen zuweist und von ihnen neue Rollenverständnisse einfordert (vgl. Messner in diesem Band) –, dieses Grundprinzip ist doch nur so lange tragfähig, wie die es Anerkennenden und Einfordernden sich im rationalitätsgeprägten euroatlantischen Kulturkreis bewegen und seiner Prämisse verpflichtet sind, die Kraft des Schwertes durch die Kraft des Argumentes zu ersetzen, den Sieger im Duell der Argumente nach allseits anerkannten und/oder generell konsensfähigen Regeln zu bestimmen.

<small>Parallelen von Global Governance zur Diskussion um große und kleine Kriege</small>

In mancher Hinsicht lassen sich hier Parallelen zur Diskussion um große und kleine Kriege ziehen: Die bekannte Auffassung des Generals von Clausewitz vom Krieg als einem genuin politischen Instrument, als „Fortsetzung des politischen Verkehrs, ein Durchführen desselben mit anderen Mitteln" (von Clausewitz 1973, 210) stellt die *rationalen* Momente politischen Handelns in den Mittelpunkt der Betrachtung militärischer Gewaltanwendung und bettet den Krieg in den Zweckrationalismus der auf Durchsetzung eigener Interessen gerichteten politischen Handlungssphäre ein. Wo aber – wie in den neuen oder kleinen Kriegen – Gewaltausübung zur Lebens- und Erwerbsform wird, wo Konfliktparteien zur Findung, Befestigung oder zum bloßen Ausdruck ihrer *Identität* Krieg führen, wo Vertreter partikularistischer Identitäten eine Furcht-und-Hass-Spirale in Gang setzen, Andersdenkende unterdrücken und physisch vernichten, um multikulturelle und zivilgesellschaftliche Werte aufzuheben und auszulöschen (Kaldor 2000, Kapitel 4), da verliert der Zweckrationalismus des Generals von Clausewitz seine Erklärungsmächtigkeit. Die Umsetzung kooperativer Konfliktbearbeitungskonzepte ist allemal vom guten Willen der Beteiligten, von einer beinahe schon kantischen Einsicht in die Notwendigkeit des eigenen rationalen Handelns abhängig.

<small>Kooperative Konfliktbearbeitung hängt vom guten Willen der Akteure ab</small>

<small>Was aber, wenn die Akteure einer anderen Rationalität folgen?</small>

Was aber, wenn Konfliktakteure die Auseinandersetzungen, in die sie sich und andere verwickeln, für ihre eigenen, *persönlichen* (Gewinn-, Ausbeutungs-, Herrschafts- und Macht-)Interessen instrumentalisieren, demgemäß einer auf rationalen Prinzipien fußenden Konfliktbearbeitung, dem Dialog und der Kooperation nicht zugänglich sind und an der Beendigung des Konflikts keinerlei Interesse haben, weil etwa der Friedensprozess die mafiose Kriegswirtschaft bedroht, aus der sie ihre Ressourcen ziehen, und der Wegfall der Verfügung über diese Ressourcen zugleich auch den Wegfall ihrer Herrschafts-, Macht- oder Einflussbasis bedeutet? Für den Umgang mit Akteuren, die prototypenhaft durch die Karadzics, Milošević und Mladics – oder auch die Chilubas, Mobutus, Taylors oder Kabilas – dieser Welt repräsentiert werden, reichen die Konzepte und Handlungsanleitungen der traditionellen Friedenswissenschaft ebenso wie die Empfehlungen und Perspektiven des Global-Governance-Ansatzes nicht aus; denn diese Konzepte, Empfehlungen, Perspektiven stehen in guter analytisch-philosophischer Tradition unter Rationalitätsvorbehalt, verkörpern aber eine Rationalität, die von den nicht an einer gleichsam kantischen Vernunft, sondern an der Habgier orientierten Akteuren des neuen Krieges nicht länger geteilt wird, wenn sie sie denn je teilten.

Bisher unzureichende Konzepte der traditionellen Friedenswissenschaft wie auch des Global-Governance-Ansatzes

Mit Blick auf den neuen Krieg, die kleinen Konflikte, die *Vergesellschaftung militärischer Gewaltanwendung* (in mehr als einer Hinsicht!) kommt es folglich darauf an, ein analytisches und Handlung anleitendes Konzept zu entwickeln, das den Prozess der Innenwendung militärischer Gewalt in all seinen Verästelungen und Motivationen als politischen Prozess begreift, ihn nicht auf wenige Erklärungsfaktoren reduziert und damit beim Versuch seiner Überwindung zu kurz ansetzt. Dabei mögen Global-Governance-Ansätze durchaus hilfreich und unterstützend einbezogen werden. Äußerste Skepsis aber ist geboten gegenüber jenen Tendenzen, die nach dem Versagen klassischer abschreckungsgestützter (Welt-)Ordnungspolitik nunmehr ihr gesamtes Heil in einem Global-Governance-System suchen: Dass frei nach Hegel die List der Vernunft die Weltgeschichte durchziehe, wird im Angesicht von Auschwitz, Srebrenica, dem Kosovo oder auch dem World Trade Center immer unwahrscheinlicher.

Die Grenze der Vernunft

Literatur

Brühl, Tanja, Tobias Debiel, Brigitte Hamm, Hartwig Hummel und Jens Martens (Hg.). 2001. Die Privatisierung der Weltpolitik. Entstaatlichung und Kommerzialisierung im Globalisierungsprozess. Bonn: J.H.W. Dietz Nachfolger.
Cimbala, Stephen J. 1997. The Politics of Warfare. The Great Powers in the Twentieth Century. University Park PA.: Pennsylvania: State University Press.
Clausewitz, Carl von. 1973. Vom Kriege: hinterlassenes Werk des Generals Carl von Clausewitz. Werner Hahlweg (Hg) 18. Aufl. Bonn: Dümmler.
Crefeld, Martin von. 1991. Technology and War. From 2000 B.C. to the Present. London: Brassey's.
Crefeld, Martin von. 1999. The Rise and Decline of the State. Cambridge: Cambridge University Press.
Daase, Christopher. 1999. Kleine Kriege – Große Wirkung. Wie unkonventionelle Kriegführung die internationale Politik verändert. Baden-Baden: Nomos.
Dicken, Peter. 1998. Global Shift. Transforming the World Economy. 3. Aufl., London: Chapman.
Enquete-Kommission des Deutschen Bundestages. 2001. Globalisierung der Weltwirtschaft – Herausforderungen und Antworten. Zwischenbericht. BT-Drucks. 14/6910 vom 13. September.
Freedman, Lawrence. 1989. The Evolution of Nuclear Strategy. 2. Aufl. London: MacMillan.
Freedman, Lawrence. 1998a. The Changing Forms of Military Conflict, aus: Survival, 40, 39–56.
Freedman, Lawrence. 1998b. The Revolution in Strategic Affairs. Adelphi Paper 318. London: Oxford University Press.

Gray, Chris Hables. 1997. Postmodern War. The New Politics of Conflict. London: Routledge.
Held, David, Anthony McGrew, David Goldblatt und Jonathan Perraton. 1999. Global Transformations. Politics, Economics, and Culture. Cambridge: Polity Press.
Held, David und Anthony McGrew (Hg.). 2000. The Global Transformations Reader. An Introduction to the Globalization Debate. Cambridge: Polity Press.
Herz, John H. 1974. Staatenwelt und Weltpolitik. Aufsätze zur internationalen Politik im Nuklearzeitalter. Hamburg: Hoffmann und Campe.
Hoch, Martin. 2001. Krieg und Politik im 21. Jahrhundert, aus: Aus Politik und Zeitgeschichte, 20, 17–25.
Jean, François und Jean-Christophe Rufin (Hg.). 1999. Ökonomie der Bürgerkriege. Hamburg: Hamburger Edition.
Kaldor, Mary. 1997. Introduction, in: Kaldor und Vashee, 1997, 3–33.
Kaldor, Mary. 2000. Neue und alte Kriege. Organisierte Gewalt im Zeitalter der Globalisierung. Frankfurt a.M.: Suhrkamp.
Kaldor, Mary und Basker Vashee (Hg.). 1997. Restructuring the Global Military Sector. Bd. 1: New Wars. London: Pinter.
Konfliktbarometer 2000. Krisen, Kriege, Putsche, Verhandlungen, Vermittlungen, Friedensschlüsse. Heidelberger Institut für Internationale Konfliktforschung, Heidelberg.
Mandelbaum, Michael. 1998. Is Major War Obsolete?, aus: Survival, 40, 20–38.
McNeill, William N. 1984. Krieg und Macht. Militär, Wirtschaft und Gesellschaft vom Altertum bis heute. München: Beck.
Meyers, Reinhard. 1997. Grundbegriffe und theoretische Perspektiven der Internationalen Beziehungen. Reihe Grundwissen der Politik der Bundeszentrale für politische Bildung, Bonn, 313–434.
Meyers, Reinhard. 1999. Internationale Organisationen und global governance – eine Antwort auf die internationalen Herausforderungen am Ausgang des Jahrhunderts?, aus: Politische Bildung, 32, 8–28.
Mitscherlich, Alexander. 1970. Die Idee des Friedens und die menschliche Aggressivität. Frankfurt a.M.: Suhrkamp.
Mueller, John. 2001. The Banality of „Ethnic War", in: Michael E. Brown et al. (Hg.). Nationalism and Ethnic Conflict. Cambridge, Mass.: MIT Press, 97–125.
Münkler, Herfried. 2001. Schwärende Wunden. Humanitäre Interventionen können die Spirale der Gewalt blockieren, doch Frieden können sie nicht schaffen, aus: Frankfurter Allgemeine Zeitung vom 30. August, 10.
Porter, Bruce D. 1994. War and the Rise of the State. The Military Foundations of Modern Politics. New York: The Free Press.
Rich, Paul B. (Hg.). 1999. Warlords in International Relations. Basingstoke: MacMillan.
Senghaas, Dieter. 1969. Abschreckung und Frieden. Studien zur Kritik organisierter Friedlosigkeit. Frankfurt a.M.: Europäische Verlags-Anstalt.
Shearer, David. 1998. Private Armies and Military Intervention. Adelphi Paper 316. London: Oxford University Press.
Tanter, Raymond. 1999. Rogue Regimes. Terrorism and Proliferation. Basingstoke: MacMillan.
Wallace, Helen und William Wallace (Hg.). 2000. Policy-Making in the European Union. 4. Aufl. Oxford: University Press.
Wiberg, Hakan und Christian P. Scherrer (Hg.). 1999. Ethnicity and Intra-State Conflict. Types, causes and peace strategies. Aldershot: Ashgate.
Wolkow, Wladimir W. 1991. Ethnokratie – ein verhängnisvolles Erbe in der postkommunistischen Welt, aus: Aus Politik und Zeitgeschichte, B 52–53, 35–43.
Zürn, Michael. 1998. Regieren jenseits des Nationalstaates. Globalisierung und Denationalisierung als Chance. Frankfurt a.M.: Suhrkamp.

Lutz Schrader

Unilateralismus versus Global Governance: Die so genannten Schurkenstaaten als Problem der internationalen Sicherheitspolitik

1	Vorbemerkungen	187
2	Die „Neue Weltordnung" oder Die Grundlagen der US-amerikanischen Hegemonie	188
3	Der Wandel des internationalen Sicherheitssystems nach dem Ende des Ost-West-Konflikts	192
4	Das „Schurkenstaaten"-Strategem – ein Hebel zur Durchsetzung der postkonfrontativen *Pax Americana*	197
5	Die „Schurkenstaaten" und der Kampf gegen den internationalen Terrorismus – die jüngste Wende in der US-amerikanischen Sicherheitspolitik	200
6	Das „Schurkenstaaten"-Problem – Herausforderung für die kooperative globale Sicherheitspolitik	206

1 Vorbemerkungen

Für die übergroße Mehrzahl der Staaten ist nicht die Hegemonialpolitik der USA das Problem, sondern die Art und Weise ihrer Ausgestaltung. Ob nun aus freien Stücken oder aus Einsicht, sie sind bereit, die Führungsrolle der USA zu akzeptieren. Ihr Unmut und mitunter auch konkrete politische Reaktionen richten sich gegen die unilateralistische Anmaßung der einzigen verbliebenen Supermacht (Huntington 1997), ihre so definierten „nationalen Interessen" gegen die Einwände anderer Staaten und ungeachtet internationaler Vereinbarungen, ja geltenden Völkerrechts durchzusetzen. Während die multilaterale bzw. kooperative Spielart der US-amerikanischen Hegemonie auf weitgehende Akzeptanz trifft, provoziert Unilateralismus in aller Regel Protest und Gegenmachtbildung seitens anderer Staaten bzw. Staatengruppen (Jäger 2001). Dieses Streben nach Selbstbehauptung und weltpolitischer Mitgestaltung wird von einer politikwissenschaftlichen und außenpolitischen Konzeptbildung begleitet, die unter der Überschrift „Multilateralismus" oder Global Governance firmiert. Beide Konzepte weisen – je nach Ausprägung – eine mehr oder weniger große Schnittmenge an Begründungen, theoretischen Referenzen und Handlungsempfehlungen auf (vgl. Keohane 1990; Ruggie 1993; Knight 1995; Mingst und Karns 1995; Cox 1997a,

Unilaterale und multilaterale Formen US-amerikanischer Hegemonie

1997b; Messner und Nuscheler 1997; Messner 1998; Brand et al. 2000). Insbesondere der Global-Governance-Ansatz zielt zugleich auch über die Einhegung des US-amerikanischen Unilateralismus hinaus auf den Entwurf einer grundsätzlich neuen weltpolitischen Machtfigur. Angestrebt wird eine mehrebige und multipolare Struktur, die schrittweise die gegenwärtige hegemoniale Weltordnung ablösen soll, die in Bezug auf die Bearbeitung der drängenden globalen Probleme als wenig leistungsfähig angesehen wird (Messner 2000).

Global Governance: Einhegung des US-amerikanischen Unilateralismus

Die kontrastierenden Prämissen und Parameter beider Strategien und Konzepte – Unilateralismus und Global Governance – sollen im Folgenden am Beispiel der jeweiligen Reaktionsmuster auf das Problem der so genannten Schurkenstaaten verdeutlicht werden. In der postkonfrontativen Ära ist das Etikett „Schurkenstaat" zur Metapher für ein ganzes Bündel „neuer" Bedrohungen geworden. An der Frage nach dem Umgang mit diesen Ländern scheiden sich im transatlantischen Verhältnis die Geister. Die Auseinandersetzung um die Bewertung der „Schurkenstaaten", um die Definition der „neuen" Bedrohungen und den angemessenen Umgang mit den neuen sicherheitspolitischen Herausforderungen ist zu einem der brisantesten Reibungspunkte in den Beziehungen zwischen den Vereinigten Staaten und der Europäischen Union geworden. Auch andere Staaten haben Widerspruch gegen das Vorgehen Washingtons angemeldet. Die Kontroverse ist Teil der weltweiten politischen und wissenschaftlichen Debatte über den Zuschnitt der künftigen Weltordnung.

Unilateralismus und Global Governance – zwei Wege im Umgang mit den „Schurkenstaaten"

Die Entwicklung des Themas erfolgt in drei Schritten. Zunächst werden die Grundlagen der weltpolitischen Hegemonie der USA und wichtige Eckpunkte ihrer postkonfrontativen Sicherheitspolitik knapp dargestellt. Dann wird das „Schurkenstaaten"-Konzept als eine Form globaler hegemonialer Steuerung durch die USA vorgestellt und auf seine Leistungsfähigkeit hin befragt. Schließlich werden angesichts der steuerungspolitischen Defizite und Frieden gefährdenden Effekte der US-amerikanischen Politik gegenüber den so genannten Schurkenstaaten alternative Sichtweisen und Strategien diskutiert. Der zentrale konzeptionelle Bezugspunkt ist dabei der Global-Governance-Ansatz.

Aufbau des Beitrags

2 Die „Neue Weltordnung" oder Die Grundlagen der US-amerikanischen Hegemonie

Das zentrale Strukturmerkmal der heutigen „neuen" Weltordnung ist die Unipolarität, d.h. die umfassende Machtdominanz der einzigen verbliebenen Supermacht, der USA. Hatte Präsident Bill Clinton zu Beginn seiner Amtszeit, Anfang der 1990er Jahre, noch den Willen zu einem „zupackenden Multilateralismus" verkündet, wurde der Vorrang der US-amerikanischen Macht seither in mehreren Direktiven zur Regierungsdoktrin ausgeformt[1], an der sein Nachfolger, George W.

„Neue" Weltordnung = Unipolarität

---

1   In einem internen Entwurf des Pentagons für die *Defense Planning Guidance* (MC 400) der Haushaltsjahre 1994 bis 1999, später nach ihrem Verfasser Wolfowitz-Doktrin genannt, wird das Ziel formuliert, den Status der USA als einzige Supermacht durch ein konstruktives Verhalten und ausreichende militärische Macht zu behaupten und jegliche Nation oder Gruppe von Nationen davon abzuschrecken, die amerikanische Vormacht herauszufordern.

Unilateralismus versus Global Governance 189

Bush, mit noch größerer Entschlossenheit festhält. Die wichtigste Grundlage der Hegemonie der USA ist ihre eindeutige militärische Vormacht, die sich vor allem auf einen *de facto* uneinholbaren militärtechnischen Vorsprung gründet. Die Rüstungsausgaben der USA sind höher als die ihrer wichtigsten wirtschaftlichen und politischen Konkurrenten zusammengenommen.[2]

Grundlagen US-amerikanischer Hegemonie:
– militärische Überlegenheit

Kasten II-1: Washington-Konsensus

> Der Washington-Konsensus „bezeichnet das wirtsch. Reformprogramm, das viele lateinamerikanische Länder im Rahmen des Strukturanpassungsprozesses seit den 1980er Jahren durchführen. Die Bezeichnung wurde von *J. Williamson* (1990) geprägt und seitdem in der Literatur weitgehend übernommen. Sie verweist darauf, daß das Reformprogramm von unterschiedlichen Institutionen propagiert wird, deren geographisches Entscheidungszentrum sich in der Stadt Washington befindet: der US-Kongreß- und -Regierungsadministration, der US-Finanz- und -Wirtschaftsbehörde, internationalen Finanzinstitutionen (IWF und Weltbank) sowie Forschungs- und Planungsinstituten (*think tanks*).
> Die unter dem Konsensus zusammengefaßten Leitlinien basieren auf wirtschafts- und ordnungspolitischen Prinzipien neoliberaler Provenienz. Ausgehend von der Diagnose der beiden aus neoliberaler Sicht wichtigen Ursachen der lateinamerikanischen Wirtschaftskrise, nämlich (a) übermäßiger Staatsinterventionismus, der wirtschaftsdestabilisierende Preisverzerrungen verursacht, und (b) ökonomischer Populismus, d.h. fiskalpolitische Indisziplin, die zu hohen Haushaltsdefiziten führt, wird ein Bündel von wirtschaftspolitischen Maßnahmen vorgeschlagen, die als Kurskorrektur dienen sollen: (1) makroökonomische Stabilisierung (Preisniveaustabilität, Budgetausgleich); (2) Privatisierung staatlicher Unternehmen; (3) Deregulierung der Marktbeziehungen; (4) Liberalisierung der nationalen Kapitalmärkte und der Außenwirtschaft. Übergreifendes Ziel des Reformprojekts ist die Konsolidierung einer exportorientierten Marktwirtschaft, die eine auf komparativen Vorteilen basierende Weltmarktintegration intendiert. Weder Einkommensverteilungs- noch Armutsreduzierungsmaßnahmen werden im Reformprogramm explizit thematisiert.
> Kritisiert wird an dem Konsensus, daß einerseits die Auswirkungen der Auslandsverschuldung und die Frage der öffentlichen Ersparnisse ignoriert und daß andererseits die Phänomene des Populismus und des Staatsinterventionismus in Lateinamerika historisch nicht adäquat interpretiert werden. Darüber hinaus werden die mit der Durchführung der Reformen verbundenen sozialen Kosten und regressiven Einkommensverteilungstendenzen stark kritisiert. Dieses makroökonomische Interventionsprogramm ist bis heute maßgeblich für die Politik von IWF und Weltbank gegenüber den Ländern Lateinamerikas, aber auch gegenüber den Entwicklungsländern allgemein."
> Quelle: Dieter Nohlen. Lexikon der Dritten Welt. Reinbek bei Hamburg: Rowohlt 1998, 805–806

Besonders die Interessen der fortgeschrittenen Industrienationen sollen entmutigt werden, die amerikanische Führungsrolle herauszufordern oder zu versuchen, die etablierte politische und wirtschaftliche Ordnung umzustürzen (New York Times vom 8.3.1992).

2 Im Jahr 1998 beliefen sich die Rüstungsausgaben der Vereinigten Staaten (jeweils zu konstanten Preisen für 1997) auf 265.890 Mill. US-Dollar. Die Rüstungshaushalte Rußlands (53.912 Mill. US-Dollar) und Chinas (36.709 Mill. US-Dollar) sind auch nicht annähernd mit den amerikanischen Aufwendungen vergleichbar. Die europäischen NATO-Staaten brachten es zusammen auf 171.359 Mill. US-Dollar. Japan investierte 36.999 Mill. US-Dollar in seine Streitkräfte (vgl. IISS 1999).

– wirtschaftliche Leistungsfähigkeit

Hinzu kommen die überlegene wirtschaftliche Dynamik und Leistungsfähigkeit der Vereinigten Staaten. Sie ermöglichen ihnen, in den formellen und informellen Regulierungsgremien der Weltwirtschaft und bei der Formulierung des bestimmenden wirtschaftspolitischen Leitbildes den Ton anzugeben. Bezeichnenderweise hat sich für die derzeit dominierende neoliberale Wirtschaftsdoktrin die Bezeichnung *Washington-Konsensus* (vgl. Kasten II-1) durchgesetzt. Darüber hinaus beeinflusst die US-amerikanische Administration über (gezahlte bzw. verweigerte) Mitgliedsbeiträge und Stimmrechte sehr weitgehend den Kurs sowohl der UNO als auch der internationalen Wirtschaftsorganisationen (IMF, IBRD, WTO und OECD).

– Dominanz im UN-System und

- globale kulturelle Dominanz

Die USA sind als einzige verbliebene Supermacht mehr als andere Mächte bzw. Mächtegruppierungen in der Lage, ihr großes intellektuelles, wirtschaftliches und administratives Potenzial einer in einem relativ kohärenten Machtzentrum formulierten Politik dienstbar zu machen. Über vielfältige internationale Verbindungen ist es ihnen möglich, weltweit Unterstützung zu mobilisieren bzw. Gegenkräfte zu paralysieren und über einen gewaltigen Kommunikations- und Kulturapparat amerikanische Ziele und das amerikanische Modell zu propagieren. Zbigniew Brzezinski, Sicherheitsberater Präsident Carters und immer noch einflussreicher konservativer Vordenker der US-amerikanischen Außenpolitik, sieht die amerikanische Vormacht auf vier Pfeiler gestützt:

> „Kurz, Amerika steht in den vier entscheidenden Domänen globaler Macht unangefochten da: Seine weltweite Militärpräsenz hat nicht ihresgleichen, wirtschaftlich gesehen bleibt es die Lokomotive weltweiten Wachstums, [...]; es hält seinen technologischen Vorsprung in den bahnbrechenden Innovationsbereichen, und seine Kultur findet trotz einiger Missgriffe nach wie vor weltweit, vor allem bei der Jugend, unübertroffen Anklang. All das verleiht den Vereinigten Staaten eine politische Schlagkraft, mit der es kein anderer Staat auch nur annähernd aufnehmen könnte" (Brzezinski 1999a, 44).

Teilziele US-amerikanischer Politik

Washington verfolgt in erster Linie das Ziel, das *window of opportunity* des Endes der amerikanisch-sowjetischen Bipolarität in den Weltangelegenheiten für die Formung einer postkonfrontativen Weltordnung zu nutzen, die der Handlungsfähigkeit und den Interessen der USA möglichst weitgehende Entfaltungsmöglichkeiten eröffnet. Zu diesem Zweck soll ihr Status als einzige verbliebene Supermacht möglichst lange behauptet und abgesichert werden. Brzezinski spricht von ein bis zwei Generationen. Im Einzelnen sind folgende Teilziele erkennbar:

– die Zurückdrängung und Niederhaltung des Machtpotenzials Russlands,
– die Einbindung (West-)Europas als nachgeordneter Machtpol bzw. Juniorpartner in die US-amerikanische Strategie und Politik,
– die Eindämmung und Einbindung aller Aspiranten auf eine globale bzw. regionale Führungsrolle (China, Indien, Brasilien, Südafrika, Nigeria usw.) in eine von den USA dominierte Welt- und Regionalordnung,
– die weitgehende Instrumentalisierung der internationalen Institutionen, namentlich der Vereinten Nationen und der internationalen Finanz- und Wirtschaftsorganisationen, für die US-amerikanischen Interessen sowie
– die schrittweise Ergänzung oder gar Verdrängung des an supranationale Institutionen und Gerichte gebundenen internationalen Rechts durch eine von ge-

fügigen internationalen Organisationen und amerikanischen Gerichten bzw. Regierungseinrichtungen ausgeübte Rechtsprechung und -durchsetzung.³

Die US-amerikanische Hegemonie gründet sich auf eine weitgehende Akzeptanz durch die große Mehrheit der Staaten und Staatenzusammenschlüsse. Angesichts des vermeintlichen Mangels an realistischen und realisierbaren Gegenmodellen erscheint die Führungsrolle Washingtons den meisten Partnern und Rivalen nachgerade als natürlich und selbstverständlich oder doch zumindest als unausweichlich. Die amerikanischen Politik-, Wirtschafts- und Kultureliten sind ihrerseits bereit, gegenüber den Führungskräften anderer Staaten und Regionen Zugeständnisse zu machen, um diese in die von ihr dominierten Strukturen und Strategien einzubinden. Über die zwischenstaatlichen Beziehungen hinaus gründet sich die US-amerikanische Hegemonie auf ein weltweit gespanntes Netz von Funktionseliten, die oft in den USA ausgebildet wurden, mit amerikanischen Partnern kooperieren und sich ideologisch-kulturell an den USA orientieren. Als ideologischer Kitt fungieren der Glaube an die „unverzichtbare" Ordnungsfunktion der amerikanischen Vorherrschaft (Brzezinski 1999b, 189), die vorgeblich alternativ-lose neoliberale Wirtschaftsdoktrin sowie die Berufung auf die „universellen" Werte der liberalen Demokratie und der Menschenrechte.⁴

Mehrheit der Staaten akzeptiert US-amerikanische Hegemonie

Die Theorien der Internationalen Beziehungen halten mehrere Ansätze zur Erklärung hegemonialer Ordnungsstrukturen bereit. Anders als das auf einseitige Machtdurchsetzung ausgerichtete realistische Verständnis deutet das Konzept des „wohlwollenden Hegemons" Vorherrschaft als ein zweiseitiges Verhältnis.⁵ Die „wohlwollende" Haltung des Hegemons, seine „Konzessionsbereitschaft" gegenüber der Mehrheit der anderen Staaten, ergibt sich danach

Erklärungsansätze aus Theorien Internationaler Beziehungen

> „letztlich aus der Notwendigkeit, die Zustimmung der schwächeren Staaten zu seiner Führungsrolle zu gewinnen. Dies ist nur möglich, wenn die Führung nicht als offensichtliche Machtausübung, sondern als Verwirklichung eines allgemeinen Interesses wahrgenommen wird" (Debiel 1998, 448).

Noch differenzierter argumentiert Robert W. Cox auf der Grundlage des Hegemoniebegriffs Gramscis und der Kritischen Theorie. Danach zeigt sich Vorherrschaft als nicht hinterfragte Akzeptanz, als naturgegebene und selbstverständlich bestehende Ordnung (vgl. Hummel 2000, 39; Cox 1983, 168–69).

---

3   Wegen der vorgeblichen Unwirksamkeit internationaler Sanktionen haben sich die Vereinigten Staaten entschieden, ihr Recht selbst durchzusetzen. Es entwickelt sich eine exterritoriale US-amerikanische Rechtsprechung, der andere Staaten, aber auch Unternehmen Rechnung tragen müssen (Stern 1997, 9).
4   Der amerikanische Politikwissenschaftler Samuel P. Huntington (1993, 83) fasst die der amerikanischen Hegemonie zugrunde liegenden Überzeugungen wie folgt zusammen: „A world without U.S. primacy will be a world with more violence and disorder and less democracy and economic growth than a world where the United States continues to have more influence than any other country in shaping global affairs."
5   Seine Überlegenheit ist „so groß, daß die unzufriedenen Staaten den Status quo nicht verändern können, und dennoch versucht der hegemoniale Staat nicht, die zur Ohnmacht verurteilten Staaten aufzusaugen" (Aron 1986, 186, zitiert nach Debiel 1998, 448).

Hegemonie im Spannungsverhältnis von Herrschaft und Konsens

Wie bewusst die amerikanische Führung diesem subtilen Spannungsverhältnis von Herrschaft und Konsens in ihrer Politik Rechnung trägt, bestätigt die Charakterisierung der US-Hegemonie durch Zbigniew Brzezinski (1999a, 49–50):

> „Anders als frühere Imperien ist dieses gewaltige und komplexe globale System nicht hierarchisch organisiert. Amerika steht im Mittelpunkt eines ineinander greifenden Universums, in dem Macht durch dauerndes Verhandeln, im Dialog, durch Diffusion und in dem Streben nach offiziellem Konsens ausgeübt wird, selbst wenn diese Macht letztlich von einer Quelle, nämlich Washington D.C., ausgeht. Das ist der Ort, wo sich der Machtpoker abspielt, und zwar nach amerikanischen Regeln."

Hegemonie: Ordnungsmuster von nur relativer Stabilität

Zwischen den beiden Polen „Imperium" und „Gleichgewicht" angesiedelt, ist „Hegemonie" ein Ordnungsmuster von nur relativer Stabilität (Aron 1986). Absolute Hegemonie gibt es nicht; sie weist zugleich immer auch Elemente von imperialer Herrschaft, Gleichgewicht und Anarchie auf. Die inter-/transnationale Konstellation ist viel zu heterogen und vielgestaltig, als dass sich hier die Hegemonie eines Staates zu einer kohärenten und lückenlosen Machtstruktur ausbilden könnte. Die unterschiedliche Wahrnehmung des außenpolitischen Kurses der Clinton- und der Bush-Administration durch die Verbündeten, Konkurrenten und Gegner der USA verdeutlicht zudem, dass sich Akzeptanz und Konsens in Bezug auf die US-amerikanische Hegemonie nicht allein auf das mobilisierbare Machtpotenzial gründen. So hat der in der Substanz kaum veränderte, im Gestus jedoch unverhohlen dominanzpolitische Kurs der Bush-Administration selbst bei den Verbündeten der USA zu verbreitetem Unmut und zur entschlossenen Suche nach Möglichkeiten zur Behauptung eigener Ziele und Interessen geführt. Bei den ehemaligen bzw. potenziellen Rivalen um weltpolitischen Einfluss – Russland und China – wurde durch die unilaterale Interessenpolitik der Bush-Administration das Streben zur Gegenmachtbildung spürbar angestachelt (Jäger 2001). In ihrem Verlangen nach regionaler und globaler Aufwertung imitieren diese Mächte das Beispiel der USA und setzen wieder stärker auf eine militärzentrierte Macht- und Bündnispolitik.

3 Der Wandel des internationalen Sicherheitssystems nach dem Ende des Ost-West-Konflikts

Seit Mitte der 1990er Jahre neue Pax Americana

Als globaler Hegemon steht es weitgehend in der Macht der USA, die Bedrohungslage in der postkonfrontativen „Ära der Globalisierung" zu definieren und entsprechende sicherheitspolitische, militärstrategische und rüstungswirtschaftliche Vorkehrungen zu treffen. Unter ihrem maßgeblichen Einfluss vollzieht sich spätestens seit Mitte der 1990er Jahre die Herausbildung eines um die US-amerikanische Vormacht zentrierten globalen Sicherheitssystems, einer *Pax Americana*. Auch hier ist der Unilateralismus das entscheidende Charakteristikum. In der Tendenz werden anderen Staaten bzw. Staatengruppen lediglich Komplementär- und Hilfsfunktionen zugewiesen. Entscheidend ist die Führungsrolle der USA (Link 1999, 18). Die Wahl des institutionellen Rahmens – ob innerhalb der UNO, der NATO oder in *Ad-hoc*-Koalitionen – ist dabei lediglich eine Frage der Opportunität.

Der UNO kommt in diesem Kontext lediglich die Aufgabe eines „Legitimationsbeschaffers à la carte" zu (Debiel 1998). Selbst wenn der Sicherheitsrat Zwangsmaßnahmen beschließt, erscheint die US-Führungsrolle unausweichlich, denn Initiative, Durchsetzung und Durchführung liegen meist in Washington. Von der Interessenlage und Disposition der USA hängt es letztlich ab, ob und inwieweit die Vereinten Nationen aktiv werden. Im Gefolge der amerikanischen Politik ist die UNO als einzige Sicherheitsorganisation mit universalem Anspruch in eine tiefe Krise geraten; im Kontext der von den USA anvisierten postkonfrontativen globalen Sicherheitsordnung wird ihr nur noch eine Randstellung zugedacht.

UNO: „Legitimationsbeschaffer *à la carte*"

An die Stelle der Weltorganisation tritt mehr und mehr die NATO. Sie bietet den militärischen und logistischen Rahmen. Zugleich sorgt sie als Organisation der wichtigsten westlichen Staaten für ein breiter verteiltes Risiko und erhöhte weltpolitische Akzeptanz. Nach den Vorstellungen Washingtons soll die Nordatlantische Allianz zu einem *Global Player* aufsteigen und sich als zentraler Akteur einer von den USA dominierten internationalen Sicherheitsordnung etablieren (Link 1999, 16–17). Mit der Rollenverteilung zwischen NATO und UNO im Kosovokrieg hat sich die NATO-Linie (*NATO first*) zum ersten Mal voll durchgesetzt. Die Demontage des Gewaltlegitimierungsmonopols der UNO wurde sowohl auf politischer wie auch auf völkerrechtlicher Ebene vorangetrieben. Im Kosovokrieg und mit ihrem Eingreifen in den Mazedonienkonflikt hat die NATO ihre Entschlossenheit demonstriert, auch ohne Mandat des Sicherheitsrates militärisch zu intervenieren.

„NATO first"

Inzwischen hat das nordatlantische Bündnis seine Programmatik an die neue Situation angepasst. Auch wenn das auf dem Washingtoner Gipfel im April 1999 bestätigte „neue strategische Konzept" einige Kompromisse enthält, ist doch die Richtung eindeutig. Von der Clinton-Administration gedrängt, haben die neunzehn Mitgliedstaaten einer substanziellen Ausweitung der Bestimmungen des NATO-Vertrages zugestimmt (vgl. im Folgenden FAZ vom 27.4.1999):

Substanzielle Erweiterungen des NATO-Vertrages:

1. Die NATO ist nicht mehr bereit, sich in ihrer Handlungsfähigkeit durch den UNO-Sicherheitsrat beschränken zu lassen, und hält sich die Möglichkeit einer Selbstmandatierung für „Krisenreaktionseinsätze" offen.

– Selbstmandatierung

2. Die NATO dehnt ihr potenzielles Einsatzgebiet auf den gesamten euroatlantischen Raum und auf dessen „Sicherheitsumfeld" aus und bezieht bei „Risiken umfassenderer Natur [...] einschließlich Terrorakten, Sabotage und organisierten Verbrechens sowie der Unterbrechung der Zufuhr lebenswichtiger Ressourcen" auch den „globalen Kontext" ein.

– Erweiterung des Sicherheitsumfelds

3. Die NATO weitet das Spektrum potenzieller Einsatzoptionen über die in Artikel 5 des Washingtoner Vertrages festgeschriebene Aufgabe der kollektiven Verteidigung des Bündnisgebietes aus. Zu den neuen Aufgaben gehört neben den bereits erwähnten Krisenreaktionseinsätzen und den o.g. „Risiken umfassenderer Natur" die Verteidigung „gegen die Risiken und potenziellen Gefahren der Verbreitung von ABC-Waffen und ihrer Trägermittel".

– Erweiterung der Einsatzoptionen

Auch in der rüstungspolitischen Dimension der US-Sicherheitspolitik kündigt sich ein einschneidender Paradigmenwechsel an, der bereits in den 1990er Jahren politisch vorbereitet wurde und nun von der Bush-Administration durchgesetzt werden soll. Wie Präsident Bush (2001) in seiner programmatischen Rede

Paradigmenwechsel in der US-amerikanischen Sicherheitspolitik vom 1. Mai 2001 ankündigte, zielt seine Politik auf die „Schaffung eines neuen Rahmens für Sicherheit und Stabilität". Konkret geht es darum, das bisherige auf den Vorrang der Offensivsysteme gegründete Prinzip der gesicherten gegenseitigen Zerstörung zugunsten des Aufbaus von *Raketenabwehrsystemen* zu überwinden. Flankierend dazu wird die Politik der „aktiven Nichtverbreitung"[6] (*Active Counter-Proliferation*) von Massenvernichtungswaffen fortgesetzt. Nach den Erklärungen Bushs richtet sich das anvisierte neue strategische Dispositiv nicht mehr gegen die beiden wichtigsten nichtdemokratischen Kernwaffenstaaten Russland und China, sondern in erster Linie gegen „einige der verantwortungslosesten Staaten der Welt [...], für die Terror und Erpressung ein Lebensstil sind" (Bush 2001), die so genannten Schurkenstaaten. In derselben Rede hat Bush dem ehemaligen Hauptfeind Russland, aber auch China Konsultationen und Zusammenarbeit „bei der Entwicklung einer neuen Grundlage für weltweiten Frieden und Sicherheit im 21. Jahrhundert" angeboten.

An die Stelle des ehemaligen Hauptfeindes Russland und des künftigen Hauptrivalen China tritt mit den „Schurkenstaaten" ein *neues Feindbild*. Während man es in Washington gegenwärtig offenbar für ratsam hält, Moskau und Peking in eine überwiegend kooperative Strategie einzubinden[7], müssen einige wenige unbotmäßige Dritte-Welt-Regime als zentrales Feindbild herhalten. An die Stelle des „Reichs des Bösen", wie die Sowjetunion in den 1980er Jahren vom damaligen Präsidenten Ronald Reagan apostrophiert wurde, tritt die „Achse des Bösen", die dessen republikanischer Nachfolger George W. Bush zwischen dem Irak, dem Iran und Nordkorea ausgemacht haben will (United States Capitol 2002, 3). Die Rede von den „Schurkenstaaten" wurde in den USA seit der ersten Hälfte der 1990er Jahre „zum Synonym für die post-sowjetische Bedrohungsumgebung" (Bowen 2000, 14). Der Verlust der Sowjetunion und des Warschauer Paktes als militärische und ideologische Gegner beraubte die Vereinigten Staaten eines eindeutigen und mobilisierenden Feindbildes. Unter den veränderten Bedingungen ist es schwierig, die überwiegend diffusen Bedrohungen wie Proliferation, Terrorismus und Drogenhandel darzustellen.

> „In dieser Hinsicht können ‚Schurkenstaaten' diese genuinen, aber zugleich amorphen Bedrohungen in einer Art verkörpern, die politische Unterstützung für konkrete Maßnahmen im Umgang mit Nach-Kalte-Krieg-Bedrohungen herstellen kann" (Poneman 1998, 128).

Mit den so genannten Schurkenstaaten und ihren meist markanten politischen Führern bekommen die Bedrohungen gleichsam ein Gesicht. Die von diesen Staaten ausgehenden Gefährdungen werden umso glaubwürdiger, als diese als „unberechenbar, verwegen, kriegslüstern" und unter den meisten Bedingungen

---

6   Seit 1993 werden für die *Active Counter-Proliferation* sogar Kernwaffenanschläge nicht mehr ausgeschlossen. Dies ist ein in den Strukturen der amerikanischen Streitkräfte breit umgesetztes Konzept (vgl. Chauvistré 2001).

7   Die Bush-Administration hat ein Interesse daran, bei der Realisierung ihrer Rüstungspläne auf Russland und China Rücksicht zu nehmen. Gerade angesichts der Mehrheitsverhältnisse im Senat und der Vorbehalte unter den westeuropäischen Verbündeten soll das Vorhaben nicht durch eine allzu rücksichtslose Gangart gefährdet werden. Im Rahmen eines solchen von den USA dominierten kooperativen Arrangements hofft Washington zudem, Russland und China von der Weitergabe von Nuklear- und anderen Rüstungstechnologien an so genannte Schurkenstaaten abbringen zu können.

als „unfähig zur Moderation" (vgl. Poneman 1998) dargestellt werden. Sie hätten seit langem den Kontakt zur Wirklichkeit verloren, was normale diplomatische Beziehungen mit ihnen sehr schwierig gestalte:

> „Die Annahme ist, dass die Regime in Nordkorea, Iran und Irak nicht davon abgehalten werden könnten, Raketen gegen das amerikanische Festland zu richten, weil sie vielleicht nicht für die traditionellen Abschreckungsdrohungen im selben Maße empfänglich sind wie normalere ‚rationale' Akteure" (Bowen 2000, 15).

Wie extensiv die Bedrohung US-amerikanischer Interessen durch diese Staaten ausgelegt wird, zeigt die Äußerung von Präsident Bush, wonach diese Staaten den Besitz von Massenvernichtungswaffen anstreben, „um ihre Nachbarn einzuschüchtern und die Vereinigten Staaten und andere verantwortungsbewusste Nationen davon abzuhalten, Bündnispartnern und Freunden in strategischen Teilen der Welt zu helfen" (Bush 2001, 752). Die von irrational handelnden Regimen ausgehenden Gefährdungen richten sich demnach also nicht nur gegen das amerikanische Territorium, sondern auch gegen die Interessen der USA in strategisch wichtigen Weltregionen. Deshalb liegt die vom damaligen Direktor der *Defense Intelligence Agency*, Generalleutnant Patrick Hughes, im Januar 1998 geäußerte Schlussfolgerung nahe, dass die Fähigkeit von Staaten wie Nordkorea und dem Irak, „US-Interessen direkt zu bedrohen", die „konstante Wachsamkeit der USA und die Vorhaltung von sichtbaren Kriegsführungsfähigkeiten" verlange (zit. nach: Bowen 2000, 14).

<small>Bedrohung US-amerikanischer Interessen wird extensiv ausgelegt</small>

Das neue Feindbild eignet sich in fast idealer Weise dazu, das gesamte Spektrum aktueller geostrategischer Ziele und Rüstungsvorhaben der USA legitimatorisch abzudecken. Zumal seit den Attentaten vom 11. September 2001 reichen die von diesen Staaten vorgeblich ausgehenden Gefährdungen von Angriffen mit Massenvernichtungswaffen[8] gegen das Territorium der USA und ihrer Verbündeten über Attentate von Terroristen im Sold dieser Staaten gegen amerikanische „Interessen" im In- und Ausland bis hin zu je regionalen Destabilisierungspolitiken. Andere Gefährdungen wie z.B. der Drogenhandel lassen sich durch die mit dem Antiterrorfeldzug gerechtfertigten verstärkten Grenzkontrollen gleich mit erledigen (United States Capitol 2002, 4). Angesichts eines derart dramatischen und komplexen Bedrohungsbildes erscheint es nur folgerichtig, dass sich die USA mit verstärkten Anstrengungen um den Aufbau eines mehrstufigen land-, luft-, see- und weltraumgestützten Raketenabwehrsystems (vgl. Kasten II-2) bemühen, das sowohl Langstrecken- als auch Mittel- und Kurzstreckenraketen möglichst noch in der ersten Flugphase abfangen soll (FAZ vom 22. 8. 2001, 14). Trotz dieser massiven Verteidigungsanstrengungen, die in Zehnjahresfrist die Unverletzlichkeit des Territoriums der USA und ihrer wichtigsten Verbündeten gewährleisten sollen, werden die amerikanischen Kernwaffen keines-

<small>Auch „neue" Bedrohungen werden abgedeckt</small>

---

8 Der konservative und gewiss nicht antiamerikanisch eingestellte Sicherheits- und Militärexperte Lothar Rühl äußerte in der Frankfurter Allgemeinen Zeitung (21.3.2000, 11) erhebliche Skepsis angesichts der Stichhaltigkeit der Vorwürfe Washingtons: „Die Verbindung zwischen ‚internationalem Terror', Raketen, ABC-Waffen und ‚Schurkenstaaten' existiert bisher nur in den amerikanischen Strategie-Labors, die mit ihren Studien Hypothesen aufstellen, für deren praktische Nutzung sie aber bisher keine schlüssigen Lösungen vorgelegt haben. Weder die CIA noch das Pentagon konnten bis heute etwas anderes als Theorien formulieren."

Lückenloser Schutz des eigenen Territoriums wird angestrebt sowie

wegs obsolet. Im Gegenteil, dem geplanten Raketenabwehrschild wird eine Schlüsselfunktion bei der Wiederherstellung der Einsatzfähigkeit von Kernwaffen zugedacht. Durch die Gewährleistung eines möglichst lückenlosen Schutzes des eigenen Territoriums sollen potenzielle Gegner der Möglichkeit zum nuklearen Gegenschlag beraubt werden. Dass im Schutz der lautstarken Defensivrhetorik neue Offensivoptionen vorbereitet werden, darauf deuten die Bestrebungen hin, die US-amerikanischen Kernwaffen, zwar zahlenmäßig reduziert, aber durchgreifend modernisiert, wieder einsatzfähig zu machen.[9] Unter anderem geht es darum, ihre Fähigkeit zur Zerstörung gehärteter und tief vergrabener Ziele zu erhöhen. Welcher Rang weiterhin Nuklearwaffen beigemessen wird, darauf deutet die Rücknahme des unter Clinton eingeleiteten Abbaus der meisten landgestützten Interkontinentalraketen hin (Scheffran 2001).

Kasten II-2: Missile Defense

> Die Raketenabwehr (Missile Defense, MD) ist eine Fortsetzung der Strategischen Verteidigungsinitiative (SDI). Im Kern geht es darum, Raketen und andere Waffensysteme zu entwickeln, die in der Lage sein sollen, feindliche Raketen bereits im Anflug zu zerstören. Die bisherige Planung gliedert sich in drei Phasen. In Phase I sollen etwa bis zum Jahr 2006 hundert Abfangraketen mit einem Frühwarnsystem in Alaska aufgestellt werden. In Phase II und III sollen bis 2015 weitere hundertfünfzig Raketen sowie Radarsysteme stationiert werden, deren Systeme in der Lage sein sollen, auch auf feindliche Gegenmaßnahmen zu reagieren. Auch ist die Stationierung von über zwei Dutzend Satelliten in Erdnähe vorgesehen. Nicht zuletzt ist die Entwicklung von Laser- und weltraumgestützten Systemen geplant. Die geschätzten Kosten des Programms reichen von 30 bis 60 Mrd. US-Dollar (Quelle: FAZ vom 3.6.2000).

effektive Raketenabwehr zur Absicherung globaler militärischer Handlungsfähigkeit

Eine effektive Raketenabwehr und einsatzfähige Kernwaffen sind letztlich die Voraussetzung dafür, die konventionelle Überlegenheit der USA ohne das Risiko eines Gegenschlages mit Kern- oder anderen Massenvernichtungswaffen wirksam umsetzen zu können. Letztlich geht es um die Absicherung einer möglichst unumschränkten globalen militärischen Handlungsfähigkeit der selbst ernannten Weltordnungsmacht USA. Im Vordergrund steht dabei nicht die Niederhaltung ehemaliger und potenzieller Rivalen um die regionale oder globale Vormachtstellung, sondern die Aufrechterhaltung einer gesicherten Kriegsführungsfähigkeit gegenüber all jenen Regimen, die sich offen gegen die regionale und globale *Pax Americana* auflehnen und die über das militärische Potenzial (tatsächlicher oder potenzieller Besitz von Massenvernichtungswaffen und entsprechende Trägermittel) und das regionale Gewicht verfügen, die Weltordnungskreise der USA substanziell zu stören. Auf dem Weg zu einem solchen

---

9 Auf Anforderung des Kongresses hat das Pentagon im Januar 2002 einen Geheimbericht zur Überprüfung der amerikanischen Nukleardoktrin vorgelegt: Nuclear Posture Review Report: Foreword, Cover letter submitting classified report to Congress on the Nuclear Posture Review, US Defense Secretary Donald H. Rumsfeld, 8. Januar 2002. Quelle: US Department of Defense, abrufbar unter: http://www.defenselink.mil/news/Jan2002/t0109 2002_t0109npr.html. Einige wesentliche Passagen gelangten durch Zeitungsberichte an die Öffentlichkeit, vgl. z.B. Michael R. Gordon: Nuclear Arms for Deterrence or Fighting, aus: New York Times vom 11.3.2002.

einseitig von den USA dominierten internationalen Stabilitätsarrangement ist das bisherige System – gesicherte gegenseitige Abschreckung der Kernwaffenmächte und Rüstungskontrolle – zu einem Hindernis geworden. Geht es nach dem Willen Washingtons, sollen die bi- und multilateralen Konstruktionsprinzipien des aus dem Ost-West-Konflikt überkommenen internationalen Sicherheitsregimes durch ein weitgehend unter der Kontrolle der USA befindliches unilaterales Dispositiv abgelöst werden. Hier ordnen sich auch die Bestrebungen ein, die bestehenden multilateralen Abrüstungsverträge auszuhebeln oder doch zumindest zu neutralisieren (Scheffran 2001; Kötter 2002).

Ablösung des internationalen Sicherheitsregimes durch US-Hegemonie

4 Das „Schurkenstaaten"-Strategem – ein Hebel zur Durchsetzung der postkonfrontativen *Pax Americana*

Mit dem Etikett Schurkenstaat (*rogue states*) werden von den USA jene Regime belegt, die

„Schurkenstaat" – Definition

> „sich durch Gewaltherrschaften mit radikaler Ideologie, eine Belagerungsmentalität, die Unfähigkeit zu konstruktiven internationalen Beziehungen und durch Angriffe auf die grundlegenden Werte der internationalen Gesellschaft auszeichnen" (Rudolf 1999, 15).[10]

Entscheidender ist aber wohl die Beurteilung der Politik dieser Staaten als direkte Bedrohung des geostrategischen *Status quo* und amerikanischer Sicherheitsinteressen (Bowen 2000, 14). Heute werden in der Regel sieben Länder dieser Kategorie zugerechnet. In der Reihenfolge ihres Auftritts auf der „Weltbühne" sind dies Nordkorea, Kuba, der Iran, der Irak, Libyen, Syrien und der Sudan. Innerhalb dieser ausgesprochen inhomogenen Gruppe wird die Gefährlichkeit der einzelnen Staaten je nach weltpolitischer Konjunktur und US-amerikanischer Interessenlage mal stärker, mal schwächer bewertet. Nach dem 11. September 2001 sind insbesondere jene Staaten in das Visier der Bush-Administration geraten, die sich – so der Vorwurf des Präsidenten – der Unterstützung des internationalen Terrorismus schuldig gemacht haben. Wie bereits erwähnt, glaubt man in Washington sogar, zwischen Nordkorea, dem Irak und dem Iran eine „Achse des Bösen" zu erkennen.

Die Stigmatisierung von Staaten als „*outlaw states*", „*backlash states*", als „Reich oder Achse des Bösen" gehört seit der russischen Oktoberrevolution als Steuerungs- und Legitimationsressource zum Standardrepertoire der amerikanischen Außen- und Sicherheitspolitik. Durch die Nutzung grober Unterscheidungsraster (gut vs. böse, demokratisch vs. autoritär, rational vs. irrational, friedliebend vs. kriegslüstern etc.) wird die reale Komplexität der internationalen Beziehungen willkürlich auf eine klare Unterscheidung zwischen „uns" und „denen" reduziert. Was auf den ersten Blick wie der Versuch aussieht, „auf der internationalen Ebene eine Art Haft- oder Irrenanstalt zu schaffen" (Rubin, 1999), entpuppt sich bei näherem Hinsehen als eine komplexe Strategie. Das „Schur-

Die Stigmatisierung von Staaten hat eine lange Geschichte

---

10 "[S]tates whose behavior has been deemed unsavory and unacceptable because it violates international law and norms, undermines the status quo and threatens American security interests" (Bowen 2000, 14).

kenstaaten"-Strategem ist ein Vehikel, mit dem weitreichende Weichenstellungen in der amerikanischen Außen- und Sicherheitspolitik nach dem Ende des Ost-West-Konflikts begründet und vorangetrieben werden. Das Vorgehen zielt auf einen tief greifenden Paradigmenwechsel in gleich mehreren Kernbereichen der internationalen Politik. Über die Bekämpfung der normverletzenden Staaten hinaus dient das „Schurkenstaaten"-Strategem der ideologisch-konzeptionellen Rechtfertigung der postkonfrontativen US-amerikanischen Weltordnungspolitik. Unbeschadet gewisser konjunkturbedingter Anpassungen und Modifizierungen liegt der Politik ein komplexes und relativ stabiles strategisches Konzept weltpolitischer Steuerung zugrunde. Wie in einer Nussschale sind im US-amerikanischen Vorgehen gegenüber den so genannten Schurkenstaaten alle wesentlichen Elemente der postkonfrontativen Weltordnungspolitik Washingtons versammelt:

„Schurkenstaaten"-Strategem – ein komplexes Steuerungskonzept

Feindbild und komplexes Bedrohungsszenario

1. Die mit dem Verweis auf die Unberechenbarkeit der „Schurkenstaaten" zusätzlich dramatisierten „neuen" Bedrohungen (z.B. Terrorismus, Staatszerfall, Weiterverbreitung von Massenvernichtungswaffen und Rüstungstechnologien, Flüchtlingsbewegungen und Migration, internationale Kriminalität) werden gezielt genutzt, um den von Washington betriebenen Paradigmenwechsel in der internationalen Sicherheitspolitik und die Neuorientierung seiner Militärstrategie nach dem Ende des Ost-West-Konflikts zu rechtfertigen. Die tatsächliche, potenzielle oder auch nur vermeintliche Verfügungsgewalt so genannter Schurkenstaaten über Massenvernichtungswaffen wird von den USA als der einzige Grund für die Realisierung des *Missile Defense Program* und den ungebremsten Ausbau ihrer globalen Präsenz vorgebracht.[11] Mit der *Active Counter-Proliferation* soll – wenn nötig mit Waffengewalt – die Weitergabe von nuklearen und anderen Massenvernichtungswaffen an Problemstaaten verhindert werden. Die vorgeblich für die „Eindämmung" der so genannten Schurkenstaaten entwickelten Waffensysteme und Einsatzoptionen können gegebenenfalls auch gegen andere, „rationalere" Staaten, die über Kernwaffen und andere Massenvernichtungswaffen verfügen oder diese weitergeben (z.B. China, Indien, Pakistan), eingesetzt werden.

Rechtfertigung der eigenen Hochrüstung

2. Die behauptete Verfügung der so genannten Schurkenstaaten über Massenvernichtungswaffen wird von den USA als Vorwand genutzt, einen neuen Kurs in der internationalen Abrüstungspolitik einzuschlagen. In seiner Rede vor der UN-Vollversammlung im September 1993 hat Präsident Clinton zum ersten Mal eine generelle Unterscheidung getroffen zwischen Staaten, die nach Auffassung der militärpolitischen Elite der USA Massenvernichtungswaffen besitzen dürfen, und Staaten, denen dies mit allen Mitteln verwehrt werden müsse (Chauvistré 1998). Mit der willkürlichen Grenzziehung zwischen „guten" und „schlechten" Besitzerstaaten von Massenvernichtungswaffen werden im Wesentlichen zwei Ziele anvisiert. Zum einen wird versucht, die Rüstungsanstrengungen der USA und anderer demokratischer Staaten als förderlich für die internationale Stabilität und den Weltfrieden

---

11 "We will work closely with our coalition to deny terrorists and their state sponsors the materials, technology, and expertise to make and deliver weapons of mass destruction. We will develop and deploy effective missile defenses to protect America and our allies from sudden attack" (United States Capitol 2002, 3).

darzustellen und so den Druck der Nichtbesitzerstaaten und Rüstungsgegner zu unterlaufen. Zum anderen soll den so genannten Schurkenstaaten die Verantwortung für das fortgesetzte weltweite Wettrüsten zugeschoben werden. Auch in Bezug auf die Abrüstungspolitik werden sie als Störenfriede einer von den USA garantierten Weltordnung, „als Ausnahmen in einer ansonsten harmonischen und friedlichen Welt" dargestellt (ebd.).

3. Die Eindämmungspolitik Washingtons ist nicht nur darauf gerichtet, die „Schurkenstaaten" selbst zu isolieren und zu einer Veränderung ihrer Politik zu bewegen. Die Stoßrichtung gilt auch potenziellen regionalen „Störenfrieden" und Normverletzern. Mit der in fast jeder Hinsicht – von der politischen Rhetorik über die Politik bis hin zu den militärischen Handlungen – kalkuliert hysterischen Strategie sollen ausnahmslos alle Staaten von einer gegen US-amerikanische Interessen gerichteten Politik bzw. von der Solidarisierung mit den Abweichlern abgehalten werden.[12] Dahinter steht die Absicht Washingtons, für die Durchsetzung US-amerikanischer Interessen hinderliche Machtkonstellationen in den verschiedenen Weltregionen zu zerschlagen bzw. ihre Entstehung zu verhindern. Es ist deshalb auch kein Zufall, dass die so genannten Schurkenstaaten gerade in den Regionen zu finden sind, in denen die USA für sich besonders gewichtige Interessen definiert haben. Dazu gehören in erster Linie der Nahe und Mittlere Osten sowie Nordafrika (der Iran, der Irak, der Sudan, Libyen), das asiatische Festland im Fernen Osten (Nordkorea) sowie Mittelamerika und die Karibik (Kuba). Aus diesen Schlüsselregionen sollen nicht zuletzt auch ehemalige und potenzielle Weltmächte verdrängt werden: Sämtliche so genannte Schurkenstaaten befinden oder befanden sich im Einflussbereich Russlands und – was insbesondere Nordkorea angeht – auch Chinas.

[Einschüchterung potenzieller „Störenfriede"]

4. Durch die bewusste Polarisierung der internationalen Beziehungen beabsichtigen die USA, ihre Verbündeten zu einer verlässlichen und uneingeschränkten Gefolgschaft zu drängen. Ob nun innerhalb der UNO und anderen internationalen Organisationen, in den verschiedenen Bündnissystemen oder in den interregionalen Beziehungen – in allen Bereichen sollen die EU-Staaten, Kanada, Japan u.a. von einem eigenständigen Kurs abgehalten und in die Weltordnungspolitik der USA eingebunden werden. Wie weit Washington dabei zu gehen bereit ist, zeigen die Gesetze über die Verhängung von Wirtschaftssanktionen gegen Kuba (*Helms-Burton-Gesetz* vom 12. März 1996) sowie gegen Libyen und den Iran (*D'Amato-Gesetz* vom 5. August 1996)[13], die sich, obgleich nicht mit den Verbündeten abgesprochen,

[Disziplinierung der Verbündeten]

---

12 Noam Chomsky (2000) berichtet unter Berufung auf AP von einer geheimen Studie (*Essentials of Post-Cold War Deterrence*) des *Strategic Command* der USA, das für das strategische Atomarsenal verantwortlich ist. Darin wird vorgeschlagen, die USA sollten sich mit Hinweis auf ihr nukleares Potenzial als eine Macht darstellen, „die sich irrational und rachsüchtig verhält, wenn sie ihre vitalen Interessen angegriffen sieht. [...] Es ist abträglich, wenn wir uns als zu umfassend rational und kühl kalkulierend darstellen. [...] Die Tatsache, dass einige Elemente [der US-Regierung] den Eindruck erwecken, sie könnten potenziell außer Kontrolle geraten, mag insofern günstig sein, als sie bei gegnerischen Entscheidungsträgern Befürchtungen und Zweifel auslösen und verstärken können."

13 Die beiden Gesetze wurden auf Betreiben der drei Senatoren, die ihnen den Namen gaben, vom amerikanischen Kongress verabschiedet. Anlass war im Fall Kubas der Ab-

auch gegen europäische, kanadische und japanische Firmen richten, die mit diesen Staaten Handel treiben (so genannte Sekundärsanktionen).[14] Nach Protesten u.a. der westeuropäischen Staaten werden übrigens die Sanktionen seit 1996 durch Präsidentenentscheid jeweils für ein halbes Jahr ausgesetzt. Die Suspendierung wurde auch von Präsident Bush erneuert.

Schaffung exterritorialer Rechtsgrundlagen für die amerikanische Politik

5. Mit der Begründung ungenügender Handlungsfähigkeit und Effizienz des UN-Sicherheitsrates und internationaler Gerichte im Kampf gegen die so genannten Schurkenstaaten forcieren die USA den Aufbau einer exterritorialen Rechtsprechung und Sanktionspraxis. Damit einher gehen Bestrebungen, die Grenze für „legitime" Interventionen in die inneren Angelegenheiten anderer Staaten weiter hinauszuschieben (Stern 1997, 7–9), wie dies z.B. mit der Selbstmandatierung der NATO-Intervention in den Kosovokrieg geschehen ist. Ziel ist die Schaffung vom UN-Sicherheitsrat und den Instanzen supranationaler Rechtsprechung weitgehend unabhängiger Grundlagen für den Einsatz wirtschaftlicher, finanzieller, politischer und militärischer Zwangsmittel gegen normverletzende Staaten. Zu dieser Praxis der Überformung internationalen Rechts gehört neben der Selbstmandatierung der NATO und den Sanktionsgesetzen gegen Kuba, Libyen und den Iran auch die 1996 unter der Clinton-Präsidentschaft geschaffene Möglichkeit von Zivilklagen gegen ausländische Regierungen. Konkret hat der amerikanische Kongress ein Antiterrorismusgesetz erlassen, das das Prinzip der juristischen Immunität von Staaten insofern einschränkt, als es Entschädigungsklagen von Opfern terroristischer Attentate gegen Staaten zulässt, die „Terrorismus unterstützen". Klagen dürfen jedoch nur gegen Staaten erhoben werden, die von der US-Regierung offiziell als Unterstützerstaaten eingestuft wurden (Böhm 2002).

5 Die „Schurkenstaaten" und der Kampf gegen den internationalen Terrorismus – die jüngste Wende in der US-amerikanischen Sicherheitspolitik

Vorübergehende Kurskorrektur der Clinton-Administration

In ihrem letzten Amtsjahr (1999/2000) vollzog die Clinton-Administration einen taktischen Schwenk in der Politik gegenüber den „Schurkenstaaten" hin zu größerer Mäßigung und Ausdifferenzierung, die unter anderem mit einer weniger plakativen und provozierenden Benennung einherging; sie wurden von nun an

---

schuss eines amerikanischen Sportflugzeuges, das in den kubanischen Luftraum eingedrungen war. Mit dem D'Amato-Gesetz reagierten die USA auf die Verwicklung Libyens und des Iran in die Unterstützung des internationalen Terrorismus. Ein interessantes Detail: Von beiden Gesetzen wird kein generelles Ausfuhrverbot von Gütern in diese Staaten verhängt, „da eine solche Maßnahme schädlich für die Wirtschaftsinteressen der USA wäre" (Stern 1997, 10).

14 Der EU-Rat hat am 22. November 1996 erklärt: „Ein Drittland hat Gesetze, Verordnungen und andere Rechtsakte erlassen, mit denen die Tätigkeit von natürlichen und juristischen Personen geregelt werden soll, die der Gerichtsbarkeit der Mitgliedstaaten der Europäischen Union unterstehen. Diese Gesetze, Verordnungen und anderen Rechtsakte verletzen durch ihre extraterritoriale Anwendung das Völkerrecht" (zit. nach Stern 1997, 12).

als „Problemstaaten" (*states of concern*) bezeichnet. Unklar blieb allerdings, ob sich diese Neuorientierung auf alle bis dahin als „Schurken" etikettierte Staaten oder nur auf jene bezog, die bis dahin gegenüber der „Außenwelt" die Bereitschaft zur Veränderung ihrer Politik signalisiert hatten. So verkündete z.B. Nordkorea ein Moratorium über den Flugtest von Langstreckenraketen. In Serbien wurden nach dem Sturz von Milošević demokratische Reformen und die Öffnung des Landes gegenüber dem Westen eingeleitet. Im Iran verstärkte sich nach der Wahl Khatamis zum Präsidenten der Einfluss moderater Kräfte, und Libyen stimmte der Auslieferung der Lockerbie-Verdächtigen an die Niederlande zu. Washington konnte diese Veränderungen nicht ignorieren. Die „Sonnenscheinpolitik" zwischen Süd- und Nordkorea und die demokratischen Reformen in Serbien veranlassten die US-amerikanische Führung zu einer partiellen Aufhebung der Sanktionen gegen Pjöngjang und Belgrad (Bowen 2000, 15). Selbst gegenüber Kuba setzte die Administration gegen die republikanische Mehrheit im Kongress eine Lockerung der seit ca. vier Jahrzehnten bestehenden Sanktionen durch (FAZ vom 30.10.2000). In den Beziehungen zum Iran und Libyen häuften sich die Anzeichen für eine zaghafte Öffnung.

Der vorsichtige Politikwechsel von der „Eindämmung" zum „konstruktiven Engagement" nahm mit dem Wechsel zur republikanischen Bush-Administration ein jähes Ende. Jene Kommentatoren lagen offenkundig mit ihrer Einschätzung richtig, die die moderatere Haltung der Clinton-Administration hauptsächlich mit deren Absicht in Zusammenhang gebracht hatten, die Entscheidung über das Raketenabwehrprogramm aufzuschieben. Es sei deshalb nur ein Gebot politischer Kohärenz gewesen, nun auch das Feindbild in weicheren und differenzierteren Tönen zu zeichnen (ebd.). Mit dem Republikaner George W. Bush ist das „Schurkenstaaten"-Stratagem nicht nur in das Arsenal der US-amerikanischen Sicherheits- und Weltordnungspolitik zurückgekehrt, es ist zu ihrem archimedischen Punkt geworden. Hintergrund ist der Einflussgewinn der neokonservativen Vordenker und Politiker innerhalb des republikanischen Lagers. Besonders mit dem Rückenwind der öffentlichen Betroffenheit und Empörung nach dem 11. September 2001 haben sie ihre Stellung auf Kosten der traditionellen Dominanz der Realpolitiker und moderaten Internationalisten innerhalb der Partei weiter festigen können.

Ende des „konstruktiven Engagements" und Rückkehr zum „Schurkenstaaten"-Stratagem

Die *NeoCons*, wie sie im Washingtoner Politjargon genannt werden, sind aus dem in den 1960er Jahren erfolgten Übertritt Tausender weißer Südstaaten-Demokraten in die Republikanische Partei hervorgegangen, die damit gegen die Bürgerrechtsgesetze zugunsten der farbigen Bevölkerung protestieren wollten. Die Herkunft der *Sun Belt Republicans* erklärt die eigentümliche Kombination von kruder Machtpolitik und überschießendem Moralismus. In ihrem Denken und ihrer Politik gehen der traditionelle machtpolitische Realismus der Republikaner und der wertorientierte Messianismus der Demokraten eine außenpolitisch wenig Gutes verheißende Verbindung ein. Der einflussreichste neokonservative *Think Tank* ist das American Enterprise Institute in Washington. Seine Ideen werden über den Weekly Standard und Fox TV im ganzen Land verbreitet. In den 1970er und 1980er Jahren scharten sich die Neokonservativen um Ronald Reagan, heute ist ihr Hoffnungsträger George W. Bush, den sie als legitimen Nachfolger ihres einstigen Idols erachten. Unter Bush senior hatten sie vorübergehend einen Rückschlag er-

Einflussgewinn der Neokonservativen in der Bush-Administration

litten. Was mit der Moralisierung republikanischer Außenpolitik unter Reagan mit der Kampagne gegen die Sowjetunion als „Reich des Bösen" begann, wird unter Bush junior mit der Ausrufung des Feldzuges gegen die „Achse des Bösen" unter verändertem Vorzeichen fortgesetzt (Kleine-Brockhoff 2002).

Konkurrenz zwischen Neokonservativen und Realpolitikern

Innerhalb der Bush-Administration stehen sich beide Fraktionen – Realpolitiker und Neokonservative – eher als Kontrahenten denn als Partner gegenüber. Erstere haben ihren Stützpunkt mit Colin Powell, Richard Armitage und Richard Haass vor allem im State Departement, während sich Letztere hauptsächlich auf Vizepräsident Dick Cheney, Verteidigungsminister Donald Rumsfeld, Vizeverteidigungsminister Paul Wolfowitz und deren Chefberater Richard Perle stützen können. Hatte Außenminister Powell in den ersten Wochen nach den Attentaten vom 11. September offenbar noch das Ohr des Präsidenten, haben sich seitdem immer stärker die *Hardliner* um Cheney und Rumsfeld in den Vordergrund gedrängt. In Bezug auf die Antiterrorismus- und Afghanistanpolitik sabotierten sie erfolgreich den Kurs von Außenminister Powell, der auf eine breite internationale Koalition, auf die enge Einbeziehung der Verbündeten und eine umsichtige politische Vorbereitung des Afghanistankrieges drängte. Nun sahen die *NeoCons* ihre Stunde gekommen, konnten sie sich doch durch die Anschläge bestätigt fühlen. Hatten sie nicht jahrelang verstärkte Rüstungsanstrengungen gefordert und davor gewarnt, zu nachsichtig mit potenziellen Feinden umzugehen? Nun räche sich, dass die Attentate der neunziger Jahre, ob in Saudi-Arabien, im Jemen oder in Ostafrika, nicht entschieden genug beantwortet worden seien. Seit sich die Vermutungen zu bestätigen scheinen, dass sich das Terrornetzwerk al Qaida in den Besitz von nuklearen und anderen Massenvernichtungswaffen bringen wollte (Kelle und Schaper 2001), läuft die neokonservative Propagandamaschine auf Hochtouren: Eine Allianz zwischen ABC-Waffen besitzenden „Schurkenstaaten" und Terroristen wird als existenzielle Bedrohung der USA an die Wand gemalt, auf die es mit allen verfügbaren Mitteln zu reagieren gelte (United States Capitol 2002).

Neue Orientierung: Regimewechsel in den „Schurkenstaaten"

Neu am Kurs der Bush-Administration gegen die so genannten Schurkenstaaten[15] sind nicht nur der zentrale Platz innerhalb der außen- und sicherheitspolitischen Doktrin und die ungewöhnliche rhetorische Schärfe. Einschneidender noch ist die offene Orientierung auf einen Regimewechsel, insbesondere in den drei Staaten der „Achse des Bösen". Sowohl Bush senior als auch Clinton hatten es noch tunlichst vermieden, den Sturz der betroffenen Regime zum vorrangigen Ziel ihrer Politik zu erklären. Vielmehr schienen die Wahrung der regionalen Stabilität und die formale Einhaltung des Völkerrechts wichtige Imperative ihrer Politik zu sein. Es ist deshalb wohl kaum übertrieben, von einer offen imperialen Zuspitzung (Pfaff 2001) des bereits unter der Clinton-Administration verfolgten *„democratic enlargement"* zu sprechen:

> „Der Sturz Saddam Husseins wäre das ideologisch perfekte Ereignis: Befreiung eines geknechteten Volkes, verbunden mit einer Kettenreaktion, die zur Demokratisierung der ganzen Region führt; Ende der Bedrohung von Nachbarstaaten, besonders Israels; alle anderen Schurkenstaaten wären in Panik, die USA würden bald intervenieren" (Kleine-Brockhoff 2002, 34).

---

15 In den offiziellen Erklärungen fällt der Begriff „Schurkenstaaten" nicht mehr. Dagegen ist z.B. in den Erklärungen des Präsidenten von „regimes that sponsor terror" oder „world's most dangerous regimes" die Rede (vgl. United States Capitol 2002, 2–3).

Doch der eigentliche Grund für die Renaissance des „Schurkenstaaten"-Stratagems ist die Forcierung der Raketenabwehrpläne durch die Bush-Administration. Es ist deshalb auch kein Zufall, dass der Irak, der Iran und Nordkorea als Hauptfeinde auserkoren wurden. Alle drei Staaten verfügen nach Erkenntnissen der USA angeblich über Mittelstreckenraketen und streben den Besitz von Massenvernichtungswaffen an (Bush 2001, 752).[16] So eignen sie sich besonders gut als postkonfrontatives Feindbild. In der Politik gegenüber den „Schurkenstaaten" greifen also militärische Machtpolitik und ideologischer Messianismus unmittelbar ineinander (Rice 2000). In welcher Dosierung zwischen diesen beiden Polen die amerikanische Politik letztlich implementiert wird, hängt vom Fortgang der Rivalität zwischen Neokonservativen und Realpolitikern innerhalb der Administration, aber auch vom taktischen Kalkül des Präsidenten und seiner Berater ab. Bush hat in der Tat ein Interesse daran, zwischen beiden intellektuellen und politischen Lagern zu lavieren. Auf diese Weise sichert er sich ein möglichst breites Fundament für seine Politik innerhalb der Republikanischen Partei und hält sich zugleich alle Optionen gegenüber den so genannten Schurkenstaaten offen (Kleine-Brockhoff 2002).

<small>Aufbau einer Raketenabwehr bleibt zentral</small>

Die gegenwärtige Irakpolitik verdeutlicht, welches Spektrum an taktischen Varianten den USA aufgrund der in der Administration versammelten unterschiedlichen Positionen zur Verfügung steht. So können sie mit einem neokonservativen Verteidigungsminister die Option eines militärischen Angriffs ebenso glaubwürdig vermitteln wie die Beschwichtigungsbemühungen des realpolitischen Außenministers an die Adresse der europäischen Verbündeten, man werde zur Realisierung der UN-Beschlüsse in erster Linie auf ein politisches Vorgehen setzen. Die Bush-Administration kommuniziert augenscheinlich ganz bewusst ein diffuses, widersprüchliches Bild, um ihre wahren Absichten im Dunkeln zu lassen. Für die betroffenen Regime ist die Botschaft umso eindeutiger: Der offene politische Druck und die militärischen Drohgebärden sollen den Behauptungswillen der Führungsgruppen gegenüber den amerikanischen Forderungen brechen und zugleich den Handlungsraum für die Opposition vergrößern.

<small>Konkurrenz zwischen Neokonservativen und Realpolitikern erweitert taktische Optionen</small>

Dass die politischen Führungen in Bagdad, Teheran und Pjöngjang den USA diesen Gefallen tun, ist allerdings wenig wahrscheinlich. Durch den Außendruck wird ihre Herrschaft eher noch stabilisiert. Oppositionelle Kräfte scheinen – soweit überhaupt vorhanden – weitgehend gelähmt. Im Iran erschwert die amerikanische Politik die Reform- und Öffnungsbemühungen von Präsident Khatami. Die Bevölkerungen dieser Staaten müssen eine doppelte Last tragen: die Kosten der inneren Ausbeutung und Unterdrückung sowie der äußeren Druck- und Sanktionspolitik. Ein Beispiel: Im zweiten Golfkrieg sind auf der irakischen Seite auf dem Schlachtfeld und unter den Bombenangriffen 250.000 Soldaten und Zivilisten ums Leben gekommen (FAZ vom 2.8.2000, 10). An den Folgen der undifferenzierten Sanktionspolitik starben in den Folgejahren mehr als eine halbe Million Kinder (Czempiel 2001). Monatlich werden von den Ölverkäufen rund 400 Mill. Dollar für Reparationen abgezogen (FAZ vom 2.8.2000, 10).

<small>Hohe Kosten für die Bevölkerungen der „Schurkenstaaten"</small>

---

16 Insgesamt geht man in Washington davon aus, dass über „ein Dutzend Nationen" die Technologie zur Herstellung ballistischer Raketen besitzen und „einige" nach dem Besitz von Massenvernichtungswaffen streben (Erklärung des Weißen Hauses zur Verteidigungspolitik: „Revitalize National Defense" (http://www.whitehouse.gov/infocus/defense, 18.9. 2001)).

Nachteile auch für die USA

Auf der anderen Seite wird immer deutlicher, dass auch die Vereinigten Staaten die Konfrontationspolitik gegenüber renitenten Regimen teuer zu stehen kommt. Der amerikanischen Wirtschaft entgehen Aufträge in Milliardenhöhe. Noch höher ist der politische Preis. Allein das irakische Beispiel zeigt, wie sehr die US-amerikanische Politik sich ihre eigene Handlungsfähigkeit im Mittleren Osten beschneidet. Während der Irak von seinen Nachbarstaaten wieder weitgehend akzeptiert ist und sich angesichts der Sanktionen und des unerklärten Luftkrieges der USA (und Großbritanniens) zunehmender Solidarität und Unterstützung in der Region erfreut, nehmen in gleichem Umfang die antiamerikanischen Ressentiments zu. Der Nahe und der Mittlere Osten bleiben so ein idealer Rekrutierungsraum für terroristische Gruppen und Netzwerke. Vor allem aber haben sich die Voraussetzungen für eine wirksame Politik der Problem- und Krisenbewältigung (Nahostkonflikt, Antiterrorpolitik, Erdöl- und Erdgasversorgung) drastisch verschlechtert.

Aber für Washington überwiegen die Vorteile

Die Bush-Administration nimmt diese Kosten billigend in Kauf. Die Vorteile scheinen aus ihrer Sicht bei weitem zu überwiegen. Vor dem Hintergrund ihrer sicherheitspolitischen Interessenlage ist das „Schurkenstaaten"-Strategem „ein genialer Schachzug, um die Legitimationskrise des US-Militärs zu überwinden" (Chauvistré 1998). Um das Bedrohungsszenario virulent zu halten, ist es erforderlich, einen dauernden Spannungszustand mit zumindest einem designierten „Schurkenstaat" aufrechtzuerhalten. Doch

„sollte sich Irak aus der Rolle zurückziehen, wird sich Washington wohl auf einen anderen Kandidaten stürzen oder die Liste der ‚Rogues' erweitern. Aufgeben wird Washington die ‚Schurken-Doktrin' nicht. Es bestünde sonst die Möglichkeit, daß die immensen US-Arsenale an ABC-Waffen genauso in Frage gestellt würden wie die weltweit militärische Infrastruktur der Vereinigten Staaten" (ebd.).

Das „Schurkenstaaten"-Strategem bietet keine tragfähige Antwort, sondern führt zu Problemen wie:

Abgesehen von der Bedienung der engen Interessen US-amerikanischer Politik-, Militär- und Rüstungseliten bietet das „Schurkenstaaten"-Strategem keine tragfähige Antwort auf die globalen Herausforderungen der postkonfrontativen Ära. Es ist in seiner Ausformulierung unterkomplex und in seinen sicherheits- und stabilitätspolitischen Wirkungen kontraproduktiv. Die einseitige Orientierung an den amerikanischen Weltmacht- und Sicherheitsinteressen ist eine ungeeignete Referenz für die Konzipierung einer friedenstauglichen Weltordnungspolitik. Hier zeigen sich deutlich die Grenzen der amerikanischen Hegemonie:

– hohen sozialen, wirtschaftlichen und ökologischen Kosten,

1. Besonders für die Bevölkerungen der so genannten Schurkenstaaten sind die menschlichen, sozialen, wirtschaftlichen und ökologischen Kosten der US-amerikanischen Eindämmungspolitik immens. Während die Druckpolitik, die Sanktionen und die – im Fall des Irak und des Sudan – direkten militärischen Angriffe die herrschenden Regime bisher eher stabilisierten, hat die Verelendung der Bevölkerung im Irak, im Sudan und in Nordkorea dramatische Ausmaße erreicht. Wie sich zeigt, sind Sanktionen als das zentrale Instrument im Umgang mit „Schurkenstaaten" kein Ersatz für eine reflektierte Strategie (Rudolf 1999, 21).

– antiamerikanischen Ressentiments,

2. In keiner der betroffenen Regionen (Naher und Mittlerer Osten, Nordafrika, Ferner Osten, Balkan, Karibik) gelang den USA eine nachhaltige Lösung der regionalen Probleme und Konfliktkonstellationen. Die Eindämmungspolitik gegenüber den „Schurkenstaaten" ist vielmehr mit nachteiligen Folgen für

US-amerikanische Interessen in diesen strategisch wichtigen Regionen verbunden. In den Eliten und der Bevölkerung der umliegenden Länder nahmen im Gefolge der US-amerikanischen Politik antiamerikanische Ressentiments fast durchweg zu. Namentlich im Nahen und Mittleren Osten führte die Konfrontationspolitik gegenüber dem Irak und dem Iran zu einem Rückgang des Einflusses und der Handlungsfähigkeit der USA. Die globale und regionale Isolierung der „Schurkenstaaten" ist in den meisten Fällen nicht gelungen. Auch die westeuropäischen Verbündeten der USA unterhalten zu diesen Staaten mehr oder weniger enge politische und wirtschaftliche Beziehungen.

3. Die US-Führung riskiert mit ihrer unilateralistischen und repressiven Politik erhebliche Irritationen in den Beziehungen mit ihren Verbündeten innerhalb der NATO, aber auch in Lateinamerika, im Nahen und Mittleren Osten sowie im pazifischen Raum. Die Auseinandersetzung über den Umgang mit den „Schurkenstaaten" ist zu einer ernsten Belastung für Kohärenz und Handlungsfähigkeit im transatlantischen Verhältnis geworden (Poneman 1998, 127), was nicht zuletzt auch auf die Abstimmungsprozesse in wichtigen internationalen Institutionen wie dem UN-Sicherheitsrat und der Welthandelsorganisation (WTO) ausstrahlt. Hintergrund sind eine deutlich andere Problemwahrnehmung und Politikauffassung. Bei den EU-Mitgliedstaaten überwiegt im Umgang mit den so genannten Schurkenstaaten die Präferenz für politischen Dialog und wirtschaftliche Zusammenarbeit (Rudolf 1999).   – Belastung der Beziehungen zu den Verbündeten,

4. Die US-amerikanische Politik birgt die Gefahr des Entstehens neuer großräumiger Konfliktformationen in der Weltpolitik. Zurzeit hüten sich das wirtschaftlich schwache Russland und auch China, in eine Konfrontation mit dem Westen einzutreten.   – Risiko großräumiger Konfliktformationen und

„Allerdings gibt es genug Anzeichen dafür, dass die potentielle Bereitschaft in Russland wächst, sich gegebenenfalls zum Verteidiger von Interessen des einen oder anderen ‚Schurkenstaates' aufzuschwingen und in einen neuen kalten Krieg mit dem Westen einzutreten" (Rahr 1999, 23).

Auch China fühlt sich durch den Unilateralismus der USA irritiert und herausgefordert. Was heute mit der Suche nach Gegenmitteln gegen die Raketenabwehrpläne der USA beginnt, könnte sich in den kommenden Jahren zur Herausbildung neuer Allianzsysteme auswachsen. Die US-amerikanische Politik der Niederhaltung und Einbindung nichtdemokratischer Großmächte wie Russland und China stimuliert zusätzlich deren Interesse an wirksamer Gegenmachtbildung.

5. Es gehört zu den paradoxen Effekten der auf die „Achse des Bösen" fixierten Militärstrategie der USA, dass dadurch die Sicherheit und Verteidigungsfähigkeit der USA letztlich eher gefährdet werden. So wird der Aufbau einer Raketenabwehr zur Destabilisierung der internationalen Abrüstungsregime und zur Wiederankurbelung des Wettrüstens zwischen den Kernwaffenmächten führen, ohne den vorgeblich angestrebten wirksamen Schutz vor Angriffen mit Massenvernichtungswaffen zu gewährleisten. Interkontinentale ballistische Raketen sind das am wenigsten wahrscheinliche Mittel für Angriffe von Schurkenstaaten oder Terroristen (Weinberg 2002). Wie die Flug-   – Gefährdung der Sicherheit und Verteidigungsfähigkeit

zeug- und Milzbrandattentate in den USA zeigen, bedürfen Terroristen keiner Raketen oder Bomber.[17] Die Gefährlichkeit des inter-/transnationalen Terrorismus „liegt in der Fähigkeit, mit einfachen und billigen Mitteln Schrecken zu verbreiten und teure technische Anlagen zu lähmen" (Rühl 2000). Nicht zuletzt werden durch die Raketenabwehrpläne beträchtliche Mittel von anderen Rüstungsprojekten abgezogen. Was aber noch entscheidender ist: Die Rahmenbedingungen für wirksame inter-/transnationale Regime zur Terrorprävention und stabilisierenden Einbindung von Problemstaaten verschlechtern sich (ebd.).

6 Das „Schurkenstaaten"-Problem – Herausforderung für eine kooperative globale Sicherheitspolitik

Begriff Schurkenstaat ist analytisch schwach

Anders als die US-amerikanische Politik suggeriert, handelt es sich bei dem „Schurkenstaaten"-Problem um eine außerordentlich vielgestaltige Wirklichkeit. Gleich ob US-amerikanische Strategen sich durch die Politik der „Schurkenregime" tatsächlich bedroht fühlen oder ob sie die Welt und die innere Situation dieser Staaten bewusst in ein grobes Schwarz-Weiß-Raster zwängen, um ihre überdimensionierten Rüstungsprogramme zu rechtfertigen: die US-amerikanische Politik ist eher Bestandteil des „Schurkenstaaten"-Problems als eine Gewähr für seine Lösung. Nicht nur dass Washington in den vergangenen Jahrzehnten selbst maßgeblich zur „Verschurkung" der meisten dieser Regime (z.B. des Iraks, des Irans, Kubas und Afghanistans) beigetragen hat, bis heute halten die USA mit ihrer Drohpolitik und ihrem *Hightech*-Rüstungskurs wenig konstruktive Anworten auf die mit diesen Staaten verbundenen sicherheitspolitischen Herausforderung bereit. Stattdessen werden für die verschiedenen Rüstungsprogramme Jahr für Jahr Hunderte Milliarden Dollar an wirtschaftlichen und intellektuellen Ressourcen verschleudert (Klare 1995, 213).

Dämonisierung von Staaten verhindert gute Politik

Wie sich zeigt, ist die „Dämonisierung" von Staaten und ihrer politischen Führer wenig geeignet, eine kluge Politik anzuleiten.

„Die Übervereinfachung komplexer Situationen – einschließlich der komplexen innenpolitischen Strömungen innerhalb der fraglichen Regime – wirft das Risiko der Fehlinterpretation von Daten auf, die die Intentionen und die Motivationen dieser Regime betreffen, mit entsprechenden verzerrenden Wirkungen auf politische Entscheidungen. Das Unvermögen, diese Komplexitäten anzuerkennen, erhöht das Risiko, dass wesentliche Gelegenheiten für die US-Außenpolitik unerkannt verstreichen" (Poneman 1998, 128–129).

---

17 Michael Klare (1995, 165) stellt zu Recht die Frage, wie wahrscheinlich es überhaupt ist, „daß einige von diesen Staaten aus freien Stücken eine amerikanische Intervention provozieren würden, indem sie einen engen Verbündeten der Vereinigten Staaten angreifen. Keiner könnte einen leichten Sieg über die beabsichtigten Ziele ihrer aggressiven Absichten voraussehen, und keiner besitzt die ausreichende Stärke, um die Vereinigten Staaten in einem bewaffneten Kampf herauszufordern."

Das dem „Schurkenstaaten"-Strategem zugrunde liegende außenpolitische Denken geht vom dauerhaften Vorrang militärischer Macht für eine wirksame Steuerung der internationalen Angelegenheiten aus. Es richtet seinen analytischen Fokus einseitig auf die Identifizierung militärischer Bedrohungen (vgl. z.B. Lake 1994). Ergebnis dieser Engführung ist beinahe zwangsläufig die Neigung, auch für nichtmilitärische Risiken zuallererst und hauptsächlich militärische Bearbeitungsstrategien vorzusehen.

<small>Überbewertung militärischer Macht führt zu überwiegend militärischen Reaktionsmustern</small>

Eine angemessene Analyse des „Schurkenstaaten"-Problems darf sich jedoch nicht auf die Macht- und Interessendimension der internationalen Beziehungen und die Perpetuierung in hohem Maße willkürlich konstruierter Bedrohungsszenarien beschränken. Unerlässlich ist die Aufhellung der historischen Entstehungsbedingungen, der inneren Situation und Dynamiken sowie des regionalen Umfeldes der inkriminierten Regime, die – abgesehen von dem wenig aussagekräftigen Label – so gut wie keine Gemeinsamkeiten aufweisen:

<small>Differenzierte Analyse erforderlich</small>

> „Um zu verstehen, warum sich ein Regime in einer bestimmten Art und Weise verhält, muss man sowohl das Land als auch das Regime in signifikanter Tiefe analysieren. [...] Wissen über die Machtbasis des Regimes genauso wie über seine lokalen und regionalen Ambitionen und wie es mit anderen auf der internationalen Ebene interagiert, ist wesentlich für die Entwicklung eines spezifischen Mixes positiver und negativer Stimuli – diplomatisch, wirtschaftlich und militärisch –, der am geeignetsten ist, ein verändertes Verhalten hervorzurufen" (Bowen 2000, 15).

Als ein problemadäquateres Paradigma bietet sich der Global-Governance-Ansatz an, der sowohl eine analytische Folie für das Verständnis des komplexen Gegenstands als auch Konzepte und Leitbilder für eine alternative Politik bereitstellt. Auch wenn die sicherheitspolitische und friedenswissenschaftliche Dimension des Ansatzes erst noch wenig ausgearbeitet ist (Rohloff 2001 und in diesem Band), kann er doch helfen, Denkweisen zu überwinden, die einseitig auf die Staatenwelt und die militärische Macht fixiert sind. Mit dem Global-Governance-Ansatz wird es möglich, das gesamte Spektrum von Ursachen und Bedingungen des „Schurkenstaaten"-Komplexes in den Blick zu nehmen – von der innergesellschaftlichen bis zur globalen und von der wirtschaftlichen bis hin zur geostrategischen Dimension. Dabei wird der von der Macht- und Wertehegemonie der USA und der anderen westlichen Demokratien definierte globale Kontext ebenso einer kritischen Analyse unterzogen wie die Innen- und Außenpolitik der „Schurkenstaaten".

<small>Global-Governance-Ansatz als analytischer Zugang</small>

Als steuerungspolitisches Konzept zur Anleitung praktischer Politik orientiert der Global-Governance-Ansatz – anders als die auf Macht und Gegenmacht verengte Logik der US-Politik und die von ihr abgeleiteten macht- und militärpolitischen Bearbeitungsstrategien – auf eine Mehrebenensteuerung (lokal bis global) unter Einbeziehung sämtlicher relevanter Problemlagen und aller betroffenen Akteure. Neben den Staaten kommt dabei internationalen und regionalen Institutionen sowie zivilgesellschaftlichen und wirtschaftlichen Akteuren eine besondere Bedeutung zu. Als Leitbild wird sowohl auf globaler als auch auf regionaler Ebene eine polyzentrische und kooperative Struktur der inter-/transnationalen Beziehungen propagiert, die sich ausdrücklich als Gegenentwurf zur von den USA dominierten hegemonialen Weltordnung versteht (vgl. den Beitrag von Messner in diesem Band).

<small>Global-Governance-Ansatz als steuerungspolitisches Konzept</small>

Erst mit einem derart breiten und komplexen Verständnis der inter-/transnationalen Beziehungen wird es möglich, den Tunnelblick des „Schurkenstaaten"-Strategems zu überwinden. Nun lässt sich zeigen, wie vielschichtig und differenziert die Problemlagen eigentlich sind, die sich hinter der Stigmatisierung einzelner Regime, ja einzelner Diktatoren verbergen. Alle diese Staaten liegen im Schnittpunkt eines großen Teils der so genannten „neuen" Bedrohungen (Klare 1995, 210–211). Sie gehören ohne Ausnahme zu den Verlierern der neoliberalen Globalisierung; sie sind Opfer gescheiterter Modernisierungsprozesse. Die Bewältigung der daraus resultierenden sozialen Probleme wird durch Umweltschäden und Ressourcenknappheit (z.B. Wasser und Boden) zusätzlich erschwert. Hinzu kommen z.T. seit Jahrzehnten schwelende innere und regionale Konflikte. Um von den sozialen Missständen und politischen Spannungen abzulenken, bedienen sich die Führungsgruppen mehr oder weniger des gängigen Instrumentariums autoritärer Herrschaft: Nationalismus und Fundamentalismus, Personenkult und Repressalien gegen oppositionelle Kräfte, Abschottung gegenüber dem Ausland, Dramatisierung äußerer Bedrohung seitens regionaler Rivalen, aber vor allem seitens der USA sowie massive Militarisierung von Politik, Wirtschaft und Gesellschaft. Doch anstatt bei den konkreten wirtschaftlichen und politischen Ursachen der komplexen Krisenprozesse in den „Schurkenstaaten" und deren regionalem Umfeld anzusetzen, reagieren die USA mit ihrer Eindämmungsstrategie allein auf Folge- und Randphänomene. In der Konsequenz wird die amerikanische Politik, die ja eigentlich darauf gerichtet ist, die Stabilität strategisch besonders wichtiger Regionen zu sichern, selbst zum Quell unkalkulierbarer Destabilisierungseffekte.

Selbst wenn sich die USA entschlössen, von der Fixierung auf die Sicherung des Zugangs zu strategischen Rohstoffen und den damit einhergehenden Ausbau weltweiter militärischer Handlungsfähigkeit Abstand zu nehmen, würde dies nicht ausreichen, das „Schurkenstaaten"-Problem in den Griff zu bekommen.

> „Offenkundig können diese Ziele selbst unter optimalen Bedingungen von den Vereinigten Staaten allein nicht erreicht werden. Egal, welche Ressourcen US-Führer für derartige Bemühungen einsetzen. Washington wird trotzdem die Kooperation anderer Staaten brauchen. Dies liegt nicht daran, daß die Vereinigten Staaten im ‚Niedergang' begriffen sind [...], sondern vielmehr daran, daß die Konfliktursachen heute so komplex und so global verschränkt sind, daß keine Nation allein, gleich wie reich oder mächtig sie ist, hoffen kann, Frieden und Stabilität in irgendeiner Region ohne die substanzielle Unterstützung anderer Länder wieder herzustellen" (Klare 1995, 214).

Nicht nur die Begründung, auch die Vorschläge Klares (ebd., 214–218) für eine alternative globale Sicherheitspolitik folgen – allerdings ohne den Begriff zu benutzen – der Logik des Global-Governance-Ansatzes: Stärkung der UNO und anderer internationaler und regionaler Institutionen sowie Ausbau multilateraler *Peacekeeping*-Kapazitäten; drastische Kontrolle und Einschränkung des internationalen Handels mit konventionellen Waffen; Förderung internationaler Programme auf dem Gebiet der wirtschaftlichen Entwicklung, der Bevölkerungskontrolle und des Umweltschutzes.

Was den Umgang mit den unmittelbaren Sicherheitsbedrohungen angeht, die realer- oder vermeintlicherweise von den „Schurkenregimen" ausgehen, entwickelt Klare ebenfalls einige konzeptionelle Überlegungen. Im Vordergrund steht dabei der Grundsatz, dass „die Antwort auf diese Bedrohung der Größe des Risikos [...] angemessen sein sollte" (Klare 1995, 219). Konkret regt er eine Strategie der „Marginalisierung" dieser Staaten an. Eckpunkte sind die Reduzierung der Aufmerksamkeit und Bedeutung, die den Regimen in der internationalen Öffentlichkeit beigemessen werden, die Unterbindung ihres Zugangs zu *Hightech*-Produkten sowie die Unterbindung jeglicher Vorbildwirkung für andere Staaten. Dies soll durch die Verknüpfung von Sanktionen (z.B. Isolierung in regionalen und internationalen Organisationen) und Belohnung bei Wohlverhalten (z.B. Handelserleichterungen und politische Kontakte) erreicht werden (ebd., 220). Eine zentrale Bedeutung kommt aus Klares Sicht einer konsequenten Nichtweiterverbreitungs- und Antieskalationsstrategie in Bezug auf Massenvernichtungswaffen zu (ebd., 221–228). Diese schließe entschlossene Schritte in Richtung der vollständigen Beseitigung sämtlicher Massenvernichtungswaffen durch *alle* Staaten ebenso ein wie die unterschiedslose und einheitliche Anwendung der Nichtverbreitungsregime auf alle Staaten, unabhängig von ihrem Verhältnis zu den USA, sowie die Stärkung regionaler Friedens- und Sicherheitssysteme.

Auf der Suche nach einem ausreichend starken und handlungsfähigen Akteur in der internationalen Politik, der die genannten Vorschläge im Kontext „globalen Regierens" zu seiner Sache machen könnte, fällt der Blick auf die Europäische Union. Die Erfahrung der letzten Jahre hat gezeigt, dass es durchaus möglich ist, auch ohne oder sogar gegen den Widerstand der USA zu Fortschritten beim Ausbau einer Global-Governance-Architektur zu gelangen. Beispiele dafür sind die Ottawa-Konvention über Landminen, der Vertrag über den Internationalen Strafgerichtshof (ICC) und die „Rettung" des Kyoto-Protokolls über den globalen Klimaschutz. Die Erfolge bei der Ausweitung der internationalen Abrüstungsregime, der Weiterentwicklung des humanitären Völkerrechts und der Verregelung des Umweltschutzes wurden dank des Engagements so genannter *like minded states*, darunter auch der EU-Mitgliedsländer, erreicht. Eine nicht unwichtige Rolle spielen dabei die Kreativität und Hartnäckigkeit von Nichtregierungsorganisationen (NGOs), von denen nicht wenige aus den Vereinigten Staaten selbst kommen (Murphy 2000, 801). Fraglich bleibt allerdings, ob und inwieweit die Vereinbarungen gegen den Widerstand bzw. die Verweigerung der Vereinigten Staaten wirksam implementiert werden können.

Fordert die EU den globalen Hegemon USA heraus?

Die Europäische Union ist bereits mehrfach initiativ geworden, um die Vereinigten Staaten zu einem abgestimmteren Vorgehen gegenüber den „Schurkenstaaten" zu bewegen. So hat sie z.B. nach den einseitigen Sanktionen der Clinton-Administration gegen Kuba, den Iran und Libyen im Mai 1998 auf eine Vereinbarung über Prinzipien für den künftigen Einsatz von Wirtschaftssanktionen zu politischen und sicherheitspolitischen Zwecken gedrungen.[18] Beide Seiten sind schließlich übereingekommen, alles zu unternehmen, damit Sanktionen multilateral eingesetzt werden, um eine starke politische und ökonomische Wirkung zu gewährleisten. Wann immer möglich, wird die Verhängung von Sanktionen durch den UN-Sicherheitsrat als die optimale Vorgehensweise angesehen. Für die künftige Sanktionspraxis sollen insbesondere folgende Prinzipien gelten:

---

18 Transatlantic Partnership on Political Cooperation, 18.5.1998 (http://europa.eu.int/comm/dg01/0518tppc.htm).

keine Verhängung von Sanktionen mit extraterritorialer Reichweite, Ausrichtung der Sanktionen unmittelbar gegen die politisch Verantwortlichen in den Zielstaaten sowie Berücksichtigung der Interessen der jeweils anderen Seite bei Sanktionsentscheidungen und Beachtung der gemeinsamen politischen Ziele (Rudolf 1999, 20). Um diesen Kompromiss umzusetzen, bedürfte es allerdings eines substanziellen Ausbaus der transatlantischen Institutionen. Ein *Ad-hoc*-Konfliktmanagement und länderspezifische Konsultationen zwischen den USA und der EU, wie sie bisher in Aussicht genommen wurden, werden dieser Herausforderung nicht gerecht. Von einer Beratergruppe des State Department wurde 1997 z.B. eine *Sanctions Task Force* innerhalb der G 7 vorgeschlagen (Rudolf 1999, 20).

Die Bedeutung des transatlantischen Verhältnisses für Global Governance

Bemühungen der Europäischen Union und ihrer Mitgliedstaaten um mehr Einfluss bei den Entscheidungsinstanzen in Washington sind bis auf weiteres substanzielle Grenzen gesetzt. Eine auf Dauer gestellte institutionalisierte Abstimmung im Rahmen eines breiteren, Anreize und Sanktionen verbindenden Ansatzes ist wenig wahrscheinlich. Zu groß sind auf beiden Seiten des Atlantiks die strukturellen Hindernisse für eine solche Politikkoordination (Rudolf 1999, 21). Dazu kommen die Unterschiede in der politischen Kultur (Frost 1997, 3), d.h. in Bezug auf die politische Entscheidungsfindung, die Einstellung und den Stil (Stichwort: „Sicherheitsstaat" versus „Handelsstaat"). Ausschlaggebend dürfte aber wohl die prinzipielle Abneigung der außen- und sicherheitspolitischen Eliten der USA sein, sich in internationale Vereinbarungen einbinden zu lassen und sich dadurch einer möglichst uneingeschränkten Entscheidungs- und Handlungsfähigkeit zu benehmen. Es ist kaum zu erwarten, dass die USA, zumal unter der Administration Bush jr., bereit sein werden, ihre hegemoniale Weltordnungsstrategie zugunsten eines besser abgestimmten Vorgehens mit den Verbündeten zu öffnen und sich gemeinsam mit den westeuropäischen Verbündeten und anderen Staaten und Akteuren auf einen Prozess der Kooperation, des gegenseitigen Lernens wie der Normen- und Institutionenbildung einzulassen.

Strukturelle und kulturelle Hindernisse für Politikkoordination

Blinder Fleck des Global-Governance-Ansatzes: das Machtproblem

Das Beispiel der Politik gegenüber den so genannten Schurkenstaaten lenkt die Aufmerksamkeit auf den blinden Fleck des Global-Governance-Ansatzes. Er gibt keine Antwort auf die Frage, wie angesichts der realen Machtverhältnisse in den internationalen Beziehungen ein solches Konzept umgesetzt, wie der globale Hegemon an einer angemessenen Mitwirkung interessiert werden könnte. Ohne die Bereitschaft der USA zur Selbsteinbindung hat Global Governance als weltweit ausgerichtete Strukturpolitik nur äußerst eingeschränkte Aussichten auf Realisierung. Nicht umsonst wird von den Verfechtern des Konzepts der US-Unilateralismus als das größte Hindernis für die Errichtung einer kooperativen Weltordnung angesehen (vgl. z.B. Murphy 2000, 800). Die EU-Mitgliedstaaten werden auf absehbare Zeit wenig an der materiellen Überlegenheit der USA ändern können. Zielführender, als über die uneinholbar erscheinende Überlegenheit der USA zu lamentieren, wäre es deshalb, noch entschlossener an der Ausprägung einer eigenen Identität der EU als *Global Player* zu arbeiten. Wie schwer dies ist, verdeutlicht die Uneinigkeit der EU-Staaten im Hinblick auf die Antiterrorismuskampagne und die Irakpolitik der USA (vgl. Independent vom 16.3.2001). Zu konstatieren sind aber vor allem grundlegende strukturelle Defizite. Dazu gehören u.a. die insgesamt abnehmenden entwicklungspolitischen

Anstrengungen der EU und der Mehrheit ihrer Mitglieder, das zögerliche Engagement zur friedlichen Beilegung regionaler Konflikte wie auch das mangelnde Selbstbewusstsein bei der Behauptung eigener, von den USA abweichender Positionen und Interessen in den internationalen Verhandlungen und Institutionen (vgl. Hamm et al. 2002).

Wie die Situation überwunden werden könnte, darüber bestehen in der EU und ihren Mitgliedstaaten unterschiedliche Vorstellungen. Im Großen und Ganzen zeichnen sich zwei unterschiedliche Wege bzw. Konzepte ab, die miteinander im Widerstreit liegen. In der Praxis könnte dies auf ein zweigleisiges Vorgehen hinauslaufen:

Die Doppelstrategie der EU:

Die erste, traditionelle, weil überwiegend macht- und militärpolitisch abgestützte Strategievariante setzt auf die Nachahmung der US-amerikanischen Weltordnungspolitik. Für diese Vermutung sprechen zum Beispiel die Pläne zum Aufbau einer europäischen Militärstreitmacht und die bedingungslose Einordnung in die von den USA geführte internationale Antiterrorkoalition nach dem 11. September 2001. Damit sind gleich zwei wichtige Aspekte dieser europäischen Weltmachtpolitik benannt. In erster Linie geht es um ein möglichst enges Zusammenwirken mit den USA, von dem sich insbesondere große EU-Staaten wie Frankreich, Großbritannien und Deutschland eine Aufwertung ihres weltpolitischen Status versprechen. Zugleich zielt der schrittweise Aufbau einer eigenen politischen und militärischen Handlungsfähigkeit der EU in der internationalen Politik auf eine von den USA unabhängige Weltmachtrolle.

– einerseits eigene militärisch abgestützte Weltmachtrolle

Die zweite, zweifellos innovativere Strategievariante ist ein Reflex des spezifischen Machtprofils und der politischen Kultur der Europäischen Union (z.B. multipolare Struktur und stärkere Ausrichtung auf außenpolitische Abstimmung und Kooperation). Anstatt in der Pluralität der Entscheidungszentren und dem Vorrang wirtschaftlicher und politischer Machtressourcen ein Handicap für die Weltmachtfähigkeit der EU zu sehen, erkennen die Anhänger dieser Politikvariante gerade darin einen wichtigen komparativen Vorteil gegenüber homogenen nationalstaatlichen Akteuren wie den Vereinigten Staaten (Schubert 2000). Sie setzen darauf, dass inter-/transnationale Macht im 21. Jahrhundert „nicht mehr auf der Beherrschung großer Territorien und nur sekundär auf Gewaltandrohung oder der Höhe der Rüstungsetats", sondern zunehmend auf der Fähigkeit basieren werde, gemeinsame Problemlösungen anzubieten, komplexe Interaktionen zu steuern, Kooperation zu organisieren und Strukturbildung voranzubringen (Messner 2000, 94; Hamm et al. 2002).

– andererseits multilaterale und kooperative Weltordnungspolitik

In der Stärkung der besonderen regional- und weltpolitischen Identität der EU liegt zweifellos eine Chance für den Übergang zu einem kooperative(re)n Modus in der internationalen Politik. Die EU, die für sich genommen bereits eine komplexe *Regional-Governance*-Struktur verkörpert, könnte damit zum Motor für eine schrittweise Ausweitung von Global-Governance-Strukturen in verschiedenen Weltregionen und Politikbereichen werden. Es muss sich jedoch erst noch erweisen, ob die Europäische Union und ihre Mitgliedstaaten dauerhaft bereit sein werden, ihre Interessen zugunsten einer sozial gerechten, ökologisch nachhaltigen und strukturell friedlichen Welt zurückzustellen. Andernfalls besteht die Gefahr, dass das Global-Governance-Projekt zur wohlfeilen ideologischen Legitimationsressource für eine europäische Weltmachtpolitik verkommt,

Zwei Szenarien:

– EU als Motor für Global Governance

– Global Governance als bloße Legitimation für europäische Weltmachtpolitik

die über die Nachahmung des US-amerikanischen Modells nicht hinausreicht. Es geht – wie Dirk Messner (2000, 95) schreibt – um nicht mehr und nicht weniger als die Fortsetzung des „Projekts eines zivilisierten Kapitalismus" unter den Bedingungen des tief greifenden Wandels der Nationalstaaten und der Globalisierung. Nur mit einer an diesem Ziel ausgerichteten globalen Strukturpolitik wird sich das Problem des internationalen Terrorismus und der „Schurkenstaaten" nachhaltig lösen lassen.

Literatur

Aron, Raymond. 1986. Frieden und Krieg. Eine Theorie der Staatenwelt. Frankfurt a.M.: Fischer Verlag.
Böhm, Andrea. 2002. Der Wert der Toten. Die Schmerzen der Opfer vom 11. September lassen sich in Dollar bemessen ..., aus: Die Zeit vom 21.3., 13–15.
Bowen, Wyn. 2000. Rogues no more, aus: The World Today, August/September, 14–15.
Brand, Ulrich, Achim Brunnengräber, Lutz Schrader, Christian Stock und Peter Wahl. 2000. Global Governance. Alternative zur neoliberalen Globalisierung? Münster: Westfälisches Dampfboot.
Brzezinski, Zbigniew. 1999a. Die einzige Weltmacht. Frankfurt a.M.: Fischer.
Brzezinski, Zbigniew. 1999b. Nach dem Triumph. Globale Dilemmata der Demokratie, aus: Transit – Europäische Revue, 16, 186–195.
Bush, George W. jr. 2001. Wir sollten die Zwänge des ABM-Vertrags hinter uns lassen, Rede von Präsident George W. Bush an der National Defense University in Washington am 1. Mai 2001, aus: Blätter für deutsche und internationale Politik, 6, 751–754.
Chauvistré, Eric. 1998. Schurken sind die Länder mit schlechten Beziehungen zu den USA, aus: Frankfurter Rundschau vom 4.2. (Dokumentation), 16.
Chauvistré, Eric. 2001. Das atomare Dilemma: die Raketenabwehrpläne der USA. Berlin: Espresso.
Cox, Robert W. 1983. Gramsci, Hegemony, and International Relations: An Essay in Method, aus: Millennium, 12 (2), 162–175.
Cox, Robert W. (Hg.). 1997a. The New Realism. Perspectives on Multilateralism and World Order. Basingstoke et al.: MacMillan.
Cox, Robert W. 1997b. An Alternative Approach to Multilateralism for the Twenty-first Century, aus: Global Governance, 3 (1), 103–116.
Czempiel, Ernst-Otto. 2001. Die Globalisierung schlägt zurück, aus: Frankfurter Rundschau, 5.11.
Debiel, Tobias. 1998. Handlungsfähige Weltautorität oder Legitimationsbeschaffer *à la carte*. Friedenspolitische Perspektiven für die UNO, aus: Die Friedens-Warte, 4, 443–464.
Frost, Ellen L. 1997. Umgang mit „Schurkenstaaten". US-Sanktionen und die transatlantischen Beziehungen, aus: Internationale Politik, 4, 1–6.
Hagen, Regina. 2001. Raketenabwehr – Ein Spielstein für das US Space Command, aus: Wissenschaft und Frieden, 1, 12–15.
Hamm, Brigitte, Jochen Hippler, Dirk Messner und Christoph Weller. 2002. Weltpolitik am Scheideweg. Der 11. September 2001 und seine Folgen, Policy Paper 19, Stiftung Entwicklung und Frieden: Bonn.
Herman, Edward S. 2000. Von Schurken und Raketen. Irak ist nur ein Beispiel, ZNET-Kommentar, 11. August (Homepage des Kasseler Friedensforums, file:///AI/herman.html, 21.9.2001).
Hitt, Jack. 2001. The next battlefield may be in outer space, aus: New York Times vom 5.8. (Magazin).
Hummel, Hartwig. 2000. Der neue Westen. Der Handelskonflikt zwischen den USA und Japan und die Integration der westlichen Gemeinschaft. Münster: agenda.

Huntington, Samuel P. 1993. Why International Primacy Matters, aus: International Security, 17 (4), 68–83.
Huntington, Samuel P. 1997. The Lonely Superpower, aus: Foreign Affairs, 76 (5), 28–49.
IISS (International Institute for Strategic Studies) (Hg.). 1999. Military Balance 1999/2000. Oktober, Oxford.
Jäger, Thomas. 2001. Hypermacht und Unilateralismus. Außenpolitik unter George W. Bush, aus: Blätter für deutsche und internationale Politik, Juli, 837–846.
Kelle, Alexander und Annette Schaper. 2001. Bio- und Nuklearterrorismus. Eine kritische Analyse der Risiken nach dem 11. September 2001, HSFK-Report 10.
Kennedy, Paul, Dirk Messner und Franz Nuscheler. 2002. Global Trends and Global Governance. Pluto Press: London et al.
Keohane, Robert O. 1990. Multilateralism: An Agenda for Research, aus: International Journal, 45 (4), 731–764.
Klare, Michael. 1995. Rogue States and Nuclear Outlaws. America's Search for a New Foreign Policy. Hill and Wang: New York.
Kleine-Brockhoff, Thomas. 2002. Amerikas gütige Hegemonie, aus: Die Zeit, 17, vom 18.4., 33–34.
Knight, Andy W. 1995. Straddling the Fence: An Equivocal proposal for Multilateral Governance, in: Leon Gordenker und Thomas G. Weiss (Eds.). Nongovernmental Organisations, the United Nations and Global Governance. Third World Quarterly (Special Issue), 16 (3), 557–566.
Kötter, Wolfgang. 2002. Anwendung oder Nichtanwendung von Kernwaffen? Ein Streit mit weit reichenden Konsequenzen, aus: WeltTrends, 35, Sommer, 86–102.
Lake, Anthony. 1994. Confronting Backlash States, aus: Foreign Affairs, 2, 45–55.
Link, Werner. 1999. Die Neuordnung der Weltpolitik. Grundprobleme globaler Politik an der Schwelle zum 21. Jahrhundert. München: Beck.
Messner, Dirk (Hg.). 1998. Die Zukunft des Staates und der Politik. Möglichkeiten und Grenzen politischer Steuerung in der Weltgesellschaft. Bonn: J.H.W. Dietz Nachfolger (EINE Welt; Bd. 5).
Messner, Dirk. 2000. Die Europäische Union muss kooperative Weltmacht werden, in: Ulrich Ratsch, Reinhard Mutz und Bruno Schoch. Friedensgutachten. Münster: Lit., 86–98.
Messner, Dirk und Franz Nuscheler. 1997. Global Governance. Herausforderungen an der Schwelle zum 21. Jahrhundert, in: Dieter Senghaas (Hg.). Frieden machen. Frankfurt a.M.: Suhrkamp, 337–361.
Mingst, Karen A. und Margaret P. Karns. 1995. The United Nations in the Post-Cold War Era. Boulder: WestviewPress.
Murphy, Craig N. 2000. Global governance: poorly done and poorly understood, aus: International Affairs, 76 (4), 789–803.
Pfaff, William. 2001. Die Verselbständigung des Militärischen in der amerikanischen Politik, aus: Blätter für deutsche und internationale Politik, 2, 177–196.
Poneman, Daniel B. 1998. The United States, Europe and the „Rogue States", in: Matthias Dembinski und Kinka Gerke (Hg.). Cooperation or Conflict? Transatlantic Relations in Transition. Frankfurt a.M./New York: Campus, 127–137.
Rahr, Alexander. 1999. Rußlands Umgang mit „Schurkenstaaten", aus: Internationale Politik, 6, 23–28.
Report of the National Commission on Terrorism. 2000. Countering the Changing Threat of International Terrorism Pursuant to Public Law 277, 105th Congress. Washington D.C.: Government Printing Office.
Rice, Condoleeza. 2000. Promoting the National Interest, aus: Foreign Affairs, 79 (1), 45–62.
Rohloff, Christoph. 2001. Global Governance – ein tragfähiges Friedensprojekt?, in: Thomas Fues und Brigitte Hamm. Die Weltkonferenzen der 90er Jahre: Baustellen für Global Governance. Bonn: J.H.W. Dietz Nachfolger, 360–382.
Rubin, Barry. 1999. „Schurkenstaaten". Amerikas Selbstverständnis und seine Beziehungen zur Welt, aus: Internationale Politik, 6, 5–13.

Rudolf, Peter. 1999. Stigmatisierung bestimmter Staaten. Europa bevorzugt den politischen Dialog, aus: Internationale Politik, 6, 15–22.
Rühl, Lothar. 2000. Die große Illusion unter dem südlichen Krisenbogen. ‚Internationaler Terror' als strategisches Problem, aus: Frankfurter Allgemeine Zeitung vom 21.3., 11.
Ruggie, John G. (Hg.). 1993. Multilateralism Matters: the Theory and Practice of an Institutional Form. New York: Columbia University Press.
Scheffran, Jürgen. 2001. Bush, Putin und die Raketenabwehr, aus: Blätter für deutsche und internationale Politik, 9, 1036–1041.
Schubert, Klaus. 2000. Auf dem Wege zu neuen Formen der Staatlichkeit und zu einer neuen Qualität von Außenpolitik?, in: Klaus Schubert und Gisela Müller-Brandeck-Bocquet (Hg.). Die Europäische Union als Akteur der Weltpolitik. Opladen: Leske + Budrich, 9–27.
Stern, Brigitte. 1997. Einseitige Wirtschaftssanktionen. Helms-Burton, D'Amato und die Europäer, aus: Internationale Politik, 4, 7–12.
United States Capitol (Hg.). 2002. The President's State of the Union Address. Washington, DC vom 29.1. (http://www.whitehouse.gov/news/release/2002/01/20020129-11.html).
Weinberg, Steven. 2002. Can Missile Defense Work? in: The New York Reviw of Books, 14.2., 1–11 (http://www.nybooks.com/articles/15132, 06.02.02).

Hajo Schmidt

Weltfriedensordnung? Rechtsethische Perspektiven nach dem Kosovokrieg

1 Nach dem Kosovokrieg – zur zeitgeschichtlichen Situierung
  der Problemstellung 215
2 Weltfriedensordnungen 217
2.1 Friedensföderation oder Friedensrepublik? 217
2.2 Das UN-Modell: Rückkehr zum Status quo ante? 227
3 UN-System und Global Governance 232

1 Nach dem Kosovokrieg – zur zeitgeschichtlichen Situierung der Problemstellung

Das Nachdenken über eine tragfähige Friedensordnung für Europa oder gar für die ganze Welt hat Tradition – in Europa zumindest eine mehrhundertjährige (Fetscher 1972). Einen der jüngsten Sprosse an diesem Stamm markiert zweifellos der Versuch, als Antwort auf den Zusammenbruch des Ost-West-Antagonismus den Strukturrahmen internationaler Politik nach den Maßgaben und Möglichkeiten von Global Governance auszugestalten. Zuletzt zeigte der Kosovokrieg, dass diesem und vergleichbaren Entwürfen normativ gehaltvoller und zugleich empirischer Bewährung verpflichteter Friedensordnungen ein alles anderes als akademisches Interesse zukommt.

<small>Global Governance in der Tradition des Friedensdenkens</small>

Der Kosovokonflikt hatte wie manch andere dramatische Konfliktlage der 1990er Jahre erneut und schmerzlich die Regelungslücke in der UN-Charta in Erinnerung gebracht (vgl. Kühne 2000), die sich der – grundsätzlich äußerst begrüßenswerten – zunehmenden völkerrechtlichen Wertschätzung des Menschenrechtsgedankens im primär an der Aufrechterhaltung des globalen zwischenstaatlichen Friedens interessierten UN-System verdankte. Das Auseinandertreten von menschenrechtlichem Anspruch und staatlicher bzw. völkerrechtlicher Durchsetzungskompetenz führte erneut zu der Konsequenz, den Widerstreit zwischen der „Wahrung elementarer Menschenrechte" einerseits und der „Unverletzlichkeit des staatlichen Territoriums" andererseits (Tomuschat 1999, 34) mittels der Rechtsfigur der „humanitären Intervention" auflösen zu wollen – ein rechtsgeschichtlich wie -systematisch heikles, jedenfalls, wie sich zeigen sollte, eminent gewaltträchtiges Unternehmen.

<small>Regelungslücke in der UN-Charta</small>

<small>Spannungsverhältnis: Menschenrechte und staatliche Souveränität</small>

Dessen Last, Leid und Ungereimtheiten schienen selbst einer kritischen deutschen Öffentlichkeit so lange erträglich, als an der Moralität der Kriegsaktionen der antiserbischen Koalition kaum Zweifel bestanden. Das sollte und mußte sich ändern. Nicht nur sorgten Dauer und Natur der Kampfhandlungen (inhumane Waffensysteme, Unschuldigenopfer) für wachsenden Zweifel an deren moralischem Fundament, für Letzteres selbst wurden – eine bemerkenswerte Parallele zum widersprüchlichen Diskurs der Völkerrechtler – sehr unterschiedliche, jeweils gravierende Einwände provozierende normative Begründungen geliefert (siehe Schmidt 2000, 2002). Schließlich werfen Neubewertungen der Vorkriegs- und Kriegsgeschehnisse in Jugoslawien in Berichten supra- und internationaler Organisationen die Frage auf, ob und inwiefern die ethische Apologetik des Krieges als eines Kampfes zwischen Menschenrechtsverteidigern und -verächtern eher auf eine mediale Konstruktion als auf die politische Realität des bürgerkriegszerrissenen Restjugoslawiens geantwortet hat.[1]

Die Rolle der Medien

Die im letzten Absatz anklingende Kritik an den Medien möchte ich im Sinne unserer Themenstellung nun sogleich erweitern um den Vorwurf, dass es ihnen bis heute nicht gelungen scheint, die interessierte Öffentlichkeit (nicht nur) der Bundesrepublik darüber aufzuklären, welche Interessen, rechtsethischen Gründe und Völkerrechtsinterpretationen die NATO zur Aufstellung ihrer neuen Strategie mitsamt der grundsätzlichen Option der „Selbstmandatierung" bewogen haben. Dieser Ausfall wirkt umso unverständlicher, als die NATO gerade durch den Verweis auf

Erweiterung der NATO-Befugnisse und deren Begründung

ihre demokratische Verfasstheit ihre rechtsethische Kompetenz zur gelegentlichen Sistierung des UN-Gewaltverbots zu begründen scheint. So hat Gerhard Beestermöller für die neue NATO festgestellt, diese entbinde sich a) selbst vom strikten Gewaltverbot der UN-Charta und definiere sich als eine Autorität, die die Amtsführung der UN überwacht, beurteilt und die ggf. „subsidiär deren Funktion übernimmt" (1999, 519), und sie begründe b) dieses Privileg mit der „These von der besonderen Friedenstauglichkeit demokratischer Staaten" (ebd., 528).

Nun ließe sich dieser Selbsthypostasierung entgegenhalten, dass nicht nur die Erstellungsumstände ihrer neuen Strategie, sondern schon die grundsätzlichen Abhängigkeits- und Dominanzverhältnisse im Inneren der NATO dieser Organisation bei allem Zwang zu konsensualen Beschlüssen kaum den Charakter einer demokratischen Verbindung zu verleihen vermögen. Die Berufung auf die Herrschaftsverfassung ihrer einzelstaatlichen Elemente ist gewiss ernster zu

Der „demokratische Frieden" mit ...

nehmen; gleichwohl muss hier daran erinnert werden, dass das gut belegte Theorem vom „demokratischen Frieden" lediglich die Friedfertigkeit von Demokratien untereinander positiv resümiert. Die Rückseite der Medaille besteht in dem statistisch ebenso erhärteten Befund, dass gegenüber Nichtdemokratien, und das heißt insgesamt, Demokratien sich (mindestens) ebenso militärisch-gewalttätig verhalten wie Nichtdemokratien.[2]

Rückgriff auf Kant

Diese zweite Feststellung enttäuscht nun gewiss eine alte Hoffnung, und so hat man gelegentlich sogar die kantische Überzeugung von der intrinsischen

---

[1] Siehe hierzu den Bericht der *Independent International Commission on Kosovo* (2000), den Bericht der OSZE (1999), aber auch den Bericht der *NATO Parliamentary Assembly* (2000).

[2] So das überzeugende (und kaum mehr bestrittene) Resümee der Debatte bei Debiel (1995, 63–64, 68–69).

Friedfertigkeit rechtsstaatlicher Demokratien als historisch falsifiziert bezeichnet (Eberwein 1992, 198). Dies geht nun gewiss zu weit: Denn sowenig z.B. die Europäische Union und erst recht die NATO – aufgrund ihrer internen strukturellen Abhängigkeitsverhältnisse, ihrer Überrüstung und ihrer offensiven Waffenpotenziale – als Friedensbündnisse im kantischen Sinne durchgehen können, so wenig erfüllen die zeitgenössischen NATO/OECD-Demokratien den gesamten Anforderungskatalog für kantische Friedensrepubliken. Denn der geht über eine besitzbürgerliche Psychologie durchaus hinaus[3] und stellt des Weiteren ab auf:

Anforderungskatalog für kantische Friedensrepubliken

- eine strikt menschenrechtlich orientierte Verfassung,
- eine defensive militärische Strategie und Ausrüstung (Kants Milizgedanke im dritten Präliminarartikel des „Ewigen Friedens"),
- eine informierte, über die Probleme von Krieg und Frieden frei deliberierende Öffentlichkeit (zweiter Zusatz und Anhang zum „Ewigen Frieden"),
- den realisierten Staatsorganprimat des Parlaments (als Sitz und Kontrollinstrument der Volkssouveränität) gegenüber der Exekutive.[4]

Fassen wir zusammen: Weder die Ausdeutung sozialwissenschaftlicher Befunde noch der Rückgriff auf die liberale Tradition lässt das beanspruchte Selbstmandatierungsprivileg der NATO als gerechtfertigt, mithin die NATO selbst als eine zentrale Weltfriedensmacht geeignet erscheinen. Insofern die NATO aber ihr geschildertes Selbstverständnis offensichtlich im Rahmen eines „idealistischen", näherhin kantischen friedenspolitischen Paradigmas – Friedenssicherung und Menschenrechtsschutz durch eine sich mit überlegenen Gewaltmitteln ausstattende Verbindung rechtsstaatlicher Demokratien – verortet, könnte es sich lohnen, nach überzeugenderen Alternativen innerhalb dieser Denktradition Ausschau zu halten.

2 Weltfriedensordnungen

2.1 Friedensföderation oder Friedensrepublik?

Gerhard Beestermöllers Habilitationsschrift „Die Völkerbundsidee" (1995) erinnert an die fortdauernde friedenspolitische Aktualität der Institution des Völkerbundes und dessen – über die politisch-programmatische Ausgestaltungsarbeit des amerikanischen Präsidenten Woodrow Wilson vermittelter – kantischer

Beestermöller: „Die Völkerbundsidee" ...

---

3   Das lässt sich im Übrigen schon demonstrieren für das kantische Argument, mit dessen Hilfe immer wieder Kants (1993, 127–128) Überzeugung von der grundsätzlichen Friedfertigkeit von Demokratien („Republiken") begründet wird: „Wenn [...] die Beistimmung der Staatsbürger dazu erfordert wird, um zu beschließen, ob Krieg sein solle oder nicht, so ist nichts natürlicher als daß, da sie alle Drangsale des Krieges über sich selbst beschließen müßten [...], sie sich sehr bedenken werden, ein so schlimmes Spiel anzufangen [...]." Sie werden also „sich sehr bedenken" – und wenn die Aussicht groß genug ist, dass die „Drangsale des Krieges" gering und die Gewinne bedeutend sind? Ernst-Otto Czempiel (1996, 92–93) hat am Beispiel der USA gezeigt, wie leicht demokratische Gesellschaften von ihren Regierungen in Kriege geführt werden können, durch Zerschneidung nämlich der kantischen „Verbindung zwischen Interesse und Belastung"!
4   Ausführlicher zu dieser Kant-Interpretation: Schmidt 1996b, insbesondere 41–43.

Grundlagen.⁵ Der Untertitel *Leistungsfähigkeit und Grenzen der Kriegsächtung durch Staatensolidarität* benennt das – für Kant, für Wilson, für die Völkerbundssatzung – entscheidende Mittel überstaatlicher Friedenssicherung; er erinnert zugleich daran, dass die besondere „Leistungsfähigkeit" dieses Konzepts ihren Preis („Grenzen") haben dürfte. Da Beestermöller nachgewiesen zu haben beansprucht, „dass die Völkerbundssatzung mit den Prämissen ihres Vordenkers [...] steht und fällt" (ebd., 142), sei seine Rekonstruktion der kantischen Friedensföderation kurz skizziert.

ist eine Rekonstruktion der kantischen Friedensföderation

Im Zentrum der praktischen Philosophie Kants (1966, 43) steht der Mensch als moralisches Subjekt, dessen ursprüngliches Menschenrecht auf Freiheit – als „Unabhängigkeit von eines anderen nötigender Willkür" – seinen Zusammenschluss mit anderen zu einem Recht bestimmenden, zuerkennenden und sichernden Staat verlangt. Entsprechen dessen Verfassung und Gesetze nur der Norm allgemeiner Zustimmungsfähigkeit des „ursprünglichen Vertrags" (als einer Vernunftsidee), kann die „Republik" bzw. aktuell: kann der liberal-demokratische Verfassungsstaat als von seinen Bürgern geschaffener Garant der allgemeinen Freiheit und des inneren Friedens gelten. Da Freiheit, Friede und staatliche Selbstbestimmung aber jederzeit bedroht erscheinen durch Krieg und äußere Gewalteinflüsse, da zudem jede staatliche Eigentumsordnung vernunftrechtlich nach globaler Anerkennung verlangt, um die Kontingenz ihrer Genese abzustreifen und als definitiv verbindlich gelten zu können, sollen Republiken sich zu einem Friedensbund zusammenschließen. Im Gegensatz zu anderen Kant-Interpreten versteht Beestermöller (1995) den freiwilligen, jederzeit aufkündbaren Zusammenschluss der Staaten nicht als Vernunftkonzession, alldieweil die eine sich anbietende Seite der Alternative, der Weltstaat („Universalmonarchie"), notwendig in Despotismus, dann Anarchie endet,⁶ die andere, die Weltrepublik als eine Republik der Republiken, notwendig in den Weltstaat umschlägt.⁷

Ausgangspunkt: der Mensch als moralisches Subjekt

Republik als Garant für Freiheit und Frieden

Friedensbund der Staaten zur Friedenssicherung

Nach Beestermöller: Föderation als Netz von bi- und multinationalen Verträgen ...

Das (Völker-)Recht der Föderation „besteht aus einem Netz von bi- und multinationalen Verträgen, die Staaten miteinander schließen. Kriterium der Rechtmäßigkeit vertraglicher Bestimmungen ist [...] die Freiheit der Menschen" und die Selbstbestimmung der Bürger, inhaltlich bestimmt und kontrolliert durch eine (für Einzelstaat wie Föderation gleich unerlässliche) gut informierte, aufgeklärte Öffentlichkeit. Ohne die Züge eines (Rechts-)Staates annehmen zu sollen noch zu wollen, vermag der Bund mit überlegener vereinigter Macht die territoriale Unversehrtheit, die Selbstbestimmung und Freiheit seiner Mitglieder zu er-

---

5 Vgl. Beestermöllers Resümee seines Werkes (1995, 142): „[...] zeigt sich [...] eine durchgehende Argumentationskette von der philosophischen Grundlegung der Völkerbundsidee durch den deutschen Philosophen über ihre programmatische Ausgestaltung durch Woodrow Wilson bis hin in die völkerrechtlichen Details der Satzung der Genfer Friedensliga."

6 Die Zusammenfassung der Staaten in einem Weltstaat bzw. einer „Universalmonarchie" lässt sich vor der Rechtsvernunft also noch weniger verteidigen als ihr vertragsloses Nebeneinanderbestehen (vgl. hierzu Kant 1993, 147).

7 Zuletzt verstößt das Ordnungsprinzip Frieden stiftender Suprastaatlichkeit für Beestermöller (1995, insbesondere 54–55) in seiner Weltstaat- wie seiner Weltrepublikvariante gegen das Legitimationskonstrukt des ursprünglichen Vertrages, insofern in diesem das Recht der Menschen, sich zu einem bestimmten Staat zusammenzuschließen, dauerhaft beschlossen liege.

halten und äußere Angriffe ebenso wie Friedensbrüche im Inneren abzuwehren.
"*Allerdings*", und hier liegt eine entscheidende Pointe dieser Interpretation,

> "verfügt die Föderation gegenüber den Staaten, die ihren [sc. dem staatlichen analogen] Rechtsspruch nicht akzeptieren und den Bund verlassen, über keinerlei Durchsetzungskompetenz. Auf diese Weise bleibt die Souveränität der Staaten auch trotz eines friedlichrechtlichen Streitbeilegungsverfahrens in der Föderation gewahrt" (Beestermöller 1995, 81)

– sieht man von dem notwendigen, da vernunftgeforderten Verzicht auf das klassische *ius ad bellum* ab.

Die Souveränität der Staaten bleibt aber auch dann gewahrt, wenn diese den zugesagten Beitrag zur kollektiven Friedenssicherung bzw. Selbstverteidigung eintretendenfalls nicht leisten – Solidarität kann weder rechtlich noch darf sie militärisch erzwungen werden. Worauf gründet sich dann aber das Vertrauen in diese zur Kriegsächtung wie zur Rechts- und Friedenssicherung unerlässliche Ressource? bei Beibehaltung der Souveränität von Staaten ...

> "Der Grund für diese Hoffnung liegt in der republikanischen Verfassung der Staaten, die die Föderation bilden [...]. Letztlich beruht [...] die Bündnistreue [...] auf der Anerkennung der moralischen Pflicht zum Beistand. Republiken werden diese ethische Pflicht erfüllen, da in ihrem Freiheitsraum die Aufklärung ein Eigeninteresse der Bürger am Guten hervorbringt" (ebd., 82).

Die wechselseitige Verwiesenheit also von republikanischer und föderativer Verfassung trägt und kennzeichnet die vorgetragene Interpretation. "Die Solidarität der Republiken ist Garant ihrer Freiheit", wie "die Freiheit in den Republiken Garant der Staatensolidarität [ist]" (ebd., 83). getragen von einer ethisch begründeten Solidarität

Die friedenspolitische Attraktivität des kantischen Modells kollektiver Sicherheit liegt auf der Hand. Seine Gewaltarmut gründet in der Entscheidung des Philosophen, das Sicherheitsdilemma im auswärtigen Verkehr der Staaten durch die Verpflichtung derselben auf den Milizgedanken, also auf eine defensive Strategie samt Abrüstung und Verzicht auf "stehende" und Söldnerheere, zu unterlaufen. An dieser Stelle bringt sich ebenso wie in der Gesamtkonstruktion der Friedensordnung durch das Zusammenspiel von republikanischem Verfassungs-, Völker- und kosmopolitischem Recht der Menschenrechtsschutz als oberste Norm der Politik zum Ausdruck, die ihrerseits den Geltungsanspruch des Friedens als Endzweck des Rechts und des rechten Handelns fundiert. Die konsequente Rückbindung dieses Versuchs kooperativer Friedensgestaltung an die Entscheidungen der einzelstaatlichen demokratischen Souveräne wie an die rechtsprüfenden Diskussionen einer – auch internationalen – demokratischen Öffentlichkeit schließlich demonstriert die unabweisbare Aktualität von Kants Föderationsmodell. Friedenspolitische Attraktivität und Aktualität des kantischen Modells kollektiver Sicherheit

Anspruch und Faszination desselben sehen sich gleichwohl einem doppelten Vorbehalt, einem philosophischen wie einem historisch-politischen, ausgesetzt. Was Ersteren betrifft, so bleibt Beestermöllers (1995, 29) umfassender Interpretationsansatz, Kants Föderations- und Friedensdenken als eine Synthese von "Geschichtsphilosophie, Rechtsethik und Tugendlehre"[8] zu lesen, von alternativen Vorbehalte aus philosophischer und historischer Perspektive
1. Der philosophische Vorbehalt

---

8 Man wird Beestermöllers Rede von der "Kakophonie der Interpretationen" auf dem Feld kantischen Friedensdenkens ebenso billigen wie seinen Versuch angemessen finden können, einen Interpretationsansatz vorzulegen, der divergierende Auslegungen Dritter in ihrem relativen Recht zu integrieren in der Lage wäre (1995, 29, 15). Man sollte einen solchen Versuch m.E. aber nicht mit dem Anspruch belasten, eine definitive Auslegung von

Interpretationen durchaus angreifbar. Beestermöllers gründliche, Kants Friedenskonzeption stark von dessen Religionsschrift (1793) her konturierende Lektüre nimmt hinsichtlich der Motive für Schaffung, Erhalt und Ausdehnung der angestrebten Föderation nicht nur einen Rechts-, sondern auch einen „Moralfortschritt" in Anspruch (ebd., 42); sie lässt das Recht in der Moralität „seine Erfüllung" finden (ebd., 36), den „ewigen Frieden in der Republik nach Tugendgesetzen" suchen (ebd., 39), den politischen Reformprozess als „dynamisches Wechselspiel von Ethos, Moral und Recht" begreifen (ebd., 33) und ihn nicht zuletzt die These vertreten, die über keine gesetzliche Rechtsdurchsetzungskompetenz verfügende Staatenföderation leiste den ihr zugemuteten Friedensdienst letztlich aufgrund ihrer moralischen Ressourcen: Die „moralische Besserung der Menschen" bzw. eine für entwickelte Republiken zu unterstellende „moralische Gesinnung der Bürger" bilde das „Fundament der Bündnissolidarität" hinsichtlich der Ächtung des Krieges (ebd., 62)! Konsequent (aber darum nicht weniger umstritten) dann die These, nur Republiken könnten Mitglieder des Friedensbundes sein (ebd., 63, 65), verständlich die weitere, zu seiner Funktionserfüllung bedürfe dieser „keine[r] eigenen militärischen Kapazitäten" (ebd., 82, 63).

Annahme eines Moralitätsfortschritts ...

Was die hier vorgetragene – von Beestermöller (1995) im Übrigen selbst scharf kritisierte (ebd., 149f) – moralphilosophische Einfassung kantischen Friedensdenkens, insbesondere die Kant unterstellte Auffassung des moralischen Fortschritts in der Geschichte als eines transferierbaren, anwachsenden „Tugenderbes" betrifft, so scheint mir diese Sicht sachlich weder zwingend noch politisch wünschenswert. Zwar wurzeln für Kant alles Recht und aller Rechtsfortschritt geltungstheoretisch in der moralischen Natur des Menschen, aber die Zunahme moralisch motivierten Handelns bleibt kritizistisch immer nur eine Hoffnung (und keine Gewissheit). Unter einem „Fortschritt zum Besseren" des Menschengeschlechts aber sollte eine die kritizistische Rechtsethik bemühende Politik, in den Worten des *Streit(s) der Fakultäten* (1798), nicht ein „immer wachsendes quantum der *Moralität* in der Gesinnung" verstehen, sondern die „Vermehrung der

ist zu hinterfragen und birgt die Gefahr ...

Kants Friedensphilosophie bieten zu können. Eine solche hätte nicht nur mit Unklarheiten, konzeptionellen Entwicklungen und perspektivischen Verschiebungen der einschlägigen Texte Kants aus den 1790er Jahren zu rechnen; zu veranschlagen sind des Weiteren die jeweilige auf dem Feld der Friedensphilosophie sich zum Ausdruck bringende Gesamtinterpretation der kantischen (zumindest der praktischen) Philosophie, aber auch die je konkrete Vermittlung mit aktuellen friedensphilosophischen und -politischen Erwartungen und Fragestellungen der Interpretationen: ein Plädoyer also nicht für die abschließende, sondern für eine überzeugende Interpretation – und eine zu weiteren Verbesserungen und Fortschreibungen herausfordernde! Für zukünftige Versuche hat Beestermöllers Studie eine Reihe wichtiger Denkanstöße und Merkposten bereitgestellt: in seiner konsistenten Interpretation von Kants *lex permissiva* (ebd., 84ff), in seiner bedenkenswerten Auslegung des *contractus originarius*, die dessen Normenvorgaben nicht nur für die demokratische Fundierung und Ausgestaltung der staatlichen Ordnung, sondern auch für das national wie supranational fundamentale Öffentlichkeitsgebot demokratischer Politik fruchtbar macht (ebd., 44ff.; 81), in seiner in concreto im Einzelnen bestreitbaren (Moralitätsfortschritt!), grundsätzlich aber äußerst bedenkenswerten Erläuterung des *relationalen Analogiebegriffs* bei Kant (ebd., 56ff.), die deutlich zu machen versteht, dass und warum nicht erst das Weltbürger-, sondern bereits das Völkerrecht auf dem „strikten engen" Rechtsbegriff, d.h. „auf dem Prinzip der Möglichkeit eines äußeren Zwanges" (Kant), nicht beruhen kann.

Produkte ihrer *Legalität* in pflichtmäßigen Handlungen, durch welche Triebfeder sie auch veranlaßt sein mögen [...]" (Kant 1968, 365). Spricht nicht im Übrigen alles dafür, dass der Glaube an die moralische Überlegenheit von Staaten und Staatenverbindungen gerade den Missionarismus begründet, der seinerseits den fortwährenden Bellizismus von Demokratien gegenüber anderen, als nicht oder als moralisch minderwertig abqualifizierten politischen Systemen nährt (vgl. auch Schrader in diesem Band)?⁹ Sollte aber, des ungeachtet, Kant (1993, 133) die „Erhaltung und Sicherung der *Freiheit* eines Staats für sich selbst und zugleich anderer verbündeter Staaten", den Zweck des Friedensbundes also, ernsthaft einer (jederzeit revozierbaren!) moralischen Entscheidung der Mitgliedstaaten anvertraut haben?!

des Missionarismus

Womit wir beim angesprochenen historisch-politischen Vorbehalt wären: Was die Realpolitik und damit die – nach Beestermöllers (1995) Nachweis entschieden kantisch verfaßte – Institution Völkerbund angeht, so scheint mir das Vertrauen in eine substanziell moralisch begründete Staatensolidarität zwecks Kriegsächtung heute noch weniger überzeugend als zu Wilsons Zeiten. Erscheint doch aktuell das Problem mangelnder völkerrechtlicher Rechtsdurchsetzungsfähigkeit dadurch noch schwerwiegender und dringlicher, dass nicht nur der zwischenstaatliche Frieden, sondern auch das Menschenrecht – der diesbezüglich zu Völkerrechtssubjekten aufgestiegenen Bürger und Bürgerinnen – global und wirksam gesichert werden soll!¹⁰

2. Der historisch-politische Vorbehalt

Unterzieht man den in der Beestermöllerschen Exegese prävalierenden, auch von anderen Kant-Kennern konstatierten „subkutanen Hobbesianismus der Kantischen Souveränitätskonzeption" (Kersting 1996, 185) einer rechtsethischen Überprüfung, stellt sich erneut die Frage nach der Berechtigung von Kants Zurückweisung von „Völkerstaat" und „Weltrepublik" als weiteren, mit dem Friedensbund-Konzept konkurrierenden Modellen globaler Friedensordnung.¹¹ Während Aktualität und Tragfähigkeit des letzteren Modells einer Republik der Re-

Modelle der Friedenssicherung: Weltstaat und Weltrepublik von Kant verworfen

---

9 Auf dieses rechtsethisch kritikwürdige und realpolitisch verhängnisvolle Rechtfertigungspotenzial demokratischer Kriegsneigungen im kantischen Text weist Beestermöllers Feststellung (1995, 83): „Staaten, die keine republikanische Verfassung haben, zeigen keinen Respekt vor dem Recht. Ihre Verfassung gilt es nicht zu schützen, sondern republikanisch zu reformieren." Dass diese aktive „Reform" fremder Verfassungen kriegerische Mittel einschließen dürfte, hatte bereits das vorhergehende – auf Kants äußerst problematische Konstruktion eines „ungerechten Feindes" und dessen Rechtlosigkeit in Paragraf 60 der *Metaphysik der Sitten* zurückgreifende – Resümee nahe gelegt: „Staaten sind in dem Maße zur Solidarität gegenüber Angreifern fähig, in dem sie mittels ihrer republikanischen Verfassung von einem aufgeklärten Volk regiert werden. Die Einmischung in die Verfassung eines despotisch regierten Staates, der den Frieden bedroht, stellt gerade keine Verletzung der Souveränität und Selbstbestimmung eines anderen Volkes dar, sondern macht diese erst möglich" (ebd., 78–79).

10 Ich präferiere daher auch aus Gründen der realgeschichtlichen Entwicklung eine die kritizistische Rechtsethik und Reformpolitik fokussierende Kant-Interpretation gegenüber einer das Erbe von Kants „Tugendlehre" und Religionsphilosophie stark machenden. Natürlich schließt das weder in entscheidenden Hinsichten (etwa in der Zurückweisung einer „Weltrepublik" als einzig legitimer Verkörperung einer Weltfriedensordnung) für überzeugender zu halten als alternative ansetzende, noch ihr Innovations- und Vertiefungspotenzial gegenüber diesen zu verkennen (s.o. Anm. 8).

11 In seinen Erläuterungen zum „Zweite(n) Definitivartikel" von *Zum ewigen Frieden* (Kant 1993, 130–135).

publiken anhand von Otfried Höffes Opus magnum *Demokratie im Zeitalter der Globalisierung* (1999) diskutiert werden sollen, mögen einige grundsätzliche Bemerkungen die Fragwürdigkeit unitarischer Welt-(Friedens-)Staatsmodelle beleuchten.

Weltstaat = Souveränitätsverzicht der Staaten

Kants doppelte Kritik an Letzteren hatte Beestermöller (1995) besonders an der vernunftrechtlich inakzeptablen Auflösung der Einzelstaaten festgemacht, hatte aber auch an Kants bekannten Despotismusvorwurf gegen das Weltstaatsmodell erinnert:

> „[...] weil die Gesetze mit dem vergrößerten Umfange der Regierung immer mehr an ihrem Nachdruck einbüßen, und ein seelenloser Despotism, nachdem er die Keime des Guten ausgerottet hat, zuletzt doch in Anarchie verfällt" (Kant 1993, 147).

Problem fehlender demokratischer Letztfundierung

Die prima vista vernünftige Fusion der Staatenwelt zwecks Beseitigung zwischenstaatlichen Gewalthandelns widerstreitet nicht nur der Intuition und dem Selbstverständnis aufgeklärter Staatsbürger, sie muss nach Kants Vernunftidee eines – nach Beestermöllers (1995, 44–49) überzeugenden Ausführungen nicht nur die Rechtsgemäßheit, sondern auch die demokratische Letztfundierung aller einzelstaatlichen Verfassungs- und Gesetzgebungsaktivitäten verbürgenden – Contractus originarius (ebd., 44–49) als widervernünftig gelten. Die in Höffes genanntem Werk (1999) getroffenen föderalistisch und subsidiaritätstheoretisch gespeisten Vorkehrungen belegen die Triftigkeit der kantischen Antizipationen der Repressivität des Weltstaates wie dessen staatsterroristischer Niederschlagung regionaler Eigenentwicklungen – deren Gewicht sich allerdings noch verstärken lässt.

Verhältnis Weltstaat und Weltwirtschaft ungeklärt

Setzte eine Weltfriedensmacht nur konsequent an der Beseitigung zentraler Gewaltursachen an, käme sie an einer grundsätzlichen Auseinandersetzung mit den ökonomischen Gegebenheiten nicht vorbei, stellte sich mit Narr und Schubert (vgl. Schmidt 1996a, 308–314, insbesondere 313–314) die Frage, ob und wie denn ein Weltgewaltmonopol mit dem kapitalistischen Weltsystem vereinbar sein könnte. Unterließe eine Weltregierung die Benennung und Bearbeitung der ökonomischen Grundlagen weltweiter Ungleichheit und Gewaltausbrüche, würde das Gewaltmonopol nur den mächtigsten Staaten und einflussreichsten Interessen dienen, würde es die bestehende Ungleichheit und zentrale Gewaltursachen nur fortschreiben. Wäre der Weltstaat aber wirklich Sachwalter eines Weltallgemeinen, der das Gewaltmonopol zugunsten dieses Allgemeinen einsetzte, mit Übermacht gegen alle – und seien sie die mächtigsten – partikularen Interessen kehrte und regulativ-dirigistisch in der Weltwirtschaft zur Geltung brächte, bedeutete dies womöglich das Ende von freien Kapitalflüssen und freier Konkurrenz – zugunsten aber welcher Alternativen?

Galtung: Weltstaat dynamisiert Ungleichheit und provoziert Konflikte

Johan Galtung (1998) hat diese Bedenken noch radikalisiert. Wenngleich an den Frieden stiftenden Kapazitäten eines Weltstaates nicht gezweifelt zu werden braucht, verkennt diese wesentlich auf den Fortfall zwischenstaatlicher Gewalt abstellende Konstruktion, in welchem Maße eine historisch unvergleichliche und nun ausnahmslos nach innen gerichtete Machtkonzentration die weltweiten Rassen-, Klassen- und ethnischen Auseinandersetzungen dynamisieren müsste. Letztere

> „stehen schon heute miteinander in Wechselbeziehung und dürften in einem solchen System noch enger korrelieren. In einem derartigen System würde die Machtausübung im

wesentlichen nach unten gerichtet sein, und das Resultat wären zahllose Fälle, in denen das Zentrum in der Peripherie intervenieren würde, um die Rasse-Klasse-Nation-Kombination unter Kontrolle zu halten. Direkte Gewalt würde auf die strukturelle Gewalt folgen; von oben, also vom Zentrum, aber auch von unten, aus der Peripherie. Unter dem Strich hätte das mit Frieden nicht viel zu tun" (ebd., 128).

Wahrscheinlich fielen sozioökonomisch, kulturell und psychostrukturell bedenkliche Konsequenzen globaler Friedensstiftung weniger gravierend aus im föderalen Modell einer Weltrepublik, deren funktional auf bestimmte Zwecke (den Friedenserhalt etc.) zugeschnittenes Gewaltmonopol sich lediglich einem Teilsouveränitätsverzicht der auf den ersten Blick kaum geschwächten Einzelstaaten verdanke. Aber bereits die unverzichtbare Forderung nach effektiver Kontrolle und Konzentrierung der destruktivsten Waffensysteme durch die bzw. bei der Weltregierung sollte eine Vorstellung von den auch diesem Modell eigenen Machtverschiebungen und der gesellschaftlichen Umbautiefe darin unerlässlicher Maßnahmen der Friedenssicherung vermitteln. Dürfte doch die Umsetzung der vorgenannten Forderung nicht nur eine geopolitische Umstrukturierung der Forschungs- und Entwicklungspotenziale größten Ausmaßes, sondern aufgrund der bekannten Unmöglichkeit, bei heutigen Hochtechnologien zwischen ziviler und militärischer Forschung streng zu trennen, zuletzt auch eine überzeugende Entmilitarisierung der wissenschaftlichen Technik als Hauptproduktivkraft der Industriegesellschaft und eine Neudefinition ihrer Zwecke und Grundlagen implizieren!

Weltrepublik: lediglich Teilsouveränitätsverzicht

Problem: Machtverschiebung

Benennen wir aber sogleich den zweiten „Pferdefuß" dieser Konstruktion: Insoweit Kants Modell von Föderation und Weltrepublik wie deren aktuelle Fortschreibungen den klassischen National- bzw. Territorialstaat weiterhin zum Eckstein einer Weltfriedensordnung machen,[12] verkennen sie, dass dieser Staat in weiten Gegenden der Welt das Problem und nicht die Antwort auf dasselbe ist. Die – statistisch beeindruckende, wenn auch prognostisch wenig aussagekräftige – Ablösung der zwischenstaatlichen durch so genannte ethnonationale und -soziale Kriege manifestiert einen fundamentalen Widerspruch gegen Legitimität und territoriale Reichweite der Souveränität der bestehenden Staaten, deren freiwillige Teilentäußerung doch gerade die Grundlage eines funktionalen Weltgewaltmonopols bilden soll (vgl. Meyers in diesem Band). Klar sollte jedenfalls sein, dass jede humanitär genannte Intervention nicht nur die Frage nach deren zivil-militärischem „Befriedungspotenzial", sondern immer zugleich auch die nach dessen Legitimierung aufwerfen wird.

Staaten als Problem der Weltrepublik

Nicht nur die Behandlung der Interventionsproblematik macht Otfried Höffes Werk „Demokratie im Zeitalter der Globalisierung" (1999) zu einer gewichtigen Stimme in der gegenwärtigen Debatte um regionale und globale Friedensordnungen. Das Buch knüpft einmal an an Höffes bekannte Schrift über „Politische Gerechtigkeit" (1989), deren rechts- und staatstheoretische Grundlagen vertieft und zugleich für die internationale Ebene fruchtbar gemacht werden. Höffes Unternehmen, den kategorisch gebotenen Menschenrechtsschutz in einer weltstaatlichen Friedensordnung zum Abschluss zu bringen, beeindruckt syste-

Höffe: „Demokratie im Zeitalter der Globalisierung"

---

12 Gegen diese Tendenzen verfängt offensichtlich Beestermöllers historisch-geographische Relativierung der unterstellten „Einheit von Volk und Staat" (1995, 148–149).

matisch in doppelter Hinsicht: einmal als Versuch, die (vorgebliche) Inkonsequenz Kants, Menschenrecht und Frieden durch Friedensbünde statt im Rahmen einer Weltrepublik zu sichern, rückgängig zu machen, zum anderen aber auch als durchaus selbständige Arbeit an den rechtsethischen Fundamenten. Hierzu gehören zuförderst die Legitimierung aller Menschenrechtsansprüche durch die Denkfigur eines „transzendentalen Tausches" humaner, Handeln ermöglichender Primärinteressen sowie die Implementierung desselben in einen selten komplexen „politischen Urvertrag" (Höffe 1999, 58ff.). Hierzu gehören zweifellos aber auch das innovative Prinzip einer „Proto-Gerechtigkeit" (ebd., 80ff.), die Implementierung der Prinzipien des Föderalismus und der Subsidiarität in die vertragstheoretisch-normative Staatstheorie (ebd., 126ff.), schließlich aber auch die subjektive Unterfütterung der objektiv-institutionellen Vorkehrungen der (Menschen-)Rechtssicherung durch einen Kranz unverzichtbarer Bürgertugenden.

Ein Versuch der Begründung einer Weltfriedensrepublik ...

In seinem Bestreben, die Rechtssicherungsleistungen des in Zeiten der Globalisierung strukturell überforderten Einzelstaates kompensatorisch einer internationalen Rechts- und Staatsordnung anzuvertrauen, kann Höffe an andere Eigenarbeiten, Auseinandersetzungen nämlich mit Kants Friedensdenken, anknüpfen (vgl. Höffe 1990, 1995). In diesen hatte Höffe Kants Absage an eine Weltfriedensrepublik mit Hilfe eines gestuften Souveränitätskonzepts zu überwinden und dabei ein Weltgewaltmonopol zu konstruieren getrachtet, das funktional zugeschnitten sein sollte auf die Sicherung weltweiter friedlicher Koexistenzverhältnisse der Staaten zum einen, auf den „Schutz gegen grenzüberschreitende Umweltbedrohungen" und gegen Angriffe auf „die kulturellen Identitäten" der staatlichen Einheiten (Höffe 1990, 275) zum anderen. Auch dieses Programm hat Höffe fortgeschrieben, hat insbesondere das institutionelle Korsett verfeinert und mit den inter- und supranationalen Gegebenheiten vermittelt, hat zugleich aber auch den Aufgabenkatalog der Weltrepublik über die umfängliche Garantie des Friedens und des Menschen- und Völkerrechts hinaus auf die gewaltbewehrte Fest- und Durchsetzung von Rahmenbedingungen für einen sozialen und ökologischen Weltmarkt (Höffe 1999, 399–401) ausgedehnt.

Zwischen der Scylla eines unitarisch-homogenen Weltstaatsdenkens und der Charybdis eines differenzbesessenen Kommunitarismus zeichnet Höffe (1999, 10), hier wie zumeist um „konstruktive Vermittlung" bemüht, das Bild

> „einer globalen Demokratie, in der die bisherigen Demokratien weitgehende Rechte behalten und zusätzlich eine kontinentale Zwischenstufe eingeschaltet wird. Weil die globale Demokratie in einer komplementären: subsidiären und föderalen (‚bundesstaatlichen') Weltrepublik besteht, weil sie auf eine globale Öffentlichkeit Wert legt und Staatenrechte anerkennt, vermag sie der Gefahr eines ‚globalen Leviathans' zu entkommen [...]".

An Höffes Studie (1999) imponiert der souveräne Umgang mit der philosophischen Tradition ebenso wie die umfängliche Aufarbeitung aktueller einzelwissenschaftlicher Diskussionen. Erst diese Zusammenführung meist getrennt behandelter Bemühungen erlaubt es Höffe, den philosophischen Gedanken der Bewährung an den Weltverhältnissen auszusetzen, normatives Räsonnement und wissenschaftliche Analyse, Vernunft und Geschichte zu vermitteln. Der Weltfriedensstaat wird sich weder wie Phönix aus der Asche erheben noch sich einem einmaligen Kraftakt rechtsbewußter Staatsmänner verdanken; erst der Aufweis seines möglichen Entwachsens aus dem bestehenden (vor allem UN-)Institutionengeflecht (ebd., 332–334) nimmt ihm den Charakter eines bloßen Postulats. Und umgekehrt: Da weder lokal noch global sich selbst überlassene Marktkräfte auf Gerechtigkeitserfordernisse geeicht sind, ist die Weltrepublik, um den Preis ihres eigenen Untergangs, auf die Einhaltung rechtlicher, sozialer und ökologischer Rahmenbedingungen für die Weltmärkte verpflichtet – Anknüpfungspunkte realgeschichtlicher wie wissenschaftlicher Provenienz sieht Höffe auch hierfür genug (ebd., 400–402). *dem UN-Institutionen geflecht entwachsend*

Als die zentralen Aufgaben der – durch einen „doppelten Gesellschaftsvertrag" (Höffe 1999, 308), der Individuen wie der Staaten, legitimierten – föderalen und subsidiären Weltdemokratie müssen natürlich der globale Menschenrechtsschutz und die zwischenstaatliche Friedenssicherung gelten. Was Letztere betrifft, so verlangt der rezente Umstieg von klassischen zwischenstaatlichen auf ethnosoziale Kriege (vgl. Rohloff in diesem Band) von der politischen Ethik klare Stellungnahmen zumal zum Thema Selbstbestimmung und Sezession wie zur Interventionsproblematik. Während grundsätzlich jedem Volk ein Selbstbestimmungsrecht zustehe, wandle sich das primär auf Autonomie, nicht auf staatliche Unabhängigkeit zielende (und insofern „defensive") Selbstbestimmungsrecht nur im Falle seiner andauernden und systematischen Missachtung zu einem Sezessionsrecht (ebd., 390–391). Auf die Tatbestände massiven und dauernden Herrschaftsmissbrauchs wie der Fremdherrschaft infolge Annexion oder Kolonisierung stelle Sezession die legitime Antwort dar – deren Umsetzung, im Falle des Versagens der betroffenen und beteiligten Parteien, nach dem Subsidiaritätsprinzip der Weltrepublik obliege. *Weltrepublik als föderale und subsidiäre Weltdemokratie* *Herausforderung 1: Sezessionsrecht*

Auch im Falle der zweiten aktuellen Herausforderung des klassischen Souveränitätsverständnisses[13], der Problematik humanitär genannter Interventionen, verweigert sich Höffe jeder Fetischisierung der (grundsätzlich doch zu respektierenden) einzelstaatlichen Souveränität. Entscheidend ist, dass Staaten Menschenrechte nicht gewähren, sondern gewährleisten; versagen sie hierin, verlieren sie ihre Legitimität. Das bedeutet: Jede systematische Verweigerung des Menschenrechtsschutzes fordert ein Eingreifen aller völkerrechtlich Betroffenen, der Nachbarstaaten wie der kontinentalen Friedensvereinigungen (etwa OSZE); sie fordert aber natürlich auch „die subsidiäre Verantwortung der Weltrepublik" heraus (Höffe 1999, 397). Im Falle von Völkermord ist Letztere zur „Humanitären Intervention" nicht nur berechtigt, sondern verpflichtet, was gegenüber dem jetzigen Zustand schon darum konvenierender sein soll, weil eine „obligatorische gerichtliche Überprüfung" (ebd., 396) unter Weltstaatsbedingungen Machtmissbrauch ausschließen und die Einhaltung der strengen Legitimationskriterien für Interventionen garantieren soll: das doppelte Proportionalitätskriterium hinsichtlich der Ziele (sc. die Intervention darf nicht mehr Schaden anrichten, als sie verhindert) wie der Mittel (sc. nur so viel Gewalteinsatz wie zum Menschenrechtsschutz unbedingt erforderlich), militärische Gewalt als Ultima Ratio, Interesselosigkeit der Intervenierenden, Billigung der Intervention seitens der Begünstigten (ebd., 397–398). *Herausforderung 2: humanitäre Intervention*

---

13 Den das Westfälische System kennzeichnenden Zusammenhang von Staatssouveränität und Interventionsverbot hat das bestehende UN-System durch Ausdehnung des Gebots der Nichtintervention auf die ehedem bevorzugten Interventionsobjekte der westlichen Staaten in der Dritten Welt bekräftigt.

Nicht nur die heiklen Materien der Sezession und Intervention bestätigen Höffes Hochschätzung einer funktionierenden Öffentlichkeit für die partizipatorische nationale und Weltdemokratie. Für beide „ist die Öffentlichkeit eine kritische Instanz, vor der sich die gesamte Politik, nicht etwa nur die Regierung, sondern auch das Parlament, nicht zuletzt die Gerichtsbarkeit [...] zu verantworten hat" (Höffe 1999, 321). Entsprechend grundsätzlich und bedenkenswert fallen Höffes Reflexionen zur globalen Sicherung des Prinzips Öffentlichkeit aus (weltweite Rede-, Presse- und Versammlungsfreiheit, Pressekartellrecht, Verhinderung des Primats einer Sprache etc.), bedenkenswerterweise konzentriert in einem abschließenden Junktim: „Solange es keine einigermaßen funktionierende Weltöffentlichkeit gibt, ist die Einrichtung einer subsidiären und föderalen Weltrepublik unverantwortlich" (ebd., 323).

Es ließe sich fragen, ob dieses Junktim die Etablierung einer Weltfriedensrepublik nicht auf den Sankt-Nimmerleins-Tag verschieben müsste. Die Unterminierungen und Pervertierungen einer funktionierenden liberal-demokratischen Öffentlichkeit sind zuletzt im Kosovokonflikt deutlich geworden. Was speziell die globalen Dimensionen und Verzerrungen betrifft: Wissen wir nicht, dass der Nachrichtenwert potenzieller Informationen weitgehend nach den Kriterien des angelsächsischen Journalismus festgelegt, dass die zukunftweisenden Übertragungsmedien und Computertechnologien von den USA beherrscht werden, dass der „free flow of information" zwischen Erster und Dritter Welt praktisch nur in eine Richtung verläuft?[14]

Droht die Zusammenballung staatlicher Macht- und privater Gewinninteressen somit die Etablierung einer Höffes normativen Vorgaben genügenden Weltöffentlichkeit (und damit die legitime Instituierung einer Weltrepublik) definitiv zu verhindern, so erschöpft der hier angerissene kulturimperialistische Zusammenhang das strukturelle Gewaltverhältnis der Nord-Süd-Beziehungen keineswegs. Die Unterschätzung der den Frieden gefährdenden und die Menschenrechte faktisch außer Kraft setzenden Macht kapitalistischer Verkehrsverhältnisse zeigt sich exemplarisch in Höffes Behandlung der Entwicklungsproblematik (1999, 409–501). Dass es in der Weltwirtschaft Gewinner und Verlierer gibt, ist Höffe so wenig entgangen wie die Tatsache massiven äußeren Unrechts an den Entwicklungsländern; dass ihm zur Therapie und Wiedergutmachung kaum mehr als zarte Maßnahmen korrektiver Gerechtigkeit und die Arbeit an einem (Unrechtsregime blockierenden) qualifizierteren Souveränitätsverständnis einfällt, hängt mit einer geschönten Sicht der Weltmarktverhältnisse zusammen, die zwar anerkennt, dass „der kollektive Vorteil des liberalisierten Weltmarktes nicht allen Gruppen und Völkern gleichermaßen zugute (kommt)"(!), dass er aber „auch in der Dritten Welt mehr als fünfhundert Millionen Menschen über die Armutsschwelle gebracht"(?) habe.

Von den grundsätzlich vermeidbaren fünfzig- bis hunderttausend Hunger- und Krankheitstoten pro Tag, vom Nettokapitaltransfer aus den armen in die reichen Länder, vom Handelsprotektionismus der „entwickelten" wie vom Zusammenspiel metropolitaner und neokolonialer Eliten in den „unterentwickelten"

---

14 Vgl. meine u.a. auf den MacBride-Report der UNESCO (1984) referierende frühere Kritik (Schmidt 1995, 157).

Ländern spricht dieses Buch so wenig wie von den strukturellen Entwicklungsblockaden durch „ungleichen Tausch" und internationale Arbeitsteilung. Der hier konstatierte „blinde Fleck" der Höffeschen Gesellschaftstheorie erweist sich auch in concreto als höchst problematisch, insofern die ökonomische (Mit-)Bedingtheit zur Sezession und/oder Intervention treibender Lagen unübersehbar ist, sich also die Frage der Mitverschuldung samt einer entsprechenden Entschuldungsverpflichtung der sich zu Hütern des Menschenrechts stilisierenden imperialistischen Mächte in aller Schärfe stellt!

Höffes Gesellschaftstheorie ist höchst problematisch ...

Die Unterschätzung der allfälligen, hier latenten, dort manifesten Widersprüche zwischen dem Menschenrecht schützenden Weltstaat und freiheitlichkapitalistischen Weltmarkt zeigt sich auch darin, dass Höffe keine Gedanken auf die sozialen Grundlagen einer Weltregierung – also auch die Frage: Welche Eliten werden faktisch zumal die Exekutive, aber auch die Legislative und Judikative der Weltrepublik beherrschen? – jenseits normativ-vernünftiger Vorgaben verschwendet, obgleich doch die westliche, zumal US-Dominanz in den wunschgemäß den Weltstaat aus sich heraustreibenden internationalen Organisationen und Institutionen manifest ist und somit droht, in einer Weltstaatsordnung unwiderruflich festgeschrieben zu werden! Auffallend im Übrigen, dass Höffe die Handhabung der unglaublichen Machtansammlung eines Weltgewaltmonopols offensichtlich für unproblematisch, da rechtsstaatlich gebändigt, anzusehen scheint – das Phantasma unbeschränkter Machtfülle entgeht ihm ebenso, wie ihm die – aufgrund der eminenten Aufgabenfülle der Weltrepublik[15] – ubiquitäre und dauerhafte Herausforderung derselben nicht zum Problem wird. Dabei darf an der Schärfe dieser Herausforderungen gerade bei ethnonationalen Konflikten nicht gezweifelt werden, sähen sich doch alle diese Bewegungen notwendigerweise in einem definitiven Kampf („letzte Schlacht") mit einer – anders als das sich entwickelnde UN-System – legitimatorisch selbstverständlich nicht akzeptierten Letztinstanz verstrickt.

und verweist wieder auf das ungeklärte Verhältnis von Weltrepublik und Weltmarkt

Weiteres Problem: hegemoniale Machtstrukturen

2.2 Das UN-Modell: Rückkehr zum Status quo ante?

Ich möchte aus vorgenannten Gründen dafür plädieren, das föderative bzw. konföderale Moment in Kants Friedensdenken erneut stark zu machen, da es m.E. sehr wohl in der Lage wäre, sowohl den Moralismusvorwurf Beestermöllers zu parieren als auch den monierten souveränitätstheoretischen Hobbesianismus zu unterlaufen. Hinsichtlich des kantischen Föderalismus sind wir weder verpflichtet, die Auffassung zu teilen, nach der der Friedensbund eine zahnlose, jederzeit zur Auflösung anstehende Versammlung zur Friedensförderung nur deklaratorisch verbundener Staaten ohne alle Sanktionsmacht darstellt, noch, uns der Meinung anzuschließen, der gemäß Kants Friedensvölkerrecht auf die Instituie-

Der Friedensbund ...

---

15 Diese resultiert gegenüber früheren Höffeschen Versuchen vor allem aus der die Aufgaben der Friedenssicherung und des Menschen- und Völkerrechtsschutzes sichernden und überbietenden Zuständigkeit für die rechtlichen, sozialen und ökologischen Rahmenbedingungen des Weltmarktes (vgl. Höffe [1999, 351, ein detaillierteres Bild vom beeindruckenden Umfang der der Weltrepublik obliegenden Aufgaben vermitteln die Seiten 360, 373, 393, 409, 421, 425]).

rung einer Weltrepublik hinauslaufen muss, eventuell (wie bei Geismann 1983) mit der Errichtung sanktionsunfähiger Friedensbünde als notwendiger Durchgangsstufe.[16]

als Staatenzweckbündnis ...

Versteht man einen Friedensbund als Staatenzweckbündnis, „sich gegen alle äußeren oder inneren etwaigen Angriffe gemeinschaftlich zu *verteidigen*" (Kant 1966, 179) bzw. – in den Worten der Friedensschrift – „die Erhaltung und Sicherung" der Freiheit der verbündeten Staaten zu besorgen, nimmt man also die Aufgabenbestimmung des Friedensbundes ernst, „den Freiheitszustand der Staaten gemäß der Idee des Völkerrechts *zu sichern*" (Kant 1993, 134), dann erhält diese spezifische Organisationsform hinsichtlich ihres Friedenssicherungspotenzials überzeugende Konsequenzen zeitigende Konturen.

mit aufkündbarem Teilsouveränitätsverzicht

Besteht der einzige – in der Regel schon als Drohung wirksame – Zweck des Friedensbundes darin, mit überlegener (Verteidigungs-)Macht jede Aggression äußerer Gegner abzuwehren und wortbrüchige Bündnispartner zu repazifizieren, dann wird man Mitglied in diesem nicht durch die folgenlose Verzichtserklärung auf das fragwürdige souveräne (nur metaphorisch, unter Naturzustandsbedingungen so zu nennende) *ius ad bellum*, sondern durch einen (aufkündbaren) Teilsouveränitätsverzicht und militärischen Beitrag. Über diesen Zweck und diese Praktiken vermittelt, entwickeln sich Zusammengehörigkeitsgefühle, entstehen Koordinationsbedürfnisse und -strukturen, die ausbaufähig erscheinen für weitere Rechtssicherungs- und Kooperationsvereinbarungen und die den Beitrittsanreiz für weitere Staaten und ggf. weitere Friedensbünde nur erhöhen

Die Attraktivität der Idee von Friedensbünden

könnten. Soweit sich festigende Friedensbünde aber auch den wirtschaftlichen Verkehr ihrer Mitglieder begünstigen und vertiefen, werden sie gleichzeitig die Anreize zur (allerersten oder vertiefenden) Demokratisierung der politisch unterschiedlich verfassten und entwickelten Mitgliedstaaten[17] liefern – was das Gesamtgebilde und dessen Außenverhalten nur weiter pazifizieren sollte.

UN-System als Friedensbund ...

Natürlich hat das vorhandene UN-System den kantischen Gedanken eines möglichen Zusammenwachsens in unterschiedlichen Weltgegenden sich ausbreitender Friedensbünde historisch obsolet gemacht. Unbestritten aber bleibt darum doch die Möglichkeit, mit kantischen Denkmitteln einer friedensförderlichen „entschiedeneren Regionalisierung der Tätigkeit der UNO" (Albrecht 1995, 233) das Wort zu reden. Der Vorzug regionaler Friedensorganisationen dürfte

---

16 Neben Höffe denke ich hier vor allem an Wolfgang Kerstings einschlägige Arbeiten; vgl. dessen Einleitung zur Taschenbuchausgabe *Kant und die politische Philosophie der Gegenwart* seiner verdienstvollen Habilitationsschrift *Wohlgeordnete Freiheit. Immanuel Kants Rechts- und Staatstheorie* (1993, insbesondere 72–76), aber auch dessen Beitrag von 1996, insbesondere 180–186; für Geismann siehe dessen bedenkenswerten Versuch von 1983.

17 Dass der kantische Friedensbund für Demokratien wie Nichtdemokratien offen steht, scheint mir auch diese Stelle der Friedensschrift nahe zu legen, an der Kant die Vermittelbarkeit von Vernunftforderung und Zeitgeschichte zum Ausdruck bringt: „Denn wenn das Glück es so fügt: daß ein mächtiges und aufgeklärtes Volk sich zu einer Republik (die ihrer Natur nach zum ewigen Frieden geneigt sein muß) bilden kann, so gibt diese einen Mittelpunkt der föderativen Vereinigung für andere" (nicht Republiken, sondern) „Staaten ab, um sich an sie anzuschließen [...]" (1993, 133–134). Wir dürften kaum fehlgehen in der Annahme, hierin eine erwartungsvolle Anspielung auf das revolutionäre Frankreich, vielleicht auch auf die frisch gegründeten Vereinigten Staaten zu erkennen.

Weltfriedensordnung? Rechtsethische Perspektiven nach dem Kosovokrieg

gerade in ihrer größeren Kompetenz der Konfliktprävention und zivil-friedlichen Konfliktbearbeitung liegen.[18] Aufgrund gemeinsamer kultureller Voraussetzungen und Affinitäten sollte auf regionalem Niveau auch die Gewalt dämpfende und militärische Aktionen ggf. verhindernde Einbeziehung ziviler Kräfte bzw. der Gesellschaftswelt unproblematischer und effektiver ausfallen. Anschlüsse dieser Vorstellungen an Boutros-Ghalis bekanntes Konzept „präventiver Diplomatie" insgesamt liegen auf der Hand.

ergänzt um regionale Friedensbünde ...

erlaubt die Berücksichtigung bestehender Differenzen im Weltsystem ...

Bedenkt man, inwieweit unterschiedliche Auffassungen über Demokratie und Menschenrechte sich in den Auseinandersetzungen um (finanziell ruinöse) UN- und andere Interventionen zum Ausdruck bringen, wird ein weiterer Aspekt der von Ulrich Albrecht (1995) geforderten Regionalisierung deutlich: „Zentrale Wertbindungen der UNO-Politik werden global nicht einhellig geteilt, am deutlichsten ist dies in der Frage der Beachtung der Menschenrechte sichtbar." Aber, so lässt sich hoffen:

> „[Dem] Ziel, dem Schutz der Menschenrechte mehr Geltung zu verschaffen, könnte eine regionale differenzierende Politik [...] näher kommen als globale Maßnahmen. In der Dritten Welt würden Rechte auf Erfüllung von Grundbedürfnissen voraussehbar gegenüber etwa politischen Grundrechten einen höheren Stellenwert erhalten (und auch von den Beteiligten eher akzeptiert werden), als dies für industrialisierte Regionen der Fall wäre" (ebd., 233; vgl. auch Albrecht 1994).

Der von Albrecht hergestellte Zusammenhang von Menschenrechtspolitik und einer starken Dezentralisierung bzw. Regionalisierung des UN-Systems erlaubt die Klarstellung, dass mein aktualisierendes Plädoyer für Kants Friedensbundidee sich nicht erschöpfen will in der Rehabilitation der Institution der Vereinten Nationen vor deren Beschädigung durch das Kosovoabenteuer. Hiergegen sprechen nicht nur die früher bereits manifesten institutionellen und Handlungsdefizite der Weltorganisation – deren nur embryonale Regionalisierung, deren Blockierung und Instrumentalisierung durch Großmächte und zumal den Welthegemon, die Regelungslücken und Umsetzungsprobleme im Menschenrechts- und Friedensschutz –, hiergegen spricht ganz grundsätzlich der von Johann Galtung nachgewiesene „westliche Bias" in der Konstruktion des herrschenden Menschenrechtssystems.

und somit die Überwindung des „westlichen Bias"

Die Schaubilder II-7 und II-8 machen deutlich, dass die Produktion und Implementierung von Menschenrechten im UN-System diese an der Grenze zwischen nationalem und internationalem Recht ansiedeln (bzw. diese beiden kombinieren), um den Schutz der Würde und der grundlegenden Bedürfnisse der einzelnen zu garantieren. Durch dieses Verfahren ist das Projekt Menschenrechte noch keineswegs desavouiert: Mit Galtung sollten wir nicht nur den durch die *International Bill of Human Rights* gewährten faktischen Schutz für zahllose Menschen, wir sollten auch die bedeutsame Integrationsleistung der Konstruktion anerkennen, welche die Weltebene, die nationale und die Individualebene normativ wie politisch-praktisch folgenreich zusammenschließt. Eine Würdigung

Menschenrechte zwischen nationalem und internationalem Recht

---

18 Vgl. Schlotter (1995a, 268). In dieselbe Richtung gehen die Beiträge Schlotters (1995b) und Schmids (1995) sowie die Einleitung der Herausgeber (22–24, 32) in Ropers und Debiel (1995).

Preis der Integration laut Galtungs Kritik

dieser Leistung verlangt jedoch auch, den Preis derselben für alle Beteiligten klarzustellen. Resümieren wir Galtungs (1994) Kritik:

1. Die Konstruktion ist weltumspannend hierarchisch angelegt (vgl. Schaubild II-7).
2. Es irren der juridische und der politische Idealismus, die im Falle der Menschenrechte das Individuum als die einzig beglückte und den Staat als die einzig verpflichtete Instanz sehen wollen.[19] Die sozialwissenschaftliche Systemanalyse besteht darauf, dass diese Rechnung nicht aufgehen kann, dass es so etwas wie Reziprozität geben muss (vgl. Schaubild II-8) und dass daher das Individuum mindestens drei fundamentale Pflichten gegen seine staatsgarantierten Rechte eintauscht:
   – die Pflicht, zu produzieren und für die Reproduktion zu sorgen durch Arbeit, Kinder, Steuern,
   – die Pflicht, den Staat zu respektieren und seinen Gesetzen zu gehorchen,
   – die Pflicht, den Staat zu schützen, auch und vor allem militärisch, u.U. mit dem Einsatz des Lebens. Letzteres erstreckt sich im Zeitalter der nuklearen Abschreckung bekanntermaßen auf die gesamte Bevölkerung, und dieser Sachverhalt könnte die Ausweitung der Gewährung von Menschenrechten durch Staat und Staatensystem erklären.

Schaubild II-7: Die normative Struktur von Menschenrechten

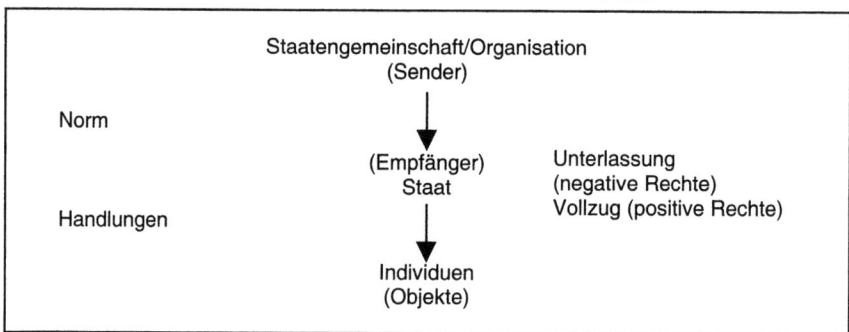

Quelle: eigene Darstellung nach Galtung 1994, 18–19

---

19 So heißt es etwa bei Sieghart (1988, 50): „Demzufolge fallen alle die Pflichten, die den Menschenrechten entsprechen, in erster Linie dem Staat zu: er hat danach zu trachten, jedermann zu schützen, *auch gegen ihn selbst*." Das wäre offensichtlich ein schlechtes Geschäft für den Staat!

Schaubild II-8: Die soziale Struktur von Menschenrechten

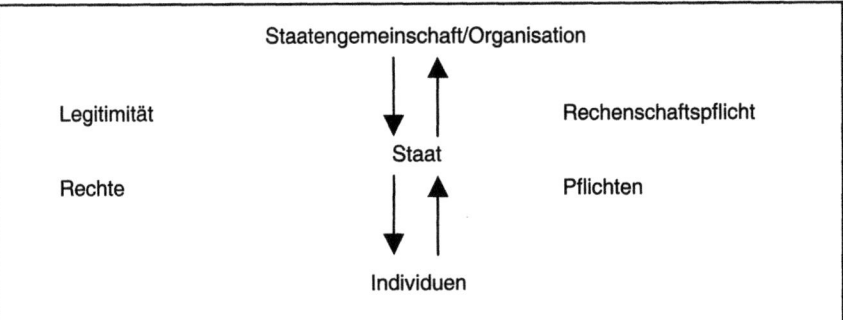

Quelle: eigene Darstellung nach Galtung 1994, 18–19

Hat die individuelle Nutzung der Konstruktion ihren Preis, so die Vervielfältigung und Globalisierung derselben ihre selten thematisierten Konsequenzen: Wenn Rechtssubjekte sich wechselseitig ihrer Rechtsansprüche versichern, dann sollten sie den abwesend-anwesenden Dritten, die einzig sanktionsfähige Instanz, den starken Staat, nicht übersehen. Je mehr Rechte nämlich Erstere geltend machen, desto stärker muss diese Garantiemacht sein. Mit anderen Worten: Die Stärkung der Menschenrechte führt in der vorgestellten Konstruktion direkt zur Stärkung des Staates und zum Ausbau seiner Gewaltmittel!

<small>Problem: Stärkung von Menschenrechten = Stärkung des Staates</small>

Die verschwiegene Voraussetzungshaftigkeit und der politische, soziale und kulturelle Preis der (westlichen) Menschenrechtskonstruktion sind damit erst ausschnitthaft erfasst. Galtung (1994, 26):

„Die Konstruktion wird der universellen und regionalen Staatsorganisation immer mehr Macht verleihen, was zu einer zentralisierteren Weltgesellschaft führen wird [...] Die Konstruktion wird dem Staat immer mehr Macht verleihen, was zu einer zentralisierteren nationalen Gesellschaft führen wird [...] Die Konstruktion trennt den individuellen Knoten noch mehr von den Netzen der Reziprozität und Solidarität (sc. der Bürgerinnen und Bürger), was im Prinzip zu mehr Entfremdung führen wird."

<small>Gefahr der Entfremdung</small>

Der westliche Bias in Konstruktion und (zumindest teilweise) inhaltlicher Ausgestaltung der Menschenrechtsordnung lässt Galtung ein ernüchterndes Fazit ziehen, das mit menschenrechtlich begründeten Dissoziationen, Konflikten und gewaltsamen Widerständen droht. Offensichtlich sind wir mit einer abgeschwächten, gleichwohl inakzeptablen Version der am Höffeschen Weltstaatsmodell konstatierten Problematik konfrontiert: Hypostasierung und Globalisierung der herrschenden Menschenrechtstradition laufen zuletzt hinaus auf eine zirkuläre, universalistisch legitimierte Selbstbestätigung nicht nur des westlichen Menschenrechtsverständnisses, sondern zugleich des westlichen Entwicklungs- und Herrschaftsmodells insgesamt!

<small>Westlicher Bias der Konstruktion von Menschenrechten wird global verfestigt</small>

3 UN-System und Global Governance

Notwendigkeit eines überzeugenden Universalismus

Galtungs Aufweis (1994) der konflikt- und gewaltträchtigen Folgen eines inhaltlich wie von der Konstruktion her westlichen Ansatzes in der bisherigen Menschenrechtsproduktion zielt nicht auf deren Zurückweisung oder Delegitimierung, sie zielt auf deren konstruktive Verbesserung in Richtung eines überzeugenden Universalismus. Hierbei hülfe nicht allein die Bereitschaft, Menschenrechte an den menschlichen Grundbedürfnissen insgesamt (Überleben, Wohlergehen, Identität, Freiheit) statt allein oder wesentlich am individuellen Freiheitsbedürfnis zu orientieren. Reduzierte eine Neuaushandlung des Verhältnisses von Rechten und Pflichten zwischen Bürgern und Staaten die kritisierte einzelstaatliche Machtkonzentration, so dienen Galtungs Forderungen einer Vervielfältigung von Sendern und Empfängern von Menschenrechten, der Anerkennung von Gruppen- bzw. Kollektivrechten sowie der Ergänzung des (westlichen) akteursorientierten durch einen strukturorientierten Menschenrechtsansatz einer größeren rechtsethischen Vielfalt, der Integration anderer Rechtskulturen und damit der „funktionale(n) und geographische(n) Dezentralisierung" (ebd., 37) des UN-Systems der Produktion und des Schutzes von Menschenrechten.

Brock: Dualismus des Völkerrechts als Staatenrechts- und Menschenrechtsordnung ist ein falscher Weg

Zu einer vergleichbaren Konsequenz gelangt Lothar Brocks (1999) dichter Beitrag über die im Kosovokonflikt erneut bestätigte Diskrepanz zwischen der beachtlichen normativen Integration der Staatenwelt und deren bescheidenen kollektiven Handlungskompetenzen. In Brocks Sicht haben die unübersehbaren Rechtsfortschritte auf dem Gebiet des Staatenrechts – Angriffskriegsverbot durch Völkerbund und Briand-Kellog-Pakt, allgemeines Gewaltverbot mit der Möglichkeit kollektiver Zwangsmaßnahmen zur Friedenssicherung im UN-System, Schaffung eines funktional verstandenen „working peace system" (Mitrany) durch die Bretton-Woods-Institutionen (Brock 1999, 329) – wie des Menschenrechts – Universalität und Unteilbarkeit der Menschenrechte im UN-System (ebd., 331–332; vgl. auch Brock und Hessler in diesem Band) – bisher noch nicht zu einer adäquaten Ausgestaltung des Staatenrechts zur Durchsetzung anerkannter menschenrechtlicher Normen geführt. Den im Kosovokonflikt erneut aufgebrochenen „Dualismus der heutigen Völkerrechtsordnung als *Staatenrechts- und Menschenrechtsordnung*" mit einer „Rückwendung zur Ermessensentscheidung von Einzelstaaten oder Staatengruppen" (Brock 1999, 323) beantworten zu wollen, hält Brock für den grundsätzlich falschen Weg: „Es erscheint nicht logisch, jenen Staaten ein humanitäres Interventionsrecht zuzubilligen, die sich einer Weiterentwicklung des Staatenrechts zugunsten eines besseren Schutzes der Menschenrechte entgegenstellen" (ebd., 340–341).[20]

Wie aber können Menschenrechte angemessen geschützt werden?

Wodurch aber könnte ein angemessener Schutz menschenrechtlicher Normen im Staatenrecht herbeigeführt werden? Keinesfalls setze dieser Schutz die

> „Einschränkung jener Normen voraus, die sich im Rahmen des Staatenrechts gebildet haben (Souveränität, Nichtintervention, Gewaltverbot), sondern eine Weiterentwicklung des Staa-

---

20 „Warum sollte", fragt Brock (1999, 341) zu Recht, „ihr Urteil im Einzelfall (zugunsten einer humanitären Intervention) soviel wohlerwogener sein als ihre generelle Ablehnung eines wirkungsvollen Schutzes der Menschenrechte durch die Schaffung entsprechender kollektiver Handlungsmöglichkeiten?"

tenrechts etwa in der Form einer Umgestaltung des Sicherheitsrates und des Aufbaus regionaler Systeme kollektiver Sicherheit nach Kapitel VIII der UN-Charta" (Brock 1999, 340).

Wishful thinking? Die weltgeschichtlichen Trends territorialer Entgrenzung bzw. Öffnung der Einzelstaaten, der zunehmenden Pluralität von (auch und gerade zivilen) Akteuren im internationalen System wie der angesprochenen normativen Integration und Ausdifferenzierung von Staaten- und Menschenrechten verstärken nach Brock im Gegenteil die Chancen eines einheitlichen Weltrechtsbewusstseins ebenso wie dessen regional adäquater Ausgestaltung. Gerade das Weltrechtsbewusstsein

Weltrechtsbewusstsein als Chance

„schafft die Voraussetzungen für eine Dezentralisierung friedlicher Konfliktbearbeitung und die Eindämmung willkürlicher Gewaltanwendung in regionalen Systemen der kollektiven Sicherheit; denn das von allen geteilte Rechtsbewußtsein erlaubt ein Verfahren nach dem Prinzip der Subsidiarität. Eine Regionalisierung kollektiver Sicherheit würde ein praktischer Schritt in diese Richtung sein, der auch zur Reform des Sicherheitsrates beitragen könnte. [Konkret wäre] denkbar, dass die ständigen Mitglieder im Sicherheitsrat dann auf die Ausübung ihres Vetos verzichten, wenn ein Konflikt im Rahmen eines kollektiven Sicherheitssystems auf regionaler Ebene behandelt wird.[21] [Auch sollten] die Möglichkeiten des IGH erweitert werden, das Verhalten von Staaten in Konflikten auf seine Rechtmäßigkeit hin zu überprüfen" (Brock 1999, 341–342).

Offensichtlich muss der Kampf gegen den sicherheitspolitischen Unilateralismus verbunden werden mit dem Ausbau der demokratischen und der rechtsstaatlichen Komponente der UNO, will man diese ernst- und dauerhaft als „Kern eines Systems kooperativer Sicherheit" (Debiel 2000, 464) befestigen. Erstere Komponente verlangt gewiss nach einer sich nicht in der Milderung des Vetoprivilegs der Großmächte erschöpfenden Reform des Sicherheitsrates und dessen beherrschender Stellung im UN-System. Die Durchsetzung einer größeren (zumal „den Süden" berücksichtigenden) Repräsentativität in der Zusammensetzung des Rates wie eine des Begriffs würdige Rechenschaftspflicht dieses Gremiums gegenüber der Generalversammlung wären vordringliche Ziele einer demokratischen Strukturreform der Vereinten Nationen. An der zur Zeit sicherlich chancenlosen demokratischen Rückbindung auch der Generalversammlung (der Staaten) an eine zweite Generalversammlung, der Völker und Kulturen nämlich, könnte und sollte nicht nur als Ausdruck institutioneller Umsetzung der oben entwickelten kantischen Trennung von Staaten- und Menschenrecht, sondern vor allem auch als einem bereits der UN-Gründungsphase zugehörigen (so etwa Zumach 1995, 119) erzdemokratischen Basisprojekt festgehalten werden.

Ausbau der demokratischen und der rechtsstaatlichen Komponente der UNO

Eine konsequente Stärkung und Mandatierung regionaler Systeme kollektiver Sicherheit, die keine Hegemonialinteressen, sondern einen wirksameren Schutz des Friedens und des Menschenrechts besorgten, verlangte natürlich entsprechende Voraussetzungen. Für die Europäische Union und deren GASP käme man diesem Ziel kaum näher durch deren weitere (immerhin eingeleitete) Militarisierung, etwa durch die Verdoppelung der gegenwärtigen NATO-Strukturen

Stärkung und Mandatierung regionaler Systeme kollektiver Sicherheit

---

21 „Unterstützt werden könnte die Arbeit der offiziellen Gremien durch die Einrichtung von Krisenkommissionen, die aus anerkannten Regionalexperten und bewährten Konfliktvermittlern bestünden (also weniger staatenorientiert wären als die Jugoslawien-Kontaktgruppe), vom UN-Sicherheitsrat eingesetzt würden und das Recht hätten, eigene Vorschläge auszuarbeiten und staatliche Maßnahmen zu beurteilen" (Brock 1999, 342).

und -Ressourcen, sondern durch deren forcierte Zivilisierung durch Aufstockung der Mittel für Früherkennung und Konfliktschlichtung und, genereller, durch substanzielle ökonomische Integrationsmaßnahmen und die Schaffung eines gediegenen ökonomischen und politischen Unterbaus für die OSZE (Unterseher 1999, 228–229). Diese aber, so lautet ein diskussionswürdiger Vorschlag Lutz Untersehers, sollte eigene Truppen vorhalten, die im Rahmen einer „defensiven" bzw. „vertrauensbildenden" Verteidigungsstrategie auf „stabilitätsadäquate Eingreifoperationen", auf die „Vermeidung von Eskalationsprozessen" und damit die Aufrechterhaltung des Primats der Politik auszurichten wären (ebd., 230–231).

Stärkung der UN gegenüber den Mitgliedstaaten durch Stand-by-Truppenkontingente

Kongeniale Vorschläge hat Tobias Debiel (2000, 456–458) für die UN insgesamt gemacht, um deren besondere Kompetenzen und Verpflichtungen zur Friedenserhaltung und Krisenprävention zu stärken. Soll die für die 1990er Jahre eher negativ ausfallende Bilanz der Friedenssicherungsaktivitäten nachhaltig aufgebessert werden, müssten die Mitgliedstaaten der UN endlich Stand-by-Truppenkontingente zur Verfügung stellen, sollten darüber hinaus aber auch das lang diskutierte Projekt einer UN-Freiwilligentruppe realisieren. Daneben verlangt Debiel nicht nur Stand-by-Kapazitäten für den politischen Bereich der Frühwarnung und Konfliktvermittlung, er will auch die im Schoße der EU sich entwickelnden einschlägigen Instrumente der Krisenprävention strikt auf die Unterstützung der aufzubauenden UN-Institutionen verpflichtet sehen.

Stärkung internationaler Gerichtsbarkeit

Wie Brock (1999) um die Stärkung globaler Rechtsstaatlichkeit bemüht, besteht Debiel (2000) auf der Aufrechterhaltung des Gewaltlegitimationsmonopols der UN[22], empfiehlt die Nutzung und Verbesserung der Möglichkeiten des Internationalen Gerichtshofes[23] und fordert das politische Engagement (zumal der „like-minded countries") für die Ratifizierung und nationale Umsetzung des 1998 beschlossenen Statuts des Internationalen Strafgerichtshofes. Ein weiterer Vorschlag Debiels verdient nach den katastrophalen Folgen der UN-Sanktionen gegen den Irak besondere Erwähnung: die rechtliche Verregelung nichtmilitärischer Sanktionen zum Zwecke humaner, verlässlicherer und wirksamerer, kurz rechts-ethisch verteidigungsfähiger Sanktionsregime.

Bekämpfung von Konfliktursachen

Wenngleich auch eine Bündelung aller vorgenannten Gewalt mindernden und Frieden sichernden Maßnahmen keine grundsätzliche Ersetzung von Militär- durch Polizeimaßnahmen versprechen könnte, mag sie gleichwohl, unter etwas glücklicheren Umständen, für die zumindest gelegentliche Ablösung von Unterwerfungs- durch Entwicklungsprozesse sorgen. Bedeutsam werden dürfte eine solche Tendenz allerdings kaum ohne die entschiedene Anerkennung der ökonomischen und sozialen Ursachen und Bedingtheiten von Gewalt und Krieg, an der nun gerade die Wortführer des „militärischen Humanismus" (Ulrich Beck)

---

22 Zu Recht besteht Debiel (2000, 465, Anm. 1) auf der Rede vom Gewaltlegitimationsmonopol statt vom Gewaltmonopol der UNO.

23 „Zum einen könnte die bereits in 250 bis 300 Fällen bestehende Praxis ausgebaut werden, die Zuständigkeit des IGH für Streitigkeiten über die Auslegung bi- und multilateraler Verträge in entsprechenden Klauseln festzulegen. Zweitens sollte in bi- und multilateralen Verhandlungen darauf gedrängt werden, daß sich mehr Staaten generell der IGH-Gerichtsbarkeit unterwerfen. Drittens sollte [...] der UN-Generalsekretär ermächtigt werden, schon im Frühstadium aufkeimender Streitigkeiten den IGH um ein Gutachten zu bitten" (Debiel 2000, 462).

wenig Interesse haben dürften. Es geht hierbei nicht allein um den bekannten Zusammenhang von Armut, Hunger und Krieg. Eine größere soziale Gerechtigkeit und eine stärkere Angleichung sozialer Verhältnisse im internationalen Maßstab reduzierten nicht nur die Gefahr allfälliger sozialer Verwerfungen mit Kriegsfolgen. Diese Reformen verhinderten zugleich, dass diejenigen Staaten(verbindungen) und sozialen Mächte, deren politische Interessen und ökonomisches Engagement für das Zustandekommen „humanitär" zu entsorgender Situationen kräftigst mitverantwortlich sind, sich medienwirksam als Hüter von Menschenrecht und demokratischer Friedenspolitik feiern lassen könnten.

Konsequenzen eines solchen Politikwandels müssen sich nicht allein am Kompetenzzuwachs des Wirtschafts- und Sozialrates der UNO (ECOSOC samt der diesem zugeordneten Sonderorganisationen wie UNCTAD, UNDP und UNEP) ablesen lassen. Die „Verlagerung aller für die Weltwirtschaft und die Entwicklung relevanten Kompetenzen und Entscheidungen in die von den nördlichen Industriestaaten dominierten Institutionen Weltbank, Internationaler Währungsfonds und GATT" bzw. WTO (Welthandelsorganisation) sieht Zumach (1995, 98) mit zahlreichen UN-Reformern als ursächlich an für das weitgehende Scheitern der UN auf zwei ihrer neben der Friedenssicherung zentralen Feldern: der weltweiten Bekämpfung von Armut und Umweltzerstörung.²⁴ Eine entsprechende UN-Reform allein dürfte aber, zumal unter den verschärften Konditionen finanzökonomischer Globalisierung und neoliberaler Deregulierungsstrategien, wenig Erfolg zeitigen.

<small>Voraussetzung: Politikwandel</small>

Über die Bezugnahme auf Lothar Brock und Tobias Debiel hat sich mittlerweile eine weitere Version „idealistischen" (also nichtrealistischen) Friedensdenkens ins Spiel gebracht, die – in engem Kontakt mit der praktischen Politik – vor allem Franz Nuscheler und Dirk Messner ausgearbeitet haben.²⁵ Die Selbstverortung der Global-Governance-Konzeption in der kantischen Tradition (Nuscheler 2000, 479f; vgl. auch Messner in diesem Band) dürfte den Leser so wenig überraschen wie ihre Berufung auf Kants Postulate der Rechtsstaatlichkeit, der Demokratie und des globalen Föderalismus. Hier möchte ich aber stärker abstellen auf ihre Suche nach einem „globale(n) Ordnungsrahmen", der sich ausdifferenzieren lässt in eine globale Finanz- und Handelsordnung, eine Weltsozial- und -entwicklungsordnung sowie, last, not least, eine Weltfriedensordnung (vgl. Nuscheler 2000, 489–503). Bildet Letztere sozusagen die Grundlage wie den Zweck der Gesamtkonstruktion, so müsste eine (u.a. von der G7/G8 1999 geforderte) „neue Internationale Finanzarchitektur" (ebd., 490) den Neubau der Bretton-Woods-Institutionen besorgen und zu einer den „Entwicklungsländern" aufhelfenden, nachhaltigen Schuldenregelung finden. Anders als der WTO müsste es der Welthandelsordnung nicht nur um die Handelsliberalisierung, son-

<small>Global Governance: idealistische Version des Friedensdenkens ...</small>

<small>stellt auf globalen Ordnungsrahmen ab ...</small>

---

24 Zumach (1995, 99) erinnert an ein weiteres Projekt aus der Gründerzeit der UNO: die „Internationale Handelsorganisation" (ITO). „Nach der bereits 1945 fertiggestellten Satzung sollte die ITO als integrale, von der Generalversammlung zu kontrollierende Institution der UNO wesentliche Kompetenzen in Fragen des Handels, der Weltwirtschaft sowie – in Zusammenarbeit mit IWF und Weltbank – der Währungspolitik erhalten." Das Projekt scheiterte schließlich am Einspruch der USA.

25 Siehe etwa die von der *Stiftung Entwicklung und Frieden* (SEF) in zweijährigem Turnus herausgegebenen, von den genannten Wissenschaftlern konzeptionell und inhaltlich maßgeblich zu verantwortenden „Globale(n) Trends" (vgl. zuletzt Hauchler et al. 2001, aber auch Nuscheler 2000).

dern vor allem um faire Tauschbeziehungen, um die Humanisierung und Ökologisierung der Weltwirtschaft gehen. Eine Weltsozialordnung (vgl. Kohlmorgen in diesem Band) hätte nicht nur für die weltweite Sicherung der Grundbedürfnisse, die Verwirklichung der im Menschenrechtssozialpakt vereinbarten sozialen Menschenrechte oder auch die völkerrechtlich bindenden ILO-Standards einzutreten; ihr obläge auch der Schutz der Kinder – ebenso wie die Erweiterung der Frauenrechte, die Entschärfung der „Bevölkerungsbombe" wie die Durchsetzung eines Leitbildes „nachhaltiger Entwicklung".[26] Nachhaltige Entwicklung definiert natürlich auch das Zielbild einer Weltumweltordnung, wie exemplarisch und für die sozial- und umweltgerechte Entwicklung zukunftsweisend in der „Agenda 21" der Rio-Konferenz der Vereinten Nationen von 1992 dokumentiert.

und fordert eine Weltfriedensordnung

In den Mittelpunkt der Weltfriedensordnung setzt auch Nuscheler das UN-System multilateraler Friedenssicherung – wie Debiel „aus zwei Gründen, die auf das Global-Governance-Konzept zurückgreifen: Erstens [betont] es stärker die politischen, sozialen und ökonomischen Voraussetzungen eines dauerhaften Friedens, verschiebt also die Priorität von der Intervention zur Prävention. Zweitens [bezieht] dieser präventive ‚multi-track'-Ansatz eine Vielzahl von nationalen und internationalen, staatlichen und nichtstaatlichen Akteuren in die Aufgaben der Friedenssicherung und Friedenskonsolidierung ein" (Nuscheler 2000, 502).

Realpolitische Einwände gegen Global Governance..

Nuscheler kennt zu gut nicht nur die realpolitischen Widerstände, er kennt auch genügend bedenkenswerte intellektuelle Vorbehalte von „links bis rechts"[27] gegen den Global-Governance-Ansatz, um in diesem zu Beginn des neuen Jahrhunderts mehr als ein „brüchiges Projekt" (ebd., 504) zu erkennen. Auch ich denke, dass sowohl hinsichtlich der Entwicklungsproblematik wie auch hinsichtlich der Abhängigkeit sozialer Konfliktlagen und der Friedens- und Entwicklungsbeziehungen insgesamt von den kapitalistischen Verkehrsverhältnissen noch über tiefere Eingriffe und Alternativen nachgedacht werden muss.[28] Hier

fordern Weiterentwicklung des Konzepts

---

26 „Das Ziel einer Weltsozialordnung orientiert sich am Leitbild einer sozialen Demokratie und hat viel mit dem Leitbild der ‚nachhaltigen Entwicklung' zu tun, das nicht nur eine ökologische, sondern auch eine soziale und politische Dimension hat" (Nuscheler 2000, 497).

27 Siehe hierzu Nuschelers pointierendes Resümee (Nuscheler 2000, 503f): Das Global-Governance-Projekt „sei ein theorieloses Konstrukt, das sich aus der kritischen Analyse der rauhen Gegenwart in voluntaristische Zukunftsvisionen flüchte; es blende den Machtfaktor und die Hegemonialinteressen aus und liefere deshalb angesichts der realen Machtverhältnisse in der Weltpolitik und globalen Ökonomie nicht einmal eine konkrete Utopie für die Welt von morgen; es ignoriere feministische Konzepte, vernachlässige emanzipatorische Konfliktstrategien und setze allzu sehr auf eine kooperative ‚public-private partnership'[...]. ‚Realisten' in Politik und Wissenschaft geben dem Projekt nur geringe Realisierungschancen. Sie erkennen im Gefolge der Globalisierung eher verschärfte Konkurrenzsituationen, Deregulierungswettläufe und Handelskonflikte, die sich auch durch Global Governance nicht bändigen lassen." Dass letztere Einschätzungen von Vertretern kritisch-emanzipativer Politikwissenschaft und Gesellschaftstheorie geteilt werden, belegt exemplarisch der Band von Ulrich Brand et al. (2000), der mit Vertretern von Global-Governance-Ansätzen wohl den Gegner, aber weder die methodologischen und begrifflichen Grundlagen noch die politisch-normativen Konsequenzen teilt.

28 Wichtige und noch kaum rezipierte Anstöße von analytischer wie politisch-programmatischer Relevanz liefert Galtungs neue „Entwicklungstheorie" (1998, 227–338), die Kritikmotive liberaler, marxistischer und kritisch-emanzipativer Provenienz aufgenommen, aber ganz eigenständig verarbeitet hat.

aber möge es genügen, auf die pluridimensionalen Gestaltungsmöglichkeiten einer aktuellen Weltfriedensordnung allgemein, auf den Ansatz und die zentralen Akzente der Global-Governance-Konstruktion im Besonderen hingewiesen zu haben.

Literatur

Albrecht, Ulrich. 1994. Konzepte, Methoden und Instrumente nichtmilitärischer Konfliktbearbeitung, in: Projektverbund Friedenswissenschaften Kiel (Hg.). PFK-Texte, 29, Kiel.
Albrecht, Ulrich. 1995. Fünfzig Jahre UNO. Leistungen, Probleme und Chancen bei der Wahrung des Weltfriedens, in: Dialog. Beiträge zur Friedensforschung, Band 28, 225–233.
Beestermöller, Gerhard. 1995. Die Völkerbundsidee. Leistungsfähigkeit und Grenzen der Kriegsächtung durch Staatensolidarität. Stuttgart, Berlin und Köln: Kohlhammer.
Beestermöller, Gerhard. 1999. Die neue NATO – UNO in letzter Instanz?, aus: Stimmen der Zeit, 217 (8), 517–529.
Brand, Ulrich, Achim Brunnengräber, Lutz Schrader, Christian Storck und Peter Wahl. 2000. Global Governance. Alternative zur neoliberalen Globalisierung? Münster: Westfälisches Dampfboot.
Brock, Lothar. 1999. Normative Integration und kollektive Handlungskompetenz auf internationaler Ebene, aus: Zeitschrift für internationale Beziehungen, 6 (2), 323–347.
Czempiel, Ernst Otto. 1996. Kants Theorem oder: Warum sind die Demokratien (noch immer) nicht friedlich?, aus: Zeitschrift für internationale Beziehungen, 3 (1), 79–101.
Debiel, Tobias. 1995. Demokratie und Gewalt in einer Welt des Umbruchs. Zur friedenspolitischen Relevanz politischer Herrschaftsformen in den 90er Jahren, in: Norbert Ropers und Tobias Debiel (Hg.). Friedliche Konfliktbearbeitung in der Staaten- und Gesellschaftswelt. Stiftung Entwicklung und Frieden, Bonn, 55–86.
Debiel, Tobias. 2000. Vereinte Nationen und Weltfriedensordnung. Bilanz und Perspektiven zur Jahrtausendwende, in: Franz Nuscheler (Hg.). Entwicklung und Frieden im 21. Jahrhundert. Zur Wirkungsgeschichte des Brandt-Berichts. Bonn: J.H.W. Dietz Nachfolger, 446–467.
Eberwein, Wolf-Dieter. 1992. Demokratie und Krieg, aus: S + F. Vierteljahrsschrift für Sicherheit und Frieden, 2, 196–202.
Fetscher, Iring. 1972. Modelle der Friedenssicherung. München: Piper.
Galtung, Johan. 1994. Menschenrechte – anders gesehen. Frankfurt a.M.: Suhrkamp.
Galtung, Johan. 1998. Frieden mit friedlichen Mitteln. Friede und Konflikt, Entwicklung und Kultur. Opladen: Leske + Budrich.
Geismann, Georg. 1983. Kants Rechtslehre vom Weltfrieden, aus: Zeitschrift für philosophische Forschung, 27, 363–388.
Hauchler, Ingomar, Dirk Messner und Franz Nuscheler. 2001. Globale Trends 2002, Fakten – Analysen – Prognosen. Stiftung Entwicklung und Frieden. Frankfurt a.M.: Fischer.
Höffe, Otfried. 1989. Politische Gerechtigkeit. Grundlegung einer kritischen Philosophie von Recht und Staat. Frankfurt a.M.: Suhrkamp.
Höffe, Otfried. 1990. Kategorische Rechtsprinzipien. Ein Kontrapunkt der Moderne. Frankfurt a.M.: Suhrkamp.
Höffe, Otfried (Hg.). 1995. Immanuel Kant: Zum ewigen Frieden. Berlin: Akademie-Verlag.
Höffe, Otfried. 1999. Demokratie im Zeitalter der Globalisierung. München: Beck.
Independent International Commission on Kosovo. 2000. Bericht an den Generalsekretär der UN vom 26.11. (http://www.kosovocommission.org/reports).
Kant, Immanuel. 1966. Metaphysik der Sitten. Hamburg: Meiner.
Kant, Immanuel. 1968. Werke in zehn Bänden, hrsg. von Wilhelm Weischedel, Bd. 9. Darmstadt: Wissenschaftliche Buchgesellschaft.
Kant, Immanuel. 1993. Zum ewigen Frieden, in: Immanuel Kant. Kleinere Schriften zur Geschichtsphilosophie, Ethik und Politik. Hamburg: Meiner, 115–169.

Kersting, Wolfgang. 1993. Kant und die politische Philosophie der Gegenwart. Einleitung zur Taschenbuchausgabe, in: Wolfgang Kersting. 1993. Wohlgeordnete Freiheit. Immanuel Kants Rechts- und Staatstheorie. Frankfurt a.M.: Suhrkamp, 11–86.

Kersting, Wolfgang. 1996. Weltfriedensordnung und globale Verteilungsgerechtigkeit. Kants Konzeption eines vollständigen Rechtsfriedens und die gegenwärtige politische Philosophie der internationalen Beziehungen, in: Reinhardt Merkel und Roland Wittmann (Hg.). „Zum ewigen Frieden". Grundlagen, Aktualität und Aussichten einer Idee von Immanuel Kant. Frankfurt a.M.: Suhrkamp, 172–212.

Kühne, Winrich. 2000. Humanitäre NATO-Einsätze ohne Mandat?, in: Dieter S. Lutz (Hg.). Der Kosovo-Krieg. Rechtliche und rechtsethische Aspekte. Baden-Baden: Nomos, 73–99.

Narr, Wolf-Dieter und Alexander Schubert. 1994. Weltökonomie. Die Misere der Politik. Frankfurt a.M.: Suhrkamp.

NATO Parliamentary Assembly. 2000. Kosovo aftermath and its implications for conflict prevention and crisis management, Draft General Report 84 vom 20. Oktober (http://www.nato.pa.int/publications).

Nuscheler, Franz. 2000. Global Governance, Entwicklung und Frieden. Zur Interdependenz globaler Ordnungsstrukturen, in: Franz Nuscheler (Hg.). Entwicklung und Frieden im 21. Jahrhundert. Zur Wirkungsgeschichte des Brandt-Berichts. Bonn, 471–507.

OSZE. 1999. As Seen, As Told. Bericht vom 6. Dezember (http://www.osce.org).

Ropers, Norbert und Tobias Debiel (Hg.). 1995. Friedliche Konfliktbearbeitung in der Staaten- und Gesellschaftswelt. Stiftung Entwicklung und Frieden, Bonn.

Schlotter, Peter. 1995a. Die KSZE-Möglichkeiten und Grenzen einer multinationalen Friedensstrategie in Europa, in: Mir A. Ferdowsi (Hg.). Die Welt der 90er Jahre. Das Ende der Illusionen. Bonn: J.H.W. Dietz Nachfolger.

Schlotter, Peter. 1995b. Zivilisierungsprojekt Europa? Mechanismen der friedlichen Konfliktregelung im Rahmen der KSZE/OSZE, in: Norbert Ropers und Tobias Debiel (Hg.), a.a.O., 152–170.

Schmid, Claudia. 1995. Regionalorganisationen in der Dritten Welt: Sicherheitspolitische Papiertiger oder funktionsfähige Systeme kollektiver Sicherheit?, in: Norbert Ropers und Tobias Debiel (Hg.), a.a.O., 171–199.

Schmidt, Hajo. 1995. Modes d'émergence et concept de l'opinion publique, in: Gérard Duprat und Alain-Marc Rieu (Hg.). La culture démocratique européenne. Paris: Editions Eska, 143–172.

Schmidt, Hajo. 1996a. Braucht der Frieden ein Gewaltmonopol? Zur Konstruktion und Kritik des ‚Monopols legitimer Gewalt' zwischen nationalstaatlicher Souveränität und supranationaler Gemeinschaft, in: Österreichisches Studienzentrum für Frieden und Konfliktlösung – ÖSFK (Hg.). Frieden durch Zivilisierung? Probleme – Ansätze – Perspektiven, Münster: agenda, 303–318.

Schmidt, Hajo. 1996b. Zum ewigen Frieden – Kants radikales Vermächtnis, in: Martina Haedrich und Werner Ruf (Hg.). Globale Krisen und europäische Beantwortung – Visionen für das 21. Jahrhundert. Baden-Baden: Nomos, 30–52.

Schmidt, Hajo. 2000. Macht und Moral im Krieg um Kosovo, in: Anita Bilek, Wilfried Graf und Helmut Kramer (Hg.). Welcher Friede? Lehren aus dem Krieg um Kosovo. Münster: agenda, 11–30.

Schmidt, Hajo. 2002. Wie weiter? Rechtsethische Erwägungen gelegentlich des Kosovo/a-Krieges, in: Gerhard Beestermöller (Hg.). Ethik humanitärer Intervention. Stuttgart: Kohlhammer, i.E.

Sieghart, Paul. 1988. Die geltenden Menschenrechte. Kehl am Rhein, Straßburg und Arlington: N.P. Engel.

Tomuschat, Christian. 1999. Völkerrechtliche Aspekte des Kosovo-Konflikts, aus: Die FriedensWarte, 74 (1–2), 33–37.

UNESCO. 1984. MacBride-Report. Paris.

Unterseher, Lutz. 1999. Sicherheit durch Bestrafung? Stabilitätsgerechte Alternativen für Europa, aus: Dialog. Beiträge zur Friedensforschung, Bd. 35: Europa zwischen Krieg und Frieden. Geopolitische Hegemonie oder gemeinsame Friedensordnung. Münster: agenda, 224–231.

Zumach, Andreas. 1995. Vereinte Nationen. Reinbek bei Hamburg: Rowohlt.

Martin List

Global Governance und internationale Sicherheit – ein essayistischer Kommentar

Es ist eine Freude, nach vier gehaltvollen Beiträgen das Privileg des formal letzten Wortes zu haben – wohl wissend, dass es inhaltlich ein solches nicht geben kann. Die gebotene Kürze wie die Fülle der bereits erfolgten weiterführenden Literaturhinweise zum Thema veranlassen mich, den Kommentar in einigen wenigen Punkten zu versuchen – eben als Essay.

Beginnen wir mit dem Positiven, das sich – leicht paradox – ex negativo ergibt: Während die erste Hälfte des 20. Jahrhunderts zwei reale Weltkriege gesehen hat, ist dies offenbar zu Beginn des 21. Jahrhunderts keine drängende Sorge mehr; jedenfalls wurden in den Beiträgen die Weltkriege nurmehr in historischer Absicht angesprochen, wurde Weltkrieg nicht als reale Möglichkeit und seine Verhinderung nicht als drängende Aufgabe von Global Governance im Sicherheitsbereich beschrieben. Man könnte dies bereits als Erfolg de facto praktizierter, dezentraler Global Governance, bevor von ihr überhaupt die Rede war, bezeichnen.[1]

<small>Abwesendes zuerst: Weltkrieg ...</small>

Abwesend in den Beiträgen war auch weitgehend jenes Schreckgespenst, das die zweite Hälfte des ausgehenden 20. Jahrhunderts im Zeichen des Ost-West-Konfliktes bestimmte: die Gefahr der Selbstvernichtung der Gattung durch strategischen Atomkrieg. Dass er aufgrund der Folgewirkungen – Stichwort: nuklearer Winter – tatsächlich die ganze Menschheit, nicht nur die Zentren in Ost und West, in die Barbarei zurückzuwerfen drohte, wurde eigentlich erst sehr spät erkannt und anerkannt und ist heute schon fast vergessen. Und dennoch kann man hier wirklich nur sagen: Wir sind noch einmal davongekommen, und dieses Wir schließt, das dürfte der kleinste, aber tatsächlich gemeinsame Nenner globaler sicherheitspolitischer Interessen sein, alle Menschen ein.

<small>und globale Selbstvernichtung</small>

---

1 Vielleicht ein Hinweis darauf, dass der Gedanke (sicherheitspolitischer) Global Governance nicht ganz so neu ist, sondern historische Vorläufer etwa in der Pentarchie des 19. Jahrhunderts oder eben dem regulierten Abschreckungssystem des Ost-West-Konfliktes hatte. Freilich sahen sich diese Systeme noch nicht der Forderung nach Legitimation gegenüber einer transnationalen, globalen Öffentlichkeit und nach Beteiligung transnationaler nichtstaatlicher Akteure ausgesetzt.

Rüstungskontrolle und Abrüstung von Massenvernichtungswaffen: divergierende Interessen

Schon bei der Frage, ob dann nicht auch die Verhinderung der erneuten bzw. weiter erfolgenden Weiterverbreitung von Nuklearwaffen ein gemeinsames globales Interesse und damit Gegenstand von Global Governance ist, etwa auf der Grundlage des NPT, des Nichtweiterverbreitungsvertrages, verliert sich die Einigkeit in der Divergenz der Interessen über das Ob und Wie effektiver Kontrollen und effektiver Abrüstung. Ähnliches gilt für andere Massenvernichtungswaffen im C- und B-Bereich. Und es sind nicht nur die vermeintlichen Schurkenstaaten, die hier Probleme bereiten: „Washington läßt Biowaffen-Konferenz scheitern" (FAZ vom 10. 12. 2001, 5) lautet eine einschlägige Schlagzeile. Wiederum hat sich der von Schrader angesprochene Unilateralismus der USA gezeigt – und der Kontrast zur eher multilateralen EU-Position („EU zeigt sich entsetzt", so die Hauptschlagzeile, ebd.).

Sicherheitspolitische Bedrohung der Weltgesellschaft: nicht von außen, sondern von innen

Anders, als es eine Reihe von Science-Fiction-Darstellungen seit Jahren schildert (und manchmal wegen des die Menschheit einigenden Effektes herbeizusehnen scheint), kommt die soziale Bedrohung der Weltgesellschaft also nicht von außen: Die Weltgesellschaft hat (noch) keine bekannte soziale Umwelt. Auch im sicherheitspolitischen Bereich kommt die Bedrohung von innen, in mehrfacher Hinsicht, und das macht den steuernden Umgang mit ihr im Sinne von sicherheitspolitischer Global Governance nicht leichter.

Bevor wir dieser Thematik der Bedrohung der Weltgesellschaft aus dem Inneren heraus etwas näher nachgehen und dabei in der Erörterung von Konfliktursachen über den sicherheitspolitischen Bereich im engeren Sinne auch etwas hinausgehen, gilt es, hierin Rohloff (160) und seinem Hinweis auf die Kritik Siedschlags folgend, zu betonen, dass es zur Herstellung einer Verbindung zwischen Sicherheitspolitik und Global Governance keiner Ausweitung des Sicherheitsbegriffes bedarf. Ja, auch ich teile die Ansicht: Diese Ausweitung mag politisch gut gemeint gewesen sein, um einer Reihe von Problemen, etwa dem Umweltschutz, endlich jene Aufmerksamkeit zukommen zu lassen, die in Zeiten des Ost-West-Konfliktes Rüstungs- und Militärfragen als „high politics-issues" genossen. Doch dieser Dramatisierung bedarf es nicht, und sie geht nach hinten los, weil sie irrige Lösungswege nahe legt (etwa den Schutz des – klimatischen und genetischen – Welterbes Regenwald durch militärische Maßnahmen). Es bleibt also dabei: Bei der äußeren Sicherheit geht es um den Schutz der Staaten (und damit der auch weiterhin, auch in der Weltgesellschaft, in ihnen lebenden und durch sie regierten Menschen) vor „sozialen Bedrohungen" (List et al. 1995, 88). Nur der seinerzeit formulierte Nachsatz „und zwar vorwiegend durch ihresgleichen, also andere Staaten" (ebd.) bedarf der akzentuierenden Ergänzung (obwohl das „vorwiegend" bereits damals die Möglichkeit transnationaler Bedrohungen, wie sie die Anschläge vom 11. September 2001 verdeutlicht haben, mitdenken ließ).

Äußere Sicherheit: Bedrohung von Staaten durch externe soziale Akteure

Neue Kriege aus dem Innern von Staaten – warum Gegenstand von Global Governance?

Gegen diese begriffliche Festlegung scheint nun das von Rohloff und auch Meyers breit angesprochene Phänomen der „neuen Kriege" zu sprechen, das das Konfliktgeschehen der internationalen Politik nach Ende des Ost-West-Konfliktes dominiert. Hier kommt die soziale Bedrohung der Staaten – soweit von deren Existenz im konkreten Fall überhaupt noch gesprochen werden kann – gerade nicht von außen, sondern von innen. Sie resultiert aus innergesellschaftlichen Konflikten, die entweder um die künftige politische Organisation selbst geführt werden (Ansprüche auf Abtrennung aus bestehenden Staaten) oder deren Austrag de facto zur weitgehenden Auflösung funktionierender Staatlichkeit führt (so genannten „failed state"). Vorbeugend haben diese Fälle Prävention auf die Agenda der sicherheitspolitischen Global Governance gesetzt, reaktiv die so genannte humanitäre Intervention. Doch seien wir ehrlich (und politikwissenschaftlich genau): Diese vage Formulierung („haben gesetzt") unterschlägt das Wesentliche. Warum werden solche Fälle denn eigentlich zum Gegenstand internationaler Politik und damit der sicherheitspolitischen Global Governance? Die Antwort heißt, abstrakt: wegen faktischer oder moralischer Außenwirkungen, mithin aus Eigeninteressen *und* moralischen Gründen. Faktische Außenwirkungen sind vor allem Flüchtlingsströme. Im Zeitalter der Globalisierung sind sie nicht auf Nachbarstaaten allein beschränkt, obwohl diese oft die Hauptlast tragen. Diese Flüchtlingsströme haben potenziell destabilisierende Wirkung. Die sozialen und politischen Möglichkeiten der Aufnahmeländer werden herausgefordert. Die moralische Außenwirkung ergibt sich aus dem medial vermittelten Elend (und nur, wenn es medial vermittelt wird; das unberichtete Elend wird leicht vergessen) – wenn es auf eine moralisch ansprechbare Kultur trifft. Diese findet das Leid unerträglich und fordert Abhilfe – oft von den (eigenen) Staaten (und wird zum Teil selbst aktiv in Gestalt humanitärer NGOs).[2] Ob die dadurch angeregte Politik ihrerseits moralisch gut oder vertretbar ist, steht auf einem anderen Blatt. Gute Absichten garantieren nicht gute Resultate – eine alte Lehre nicht nur der internationalen Politik.

Allein diese Konstellation verweist auf einen zentralen Problemkomplex sicherheitspolitischer Global Governance: Die Konflikte kommen zum Teil aus dem „tiefsten Innern" von Staaten bzw. der Gesellschaften, die (noch) innerhalb ihrer Grenzen leben. Global Governance, von wem immer sie ausgehen soll, kommt von außen – und oft auch noch von oben. Diese Richtung jedoch indiziert, um ein alt gewordenes Konzept der Sozialphilosophie zu bemühen: Entfremdung. Warum sollen gerade – oft weit – Außenstehende lokale oder regionale Probleme vor Ort lösen (oder zumindest bearbeiten helfen) können? Zumal, wenn sie, um dazu in der materiellen oder militärischen Lage zu sein, nach weltgesellschaftlichem Maßstab auch noch von oben, aus den entwickelten Industrieländern, kommen. Besonders der allein agierenden einzigen Supermacht, aber auch ihrem verteidigungspolitischen Demokratieklub, der NATO, schlägt dabei, zumal im Fall der Selbstmandatierung, berechtigte Skepsis entgegen. Angesichts dessen setzen unsere Autoren auf zwei Strategien: Lutz Schrader bringt die EU als „postmoderne Supermacht" (meine Formulierung) ins Gespräch, als im Vergleich zu den USA milderen Hegemon; Hajo Schmidt setzt auf Regionalisierung im Rahmen des UN-Systems. Beide Vorschläge eint ein richtiger Grundgedanke – und beide haben (den Autoren sicher geläufige) Probleme.

> Konflikte aus dem „tiefsten Innern" – Global Governance von außen (und oben)

Der gemeinsame richtige Grundgedanke ist ein doppelter: Es geht bei Politik, gerade auch bei internationaler Politik und also auch bei sicherheitspolitischer Global Governance, immer auch (nicht: nur!) um Macht. Gerade (aber nicht nur) im sicherheitspolitischen Bereich würden Global-Governance-Über-

> Macht begrenzen – durch begrenzte Macht: Zivilmacht EU ...

---

2 Für Einzelheiten vgl. die wirklich überzeugende Dissertation von Hasenclever (2001), der zur empirischen Untersuchung der Rolle der Moral einen von ihm treffend so genannten moral-soziologischen Ansatz entwickelt.

legungen dies nur um den Preis der sträflichen Realitätsferne vergessen. Gesellschaftliche Macht zeigt sich auch in (und sei es „quasi"-)staatlichen Herrschaftsarrangements. Langjähriges Leben in relativ konsolidierten Liberaldemokratien kann vergessen machen, *welch hohen „Preis"* staatliche Machtpositionen im politischen Ringen darstellen und *was* gesellschaftliche Akteure bereit sind zu tun, um sie zu erobern. Den gewaltsamsten Formen solchen Konfliktaustrags ist wohl wirklich nur mit Gegengewalt beizukommen. Doch sollte diese selbst nicht ungebremst – wohl aber effektiv – sein. Der Zwang zu kollektiver Beschlussfassung, etwa im Sicherheitsrat der UNO, ist eine solche Bremse. Eine komplexe interne Architektur des (Kollektiv-)Akteurs könnte eine andere Bremse sein. Die EU stellt (künftig) so einen Akteur dar. Doch setzt Schrader nicht allein auf die Zügelung von „Cowboy-" bzw. „Sheriffmanieren" der EU durch interne Koordinationsprobleme. Diese hätten auch den Nachteil mangelnder Effizienz. Er sieht die EU – zumindest potenziell – auch mit einem anderen Selbstverständnis, einer anderen Identität ausgestattet als etwa die USA: nicht der einer militärischen Supermacht, wohl aber einer (zivil) handlungsfähigen Zivilmacht. Spöttisch könnte man einwenden: Hier ist der Wunsch Vater des Gedankens. Da aber um das künftige Selbstverständnis der EU noch gerungen werden darf (und muss), ist das in diesem Fall kein unumstößliches K.-o.-Argument.

und Regionalisierung im Rahmen des UN-Systems

Der Regionalisierungsvorschlag von Schmidt hat eine ähnliche Doppelwirkung: Regionale Einrichtungen erscheinen ihm weniger mächtig, also weniger missbrauchsgefährdet, und ebenfalls potenziell zivilmächtiger, jedenfalls von regionaler Affinität, also z.B. Kundigkeit in Sachen regionaler Kultur. Ich kann diesem Optimismus noch weniger folgen als dem von Schrader. Ist schon für die EU zweifelhaft, ob sie zum einen vor allem zivilmächtig und zum anderen auch effektiv werden wird, so sind in anderen Weltregionen solche Regionaleinrichtungen (etwa auch nach dem Muster der OSZE) gar nicht ersichtlich. Ob regionale Akteure dann jedoch mit den jeweils regional handlungsmächtigsten Akteuren von der so genannten Staatengemeinschaft zum „regionalen Konfliktmanagement" allein gelassen werden wollen – man frage das die russischen Nachbarn im so genannten „nahen Ausland" oder die fernöstlichen Staaten im Hinblick auf die VR China.

Global Governance – das Management von Ungleichheiten ...

Kurzum: Es bestehen erhebliche Machtunterschiede im internationalen System, und sicherheitspolitische Global Governance wird diese zunächst kaum abtragen können, allenfalls deren intelligente Ver- und dadurch Beschränkung organisieren können. Dieser Punkt lässt sich verallgemeinern (und muss aus Platzgründen hier *grob* verallgemeinert werden): Der Ungleichheiten sind in der Weltgesellschaft zahlreiche, nicht nur an politisch-militärischer Macht. Und in diesen vor allem auch ökonomischen Ungleichheiten liegen wesentliche Ursachen von Konflikten aus dem und in dem Innern der kapitalistischen Weltgesellschaft. Denn darin hat Schmidt recht: Wer vom Kapitalismus nicht reden will, soll von sicherheitspolitischer Global Governance besser schweigen (will er sich nicht dem drastischen Ideologieverdacht aussetzen, doch nur die Friedhofsruhe der weltgesellschaftlich Herrschenden zu propagieren). Eine Systemalternative ist heute freilich nicht mehr zur Hand, wie auch Schmidt (220) einräumt. „Zugunsten welcher Alternativen", fragt er, sollte dieses System verworfen werden? Wobei unter „System" hier mit Wallerstein das moderne Weltsystem zu verstehen ist, also jene Kombination von territorial begrenzter Staatsmacht und transnational organisiertem Weltmarkt, die die Weltgesellschaft auf absehbare Zeit ausmacht. Bedeutet dies, dass keine Handlungsmöglichkeiten unterhalb des Systemwechsels mehr bestehen? Mitnichten. Sie auszuloten ist und bleibt das moralische Anliegen des Global-Governance-Ansatzes im Interesse der Minderung von Ungleichheit, dadurch der Minderung von Konfliktursachen und damit der Mehrung von Friedenschancen. Der Global-Governance-Ansatz wird dadurch im Kern als sozialdemokratischer (nicht im engeren, parteipolitischen Sinn) erkennbar. So wie die soziale Demokratie den Kapitalismus zügelt – nicht abschafft – und dazu die öffentliche Gewalt des Staates nutzt – nicht abschafft –, gilt nun auf transnational-weltgesellschaftlicher Ebene das Motto: Den Tiger nicht nur des Kapitalismus, sondern auch einer zwischenstaatlichen öffentlichen Gewalt der Weltgesellschaft reiten.

Dieses Management von Ungleichheiten zum Zweck ihrer Linderung wird dabei immer, gerade auch im sicherheitspolitischen Bereich, der kritischen Anfrage ausgesetzt werden: Stimmt die Gesamtrichtung? Oder nimmt letztlich doch der Ideologiecharakter überhand, der Unlegitimierbares rechtfertigt? Doch solche Kritik ist nicht das Schlechteste, was einem politischen Projekt passieren kann. Die andere Möglichkeit könnte sein: vorschneller, also oktroyierter Konsens über die Strukturen, auch die der öffentlichen Gewalt, in der Weltgesellschaft – und ein solcher Konsens wäre ein scheinbarer, kein tragfähiger.

und die fortwährende kritische Anfrage an die Legitimität öffentlicher Gewalt in der Weltgesellschaft

Literatur

Hasenclever, Andreas. 2001. Die Macht der Moral in der internationalen Politik. Militärische Interventionen westlicher Staaten in Somalia, Ruanda und Bosnien-Herzegowina. Frankfurt a.M.: Campus.

List, Martin, Maria Behrens, Wolfgang Reichardt und Georg Simonis. 1995. Internationale Politik. Probleme und Grundbegriffe. Opladen: Leske + Budrich.

Schwerpunkt III
Internationale Wirtschafts-, Sozial-
und Umweltpolitik

Maria Behrens

Divergierende Modelle von Global Governance in der Welthandelspolitik

1	Die Welthandelspolitik als bestehende Global Governance	247
2.	Entstehung, Institutionalisierung und Aufgaben der WTO	248
2.1	Entstehung der WTO	248
2.2	Institutionalisierung und Aufgaben der WTO	250
3	Indikatoren auf internationaler Ebene für einen Reformbedarf in der Welthandelspolitik	254
3.1	Wirtschaftliche Indikatoren	254
3.2	Ideelle Indikatoren	256
4	Die EU als hegemonialer Herausforderer in der Welthandelspolitik?	257
5.	„Back on the track": die Stabilisierung der hegemonialen Position der USA in der Welthandelspolitik	261
6.	Fazit	263

1 Die Welthandelspolitik als bestehende Global Governance

Mit dem Global-Governance-Konzept von Messner und Nuscheler (1996; vgl. auch Messner in diesem Band) werden „komplexe Interdependenzen" (Keohane und Nye 1977) und ihre Folgen im internationalen System beschrieben, die wiederum eine Global Governance zur Lösung von Interdependenzproblemen begründen. Die Frage, wie und vor allem von wem ein so anspruchsvolles Konzept von Global Governance, das die Entwicklung von Weltstaatlichkeit vorsieht und dessen Realisierung Hauchler et al. (2001) als dringend geboten erachten, im internationalen System „installiert" werden kann, bleibt hingegen offen. Welche Kräfte verfügen über die hinreichenden Ressourcen, um als „Träger" einer solchen Vision von Global Governance deren Umsetzung zu bewirken (vgl. Cox 1997). Hier verweist Messner (2000) auf die Europäische Union: Sie soll mit ihrem Sozialmodell kapitalistischer Marktwirtschaft ein Selbstverständnis als „kooperative Weltmacht" entwickeln und auf eine „globalization with a human face" hinwirken (ebd., gekürzte Fassung, 8). Damit greift Messner, ohne sich systema-

Frage nach den treibenden Kräften für Global Governance offen

Supermacht EU: „Humanisierung" des Welthandels?

tisch mit dem Machtbegriff auseinander zu setzen, auf die EU als neue „Supermacht" neben der bisher einzig verbliebenen Supermacht USA zur Realisierung einer sozialdemokratischen Global Governance zurück – eine neue realistische Variante von „balance of power" für das 21. Jahrhundert? Der Ruf nach einem starken, supranationalen „Staat" steht bei Messner (2000) in einem offenen Widerspruch zu seinem im selben Beitrag formulierten eher idealistischen Konzept „geteilter Souveränität".

Theoretische Verortung und

Weder aus neorealistischer (à la Waltz) noch aus idealistischer Perspektive, sondern aufbauend auf historisch-materialistischen Ansätzen wird in diesem Beitrag für die Welthandelspolitik als ein Element internationaler Politik der Frage nachgegangen, ob die EU tatsächlich die Kraft zur Ablösung der bisherigen hegemonialen Version von Global Governance neoliberaler Provenienz durch die eher als sozialdemokratisch charakterisierbare Version von Global Governance nach Messner und Nuscheler (1996) sein könnte.[1] Dazu wird in Anlehnung an die Kritische Theorie der Weltordnung von Robert W. Cox (1981) die analytische Unterscheidung zwischen Institutionen, materiellen Kapazitäten und Ideen (Cox 1987) vorgenommen, auf deren Kohärenz hegemoniale Macht beruht. Zuvor wird die nach wie vor bestehende neoliberale Version von Global Governance anhand der Entstehung und Institutionalisierung der Welthandelsordnung beschrieben, und in einem folgenden Schritt werden institutionelle, ideelle und die materiellen Kapazitäten betreffende Veränderungsprozesse nachgezeichnet und analysiert. In einem letzten Schritt wird auf die Beziehungen zwischen den USA und der EU eingegangen und untersucht, ob es Anzeichen für eine „Changing Global Governance" mit der EU als treibender Kraft in der Welthandelspolitik gibt.

Aufbau des Beitrags

2 Entstehung, Institutionalisierung und Aufgaben der WTO

2.1 Entstehung der WTO

Weltwirtschaftskrise führt zur ...

Bis in die 30er Jahre des letzten Jahrhunderts war, abgesehen von bilateralen und regionalen Vereinbarungen, die internationale Verflechtung der Wirtschaft weitgehend unreguliert bzw. durch Anarchie gekennzeichnet. Die Weltwirtschaftskrise von 1929 machte jedoch deutlich, dass beim unregulierten Freihandel die Staaten in Krisenzeiten zu einem Beggar-My-Neighbour-Verhalten neigen und Krisenphänomene damit verschärft werden können. Nach der Weltwirtschaftskrise, die durch eine Protektionismuspolitik der Staaten dynamisiert wurde, waren sich die Wirtschaftseliten und die politischen Entscheidungsträger der USA dahingehend einig, dass wirtschaftliche Krisen nur durch eine liberale Welthandelsordnung zu verhindern seien (vgl. List et al. 1995; Rittberger 1995). Bereits nach dem Kriegsende 1945 unterbreiteten die USA Vorschläge zur Ausarbeitung einer Welthandelscharta, die vom Wirtschafts- und Sozialrat der Vereinten Nationen aufgegriffen wurden und zur Einberufung der „Konferenz über Handel und Beschäftigung" (UNCTE) führten. Nach einigen Vorbereitungstreffen fand diese Konferenz vom 21.11.1947

---

1 Zu dem hier verwendeten Begriff der Hegemonie vgl. Definition in Kasten I-6 bei Brand und Scherrer in diesem Band.

Divergierende Modelle von Global Governance 249

bis 23.3.1948 in Havanna statt und schloss mit der Annahme der so genannten Havanna-Charta. Die Havanna-Charta sah u.a. die Gründung einer Internationalen Handelsorganisation (ITO) mit weitreichenden Befugnissen vor. Die Gründung der ITO scheiterte jedoch an den USA: Da abzusehen war, dass der US-amerikanische Kongress der Havanna-Charta nicht zustimmen würde, verzichtete der damalige Präsident Harry S. Truman auf deren Vorlage zur Abstimmung. Das Scheitern der ITO führte dazu, dass auf vorläufiger Basis das GATT (Allgemeines Zoll- und Handelsabkommen) ab dem 1.1. 1948 zur Anwendung kam. Mit dem GATT sollte die Zeit bis zum Inkrafttreten der Havanna-Charta überbrückt werden. Das GATT war inhaltlicher Bestandteil des Teils IV der Havanna-Charta, der wegen fehlender Ratifizierung nie formell, sondern durch ein Protokoll lediglich provisorisch in Kraft getreten ist (vgl. Meng, 1998, 37). Mit einem solchen Verwaltungsabkommen war es der US-amerikanischen Administration möglich, eine Abstimmung des Kongresses zu umgehen (vgl. Benedek 1998, 2). Ungeachtet dieser innerstaatlichen Konflikte ist das Zustandekommen des GATT eindeutig auf die Initiative der USA vor dem Hintergrund wirtschaftlicher Krisenerfahrungen, verbunden mit wirtschaftlichen Interessen, zurückzuführen.

Einführung des GATT ...

unter der Ägide der USA

Tabelle III-1: Die Welthandelsrunden im Rahmen des GATT

Handelsrunde	Zeitraum	Anzahl der Staaten
Genf	1947	23
Annecy	1949	33
Torquay	1950	34
Genf	1956	22
Dillon	1960–1961	45
Kennedy	1962–1967	48
Tokio	1973–1979	99
Uruguay	1986–1993	117
Doha	2002–2005*	142**

* Geplanter Zeitraum für die Verhandlungsrunde
** Im Verhandlungszeitraum bis 2005 144 Mitglieder mit den neuen Mitgliedstaaten China und Taiwan
Quelle: aktualisiert auf der Grundlage von Grimwade 2000, 329

In acht Handelsrunden (vgl. Tabelle III-1) entwickelte sich das GATT „auf pragmatischem Wege zu einer quasi-universellen Organisation des Welthandels mit gewohnheitsrechtlicher Völkerrechtspersönlichkeit" (Benedek 1998, 2). Die ersten vier Runden (Genf 1947, Annecy 1949, Torquay 1950, Genf 1956) führten zu deutlichen Zollkonzessionen und zur Durchsetzung des Meistbegünstigungsprinzips. Die folgenden Handelsrunden (Dillon 1960–61, Kennedy 1962–67, Tokio 1973–1979) waren im Wesentlichen Zollsenkungsrunden (vgl. Rode 1998, 7). Durch die ersten sechs Verhandlungsrunden ist es im Rahmen des GATT gelungen, die Zölle von vierzig Prozent im Jahr 1945 auf 8,7 Prozent im Jahr 1979 zu senken (vgl. Grimwade 2000, 330). Heute liegen die Zölle bei den Industriestaaten bei ca. vier Prozent, bei den Entwicklungsländern bei ca. fünfzehn Prozent (vgl. Grimwade 2000, 332; Beise 2001). Insofern kann das GATT als überaus erfolgreich eingestuft werden.

Die Handelsrunden

GATT erfolgreich mit Zollsenkung

Verbleibendes Problem der nichttarifären Handelshindernisse ...

Durch den Rückgang der Zölle wurden jedoch vermehrt nichttarifäre Hindernisse im internationalen Handel zu einem Problem: technische Hürden (z.B. unterschiedliche Standards), Antidumpingmaßnahmen gegen Importeure sowie Subventionen für einheimische Sektoren und Produzenten. Neuerdings werden seitens der Staaten zunehmend Gründe des Umwelt- und Verbraucherschutzes zur Abwehr von Importprodukten aufgeführt. Zur weiteren Liberalisierung des Welthandels wurde eine handlungsfähigere Institution als das GATT für notwendig erachtet, dessen Qualität als Organisation umstritten war. Die Initiative zur Gründung der WTO kam wieder von den USA, die sich mit ihrem Vorschlag im Rahmen der Uruguay-Runde durchsetzen konnten. Ähnlich wie Truman 1947 hatte der US-amerikanische Präsident Bill Clinton 1994 harte Kämpfe mit dem Kongress zu führen, der jedoch schließlich der Gründung einer Welthandelsorganisation zustimmte (vgl. Meng 1998). Kennzeichnend für die Uruguay-Runde ist, dass sich der Neoliberalismus der 1980er Jahre – getragen von einem Konsens zwischen den wirtschaftlichen Eliten und den politischen Entscheidungsträgern vor allem der USA zu Zeiten Reagans – hegemonial als Global Governance im Welthandel durchsetzen (vgl. Scherrer 2000; Brand und Scherrer in diesem Band) und in den 1990er Jahren institutionalisiert werden konnte (vgl. Tabb 2001). Die Liberalisierung des Welthandels war, wie im Folgenden deutlich wird, bereits im GATT 1947 rechtlich verankert. Mit den Beschlüssen von Uruguay fand ein Wandel von der Liberalisierung des Welthandels im Sinne eines ordnungspolitischen Rahmens für wirtschaftliches Handeln in Richtung des Neoliberalismus statt, der weit in Politik und Gesellschaft hineinreicht und politisches Handeln nach wirtschaftlichen Effizienzkriterien misst (vgl. Friedman 1982; zur Kritik vgl. Chomsky 2000).

führt zur Gründung der WTO – wieder unter der Ägide der USA

Neoliberales Modell von Global Governance setzt sich durch

2.2 Institutionalisierung und Aufgaben der WTO

Die drei Hauptprinzipien des GATT bzw. der WTO

Das WTO-Abkommen basiert wie schon das GATT 1947 auf drei Hauptprinzipien: Nichtdiskriminierung, Gegenseitigkeit und Liberalisierung (vgl. Beise et al. 1998, 37–40; Benedek 1998):

- Die Nichtdiskriminierung konkretisiert sich in der allgemeinen Meistbegünstigungspflicht. Danach verpflichten sich die Vertragsparteien, alle Handelsvorteile, die einem anderen Land zugestanden werden, „unverzüglich und bedingungslos für alle gleichartigen Waren" (Art. I, GATT 1947) auch allen anderen Vertragsparteien zu gewähren.
- Die Gegenseitigkeit (Reziprozität), die das Prinzip der Nichtdiskriminierung ergänzt, ermöglicht es den Vertragspartnern, einen Ausgleich in einer Gesamtheit von Handelszugeständnissen bei vergleichbaren Leistungen innerhalb eines begrenzten Zeitraums vorzunehmen.
- Mit der Liberalisierung als weiterem Hauptprinzip werden möglichst offene Märkte angestrebt: „Außer Zöllen [...] darf eine Vertragspartei bei der Einfuhr einer Ware aus dem Gebiet einer anderen Vertragspartei oder bei der Ausfuhr einer Ware [...] Verbote oder Beschränkungen [...] weder erlassen noch beibehalten" (Art. XI, GATT 1947).

Divergierende Modelle von Global Governance

Somit ist die Liberalisierung des Welthandels im WTO-Abkommen zentral verankert und als kooperationsleitendes Motiv in der Erklärung der Ministerkonferenz in Singapur 1996 nochmals betont worden (vgl. Kasten III-1).

Kasten III-1: Abschlusserklärung der Ministertreffen der Welthandelsorganisation (WTO) in Singapur vom 13. Dezember 1996

Zweck

1. Wir, die Minister, haben uns vom 9. bis 13. Dezember 1996 in Singapur zum ersten der regelmäßig alle zwei Jahre stattfindenden Treffen der Welthandelsorganisation (WTO) auf Ministerebene [...] getroffen, um die WTO als Verhandlungsforum zu stärken, die fortgesetzte Liberalisierung des Handels innerhalb eines auf Regeln begründeten Systems voranzubringen sowie die multilaterale Überprüfung und Bewertung von Handelspolitiken zu fördern [...].

Die Rolle der WTO

6. Beim Streben nach dem Ziel von tragfähigem Wachstum und Entwicklung zum allgemeinen Wohle stellen wir uns eine Welt vor, in der die Handelsströme ungehindert fließen. Zu diesem Zweck erneuern wir unsere Verpflichtung auf:
   - ein faires, gerechtes und offeneres regelgestütztes System,
   - eine fortschreitende Liberalisierung und Beseitigung von tarifären und nichttarifären Hemmnissen im Warenhandel,
   - eine fortschreitende Liberalisierung des Handels mit Dienstleistungen,
   - die Ablehnung aller Formen von Protektionismus,
   - die Beseitigung diskriminierender Behandlung in internationalen Handelsbeziehungen,
   - die Integration von sich entwickelnden Ländern und der ärmsten Entwicklungsländer sowie den Transformationsländern in das multilaterale System und
   - größtmögliche Transparenz.

Quelle: Benedek 1998, 571 und 573

Die Liberalisierungsbestrebungen beschränken sich seit 1994 nicht mehr auf den Handel mit Produkten, sondern in der Uruguay-Runde einigten sich die Staaten darauf, den Geltungsbereich des Welthandelsabkommens zu erweitern. Neben dem Handel mit Produkten, der unter das GATT 1994[2] fällt, gehören mit dem GATS (General Agreement on Trade in Services) nun auch der Handel mit Dienstleistungen sowie mit dem TRIPS (Trade-Related Aspects of Intellectual Property Rights) Fragen des geistigen Eigentums zum Kompetenzbereich der WTO (vgl. Schaubild III-1). Eine zentrale Folge der Erweiterung des Geltungsbereichs des Welthandelsabkommens ist, dass die Staaten bei Sektoren wie Bildung oder Gesundheit, die in den meisten europäischen Ländern staatlich organisiert sind, zunehmend unter Deregulierungs- und Privatisierungsdruck geraten. Dahinter verbirgt sich die Vorstellung, dass der Markt bessere Ergebnisse erzielt, während der Staat mit seiner ineffizienten Bürokratie vorhandene wirtschaftliche Potenziale unterdrückt.

Uruguay-Runde: Erweiterung des Geltungsbereichs der WTO

---

2 Das 1995 in Kraft getretene WTO-Abkommen unterscheidet zwischen dem GATT 1947 und dem GATT 1994. Das GATT 1947 ist das ursprüngliche Allgemeine Zoll- und Handelsabkommen mit allen Änderungen, die bis 1994 in Kraft getreten sind. Das GATT 1994 stellt die in der Uruguay-Runde veränderte Form des GATT 1947 dar. Das GATT 1947 ist seit dem 31. Dezember 1995 außer Kraft (vgl. Benedek 1998).

Schaubild III-1: Die Organisationsstruktur der WTO

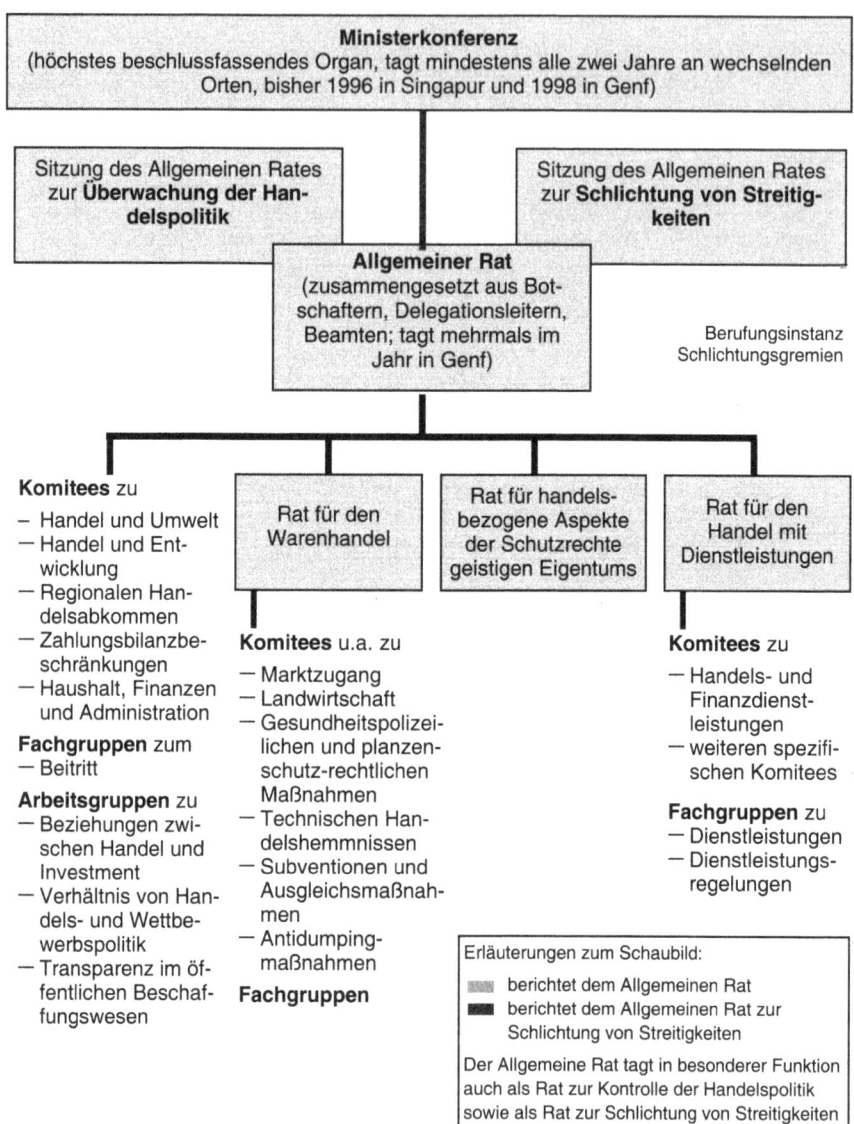

Quelle: nach WTO 1998, 61

Operative Stärkung der WTO durch Streitschlichtungsverfahren

Neben der Erweiterung des Geltungsbereichs wurde die WTO auch operativ gestärkt. Über das Instrument des Streitschlichtungsverfahrens (Dispute Settlement Mechanism) im Fall von zwischenstaatlichen Handelskonflikten verfügte bereits das GATT. In der Uruguay-Runde wurde beschlossen, das Streitschlichtungsverfahren des GATT durch ein unparteiisches Standing Appellate Body zu ergänzen (Benedek 1998). Der vormals rechtlich-diplomatische Doppelcharakter des GATT wurde mit dem WTO-Abkommen somit um rechtlich-gerichtliche Elemente ausgebaut (Meng 1998) und die Durchsetzungsfähigkeit von Beschlüssen der WTO zur Liberalisierung des Welthandels wesentlich erhöht. Die Effizienz der Streitschlichtung wurde zusätzlich durch die nun möglichen Linkage-Sanktionen verbessert: Eine Vertragspartei, die sich vehement weigert, die im Rahmen des Streitschlichtungsverfahrens getroffenen Beschlüsse einzuhalten bzw. umzusetzen, kann auf einem anderen als dem verhandelten Gebiet mit empfindlichen Sanktionen belegt werden. Beispielsweise nimmt die EU seit Jahren im Streit um hormonbehandeltes Rindfleisch Handelssanktionen seitens der USA in Kauf. Die EU verweigert die Einfuhr mit dem Argument gesundheitlicher und ökologischer Risiken. Die USA haben daraufhin das Streitschlichtungsverfahren der WTO angerufen. Da die EU bis heute keine überzeugenden Belege erbringen konnte, dass von der Einfuhr hormonbehandelten Rindfleischs nicht nur vermutete Gefährdungen, sondern tatsächlich Gefahren für die Gesundheit der Bevölkerung ihrer Mitgliedstaaten ausgehen, entschied die WTO, dass die USA zum Ausgleich auf die Einfuhr von Produkten (z.B. Lederwaren) seitens der EU-Mitgliedstaaten erhöhte Zölle erheben können.

Auch wenn, wie das Beispiel hormonbehandelten Rindfleischs zeigt, die Durchsetzungsfähigkeit der WTO durch rechtlich-gerichtliche Elemente gestärkt wurde, ist die WTO als Organisation selbst für keine *politischen* Entscheidungen verantwortlich und somit keine *supranationale* (wie die EU), sondern eine *internationale* Organisation (Beise et al. 1998, 36). Sie verfügt weder über ein Initiativrecht wie im Fall der EU-Kommission noch über eine parlamentarische Kontrolle. Politische Entscheidungen werden nach wie vor ausschließlich von den Staaten als Vertragsparteien getroffen. Mit der Welthandelsordnung, die von allen Mitgliedstaaten konsensual (*one state, one vote*) verabschiedet und in den Welthandelsrunden weiterentwickelt wird, wird die wirtschaftspolitische Richtung der Regulierung des Welthandels vorgegeben und in rechtlichen Bestimmungen festgeschrieben. Seit der Uruguay-Runde ist die WTO rechtlich-gerichtlich zur Durchsetzung und Einhaltung der Ziele und Bestimmungen der Welthandelsordnung ausgebaut worden. Darüber hinaus ist die WTO mit den etablierten Ministerkonferenzen, die mindestens alle zwei Jahre tagen, auch politisch gestärkt worden. Als Plenarorgan können die Ministerkonferenzen grundsätzlich zu allen anliegenden Fällen Beschlüsse fassen (vgl. Benedek 1998, 17). Damit ist die Welthandelspolitik im Vergleich zu anderen Politikfeldern zu einem hohen Grad vertraglich institutionalisiert.

Zusammenfassend kann also festgestellt werden, dass die Initiative zur Verabschiedung eines Welthandelsabkommens (1947) und zur Einrichtung einer Welthandelsorganisation (1995) im Wesentlichen von den USA ausging. Das Welthandelsabkommen wurde stetig weiterentwickelt: Es wurde der Geltungsbereich erweitert, die Durchsetzungsfähigkeit von Beschlüssen erhöht und die WTO mit den Ministerkonferenzen politisch gestärkt. Trotz dieser institutionellen Weiterentwicklung sind nach wie vor die Nationalstaaten die zentralen Akteure in der Welthandelspolitik. Basierend auf diesen Ergebnissen, lassen sich folgende analytische Aussagen formulieren:

WTO keine supra-, sondern eine internationale Organisation, die ...

mit Ministerkonferenzen politisch gestärkt wurde

Zusammenfassend: Welthandelspolitik als Ergebnis:

- wirtschafts-
politischer
Machtinteressen
und

- institutioneller
Eigendynamik

- Die USA waren die hegemoniale Kraft zur Durchsetzung einer (neo-)liberalen Welthandelsordnung. Dabei mussten die USA nicht auf Gewalt zur Durchsetzung ihrer Vorstellung von Welthandelspolitik zurückgreifen, sondern konnten einen wirtschaftspolitischen Konsens in der internationalen Politik herstellen (vgl. Cox 1999).
- Mit der Weiterentwicklung der Welthandelsordnung kann eine institutionelle Dynamik festgestellt werden: Mit dem Abbau von Zöllen wurden nicht-tarifäre Handelshindernisse sichtbar, die wiederum zu einer Erweiterung und Stärkung des Welthandelsabkommens führten. Kennzeichnend für eine solche institutionelle Dynamik ist, dass Regulierungstiefe und -dichte zunehmen und die Entscheidungsspielräume auf nationaler Ebene – vor allem für die Parlamente – abnehmen. Diese Entwicklungsdynamik wird durch die wachsende wirtschaftliche Globalisierung forciert; gleichzeitig ist die wirtschaftliche Globalisierung ein Produkt intergouvernementaler Welthandelspolitik und wird durch sie sogar beschleunigt.

Erfolg der
neoliberalen
Welthandelspolitik
führt zu Problemen

Der auf der Annahme zunehmender transnationaler Wirtschaftsaktivitäten gezogene Schluss, die Staaten seien zur internationalen Kooperation quasi „gezwungen", um zur Lösung drängender Probleme Handlungsspielräume „zurückzuerobern", verkennt durch die künstliche Trennung von Wirtschaft und Politik deren enges Wechselverhältnis und damit die aktive Rolle der Staaten im Prozess der Globalisierung. Die Staaten bzw. genauer die Exekutiven gehören nicht zu den Globalisierungsverlierern, sondern durch deren Machtgewinn auf internationaler Ebene auf Kosten der Kontrollmacht nationaler Parlamente zu den Globalisierungsgewinnern. Allerdings schlägt der Erfolg neoliberaler Welthandelspolitik zunehmend auf die Staaten zurück, und der hegemoniale Konsens scheint brüchig zu werden. Dieser These soll in Anlehnung an Cox (1987) anhand wirtschaftlicher und ideeller Indikatoren im Folgenden nachgegangen und deren Wirkung auf das institutionelle Gefüge der Welthandelspolitik beschrieben werden.

3 Indikatoren auf internationaler Ebene für einen Reformbedarf in der Welthandelspolitik

3.1 Wirtschaftliche Indikatoren

Problem
zunehmender
wirtschaftlicher
„Verwundbarkeit"
der Staaten

Auf der internationalen Ebene ist in den letzten Jahren ein rasant steigendes weltweites Exportvolumen zu beobachten (vgl. Schaubild III-2). Diese Entwicklung wird nicht zuletzt der erfolgreichen Welthandelspolitik zugeschrieben, die zur Reduzierung von Zöllen und nichttarifären Handelshindernissen sowie zur Deregulierung und Privatisierung von Sektoren führte. Bei der Privatisierung von Sektoren, wie sie bei der Telekommunikation bereits weitgehend durchgesetzt wurde (vgl. Schneider 1999; Barben und Behrens 2001) und für das Bildungs-, Gesundheits- und Kulturwesen geplant ist, werden vormals staatlich organisierte Bereiche jetzt als Güter bzw. als Dienstleistungen auf dem Markt gehandelt und bei offenen Grenzen zunehmend dem internationalen Wettbewerb ausgesetzt. Damit nimmt nicht nur die Menge an exportfähigen Gütern und Dienstleistungen,

Divergierende Modelle von Global Governance 255

sondern auch die wirtschaftliche Verflechtung und Abhängigkeit der Staaten auf internationaler Ebene zu. Wirtschaftliche Krisen in einem Staat greifen dadurch leichter auf andere Staaten über. Um auf Tendenzen sich international ausdehnender Krisen reagieren bzw. ihnen gegensteuern zu können, fehlen die notwendigen intergouvernementalen Regulierungskompetenzen.

Schaubild III-2: Weltexportvolumen in Milliarden Dollar

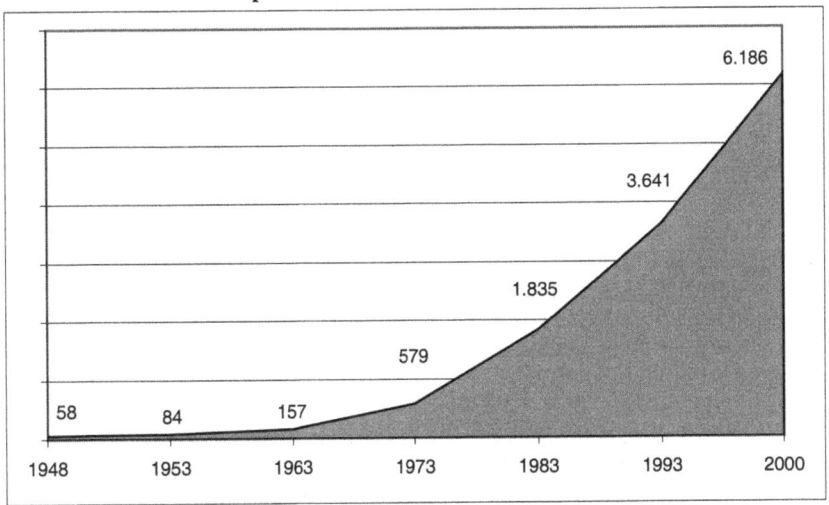

Quelle: WTO 2001, 30

Ein weiterer Effekt zunehmender wirtschaftlicher Deregulierung und Privatisierung ist, dass Unternehmen oder auch ganze Sektoren dem internationalen Wettbewerb stärker ausgesetzt werden, dem viele nicht standhalten können. Die Folgen sind Schließung von überwiegend kleinen und mittleren Unternehmen oder deren Übernahme durch wettbewerbsfähige Unternehmen. Dieses Phänomen ist in marktwirtschaftlich organisierten Wirtschaftssystemen üblich, wird aber mit zunehmender Liberalisierung des Welthandels dynamisiert und zeigt neue Dimensionen: Eine Analyse der Entwicklung von Fusionen ergibt, dass sich die Anzahl der jährlichen Fusionen von 1990 bis 1999 von 9000 auf 25.000 verdreifacht hat und das durchschnittliche Übernahmevolumen durch so genannte Megafusionen stark angewachsen ist (Jakobeit 2001, 259–262). Jakobeit sieht bereits in einigen Sektoren die Tendenz zur Monopolisierung bzw. Oligopolisierung und damit die Gefahr, dass „bei Weltmärkten mit nur noch wenigen Anbietern (z.B. Verkehrsflugzeuge, Mineralölindustrie, Standardsoftware etc.) ohne effektive Kontrolle der Wettbewerb leicht außer Kraft gesetzt werden kann", und hält eine Weltwettbewerbsordnung und die Einrichtung einer Weltkartellbehörde für erforderlich (ebd. 262).

Tendenz zur Monopolisierung bzw. Oligopolisierung ganzer Sektoren

Beide hier beschriebenen Tendenzen („Verwundbarkeit" nationaler Wirtschaftssysteme aufgrund zunehmender Interdependenz, Oligopolisierung bzw. Monopolisierung wirtschaftlicher Sektoren) sprechen also für einen weiteren Ausbau durch eine Kompetenzerweiterung der WTO.

3.2 Ideelle Indikatoren

Legitimations-
probleme der
Welthandelspolitik ...

Spätestens seit der Welthandelskonferenz in Seattle im Jahr 1999 berichten die Medien regelmäßig über Proteste von Gegnern der Liberalisierung des Welthandels, sei es anlässlich des Weltwirtschaftsforums in Davos oder im Rahmen von EU-Gipfeltreffen in Nizza im Jahr 2000 oder in Göteborg im Jahr 2001. Die Welthandelspolitik ist in das Bewusstsein der Öffentlichkeit gerückt und steht seither unter erhöhtem Legitimationsdruck.

Die Internationalisierung des Protestes von Gegnern der Liberalisierung des Welthandels ist durch eine hohe Heterogenität gekennzeichnet: Die ablehnende Haltung eint Vertreter von Umwelt- und Verbrauchergruppen, Dritte-Welt-Initiativen, religiösen Vereinigungen bis hin zu nationalistischen Strömungen, wobei dem Internet eine zentrale mobilisierende Bedeutung zukommt. Von einer neuen „Bewegung" mit gemeinsamen Interessen und abgestimmten Zielvorstellungen kann aufgrund der heterogenen Interessenlage nicht gesprochen werden. In diesem Zusammenhang ist weiterhin anzumerken, dass auch die globale Zivilgesellschaft keineswegs so global ist: Mary Kaldor (2000) stellt fest, dass die Massenbewegung trotz aller Vielfalt überwiegend aus weißen Protestlern westlicher Industriestaaten besteht; Aktivisten aus Entwicklungsländern sind dagegen in der Minderheit und rekrutieren sich zumeist aus den dortigen Eliten, die Anschluss an das Internet und die Mittel zur Finanzierung von Reisekosten haben. Gleichwohl wurde der Welthandelspolitik bis Ende der 1980er Jahre in der Öffentlichkeit kaum Aufmerksamkeit geschenkt und steht nun im medialen Rampenlicht. Die medienwirksamen Proteste stellen insofern ein Problem für die Welthandelspolitik dar, weil deren Legitimität sowohl national als auch international in Frage gestellt, das Demokratiedefizit thematisiert und die Einbindung von NGOs in Entscheidungsprozesse eingefordert wird.

sind strukturell
bedingt

Proteste wie in Seattle sind nicht als ein einmaliges Phänomen zu bewerten, sondern der Widerstand gegen eine weitere Liberalisierung des Welthandels basiert auf dem immer stärkeren Eindringen in die innerstaatliche Sphäre (Liberalisierungstiefe) wie auch auf der zunehmenden Bedeutung der Welthandelspolitik für andere Politikfelder wie Umwelt (Liberalisierungsreichweite). Die strukturellen Probleme, die sich aus der Erweiterung des Geltungsbereichs der WTO ergeben, werden durch die nun inhaltliche Überschneidung mit anderen internationalen Regimen, zum Beispiel im Bereich der Umwelt (vgl. Liebig 1999), deutlich. So löste die Frage nach dem Schutz geistigen Eigentums (Biodiversity, Patentierung) bereits im Vorfeld der Ministerkonferenz in Seattle massive Proteste seitens der umwelt- und verbraucherpolitisch engagierten NGOs aus (vgl. Barben und Behrens 2001). Aufgrund der Liberalisierungstiefe und -reichweite als Folge der beschriebenen institutionellen Reform der WTO sind daher auch zukünftig Konflikte sowohl auf nationaler als auch auf internationaler Ebene zu erwarten (vgl. Walter 2001). Die Welthandelsrunden in der Wüste stattfinden zu lassen, wie bei dem Vorbereitungstreffen im November 2001 in Doha, kann zwar die medienwirksamen Proteste einschränken, trägt jedoch zur Lösung des Legitimationsproblems nicht bei. Neben den wirtschaftlichen steht die Welthandelspolitik auch wegen ideeller Veränderungsprozesse im internationalen System verstärkt unter Handlungsdruck.

4 Die EU als hegemonialer Herausforderer in der Welthandelspolitik?

Die Phase der Durchsetzung des Neoliberalismus in den 1980er Jahren unter Reagan und die Phase seiner Institutionalisierung in den 1990er Jahren unter Clinton (vgl. auch Tabb 2001) beruhen wesentlich auf der Vormachtstellung der USA.[3] Die „Seattle-Phase" deutet jedoch ideelle und wirtschaftliche Veränderungen an, die die bisherige Kohärenz von institutionellen, ideellen und materiellen Kapazitäten in Frage stellen und den Druck auf institutionelle Veränderungen wirtschaftspolitischer Global Governance erhöhen. Die wichtigsten Wirtschaftsmächte – USA und EU – reagieren mit unterschiedlichen Forderungen auf die veränderte Problemlage, die mit der jeweiligen wirtschaftlichen Lage sowie den innergesellschaftlichen Konflikten erklärt werden kann.

Die USA erleben seit einigen Jahren einen wirtschaftlichen Abschwung. Zwar fand in den 1990er Jahren noch ein wirtschaftlicher Aufschwung (Stichwort Jobwunder) statt, der jedoch im Wesentlichen auf „Pump" realisiert wurde. Seit dem Einbruch der New Economy sind sämtliche Konjunkturindikatoren der US-Wirtschaft in den roten Bereich gerutscht. Hinzu kommt, dass die Verschuldung der USA so hoch ist, dass sie quasi zahlungsunfähig geworden sind.[4]

Für die wirtschaftliche Krise des Landes macht ein zunehmender Teil der Bevölkerung die Globalisierung verantwortlich (Stokes 2001), und eine Rückbesinnung auf alte, traditionelle Werte („civil religion") ist feststellbar.[5] Doch nicht nur in der breiten Bevölkerung, sondern auch bei Teilen der Eliten zeichnet sich ein „Umdenken" in zwei Richtungen ab: Ein Teil fordert einen stärkeren Rückzug der USA aus der Welthandelspolitik und favorisiert bilaterale Verhandlungen mit der EU; ein anderer Teil fordert die Einbeziehung sozialer und umweltpolitischer Probleme in die Welthandelspolitik (vgl. Herrmann et al. 2001). Die

Kohärenz von institutionellen und ideellen Faktoren sowie materiellen Ressourcen wird brüchig

USA: wirtschaftliche Krise und

innergesellschaftliche Legitimationsprobleme

---

3 Im Verhältnis zu den Entwicklungs- und Schwellenländern spricht Rode (2000) zu Recht von einer Gruppenhegemonie der führenden Handelsstaaten, deren Hauptträger die USA, Japan und die EU sind. In diesem Beitrag werden hingegen die USA nach wie vor als die dominante Macht in der WTO betrachtet und wird die Frage nach dem hegemonialen Herausforderer gestellt.

4 Nach Angaben der US-Zentralbank stieg das Volumen der aufgenommenen und bisher nicht zurückgezahlten Kredite zwischen 1964 und 1999 von gut 1027 Milliarden auf 25.678 Milliarden Dollar; das entspricht einer jährlichen Steigerungsrate von durchschnittlich 9,6 Prozent, die weit über der Zunahme des Bruttoinlandsprodukts liegt. Eine ähnliche Verschuldung läßt sich bei den Unternehmen sowie bei den privaten Haushalten feststellen (vgl. Clairmont 2001; zur Wirkung des Einbruchs der New Economy vgl. Altvater und Mahnkopf 2000).

5 Kennzeichen der „civil religion" sind zusammengefasst Elemente der religiösen Gründungslegende Nordamerikas – vom Exodus des New Israel bis zur Erwähltheitsrolle der USA als *God's own country* und *City upon a hill*. Innenpolitisch zeigt sich die Tendenz, dass „civil religion" nun mit sozialreformerischen Elementen verbunden wird und sich gegen den Neoliberalismus wendet, der für die ethnisch-kulturelle Zersplitterung, eine zunehmende ökonomische Unsicherheit und das schnelle Anwachsen der Zahl so genannter *Working Poors* verantwortlich gemacht wird. Als Lösung wird die Rückbesinnung auf alte Werte angesehen (vgl. Brunotte 2001).

bisherige ideelle Führungsrolle der USA, die auf dem Neoliberalismus fußt, wird innerstaatlich immer mehr in Frage gestellt (vgl. Gilpin 2001).

Die US-Regierung reagierte auf die sich verändernde innenpolitische Lage unter Clinton mit der Betonung nationalstaatlicher Souveränität: Eine Einmischung in innere Angelegenheiten werde von ihr strikt abgelehnt, wie aus dem Bericht ihres Wirtschaftsrates deutlich wird:

> "The WTO Agreements do not and will not preclude the United States from establishing and maintaining its own laws; impair the effective enforcement of U.S. laws; or limit the ability of the United States to set and achieve its environmental, labor, health, and safety standards at the level it considers appropriate" (Council of Economic Advisers 1999, 3).

Auch die Vertreterin der US-Handelspolitik in der WTO zur Zeit der Regierung Clinton, Charlene Barshefsky (2000a; 2000b), reagiert eher defensiv mit der Betonung, dass die WTO nicht die US-amerikanische Souveränität berühre. Im Gegenteil hebt der Bericht des Wirtschaftsrates hervor, dass sich die USA mit ihren wirtschaftlichen Bestimmungen in der WTO durchgesetzt haben:

> "The United States has used its own WTO-consistent trade laws to combat unfair foreign practices and to provide safeguards for domestic producers" (Council of Economic Advisers 1999, 3).

Rückzug der USA aus der Welthandelspolitik unter Präsident Clinton

Nachdem es Clinton 1994 nicht gelungen war, die Handelsvollmacht (*fast-track authority*) im Kongress erneut durchzusetzen, waren die Verhandlungsspielräume in der Welthandelspolitik stark eingeschränkt. Die Handelsvollmacht ermöglicht es US-amerikanischen Präsidenten, bilaterale, regionale und internationale Handelsverträge auszuhandeln, denen der Kongress nur zustimmen oder die er ablehnen kann. Ohne Handelsvollmacht hingegen hat der Kongress die Macht, inhaltliche Veränderungen (*amendments*) an Vertragstexten vorzunehmen, die dann erneut mit dem Vertragspartner zu verhandeln sind. Die Handelsvollmacht hingegen gibt dem Präsidenten eine größere Verhandlungsmacht, und Verhandlungsergebnisse sind somit für den Vertragspartner verbindlicher. Es überrascht nicht, dass sich Clinton wegen fehlender Handelsvollmacht in der zweiten Amtszeit stärker sowohl aus der regionalen als auch der internationalen Handelspolitik zurückzog (vgl. Pinzler 1999; Knowlton 2001).

EU „expandiert" im Weltwirtschaftssystem

Während die USA wirtschaftlich angeschlagen sind und Clinton handelspolitisch die Hände gebunden waren, gewinnt die EU durch den gemeinsamen europäischen Binnenmarkt, die Einführung des Euros und die geplante Osterweiterung als internationale Wirtschaftsmacht immer stärker an Bedeutung. Bereits heute verfügt die EU über einen größeren Binnenmarkt als die USA.

Handelskonflikte zwischen den USA und der EU

Bis in die 1990er Jahre verhielt sich die damalige EG aufgrund von „Kompatibilitätsproblemen" als regionaler Block mit den Regeln des GATT in der Welthandelspolitik eher zurückhaltend (vgl. Hoekman und Kostecki 1998). Erst ab Mitte der 1990er Jahre tritt die EU als Herausforderer der USA auf, und es ist zunehmend von Handelskonflikten zwischen den USA und der EU die Rede: Der Bananen- und der Hormonstreit sowie der Konflikt um die Kennzeichnung gentechnisch hergestellter Lebensmittel und der Stahlkonflikt sind strittige Themen.[6] Schließlich

---

6 Vgl. zu den transatlantischen Beziehungen aus historischer, sicherheits- und wirtschaftspolitischer Perspektive Schauer (1999).

Divergierende Modelle von Global Governance

scheiterten die Verhandlungen in Seattle an der Uneinigkeit zwischen den USA und der EU, was auf die Tagesordnung gesetzt und in der vorgesehenen neuen Welthandelsrunde verhandelt werden sollte. Die EU strebte eine umfassende Tagesordnung mit Themen an, die über die „Build-in"-Agenda, die unerledigten Themen früherer Verhandlungen, weit hinausgingen: so z.B. die Forderung nach einer Weltwettbewerbsordnung, die Einbeziehung der Interessen von Entwicklungsländern sowie verbraucher- und umweltschutzpolitischer Fragen (vgl. Wahl 2000). Die USA hingegen wollten eine Beschränkung der Tagesordnung auf die beiden Themen Liberalisierung des Agrar- sowie des Dienstleistungssektors. Die von Clinton eingebrachte Forderung nach Berücksichtigung von Aspekten des Arbeitnehmerschutzes führte zusätzlich zu Konflikten mit den Entwicklungsländern, die dies als verdeckten Protektionismus bewerteten. Für den amerikanischen Präsidenten hingegen standen wegen innergesellschaftlicher Konflikte und der kritischen Haltung des Kongresses die Chancen schlecht, ohne die Einbeziehung von Arbeitnehmerschutzfragen die Beteiligung an einer neuen Welthandelsrunde durchzusetzen.

Der EU wiederum hätte die Durchsetzung eines weitreichenden Forderungenkatalogs ermöglicht, an das historisch gewachsene wirtschaftspolitische System der Staaten Kontinentaleuropas anzuknüpfen, das Albert (1998; 2000) als das rheinische Modell des Kapitalismus bezeichnet (Stakeholder-/korporatistischer Kapitalismus) und das er dem neoamerikanischen Modell der USA (Shareholder-/marktgesteuerter Kapitalismus) gegenüberstellt.[7] Das den meisten Mitgliedstaaten gemeinsame rheinische Modell des Kapitalismus wird durch den hegemonialen Neoliberalismus der Welthandelspolitik zunehmend geschwächt, da nach diesem Modell staatlich zur Verfügung gestellte Dienstleistungen und korporatistische Arrangements der Marktregulierung als nichttarifäre Wettbewerbshindernisse eingestuft werden. Die Unterschiede der verschiedenen Wirtschaftssysteme treten durch die zunehmende Liberalisierung des Welthandels immer deutlicher hervor und führen zwischen den Staaten vermehrt zu Konflikten (vgl. Gilpin 2001). Da sich im Wesentlichen die USA mit ihrem Wirtschaftsmodell in der Welthandelspolitik durchsetzen konnten, sind Wirtschaftsmodelle anderer Staaten stärker betroffen, die – wie Seattle gezeigt hat – anfangen, sich zu wehren, und nun ihrerseits Forderungen nach höherer Kompromissbereitschaft an die USA stellen. So kritisiert Chris Patten, Mitglied der Europäischen Kommission und dort zuständig für Außenbeziehungen, dass es neben den vielen Gemeinsamkeiten zwischen den USA und der EU

> „[...] auch viele Bereiche [gibt], in denen die Vereinigten Staaten meiner Meinung nach einen falschen Ansatz vertreten. Ihre Politik gegenüber den Vereinten Nationen zum Beispiel, ihre Umweltpolitik, ihr extraterritoriales Machtstreben und die gleichzeitige neuralgische Ablehnung jeglicher externen Kontrolle über ihre eigenen Angelegenheiten [...]" (Patten 2000).

Welthandelskonferenz in Seattle

Innergesellschaftliche Vermittlungsprobleme in den USA

„Innergesellschaftliche" Vermittlungschancen in der EU

EU als Herausforderer der USA?

---

7 Albert (1998; 2000) macht nicht nur diese beiden unterschiedlichen Modelle des Kapitalismus aus, sondern betont auch, dass es außerdem ein britisches oder niederländisches Modell gibt. Allerdings lassen sich auf abstrakter Ebene zwischen den Staaten der EU Gemeinsamkeiten beobachten, die als ein Modell dem amerikanischen gegenübergestellt werden können.

Ein neues „Selbstbewusstsein", das Patten nicht nur für die Welthandelspolitik, sondern auch für die europäische Außenpolitik allgemein propagiert (ebd.), sei für die EU notwendig, um ihrer Rolle in der Welt gerecht zu werden:

> „Von einem [...] Europa wird zunehmend verlangt, dass es in der Welt sein Gewicht in die Waagschale wirft, dass es – wie Tony Blair und Romano Prodi es ausgedrückt haben – wie eine Supermacht und nicht wie ein Superstaat handelt" (ebd.).

Parallelen zwischen politischem und politikwissenschaftlichem Diskurs

Die Parallele zum politikwissenschaftlichen Diskurs, wie er von Vertretern des Global-Governance-Ansatzes geführt wird (vgl. Messner 2000), tritt hervor: Zur Lösung globaler Probleme wird das neoliberale Modell der USA als nicht geeignet angesehen. Zur „Humanisierung" der internationalen Politik scheint die EU mit ihrem rheinischen Modell des Kapitalismus eher in der Lage zu sein. Um eine solche sozialdemokratische Version von Global Governance jedoch durchsetzen zu können, muss die EU den Rang einer Supermacht einnehmen und die bisher „einzig verbliebene Supermacht" USA in multilateralen Verhandlungen herausfordern.

Mit der zunehmenden wirtschaftlichen Bedeutung der EU in der Welthandelspolitik setzt somit nicht nur ein Diskurswandel in der europäischen Politik, sondern auch in der Politikwissenschaft über Global Governance ein. Bis Mitte der 1990er Jahre war zur Durchsetzung des rheinischen Modells von Global Governance die institutionelle Perspektive dominant. In den letzten Jahren jedoch gewinnt – begünstigt durch den Rückzug der USA aus der Welthandelspolitik zu Zeiten Clintons – die Machtperspektive an Bedeutung, und die EU tritt neben Japan als wirtschaftspolitischer Herausforderer gegen die USA an. Nach dem Regierungswechsel Anfang 2001 warnte Robert B. Zoellick, amtierender US-amerikanischer Handelsbeauftragter, im Kongress vor dem Bedeutungsverlust der USA in der Welthandelspolitik:

> "We cannot afford to stand still or be mired in partisan division while other nations seize the mantle of leadership on trade from the United States" (zitiert in Dale 2001a).

Reaktion der USA auf die europäische Herausforderung

Als „nuclear bomb" für die transatlantischen Beziehungen bezeichnete Zoellnick den Umstand, dass sich die EU Ende Juni 2001 bei der WTO mit der Verurteilung der jahrzehntelangen Praxis der Exportsubventionierung seitens der USA in Höhe von vier Milliarden Dollar jährlich durchsetzen konnte. Weiterhin werten die USA es als eine Provokation, dass die EU die Fusion von General Electric und Honeywell untersagte, die von den US-Behörden bereits akzeptiert worden war. Schließlich wird die Haltung der EU gegenüber gentechnisch hergestellten Lebensmitteln als eine Herausforderung angesehen. Die EU spiele sich mit ihrer Weigerung, gentechnisch hergestellte Lebensmittel am Markt zuzulassen, als internationaler „Cop" in Fragen der Lebensmittelsicherheit auf (vgl. Rich 2001).

Strategiewechsel von Clinton zu Bush

Herrschte anfänglich Unsicherheit darüber, welchen Stellenwert die neue Regierung unter Bush der Welthandelspolitik einräumen werde (vgl. Denman 2001), erwies sich bald, dass die USA den neoliberalen Kurs wieder aufnehmen und ihre hegemoniale Position verteidigen wollen.

Divergierende Modelle von Global Governance 261

5 „Back on track": die Stabilisierung der hegemonialen Position der USA in der Welthandelspolitik

Zunächst konzentrierte sich die Regierung Bush auf die Förderung regionaler Freihandelsabkommen. Während die EU es in den vergangenen Jahren schaffte, mit 27 Staaten Freihandelsabkommen abzuschließen, sowie Verhandlungen mit Mexiko und Mercosur aufnahm und damit in die Einflusssphäre der USA eindrang, haben die USA lediglich im Rahmen von NAFTA und mit Israel solche Abkommen abgeschlossen. Die USA bemühen sich wie die EU nun, auf regionaler Ebene ihre Handelsmacht auszubauen: Die NAFTA wird als Wirtschaftsgemeinschaft gestärkt; mit Brasilien als dominanter Macht von Mercosur werden Verhandlungen geführt; durch Kooperationsvereinbarungen mit Singapur streben die USA an, ihre Position im asiatischen Raum auszubauen, und schließlich stehen sie in Verhandlungen mit Chile und Jordanien (vgl. Zoellick 2001b; Knowlton 2001; Dale 2001b). Wegen der Tendenz zunehmender Regionalisierung von Handelspolitik seitens der EU und der USA sieht Gilpin (2001) die Gefahr einer Schwächung der WTO mit den Folgen regionaler Handelskonflikte sowie zunehmender Ausgrenzung der Entwicklungsländer. Zoellick betont hingegen, dass die USA in der Handelspolitik eine mehrgleisige Strategie verfolgen:

Ausbau regionaler Handelsabkommen ...

als neue US-amerikanische Strategie

> "The Bush administration is promoting free trade globally, regionally, and bilaterally. By moving on multiple fronts, the United States can create a competition in liberalization that will increase America's leverage and promote open markets in its hemisphere and around the world. The United States should seize the opportunity to reassert its leadership in setting trade policy [...]" (Zoellick 2001b).

Allerdings waren der Bush-Regierung noch die Hände gebunden, da ihr ebenfalls die Handelsvollmacht des Kongresses fehlte. Die Chancen, vom Kongress für regionale Abkommen die nötigen Stimmen zu erhalten, sind höher als die für internationale Verträge.

Vor dem Präsidentschaftswechsel in den USA waren es vor allem die EU und Japan, die auf eine neue Ministerkonferenz nach dem Scheitern von Seattle drängten. Unter Bush befürworten jetzt auch die USA eine neue Verhandlungsrunde (Zoellick 2001a). Trotz transatlantischer Handelskonflikte setzen sich Zoellick und sein europäischer Partner Lamy in gemeinsamen Presseerklärungen für eine neue Welthandelskonferenz ein (Lamy und Zoellick 2001) und intensivieren die bilateralen Gespräche, um Einigung über die strittigen Themen zu erzielen. Dabei waren die USA bereit, der EU mit ihrer Forderung nach einer umfassenden Agenda trotz vieler bestehender Differenzen in Einzelfragen entgegenzukommen (vgl. EU-US Summit 2001; Dale 2001c). Bis September 2001 kennzeichnet die handelspolitische Strategie der USA eher eine Bündnispolitik mit der EU als ein Unilateralismus.

Weitere Strategie der USA: Forderung nach einer neuen Welthandelskonferenz ...

Doch die Anschläge auf das World Trade Center in New York am 11. September 2001 hinterlassen nicht nur Spuren in der Sicherheits-, sondern auch in der Welthandelspolitik. Den USA gelingt es, die Sicherheitsfrage mit der Welthandelspolitik nach folgender Argumentationslogik zu verknüpfen: Die Armut in den Entwicklungsländern ist die Quelle für Terrorismus. Wegen zu geringer Partizipation am Welthandel sind vor allem die USA als größte Wirtschaftsmacht Zielscheibe von Anschlägen. Daher sind dringend eine weitere Liberalisierung und ein besserer Zugang der Entwicklungsländer zum Welthandel geboten, was dort zu Wirt-

– entwicklungspolitische Argumentation

schaftswachstum und somit zu einer Erhöhung des Wohlstands führt. Durch die Wohlstandsmehrung in diesen Ländern wird wiederum die Quelle für den Terrorismus ausgetrocknet (vgl. Zoellick 2001c). Die Welthandelskonferenz sollte daher eine neue Welthandelsrunde mit dem Schwerpunkt Entwicklung einläuten.

– ideelle Argumentation

Neben dieser entwicklungspolitischen Argumentation werden ideelle Gemeinsamkeiten als Schutzschild gegen den Terrorismus betont:

> "First, by moving forward with trade liberalization, we can signal that there is an international coalition for openness and growth that respects core values. The tragic events of Sept. 11 have given our work a renewed urgency. America and the world have been attacked by a network of terrorists who are masters of destruction, but failures at construction. They stand for intolerance and abhor openness. The international market economy – of which trade and the WTO are vital parts – offer an antidote to this violent rejectionism. Trade is about more than economic efficiency; it reflects a system of values: openness, appreciation of differences, peaceful exchange, opportunity, inclusiveness and integration, mutual gains through interchange, freedom of choice, governance through agreed rules and a hope for betterment for all peoples and lands" (Zoellick 2001d).

Neoliberalismus zur Terrorbekämpfung

Die USA versuchen eine Kohärenz zwischen materiellen Ressourcen, Ideen und Institutionen wiederherzustellen und damit ihre hegemoniale Position im Welthandel zu sichern. Während vor dem 11. September 2001 in Sachen Welthandel neben den USA immer auch die EU genannt wird, ist nach den Anschlägen in US-amerikanischen Verlautbarungen nur noch von den USA und ihren Plänen in der Welthandelspolitik die Rede: Im Kampf gegen den Terrorismus haben die USA mit internationaler (uneingeschränkter) Solidarität nicht nur im Bereich der Sicherheits-, sondern auch in der Welthandelspolitik wieder die Führung übernommen.

Welthandelskonferenz in Doha

Nur zwei Monate nach den Anschlägen fand die Welthandelskonferenz in Doha/Katar vom 9. bis 13. November 2001 statt. Um die Allianz im Sicherheitsbereich zu stärken, kamen die USA in einigen Punkten den Entwicklungsländern entgegen und wehrten nun mit ihnen gemeinsam den weitreichenden Forderungenkatalog der EU ab. Dieser enthielt die Aufnahme von Fragen des Umweltschutzes, sozialen Mindeststandards sowie Investitions- und Wettbewerbsregeln für die neue Verhandlungsrunde (vgl. Hoenig und Rabe 2001).

Strategie der EU: Weitreichender Forderungenkatalog ...

Für die EU bestand vor dem Präsidentschaftswechsel und den Anschlägen vom 11. September 2001 die Chance, einen innergesellschaftlichen Konsens über Forderungen nach Verbraucher-, Arbeitnehmer- und Umweltschutz (ideeller Faktor) herzustellen, ihn mit protektionistischen Wirtschaftsinteressen (materiellen Ressourcen) zu verknüpfen und als Baustein für einen institutionellen Wandel der WTO zu nutzen sowie schließlich damit bestehende innergesellschaftliche Legitimationsprobleme der Welthandelspolitik in ihrem Sinne zu lösen. Die wirtschaftliche Krise sowie der bröckelnde neoliberale Konsens in den USA schienen eine gute Voraussetzung zu sein, um eine institutionelle Reform der WTO, angestoßen durch die EU, durchzusetzen und eine *Changing Global Governance* in der Welthandelspolitik zu bewirken (vgl. Wachtel 2000). Tatsächlich aber stand die EU auf der Welthandelskonferenz mit ihren Forderungen weitgehend allein und gilt nun als der große Verlierer (Denny 2001; Hoenig und Rabe 2001).

scheitert an den USA und den Entwicklungsländern USA

USA konnten hegemoniale Position im Welthandel stabilisieren

Die USA konnten ihre hegemoniale Position in der internationalen Handelspolitik weitgehend sichern, und damit ist ein institutioneller Wandel der WTO eher unwahrscheinlich. Zusätzlich gestärkt geht die Bush-Regierung in die Welthandelspolitik durch den Beschluss des US-amerikanischen Repräsentantenhau-

Divergierende Modelle von Global Governance 263

ses vom 6. Dezember 2001 mit nur einer Stimme Mehrheit, dem Präsidenten eine wenn auch eingeschränkte Handelsvollmacht (*trade promotion authority*) zu erteilen. Die Bedeutung dieses Beschlusses für die USA in der Welthandelspolitik wertet Zoellick (2001e) folgendermaßen:

> "Today's vote in the House of Representatives to renew Trade Promotion Authority is a vote for American leadership, American workers, and American families. It is an important step in the process of helping to stimulate our economic recovery, to regain momentum on trade, and to return the United States to its rightful place as a leader in global trade liberalization."

Ein Richtungswechsel in der Welthandelspolitik ist durch das Erstarken der USA in den nächsten Jahren eher unwahrscheinlich; der Washington-Konsensus wurde vielmehr wiederbelebt (vgl. Kasten II-1 bei Schrader in diesem Band). Es bleiben für die weitere Entwicklung in der Welthandelspolitik vor allem zwei Fragen offen: Erstens: Wie lange wird es der US-amerikanischen Regierung gelingen, die Kohärenz zwischen materiellen Ressourcen, Ideen und Institutionen aufrechtzuerhalten, die im Wesentlichen auf dem Krieg mit Afghanistan beruht? Die wirtschaftliche Krise der USA ist nicht überwunden; der innergesellschaftliche Konsens im Kampf gegen den Terrorismus ist wahrscheinlich kurzfristig; der Druck auf institutionelle Reformen der WTO aufgrund weltwirtschaftlicher Entwicklungen und internationaler Proteste von NGOs wächst.

Zweitens: Wie wird die EU die zu erwartenden Neoliberalisierungsschübe im Hinblick auf die Vermittlung divergierender Interessen ihrer Mitgliedstaaten verkraften? So wäre die Welthandelsrunde in Doha beinahe an Frankreich gescheitert, das der EU das Verhandlungsmandat aufkündigen wollte. Frankreich mit seiner starken Bauernlobby lehnt einen Abbau von Exportsubventionen im Agrarsektor strikt ab. Das Problem konnte dadurch gelöst werden, dass der Subventionenabbau als Gegenstand der neuen Welthandelsrunde zwar aufgenommen wurde, aber noch keine konkreteren Vorgaben vereinbart wurden. Hier zeichnet sich die Gefahr ab, dass mit zunehmender Liberalisierung die Wirtschafts- und Gesellschaftsordnung der Mitgliedstaaten so empfindlich getroffen wird, dass innerhalb der EU Konflikte entstehen, die die EU als Akteur in der Welthandelspolitik schwächen.

Washington-Konsensus wird wiederbelebt

Offene Fragen:

Wie lange können die USA ihre hegemoniale Position halten?

Wie wird die EU weitere Liberalisierungs-schritte verkraften?

6 Fazit

Ein Wechsel vom bestehenden neoliberalen Modell von Global Governance der 1980er und 1990er Jahre zu einem eher sozialdemokratischen Modell von Global Governance ist durch die Wiederbelebung des Washington-Konsensus, die im Wesentlichen auf den Kampf gegen den Terrorismus zurückzuführen ist, für die nächsten Jahre eher unwahrscheinlich. Es ist allerdings fraglich, ob es den USA weiterhin gelingen wird, ihre hegemoniale Position in der Welthandelspolitik zu verteidigen. Sowohl wirtschaftliche wie auch ideelle Indikatoren auf internationaler Ebene lassen eine Reform der internationalen Handelspolitik als notwendig erscheinen. Weiterhin befinden sich die USA – wenn auch zurzeit ein durch den Krieg gegen den Irak bedingter wirtschaftlicher Aufschwung feststellbar ist – in einer wirtschaftlichen Krise, und der innergesellschaftliche Konsens für eine weitere

Neoliberalisierung des Welthandels ist brüchig geworden. Bei der EU ist zu bemerken, dass der Druck, dem neoliberalen Modell von Global Governance etwas entgegenzusetzen, seitens einiger Mitgliedstaaten zunimmt. Durch die immer tiefer in nationale Belange greifende Liberalisierung treten in den Wirtschaftssystemen die Differenzen zwischen den USA und den Mitgliedstaaten der EU immer stärker hervor. Weitere Liberalisierungsschritte werden historisch gewachsene nationale Modelle politischer Ordnung innerhalb der EU, z.B. in den Bereichen Bildung, Gesundheit und Kultur, betreffen und in Frage stellen. Hier sind seitens der Mitgliedstaaten der EU vermehrt Abwehrmechanismen und Konflikte zu erwarten.

Es wird jedoch schwierig sein, sich der weiteren Liberalisierung des Welthandels zu entziehen. Mit der 1994 gegründeten WTO ist eine Organisation entstanden, die über mehr Macht über nationale Politik verfügt als jede andere internationale Wirtschaftsorganisation. Durch den rechtlich-gerichtlichen Charakter des Instruments der Streitschlichtung ist die WTO in der Lage, Weigerungen von Staaten, weitere Liberalisierungsschritte umzusetzen, wirtschaftlich empfindlich zu sanktionieren.

Global Governance: Weitere Stärkung der WTO?

Ob eine Reform der Welthandelspolitik in den nächsten Jahren gelingt, hängt im Wesentlichen davon ab, dass keine Schwächung der EU als Akteur in der internationalen Handelspolitik aufgrund von Konflikten ihrer Mitgliedstaaten erfolgt. Eine handlungsfähige EU ist Voraussetzung dafür, gegenüber den USA die von Messner und Nuscheler (1996) als erforderlich angesehenen Reformen durchzusetzen. Allerdings sollte auch klar sein, dass die Durchsetzung der geforderten Reformen eine weitere Stärkung der WTO, aber auch der nationalen Exekutiven auf Kosten parlamentarischer Kontrolle bedeutet. Denn es ist kritisch zu hinterfragen, ob die Nationalstaaten tatsächlich an Handlungsfähigkeit eingebüßt haben oder ob sich nicht vielmehr die Ebene politischer Entscheidungsprozesse von der *intra*gouvernementalen auf die *inter*gouvernementale Ebene verlagert hat. Dann wäre kein Souveränitätsverlust aufgrund von „Entgrenzung" (Albert et al. 1996, 17) oder gar „Entmachtung der Politik" (Messner 1998, 33) zu konstatieren, die auf internationaler Ebene mithilfe „geteilter Souveränität" einer neuen Konzeptionalisierung bedarf (vgl. Messner 2000). Weiterführend scheint mir vielmehr zu sein, eine andere Perspektive einzunehmen und von „geteilter Macht" in den intergouvernementalen Beziehungen auszugehen. Damit ließe sich erklären, dass bestehende Probleme und Konflikte im Bereich des Welthandels nicht auf fehlender politischer Koordinationsleistung beruhen, sondern vielmehr Ergebnis dessen Erfolges sind.

Literatur

Albert, Mathias, Lothar Brock, Hilmar Schmidt, Christoph Weller und Klaus Dieter Wolf. 1996. Weltgesellschaft: Identifizierung eines „Phantoms", aus: Politische Vierteljahresschrift, 37 (1), Opladen: Westdeutscher Verlag, 5–26.

Albert, Michel. 1998. Kapitalismus contra Kapitalismus, in: Dirk Messner (Hg.), Die Zukunft des Staates und der Politik. Möglichkeiten und Grenzen politischer Steuerung in der Weltgesellschaft. Bonn: J.H.W. Dietz Nachfolger, 100–120.

Albert, Michel. 2000. Der europäische Kapitalismus im Rahmen der Globalisierung: Konvergenzen und Differenzen, aus: Sozialismus, Supplement der Zeitschrift 5, 5–19.

Altvater, Elmar und Birgit Mahnkopf. 2000. In der „new economy" ist nicht alles Gold, was glänzt, aus: Frankfurter Rundschau, Dokumentation vom 14. Dezember, 14.
Barben, Daniel und Maria Behrens. 2001: Internationale Regime und Technologiepolitik, in: Georg Simonis, Renate Martinsen und Thomas Saretzki (Hg.). Politik und Technik: Analysen zum Verhältnis von technologischem, politischem und staatlichem Wandel am Anfang des 21. Jahrhunderts. PVS-Sonderband, 31/2000, Opladen: Westdeutscher Verlag, 349–367.
Barshefsky, Charlene. 2000a. U.S. Interests and Experience in the WTO Dispute Settlement System, Testimony of Ambassador Charlene Barshefsky U.S. Trade Representative. Trade Subcommittee of the Senat Committee on Finance, Washington, 20. Juni.
Barshefsky, Charlene. 2000b. Next Step at the World Trade Organization, Testimony of Ambassador Charlene Barshefsky U.S. Trade Representative, House Committee on Ways and Means, Subcommittee on Trade, Washington, 8. Februar.
Beise, Marc. 2001. Signal gegen die Rezession. Die WTO-Konferenz in Katar soll der lahmenden Weltkonjunktur neue Impulse geben, aus: Süddeutsche Zeitung vom 9. November, 2.
Beise, Marc, Thomas Oppermann und Gerald G. Sander. 1998. Grauzonen im Welthandel, Protektionismus unter dem alten GATT als Herausforderung an die neue WTO. Baden-Baden: Nomos.
Benedek, Wolfgang. 1998. Die Welthandelsorganisation (WTO), alle Texte einschließlich GATT (1994), GATS und TRIPS. München: Beck.
Brunotte, Ulrike. 2001. God's own country. Das moderne Amerika mit civil religion und altem puritanischen Erwählungstraum, aus: Frankfurter Rundschau, Dokumentation vom 10. März, 18.
Chomsky, Noam. 2000. Profit over People. Neoliberalismus und globale Weltordnung. München: Europa Verlag.
Clairmont, Frédéric F. 2001. In der Schuldenfalle: Das Ende des Wachstums in den USA, aus: LE MONDE diplomatique, Mai, 3.
Council of Economic Advisers. 1999. America's Interest in the World Trade Organization: An Economic Assessment. Report vom 16. November.
Cox, Robert W. 1981. Social Forces, States and World Orders: Beyond International Relations Theory, aus: Millennium, 12 (2), 127–155.
Cox, Robert W. 1987. Production, Power, and World Order: Social Forces in the Making of History. New York: Columbia University Press.
Cox, Robert W. 1997 (Hg.). The New Realism. Perspectives on Multilateralism and World Order. Tokio et al.: United Nations University Press.
Cox, Robert W. 1999. Civil society at the turn of the millennium: prospects for an alternative world order, aus: Review of International Studies, 25, 3–28.
Dale, Reginald. 2001a. Signs of Regeneration on Trade Front, aus: International Herald Tribune vom 2. Februar.
Dale, Reginald. 2001b. Bush Needs to Look Beyond a Regional Trade Accord, aus: International Herald Tribune vom 27. Februar.
Dale, Reginald 2001c. In Search of a Broader Consensus on Trade Talks, aus: International Herald Tribune vom 20. Juli.
Denman, Roy. 2001. Trans-Atlantic Trade: So Much Is at Stake, aus: International Herald Tribune vom 19. Januar.
Denny, Charlotte. 2001. Europe isolated by WTO, aus: The Guardian vom 14. November.
EU-US Summit. 2001. Göteborg Statement, Presseerklärung vom 14. Juni.
Friedman, Milton. Capitalism and freedom. 1982. Chicago: University of Chicago Press.
Gilpin, Robert. 2001. Global Political Economy. Understanding the International Economic Order. Princeton und Oxford: Princeton University Press.
Grimwade, Nigel. 2000. International Trade. New Patterns of Trade, Production and Investment. London und New York: Routledge.
Hauchler, Ingomar, Dirk Messner und Franz Nuscheler. 2001. Globale Trends 2002, Fakten – Analysen – Prognosen. Stiftung Entwicklung und Frieden. Frankfurt a.M.: Fischer.

Herrmann, Richard K., Philip E. Tetlock und Matthew N. Diascro. 2001. How Americans Think About Trade: Reconciling Conflicts Among Money, Power, and Principles, aus: International Studies Quarterly, 45, 191–218.

Hoekman, Bernard und Michel Kostecki. 1998. The Political Economy of the World Trading, WTO and Beyond. Oxford: Oxford University Press.

Hoenig, Jochen und Christoph Rabe. 2001. EU steht in Katar mit dem Rücken zur Wand, aus: Handelsblatt vom 11. November.

Jakobeit, Cord. 2001. Produktion und Handel, in: Igomar Hauchler, Dirk Messner und Franz Nuscheler. Globale Trends 2002: Fakten – Analysen – Prognosen. Frankfurt a.M.: Fischer, 245–266.

Kaldor, Mary. 2000. ‚Civilising' Globalisation? The Implications of the ‚Battle in Seattle', aus: Millennium: Journal of International Studies, 29(1), 105–114.

Keohane, Robert O. und Joseph S. Nye. 1977. Power and Interdependence. World Politics in Transition. Boston: Little, Brown and Co.

Klein, Martin, Werner Meng und Reinhard Rode (Hg.). 1998. Die Neue Welthandelsordnung der WTO. Amsterdam: Fakultas.

Knowlton, Brian. 2001. Bush Makes All-Americas Zone a Priority, aus: International Herald Tribune vom 19. März.

Lamy, Pascal und Robert B. Zoellick. 2001. America and the EU Are Together, aus: International Herald Tribune vom 18. Juli.

Liebig, Klaus. 1999. Die WTO im Spannungsverhältnis von Freihandel und Umweltschutz – (Neue) Politische Ökonomie des Welthandelssystems, aus: Nord-Süd aktuell, 1, 85–92.

List, Martin, Maria Behrens, Wolfgang Reichardt und Georg Simonis. 1995. Internationale Politik – Probleme und Grundbegriffe. Opladen: Leske + Budrich.

Meng, Werner. 1998. WTO-Recht als Steuerungsmechanismus der Neuen Welthandelsordnung, in: Martin Klein et al. (Hg.), a.a.O., 19–73.

Messner, Dirk. 1998. Die Transformation von Staat und Politik im Globalisierungsprozeß, in: Dirk Messner (Hg.). Die Zukunft des Staates und der Politik. Möglichkeiten und Grenzen politischer Steuerung in der Weltgesellschaft. Bonn: J.H.W. Dietz Nachfolger, 14–43.

Messner, Dirk. 2000. Die Europäische Union muß kooperative Weltmacht werden, in: Ulrich Ratsch, Reinhard Mutz und Bruno Schlauch, Friedensgutachten 2000, Münster und Hamburg. Lit, 86–98 (gekürzte Fassung: http://www.uni-duisburg.de/Institute/INEF).

Messner, Dirk und Franz Nuscheler (Hg.). 1996. Weltkonferenzen und Weltberichte. Ein Wegweiser durch die internationale Diskussion. Bonn: J.H.W. Dietz Nachfolger.

Patten, Chris. 2000. „Wir" sind Europa und nicht „die da", aus: Frankfurter Rundschau, Dokumentation vom 8. Dezember, 9.

Pinzler, Petra. 1999. Arroganz der Macht. Die USA verweigern sich immer häufiger internationalen Abkommen, aus: Die ZEIT vom 21. Oktober.

Rich, Thomas. 2001. Europe's Grasp for Power Shapes the Global Agenda, aus: International Herald Tribune vom 3. Juli.

Rittberger, Volker. 1995. Internationale Organisationen – Geschichte und Politik. Studienbrief der FernUniversität Hagen.

Rode, Reinhard. 1998. Regimewandel vom GATT zur WTO, in: Martin Klein et al. (Hg.), a.a.O., 1–17.

Rode, Reinhard. 2000. Die Rolle der Europäischen Union in der politischen Dimension der wirtschaftlichen Globalisierung – Globalisierung und Regionalisierung, in: Peter-Christian Müller-Graff (Hg.). Die Europäische Gemeinschaft in der Welthandelsorganisation, Globalisierung und Weltmarktrecht als Herausforderung für Europa, Baden-Baden. Nomos, 47–62.

Schauer, Hans. 1999. Europa und Amerika – Rivalen oder Partner?, aus: Aus Politik und Zeitgeschichte, Beilage zur Wochenzeitung Das Parlament, 16. Juli/B29-30, 12–21.

Scherrer, Christoph. 2000. Vom fordistischen Trilateralismus zum neoliberalen Konstitutionalismus, aus: PROKLA. Zeitschrift für kritische Sozialwissenschaft, 118, Berlin, 13–38.

Schneider, Volker. 1999. Staat und technische Kommunikation: die politische Entwicklung der Telekommunikation in den USA, Japan, Großbritannien, Deutschland, Frankreich und Italien. Opladen: Westdeutscher Verlag.

Stokes, Bruce. 2001. Globalisierung in der öffentlichen Meinung, aus: Internationale Politik, Juli, 56 (7), 19–27.

Strange, Susan. 1989. Towards a Theory of Transnational Empire, in: Väth, Werner (Hg.). Political Regulation in the Great Crises. Berlin: edition sigma.

Tabb, William K. 2001. The Amoral Elephant. Globalization and the Struggle for Social Justice in the Twenty-First Century. New York und London: Monthly Review Press.

Wachtel, Howard M. 2000. World Trade Order and the Beginning of the Decline of the Washington Consensus, aus Politik und Gesellschaft *Online*, International Politics and Society, 3 (http://www.fes.de/ipg).

Wahl, Peter. 2000. Zwischen Hegemonialinteressen, Global Governance und Demokratie. Zur Krise der WTO, aus: Internationale Politik und Gesellschaft, 3, 235–246.

Walter, Andrew. 2001. NGOs, Business, and International Investment: The Multilateral Agreement on Investment, Seattle, and Beyond, aus: Global Governance, 7, 51–73.

WTO. 1998. Trading into the Future, Introduction to the WTO. World Trade Organization, Genf.

WTO. 2001. International trade statistics 2001. World Trade Organization, Genf.

Zoellick, Robert B. 2001a. The United States, Europe and the World Trading System, U.S. Trade Representative Council on Foreign Relations, Washington D.C., 15. Mai.

Zoellick, Robert B. 2001b. America Should Start Catching Up, aus: International Herald Tribune vom 18. Mai.

Zoellick, Robert B. 2001c. The WTO and New Global Trade Negotiations: What's at Stake? U.S. Trade Representative Council on Foreign Relations, Washington D.C., 30. Oktober.

Zoellick, Robert B. 2001d. Five U.S. Reasons For Liberalizing Trade, aus: International Herald Tribune vom 8. November.

Zoellick, Robert B. 2001e. Statement by USTR Robert B. Zoellick on Results of House Trade Promotion Authority Vote. Office of the United States Trade Representative, Executive Office of the President, Washington, 6. Dezember.

Jörg Huffschmid

Internationale Finanzmarktpolitik: Regulierungsbestrebungen und -blockaden

1	Strukturmerkmale moderner Finanzmärkte	270
1.1	Vorrang des Handels vor der Finanzierung	270
1.2	Institutionelle Investoren als neue dominierende Akteure	272
1.3	Finanzmärkte als international liberalisierte oder globale Märkte	273
2	Probleme moderner Finanzmärkte für Wirtschaft und Gesellschaft	274
2.1	Instabilität, Turbulenzen und Finanzkrisen	275
2.2	Neue „Unternehmenskultur": Disziplinierung des Managements zugunsten der Eigentümer	277
2.3	Forcierte neoliberale Neuausrichtung der Wirtschafts- und Sozialpolitik	278
3	Regulierungsbestrebungen: Stabilisierung und Demokratisierung der Finanzmärkte	279
3.1	Stabilisierung der Finanzmärkte	280
3.2	Demokratisierung der Finanzmärkte	286
4	Soziale Bewegungen zur Überwindung von Reformblockaden	287

Die Reform der „internationalen Finanzarchitektur" ist in der zweiten Hälfte der 1990er Jahre an die Spitze der Agenda für Global Governance gerückt. Auslöser hierfür waren die schweren Finanzkrisen in Südostasien und Befürchtungen, sie könnten auf die Finanzzentren der Welt und die großen Banken und institutionellen Anleger überspringen. In der damaligen Diskussion richtete sich die Kritik nicht nur gegen die Opfer der Krise, sondern auch gegen die globalen Institutionen *Internationaler Währungsfonds* (IWF) und *Weltbank* (WB), deren Politik als wenig hilfreich oder sogar kontraproduktiv bezeichnet wurde (vgl. Eichengreen 1999). Als sich allerdings zeigte, dass die befürchtete Ansteckung der Finanzzentren durch die Krise der Entwicklungsländer weitgehend ausblieb, nahm der Reformelan in bemerkenswerter Weise ab. Die Diskussion hat sich mittlerweile wieder weitgehend darauf beschränkt, die Ursachen der Krisen in den betroffenen Ländern und nicht in der Funktionsweise des internationalen Finanzsystems zu sehen. Entsprechend steht die Reform der nationalen Finanzmärkte der Entwicklungsländer im Vordergrund der Vorschläge für eine neue Finanzarchitektur, während die Aufgaben der internationalen Institutionen eher zurückgenommen werden. Diese Aufeinanderfolge von Auf- und Abschwung der Bereit-

Finanzkrisen: Folge fehlender Regulierung

Divergierende Interessen führen zu Regulierungsblockaden

schaft zur Reform deutet darauf hin, dass es dabei nicht um eine globale und symmetrische Stabilisierung von Finanzbeziehungen im Interesse aller Länder, sondern um eine Regulierung im Interesse der großen Finanzzentren und ihrer Finanzinstitutionen geht und dass Versuche zu einer globalen Regulierung, an der alle Länder gleichberechtigt beteiligt sind und von der alle profitieren, auf erhebliche Blockaden von Seiten dieser Finanzzentren stoßen werden. Die neue internationale Finanzarchitektur weist damit gegenüber der alten kaum Änderungen auf.

Anforderungen an eine Reform des internationalen Finanzsystems im Sinne von Global Governance

Sie hat jedenfalls nichts mit einem Konzept von Global Governance zu tun, das auf einem „breit angelegten dynamischen und komplexen Prozess interaktiver Entscheidungsfindung" beruht, „an dem viele Akteure beteiligt sind" (Messner und Nuscheler 1996, 5). Eine Reform, die in Richtung einer solchen Global Governance geht, steht noch aus; sie müsste vor allem eine Verminderung der internationalen Finanzspekulation, die gründliche Demokratisierung der internationalen Finanzinstitutionen und eine sehr viel stärkere Berücksichtigung der Interessen des Südens umfassen.

Aufbau des Beitrags

Diese These soll im Folgenden ausgeführt werden. Auf eine Kennzeichnung der Hauptmerkmale und Funktionsweise moderner Finanzmärkte (1) und der damit verbundenen Probleme (2) folgt eine – teilweise kommentierte – Skizze der Reformdiskussion, die sich grob in Ansätze zur Stabilisierung und Ansätze zur Demokratisierung der Finanzmärkte unterteilen lässt (3). Im abschließenden Abschnitt (4) werden die gegenüber einer konsequenten Reformpolitik vor allem von Seiten der USA, aber auch von der EU betriebenen Blockaden thematisiert, die nicht nur ideologie-, sondern auch interessengetragen sind und nur durch intensive öffentliche Aufklärung und gesellschaftliche Mobilisierung überwunden werden können.

1 Strukturmerkmale moderner Finanzmärkte

1.1 Vorrang des Handels vor der Finanzierung

Was sind Finanzmärkte?

Finanzmärkte sind Märkte, auf denen Finanzdienstleistungen erbracht und Finanztitel gehandelt werden. Ihr ökonomischer Sinn liegt in der Finanzierung güterwirtschaftlicher Vorgänge, vor allem der Investitionsfinanzierung. Zum Aufbau oder Ausbau von Produktionsanlagen braucht ein Unternehmen in der Regel mehr Finanzmittel, als ihm aktuell zur Verfügung stehen. Es ist auf zusätzliche Finanzierung angewiesen, die über Bankkredite oder über die Ausgabe von Aktien oder Schuldverschreibungen (vor allem Anleihen) beschafft werden. Diesem Finanzierungsvorgang stehen die finanziellen Ansprüche der Banken, der Aktionäre oder sonstiger Gläubiger gegenüber, die auf diese Weise Geldvermögen bilden. Die ökonomische Quelle der Finanzierungsmittel ist zum einen die volkswirtschaftliche Ersparnis, zum anderen die Kreditschöpfung des inländischen Bankensektors, zum Dritten „das Ausland". Wenn die Investitionen hinter der volkswirtschaftlichen Ersparnis zurückbleiben, sinken das Volkseinkommen und die Beschäftigung, und die Arbeitslosigkeit steigt. Die Finanzierung über Wertpapiere (vor allem Aktien und Anleihen und deren Derivate) unterscheidet sich von der Kreditfinanzierung dadurch, dass Wertpapiere gehandelt werden, die Gläubiger eines Unternehmens sich also durch einfachen Verkauf ihrer Wertpapiere zurückziehen können. Entsprechend besteht der Wertpapiermarkt – vor allem die Börse – aus zwei theoretisch zu trennenden Elementen: Auf dem *Primärmarkt* werden Wertpapiere durch die Neuausgabe von Aktien oder die Auflage von Anleihen *neu geschaffen*; das ausgebende Unternehmen erhält im Gegenzug Geld. Das ist der Finanzierungsvorgang im engeren Sinn. Auf dem *Sekundärmarkt* werden demgegenüber bereits bestehende Wertpapiere *gehandelt*, d.h. verkauft und wieder gekauft. Es findet keine Finanzierung, sondern nur ein Eigentumswechsel auf der Gläubigerseite statt. Die Verbindung zwischen Primär- und Sekundärmarkt besteht darin, dass die Finanzierungschancen auf dem Primärmarkt in gewissem Maße von der Möglichkeit der Gläubiger abhängen, Wertpapiere auf dem Sekundärmarkt bei Bedarf auch wieder verkaufen zu können.

Primärmarkt: Schaffung neuer Wertpapiere

Sekundärmarkt: Handel mit bestehenden Wertpapieren

Schaubild III-3: Weltweiter Aktienbestand und Aktienhandel, 1980, 1990 und 1999

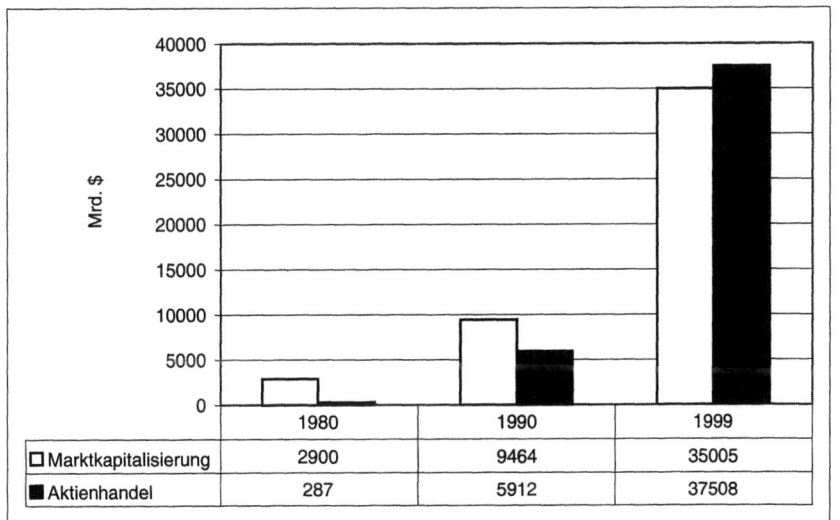

	1980	1990	1999
☐ Marktkapitalisierung	2900	9464	35005
■ Aktienhandel	287	5912	37508

Quelle: Federation of International Stock Exchanges, Jahresberichte 1981, 1991 und 1999

Die volkswirtschaftliche Funktion der Finanzmärkte als Vermittlung zwischen Investition und Geldvermögensbildung ist seit den 1980er Jahren und insbesondere während der 1990er Jahre durch die Tatsache erheblich gestört, dass die eigentliche Dynamik von den Sekundärmärkten ausgeht. Hinter der explosionsartigen Entwicklung der Finanzmärkte in den letzten beiden Jahrzehnten steht keine besondere Investitionsdynamik, sondern ein Handels- und Börsenboom. Es lässt sich sogar die These begründen, dass gerade das Ausbleiben einer Investitionsdynamik bei anhaltend hoher Kapitalrentabilität dazu geführt hat, dass flüssiges Kapital, statt in den Auf- und Ausbau des Produktionsapparates zurückzufließen, auf die Finanzmärkte geflossen ist und dort den Börsenboom verursacht hat (vgl. Chesnais 1996, 253–272).

Explosionsartige Entwicklung der sekundären Finanzmärkte

Beispiel Aktienmärkte

Beispiel Aktienmärkte: Die Marktkapitalisierung – d.h. der zu den jeweiligen Kursen bewertete *Bestand* – der börsengehandelten Aktien stieg zwischen 1980 und 2000 um den Faktor 10,7 (vgl. Schaubild III-3), die Aktien*umsätze* dagegen nahmen um den Faktor 203,2 zu! Die Geschwindigkeit, mit der Wertpapiere auf den Finanzmärkten umgeschlagen werden, hat also dramatisch zugenommen. 1980 belief sich der Bestand an Aktien nur auf ein Zehntel des Umsatzes, d.h., jede Aktie wurde im Schnitt mehr als zehn Jahre gehalten. Im Jahr 2000 dagegen war der Umsatz fast doppelt so groß wie der Bestand, d.h., eine Aktie wurde durchschnittlich alle sechs oder sieben Monate verkauft. Die Umschlaggeschwindigkeit ist also auf rund das Zwanzigfache gestiegen. Was für Aktien gilt, trifft für andere Finanzgegenstände in noch höherem Maße zu, insbesondere für Währungen, so genannte Derivate und andere Finanzinnovationen.

Schaubild III-4: Anteil der institutionellen Anleger am gesamten Finanzvermögen des finanziellen Sektors, 1985 und 1995

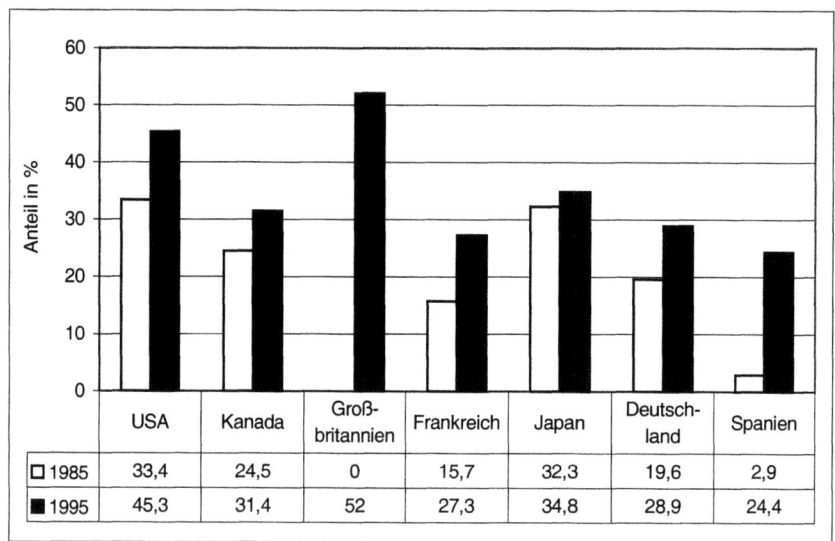

Quelle: IMF International Capital Markets, Development, Prospects, and Key Policy Issues, Washington, November 1998, 135

1.2 Institutionelle Investoren als neue dominierende Akteure

Bei institutionellen Investoren handelt es sich um große Versicherungsgesellschaften, Investmentfonds und Pensionsfonds. Sie sammeln Geld – Versicherungsprämien, Sparbeträge oder Altersversicherungsbeiträge – in Fonds und legen es an den Finanzmärkten an. Durch diese Bündelung werden viele kleinere Beträge zu großen Vermögen, und diejenigen, die sie verwalten, die Fondsmanager, erhalten einen großen Einfluss an den Finanzmärkten. Erhebliche Teile des

Internationale Finanzmarktpolitik 273

Finanzvermögens der privaten Haushalte und der Unternehmen sind bei diesen Fonds angelegt, die bereits erhebliche Teile des gesamten Finanzvermögens der großen Volkswirtschaften managen (vgl. Schaubilder III-4 und III-5). Die institutionellen Investoren haben sich neben den Großbanken zu den Hauptakteuren moderner Finanzmärkte entwickelt – aber dies führt keineswegs zu einer Beschränkung der Bankenmacht. Denn zumindest in den europäischen Ländern gehören die großen Kapitalanlagegesellschaften überwiegend den führenden Banken und Bankengruppen. In Deutschland etwa entfielen 1999 rund drei Viertel des von Publikumsfonds verwalteten Vermögens auf die Fonds von fünf Banken bzw. Bankengruppen (BVI 2001, 68). Die Macht der Großbanken wird durch die Entwicklung der institutionellen Investoren also nicht beschränkt, sondern potenziert.

<small>Institutionelle Investoren: Hauptakteure moderner Finanzmärkte</small>

Schaubild III-5: Anteil des Sparvermögens privater Haushalte bei institutionellen Anlegern*, 1985 und 1995

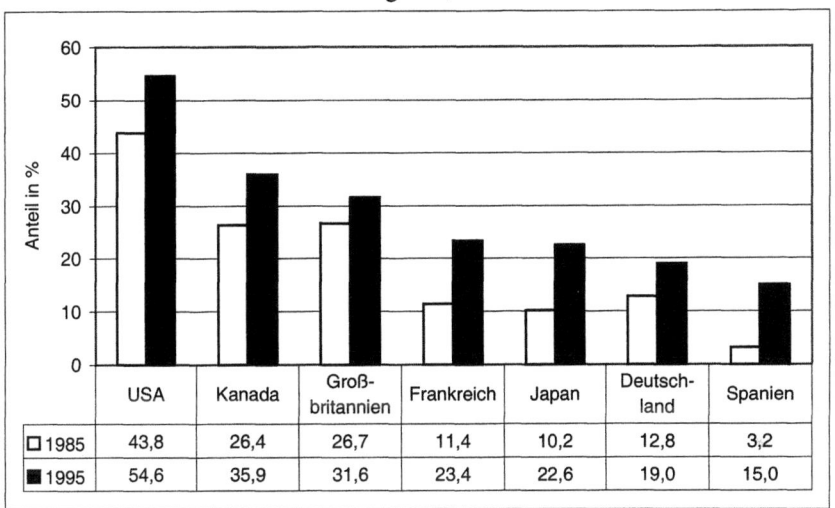

Quelle: IMF International Capital Markets, Developments, Prospects, and Key Policy Issues, Washington, November 1998, 135
* in Prozent der gesamten Ersparnisse

1.3 Finanzmärkte als international liberalisierte oder globale Märkte

Zwischen den großen Finanzplätzen der Welt gibt es keine rechtlichen oder politischen Beschränkungen des internationalen Kapitalverkehrs mehr. Die Finanzanleger haben also jederzeit die rechtliche Möglichkeit, das Kapital, über das sie verfügen, von einem Land in ein anderes zu verlegen. Unterstützt wird diese Möglichkeit durch den entwickelten Stand der Informations- und Telekommunikationstechnologie. Auf ihrer Grundlage ist es möglich, internationale Transaktionen in Sekundenschnelle und – wenn die Infrastruktur einmal installiert ist – praktisch ohne Kosten vorzunehmen.

<small>Keine Beschränkung internationalen Kapitalverkehrs mehr gegeben</small>

Freiheit des Kapitalverkehrs Ergebnis politischer Entscheidungen

Diese Freiheit des internationalen Kapitalverkehrs hat nicht immer bestanden, und sie folgt auch nicht einer eisernen Zwangsläufigkeit oder Sachlogik des Kapitals. Es handelt sich um das Ergebnis politischer Entscheidungen, die ab Ende der 1970er Jahre Schritt für Schritt von den Regierungen der OECD-Länder gefällt wurden (vgl. Tabelle III-2). Solche Entscheidungen kommen nicht ohne Grund, sondern unter dem Druck von Interessenten zustande. Sie sind jedoch nicht so zwangsläufig, dass es keine Alternativen gegeben hätte. Die Liberalisierung des Kapitalverkehrs hat den in den 25 Jahren nach dem Zweiten Weltkrieg bestehenden Konsens aufgekündigt, dass es jedem Land erlaubt sein sollte, zum Schutz seiner nationalen Wirtschaftspolitik den Zufluss oder Abfluss von Kapital zu regulieren, zu beschränken oder evtl. ganz oder teilweise zu verbieten.

Tabelle III-2: Chronologie der Liberalisierung des Kapitalverkehrs

1974	USA, Schweiz
1979	Großbritannien
1980	Japan
1981	Deutschland
1983	Australien
1984	Neuseeland
1986	Niederlande
1988	Dänemark
1989	Frankreich
1990	Italien, Belgien, Luxemburg
1992	Spanien, Portugal
1994	Griechenland

Quelle: Bakker 1996, 264–275; Shafer 1995, 120–132

2 Probleme moderner Finanzmärkte für Wirtschaft und Gesellschaft

Moderne Finanzmärkte haben erheblichen Einfluss auf die wirtschaftliche, wirtschaftspolitische und soziale sowie sozialpolitische Entwicklung einer Gesellschaft. Der herrschenden Finanzmarkttheorie zufolge bewirken sie eine Lenkung von Kapital in die jeweils effizienteste Verwendung. Dies lässt sich jedoch aus theoretischen und empirischen Gründen bezweifeln. Zum einen bezieht sich das Konzept der Effizienz ausschließlich auf die Rendite und nicht etwa auf gesellschaftliche Effizienz im Sinne der Lösung besonders dringender gesellschaftlicher Probleme. Kapital fließt dahin, wo es den höchsten Gewinn abwirft (beispielsweise auf dem amerikanischen Aktienmarkt), und nicht dahin, wo es am dringendsten gebraucht wird und sein Einsatz den höchsten Nutzen brächte (beispielsweise in Infrastrukturprojekten in Afrika). Zum anderen ist auch die auf den Gewinnbegriff eingeschränkte wirtschaftliche Effizienz der Finanzmärkte fraglich, soweit damit eine güterwirtschaftliche Allokationsfunktion von Produktionsfaktoren gemeint ist. Die Bewegungen auf Finanzmärkten ändern oft so schnell ihre Richtung, dass von einer Lenkung oder gar dem produktiven Einsatz von Produktionsfaktoren keine Rede sein kann. Wenn die Geschwindigkeit von

Unterschiedliche Effizienzkonzepte

Finanzmarktprozessen um ein Vielfaches größer ist als die güterwirtschaftlicher Prozesse, führt diese Entkoppelung im harmlosesten Fall zu Redundanz, wahrscheinlicher aber zu Störungen und Krisen der lebensweltlichen Reproduktion. Die Problematik der modernen Finanzmärkte lässt sich mit den beiden Stichwörtern Destabilisierung und Disziplinierung umschreiben.

Problem: Entkoppelung von Finanzmarkt- und güterwirtschaftlichen Prozessen

2.1 Instabilität, Turbulenzen und Finanzkrisen

Seit der Liberalisierung des Kapitalverkehrs (und dem Übergang zu einen Regime frei schwankender Wechselkurse) haben die Instabilität der Finanzmärkte und die Zahl der Turbulenzen und Krisen stark zugenommen. Letztere sind dabei nicht den üblichen konjunkturellen Wellenbewegungen gefolgt, sondern haben eine eigenständige Dynamik finanzieller Euphorie und Überhitzung, plötzlicher Trendumkehr, Panik und Absturz geschaffen. Die Finanzkrisen in den 1990er Jahren sind immer schneller aufeinander gefolgt: 1992/93 in der EG, 1994/95 in Mexiko, 1997/98 in Asien, 1998 in Russland, 1999 in Brasilien, und im Jahr 2001 sind massive Finanzkrisen in der Türkei, in Indonesien und Argentinien ausgebrochen. Sie haben dramatische Folgen auch für den nichtfinanziellen Bereich, die Investitionen, die Produktion, die Beschäftigung. In den Entwicklungsländern führen sie regelmäßig zu einer drastischen Zunahme der Armut, die auch bei einer anschließenden Sanierung des Finanzsektors nicht entsprechend zurückgeht.

Folge: zunehmende Instabilität der Finanzmärkte und ...

Finanzkrisen

Der Hintergrund für diese Instabilität ist im Wesentlichen die Preisbildung auf den Finanzmärkten. Preise für Finanztitel – Aktien, Anleihen, Derivate, auch Währungen – bilden sich nicht in erster Linie aufgrund der Einschätzungen der Käufer über die langfristige Werthaltigkeit der zugrunde liegenden Güter (die Qualität der Produkte, Produktionsverfahren und die Innovationsfähigkeit von Unternehmen etc.), sondern über die kurzfristig erwartete Preisentwicklung. Diese aber hängt in erster Linie vom Kaufverhalten anderer Marktteilnehmer ab, das wiederum auf Erwartungen gegenüber anderen Marktteilnehmern beruht (vgl. Kindleberger 1996). Derartige Mutmaßungen über Erwartungen anderer Leute sind der Kern der *Finanzspekulation*, und sie erzeugen eine Dynamik, die mit *Herdenverhalten* bezeichnet wird: Wenn die ersten Käufer aufgrund von Kurssteigerungserwartungen in den Markt einsteigen, steigen die Kurse. Dies wird als Bestätigung der Erwartungen angesehen und zieht weitere Käufer an. Wenn dann die Kurse stärker und schneller steigen, wollen alle an den Gewinnen teilhaben. Die spekulative Bewegung wird zusätzlich durch Käufer angeheizt, die Kredite aufnehmen, um von einem Finanzmarktboom zu profitieren. Sie gehen dabei von der Erwartung aus, den Kredit später mit dem Erlös aus den im Wert gestiegenen Papieren zurückzahlen zu können. Wenn dann die ersten Spekulanten aussteigen und der Kurs nicht weiter steigt, müssen die Kreditnehmer bereits einen Teil ihrer Papiere verkaufen, um Kredite bedienen zu können. Dann sinken die Kurse, mehr Marktteilnehmer wollen oder müssen verkaufen, und wenn die Abwärtsbewegung schneller wird, bricht Panik aus, in der alle verkaufen wollen, um ihre Verluste in Grenzen zu halten. Diese überschießenden Reaktionen sind der Hintergrund für die *Instabilität* der Finanzmärkte, und sie sind der Grund für die *Finanzkrisen*, deren Folgen sich nicht auf den Finanzbereich beschränken, sondern

Kurzfristig erwartete Preisentwicklung führt zu:

Finanzspekulationen sowie Herdenverhalten und schließlich zu ...

Instabilität und Finanzkrisen

auf verschiedenen Wegen auf Investitionen und Produktion, auf Beschäftigung und Einkommen durchschlagen.

Beispiel: Finanzkrise in Asien

Die Finanzkrise in Asien 1997/98 beispielsweise war das typische Resultat einer solchen Herdenbewegung: Nachdem die Wirtschaftspolitik der späteren Krisenländer unter dem Druck des IWF mit hohen Zinsen und stabilen Wechselkursen eine hohe Attraktivität für ausländische Investoren hergestellt hatte, strömte massenhaft kurzfristig ausländisches Kapital in die Länder, in denen schnelle und große Gewinngelegenheiten gesehen wurden. Diesem Ansturm waren die Finanzsysteme nicht gewachsen, obwohl die ökonomischen Fundamentaldaten ansonsten gut waren (vgl. Dieter 1998, 20–24). Beim ersten Anzeichen der Überlastung setzte eine plötzliche Trendumkehr ein; es kam zu massenhaftem Kapitalabzug, der das Finanzsystem des Landes endgültig zusammenbrechen ließ, seine Währung abwertete und es damit auf viele Jahre in der Entwicklung zurückwarf.

Schaubild III-6: Kapitalflüsse in die asiatischen Krisenländer, 1992–2000

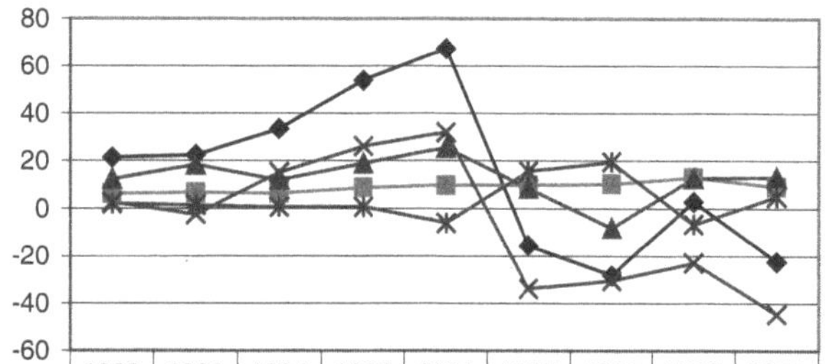

	1992	1993	1994	1995	1996	1997	1998	1999	2000
◆ Privatkapital insgesamt	21,4	22,5	33,6	53,9	67,4	-15,6	-28,2	2,9	-22,4
■ Direktinvestitionen	6,3	6,7	6,5	8,8	9,8	9,8	10,3	13,1	9,1
▲ Potrofolioinvestitionen	12,4	18,3	12	18,8	25,5	8,4	-8,2	12,8	13,2
✕ Andere (Bankkredite)	2,7	-2,5	15,1	26,3	32	-33,8	-30,4	-23	-44,6
✱ Öffentliche Kapitalflüsse	2,1	1,4	0,6	0,7	-6,1	15,7	19,5	-6,7	5

Quelle: IMF, World Economic Outlook, Oktober 2000, 65

Aus dem Schaubild III-6 geht allerdings auch hervor, dass nicht alle Finanzflüsse gleichermaßen destabilisierend gewirkt haben. Die ausländischen Direktinvestitionen waren in der Krise nicht zurückgegangen. Wesentlich instabiler waren die Portfolioinvestitionen und vor allem die „anderen" Kapitalzuflüsse, hinter denen überwiegend Bankkredite standen, die überdies in der großen Mehrheit kurzfristig waren.

2.2 Neue „Unternehmenskultur": Disziplinierung des Managements zugunsten der Eigentümer

Finanzanleger investieren in solche Unternehmen, von denen sie – unter Berücksichtigung des Risikos und des Zeithorizontes – den höchsten Gewinn erwarten. Dies ist weder neu noch überraschend, denn Gewinnorientierung ist für kapitalistische Unternehmen seit eh und je der treibende Motor. Aber mit dem zunehmenden Einfluss der institutionellen Investoren auf den Finanzmärkten entsteht ein neuer Druck auf das Management von Unternehmen, die Rendite für die Finanzinvestoren zu steigern. Dieser Druck wird aktuell unter dem Stichwort „Shareholdervalue"-Orientierung diskutiert (vgl. Lazonick und O'Sullivan 2000). Sie führt zu einer neuen Unternehmens„kultur" zugunsten der Eigentümer, die der der europäischen Tradition entgegengesetzt ist. In der Geschichte des europäischen Kapitalismus haben sich – unter dem Einfluss von Konflikten, Arbeiterbewegung, Sozialpartnerschaft, Kaltem Krieg und Systemkonkurrenz – bestimmte Rahmen und Beschränkungen herausgebildet, die man insgesamt mit dem vagen Schlagwort „Rheinischer Kapitalismus" bezeichnet und die durch Mitbestimmung, Sozialpartnerschaft, Gewerkschaftseinfluss, Sozialgesetzgebung u.a.m. die reine Durchsetzung von Eigentümerinteressen in den jeweiligen Ländern beschränken. Dies hatte sich auch in den Geschäftsleitungen großer Unternehmen niedergeschlagen, deren Management neben dem besonders gewichtigen Gewinninteresse der Eigentümer die Integration verschiedener anderer Interessen – Arbeitnehmer, Verbraucher, Region, Umweltschutz – leisten muss. Shareholder-Orientierung ist ein Angriff auf diese „undisziplinierte" Unternehmenskultur und fordert die Stärkung der Position der Eigentümer in der Geschäftsleitung. Dazu werden Vorstände von den Eigentümern und deren Vertretern, den großen institutionellen Investoren, diszipliniert, d.h. unter Druck gesetzt, Unternehmen auseinander genommen, die Teile verkauft, die Gehälter nach der Kursentwicklung ausgerichtet etc. Dass der Begriff Shareholdervalue wissenschaftlich höchst unpräzise ist (vgl. Froud et al. 2000) – so werden u.a. erwartete Erträge mit aktuellen und erwarteten Zinssätzen abgezinst –, ist dabei nebensächlich. Es werden Standards und Zielgrößen (*Benchmarks*) festgesetzt, Vierteljahreserfolge erwartet, die sich auch in den Kursen niederschlagen sollen. Werden die Ziele nicht erreicht, trennt der Investor sich vom Investment, und der Aktienkurs fällt. Das berührt zwar nicht die unmittelbare Finanzierungssituation, aber die künftige, weil mit den Kursen oft die Bonitätseinstufung eines Unternehmens herabgesetzt wird und neue Finanzierung sich verteuert. Die institutionellen Anleger haben – anders als die traditionelle Hausbank – keine feste Beziehung zu den Unternehmen, in die sie investieren. Sie wollen Erfolge – in der Regel sehr schnelle Erfolge – sehen, und wenn diese nicht kommen, wird das Investment liquidiert. Diese neue Unternehmenskultur beschränkt sich nicht auf die Unternehmen, in denen die institutionellen Investoren tatsächlich als Aktionäre präsent sind. Sie breitet sich auf dem Wege der Konkurrenz durch neue Standards, Zielzahlen und Vergleichsmaßstäbe über die gesamte Wirtschaft aus. Sie findet ihren Niederschlag auch in der Politik traditioneller Hausbanken, die eine jahrzehntelange Kapitalbeteiligung plötzlich zur Disposition stellen, wenn das Unternehmen nicht binnen kürzester Zeit seine Performance verbessert.

Marginalien:
Shareholdervalue begünstigt einseitig Eigentümer

„Rheinischer Kapitalismus" ist hingegen korporatistisch geprägt

Shareholder-Orientierung als Angriff auf „undisziplinierte" Unternehmenskultur

Neue Unternehmenskultur dominiert von institutionellen Investoren ...

2.3 Forcierte neoliberale Neuausrichtung der Wirtschafts- und Sozialpolitik

mit dem Drohpotenzial des Kapitalabzugs

Das disziplinierende Druckmittel der Investoren gegenüber einer in ihrer Sicht undisziplinierten Politik ist die Drohung mit Kapitalabzug. Sie ist deshalb glaubwürdig, weil sie für Finanzanleger ungleich leichter und schneller durchzusetzen ist als etwa für einen Automobilkonzern. Letzterer hat sein Geld in Produktionsanlagen fixiert, die er nicht oder nur unter hohen Kosten liquidieren und verlagern kann. Investmentfonds können demgegenüber ihr Investment von einem Tag auf den anderen aus einem Land abziehen und fast ohne Kosten in ein anderes verlagern. Diese glaubwürdige „Exit-Option" verschafft den Fondsmanagern ein enormes Drohpotenzial gegenüber Regierungen und zwingt diese zu einem *Standortwettbewerb*, in dem schrittweise soziale Errungenschaften und Ansprüche aufgegeben und den Forderungen der Finanzinvestoren geopfert werden. In deren Augen stellen hohe Sozialausgaben oder strenge Umweltschutzauflagen und erst recht Defizite in den öffentlichen Haushalten eine wirtschaftspolitische Disziplinlosigkeit dar, die das Funktionieren der Wirtschaft beeinträchtigt und es rechtfertigt, Regierungen durch Druck und Drohung zur Ordnung zu rufen. Die Interessen der institutionellen Anleger decken sich zu einem erheblichen Teil mit denen anderer, insbesondere exportintensiver Unternehmen: niedrige Soziallasten, niedrige Steuern, stabile Preise. Während andere Unternehmen allerdings unter mangelnder Binnenkaufkraft und steigender Arbeitslosigkeit zu leiden haben, ist dies kein Grund zur Beunruhigung für die Finanzmärkte. Dieser Druck erklärt zu einem erheblichen Teil die dramatischen Veränderungen der Wirtschaftspolitik, ganz besonders im Europa der 1990er Jahre. Sie folgt nicht mehr mehreren wirtschaftspolitischen Zielen, die in einem komplexen System von Kompromissen ausbalanciert werden müssen, sondern hat eine klare Rangfolge: Preisstabilität ist das oberste Gebot, dem sich alle anderen Ziele unterzuordnen haben. Dies kann durch eine sehr restriktive Geldpolitik erzwungen werden. Der Preis für die Durchsetzung einer solchen ideologischen Verengung ist jedoch hoch. Er besteht in Wachstumsschwäche, hoher Arbeitslosigkeit und sozialer Polarisierung. Die tatsächliche Entwicklung in der EU belegt deprimierend diese Tendenzen (vgl. Schaubild III-7).

„Exit-Option" führt zu Standortwettbewerb und in dessen Folge ...

zum sozialen und ökologischen Dumpingwettbewerb

Das oberste Gebot: Preisstabilität

Einfluss der Finanzmärkte auf das System sozialer Sicherheit

Auch die so genannte „Modernisierung" der Systeme der sozialen Sicherheit in der EU ist weitgehend Ausdruck des Interesses und des Einflusses der Finanzmärkte auf die Politik. Die (zunächst Teil-)Privatisierung, die Umstellung von der Umlagefinanzierung auf die Kapitaldeckung und der (zunächst nur teilweise) Rückzug der Arbeitgeber aus der Beitragsfinanzierung begünstigen vor allem die Finanzinvestoren. Durch den Übergang zur Kapitaldeckung werden ihnen in relativ kurzer Zeit dreistellige Milliardenbeträge zur Verfügung gestellt, mit denen sie auf den internationalen Finanzmärkten operieren können und die sie zu echten Global Players machen. Diese Interessen sind der wesentliche Grund für den Druck zur Privatisierung der sozialen Sicherungssysteme in Kontinentaleuropa, denn die Sachargumente, die beispielsweise für die Reform der Rentenversicherung angeführt worden sind – vor allem das der veränderten Altersstruktur –, sind weder theoretisch noch empirisch fundiert (vgl. hierzu die exzellente Studie von Baker und Weisbrod 1999). Für die von der Reform Betrof-

Internationale Finanzmarktpolitik

fenen ist das Ergebnis allerdings weniger erfreulich. Sie zahlen höhere Beiträge, bekommen eine niedrigere Rente, und das auch nur, wenn die Finanzmärkte nicht zwischendurch kollabieren – was keinesfalls garantiert werden kann.

Der Druck, den die großen Akteure auf den Finanzmärkten auf die Unternehmen, die Wirtschafts- und die Sozialpolitik ausüben, summiert sich zu einer konzentrierten Attacke auf wesentliche Kernelemente des modernen europäischen Sozialstaates. Daher handelt es sich nicht um eine Angelegenheit eines einzelnen Sektors der Wirtschaft. Die Finanzmärkte sind vielmehr zum Medium und Hebel für eine breite Bewegung der Gegenreform geworden. Sie richtet sich gegen die sozialen und demokratischen Reformfortschritte, die in den ersten beiden Jahrzehnten nach dem Zweiten Weltkrieg – unter dem Druck eines fortschrittlichen sozialen Kräfteverhältnisses – durchgesetzt worden waren.

Kernelemente des Sozialstaates bedroht

Schaubild III-7: Hoher Preis für niedrige Inflation: Arbeitslosigkeit und Inflation in der EU-15, 1975–2000

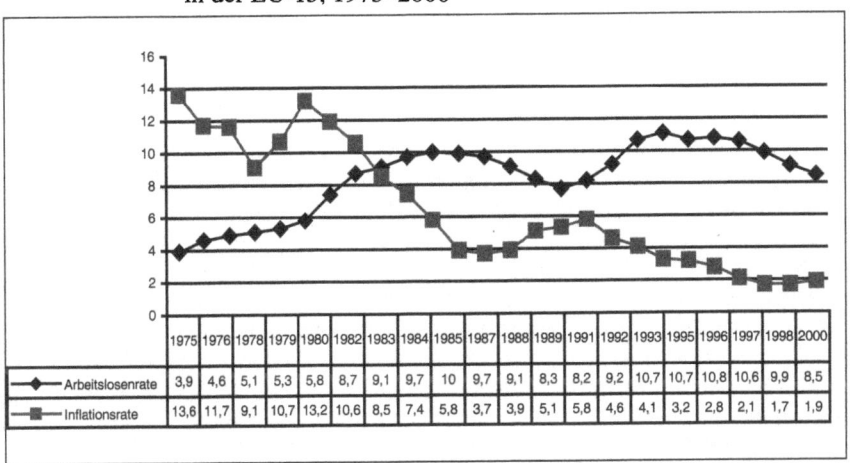

Quelle: Europäische Wirtschaft, Nr. 70, 2000, Statistischer Anhang, Tabellen 3 und 25

3 Regulierungsbestrebungen: Stabilisierung und Demokratisierung der Finanzmärkte

Die Finanzmärkte unterscheiden sich von anderen Feldern internationaler Wirtschaftsbeziehungen dadurch, dass es keinen Mangel, sondern eine Vielfalt internationaler Institutionen und Diskussionsforen gibt. Die wichtigsten sind

Finanzmärkte: Institutionen und Diskussionsforen

– der Internationale Währungsfonds (IWF), eine Sonderorganisation der Vereinten Nationen mit 183 Mitgliedsländern (www.imf.org),
– die Weltbank (www.worldbank.org) als Schwesterorganisation des IWF, die sich vor allem auf Entwicklungsfinanzierung konzentriert,
– die Bank für Internationalen Zahlungsausgleich (BIZ), eine 1930 entstandene Gemeinschaftsgründung der führenden Zentralbanken der Welt (www.bis.org),

- die Organisation für wirtschaftliche Zusammenarbeit und Entwicklung (OECD) als Wirtschaftsorganisation der führenden Industrieländer (www.oecd.org),
- das von den großen Industrieländern im Februar 1999 gegründete Forum für Finanzmarktstabilität (FSF) (www.fsforum.org).

Dominanz der Industriestaaten

Im Hinblick auf eine globale Regulierung zeichnen sich diese fünf Institutionen allerdings dadurch aus, dass sie von den Industrieländern dominiert werden: Bei BIZ, OECD und FSF rekrutiert sich schon die Mitgliedschaft überwiegend aus den Industrieländern, bei IWF und Weltbank wird das Stimmrecht eines Landes durch seine ökonomische Stärke bestimmt, was den USA allein rund siebzehn Prozent der Stimmen und den G-10-Ländern gut die Hälfte der Stimmen verschafft. Institutionen, in denen die Stimmen der Entwicklungsländer ein größeres Gewicht haben, die aber auf der anderen Seite in der Weltöffentlichkeit weniger beachtet werden, sind:

- der Wirtschafts- und Sozialausschuss der Vereinten Nationen (ECOSOC) (www.un.org) sowie
- die Konferenz der Vereinten Nationen für Handel und Entwicklung (UNCTAD) (www.unctad.org).

Die Diskussion zur Reform der Finanzmärkte verläuft im Wesentlichen in zwei Strängen, deren Reichweite und Trägerschaft sehr unterschiedlich sind.

Unterschiedliche Interessen an Finanzmarktregulierung: Stabilisierung

Die großen Finanzinstitutionen und Regierungen der Industrieländer konzentrieren – und beschränken – sich im Wesentlichen auf das Stabilisierungsproblem, also auf die Frage, wie Finanzmärkte stabilisiert und Finanzkrisen entweder verhindert oder bewältigt werden können (vgl. Camdessus 1999; IMF 1999a und 1999c; IFIAC 2000; Financial Stability Forum 2000a, 2000b und 2000c). Demgegenüber reicht die Perspektive des zweiten Diskussionsstranges weiter und verfolgt neben der Stabilisierungsfrage auch das Ziel, Finanzmärkte

Demokratisierung

zu demokratisieren und in eine demokratische internationale und nationale Wirtschaftspolitik einzubinden. Dieser Ansatz findet sich bei der UNCTAD und wird vor allem von sozialen Bewegungen, Netzwerken und Nichtregierungsorganisationen – in den Entwicklungsländern wie in den Industrieländern – verfolgt (vgl. ATTAC 1998; Bello et al. 2000; UNCTAD 2001).

3.1 Stabilisierung der Finanzmärkte

Eine Politik zur Stabilisierung der Finanzmärkte sollte sich auf vorbeugende Maßnahmen konzentrieren, die verhindern, dass es zu Turbulenzen und Finanzkrisen kommt. Sie sollte allerdings auch in der Lage sein, auf dennoch eingetretene Krisen schnell und wirksam zu reagieren, ihre Eskalation und Ausbreitung zu verhindern und

Maßnahmen vorbeugender Politik

Stabilität wiederherzustellen (vgl. Huffschmid 1999, 173–177). Vorbeugende Politik umfasst im Wesentlichen fünf Gruppen von Maßnahmen:

- Verbesserung von Transparenz und Standards,
- Vermeidung von Risiken durch eine bessere Finanzaufsicht,
- Verhinderung übermäßig riskanter und spekulativer Finanzgeschäfte,

Internationale Finanzmarktpolitik

- Beschränkung kurzfristiger internationaler Kapitalbewegungen,
- Stabilisierung der Wechselkurse.

Der Grad des internationalen Konsenses ist für die einzelnen Gruppen unterschiedlich: Über die Notwendigkeit, die Transparenz zu verbessern, herrscht breite Übereinstimmung; die Unterschiede beziehen sich auf die Frage, wieweit mehr und bessere Informationen schon ausreichen, Krisen zu verhindern und Finanzmärkte zu stabilisieren. Die Diskussionen zur Behinderung von übermäßig riskanten, kurzfristigen und rein spekulativen Finanzgeschäften haben eine große Zahl von – zum Teil sehr kontroversen – Vorschlägen hervorgebracht. Ähnliches gilt für die Kontrolle kurzfristiger Kapitalbewegungen. Am härtesten stehen sich unvereinbare Positionen in der Währungs- und Wechselkursfrage gegenüber. Quer zu diesen sachlichen Gruppen steht die Frage der institutionellen Reformen, die sich weniger auf den Aufbau neuer als auf die Reform bereits bestehender Institutionen und ihrer Funktion bezieht. *[Kontroverse Vorschläge]*

Auf der instrumentellen Ebene gibt es internationale Standards, Kodizes und Verhaltensregeln, die von IWF, OECD, BIZ, BCBS (*Basel Committee on Banking Supervision*), IOSCO (*International Organization of Securities Commissions*), IAIS (*International Association of Insurance Supervisors*) u.a.m. entwickelt worden sind. Das Problem liegt in ihrer Durchsetzung. Es handelt sich um rechtlich unverbindliche „soft laws", deren verbindliche Umsetzung letztlich nur durch die jeweilige nationale – oder im Fall der EU europäische – Gesetzgebung gewährleistet werden kann (vgl. Giovanoli 2000). Hierzu stehen den Parlamenten und Regierungen marktkonforme (in der Regel steuerpolitische) und administrative Instrumente zur Verfügung. *[Generelles Problem: die Durchsetzung internationaler Standards]*

Verbesserung von Transparenz und Standard: Der IWF hat in Reaktion auf die Asienkrise zusammen mit BIZ und OECD einen *Special Data Dissemination Standard (SDDS)* zur Orientierung über die wichtigsten Daten entwickelt, die zur Beurteilung der ökonomischen Lage eines Landes erforderlich sind. Die Erfüllung dieses Standards ist allerdings freiwillig, und bis Ende 1999 hatte ihn erst ein knappes Viertel (47) der 183 IWF-Mitgliedsländer akzeptiert. Es ist beabsichtigt, seine Einhaltung zur Bedingung für den Zugang zu Unterstützungsmaßnahmen des IWF zu machen. Problematisch an den Bestrebungen zur Verbesserung der Transparenz ist allerdings die Tatsache, dass sie sich fast ausschließlich auf die Entwicklungsländer als Schuldner und nicht ebenso sehr auf die großen Finanzinstitutionen als Gläubiger richten, deren Vergabe- und Anlagepolitik vielfach die Hauptverantwortung für Instabilität und Turbulenzen auf den Finanzmärkten trägt. *[Verbesserung von Transparenz und Standard]*

Vermeidung von Risiken durch eine bessere Finanzaufsicht: Ein etabliertes internationales Regelwerk existiert nur für den Bereich der Banken. Es sind die Grundsätze des *Basler Ausschusses für Bankenaufsicht*, eines bei der BIZ angesiedelten Ausschusses der Bankenaufsichtsbehörden der G-10-Länder. Diese Grundsätze sind weitgehend in EU-Richtlinien und die nationale Gesetzgebung aller OECD- und vieler Entwicklungsländer übernommen worden. Der wichtigste betrifft die Pflicht, für die (gewichteten) Risiken der Bankforderungen (also die Aktivseite der Bankbilanz) Eigenkapitalrücklagen in Höhe von acht Prozent zu bilden. Die beiden großen Risiken beziehen sich auf die Zahlungsunfähigkeit *[Vermeidung von Risiken durch eine bessere Finanzaufsicht]*

Kreditausfallrisiko und Marktrisiko des Schuldners (Kreditausfallrisiko) und den Preisverfall der im Portfolio gehaltenen Wertpapiere (Marktrisiko). Die aktuell anstehende Reform der Baseler Grundsätze (vgl. Basel Committee on Banking Supervision 1999a und 1999b) zielt darauf ab, die schematische Gewichtung von Krediten nach Schuldnerkategorien durch bankinterne Risikomodelle zu ersetzen, deren Qualität einer öffentlichen Aufsicht unterliegt. Das bietet einerseits die Möglichkeit einer genaueren Risikoeinschätzung, schafft aber andererseits die Gefahr einer Selbstbeaufsichtigung der Kreditinstitute und einer Überforderung der öffentlichen Kontrolle.

Für Investmentgesellschaften, den Börsenhandel und die Versicherungen gibt es bis heute keine mit der Bankenaufsicht vergleichbaren internationalen Regelungen, sondern nur relativ allgemeine und unverbindliche Grundsätze, auf die sich die nationalen Aufsichtsbehörden in internationalen Kooperationsausschüssen geeinigt haben.

Verhinderung übermäßig riskanter und spekulativer Finanzgeschäfte *Verhinderung übermäßig riskanter und spekulativer Finanzgeschäfte:* Die zahlreichen Vorschläge hierzu richten sich überwiegend nicht gegen Spekulation an sich, sondern gegen destabilisierende Spekulation, die – aufgrund spekulativen Herdenverhaltens – zu übermäßigen Marktausschlägen, zu kurzfristigen massenhaften Kapitalflüssen und zur plötzlichen Umkehr dieser Flüsse führt.

Spekulationsfonds In diesem Zusammenhang spielen die *Spekulationsfonds* (*Highly Leveraged Institutions*, HLI) eine wichtige Rolle, weil sie eine potenzielle Gefahr für das Finanzsystem insgesamt darstellen. Das *Financial Stability Forum* empfiehlt in seinem Bericht (2000a) ein Paket von zehn Maßnahmen. Sie richten sich zum Teil an die HLI selbst, von denen mehr Risikobewusstsein und Information verlangt werden. Da die HLI aber meistens in unregulierten *Offshorezentren* (OFCs) arbeiten, sind sie kaum direkt zu belangen. Interessanter sind daher die Empfehlungen, die sich auf die Kreditgeber der HLI in den regulierten Finanzzentren richten: Sie sollen einer schärferen Bankenaufsicht unterworfen und Kredite an die HLI mit höheren Eigenkapitalforderungen unterlegt werden.

Offshorezentren Ähnliche Empfehlungen gibt das FSF (2000b) für die Behandlung von Offshorezentren, über die hochspekulative Geschäfte in der Regel abgewickelt werden. Die Liste potenzieller Druckmittel gegenüber OFCs reicht von Hilfeangeboten für die Verbesserung der Standards über den Ausschluss aus bestimmten internationalen Vereinigungen und die Erschwerung sowie Verteuerung von Krediten aus regulierten Finanzzentren an Firmen in OFCs bis zur Anweisung an Institute in Finanzzentren, Geschäfte mit OFCs zu beenden und keine neuen einzugehen. Ein Problem bei diesem Vorschlag besteht allerdings darin, dass viele Offshorezentren in New York und London liegen, also von den dortigen Regierungen gefördert werden.

Beteiligung der Gläubiger an den Kosten Einbeziehung *von Gläubigern (Bail-in):* Um eine allzu unbekümmerte und daher riskante Vergabe von Krediten oder Zeichnung von Anleihen zu verhindern, sollten die Gläubiger stärker an den Kosten von Zahlungsschwierigkeiten oder -ausfällen der Schuldner beteiligt werden. Dazu kann – ähnlich wie im Konkursrecht – neben dem Schutz *der* Gläubiger ein Schutz der Schuldner *vor* den Gläubigern in die jeweiligen Kredit- oder Anleihekonditionen eingebaut werden: Ausschluss von Einzelaktionen von Gläubigern, Option von Zusatzkrediten, Pflicht zur Umschuldung, Akzeptieren von Zahlungsmoratorien u.a.m.

Derartige Konditionen stellen für die Gläubiger Kosten dar, durch die riskante Kredite oder Anleihen weniger attraktiv werden.

Transaktionssteuern: Kurzfristige Transaktionen, die in der Regel nicht einer optimalen Faktorallokation, sondern spekulativen Interessen dienen, können steuerlich verteuert oder administrativ erschwert werden, ohne dass dadurch längerfristige Finanzinvestments in relevanter Weise behindert würden. Im Vordergrund der Diskussion stehen die *Tobinsteuer* (Ul Haq et al. 1996; Arestis und Sawyer 1997) und die *Bardepotpflicht* als Maßnahmen zur Verlangsamung der internationalen Transaktionen (zur Tobinsteuer vgl. Kasten III-2). Ähnliche Instrumente können auch zur Verlangsamung des inländischen Wertpapierumsatzes eingesetzt werden (stärkere Besteuerung kurzfristiger Spekulationsgewinne, nach Haltungsdauer gestaffelte Börsenumsatzsteuer). Die Einführung einer Tobinsteuer ist in den letzten Jahren zu einer Kernforderung der zahlreichen sozialen Bewegungen geworden, die sich den Kampf gegen die Finanzspekulation und die Demokratisierung der Finanzmärkte zum Ziel gesetzt und mittlerweile in dem globalen Netzwerk *Association for the Taxation of financial Transaction for the Aid of Citizens* (ATTAC) organisiert haben.

Transaktionssteuern

Tobinsteuer: Kernforderung sozialer Bewegungen

Kasten III-2: Die Tobinsteuer

> Die so genannte Tobinsteuer ist eine Steuer auf internationale Finanztransaktionen. Durch sie sollen alle Umsätze auf dem Devisenmarkt mit einem einheitlichen Steuersatz belegt werden. Zweck der Tobinsteuer ist es, kurzfristige oder spekulative Kapitalbewegungen zu bremsen.
>
> Die Tobinsteuer wurde erstmals 1972 von dem amerikanischen Wirtschaftswissenschaftler und Nobelpreisträger für Wirtschaft James Tobin gefordert und ist nach ihm benannt. Anlass war für Tobin die Befürchtung, dass nach der Auflösung des Bretton-Woods-Systems und der damit einhergehenden Abschaffung der festen Wechselkurse die freien Wechselkurse viele kurzfristige Kapitalbewegungen herbeiführen würden, die sich auf die Realwirtschaft eher störend auswirken könnten.
>
> Tobin selbst hat einen Steuersatz von einem Prozent vorgeschlagen. Befürworter meinen, dass jetzt schon 0,1 bis 0,5 Prozent ausreichten, um das Gros der spekulativen Kapitalbewegungen zu unterbinden. Die Steuereinnahmen sollten den armen Ländern zur Verfügung gestellt werden.
>
> Heute wird die Tobinsteuer vor allem von Globalisierungskritikern gefordert. Auch der französische Premierminister Lionel Jospin hat sich für eine Initiative der EU für die Tobinsteuer ausgesprochen. Bundeskanzler Gerhard Schröder hat angekündigt, die Einführung der Tobinsteuer mit den europäischen Partnern zu besprechen. Am 21. September 2001 stand die Tobinsteuer bei dem Treffen des EU-Ministerrates erstmals auf der Tagesordnung.

Quelle: www.politikerscreen.de vom 6. September 2001

Beschränkung kurzfristiger internationaler Kapitalbewegungen: Auf diesem Gebiet haben in den letzten Jahren Positionsveränderungen stattgefunden, die bis in den IWF hineinreichen. Die Mehrheit der an der Reformdiskussion Beteiligten hält zwar eine vollständige Liberalisierung des Kapitalverkehrs nach wie vor *grundsätzlich und langfristig* für ökonomisch effizient und sinnvoll, große Teile dieser Mehrheit räumen aber mittlerweile ein, dass die positiven Wirkungen of-

Beschränkung kurzfristiger internationaler Kapitalbewegungen

fener Kapitalmärkte nur eintreten, wenn die nationalen Finanzmärkte hinreichend stabil sind. Kurzfristige Kapitalzuflüsse ohne Bezug auf die realökonomischen Grundgegebenheiten können in Ländern mit schwachen Finanzsystemen destabilisierende Wirkungen haben, also einen negativen externen Effekt erzeugen. Hiergegen sind politische Maßnahmen erforderlich (vgl. IMF 1999b; Zee 2000; FSF 2000c). Solche Länder sollten daher eine gewisse Kontrolle über die Kapitalzu- und -abflüsse behalten und den Kapitalverkehr erst nach dem Aufbau eines robusten Finanzsystems liberalisieren.

Stabilisierung der Wechselkurse

Stabilisierung der Wechselkurse: Obwohl die Währungsspekulation ein wesentlicher Faktor der jüngsten Finanzkrisen war, findet eine Diskussion über die Reform des Internationalen Währungssystems in den internationalen Gremien und Institutionen faktisch nicht statt. Grund hierfür ist die Position der USA, die mit ihrer währungspolitischen Hegemonie zufrieden sind und dafür das mit dem starken Dollar verbundene hohe Handelsbilanzdefizit in Kauf nehmen. Alle Anläufe zur Reform des Währungssystems in Richtung auf ein *globales Zielzonensystem zwischen den G-3-Währungen* werden von der US-Regierung kompromisslos zurückgewiesen. An ein solches System mehr oder minder flexibler Wechselkurszielzonen, wie es der ehemalige deutsche und der ehemalige französische Finanzminister Ende 1998 forderten, ist also auf absehbare Zeit nicht zu denken – obgleich es eine Reihe derartiger Vorschläge gibt (z.B. Robinson College Working Group 1999). Die drei Leitwährungen werden also zunächst durch ein System flexibler Wechselkurse verbunden bleiben, in dem allerdings gelegentliche (auf den G-7-Treffen verabredete) Ad-hoc-Kooperationen nicht ausgeschlossen sind.[1]

Globales Zielzonensystem wird von den USA abgelehnt

Zweitbeste Lösung: regionale Währungssysteme

Als zweitbeste Lösung unterhalb globaler Zielzonen sind verschiedentlich regionale Währungssysteme (nach dem Muster des Europäischen Währungssystems) vor allem in und für Südostasien und in geringerem Umfang für Lateinamerika in die Diskussion gebracht worden. Dieser Weg wird vom Wirtschafts- und Sozialausschuss der UNO als ein wesentlicher Schritt auf dem Weg zu einer neuen internationalen Finanzarchitektur empfohlen (UNO 1999, 10), und auch die UNCTAD favorisiert in ihrem Jahresbericht eine solche Möglichkeit (UNCTAD 2001). Auf der ASEAN-Finanzminister-Konferenz im März 2000 wurde über ein regionales System der Liquiditätshilfe gesprochen, und im Mai hat Japan ein Netzwerk regionaler Währungsswaps vorgeschlagen (Dieter 2000, 21), das sich gegenwärtig in der Umsetzung befindet. Dieter (ebd. 9–20) stellt ein Modell der Bildung eines (asiatischen) regionalen Währungssystems in vier Stufen auf, von denen die beiden ersten in dem hier diskutierten Zusammenhang relevant sind, nämlich erstens die Bildung eines regionalen Liquiditätsfonds, in

---

1 Immerhin hält auch eine starke – über ein Drittel der Mitglieder umfassende – Minderheit einer vom früheren amerikanischen Präsidenten Clinton eingesetzten *Independent Task Force* (1999) eine Stabilisierung der Währungsrelationen zwischen Dollar, Yen und Euro für ein Muss einer soliden Reform des internationalen Finanzsystems ("We believe there can be no serious reform of the overall financial architecture without fundamental reform of the way in which the G-3 manage the relationships among their exchange rates") und schlägt ein Zielzonensystem mit relativ großen (10–15%) Bandbreiten vor ("Preferably, we contemplate arrangements along the lines of rather broad target zones or reference ranges" [ebd. 108, 125–129]).

Internationale Finanzmarktpolitik 285

den die Mitgliedsländer einen Teil ihrer Devisenreserven einzahlen und der zur Überbrückung von Liquiditätsproblemen zur Verfügung steht, und zweitens die Bildung eines Wechselkurszielzonensystems mit Interventionsverpflichtung der Beteiligten.²

Reform der Bretton-Woods-Institutionen

Die zahlreichen Beiträge zur Reform von IWF und Weltbank lassen sich auf drei Grundmodelle reduzieren:

Das erste Modell betrachtet den IWF im Wesentlichen nach wie vor als die Schaltstelle zwischen den entwickelten und den Entwicklungsländern, einerseits als Hebel zur Durchsetzung und Überwachung einer aus der Sicht des Nordens „soliden" Wirtschaftspolitik in den Südländern, andererseits als Institution zur Sicherung der Liquidität des internationalen Finanzsystems (*lender of last resort*, Krisenmanager). Das ist die Position der USA, die in aller Schärfe im so genannten Meltzer-Report vom Frühjahr 2000 formuliert wurde (IFIAC 2000). Er schlägt eine radikale Verminderung der Aufgaben des IWF vor: Ausstieg aus allen langfristigen Programmen einschließlich des Programms zur Armutsbekämpfung (die auf die Weltbank übergehen sollten) und Beschränkung auf die Rolle als Krisenmanager. In dieser Funktion solle der IWF kurzfristige und teure Kredite an gefährdete Entwicklungsländer vergeben (auch wenn sie sich noch nicht in einer akuten Krise befinden) – allerdings nur an solche, die sich vorher durch ihre Wirtschaftspolitik als kreditwürdige Länder qualifiziert haben (*Prequalification*). Die wirtschaftspolitische Überwachungs- und Auflagenpolitik im Sinne des Washington-Konsensus, die bisher mit der Kreditvergabe verbunden war, wird also nicht abgeschafft, sondern vorverlegt.³ Dies schließt einen erheblichen Kreis von Mitgliedsländern (!) des IWF von vornherein aus der Unterstützung im Krisenfall aus („außer in ungewöhnlichen Umständen, in denen die Krise eine Bedrohung der globalen Wirtschaft darstellt" [IFIAC 2000, 5]). In diesem Zusammenhang ist auch die Forderung des Meltzer-Berichts nach Streichung der Schulden für die ärmsten Länder zu sehen: Es handelt sich um eine Altlast, derer sich der IWF entledigen sollte.

Das zweite Modell ist das eines einerseits gemäßigten, andererseits erweiterten Washington-Konsensus: Es will einerseits die makroökonomische Politikberatung (auch im Sinne der Überwachungs- und Auflagenpolitik) beibehalten und auf strukturpolitische Faktoren und das Finanzsystem ausweiten, erweiterte Publizitäts- und Geschäftsstandards durchsetzen und den Zugang zu den IWF-Mitteln erschweren, andererseits aber den Privatsektor (die Gläubiger) beim Krisenmanagement einbeziehen und außerdem – obgleich die Zahl der langfristigen IWF-Programme deutlich vermindert werden soll – die ärmsten Länder stärker unterstützen (z.B. durch Schuldenerlass, vgl. auch Köhler 2000). Eine Analyse

Drei Grundmodelle von Reformen

Das erste Modell:

IWF als Krisenmanager

Das zweite Modell: ein sowohl gemäßigter als auch erweiterter Washington-Konsensus

---

2   Als dritter Schritt folgt die Errichtung einer Wirtschafts- und Währungsunion und als vierter die politische Union (Dieter 2000).
3   Dies ist übrigens bereits mit der Schaffung einer neuen Kreditfazilität – *Contingent Credit Line* (CCL) – im Jahr 1998 geschehen, die präqualifizierten Ländern zur Verfügung steht.

der Haltung des IWF gegenüber den Ländern, in denen im Jahr 2001 schwere Finanzkrisen ausgebrochen sind – vor allem der Türkei und Argentinien –, stützt allerdings die Vermutung, dass von diesen drei Programmpunkten tatsächlich nur der erste ernsthaft umgesetzt wird.

Das dritte Modell: ein Bündel verschiedener Maßnahmen

Das dritte Modell will den IWF zum Zentrum einer kooperativen globalen Wirtschaftsregulierung machen oder doch mindestens zum Zentrum eines global reformierten internationalen Weltwährungssystems. Hierzu liegt eine Reihe von Konzepten vor (Guttmann 1994; Eatwell und Taylor 1998, 2000; Robinson College Working Group 1999; de Gregorio et al. 2000). Sie reichen von der Etablierung eines globalen währungspolitischen Zielzonensystems (zwischen den G-3-Währungen) über die Abschaffung oder radikale Veränderung des Auflagen- und Beratungssystems (Post-Washington-Konsensus, Stiglitz, Robinson College Working Group) über interne Strukturveränderungen des IWF (Stimmrecht und Quoten, Rechenschaftspflicht, Abwählbarkeit des Direktoriums) bis zur Konzeption einer Weltzentralbank mit der Möglichkeit, Weltgeld (in Form von *Sonderziehungsrechten* – kurz: SZR) auszugeben.

3.2 Demokratisierung der Finanzmärkte

Zwei Kernelemente der Demokratisierung:

Die Diskussion zur Demokratisierung der Finanzmärkte enthält im Wesentlichen zwei Kernelemente:

1. Demokratisierung internationaler Institutionen ...

Erstens sollten die internationalen Institutionen – insbesondere der IWF – gründlich hinsichtlich des Stimmrechts und der Aufgabenstellung demokratisiert werden. Als Sonderorganisation der Vereinten Nationen trägt der IWF seinem Gründungszweck nach globale Verantwortung für die Stabilität der internationalen Finanz- und Währungsbeziehungen. Globale Verantwortung kann eine Institution in glaubwürdiger Weise aber nur tragen, wenn sie demokratisch strukturiert ist. Dies ist beim IWF nicht der Fall, in dem sich das Stimmrecht der Mitgliedsländer nach ihrer ökonomischen Größe richtet und die USA sowie die Industrieländer ein enormes Übergewicht haben. Demgegenüber sollte die ökonomische Stärke eines Landes bei der Zuteilung von Stimmrechten zwar nicht völlig unberücksichtigt bleiben, aber durch andere Kriterien ergänzt werden, wie etwa die Bevölkerungszahl und den Entwicklungsstand eines Landes. Eine Neuverteilung des Stimmrechts im IWF, die diese drei Kriterien zu jeweils einem Drittel berücksichtigt, führte dazu, dass die Dominanz der Industrieländer eingeschränkt und der Zwang zu einer Konsensbildung verstärkt würde, in der die Interessen der Entwicklungsländer zwar nicht ihrerseits dominierten, aber deutlich stärker zur Geltung kämen (vgl. Huffschmid 2000). Auch der Auftrag des IWF sollte entsprechend seiner ursprünglichen Zielsetzung dahingehend verändert werden, dass er sich vor allem auf die Herstellung und Bewahrung der währungspolitischen Stabilität konzentriert, Währungskrisen möglichst verhindert und – wenn sie doch ausbrechen – als *lender of last resort* die monetäre Stabilität wiederherstellt. Diese Funktionen sollten an die Stelle der wirtschaftspolitischen Aufsicht und Bevormundung der Entwicklungsländer treten, die seit dem Ende des Bretton-Woods-Systems Hauptinhalt der Politik des IWF geworden sind und ihn zu einem Instrument zur Durchsetzung der Gläubigerinteressen des Nordens

z.B. durch Neuverteilung des Stimmrechts im IWF und

Beschränkung seiner Zuständigkeit

Internationale Finanzmarktpolitik

gegenüber den Schuldnern des Südens gemacht haben. Eine solche Korrektur erfordert aber auch, gegen die Politik der forcierten Exportorientierung Front zu machen, deren Erfolg in Form hoher Exportüberschüsse zugleich hohe Leistungsbilanzdefizite anderer Länder bzw. Regionen und damit Gefahren für die weltwirtschaftliche Stabilität mit sich bringt. Entgegen der Freihandelsideologie zeigt sich nämlich, dass die Vorteile internationaler Arbeitsteilung nur dann allen Beteiligten zugute kommen, wenn sie in einen politischen und institutionellen Rahmen eingebunden werden, der anhaltende Überschüsse ebenso wie lang anhaltende Defizite verhindert.

Das zweite Kernelement der Demokratisierung internationaler Finanzmärkte bezieht sich auf die Wirtschaftspolitik in den Finanzzentren. Sein Ausgangspunkt ist die These, dass sowohl die Finanzspekulation als auch die Unterwerfung der ganzen Gesellschaft unter die Interessen der Finanzanleger primär durch den Druck überschüssiger Liquidität forciert werden, die mangels rentabler Investitionsperspektiven in steigenden Mengen und mit zunehmender Geschwindigkeit auf die Finanzmärkte geworfen wird und dort Verwertung sucht. Demnach muss eine Finanzmarktreform an der Quelle des Drucks ansetzen und nicht nur durch verschiedene Beschränkungen das Tempo aus dem Wertpapierhandel herausnehmen, sondern darüber hinaus die Finanzmärkte in eine umfassende ökonomische Strategie einbinden, deren Orientierungspunkte Vollbeschäftigung und Ausschöpfung der Entwicklungspotenziale einer Gesellschaft sind. Eine solche Strategie läuft darauf hinaus, das Entstehen von Liquidität zu verhindern, die aus Mangel an effektiver Endnachfrage nicht in den produktiven Kreislauf zurückgelenkt wird, sondern stattdessen auf die Finanzmärkte ausweicht. Demokratische Wirtschaftspolitik stellt das Verhältnis von Finanzmärkten und wirtschaftlicher Entwicklung wieder vom Kopf auf die Füße, indem sie die Finanzmärkte auf ihre wichtige ökonomische Funktion der Investitionsfinanzierung und langfristigen Vermögensbildung konzentriert.

2. Demokratisierung der Wirtschaftspolitik in den Finanzzentren

4 Soziale Bewegungen zur Überwindung von Reformblockaden

Eine Reform des internationalen Finanzsystems, die über eine bessere Ausrichtung der Entwicklungsländer auf die Interessen der Finanzanleger sowie über kosmetische Korrekturen hinausgeht, erforderte Abstriche an den Positionen und Interessen der USA als des mit Abstand mächtigsten Finanzzentrums der Welt, eine Umverteilung von Einfluss vom Norden auf den Süden und im Norden wie im Süden von Einkommen und Vermögen von oben nach unten. Ihre Chancen, in einer von den offiziellen Institutionen und Regierungen ausgehenden Initiative umgesetzt zu werden, sind daher so gut wie nicht existent. Die Regierungen der USA und der EU sind nicht bereit, über eine Neuverteilung des Stimmrechts im IWF zugunsten der Entwicklungsländer zu reden. Sie sehen überwiegend nach wie vor die Hauptursachen für Finanzkrisen bei den Ländern, die Opfer derartiger Krisen sind, und weisen die Einführung eines internationalen Konkursrechtes für die Finanzmärkte ebenso zurück wie die Einführung einer Devisentransaktionssteuer (Tobinsteuer), durch die Währungsspekulation vermindert

USA und EU blockieren Reformen

werden könnte. Die Freiheit des Kapitalverkehrs genießt bei ihnen Vorrang gegenüber ökonomischer Entwicklung und sozialer Sicherheit in den Ländern der Dritten Welt. In Kontinentaleuropa läuft die Modernisierung des Sozialstaates darauf hinaus, die Systeme der sozialen Sicherheit schrittweise den institutionellen Anlegern auszuliefern und damit den Risiken der Finanzmärkte auszusetzen.

Drei Faktoren der Blockade:

Diese politische Blockadeposition gegenüber einer demokratischen Reform der Finanzmärkte wird von drei Faktoren getragen. Der erste ist eine fundamentalistische Marktideologie, die gegen alle Evidenz behauptet, dass unbeschränktes Privateigentum an den Produktionsmitteln, freie Märkte und stabile Preise die notwendigen und hinreichenden Bedingungen für eine funktionierende Wirtschaft und den höchstmöglichen Wohlstand aller sind. Diese Ideologie steht nicht nur zu den Tatsachen einer sich mit zunehmender Liberalisierung zunehmend polarisierenden Welt in Widerspruch, sondern auch zur Praxis ihrer Protagonisten, wenn es deren Interessen erfordern. Dass sie sich dennoch weitgehend in der Gesellschaft durchsetzen kann und mittlerweile die große Mehrheit der akademischen Wissenschaft und eine noch größere Mehrheit der Medien überzogen hat, liegt zweitens an der Veränderung des gesellschaftlichen Kräfteverhältnisses zwischen Arbeit und Kapital zugunsten einer breiten gesellschaftlichen Gegenreform, von der nicht nur Finanzkonzerne profitieren. Der Druck, den die großen institutionellen Anleger auf das Management der Unternehmen, in die sie investieren, sowie auf die Politik ausüben, kommt auch kleinen und mittleren Unternehmen – über sinkende Sozialabgaben, eingeschüchterte Gewerkschaften, niedrigere Gewinnsteuern etc. – zugute. Dass diese Unternehmen sich den negativen Folgen einer schwachen Binnennachfrage weit weniger durch Kapitalverlagerung entziehen können als die großen Finanzkonzerne, vermindert ihr unmittelbares Interesse an sinkenden Lohnkosten und Steuern nicht. Der dritte wesentliche Faktor, der eine Reform der Finanzmärkte in Richtung auf demokratische Global Governance blockiert, sind die handfesten Gewinninteressen und die große politische Macht der führenden Finanzkonzerne. Sie verdienen an der Destabilisierung und an der Disziplinierung, die mit der gegenwärtigen Struktur und Funktionsweise sowie den Entwicklungstendenzen von Finanzmärkten verbunden sind: Wechselkursschwankungen sind für die kleine Zahl der großen Devisenbanken ebenso ein Geschäft wie Wechselkurssicherungsgeschäfte. Die großen Finanzinstitute helfen vielfach, Steuerflucht zu organisieren, und unterhalten profitable Verbindungen zu den Spekulationsfonds und Offshorezentren. Investmentbanken kassieren Milliardenprovisionen für die Platzierung flüssiger Mittel, die Vermittlung von Fusionen und die Vermögensverwaltung der Reichen. Die institutionellen Anleger leben von liberalisierten und deregulierten Finanzmärkten. Die Freiheit des Kapitalverkehrs bietet ihnen enorme wirtschaftliche Gewinnperspektiven. Der Übergang auf kapitalgedeckte soziale Sicherungssysteme sichert ihnen für lange Zeit das größte Geschäft seit Jahrzehnten.

1. neoliberale Wirtschaftsideologie

2. Veränderung des Kräfteverhältnisses zwischen Kapital und Arbeit

3. Gewinninteressen und politische Macht führender Finanzkonzerne

Demokratische Global Governance hat nur eine Chance ...

Eine demokratische Reform der Finanzmärkte im Sinne einer demokratischen Global Governance, also einer gemeinsamen Regelung, von der die Beteiligten gleichermaßen profitieren, wird also nicht ohne erheblichen politischen Druck zustande kommen. Anfänge dieses Drucks sind bereits in verschiedenen sozialen Bewegungen erkennbar (vgl. ATTAC 1998). Sie thematisieren die wirtschaftlich, sozial und politisch destabilisierende Rolle der Finanzmärkte, die im Namen objektiver Sachzwänge die Interessen der Finanzinstitutionen zunehmend gegenüber den sozialen und demokratischen Ansprüchen der Gesellschaft durchsetzen. Sie fordern demgegenüber, die Regeln für Finanzmärkte so zu setzen, dass sie dem sozialen Fortschritt dienen. Diese Kritik und die Forderungen stoßen mittlerweile auf Zustimmung bei einer schnell zunehmenden Zahl von Menschen. Ein bemerkenswerter Beleg hierfür ist die schnelle Ausbreitung des Netzwerkes ATTAC: Was, von Frankreich ausgehend, als Bündnis zur Einführung einer Devisentransaktionssteuer begann, ist mittlerweile ein internationales Netzwerk zur demokratischen Kontrolle der Finanzmärkte in über dreißig Ländern geworden, dessen Forderungen weit über die Tobinsteuer hinausreichen und sich auf die Verhinderung von Steuerflucht und die Erhaltung öffentlich finanzierter Systeme der sozialen Sicherheit erstrecken. Die Reaktionen der Regierungen auf massenhafte Proteste gegen die Dominanz der Finanzmärkte zeigen aber auch, dass bei ihnen die Neigung überwiegt, sich gegenüber ungewohnten Protest- und Widerstandsformen in mentale und paramilitärisch geschützte Festungen zurückzuziehen, statt sich ernsthaft auf die Kritik einzulassen und mehr als kosmetische Reformen anzugehen. Zur Überwindung derartiger Reformblockaden sind daher vermehrte argumentative Aufklärung, öffentliche Diskussion und soziale Mobilisierung erforderlich.

wenn hinreichend massiver politischer Druck besteht

Literatur

Arestis, Philip und Malcolm Sawyer. 1997. How many cheers for the Tobin transactions tax?, aus: Cambridge Journal of Economics, 21, 753–768.
ATTAC. 1998. Platform of the Association Attac (www.attac.org/htm).
Baker, Dean und Mark Weisbrod. 1999. Social Security. The Phony Crisis. Chicago: The University of Chicago Press.
Bakker, Age F.P. 1996. The Liberalization of Capital Movements in Europe. The Monetary Committeee and Financial Integration 1958–1994. Dordrecht et al.: Kluwer Academic Publishers.
Basel Committee on Banking Supervision. 1999a. A New Capital Adequacy Framework. Consultative paper issued by the Basel Committee on Banking Supervision (www.bis.org).
Basel Committee on Banking Supervision. 1999b. Update on work on New Capital Adequacy Framework, November (www.bis.org).
Bello, Walden, Nicola Bullard und Kamal Malhotra (Hg.). 2000. Global Finance. New Thinking on Regulating Speculative Capital Markets. Dhaka: The University Press, London and New York: Zed Books, Bangkok: Focus on the Global South.
BIZ (Bank für Internationalen Zahlungsausgleich) 2001. 71. Jahresbericht, 1. April bis 31. März 2000. Basel (www.bis.org/htm).
BVI (Bundesverband Deutscher Investment-Gesellschaften) 2001. Investment 2001. Daten, Fakten, Entwicklungen. Frankfurt a.M.
Camdessus, Michael. 1999. International Financial and Monetary Stability. A Global Public Good? (www.imf.org.external/np/speeches/1999/052899.htm).
Chesnais, François. 1996. Mondialisation financière et vulnérabilité systémique, in: François Chesnais u.a. La mondialisation financière. Genèse, coût et enjeux. Paris: Syros, 251–295.
De Gregorio, José, Barry Eichengreen, Takatoshi Ito und Charles Wyplosz. 1999. An Independent and Accountable IMF. Geneva Reports on the World Economy 1, Geneva, London: International Center for Monetary and Banking Studies.

Dieter, Heribert. 1998. Die Asienkrise. Ursachen, Konsequenzen und die Rolle des Internationalen Währungsfonds. Marburg: Metropolis-Verlag.

Dieter, Heribert. 2000. Monetary Regionalism: Regional Integration without Financial Crises. CSGR Working Paper No. 52/00. Centre for the Study of Globalisation and Regionalisation. Warwick: Economic and Social Research Council.

Eatwell, John und Lance Taylor. 1998. International Capital Markets and the Future of Economic Policy. CEPA Working Papers Series III, New York (Center for Economic Policy Analysis, New School for Social Research).

Eatwell, John und Lance Taylor. 2000. Global Finance at Risk. The Case for International Regulation. New York: The New Press.

Eichengreen, Barry. 1999. Toward A New International Financial Architecture. A Practical Post-Asia Agenda. Washington D.C.: Institute for International Economics.

Froud, Julie, Colin Haslam, Sukhdev Johal und Karel Williams. 2000. Shareholder value and financialisation: consultancy promises, management moves, aus: Economy and Society 29 (1), 80–110.

FSF Financial Stability Forum. 2000a. Report of the Working Group on Highly Leveraged Institutions (www.fsforum.org/Reports.html).

FSF Financial Stability Forum. 2000b. Report of the Working Group on Offshore Financial Centres, April (www.fsforum.org/Reports.html).

FSF Financial Stability Forum. 2000c. Report of the Working Group on Capital Flows (www.fsforum.org/Reports.html).

Giovanoli, Mario. 2000. A new architecture for the global financial market: legal aspects of international financial standard setting, in: Mario Giovanoli (Hg.). International Monetary Law. Issues for the New Millenium. Oxford: Oxford University Press, 3–59.

Guttmann, Robert. 1994. How Credit-Money Shapes the Economy. The United States in a Global System. Armonk, London: M.E. Sharpe.

Huffschmid, Jörg. 1999. Politische Ökonomie der Finanzmärkte. Hamburg: VSA-Verlag.

Huffschmid, Jörg. 2000. Demokratisierung, Stabilisierung und Entwicklung. Ein Reformszenario für IWF und Weltbank, aus: Blätter für deutsche und internationale Politik, 11, 1345–1354.

IFIAC (International Financial Institution Advisory Commission) 2000. Report, Washington D.C. (http://phantom-x.bsia.cmu.edu/IFIAC/Report.html).

IMF International Monetary Fund. 1999a. A Guide to Progress in Strengthening the Architecture of the International Financial System (www.imf.org/external/np/exr/facts/arch.htm).

IMF International Monetary Fund. 1999b. Country Experience with the Use and Liberalization of Capital Controls, advance copy (www.imf.org).

IMF International Monetary Fund. 1999c. Report of the Managing Director to the Interim Committee on Progress in Strengthening the Architecture of the International Financial System, 26. April (www.imf.org/external/np/omd/1999/042600.htm).

Independent Task Force (sponsored by the Council of Foreign Relations). 1999. Safeguarding Prosperity in a Global Financial System. The Future International Financial Architecture. Washington D.C.: Institute for International Economics.

Kindleberger, Charles P. 1996. Manias, Panics and Crashes, A History of Financial Crises. London et al.: Macmillan (zuerst erschienen 1978).

Köhler, Horst. 2000. The IMF in a Changing World. Remarks by Horst Köhler, Given at the National Press Club. Washington D.C. 7. August (www.imf.org/externat/np/speeches/2000/080700htm).

Lazonick, William und Mary O'Sullivan. 2000. Maximizing shareholder value: a new ideology for corporate governance, aus: Economy and Society, 29 (1), 13–35.

Messner, Dirk und Franz Nuscheler. 1996. Global Governance. Herausforderungen an die deutsche Politik an der Schwelle zum 21. Jahrhundert. Stiftung Entwicklung und Frieden. Policy Paper 2, Bonn.

Robinson College Working Group. 1999. An Agenda for a New Bretton Woods. International Papers in Political Economy, 29 (1).

Shafer, Jeffrey R. 1995. Experience with controls on international capital movements in OECD countries: solution or problem for monetary policy?, in: Sebastian Edwards (Hg.). Capital Controls, Exchange Rates and Monetary Policy in the World Economy. Cambridge et al.: Cambridge University Press, 119–156.

Ul Haq, Mahbub, Inge Kaul und Isabelle Grunberg (Hg.). 1996. The Tobin Tax. Coping with Financial Volatility. Oxford, New York: Oxford University Press.

UN (United Nations) 1999. Task Force of the Executive Committee on Economic and Social Affairs of the United Nations. Towards a New International Financial Architecture (www.eclac.cl/English/Coverpage/architecture.htm).

UNCTAD 2001. United Nations Conference on Trade and Development. Trade and Development Report, Chapter III.

Zee, H.H. 2000. Retarding Short-Term Capital Inflows Through Withholding Tax. IMF Working Paper WP/00/40. Washington.

Lars Kohlmorgen

Global Governance und internationale Sozialpolitik

1	Weltsozialordnung: offene Fragen	293
2	Die internationale Sozialordnung als Bestandteil der Global-Governance-Architektur	294
3	Strukturelle Hindernisse für Global Governance	296
4	Konzepte der internationalen Organisationen: Paradigmenwechsel?	299
5	Weltgipfel für soziale Entwicklung	301
6	Wachsende Ungleichheit oder soziale Gerechtigkeit?	303
7	Konflikte im Kopenhagen-Prozess	306
8	Chancen einer Weltsozialordnung	308

1 Weltsozialordnung: offene Fragen

Die internationale Sozialpolitik bzw. die Weltsozialordnung kann neben den Bereichen Handel, Wettbewerb, Währung und Finanzen, Umwelt sowie Sicherheit als zentrales Policy-Feld einer Global Governance bezeichnet werden und wird von Dirk Messner und Franz Nuscheler (1996a; vgl. Messner 1999) als eine der Säulen der Global-Governance-Architektur definiert. Sie soll dem Global-Governance-Konzept zufolge über einen „internationalen Lastenausgleich", einen Ausbau der Entwicklungszusammenarbeit und ein umfassendes Schuldenregime die aus dem wachsenden globalen Wohlstandsgefälle und der Marginalisierung bestimmter Weltregionen resultierenden Risiken minimieren.

Internationale Sozialpolitik als ein Element von Global Governance

Es ist unklar, was genau unter einer Weltsozialordnung oder einer internationalen Sozialpolitik zu verstehen ist. Diese Begriffe bleiben unpräzise sowohl in der genauen Zuordnung der konkreten Akteure als auch hinsichtlich der genaueren Policy-Felder und der normativen Ansätze, die sich hinter ihnen verbergen könnten. Es lassen sich viele Fragen formulieren: Beschreiben diese Begriffe die „klassische" internationale Entwicklungshilfe bzw. -zusammenarbeit zwischen Industrie- und Entwicklungsländern oder das transnationale und multilaterale Wirken internationaler Organisationen und Institutionen? Enthält das Konzept einer

Was ist internationale Sozialpolitik?

Weltsozialordnung die Förderung von Entwicklung mit dem Ziel der Eigenständigkeit, des Empowerment? Beschreibt es eine globalen Wohlfahrtspolitik mit Umverteilungsmechanismen? Oder ist das Ziel lediglich die soziale Absicherung der verarmten Bevölkerung in den peripheren Ländern, die sich aus eigener Kraft nicht mehr helfen kann? Welche Akteure sind die maßgeblichen Träger einer Weltsozialordnung? Welche internationalen Organisationen und Institutionen nehmen entsprechende Funktionen wahr? Schließlich steht – ähnlich wie generell in Bezug auf Global Governance – die Frage im Raum, ob der Begriff der Weltsozialordnung in einer normativen oder analytischen Perspektive verwendet wird.

Aufbau des Beitrags

In diesem Beitrag werden nach einer kurzen Klärung des Begriffes „Weltsozialordnung" zunächst die strukturellen Bedingungen und Hindernisse für eine Global Governance skizziert. Daraufhin werden die bereits existierenden Ansätze einer internationalen Sozialordnung ins Visier genommen und hierbei insbesondere in den Kontext des 1995 in Kopenhagen durchgeführten Weltgipfels für soziale Entwicklung (WSSD) samt Folgeprozess gestellt, der als Indikator für die Bestandsaufnahme über die Existenz von Global-Governance-Strukturen in der internationalen Sozialpolitik dienen soll. Resultierend aus diesen Überlegungen über die Realität der internationalen Sozialordnung sollen deren Auswirkungen auf die internationale Verteilung des Wohlstands bzw. der Armut betrachtet werden. Es werden kurz die aus der strukturellen Ungleichheit und den Machtdisparitäten resultierenden Konflikte im Kopenhagen-Prozess beleuchtet, bevor abschließend ein Ausblick auf die Chancen der Global-Governance-Strategie im Policy-Feld „soziale Entwicklung" gewagt wird.

2 Die internationale Sozialordnung als Bestandteil der Global-Governance-Architektur

Begriffsklärung

Zur Beschreibung des real Existierenden ist es derzeit lediglich begrenzt sinnvoll, von einer *Welt*sozialordnung – wie etwa in dem Global-Governance-Konzept des Institutes für Entwicklung und Frieden (Messner und Nuscheler 1996a) – oder einer *globalen* Sozialpolitik zu sprechen, da es kaum Akteure gibt, die das Subjekt entsprechender globaler Politik sein könnten. Es ist besser und genauer, dem Vorschlag Hermann Sautters (2000, 405) zu folgen und die Termini „internationale Sozialordnung" oder „internationale Sozialpolitik" zu verwenden, da nach wie vor die Nationalstaaten die maßgeblichen Akteure sind, die auf globaler Ebene in einem Geflecht von Vereinbarungen und Regimen im Zusammenspiel mit internationalen Organisationen sowie zivilgesellschaftlichen und privaten Akteuren eine internationale Ordnung konstituieren.

Soziale Entwicklung als Querschnittsaufgabe

Ein generelles Problem in der Auseinandersetzung mit einer internationalen Sozialordnung ist die Abgrenzung zu anderen Policy-Feldern bzw. Säulen der Global Governance. In der Welthandelsordnung, der Weltwährungs- und Finanzordnung sowie der Wettbewerbsordnung sind ökonomisch fundierte Aspekte sozialer Entwicklung auszumachen. Die Verbesserung der Bedingungen für eine internationale Sozialordnung ist wahrscheinlicher, wenn soziale Entwicklung als Querschnittsaufgabe in anderen Policy-Feldern behandelt wird, wenn sich also eine relativ kohärente Regulierung entwickelt. So ist beispielsweise das Funktionieren einer Wettbewerbsordnung notwendig, damit die Konkurrenz der „nationalen Wettbewerbsstaaten" (Hirsch 1995) um die Anziehung und den Erhalt von möglichst viel Kapital eingeschränkt werden kann. Die aus diesem Wettbewerb resultierende Politik orientiert sich an den Interessen der Unternehmen, die sowohl in den Entwicklungsländern als auch in den Industrieländern die Bedingungen für soziale Entwicklung verschlechtern können (Kohlmorgen 2000, 70–77). Es wird deutlich, dass eine getrennte Auseinandersetzung mit den je einzelnen Bereichen der Global-Governance-Architektur letztlich immer nur bedingt möglich ist.

Die internationale Sozialordnung kann definiert werden als Gesamtheit der Institutionen, Praxen und Normen zur Regelung der sozioökonomischen Stellung von Ländern, sozialen Gruppen und Individuen im globalen Rahmen. Dies umfasst Politik sozialer Entwicklung auf der nationalen, internationalen und transnationalen Ebene, *(Internationale Sozialordnung – eine Definition)*

- die auf die Einkommensentwicklung eines Landes abzielt,
- die die Beschäftigungssituation beeinflusst,
- die sich mit der „systemischen Wettbewerbsfähigkeit", mit den Bedingungen für ein Empowerment befasst (etwa Bildung, Forschung, Infrastruktur, KMU-Förderung, Arbeitslosenunterstützung) und
- die eine soziale Absicherung gewährleistet (Gesundheitssystem, Alterssicherung, Hilfe bei dauerhafter Armut, Hilfe in Not- und Krisenzeiten).

Es existieren nach Wolfgang Hein (1998, 471–477) folgende Elemente internationaler und transnationaler Politik sozialer Entwicklung: *(Elemente internationaler Politik sozialer Entwicklung)*

- internationale Normsetzung: z.B. durch die Kernarbeitsnormen der Internationalen Arbeitsorganisation (ILO), die Diskussionen über die Sozialstandards, Menschenrechtserklärungen (etwa der UN-Sozialpakt); oft behalten diese Normen und Regeln deklamatorischen Charakter, den Selbstverpflichtungen kommen die Unterzeichnerstaaten nur begrenzt nach,
- Transferleistungen zur Förderung sozialer Stabilisierung und sozialer Entwicklung: Entwicklungszusammenarbeit, Maßnahmen und Strategien von Weltbank und Internationalem Währungsfonds (IWF), soziale Abfederung der Strukturanpassungen, Nothilfemaßnahmen,
- internationale Strukturpolitik: Förderung sozialer Entwicklung im weiteren Sinne mit dem Ziel der Wettbewerbsfähigkeit und des Empowerments marginalisierter Länder und Gruppen, Regulierung der globalen Ökonomie.

Diese Politik wird nun von unterschiedlichen Akteuren auf unterschiedlichen räumlichen Ebenen in unterschiedlichen Konfigurationen gestaltet. Neben den Nationalstaaten sind als Elemente der internationalen Sozialordnung die regionalen Integrationsprojekte (z.B. die EU), die internationalen Organisationen (insbesondere die Vereinten Nationen [UN], die UN-Organisationen und -Programme, die Internationale Arbeitsorganisation [ILO], die Weltgesundheitsorganisation [WHO] und das UN-Entwicklungsprogramm [UNDP] sowie die Weltbank und der Internationale Währungsfonds [IWF]), internationale Regime und zivilgesellschaftliche Akteure zu benennen. Es kann konstatiert werden, dass es trotz der hervorgehobenen Stellung der Weltbank und der ILO keine Organisa- *(Akteure, Ebenen und deren Konfigurationen)* tion oder Institution gibt, die eine zentrale Rolle einnimmt und die als Kern einer internationalen Sozialordnung zu bezeichnen wäre, um die herum sich andere Institutionen und Regime gruppieren. Die Tatsache, dass internationale Sozialpolitik auf unterschiedlichen Ebenen stattfindet und dabei – dies ist das Entscheidende – keine Kohärenz in ihren Strategien und Maßnahmen entwickelt hat, verdeutlicht die Heterogenität der internationalen Sozialordnung. Diese Heterogenität bewirkt *Abstimmungs- und Koordinationsprobleme* unter den verschiedenen Akteuren und somit letztlich einen Mangel an Effektivität und Erfolg. Zudem kann sie als Ausdruck eines fehlenden Willens seitens der politisch und wirtschaftlich Mächtigen gedeutet werden, die Probleme der Armut und fehlenden sozialen Sicherheit in den Entwicklungsländern gezielt und nachhaltig zu reduzieren.

3 Strukturelle Hindernisse für Global Governance

Bevor untersucht wird, welche Politik die internationale Sozialordnung in den letzten Jahren bestimmt und ob dies zu einer Verfestigung entsprechender Global-Governance-Strukturen und einem Abbau der Ungleichheit und der Armut geführt hat, soll die Frage der Machtverhältnisse und der sozialen Ungleichheit aufgegriffen werden, da sie auf einen blinden Fleck in den Überlegungen zu einer Global Governance verweist, der gerade für die Diskussion um die internationale Sozialordnung von elementarer Bedeutung ist.

Unterschiedliche AutorInnen haben an einem Großteil der Global-Governance-Konzepte kritisiert, dass sie *Macht- und Herrschaftsverhältnisse* und daraus resultierende Interessengegensätze und Konflikte vernachlässigten (vgl. Altvater und Mahnkopf 1996, 556; Hein 1999, 54–57; Brunnengräber und Stock 1999; Brand 1999; Brand et al. 2000). In den Texten des Instituts für Entwicklung und Frieden, das als eine der wichtigsten Forschungsstellen zu Global Governance im Mittelpunkt der deutschen Debatte steht, werden die „asymmetrischen Machtstrukturen der globalen Politik", stärkere und schwächere Akteure erwähnt sowie auf die dominante Rolle der USA und auf konservative politische Kräfte hingewiesen, die gegen Global Governance agieren (vgl. Messner 2000, 143–148; Nuscheler 2000), jedoch wurden diese Machtverhältnisse nicht konzeptionell in die Überlegungen zu Global Governance eingearbeitet. In einer neueren Publikation befasst sich Dirk Messner (2001) inzwischen grundlegender mit Machtstrukturen und den Eigeninteressen der Nationalstaaten und beleuchtet zudem aus organisations-theoretischer Perspektive Hindernisse für Global Governance (vgl. Messner in diesem Band).

Für die analytischen wie die normativen Global-Governance-Konzepte ist ein theoretischer Ansatz notwendig, der die komplexen ökonomischen, politischen und sozialen Machtverhältnisse und Widersprüche des Kapitalismus sowohl innerhalb der nationalen Gesellschaften als auch im internationalen Kontext (z.B. das Klassen- und das Geschlechterverhältnis, internationale Ungleichheit innerhalb der Weltökonomie) und die daraus erwachsenden hegemonialen Verhältnisse einbezieht. Dabei könnte eine an Antonio Gramscis hegemonietheoretische Überlegungen und an die Regulationstheorie angelehnte Analyse bzw. Konzeption von Global Governance fruchtbar sein.[1] Die Frage von Macht, Dominanz und Hegemonie sollte nicht in einem neorealistischen Sinne, also konkret etwa lediglich mit einem Blick auf die globale Hegemonialmacht USA als Blockiererin von Global Governance, behandelt werden. Vielmehr sollten die Verallgemeinerung der den sozialen Verhältnissen entspringenden ökonomischen, politischen und kulturellen Normen, Konzepte und Praxen und die damit einhergehenden Konflikte und Aushandlungsprozesse in die Überlegungen einbezogen werden. So können Konzepte und Handlungsweisen identifiziert werden, die national und international hegemonial werden und eine internationale Entwicklungsweise des Kapitalismus begründen. Es kann herausgefunden werden, ob und wie Global Governance Bestandteil einer neuen nachfordistischen Regulationsweise des Kapitalismus ist bzw. sein könnte und wie dadurch Macht- und Herrschaftsverhältnisse gestaltet werden.

Mit einer solchen analytischen Perspektive könnte geklärt werden, ob die vielen (insbesondere normativen) Global-Governance-Konzepten zugrunde liegende Annahme, dass auf globaler Ebene innerhalb einer kapitalistisch verfassten Weltwirtschaft kooperative Problemlösungen gefunden werden und dass eine annähernde Interessenkongruenz entstehen könne, derzeit als realistisch einzustufen ist.

Die Frage nach den Machtverhältnissen ist insbesondere hinsichtlich der entstehenden internationalen Sozialordnung von großem Interesse, zielt diese doch darauf ab, die aus der kapitalistischen Produktionsweise auf globaler Ebene erwachsenen strukturellen Disparitäten zu reduzieren oder gar zu beseitigen. Es geht also um den Schutz, die soziale Absicherung und das Empowerment armer Bevölkerungsschichten und armer Länder, also derjenigen, die sowohl in innergesellschaftlichen als auch in internationalen Hierarchien und Machtverhältnissen eher untergeordnet und subaltern sind. Die Herausbildung einer internationalen Sozialordnung handelt – ähnlich wie die Entstehung und Existenz von nationalen Wohlfahrts- und Sozialstaaten – von mächtigen sowie (relativ) machtlosen Akteuren, die in sozialen und politischen Kämpfen und Aushandlungsprozessen einen Kompromiss erringen. Wenn in diesem Zusammenhang die Machtverhältnisse und die strukturelle Ungleichheit in der Analyse und Konzeption nur marginal berücksichtigt werden, bleiben notwendigerweise in der Analyse blinde Flecken und erscheint die (normative) Konzeption unrealistisch.

<small>Zusammenhang von Machtverhältnissen und struktureller Ungleichheit zu wenig berücksichtigt</small>

Im Hinblick auf die Herausbildung einer internationalen Sozialordnung muss weiter insbesondere die Einbindung der multinationalen und transnationalen Konzerne (TNCs) in die Global-Governance-Architektur skeptisch betrachtet werden, die in vielen Global-Governance-Konzepten beschrieben und gefordert wird (z.B. Messner 1998, 1999; Reinicke 1998). Dirk Messner (1999, 5) führt hierzu einschränkend an, dass diese Einbindung nicht auf eine „Privatisierung der Politik zugunsten handlungsmächtiger Akteure hinauslaufen" dürfe und dass „öffentliche Akteure auch weiterhin über Verhandlungsmacht gegenüber privaten Unternehmen verfügen" müssten. In der Forschung allgemein und auch zu Global Governance wird festgestellt, dass sich im Kontext der Globalisierungsprozesse die Machtverhältnisse und die in ihnen begründeten Handlungspoten-

<small>Die Rolle transnationaler Konzerne</small>

---

[1] Einen Überblick über die Anwendung gramscianischer Ideen auf die globale Ökonomie und Politik bietet Robert W. Cox (1998).

ziale und -optionen zugunsten der großen Konzerne und zuungunsten der (nationalstaatlichen) Politik verschieben (z.B. Altvater und Mahnkopf 1996, 542–549; Hübner 1998, 343–355; Messner 1998, 37). Dies ist als Rahmenbedingung für die aktuelle Debatte über Global Governance von großer Bedeutung, wenn die TNCs als konzeptioneller Bestandteil der Architektur betrachtet werden. Die Ziele und Interessen der Konzerne stehen in vielerlei Hinsicht den Interessen der Armen und Marginalisierten sowohl auf der globalen Ebene als auch auf der Ebene der nationalen Gesellschaft entgegen. Sie sind in vielen Punkten konträr zu den Zielen der sozialen Gerechtigkeit und der Demokratisierung. Es ist zu befürchten, dass nur da, wo die soziale Absicherung und das Empowerment der Armen den Konzernen ebenfalls Vorteile verschaffen, diese sich freiwillig am Aufbau einer internationalen Sozialordnung fördernd beteiligen werden. Christoph Scherrer (2000b, 50–51, 2000a) weist darauf hin, dass es zu der Frage, wie die privaten Organisationen von der Bevölkerung zur Rechenschaft gezogen und kontrolliert werden sollen, in den einschlägigen Global-Governance-Konzepten kaum Antworten gebe, so dass eine „Entdemokratisierung transnationalen Regierens" infolge der Verlagerung von Macht von territorial gebundenen politischen Körperschaften zu territorial weitgehend ungebundenen ökonomischen Körperschaften zu befürchten sei.

Gefahr der „Entdemokratisierung transnationalen Regierens"

In diesem Zusammenhang ist zu diskutieren, ob in der Entstehung einer inter- bzw. transnationalen Regulationsweise eine formale Trennung von staatlichen, zivilgesellschaftlichen und privatwirtschaftlichen Akteuren allein aus demokratietheoretischer Sicht unabdingbar ist. In der Konzeption sollte die Politik eine relative Autonomie gegenüber der Ökonomie haben. Wenn ein globales Reformprojekt wie das der Global Governance anvisiert wird, sollte es sich maßgeblich durch die staatlichen, zwischenstaatlichen und auch – trotz des Problems der fehlenden demokratischen Legitimation – zivilgesellschaftlichen Akteure auf internationaler und nationaler Ebene konstituieren. Wenn mächtige und sowieso einflussreiche Akteure wie die TNCs konzeptionell beteiligt sind, werden deren Interessen und Ziele eben auch konzeptionell Bestandteil der Global Governance sein – möglicherweise auf Kosten der Interessen der Armen und Machtlosen. Letztlich ist selbstverständlich, dass die TNCs wichtige Akteure in der globalen Konstellation und in einer reformpolitischen Global Governance (die ja nichts anderes sein kann als ein Kompromiss zwischen verschiedenen gesellschaftlichen Kräften) sind. Der Einfluss der Konzerne ist auch ohne eine formale institutionalisierte Einbeziehung sehr groß und prägt die Entstehung einer Global Governance, da die verbandlichen Vertretungen der Unternehmen oder nahe stehende NGOs als Teil der Zivilgesellschaft mitwirken und staatliche Politik immer auch durch Unternehmensinteressen geformt ist, was im Hinblick auf die skizzierten Machtdisparitäten an sich bereits ein Problem wäre. Eine institutionalisierte Einbindung der TNCs direkt sollte jedoch nicht von vornherein, sondern erst nach der Etablierung einer relativ stabilen internationalen Struktur der Regulation erfolgen.

Risiken der Einbindung von TNCs in eine Global-Governance-Architektur

4 Konzepte der internationalen Organisationen: Paradigmenwechsel?

In der Beschäftigung mit Global Governance im Bereich der internationalen Sozialpolitik stellt sich die Frage, welche Wege in den vergangenen Jahren eingeschlagen und ob Fortschritte in der Reduzierung der Armut und der Ungleichheit erzielt wurden.

Seit Mitte der 1990er Jahre sind zumindest in den Verlautbarungen der Weltbank und auch des IWF ein Umdenken und eine tendenzielle Abkehr vom Washington-Konsensus (vgl. Definition bei Schrader in diesem Band, Kasten II-1) zu erkennen. Der so genannte Washington-Konsensus schrieb 1990 die bereits seit Anfang der 1980er Jahre praktizierte neoliberale Politik von IWF und Weltbank fest, die eine makroökonomische Stabilität, ausgeglichene Haushalte, die Minimierung der Rolle des Staates und eine weitgehende Liberalisierung und Öffnung der nationalen Märkte zum Weltmarkt als Voraussetzung für Wachstum betrachtete. Sozialpolitik spielt in diesem Konzept eine höchst marginale Rolle; in der Praxis führten die Orientierung der Entwicklungsländer an diesem Konzept und die Erfüllung der Auflagen der Strukturanpassungsprogramme zu einer Reduzierung der Ansätze von Wohlfahrts- und Sozialpolitik.

Scheinbare Abkehr von neoliberaler Politik

Es verbreitet sich inzwischen in der Weltbank und z.T. auch im IWF die Erkenntnis, dass neoliberale Politik und Wirtschaftsstrategien die Situation der Armen in den Entwicklungsländern nicht zwangsläufig verbessern. Bestärkt durch die vorläufigen Lehren der Wirtschafts- und Finanzkrise in Asien, setzte der Weltbank-Präsident James Wolfensohn (1999) die Bekämpfung der Armut zentral auf die Agenda der Weltbank und erhob das Streben nach sozialer Inklusion sowie die „menschliche Entwicklung" und Losungen wie „Attacking Poverty" und „Country in the driver's seat" zu einem neuen Leitbild der Entwicklungszusammenarbeit. Infolge dieses neuen Musters der Entwicklungspolitik können internationale sozialpolitische Konzepte eine neue Relevanz erfahren. Der im *Comprehensive Development Framework* (vgl. Kasten III-3) definierte „neue holistische Entwicklungsansatz" (Jakobeit 1999) der Weltbank umfasst neben den ökonomischen auch die rechtlichen, institutionellen, sozialpolitischen und ökologischen Aspekte von Entwicklung (Wolfensohn 1999; Hein 1998, 476; Fues 2000, 19; Goldberg 2000a, 2000b, 458).

Armutsreduzierung als neues Leitbild der Entwicklungspolitik der Weltbank

Diese neue Tendenz drückt sich in Teilen auch in den neuen Konzepten des IWF aus und findet hier ihr operatives Instrument in den *Poverty Reduction Strategy Papers* (PRSP), die zukünftig als Bedingung für eine weitere Unterstützung durch die multi- und bilateralen Geber eine Strategie der Armutsbekämpfung festlegen. Die PRSPs sollen in den Empfängerländern unter Beteiligung der Zivilgesellschaft und der benachteiligten Gruppen – selbstverständlich in Abstimmung mit den Geberländern sowie IWF und Weltbank – nach einer Analyse der jeweiligen Armutssituation eine umfassende Strategie entwickeln, die nicht nur die Sozial-, sondern auch die Wirtschafts- und Finanzpolitik der Empfängerländer umfasst. Auch in der Poverty-Reduction-Strategie wird ein holistischer Ansatz deutlich, der eine Armutsorientierung konzeptionell in die Programme integriert und nicht nachträglich – etwa über Sozialfonds – erreichen soll (Betz 2000, 115).

Programmatischer Wandel auch beim IWF

Kasten III-3: Zentrale Elemente des „Comprehensive Development Framework"

- Statt der Durchführung einer Vielzahl von Projekten sollen primär günstige systemische Rahmenbedingungen hergestellt werden: z.B. Demokratisierung, Schaffung und Stärkung von politischen Institutionen, Stärkung der Justiz, soziale Entwicklung, Schaffung von Infrastrukturen, Berücksichtigung ökologischer und kultureller Aspekte.
- Alle wichtigen lokalen, nationalen, inter- und transnationalen staatlichen, zivilgesellschaftlichen und ökonomischen Akteure sollen einbezogen werden (vgl. Messner in diesem Band).
- Ländern, die die ihnen zur Verfügung gestellten Mittel nicht effektiv nutzen, wird die Unterstützung entzogen; stattdessen erfolgt eine Umschichtung zugunsten der wirklich bedürftigen Länder.
- Verbesserte Koordination der Entwicklungsprozesse.
- Betonung der „national ownership" von Entwicklungsstrategien und des Prinzips „country in the driver's seat": Nicht nur eine nationale und lokale Aneignung von Konzepten ist notwendig, sondern die Entwicklungsländer sollen eine maßgebliche Rolle in der Formulierung einer langfristigen Entwicklungsstrategie übernehmen.

Die HIPC-Initiative

Die Ausarbeitung von PRSPs ist ebenfalls eine Bedingung für die Entschuldung der ärmsten Länder nach der so genannten HIPC-Initiative (*Highly Indebted Poor Countries*), die aktuell für die betroffenen Länder, die ärmsten und am höchsten verschuldeten, von einiger Bedeutung ist, da deren Regierungen derzeit mehr Geld in die Bedienung der Schulden und Kredite investieren als in den Ausbau der sozialen Sicherheit (UNRISD 2000, XI; Betz 2000; Mkandawire und Rodriguez 2000, 27; Donner-Reichle 2000b, 6; Goldberg 2000b, 3; BMZ 2000, 22). Die durch den Schuldenerlass frei werdenden Mittel sollen im Rahmen der Armutsreduzierungsstrategie insbesondere in Basissozialprogramme fließen (Betz 2000, 112).

Ziele von Shaping the 21st Century (S21)

Auch das für die internationale Sozialpolitik relevante OECD/DAC-Dokument *Shaping the 21st Century* (S21) aus dem Jahr 1996, das die wesentlichen Ergebnisse der Weltkonferenzen zu einer Armutsreduzierungsstrategie bündeln will, deutet einen Wandel der Entwicklungspolitik an (OECD/DAC 1996). Das so genannte S21-Dokument formuliert allgemeinere strategische Aussagen wie die Betonung einer „local ownership" und einer Kohärenz der Nothilfepolitik mit anderen Maßnahmen und visiert für das Jahr 2015 u.a. folgende konkrete Ziele an (Fues 2000, 6–14; Mkandawire und Rodriguez 2000, 23):

- Halbierung des Bevölkerungsanteils in absoluter Armut (unter einem Dollar Einkommen pro Tag),
- Reduzierung der Säuglings- und Kleinkindersterblichkeit um zwei Drittel, der Müttersterblichkeit um drei Viertel,
- reproduktive Gesundheitsversorgung für alle,
- Grundbildung für alle.

S21: „Leuchtturm im internationalen Entwicklungsdiskurs"

Bestandteil des S21-Prozesses ist der von der OECD koordinierte Aufbau eines Indikatorenprogramms als Grundlage für eine harmonisierte Datenerhebung in den einzelnen Ländern. Nach einer Einschätzung von Thomas Fues (2000, 7) ist das S21-Dokument zum „Leuchtturm im internationalen Entwicklungsdiskurs" geworden und wird von den Regierungen in Nord und Süd, den internationalen Organisationen und zivilgesellschaftlichen Kräften als „entscheidender Referenzrahmen für eine vorwiegend ethisch-humanitär begründete Neuorientierung globaler Armutsstrategien" betrachtet. Das von OECD, IWF, Weltbank und ILO anlässlich der Sondergeneralversammlung fünf Jahre nach dem WSSD im Juni 2000 in Genf herausgegebene Papier *A Better World for All* steht im Kontext des S21-Prozesses (IWF et al. 2000). Die Veröffentlichung dieses Papiers und die daraus resultierende Initiative stießen bei einigen Regierungen der Entwicklungsländer und insbesondere bei NGOs auf Kritik, da sie als von den Industrieländern und deren Interessen dominiert eingestuft wurden (Martens 2000, 2). Die Ziele der S21-Erklärung sind auch in der Millenniumerklärung der UN vom September 2000 enthalten, so dass sie von der gesamten Staatengemeinschaft übernommen wurden (UN 2000).

Ein wichtiger Bestandteil der internationalen Sozialordnung sind zudem die 1998 von der ILO verabschiedeten Kernarbeitsnormen, die das Verbot von Kinder- und Zwangsarbeit, die Vereinigungsfreiheit und das Recht auf Kollektivverhandlungen sowie den Abbau geschlechtsspezifischer Diskriminierungen beinhalten.

5 Weltgipfel für soziale Entwicklung

Die aufgeführten Strategien und Absichten der internationalen Organisationen zur Armutsreduzierung und sozialen Entwicklung stehen im Kontext des *Weltgipfels für soziale Entwicklung* und auch der anderen Weltkonferenzen[2] und können gewissermaßen als Teil von dessen Follow-up bezeichnet werden.

In den Verhandlungen des Weltsozialgipfels wurden einige Reformvorschläge abgelehnt, die auf die Schaffung einer verbindlicheren internationalen Sozialordnung abzielten. Hierzu waren insbesondere zu zählen die Schaffung einer „Weltsozialcharta" als verbindlicher Rahmen für eine Politik, die der wachsenden Ungleichheit zwischen und innerhalb der Nationalstaaten entgegenwirkt, die Kürzung der Militärausgaben um jährlich drei Prozent und die Verwendung eines Teiles der frei werdenden Mittel für die Armutsbekämpfung (so genannte Friedensdividende) sowie die Einführung von Steuern auf spekulative Kapital- und Devisenbewegungen (z.B. Tobin-Tax). Auf breitere Zustimmung stieß bei allem Widerstand einiger Industrie-, aber auch Entwicklungs- und Schwellenländer (vor allem aus Asien) die so genannte 20/20-Initiative, der zufolge die Industrieländer 20 Prozent der offiziellen Entwicklungshilfe und die Entwicklungsländer 20 Prozent des öffentlichen Haushalts für die Sicherung der sozialen Grundbedürfnisse verwenden sollen (Gsänger 1995, 1998; Donner-Reichle 1995; Lauer 1998). In dem verabschiedeten Aktionsprogramm ist weiter die Selbstverpflichtung der Geberländer festgehalten, perspektivisch 0,7 Prozent ihres Bruttosozialproduktes für die Entwicklungshilfe auszugeben; dieser Prozent-

Maßnahmenkatalog des Weltsozialgipfels

---

2 Z.B. die *Konferenz Umwelt und Entwicklung* (UNCED, Rio de Janeiro 1992), die *Konferenz zu Bevölkerung und Entwicklung* (ICPD, Kairo 1994) und die *Weltfrauenkonferenz* (Beijing 1995; vgl. auch Fues und Hamm 2001a; Fues 2000, 6; Messner und Nuscheler 1996b).

satz soll bis spätestens 2005 erreicht werden. Generell ist die Selbstverpflichtung völkerrechtlich nicht verbindlich. Das Aktionsprogramm soll zehn generelle, sehr allgemein gehaltene Ziele erreichen, auf die sich die Regierungsvertreter der 185 teilnehmenden Länder einigten (vgl. Kasten III-4).

Kasten III-4: Allgemeine Ziele des Weltgipfels für soziale Entwicklung

1. Schaffung eines wirtschaftlichen, politischen, sozialen, kulturellen und rechtlichen Umfeldes, das die Menschen in die Lage versetzt, soziale Entwicklung zu erreichen.
2. Beseitigung der Armut durch einzelstaatliche Maßnahmen und internationale Zusammenarbeit.
3. Vollbeschäftigung als grundlegendes Ziel der Wirtschafts- und Sozialpolitik.
4. Förderung der sozialen Integration durch Förderung und Schutz der Menschenrechte, Förderung der Toleranz, Chancengleichheit und Teilhabe aller Menschen an der Gesellschaft.
5. Gleichbehandlung und Gleichberechtigung von Männern und Frauen.
6. Allgemeiner und gerechter Zugang zu einer guten Bildung, zum höchsten erreichbaren Gesundheitszustand und zur gesundheitlichen Grundversorgung.
7. Beschleunigung der wirtschaftlichen und sozialen Entwicklung sowie der Erschließung der Humanressourcen Afrikas und der am wenigsten entwickelten Länder.
8. Strukturanpassungsprogramme nur unter Einbeziehung von Zielen sozialer Entwicklung.
9. Erhöhung der Mittel für soziale Entwicklung und deren effizientere Einsetzung.
10. Schaffung eines besseren und festeren Rahmens für die internationale, regionale und subregionale Zusammenarbeit in puncto sozialer Entwicklung unter Einbeziehung der UN und anderer inter- und transnationaler Organisationen.

Eine zentrale Bezugnahme auf diese Konferenz samt Follow-up in der Untersuchung der internationalen Sozialordnung ist sinnvoll, da der Kopenhagen-Prozess zum einen konkrete Auswirkungen auf die Politik sozialer Entwicklung auf den unterschiedlichen Ebenen hat. Die internationalen Organisationen stellen ihre modifizierten Strategien – wie erwähnt – in den Kontext des Gipfels. Zum anderen lässt das *Potenzial* des Kopenhagener Gipfels mit seinem Folgeprozess eine genauere Betrachtung notwendig erscheinen. Der Weltsozialgipfel und Follow-up könnten einen Rahmen darstellen, der die Strategien der unterschiedlichen Akteure zur Armutsbekämpfung und zur Förderung sozialer Entwicklung zusammenfügt und die Umsetzung bestehender Regeln in einem Kontext erleichtert. Er könnte Prozesse einer festeren und kohärenteren Institutionalisierung einer internationalen Sozialordnung anstoßen und einen Handlungsrahmen der internationalen Akteure für soziale Entwicklung darstellen. Der WSSD eignet sich gerade zu einer Analyse der Sozialordnung im Kontext der Global-Governance-Konzepte: Er kann als ein Bestandteil einer entstehenden Global-Governance-Architektur gedeutet werden. In dieser Konferenz – wie auch in den anderen großen UN-Konferenzen der 1990er Jahre – sind wichtige Akteure der nach Messner und Nuscheler (1996a) definierten Global-Governance-Architektur vereint: UN-Gremien leisten und koordinieren wesentlich die Vor- und Nachbereitung, die Vertreter der nationalstaatlichen Regierungen sind maßgeblich für die Implementierung der Beschlüsse zuständig, NGOs kontrollieren dies und

Der Weltsozialgipfel als möglicher Bestandteil einer Global-Governance-Architektur

üben im Vorfeld und im Follow-up der Konferenz Druck aus, und möglicherweise könnte aus einer Verfestigung und Verstetigung solcher Konferenzen und der Zwischenkonferenzen sowie einer Befolgung der Regeln ein internationales Regime entstehen. Der WSSD samt Follow-up lässt sich somit als Indikator heranziehen, wenn es darum geht, die Realität, aber auch die realistischen Chancen der Weltsozialordnung als Säule der Global-Governance-Architektur zu untersuchen. Der Fokus der Analyse liegt dabei auf den Auswirkungen des WSSD auf die Institutionen der internationalen Sozialordnung, auf dem Fortschritt der Implementierung der WSSD-Beschlüsse und den konkreten Folgen für die soziale Entwicklung im internationalen Kontext.

6 Wachsende Ungleichheit oder soziale Gerechtigkeit?

Allgemein ist festzuhalten, dass die Implementierung der Ergebnisse des Weltsozialgipfels und auch der anderen Abkommen zur sozialen Entwicklung nur langsam, z.T. gar nicht vonstatten geht. Anzumerken ist, dass eine genauere Überprüfung und Evaluierung der Implementierung der Beschlüsse des Weltsozialgipfels und der Auswirkungen auf die soziale Entwicklung noch nicht möglich ist, da viele der Ziele langfristig angelegt sind (UNRISD 1999, 11; Fues 2001, 159). Dennoch lassen sich einige Zwischenergebnisse und vor allem Trends beschreiben. Die internationale Forschung und die Akteure des WSSD sind sich in der Beschreibung der sozialen Entwicklung seit 1995 weitestgehend einig: Es werden in vielen Ländern kleine Fortschritte bei der Alphabetisierung, der Reduzierung der Kinder- und Müttersterblichkeit, der Ernährungssicherheit und der Trinkwasserversorgung konstatiert (Morales-Gómez 1999, 11–12; Moher 1999, 122; UN 1999, 10; UNRISD 1999; Fues 2000, 2001; Martens 2000; BMZ 2000; Donner-Reichle 2000a)[3]. Ein Bericht der Generalversammlung des *Economic and Social Council* der UN (ECOSOC) über die Implementierung der Ergebnisse des Weltsozialgipfels hebt überdies den erweiterten Zugang zu grundlegenden sozialen Diensten in einigen Ländern und die Tendenz einer größeren Gleichberechtigung der Geschlechter in den meisten Regionen der Welt hervor (UN 1999, 10; Mkandawire und Rodriguez 2000, 9). Gleichzeitig sind kaum Verbesserungen der Lebensverhältnisse in ärmeren Regionen, sondern Stagnation und Rückschritte in der sozialen Entwicklung festzustellen (Fues 2001, 161–162; vgl. Kasten III-5).

Weiter bleibt abzuwarten, welche Fortschritte sich durch die PRSP-Strategie von Weltbank und IWF für die soziale Entwicklung ergeben. Eine Studie der NGO WEED über fünf der ersten betroffenen Länder (Bolivien, Burkina Faso, Mauretanien, Tansania und Uganda) zeigt, dass insgesamt eine stärkere Finanzierung der Sozialsektoren und der Wasserversorgung festzustellen ist, jedoch grundsätzlich keine Abkehr von den durch den neoliberalen Washington-Kon-

Zwischenergebnisse und Trends der Implementierung der Ziele des Weltsozialgipfels

Entwicklung im weltwirtschaftlichen Kontext

---

3 Die auf der UN-Sondergeneralversammlung im Juni 2000 in Genf (der Nachfolgekonferenz des WSSD) entstandenen Dokumente (politische Deklaration, Bericht über die Implementierung, weitere Initiativen) sind unter http://www.un.org/esa/socdev/geneva2000 zu finden.

sensus geprägten Strukturanpassungsprogrammen erfolgt. Grundsätzlich kann eine Integration von makroökonomischen Reformen und Armutsbekämpfung noch nicht konstatiert werden (Walther 2002).

Kasten III-5: Negative Tendenzen der sozialen Entwicklung

- 1998 lebten ca. 1,2 Milliarden Menschen nach der Weltbank-Definition in absoluter Armut; die Zahl der Menschen mit Einkommen von weniger als zwei Dollar pro Tag betrug ca. 2,8 Milliarden. Angesichts der wachsenden Weltbevölkerung lässt sich gleichwohl eine Verringerung des Armenanteils feststellen (World Bank 2001, 4; Fues 2001, 160–161).
- Größere Ungleichheit innerhalb und zwischen den nationalen Gesellschaften: Verdopplung der Einkommenskluft zwischen dem ärmsten und dem reichsten Fünftel der Weltbevölkerung von 1:30 (1960) auf 1:60 (1990). Vergrößerung bis 1997 auf 1:74 (UNDP 1999, 3; Donner-Reichle 2000a, 96).
- Weitere Zunahme der Verschuldung: Der Schuldenstand der ärmeren Entwicklungsländer stieg von 188,6 Mrd. Dollar Ende der 1980er Jahre auf 205,8 Mrd. Dollar im Jahr 1998. Allerdings ist die Schuldendienstquote (der Anteil des Schuldendienstes an den Exporteinkünften) in den 1990er Jahren von 21% auf 13,9% gefallen (Betz 2000, 112).
- Anstieg der Arbeitslosigkeit im Haupttrend in den meisten Weltregionen.
- Abnahme der Mittel und Ressourcen für soziale Entwicklung sowohl hinsichtlich der internationalen Kooperation als auch der öffentlichen Entwicklungshilfe: Kürzung der Beiträge für das UNDP, das im Kopenhagen-Prozess eine Rolle spielt; Rückgang der offiziellen Entwicklungshilfe im überwiegenden Teil der OECD-Länder (Streeten 2000, 312; Mkandawire und Rodriguez 2000, 23–24; Fues 2000, 56); das Kopenhagen-Ziel der Industrieländer, bis 2005 0,7% des Bruttosozialproduktes für die Entwicklungszusammenarbeit auszugeben, wird bei Fortsetzung dieser Tendenz nicht erreicht werden; 1998 betrug die öffentliche Entwicklungshilfe 0,23% des Bruttosozialproduktes der Geberländer (UNRISD 2000).
- Die 20/20-Initiative hat ihr Ziel noch nicht erreicht: Schätzungen der Weltbank und der UN-Organisationen zufolge lag der Anteil der Ausgaben für soziale Grunddienste an der Entwicklungszusammenarbeit der Geberländer bei ca. 10% und der Anteil an den Staatshaushalten der Entwicklungsländer bei ca. 13% (BMZ 2000).

Weltwirtschaftspolitik dynamisiert Entwicklungsprobleme

Allgemein wurden in der Weltwirtschaft seit 1995 keine grundlegenden Maßnahmen und Regulierungen im Sinne der Ziele des WSSD vollzogen. Die neoliberale Hegemonie in der internationalen Wirtschaftspolitik blieb weiterhin bestehen (vgl. Fues 2001, 172–174). Infolge der weiteren Liberalisierung der Kapital- und Finanzmärkte ist die Instabilität des globalen Finanzsystems größer geworden mit realen und möglichen negativen ökonomischen und sozialen Konsequenzen für die Armen und die „verwundbaren Gruppen" (siehe Asienkrise) (UN 1999, 10–111). Viele Entwicklungsländer haben radikale ökonomische Reformen durchgeführt, die jedoch in vielen Fällen die Sicherheit der Arbeitsplätze und der Einkommen verringert sowie Armut verursacht haben, deren Milderung oder Bekämpfung gleichzeitig schwieriger geworden ist, da Kürzungen der öffentlichen Ausgaben die Möglichkeiten hierfür stark eingeschränkt haben. Allgemein orientierten sich die makroökonomischen Strategien in den meisten Entwicklungsländern seit 1995 (auch unter den Bedingungen der PRSPs) weiterhin an Liberalisierung und Reduzierung der öffentlichen Haushalte, so dass die Bedingungen für die Armen, für die verwundbaren Gruppen und für eine soziale Entwicklung sich generell nicht verbesserten. In dem ECOSOC-Bericht wird die Schlussfolgerung gezogen:

> "The promise of poverty eradication as a result of faster growth consequent upon stabilization and structural adjustment programs generally remains to be delivered" (UN 1999, 14).

Zugunsten der makroökonomischen Politik der Stabilisierung, der fiskalischen Austerität und des ausgeglichenen Haushaltes sei das formulierte Ziel der Vollbeschäftigung vernachlässigt worden. In vielen Ländern, in denen die Arbeitslosigkeit abnahm, ist die Zahl der Working Poor gewachsen (ebd., 15).

Bedeutsam für den weiteren Follow-up-Prozess und für die Stärkung der Idee der sozialen Entwicklung in der internationalen Politik und Ökonomie ist, dass auf Betreiben insbesondere der Industrieländer für 2005 kein erneuter Gipfel geplant wird und für den Folgeprozess die UN-Kommission für soziale Entwicklung (CSD) des Wirtschafts- und Sozialrates (ECOSOC) zuständig bleibt. Die dadurch erfolgte Aufwertung der CSD und des ECOSOC im Kopenhagen-Prozess kann zwar als institutionelle Erneuerung und als bedeutsam für die Etablierung der Idee der sozialen Entwicklung auf der internationalen Agenda eingeschätzt werden (Fues 2001, 163). Gleichwohl bleiben in der Frage von Ökonomie, sozialer Entwicklung und Nord-Süd-Verhältnis die Weltbank und der IWF die entscheidenden und dominierenden internationalen Institutionen, da weder CSD und ECOSOC mit weitreichenden Kompetenzen und Gestaltungsmöglichkeiten ausgestattet sind noch eine andere oder neue Institution als Zentrum der internationalen Sozialordnung entwickelt wurde. Aus den Prozessen seit 1995 ist zu schließen, dass die Optionen der Institutionalisierung einer internationalen Sozialordnung und von einer Global-Governance-Architektur im normativen Sinne des WSSD gering geblieben sind:

Schlechtes Zeichen: kein neuer Gipfel für soziale Entwicklung geplant

> "There is complete silence on how to go creating the social development architecture that would have to underpin the central vision of the Social Summit" (UNRISD 2000, IX).

Positiv gedeutet kann Thomas Fues (2001, 158–159) zugestimmt werden, dass der Kopenhagen-Prozess eine „Großbaustelle" ist, die „chaotisch und widersprüchlich wie das Leben" sei, für die es „zentrale Bauleitung und keinen Masterplan" gebe. Es ist jedoch nach wie vor Skepsis bei der Frage angebracht, ob diese Baustelle langsam zu einer „Gesamtkonstruktion" zusammenwächst und zu einer Veränderung der globalisierten Ökonomie führt oder ob die Baustelle eine eher wackelige und schwache Konstruktion ergibt oder als Bauruine zurückbleibt.

Als vorläufiges Resümee der Prozesse seit dem Weltgipfel für soziale Entwicklung 1995 ist festzuhalten, dass die Ideen der Förderung einer internationalen Sozialpolitik und die Betonung der Armutsbekämpfung verstärkt Teil der politischen Debatten und Reden geworden sind. Diese Verschiebung auf der ideologischen Ebene steht in Verbindung mit dem WSSD und kann – normativ betrachtet – als positives Ergebnis des WSSD verbucht werden (vgl. Mkandawire und Rodriguez 2000, 9). Die internationalen Organisationen haben – z.T. im Zusammenhang mit dem Weltsozialgipfel – ihre Strategien in Richtung einer Armutsbekämpfung modifiziert. Sozial- und Entwicklungspolitik werden zu-

Resümee:

nehmend nicht lediglich als Anhängsel der Wirtschaftspolitik betrachtet, vielmehr finden holistische wirtschaftspolitische Strategien zunehmend Zustimmung (Morales-Gómez 1999, 11–12; Moher 1999, 122). Jedoch bleibt das praktische Handeln abzuwarten, das aus den Diskursen und Reden erwachsen müsste. Viele Beschlüsse des WSSD wurden – gerade von den Industrieländern – nicht eingehalten, was die Frage nach den wirklichen Interessen der reicheren Länder aufwirft. Geht es darum, den Armen dieser Welt ein menschenwürdiges Leben zu ermöglichen, oder handelt es sich um das Zurschaustellen einer Attitüde, die die unveränderte Interessenpolitik der westlichen Staaten und der in ihnen beheimateten Konzerne übertünchen soll?

Diskrepanz zwischen formulierten Zielen und tatsächlichem Handeln in der Entwicklungspolitik ...

Der WSSD und die Betonung der sozialen Entwicklung und der Armutsbekämpfung ergeben derzeit mit den fortbestehenden zentralen Elementen des Washington-Konsensus eine Kombination, bei der die Marktprozesse, die makroökonomische Politik der Industrieländer und der internationalen Finanzinstitutionen und die modifizierten Strukturanpassungsprogramme die Bedingungen für soziale Entwicklung weiterhin verschlechtern, während Sozialprogramme und Entwicklungshilfe die Folgen mildern sollen – ein Vorgehen, bei dem soziale Entwicklung buchstäblich als „tidying up after the market" funktioniert (Nederveen Pietersee 1997, 144). Der WSSD könnte demnach – ähnlich wie die anderen Weltkonferenzen – als „kompensatorische Geste" (Fues und Hamm 2001b, 52) der Industrie gegenüber den Entwicklungsländern gedeutet werden.

daher Paradigmenwechsel fraglich

Das Urteil, wir hätten es bereits mit einem Paradigmenwechsel zu tun, kommt m.E. verfrüht, denn derzeit liegt die neue Strategie der Armutsbekämpfung einer prinzipiell unveränderten makroökonomischen Strategie auf, in der weiterhin Liberalisierung und finanzielle Austerität die leitenden Prinzipien sind. Die grundlegenden Strukturen der globalen Ökonomie und der globalen Politik werden bei den neuen Konzepten nicht angetastet (Mkandawire und Rodriguez 2000, 19; Deacon 2000, 22; Goldberg 2000a; Huffschmid 2000; Fues 2001, 176–177). Die momentanen Veränderungen lassen sich am besten als diskursive Verschiebung *innerhalb* des nach wie vor bestehenden neoliberalen Paradigmas beschreiben. Ob diese Verschiebung das neoliberale Paradigma überwindet, bleibt abzuwarten.

7 Konflikte im Kopenhagen-Prozess

Die beschriebenen negativen Tendenzen in der sozialen Entwicklung und der stockende Prozess der Entstehung einer Weltsozialordnung sind u.a. auf die Widersprüche und die Machtdisparitäten in der globalen ökonomischen und politischen Ordnung zurückzuführen. Die sich im Zuge der Globalisierungsprozesse verschärfende globale Ungleichheit bezüglich Vermögen und Einkommen und die damit zusammenhängenden „Deklassierungs- und Ausschlussängste in den ärmeren Weltregionen" (Fues 2000, 57) bewirkten konkret, dass im Prozess der Vorbereitung der Genfer UN-Sondergeneralversammlung Kopenhagen +5 und auf dieser selbst vielfältige Konflikte zwischen den Industrie- und Entwicklungsländern aufbrachen, auch wenn nicht immer eine durchgängige einfache Frontstellung existierte (Fues 2000, 57–58; Martens 2000, 2). Die allgemeine Kritik zahlreicher Entwicklungsländer an den Folgen des Globalisierungsprozesses be-

Konflikte zwischen Industrie- und Entwicklungsländern

Global Governance und internationale Sozialpolitik 307

sagt, dass lediglich die Industrieländer von der Liberalisierung der globalen Märkte profitiert hätten. Zudem war die Haltung zahlreicher Entwicklungsländer durch die Erfahrungen der durch die deregulierten Finanzmärkte ermöglichten Finanzkrisen in Südostasien, Brasilien und Russland geprägt, die weitreichende negative sozioökonomische Konsequenzen für die betroffenen Regionen hatten. Pauschal formuliert sehen die Länder des Südens sich als Verlierer des Globalisierungsprozesses (Fues 2000, 50–51). Folgen der Globalisierung für die Entwicklungsländer

Als konkrete zentrale Konfliktfelder der Vorbereitung und der Durchführung der Sondergeneralversammlung sind zu nennen: die Machtverhältnisse in den internationalen Finanzinstitutionen, Maßnahmen zur sozialen Gestaltung des Globalisierungsprozesses (z.B. Tobin-Tax), der Umfang der öffentlichen Entwicklungshilfe und das Verhältnis von Zivilgesellschaft und Staat. Über die Rolle der NGOs im gesamten UN-System und im Kopenhagen-Prozess gab es lange und komplizierte Auseinandersetzungen. Zahlreiche Entwicklungsländer wollten deren offizieller Teilnahme an der Folgekonferenz nicht zustimmen, was aber letztlich infolge der Positionen der meisten Industrieländer doch durchgesetzt wurde. *Zentrale Konfliktfelder*

Kontrovers verlief auf der Sondergeneralversammlung beispielsweise auch die Diskussion über die von vielen Entwicklungsländern und NGOs geforderte Tobin-Tax, die in der Perspektive der Befürworter zusätzliches Geld für soziale Entwicklung bereitstellen könnte (vgl. Huffschmid in diesem Band). Letztlich scheiterte der Vermittlungsvorschlag der kanadischen Regierung, die UNO offiziell mit einer Machbarkeitsstudie über eine Steuer auf Devisentransaktionen zu beauftragen, am Widerstand der Industrieländer (und hier insbesondere der USA), so dass als Kompromiss lediglich festgehalten wurde, die Möglichkeiten neuer Quellen der Finanzierung sozialer Entwicklung zu untersuchen. An diesem Beispiel wird deutlich, dass die strukturelle Ungleichheit der globalen kapitalistischen Ökonomie in dem politischen Forum des Kopenhagen-Folgeprozesses ihre Entsprechung in der internationalen Politik fand und so die Verhandlungen um Erklärungen und die Zustimmung zu Maßnahmen erschwerte. Auch die Tatsache, dass auf der UN-Sondergeneralversammlung in Genf im Wesentlichen die Industrieländer durchsetzten, dass im Jahr 2005 kein weiterer Folgegipfel stattfindet, verweist auf die ungleichen Durchsetzungsmöglichkeiten von Interessen. Als offizielle Begründung für die Streichung dieser Konferenz wurde angeführt, dass die Folgekonferenzen allgemein ein zu großer Kraftaufwand seien, dass die Bewertung im Fünfjahrezyklus zu kurz und die statistische Basis zu schmal sei und dass eine wiederkehrende Neuverhandlung der Dokumente lähmend wirke. Die wahrscheinliche Folge des Abbruchs des Kopenhagen-Prozesses in der bisherigen Form mit öffentlichkeitswirksamen Weltkonferenzen ist, dass dem Prozess der sozialen Entwicklung in den ärmeren Ländern weniger Aufmerksamkeit gewidmet werden wird. Das Potenzial des Weltsozialgipfels, Strukturen einer Global Governance im Bereich der internationalen Sozialpolitik zu institutionalisieren, bleibt ungenutzt. Eine Fortführung des Kopenhagen-Prozesses in einem verbindlicheren Rahmen hätte einen Wechsel in der Politik der Industrieländer notwendig gemacht, was offensichtlich nicht den Interessen der Regierungen dieser Länder entspricht. Wenn das Ausbleiben der Folgekonferenz im Zusammenhang mit den negativen Tendenzen der sozialen Entwicklung gesehen wird, *Strukturelle Ungleichheit spiegelt sich in den Verhandlungen internationaler Politik wider*

Folge: Entwicklungspolitische Potenziale bleiben ungenutzt

liegt der Schluss nahe, dass die mächtigeren und reicheren Länder nur in einem reduzierten Umfang bereit sind, ihre ökonomischen und politischen Kapazitäten für die Reduzierung von Ungleichheit und Armut einzusetzen. Die ausbleibende Institutionalisierung einer verbindlichen, Veränderungen bewirkenden internationalen Sozialordnung kann als Ausdruck der internationalen Machtdisparitäten, der damit zusammenhängenden internationalen Ungleichheit und der sich dadurch artikulierenden Interessen gewertet werden. Die daraus resultierenden Konflikte behindern die Entstehung einer Weltsozialordnung im Speziellen und einer Global Governance im Allgemeinen, die eben auch auf konsensualer und kooperativer Politik aufbauen.

Konflikte behindern Weltsozialordnung à la Global Governance

8 Chancen einer Weltsozialordnung

Trotz zu konstatierender zumindest rhetorischer Veränderungen in der Programmatik der internationalen Organisationen und der Entwicklungszusammenarbeit wurden also die Möglichkeiten eines Kopenhagen-Follow-up-Prozesses nicht genutzt, so dass die Institutionalisierung eines Rahmens internationaler Sozialordnung unterblieb.

Es ist festzuhalten, dass die Realisierung der in den Global-Governance-Konzepten implizit formulierten Ziele und – speziell auf das Thema der Sozialordnung bezogen – die Herausbildung einer Weltsozialordnung nicht nur eine Frage des nichtexistenten oder des heterogenen Institutionengefüges sind, sondern vielmehr eine Frage der Hegemonie sowie der Inhalte und Strategien der in diesen Institutionen praktizierten Politik. Die Institutionen, Organisationen und Regime für eine internationale Sozialordnung sind – bei all den sicherlich vorhandenen Abstimmungsproblemen und mangelnden Erfahrungen der kooperativen Umsetzung einer Global Governance – in ihren Formen bereits vorhanden. Die dabei festzustellende Heterogenität der Global-Governance-Strukturen kann im Wesentlichen als Resultat der konfligierenden Interessen und des mangelnden Willens unterschiedlicher Akteure zu einer besseren Abstimmung ihrer Politik angesehen werden. Anders ausgedrückt: Die Global Governance im Bereich der internationalen Sozialpolitik, die Entstehung einer internationalen Sozialordnung, ist nicht in erster Linie wegen eines mangelnden „technologischen" Know-how des Regierens und Regulierens nur sehr begrenzt erfolgreich, sondern wegen der fehlenden Interessen der mächtigen Akteure, konkrete Schritte in diese Richtung zu unternehmen.[4]

Weltsozialordnung nur begrenzt realistisch

Gründe:
– fehlendes Interesse der mächtigen Akteure

– hegemoniale Machtstrukturen

Grundsätzlich ist also u.a. infolge der Machtverhältnisse und der unterschiedlichen Interessen die existierende internationale Politik sozialer Entwicklung der internationalen Organisationen und der nationalstaatlichen Regierungen fragmentiert und inkohärent, so dass deren Effektivität begrenzt ist. Es sind bisher erst Ansätze einer Global Governance im Policy-Feld „internationale Sozialpolitik" zu konstatieren.

---

4 Für den Bereich des Klimaschutzes formuliert Christoph Scherrer (2000b, 51) den vergleichbaren Sachverhalt folgendermaßen: „Dass die CO^2-Emissionen noch nicht in dem von den meisten Global-Governance-Befürwortern gewünschten Umfang gesenkt wurden, ist kein Beweis dafür, dass es für dieses Thema noch keine Global Governance gäbe."

Die strukturellen Gegensätze zwischen Reich und Arm, zwischen Industrieländern und Entwicklungsländern, behindern den Prozess der Entstehung einer Global Governance.

– bestehende Kluft zwischen Arm und Reich

Diese Sachverhalte und die analysierten Tendenzen und Prozesse der sozialen Entwicklung lassen die Wahrscheinlichkeit der Schaffung relativer sozialer Gerechtigkeit zur Milderung struktureller Ungleichheiten im globalen Kapitalismus gering bleiben. Für die Entstehung einer Global Governance müssen in einem wechselseitigen Prozess die Bedingungen geschaffen werden: Einerseits muss eine Architektur der politischen Regulierung weiterentwickelt bzw. aufgebaut werden, in der alle Global-Governance-Säulen vorhanden sind; andererseits müssen bereits in diesem Prozess strukturelle Ungleichheiten in der globalen Ökonomie thematisiert und abgebaut werden. Nur wenn der Abbau der globalen Disparitäten konzeptionell Bestandteil der Entwicklung einer Global Governance ist, wenn diese also mit einem grundlegenden makroökonomischen und politischen Paradigmenwechsel einhergeht, hat sie überhaupt eine realistische Chance.

Strukturelle Veränderungen durch politischen Paradigmenwechsel Voraussetzung einer Global Governance

Literatur

Altvater, Elmar und Birgit Mahnkopf. 1996. Grenzen der Globalisierung. Ökonomie, Ökologie und Politik in der Weltgesellschaft. Münster: Westfälisches Dampfboot.
Betz, Joachim. 2000. Schuldenerlass und Armutsbekämpfung in strategischer Verknüpfung, aus: Nord-Süd aktuell, 14 (1), 112–119.
BMZ (Bundesministerium für Wirtschaftliche Zusammenarbeit und Entwicklung). 2000. Kopenhagen + 5. Materialien zur Nachfolgekonferenz des Weltsozialgipfels von 1995, BMZ spezial, Nr. 10.
Brand, Ulrich. 1999. Global Governance – neue Weltordnungspolitik, aus: Widerspruch, 19 (38), 173–178.
Brand, Ulrich, Achim Brunnengräber, Lutz Schrader, Christian Stock und Peter Wahl. 2000. Global Governance. Alternative zur neoliberalen Globalisierung? Münster: Westfälisches Dampfboot.
Brunnengräber, Achim und Christian Stock. 1999. Global Governance. Ein neues Jahrhundertprojekt?, aus: Prokla, 29 (116), 445–468.
Cox, Robert W. 1998. Weltordnung und Hegemonie – Grundlagen der ‚Internationalen Politischen Ökonomie'. Marburg: Studien der Forschungsgruppe Europäische Gemeinschaften.
Deacon, Bob. 2000. Globalization and Social Policy: The Threat to Equitable Welfare, UNRISD Occasional Paper, 5.
Deutsches NRO-Forum Weltsozialgipfel und Arbeitsgruppe 20:20 (Hg.). 1998. Prioritäten für menschliche Entwicklung. Soziale Grunddienste als neuer Schwerpunkt der Entwicklungszusammenarbeit. Münster: Lit.
Donner-Reichle, Carola. 1995. Der Folgeprozess des Weltsozialgipfels. Chancen und Schwierigkeiten, aus: Nord-Süd aktuell, 9 (1), 68–73.
Donner-Reichle, Carola. 2000a. Elemente einer globalen Sozialpolitik, aus: Nord-Süd aktuell, 15 (1), 95–101.
Donner-Reichle, Carola. 2000b. Die Beschlüsse von Kopenhagen und die Rolle des BMZ, aus: Entwicklung und Zusammenarbeit, 41 (6), 172–174.
Fues, Thomas. 1999. Armut und Reichtum, in: Stiftung Entwicklung und Frieden (Hg.). Globale Trends 2000. Frankfurt: Fischer.
Fues, Thomas. 2000. Auf dem Weg zur Weltsozialordnung? Beiträge zur Debatte über globale Armutsstrategien, INEF-Report, 44.
Fues, Thomas. 2001. Der Kopenhagen-Prozess und die Weltsozialordnung, in: Fues et al. 2001a, 158–190.

Fues, Thomas und Brigitte I. Hamm. 2001a. Die Weltkonferenzen der 90er Jahre: Baustellen für Global Governance? Bonn: J.H.W. Dietz Nachfolger.
Fues, Thomas und Brigitte I. Hamm. 2001b. Die Weltkonferenzen und ihre Folgeprozesse: Umsetzung in die deutsche Politik, in: Fues et al. 2001a, 44–125.
Goldberg, Jörg. 2000a. Front gegen die Armut? Neue Strategien der Bretton-Woods-Institutionen, aus: Blätter für deutsche und internationale Politik, 45 (4), 456–464.
Goldberg, Jörg. 2000b. Armutsbekämpfung contra Strukturanpassung? Zur Kritik der jüngsten Strategie von IWF und Weltbank, aus: Informationsbrief Weltwirtschaft und Entwicklung, Sonderdienst, 3, 1–4.
Gsänger, Hans. 1995. Nach dem Weltgipfel für soziale Entwicklung. Die Zukunft des 20/20-Compact zur Sicherung der sozialen Grundversorgung für alle, aus: Nord-Süd aktuell, 9 (1), 62–68.
Gsänger, Hans. 1998. Soziale Grunddienste, wirtschaftliches Wachstum und Armutsbekämpfung: Anmerkungen zur Diskussion um den 20/20-Ansatz, in: Deutsches NRO-Forum Weltsozialgipfel et al. 1998, 43–54.
Hein, Wolfgang. 1998. Transnationale Politik und soziale Stabilisierung im Zeitalter postfordistischer Globalisierung, aus: Nord-Süd aktuell, 12 (3), 458–481.
Hein, Wolfgang. 1999. Postfordistische Globalisierung, Global Governance und Perspektiven eines evolutiven Prozesses ‚Nachhaltiger Entwicklung', in: Wolfgang Hein und Peter Fuchs (Hg.). Globalisierung und ökologische Krise. Hamburg: Schriften des Deutschen Überseeinstituts, 13–76.
Hirsch, Joachim. 1995. Der nationale Wettbewerbsstaat. Staat, Demokratie und Politik im globalen Kapitalismus. Berlin und Amsterdam: ID-Verlag.
Hübner, Kurt. 1998. Der Globalisierungskomplex. Grenzenlose Ökonomie – grenzenlose Politik? Berlin: edition sigma.
Huffschmid, Jörg. 2000. Demokratisierung, Stabilisierung und Entwicklung. Ein Reformszenario für IWF und Weltbank, aus: Blätter für deutsche und internationale Politik, 45 (11), 1345–1354.
IWF, OECD, UN und World Bank Group. 2000. A Better World for All (www.paris21.org/betterworld/home.htm).
Jakobeit, Cord. 1999. Die Weltbank und „Menschliche Entwicklung". Ein neuer strategischer Ansatz aus Washington, aus: Entwicklung und Zusammenarbeit, 40 (5), 124–125.
Kohlmorgen, Lars. 2000. Sozialpolitik und soziale Entwicklung unter den Bedingungen der Globalisierung – Globalisierung der Sozialpolitik? Beschreibung des Forschungsstandes, aus: Nord-Süd aktuell, 14 (1), 70–94.
Lauer, Monique. 1998. Überblick über den Stand der Umsetzung der Vereinbarungen des Weltsozialgipfels in Kopenhagen 1995, in: Deutsches NRO-Forum Weltsozialgipfel et al., a.a.O., 15–42.
Martens, Jens. 2000. Die internationale soziale Frage auf dem Abstellgleis, aus: Informationsbrief Weltwirtschaft und Entwicklung, Sonderdienst, Nr. 4, 1–4.
Messner, Dirk. 1998. Die Transformation von Staat und Politik im Globalisierungsprozess, in: Dirk Messner (Hg.). Die Zukunft des Staates und der Politik. Möglichkeiten und Grenzen politischer Steuerung in der Weltgesellschaft. Bonn: J.H.W. Dietz Nachfolger, 14–43.
Messner, Dirk. 1999. Globalisierung, Global Governance und Entwicklungspolitik, aus: Internationale Politik und Gesellschaft, 1, 5–18.
Messner, Dirk. 2000. Ist Außenpolitik noch Außenpolitik ... und was ist eigentlich Innenpolitik? Die Transformation der Politik in der ‚Ära des Globalismus', aus: Prokla, 30 (118), 123–150.
Messner, Dirk. 2001. Weltkonferenzen und Global Governance: Anmerkungen zum radikalen Wandel vom Nationalstaatensystem zur Global Governance-Epoche, in: Fues et al. 2001a, 14–43.
Messner, Dirk und Franz Nuscheler. 1996a. Global Governance. Herausforderungen an die deutsche Politik an der Schwelle zum 21. Jahrhundert. SEF Policy Paper, 2, Bonn.
Messner, Dirk und Franz Nuscheler (Hg.). 1996b. Weltkonferenzen und Weltberichte. Bonn: J.H.W. Dietz Nachfolger.

Mkandawire, Thandika und Virginia Rodriguez. 2000. Globalization and Social Development after Copenhagen: Premises, Promises and Policies, UNRISD Geneva 2000 Occasional Paper 10.
Moher, Jennifer L. 1999. A Research Agenda for Social-policy Reform, in: Daniel Morales-Gómez, Necla Tschirgi und Jennifer L. Moher (Hg.). 1999. Reforming Social Policy. Changing Perspectives on Sustainable Development. Ottawa: IDRC, 115–146.
Morales-Gómez, Daniel. 1999. From National to Transnational Social Policies, in: Daniel Morales-Gómez (Hg.). Transnational Social Policies. The New Development Challenges of Globalization. Ottawa: IDRC/Earthscan, 1–18.
Nederveen Pietersee, Jan. 1997. Equity and Growth Revisited: A Supply-Side Approach to Social Development, in: Kay, Cristóbal (Hg.). 1997. Globalization, Competitiveness and Human Security. London: Frank Cass, 128–149.
Nuscheler, Franz. 2000. Kritik der Kritik am Global Governance-Konzept, aus: Prokla, 30 (118), 151–156.
OECD/DAC. 1996. Shaping the 21st Century (www.oecd.org/dac/htm/stc.htm).
Reinicke, Wolfgang H. 1998. Global Public Policy. Governing without Government. Washington D.C.: Brookings Institution Press.
Sautter, Hermann. 2000. Die internationale Sozialordnung. Notwendigkeit, Funktionsbedingungen und Ansätze einer Realisierung, in: Nuscheler, Franz. 2000 (Hg.). Entwicklung und Frieden im 21. Jahrhundert. Zur Wirkungsgeschichte des Brandt-Berichtes. Bonn: J.H.W. Dietz Nachfolger, 397–428.
Scherrer, Christoph. 2000a. Global Governance: Vom fordistischen Trilateralismus zum neoliberalen Konstitutionalismus, aus: Prokla, 30 (118), 13–38.
Scherrer, Christoph. 2000b. Die Spielregeln der Globalisierung ändern? Global Governance – zu welchem Zweck?, aus: Kommune, 6 (9), 50–54.
UN (General Assembly Economic and Social Council). 1999. Comprehensive Report on the implementation of the outcome of the World Summit for Social Development (www.un.org/esasocdev/geneva2000/docs/index.html).
UN. 2000. United Nations Millennium Declaration (A/55/L.2). New York.
UNDP. 1999. World Development Report (www.undp.org/hdro.html).
UNRISD. 1999. Research Report 1998/99 (www.unrisd.org).
UNRISD. 2000. Visible Hands. Taking Responsibility for Social Development. An UNRISD-Report for Geneva 2000 (www.unrisd.org).
Walther, Miriam. 2002. PRSP – Umbenennung statt Anfang, aus: Informationsbrief Weltwirtschaft und Entwicklung, 3/4, 6–7.
Wolfensohn, James. 1999. A Proposal for an Comprehensive Development Framework. Discussion Draft (www.worldbank.org/cdf).
World Bank. 2001. World Development Indicators 2001. Washington.

Georg Simonis

Weltumweltpolitik: Erweiterung von staatlicher Handlungsfähigkeit durch Global Governance?

1	Die politische Bearbeitung transnationaler Umweltprobleme	313
2.	Institutionalisierte Formen globaler Umweltpolitik	318
2.1	Generische Koordination: der Konferenzmechanismus	319
2.2	Informelle Koordination: Politikdiffusion	321
2.3	Verrechtlichte Koordination: Regime	327
3	Systemtransformation: Genese eines postetatistischen Governance-Systems	337

1 Die politische Bearbeitung transnationaler Umweltprobleme

In dem nachfolgenden Kapitel wird die Frage behandelt, in welcher Weise die Staatenwelt das transnationale Problem, die nationalen Grenzen negierende und mehrere Staaten betreffende Gefährdung ökologischer Stabilität, bearbeitet. Mit dieser Thematik sind zahlreiche Fragen aufs Engste verknüpft; insbesondere:

- Welche Typen transnationaler Umweltprobleme lassen sich unterscheiden? *Fragestellungen*
- Welches sind aus einer sozialwissenschaftlichen, vorrangig politikwissenschaftlichen Perspektive die wichtigsten Strukturmerkmale transnationaler Umweltprobleme?
- Unter welchen Bedingungen werden transnationale Umweltprobleme zum Gegenstand politischer Auseinandersetzungen und Regelungen?
- Welche Typen von Bearbeitungsformen (z.B. freiwillige Koordination, hierarchische Steuerung, intergouvernementale Regulierung) haben sich wann und wie herausgebildet?
- Welche Strukturen und Prozesse kennzeichnen die verschiedenen Bearbeitungsformen? Sind die jeweils gefundenen Problemlösungen effektiv und effizient?
- Wie leistungsfähig ist das gegenwärtig etablierte Governance-Profil zur Bewältigung transnationaler Umweltprobleme?
- Welche politischen Kräfte wollen das Regelungssystem, also die institutionalisierte Governance-Struktur, partial oder in toto verändern? Über welche Macht, Strategien und Instrumente verfügen die oppositionellen Kräfte?
- Hat sich durch die Institutionalisierung von problemlösenden Politikstrukturen bereits ein Systemwandel vollzogen?

Die Untersuchung dieser Fragen erfordert einen Bruch mit innerhalb der Politikwissenschaft bestehenden Konventionen:

Weltumweltpolitik — Zum einen erweist sich die übliche Trennung zwischen den politikwissenschaftlichen Fachgebieten der Internationalen Politik, der ländervergleichenden Politikfeldforschung (Komparatistik, Policy-Forschung) sowie der Innenpolitik einschließlich der Regional- und Lokalpolitik als kontraproduktiv (vgl. auch *Synthese von Teilgebieten* — Biermann und Dingwerth 2001, 24ff.). Aus der Perspektive von Global Governance mutiert internationale Umweltpolitik zur Weltumweltpolitik, die nach politischen Bearbeitungsmodi von transnationalen Umweltproblemen fragt und aus sachlogischen Gründen die Analyse von hierarchischen und horizontalen Politikstrukturen miteinander verbindet. Die territorial basierten Herrschaftsstrukturen und Entscheidungsmechanismen der Staatenwelt interessieren nur mittelbar als restriktive Bedingungen und Entscheidungsfaktoren bei der Bewältigung *Analytische Perspektiven* — transnationaler Umweltprobleme. Zum anderen legt die problemorientierte Herangehensweise die Berücksichtigung unterschiedlicher analytischer Perspektiven nahe. In der synchronen Dimension bilden die Beschreibung und Erklärung der Arbeitsweise, Leistungsfähigkeit und Funktionsbedingungen von Institutionen einen Untersuchungsschwerpunkt. Doch ohne die Erklärung der Entstehung und des Wandels der politischen Institutionen, also der das politische Handeln koordinierenden sozialen Strukturen, innerhalb derer die transnationalen Umweltprobleme bearbeitet werden, würde die Analyse unvollständig und verkürzt sein (diachrone Dimension). Eine ausschließlich synchrone, den historischen Wandel aussparende Betrachtungsweise müsste ausblenden, dass die politikstrategische Bearbeitung der meisten transnationalen Umweltprobleme erst vor gut dreißig Jahren begonnen hat und dass die Welt in weiteren dreißig Jahren sich in diesem Handlungsfeld erneut grundlegend verändert haben wird. Die Genese/Invention und der Wandel von Institutionen der Weltumweltpolitik werden von heftigen Auseinandersetzungen zwischen und innerhalb von Staaten begleitet. Die konflikttheoretische Analyse ergänzt daher zwingend die institutionelle und die historisch-genetische Betrachtungsweise. Schließlich gilt es regulationstheoretische Fragen zu beantworten: Wie sieht zu einem bestimmten historischen Zeitpunkt das Governance-Profil der Weltumweltpolitik aus? Reicht die Leistungsfähigkeit des bestehenden Regelungssystems aus, die anstehenden transnationalen Umweltprobleme zu bewältigen? Welche Auswirkung hat der umweltpolitische Governance-Modus (Regulationsmodus) auf andere Politikstrukturen?

Die voranstehenden Ausführungen lassen sich in einer einfachen Matrix (Tabelle III-3) zusammenfassen. In ihr werden die analytischen Orientierungen mit den politikwissenschaftlichen Zugangsweisen kombiniert. Das Schaubild vermittelt einen ersten Überblick über den Reichtum an Fragestellungen, der sich ergibt, wenn man die Weltumweltproblematik aus der Perspektive globaler Governance betrachtet.

Die hier präsentierten Überlegungen beruhen auf einer problemorientierten sowie institutionalistischen Konzeption von Global Governance. Ich begreife Global Governance als Institutionensystem („world polity") zur Festlegung und Koordination von Politikprogrammen, die zur Bewältigung zwischenstaatlicher Problemlagen beitragen. Die Weltumweltproblematik stellt somit nur einen besonderen Problemausschnitt dar. Die Perspektive von Global Governance ist weiter. Bezogen auf die Umweltproblematik, werden mit der analytischen Perspektive von Global Governance die Entstehung und die Leistungsfähigkeit der institutionalisierten politischen Steuerungs- und Koordinationsmechanismen erfasst, die zur Bewältigung zwischenstaatlicher, transnationaler und im Grenzfall globaler Umweltprobleme beitragen.

Tabelle III-3: Themenfelder umweltpolitischer Analyse aus der Perspektive von Global Governance

		Politikwissenschaftliche Fachgebiete	
		Internationale Beziehungen	Vergleichende Policy-Forschung (national, lokal)
Analytische Perspektiven	historisch (diachron)	Genese von Internationalen Regimen (IR)	Genese/Wandel von nationalen Umweltkapazitäten
	institutionalistisch (synchron)	Formen, Funktionen und Leistungen von internationalen Umweltregimen	Analyse von nationalen/lokalen Steuerungs- und Regulierungsprozessen
	konflikt-theoretisch	Bearbeitungsformen von Umweltkonflikten	Bearbeitungsformen von nationalen/regionalen Umweltkonflikten
	regulations-theoretisch	Ermittlung des Regulationsmodus (des Profils von Governance-Formen) und seiner Leistungsfähigkeit	Nationales Profil von staatlichen, teilstaatlichen und gesellschaftlichen Koordinationsformen

Auf einige Spezifika dieses Definitionsversuchs von Global Governance ist hinzuweisen:

— Im Zentrum des Interesses stehen die für die politische Problembewältigung errichteten Institutionen. Der Begriff „Governance" bezieht sich gemäß dem hier vertretenen Verständnis auf eine problemverarbeitende „polity", auf ein Institutionensystem im Sinne eines relativ stabilen und anerkannten Normensystems, das politisches Handeln steuert. Und nur diejenigen Institutionen, die einen Beitrag zur politischen Problembewältigung leisten, gehören zu dem analysierten Governance-System, alle anderen definitionsgemäß nicht. Ich unterscheide mich also von Rosenau (1995, 13), der alle „systems of rule" – „from the family to the international organization" – in seine Konzeption einschließt, in denen über Kontrollmechanismen gesteuerte Ziele verfolgt werden, die transnationale Wirkungen („transnational repercussions") erzeugen, folge ihm aber in seinem institutionalistischen Verständnis der Governance-Problematik. Uns interessieren also primär die problembearbeitenden Institutionen. Die problemgenerierenden Faktoren und Institutionen gehören daher in den Kranz der unabhängigen Variablen.
— Damit unterscheide ich mich auch von der aktivistischen und begrifflich unscharfen Deutung von Governance als „Regieren", wie sie beispielsweise Zürn (1998a, 12 u. 166ff.) vertritt. Bei ihm erfolgt das „Regieren jenseits des Nationalstaates" – so der Titel seines 1998 erschienenen Buches, auf das ich mich hier beziehe – mittels politischer Institutionen, die als „Mechanismen des Regierens" (171) verstanden werden. „Die Summe der Regelungen all dieser Institutionen machen Regieren jenseits des Nationalstaates bzw. *global governance* aus" (175, Herv. im O.). Hier wird der Begriff des Regie-

Definition

Problembearbeitende Institutionen

Kollektives (regelgeleitetes) Handeln

rens, der sich im allgemeinen politikwissenschaftlichen Verständnis auf Akteure bezieht, die, mit Legitimität ausgestattet, bindende Entscheidungen treffen, überdehnt. Internationale Institutionen haben mit wenigen Ausnahmen – wie die EU oder einige technische IOs – keine Akteursqualität, die sie ohne förmliche Ratifikation durch Nationalstaaten zu direkt verbindlichen Entscheidungen befähigt und berechtigt. Auch verfügen internationale Regime, die in der internationalen Umweltpolitik eine große Rolle spielen, nicht über die Fähigkeit, als kollektive Akteure zu handeln.

Analytischer Begriff — Das hier vertretene Governance-Konzept ist analytisch ausgerichtet und enthält sich materieller Aussagen über den Zustand und die Entwicklung des Staatensystems. Für Messner (in diesem Band) ist Global Governance die institutionelle Antwort der Politik auf die Transformation des Systems der Nationalstaaten, bei der das Souveränitätskonzept abgelöst wird „durch das System geteilter Souveränitäten". Durch „Prozesse der Entgrenzung" als Folge der Globalisierung befindet sich die „territoriale Organisation der Politik" im Umbruch (vgl. Messner in diesem Band, 24). Diese Diagnose mag Trends zutreffend erfassen. Das Governance-Konzept sollte aktuelle Entwicklungen aber nicht als historisch unveränderliche, gleichsam objektive Strukturphänomene des internationalen Systems begreifen. Gegenüber Aussagen, die das sichere Ende des Systems der (souveränen) Nationalstaaten postulieren und an deren Stelle eine neue Governance-Architektur errichten wollen, ist Skepsis angebracht.

Verbindung von synchroner und diachroner Betrachtungsweise — Die institutionalistische Konzeption von Global Governance legt es nahe, zwischen den formellen und informellen Handlungsabläufen, die sich im Rahmen des gegebenen institutionellen Settings vollziehen, und jenen politischen Prozessen zu unterscheiden, die einen Wandel institutioneller Rahmenbedingungen herbeiführen. Bei der synchronen Betrachtungsweise von Institutionen gelangen deren problembewältigende Leistungsfähigkeit und die Kräfte des Status quo in den Blickpunkt. Doch auch die Kräfte, die auf seine Modifikation hinwirken, sind zu berücksichtigen. Dies gilt vor allem für ein Governance-System, das sich schnell verändert und in dem laufend neue Institutionen entstehen. Die von Keohane und Nye (2000, 12) vorgeschlagene Definition von Governance – „By governance, we mean the processes and institutions, both formal and informal, that guide and restrain the collective activities of a group" – ist aus diesem Blickwinkel zu statisch, da sie den historischen Wandel weitgehend ausblendet (vgl. auch Keohane 2001).

Kritische Distanz zum politischen Projekt — Das bestehende Governance-System zur Bearbeitung transnationaler Umweltprobleme unterliegt einem hohen politischen Veränderungsdruck, dem es sich in den vergangenen Jahrzehnten durch die Etablierung einer Vielzahl von neuen Institutionen angepasst hat. Nur die klare analytische Trennung zwischen Struktur, Arbeitsweise/Leistungsfähigkeit und Wandel ermöglicht es, die hohe Transformationsdynamik des Governance-Systems empirisch zu erfassen. Auch Politikwissenschaftler beteiligen sich mit ihren Forschungs- und Diskussionsbeiträgen an diesem Reformprozess. Global Governance wird ihnen zum politischen Projekt.[1] „Vielfältige politische Interventionsmöglichkeiten, [...] in

---

1 Im Schlussbericht der Enquete-Kommission des Deutschen Bundestages (2002, 418) „Globalisierung der Weltwirtschaft" wird Global Governance als ein politisches Projekt

Richtung einer kooperativen Global-Governance-Struktur, sind denkbar" (Messner in diesem Band, 48). Der Aufbau einer kooperativen Global-Governance-Architektur wird für erforderlich gehalten, „um die Ohnmacht der Politik gegenüber der Eigendynamik der Globalisierungsprozesse verhindern zu können" (Messner und Nuscheler 2000, 175). Doch bevor ich mich dieser Position anschließe, ist die kritische Analyse des Governance-Projekts erforderlich (vgl. auch Young 1997a, 275).

Der Blick aus der beobachtenden Distanz lässt ein differenziertes Profil des Governance-Systems erkennen. Institutionen horizontaler Koordination, viele rechtlich verregelt (z.B. Regime), einige aber auch rechtlich unverbindlich (z.B. Agendaprozess), stehen neben Institutionen mit vertikaler Koordination (z.B. EU-Verordnungen und -Richtlinien). Da das Governance-Konzept alle möglichen Steuerungsformen – von der dezentralen Selbststeuerung bis zur strengsten Hierarchie – einschließt, kann nur nach solider Forschung für bestimmte Governance-Formen oder für das Projekt in toto plädiert werden. Für den Bereich der Weltumweltpolitik ist das Global-Governance-Projekt konzeptionell wie theoretisch und empirisch – zumindest gegenwärtig noch – unterbestimmt. Nur wenn die Global-Governance-Architektur effektiv und effizient und mit anderen Steuerungssystemen kompatibel ist, werden die großen Hoffnungen, die sich mit dem Projekt des liberalen Institutionalismus verbinden, in Erfüllung gehen.

Die problemorientierte Konzeptualisierung von Global Governance sollte Anlass sein, die internationalen Umweltprobleme, die von institutionalisierten Formen zwischenstaatlicher Koordination und Steuerung tatsächlich bearbeitet werden, genauer darzustellen. Zu behandeln wäre auch, wie und warum internationale Umweltprobleme politisiert und zum Gegenstand institutionalisierter politischer Bearbeitung werden. Dabei müsste auch erörtert werden, dass die Zielvorstellungen und Motive, die dem Problemlösungshandeln zugrunde liegen, breit streuen und dass insbesondere das Leitbild der Nachhaltigkeit diffus und kontrovers ist. All dies auszuführen ist aus Platzgründen nicht möglich. Knappste Hinweise müssen genügen. Zu unterscheiden sind mindestens vier Typen internationaler Umweltprobleme: globale und regionale Umweltprobleme, homogene lokale (Welt-)Umweltprobleme sowie spezielle Gemeingutprobleme (vgl. List 1995, 253ff.). Bei deren Thematisierung interagieren Scientific Communities (vgl. Beck 1986; Haas 1992), NGOs (vgl. Siebenhüner 2001; Brühl 2002; Biermann 2002; Kohout und Meyer-Tasch 2002; Maier 2002) sowie die jeweiligen gesellschaftlichen Interessenkonstellationen – Prittwitz (1990, 116ff.) unterscheidet Betroffenen-, Verursacher- und Helferinteressen – und deren Politisierung (van der Wurff 1997). Der Frage, auf welche Weise die nationale und internationale Politisierung von internationalen Umweltproblemen zu bestimmten institutionalisierten Formen der Problembewältigung Anlass gibt, kann hier nicht weiter behandelt werden. Stattdessen wird ein Perspektivwechsel vorgenommen und werden die Institutionen globaler Umweltpolitik einer vergleichenden Analyse unterzogen.

---

eingestuft: „[...] um negative wirtschafts-, sozial- und umweltpolitische Tendenzen der internationalen Märkte beseitigen zu helfen. Wie im Prozess der Entwicklung einer sozialen Marktwirtschaft gilt es auch auf globaler Ebene, die Fehlentwicklungen bei der inhaltlich-programmatischen Ausrichtung des bisherigen globalen Regierens zu korrigieren".

2 Institutionalisierte Formen globaler Umweltpolitik

Dieses Kapitel gibt einen Überblick über drei Formen intergouvernementaler (horizontaler) Koordination und ihnen entsprechender Institutionen zur Bearbeitung globaler Umweltprobleme. Die Institutionalisierung zwischenstaatlicher Koordinationsformen hat seit der ersten großen Weltumweltkonferenz, abgehalten 1972 in Helsinki, eine beachtliche Dynamik entfaltet. Die Ausführungen stützen sich auf einen Institutionenbegriff, der Institutionen als relativ stabile Normensysteme, die das Handeln von Akteuren – in unserem Fall von Staaten – wirksam anleiten (steuern), begreift (vgl. Dierkes und Zapf 1994, 9). Neben horizontalen (intergouvernementalen) Formen institutionalisierter Koordination von Umweltpolitik lassen sich vertikale (supranationale) Formen unterscheiden (vgl. Tabelle III-4). Internationale Organisationen besitzen im Allgemeinen nicht die Struktureigenschaften von Institutionen, da sie nicht in der Lage sind, staatliches Handeln systematisch, orientiert an einem relativ stabilen Normengerüst, zu beeinflussen. Dagegen verfügen IOs mehr oder weniger über die Fähigkeit, als Akteure eigene Interessen zu verfolgen. Internationale Institutionen dagegen können – außer sie hätten den Charakter einer Organisation – nicht eigenständig handeln. Die im Umweltbereich tätigen UN-Unterorganisationen, wie das United Nations Environment Programme (UNEP), die World Meteorological Organization (WMO), die International Maritime Organization (IMO) oder die United Nations Economic Commission for Europe (UNECE), um nur einige wenige zu nennen, besitzen nicht die Eigenschaften von Institutionen, die staatliches Handeln auf der Grundlage vereinbarter Normen wirksam beeinflussen (steuern). Diese Organisationen verfügen aber über ein gewisses Handlungspotenzial, und sie agieren im Rahmen von zwischenstaatlich vereinbarten Normensystemen, die hier als Institutionen globaler Governance begriffen und untersucht werden (vgl. auch Messner 2003; Spangenberg 2003).

Tabelle III-4: Institutionen globaler Umweltpolitik

Horizontale Koordination	Vertikale Koordination
(1) generische Koordination: Konferenzmechanismus	(4) europäisches Mehrebenensystem: Europäisierung
(2) informelle (freiwillige) Koordination: Politikdiffusion	
(3) verrechtlichte Koordination: Regime	

Vor allem aus pragmatischen Gründen, um den vorgegebenen Rahmen nicht völlig zu sprengen, konzentrieren sich die nachfolgenden Ausführungen auf die Darstellung der Institutionen horizontaler Koordination. Darüber hinaus soll aber auch ein europäischer Parochialismus vermieden werden. Noch stellt die im Rahmen der EU im Sachbereich Umwelt mögliche supranationale (vertikale) Koordination eine Ausnahme dar, die die Regel – die Dominanz der horizontalen Koordination – bestätigt. Zur europäischen Umweltpolitik sei nur auf die Einführung von Christoph Knill (2003) sowie auf die Dissertation von Sabine Schwarz (2002) verwiesen.

Weltumweltpolitik 319

2.1 Generische Koordination: der Konferenzmechanismus

Globale Umweltpolitik existiert erst seit gut dreißig Jahren. Mit wenigen Ausnahmen sind die Institutionen, die das heutige Global-Governance-System im Umweltbereich ausmachen, in diesem Zeitraum entstanden. Bemerkenswerterweise hat die Staatengemeinschaft auf die an Umfang und Intensität zunehmenden zwischenstaatlichen Umweltprobleme durch die Institutionalisierung von Problemlösungsmechanismen zu reagieren vermocht. Sie hat insbesondere – und diese Thematik soll im nachfolgenden Abschnitt behandelt werden – ein Regelsystem ausdifferenziert, das die Etablierung von neuen internationalen Institutionen erlaubt. Im internationalen System werden neue, staatliches Handeln koordinierende und lenkende Normensysteme durch zielorientiertes staatliches Handeln, durch Verhandlungen und durch sanktionierende Konsensbeschlüsse der Gründungsstaaten institutionalisiert. Die Institution, die es im internationalen System möglich macht, neue Institutionen willentlich zu erzeugen, möchte ich als den Konferenzmechanismus bezeichnen. Dabei haben sich vor allem auf zwei Ebenen des internationalen Systems Institutionen generierende Koordinationsmechanismen entwickeln können: zum einen im Rahmen des Systems der Vereinten Nationen auf globaler Ebene und zum anderen im Rahmen des europäischen Integrationssystems auf regionaler Ebene. Auch andere Regime und Staatengruppen machen freilich von dem Konferenzmechanismus Gebrauch. Die nachfolgenden Ausführungen konzentrieren sich auf die für die globale Governance-Architektur im Umweltbereich besonders wichtige globale Ebene.

Zwischen 1972 und 1997 haben zwanzig von den Vereinten Nationen ausgerichtete Weltkonferenzen zu Themen nachhaltiger Entwicklung stattgefunden (vgl. Haas 2002). Daneben wurden ebenfalls von den Vereinten Nationen zahlreiche Konferenzen zu speziellen umweltbezogenen Fragestellungen veranstaltet, ganz ungeachtet zahlloser Vorbereitungs- und Nachbereitungstreffen, von Konferenzen der Mitgliedstaaten, von Konventionen oder von Expertenmeetings. Der Tabelle III-5 können die wichtigsten Weltkonferenzen, die zur Entstehung von globalen Umweltinstitutionen beigetragen haben, entnommen werden.

Tabelle III-5: Weltumweltkonferenzen

Jahr	Name der Konferenz/Ort	Ergebnisse
1972	United Nation Conference on the Human Environment, Stockholm	Declaration of Principles; Action Plan; UNEP (Umweltprogramm der VN)
1974	World Population Conference, Bukarest	World Population Plan of Action
1979	World Climate Conference, Genf	–
1981	UN Conference on New and Renewable Sources of Energy, Nairobi	Nairobi Programme of Action
1990	Second World Climate Conference, Genf	Intergovernmental Panel on Climate Change (IPCC)
1992	UN Conference on Environment and Development, Rio de Janeiro	Rio Declaration; Agenda 21; Framework Convention on Climate Change; Convention on Biodiversity; Statement of Forest Principles; UN Commission on Sustainable Development
2002	World Summit on Sustainable Development, Johannesburg	Action Plan of Sustainable Development; Plan of Implementation

Quelle: zusammengestellt nach Haas, 2002, 82f.; eigene Ergänzungen

Institutionalisiertes Ablaufprogramm

Weltkonferenzen haben ein weitgehend festgelegtes, im UN-System institutionalisiertes Ablaufprogramm, das formal aus drei Phasen besteht: der Vorbereitungsphase, der Konferenzphase von ca. zwei Wochen Dauer mit abschließender Präsenz der Regierungsspitzen der teilnehmenden Staaten, den Aktivitäten zur Umsetzung der Konferenzergebnisse.

Vorbereitungsphase

Während der Vorbereitungsphase, die sich über etwa zwei Jahre erstreckt, werden nationale Lageberichte und Positionspapiere erarbeitet, finden nationale und internationale Expertentreffen statt, organisieren sich die NGOs, formulieren ihre Erwartungen und betreiben Lobbying, werden Vorbereitungskonferenzen auf globaler und regionaler Ebene und innerhalb der Ländergruppen mit gemeinsamen Interessen abgehalten. Dabei werden, stimuliert und unterstützt von einem Konferenzsekretariat, Vorschläge und Entwürfe der auf der Konferenz zu verabschiedenden Resolutionen, Deklarationen, Programme, Agenden, Konventionen, Finanzierungsmechanismen etc. vorgelegt und verhandelt. Am Ende des Vorbereitungsprozesses liegen dann zwischenstaatlich abgestimmte, aber noch mehr oder weniger kontroverse Entscheidungsvorlagen mit divergierenden Formulierungen zu den zu entscheidenden Streitpunkten der Konferenz vor.

Konferenzphase

Im Plenum und in zahllosen Arbeitsgruppen wird dann während der ersten Konferenzphase über diese strittigen Fragen verhandelt, um Kompromisse vorzubereiten, über die schließlich die Regierungschefs bzw. deren Vertreter in einem erprobten Konsensverfahren, in dem nicht förmlich abgestimmt wird, entscheiden.

Weltkonferenzen vollziehen sich nach eingespielten Regularien, an die sich die Staaten und andere Konferenzteilnehmer (Experten, NGOs, Medien) halten, obwohl es ein kodifiziertes internationales Konferenzverfahrensrecht nicht gibt. Maßgebend sind das Völkergewohnheitsrecht sowie spezielle Verfahrensregeln, die von der Generalversammlung oder der von ihr beauftragten Vorbereitungskommission erlassen werden.

Institutionen zur Gründung von Institutionen

Trotz ihres geringen Kodifizierungsgrades bilden Staatenkonferenzen – und insbesondere die Weltkonferenzen – die wichtigsten Institutionen zur Erzeugung von internationalen Institutionen. Die Wirksamkeit von Global Governance hängt dabei ganz wesentlich von den Verhandlungsarenen, die der Konferenzmechanismus bereitstellt, ab. Auch wenn über die Schwerfälligkeit und die häufig „enttäuschenden" Ergebnisse der globalen Konferenzdiplomatie geklagt wird, in einem von souveränen Staaten strukturierten internationalen System führt kein Weg an diesem Konsensbildungsmechanismus vorbei. Nur mit seiner Hilfe lassen sich neue die Staatenwelt verpflichtende Normen (Prinzipien, Ziele, Verfahren) zur Steuerung staatlichen Handelns vereinbaren. Sofern jedoch die internationale Gemeinschaft bestimmte Kompetenzen auf internationale Institutionen übertragen hat, können diese Institutionen gemäß den festgelegten Verfahren eigenständig für ihren Kompetenzbereich neue Normen generieren. Dies gilt nicht nur für supranationale Institutionen, sondern auch, allerdings in einem stark eingeschränkten Umfang, für internationale Regime (vgl. Lavieille 1999).

Leistungen von Weltkonferenzen

Die Erzeugung von internationalen Institutionen ist wohl die wichtigste Leistung von Weltkonferenzen. Doch wäre es verfehlt, deren Output allein an diesem Ergebnis zu messen. Viele ihrer Resultate stellen einzelne Bausteine für eine spätere Etablierung neuer oder zur Erweiterung bestehender Institutionen dar. Peter Haas (2002) hebt die folgenden Leistungen von Weltkonferenzen hervor:

- Thematisierung von Problemen („agenda setting"),
- Information der Öffentlichkeit und Bewusstseinsbildung,
- Identifikation von neuen Herausforderungen durch nationale Berichte,
- Frühwarnung vor drohenden Gefahren,
- Stimulierung von politisch-administrativen Reformen auf nationaler Ebene,
- Konsensbildung über neue Normen und globale Standards,
- Mobilisierung und Beteiligung zivilgesellschaftlicher Akteure.

Für die Erklärung der Herausbildung des gegenwärtigen Governance-Systems im Bereich des internationalen Umweltschutzes sind die Analyse dieser Leistungen globaler Umweltkonferenzen und die Ermittlung ihres Beitrags zur Etablierung von internationalen Institutionen zur Koordinierung und Steuerung staatlichen Handelns von großem Interesse. Bemerkenswerterweise hat die Politikwissenschaft der Genese von Institutionen der internationalen Governance des ökologischen Systems nur wenig Bedeutung geschenkt. Analytisch synchrone Studien dominieren in der Forschung (vgl. den Überblicksartikel von Mitchell 2002 sowie Strübel 1992; Zürn 1998b; Vig und Axelrod [Hg.] 1999). Die Vernachlässigung der historischen Perspektive hat zur Folge, dass der enorme institutionelle Wandel der letzten dreißig Jahre weitgehend unbeachtet blieb und die institutionellen Mechanismen und politischen Kräfte, die ihn ermöglicht haben, erst ansatzweise erforscht wurden. Der historische Institutionalismus (vgl. Hall und Taylor 1996; Reich 2000) hätte hier ein großes Forschungsfeld. Die Politikwissenschaft interessiert sich weniger für die Erklärung der historischen Genese von Institutionen und Governance-Strukturen (bemerkenswerte Ausnahme Meyer et al. 1997), sondern arbeitet sich aus verständlichem politischen Eigeninteresse an aktuellen Problemlagen ab. Sie beteiligt sich z.B. an der Debatte, wie das Management des internationalen Governance-Systems im Umweltbereich durch institutionelle Reformen verbessert werden könnte (z.B. Biermann und Simonis 2000). Von der Berücksichtigung der historischen Dimension und Entwicklungsdynamik könnte allerdings auch die politiknahe Analyse aktueller Problemlagen einiges gewinnen.

Vernachlässigung der historischen Perspektive

2.2 Informelle Koordination: Politikdiffusion

Bemerkenswerterweise hat die Politikwissenschaft nicht nur die historische Perspektive vernachlässigt. Sie hat auch wegen ihrer Spezialisierung in Teildisziplinen die Entwicklungen im internationalen System nicht mit den innerstaatlichen Veränderungen wie in umgekehrter Richtung die nationalstaatlichen Innovationsprozesse nicht mit dem Wandel in den zwischenstaatlichen Beziehungen systematisch verknüpft. Die Governance-Perspektive bietet hier eine zunehmend aufgegriffene Möglichkeit für Korrekturen und zur Verknüpfung beider Analyseebenen. Die von der mit vergleichenden Methoden forschenden Umweltpolitologie vorgelegten Forschungsergebnisse zur Diffusion von umweltpolitischen Kapazitäten, Strategien und Institutionen (Jänicke und Weidner 1995; Jänicke 1996, Jänicke und Weidner 1997; Jänicke und Jörgens 2000) lassen sich koordinations- und steuerungstheoretisch interpretieren und in den Strukturen von Global Governance im Umweltbereich verorten. Bislang wird von dieser Forschungsrichtung zur Erklärung von Ausbreitungsprozessen (Kern 1997; Kern et al. 2001) internationalen Faktoren nur eine unterstützende Funktion zugebilligt. Tews und Busch (2002) unterscheiden drei Faktorengruppen, die an der Diffusion von umweltpolitischen Innovationen irgendwie beteiligt sind. Eine Gewichtung der Faktoren lassen die Forschungsergebnisse nicht zu. Der Kasten III-6 gibt einen Überblick über die zur Erklärung von Diffusionsprozessen als bedeutsam eingeschätzten Faktoren.

Kasten III-6: Faktoren der Politikdiffusion

---
1. Mechanismen (Governance-Struktur) des internationalen Systems
   - regulativer Wettbewerb
   - ideeller Wettbewerb

2. Nationale Faktoren
   - regulative Struktur
   - Verwaltungstradition
   - Politikstil
   - historische Erfahrung

3. Eigenschaften der Politikinnovation
   - Problemstruktur
   - politische Passförmigkeit
   - technische Kompatibilität

Quelle: zusammengestellt nach Tews und Busch 2002, 169ff.

Aus der Perspektive von Global Governance betrachtet, lassen sich zwei Formen der Koordination einzelstaatlichen Handelns unterscheiden. Die internationale Koordination kann einerseits verrechtlicht sein. In diesem Fall gehen die sich am Koordinationsmechanismus beteiligenden Staaten feste Selbstbindungen ein und unterwerfen sich den ausgehandelten Verpflichtungen (siehe Kapitel 2.3). Die Übernahme von regulativen Zielen, Standards und Instrumenten kann andererseits aber auch auf freiwilliger Basis geschehen. Bezogen auf diesen zweiten Fall, spricht Kern von „governance by diffusion" (zit. nach Kern et al. 2001, 3; vgl. Kern 1997). Mir scheint der Begriff der freiwilligen Koordination zur Charakterisierung dieses Falls besser geeignet zu sein, da der Begriff der Koordination auf die Systemebene verweist. Die Diffusion von Politikstrukturen ist nicht allein nationalen Faktoren und den besonderen Eigenschaften der Politikinnovation geschuldet. Form und Dynamik von Diffusionsprozessen hängen von der Governance-Struktur des internationalen Systems ab. Nur im Grenzfall spielen die Anreizmechanismen des internationalen Systems für Diffusionsprozesse keine Rolle: Neue Instrumente und Standards des Umweltschutzes würden dann allein aus innergesellschaftlichen Gründen übernommen, weil sie beispielsweise effektiver und effizienter als bisherige Problemlösungen oder weil sie historisch, sozial, politisch und technisch-ökonomisch passförmig sind.

„governance by diffusion"

Informelle Koordination

Im Normalfall dürften Diffusionsprozesse, die als komplexe Aneignungs- und Lernprozesse zu begreifen sind, primär von der Governance-Struktur des internationalen Systems im gegebenen Politikfeld abhängen. Die innergesellschaftlichen und technologischen Faktoren kodifizieren den extern bestimmten Prozess. Zu Recht verweisen Tews und Busch (2002) auf die Mechanismen des regulativen und des ideellen Wettbewerbs. Der zwischenstaatliche regulative Wettbewerb gewinnt wegen der zunehmenden Integration der nationalen Märkte in den Weltmarkt sowie der durch Liberalisierungsvereinbarungen vor allem für verarbeitete Industriewaren steigenden Konkurrenz zwischen den Unternehmen der Industrieländer und den Unternehmen der aufsteigenden Entwicklungsländer an Bedeutung. Der von Hardin (1968) prognostizierte Wettlauf zwischen den Staaten bei der Ausplünderung der Natur und von Gemeingütern („race to the bottom") um ökonomischer Vorteile willen ist bislang so nicht eingetreten. Manche Beobachter meinen eher einen „race to the top" (Vogel 1997; Hoberg 2001; Kern et al. 2001; Tews und Busch 2002), die Diffusion von immer schärferen und besseren Instrumenten zum Schutz der Umwelt, erkennen zu können.

Der Ausbreitungsmechanismus des nach oben gerichteten regulativen Wettbewerbs wirkt in folgender Weise: Erstanwender versprechen sich von neuen umweltverträglicheren Produkten und Verfahren bzw. von institutionellen Innovationen ökonomische und politische Vorteile. Zweitanwender – Unternehmen oder Staaten – erkennen die Gewinnchancen und Problemlösungsmöglichkeiten und übernehmen die Innovation etc. Die erfolgreiche Wirkung dieses marktgesteuerten Ausbreitungsmechanismus lässt sich erst ex post erkennen. Genaue Prognosen sind nicht möglich, da die Anpassung an die externen Anreize und deren Umsetzung in staatliche und gesellschaftliche Handlungsstrategien von zu vielen Faktoren abhängt (siehe Kasten III-6 sowie Tews und Busch 2002, 169).

<small>Mechanismus des regulativen Wettbewerbs</small>

Die Bereitschaft von Staaten, im regulativen Wettbewerb mitzuhalten hängt vor allem von ihren Fähigkeiten ab, Maßnahmen des Umweltschutzes zu ergreifen. Dafür müssen gesellschaftliche Kapazitäten – „a society's ability to identify and solve environmental problems" (OECD 1994, 8) – zur Verfügung stehen. Für ihre vergleichenden Analysen zur Untersuchung der Entwicklung von nationalen umweltpolitischen Umweltkapazitäten haben Jänicke und Weidner (1997; Weidner und Jänicke 2002) das Kapazitätskonzept operationalisiert:

<small>Kapazitäten als intervenierende Variable</small>

„The capacities for the environment are constituted by:

the strength, competence and configuration of organised governmental and non-governmental proponents of environmental protection and

the (a) cognitiv-informational, (b) political-institutional and (c) economic-technological framework conditions" (Jänicke 2002: 7).

Als für die Kapazitätsentwicklung relevante umweltpolitische Akteure („proponents") nennt Jänicke neben der Regierung und ihren Institutionen die grünen NGOs, die Medien und den grünen Unternehmenssektor.

Die Entwicklungsstufen der Institutionalisierung von nationalen Kapazitäten des Umweltschutzes werden von jedem Staat in unterschiedlicher Weise und zu unterschiedlichen Zeitpunkten durchlaufen. Ansatzpunkte zur Erklärung der großen Unterschiede sowohl zwischen den Industrie- und den Entwicklungsländern als auch innerhalb der verschiedenen Ländergruppen bilden für Martin Jänicke und seine Arbeitsgruppe die nationalen Faktoren, wie das Interessenprofil (Prittwitz 1990), die vorhandenen Kapazitäten und die Politisierung ökologischer Themen. Die internationale Anreizstruktur kommt nur beiläufig in den Blick und wird als

<small>Regulativer Wettbewerb und Länderprofile</small>

stimulierender und regulierender Faktor unterschätzt. Es ist jedoch zu vermuten, dass gerade der regulative Wettbewerb den hoch entwickelten Handelsstaaten wie der Bundesrepublik Deutschland, die bereits über gut ausgebaute Umweltkapazitäten verfügen, Anreize bietet, ihre Umweltstandards weiter zu erhöhen. Mit Ressourcen schonenden Investitions- und Verbrauchsgütern lassen sich beträchtliche Konkurrenzvorteile erzielen. In entwickelten großen binnenmarktorientierten Flächenstaaten wie den Vereinigten Staaten bestehen andere Anreizmuster, zumal die USA Güter exportieren (Agrarprodukte, Rüstungsgüter, High Tech, Pharmazeutika), für deren Nachfrage ihr Umweltverbrauch nur eine geringe Rolle spielt. Und in den Entwicklungsländern herrschen wiederum andere Verhältnisse. Dort fehlen im Allgemeinen die Kapazitäten, und die Anreize des regulativen Wettbewerbs sprechen eher für ein Absenken als für ein Anheben der Umweltstandards.

Ideeller Wettbewerb

Neben dem regulativen Wettbewerb, der auf den Aufbau von Umweltkapazitäten und die Formulierung entsprechender politischer Programme eher differenzierend einwirkt, wird die Diffusion von umweltschützenden Politikstrukturen durch einen weiteren, von internationalen Bedingungen abhängigen Faktor, dem ideellen Wettbewerb, beeinflusst. Von diesem Faktor dürften vor allem Anreize zu einer Angleichung der nationalen Standards und Instrumente ausgehen. Beginnend mit der Stockholmer Weltumweltkonferenz 1972, hat sich die Staatengemeinschaft auf ein umfangreiches Normensystem (Prinzipien, Ziele, Verpflichtungen, Verfahren) geeinigt, das zwar nicht rechtsverbindlich ist, von dem aber eine erhebliche Selbstbindungswirkung ausgeht. Seit Stockholm ist im Umweltbereich ein komplexes supranationales Regelwerk entstanden, das einzuhalten und umzusetzen sich die Staaten verpflichtet haben. Das normengerechte Verhalten der Staaten wird nicht überwacht und kann auch nicht erzwungen werden, es ist informeller Natur. Die vereinbarten Maßnahmen werden freiwillig oder gar nicht befolgt. Die internationalen Deklarationen oder Agenden formulieren Prinzipien und Handlungsempfehlungen, deren Umsetzung im Eigeninteresse der Staaten liegt und deren Implementation daher erwartet werden kann (freiwillige Koordination).

International vereinbarte Umweltnormen

Freiwillige Koordination

Die wichtigsten Dokumente, in denen die handlungsleitenden Normen dieses rechtlich unverbindlichen Institutionensystems fixiert wurden, sind die Prinzipienerklärung von Stockholm (1972), die Rio-Deklaration und die Agenda 21 von 1992 sowie die Politische Deklaration und der Implementationsplan des Johannesburger Weltgipfels (2002). Der von diesem intergouvernementalen Koordinationssystem auf die Staaten ausgeübte Zwang zur Einhaltung der eingegangenen Verpflichtungen ist sehr gering. Die Kontrolle wird eher dezentral und gesellschaftlich, von der politischen Opposition, der Öffentlichkeit oder den NGOs, ausgeübt. Die Staaten bleiben Herr des Verfahrens und bestimmen selbst, wann und wie sie den international vereinbarten Verpflichtungen entsprechen wollen.

Staatliche Verantwortung

"Each country has the primary responsibility for its own sustainable development, and the role of national policies and development strategies cannot be overemphasized" (Paragraph 163, Plan of Implementation of the World Summit on Sustainable Development [Johannesburg], A/Conf. 1997/20).

Gleichzeitig wird aber auch eine kollektive Verantwortung anerkannt:

Kollektive Verantwortung

"Accordingly, we assume a collective responsibility to advance and strengthen the interdependent and mutually reinforcing pillars of sustainable development – economic development, social development and environmental protection – at the local, national, regional and global levels" (Paragraph 5, Johannesburg Declaration on Sustainable Development, A/Conf. 199/20).

Zur Wahrnehmung kollektiver Verantwortung sollen die internationalen und multilateralen Institutionen gestärkt werden. Sie sollen vor allem in die Lage versetzt werden, die Entwicklungsländer, die aus eigener Kraft keine hinreichenden Umweltkapazitäten aufbauen können, entsprechend zu unterstützen. Auch soll sich die Steuerungs- und Koordinationsfähigkeit des UN-Systems erhöhen. Die UN-Institutionen sollen befähigt werden, die Implementation nachhaltiger Entwicklung zu gewährleisten:

Unterstützung der Entwicklungsländer

"We support the leadership role of the United Nations as the most universal and representative organization in the world, which is best placed to promote sustainable development" (Paragraph 32, Johannesburg Declaration on Sustainable Development, A/Conf. 199/20).

Unterstützung des UN-Systems

Der Johannesburger Weltgipfel hat davon abgesehen, die seit langem geforderte Weltumweltorganisation einzurichten (vgl. Biermann 2000; Biermann und Simonis 2000). Stattdessen wird dem Wirtschafts- und Sozialrat die Koordinationsfunktion für alle UN-Aktivitäten zur Förderung nachhaltiger Entwicklung übertragen. Die Kompetenzen der UN-Kommission für Nachhaltige Entwicklung (UNCSD) werden erweitert, um die Implementation der Agenda 21 besser zu überwachen. Gleichzeitig verpflichten sich die Staaten, das „capacity-building programme" des Entwicklungsprogramms der Vereinten Nationen (UNDP), dessen Aufgabe in der Stärkung der Umweltkapazitäten von Entwicklungsländern, die dazu selbst nicht in der Lage sind, besteht, auszuweiten. Darüber hinaus vereinbarte die Konferenz, die Entscheidung über internationale Umwelt-Governance des Umweltprogramms der Vereinten Nationen (UNEP) vollständig umzusetzen und der Generalversammlung vorzuschlagen, den Governing Council des UNEP auf der Basis einer universellen Mitgliedschaft zu etablieren.

Johannesburg 2002

Mit all diesen Maßnahmen (vgl. Plan of Implementation of the World Summit on Sustainable Development, Kapitel XI, Paragraphen 137–170), zu denen auch ein Überprüfungsmechanismus im fünfjährigen Rhythmus der Implementation der Rio-Deklaration und der Agenda 21 gehören, wurde auf der internationalen Ebene ein unverbindliches Institutionensystem zur Förderung nachhaltiger Entwicklung etabliert. In dieses Institutionensystem wurden die wesentlichen seit der Stockholmer Umweltkonferenz von 1972 im Rahmen von Weltkonferenzen vereinbarten Maßnahmen zum Aufbau nationaler Umweltkapazitäten und von nationalen Umweltschutzaktivitäten integriert. Wie stark die normative Bindewirkung dieses Institutionensystems ist, in welchem Umfang also die Staaten ihren Verpflichtungen nachkommen, lässt sich nicht einfach prognostizieren. Aus der Vergangenheit wissen wir jedoch, dass auch von internationalen Institutionensystemen ohne strenge Kontrollinstrumente staatliches Handeln wirksam koordiniert und beeinflusst werden kann. Zwei Beispiele, die der Diffusionsstudie von Kern et al. (2001) entnommen wurden, sollen diese Steuerungswirkung des internationalen Institutionensystems zur freiwilligen Koordination staatlichen Umwelthandelns illustrieren (vgl. Schaubilder III-8 und III-9).

Schaubild III-8: Einrichtung nationaler Umweltbehörden

[Diagramm: number of countries, 1967–1991; Legende: industrial countries frequency, industrial countries cumulative, OECD countries cumulative]

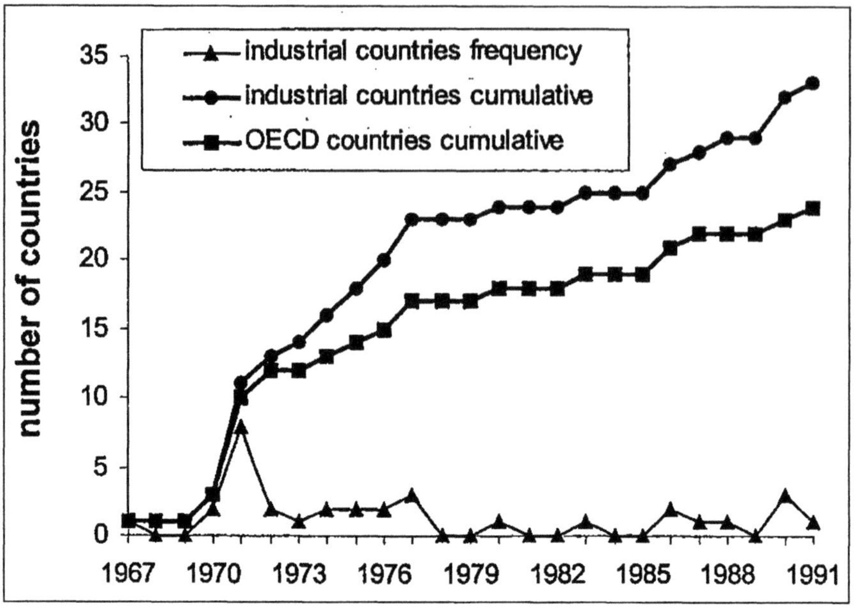

Quelle: Kern et al. 2001, 15.

Wirksamkeit unverbindlicher Verpflichtungen

Das Schaubild III-8 zeigt die Entwicklungsdynamik der Gründung nationaler Umweltbehörden in den Industriestaaten (und OECD-Staaten) im Anschluss an die Stockholmer Deklaration von 1972. Dem Schaubild III-9 lässt sich entnehmen, dass mit der Rio-Konferenz 1992 (Agenda 21) die Bereitschaft der Staaten, Umweltpläne aufzulegen, erheblich zunahm – Aktivitäten, die in der Nachfolge der Konferenz auch von regionalen Organisationen, wie der OECD und der Weltbank, unterstützt wurden –, dass aber bereits vor der Rio-Konferenz Vorreiterstaaten diese Politikinnovation institutionalisiert hatten. Nur in Ausnahmefällen werden bei internationalen Verhandlungen, die zur Vereinbarung von handlungsleitenden Normensystemen führen, Politikinnovationen hervorgebracht. Vielmehr werden schon erprobte nationale Standards durch internationale Vereinbarungen verallgemeinert und normalisiert. Das globale Governance-System für nachhaltige Entwicklung ist bislang nur schwach institutionalisiert. Sein Verrechtlichungsgrad ist gering, wenn man von einigen internationalen Regimen, die im nachfolgenden Abschnitt vorgestellt werden, und der EU absieht. Aufgrund der nicht justiziablen, freiwilligen Umsetzung eingegangener Verpflichtungen ist natürlich die Effektivität der Steuerungswirkung dieses institutionellen Arrangements prekär. Dennoch scheint es, wie die Schaubilder illustrieren, einige Wirkung zu haben. Wie hoch diese ist, von welchen Faktoren sie abhängt und mit welchen Maßnahmen sie sich verbessern ließe, sind bezüglich Institutionen mit informeller Koordination und freiwilliger „compliance" noch ungeklärte Fragen (vgl. Chayes und Handler Chayes 1995).

Bedeutung von Vorreiterstaaten

Schaubild III-9: Einführung nationaler Entwicklungspläne

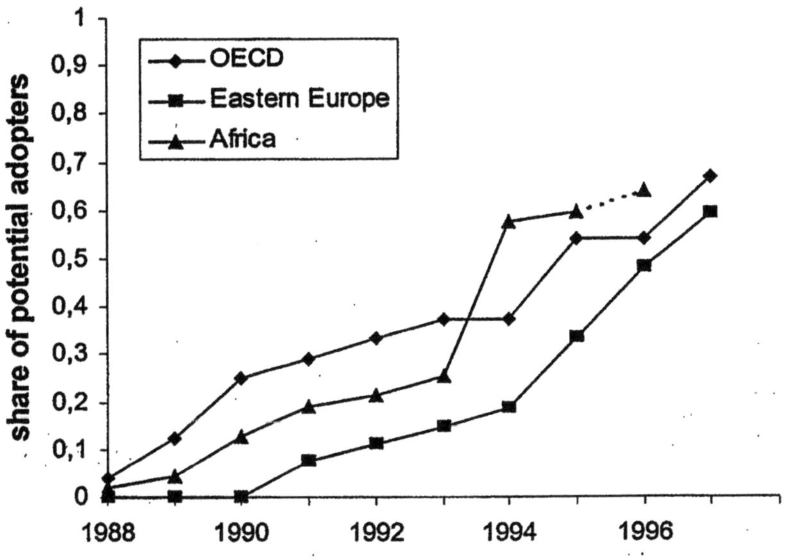

[Diagramm: share of potential adopters, 1988–1996, Linien für OECD, Eastern Europe, Africa]

OECD excluding Eastern Europe (Poland, Hungary, Czech Republic), Mexico and Turkey
Eastern Europe including all successor states to the Soviet Union
Africa excluding North Africa (Morocco, Algeria, Tunisia, Libya, Egypt, Sudan)

Quelle: Kern et al. 2001, 19.

2.3 Verrechtlichte Koordination: Regime

Die ökologische Governance-Struktur des internationalen Systems wird zunehmend auch von Institutionen geprägt, die sich auf das Völkervertragsrecht stützen. Staaten schließen hier miteinander Verträge, Konventionen genannt, in denen sie völkerrechtlich verbindliche Verpflichtungen eingehen. Internationale Konventionen können, wenn sie mit politischem Leben gefüllt werden und staatliches Handeln koordinieren und steuern, internationale Institutionen begründen. In diesem Fall will ich von internationalen Regimen als einem besonderen Typ internationaler Institutionen sprechen. Internationale Regime werden somit als problemfeldspezifische Normensysteme (1) verstanden, die durch zwischenstaatliche Verhandlungen geschaffen und gemäß dem Völkervertragsrecht kodifiziert wurden (2) sowie eine das staatliche Handeln koordinierende Mindestwirkung besitzen (3) (vgl. Oberthür 1997, 38ff.; Breitmeier 1996, 19ff.; Rittberger 1993, 8ff.).

Marginalien: Konventionen — Über 600 Konventionen — Internationale Regime

Kasten III-7: Beispiele für internationale Umweltregime

Atmosphäre
- Übereinkommen über weiträumige grenzüberschreitende Luftverunreinigung (Genf 1979, www.unece.org)
- Wiener Konvention zum Schutz der Ozonschicht (1985) sowie Montrealer Protokoll über Stoffe, die zu einem Abbau der Ozonschicht führen (1987, www.unep.org)
- Klima-Rahmenkonvention (New York 1992) und Kyoto-Protokoll (1997, www. unfccc.de)

Biodiversität
- Übereinkommen über Feuchtgebiete (Ramsar-Konvention 1971, www.ramsar.org)
- Übereinkommen über biologische Vielfalt (New York 1992, www.biodiv.org) und Cartagena-Protokoll zur biologischen Sicherheit (2000, www.biodiv.org)

Wasser
- Übereinkommen über den Schutz der Meeresumwelt des Ostseegebietes (Helsinki 1974, Neufassung der Konvention Helsinki 1992, www.helcom.fi)
- Übereinkommen zum Schutz und zur Nutzung grenzüberschreitender Wasserläufe und internationaler Seen (Helsinki 1992, www.unece.org)

Boden
- Übereinkommen zur Bekämpfung der Wüstenbildung in den von Dürre und/oder Wüstenbildung schwer betroffenen Ländern insbesondere in Afrika (Paris 1994, www.unccd.int)

Abfall
- Übereinkommen über die Verhütung der Meeresverschmutzung durch das Einbringen von Abfällen und anderen Stoffen (London 1972, www.londonconvention.org)
- Übereinkommen über die Kontrolle der grenzüberschreitenden Verbringung gefährlicher Abfälle und ihrer Entsorgung (Basel 1989, www.unep.ch)

Risiken und Unfälle
- Übereinkommen über die grenzüberschreitenden Auswirkungen von Industrieunfällen (1992, www.unece.org)
- Übereinkommen über nukleare Sicherheit (Wien 1994, www.iaeo.org)

Gefährdete Regionen
- Übereinkommen zum Schutz der Alpen, Alpenkonvention (1991, www.unep.org)

Erbe der Menschheit
- Übereinkommen über das Welterbe (Paris 1972, www.unesco.de)
- Übereinkommen zur Erhaltung der wandernden wildlebenden Tierarten (Bonn 1979, www.womc.org.uk)
- Übereinkommen über die Erhaltung der lebenden Meeresschätze der Antarktis (1980) und Umweltschutzprotokoll zum Antarktis-Vertrag (1991, www.antarctica.ac.uk)

Verfahren des Umweltschutzes
- Übereinkommen über die Umweltverträglichkeitsprüfung im grenzüberschreitenden Zusammenhang (Espoo 1991, www.unece.org)
- Übereinkommen über den Zugang zu Informationen, die Öffentlichkeitsbeteiligung an Entscheidungsverfahren und den Zugang zu Gerichten in Umweltangelegenheiten (Aarhus 1998, www.unece.org)

Weltumweltpolitik

Auch wenn es bereits vor der Stockholmer Weltumweltkonferenz (1972) internationale Verträge zum Schutz der Umwelt gab, insbesondere zum Schutz internationaler Binnengewässer, so bildete doch diese Konferenz mit der von ihr empfohlenen Einrichtung des Umweltprogramms der Vereinten Nationen (UNEP) mit Sitz in Nairobi, dem seitdem die Vorbereitung internationaler Verträge zum Schutz der Umwelt obliegt, den Ausgangspunkt für den Abschluss zahlreicher Umweltkonventionen und der Institutionalisierung von internationalen Umweltregimen. Die Ermittlung der Anzahl von Umweltregimen, die bis heute faktisch zur Bearbeitung internationaler Umweltprobleme etabliert wurden, wäre ein eigenes Forschungsprojekt wert (vgl. www.ecodeex.org). Von den über 600 Konventionen, die sich auf nahezu alle Umweltmedien und Umweltprobleme beziehen, wurden nur wenige politikwissenschaftlich untersucht, so dass unbekannt ist, wie viele dieser Konventionen sich zu sozial etablierten Institutionen, die staatliches Handeln effektiv beeinflussen, also zu internationalen Regimen, entwickelt haben. Der Grad an Verrechtlichung ist bei den einzelnen Regimen sehr unterschiedlich. Nur auf einige der wichtigsten Umweltregime sei hier summarisch hingewiesen (vgl. Kasten III-7, zusammengestellt nach Zschiesche 2002 und Lavieille 1999).

Der Raster von internationalen Umweltkonventionen und durch sie begründeten Umweltregimen ist in den vergangenen dreißig Jahren kontinuierlich enger geworden. Die Musterung ist dabei allerdings nicht gleichmäßig erfolgt. Zwischen den OECD-Ländern, insbesondere innerhalb der EU, ist die Regelungsdichte wesentlich feinteiliger als in der südlichen Hemisphäre, den Weltmeeren oder den Polgebieten. Auch ist nicht zu übersehen, dass viele Umweltprobleme noch nicht vom „hard law" des Vertragsrechts erfasst werden, sondern nur dem „soft law" und der freiwilligen Koordination unterliegen (Agenda 21) oder erst ansatzweise bearbeitet werden, wie die Energieprobleme, der Verbrauch von Land durch Mobilität und Zersiedelung, die Verminderung der Bodenqualität durch Intensivlandwirtschaft etc. (vgl. WRI 1998; OECD 2001; UNEP 2002; WRI 2003). Unterschiedliche Regelungsdichte

Konventionen bilden die völkerrechtliche Basis von internationalen Regimen. Sie sind das kodifizierte Ergebnis eines umfassenderen Normbildungsprozesses, dem sich die Staaten unterziehen, um gemeinsame Probleme zu lösen. Die ausgehandelten Normen müssen internalisiert und in staatliche Handlungsprogramme umgesetzt werden. Diese wiederum sind auf ihre problemlösende Wirkung hin zu überprüfen. Schließlich sind Lerneffekte zu erwarten, die zu neuen Verhandlungen und zur Weiterentwicklung des Regimes führen können. Der Beitrag von internationalen Regimen zur Bearbeitung der Gemeingüterproblematik besteht nach Oberthür (1997, 50ff.) in den drei Leistungen der Analyseebenen von internationalen Regimen

– Normbildung (Bildung wissenschaftlichen Konsenses, Verhandlungen und ihre Kodifizierung);
– Regimewirkung (Normeinhaltung, Verhaltenswirksamkeit, Problemlösung);
– Reflexivität (Rückwirkungen auf das Regime, Weiterentwicklung des Regimes).

Die Institution des internationalen Regimes hat den Charakter einer historischen Fundsache. Weder Politiker noch die sie beratenden Wissenschaftler haben sie als Problemlösungsmechanismus am Schreibtisch konzipiert und dann wie eine Regime als historische Fundsache

Erfindung erprobt und auf den Markt gebracht. Nein, Regime haben sich in der Praxis entwickelt. Sie sind das Ergebnis zäher Verhandlungen zur Bewältigung zwischenstaatlicher Problemlagen. Dass Regime die Eigenschaften von Institutionen besitzen und damit einen neuen Typus internationaler Institutionen bilden, der sich von internationalen Organisationen unterscheidet, wurde erst später von der Forschung erkannt (vgl. Krasner 1983; Kohler-Koch 1989; Rittberger 1993). Die vergleichende Forschung über Regime, insbesondere über internationale Umweltregime, hat inzwischen recht gut die grundlegenden Strukturelemente von Regimen ermitteln können (vgl. Oberthür 1997; Stokke 1997; Lavieille 1999; Mitchell 2002). Zwar bestehen zwischen den einzelnen Regimen große Differenzen (z.B. im Grad der Verrechtlichung, bei den Instrumenten und dem Kontrollmechanismus), gemeinsame Strukturmerkmale sind jedoch unübersehbar.

Strukturelemente internationaler Regime

In der nachfolgenden Darstellung sollen sechs Strukturelemente internationaler Umweltregime herausgestellt und am Beispiel des Weltklimaregimes illustriert werden.

1. *Problemorientierung*

Internationale Regime werden nach intergouvernementalen Verhandlungen vereinbart, um ein gemeinsames zwischenstaatliches Interdependenzproblem zu bearbeiten, d.h. es politisch zu bewältigen, was nicht heißen muss, dass es dabei auch in sachlicher (ökologischer) Hinsicht gelöst wird. Bereits der erste Satz der Präambel der Klimakonvention (genauer: Rahmenübereinkommen der Vereinten Nationen über Klimaänderungen) benennt das Problem:

„Die Vertragsparteien dieses Übereinkommens – *in der Erkenntnis*, dass Änderungen des Erdklimas und ihre nachteiligen Auswirkungen die ganze Menschheit mit Sorge erfüllen, [...]" (Klimakonvention 1992, 9, Herv. im O.).

2. *Zieldefinition*

Zur Problembewältigung werden gemeinsame Ziele vereinbart. Diese können sehr bescheiden sein und nur einen kleinen Beitrag zur Lösung des die Staatenwelt zum Handeln motivierenden Problems leisten. Sie können auch umfassend und weit reichend sein oder ein mittleres Anspruchsniveau, wie es in Artikel 2 der Konvention definiert wird, besitzen:

„Das Endziel dieses Übereinkommens und aller damit zusammenhängenden Rechtsinstrumente, welche die Konferenz der Vertragsparteien beschließt, ist es, in Übereinstimmung mit den einschlägigen Bestimmungen des Übereinkommens die Stabilisierung der Treibhausgaskonzentrationen in der Atmosphäre auf einem Niveau zu erreichen, auf dem eine gefährliche anthropogene Störung des Klimasystems verhindert wird [...]" (ebd., 11).

Weltumweltpolitik

3. Prinzipien

Konventionen sollen, um die gemeinsam definierten Ziele zu erreichen, koordiniertes staatliches Handeln ermöglichen. Eine notwendige Voraussetzung für abgestimmtes staatliches Handeln ist die gemeinsame Anerkennung grundlegender Normen, die von den Vertragsparteien zu respektieren sind und die das gemeinsame wie auch das einzelstaatliche Handeln bestimmen. Ich spreche von den handlungsleitenden Prinzipien oder den Grundsätzen einer Konvention bzw. eines internationalen Regimes. So einigte sich die Staatengemeinschaft in Rio auf den politisch höchst bedeutsamen Artikel 3 Satz 1 der Rahmenkonvention:

„Bei ihren Maßnahmen zur Verwirklichung des Zieles des Übereinkommens [...] lassen sich die Vertragsparteien unter anderem von folgenden Grundsätzen leiten:

1. Die Vertragsparteien sollen auf der Grundlage der Gerechtigkeit und entsprechend ihren gemeinsamen, aber unterschiedlichen Verantwortlichkeiten und ihren jeweiligen Fähigkeiten das Klimasystem zum Wohl heutiger und künftiger Generationen schützen. Folglich sollen die Vertragsparteien, die entwickelte Länder sind, bei der Bekämpfung der Klimaänderungen und ihrer nachteiligen Auswirkungen die Führung übernehmen [...]" (ebd., 11).

4. Verpflichtungen/Maßnahmen

Ohne Verpflichtungen bzw. Maßnahmen keine Konvention. Die zur Zielerreichung unter Berücksichtigung der Grundsätze für erforderlich gehaltenen und konsensfähigen Verpflichtungen haben einen völkerrechtlich verbindlichen Charakter. Sie sind aber in der Regel abstrakt formuliert, werden nur schwach auf ihre Einhaltung überprüft und sind vor allem nicht justiziabel, d.h., ihre Nichteinhaltung führt nicht zu erwartbaren, von einer Rechtsinstanz ermittelten und verkündeten sowie durchsetzbaren Sanktionen. Streitigkeiten über die Auslegung oder Anwendung des Übereinkommens sollen durch Verhandlungen oder andere friedliche Mittel gemäß der Wahl der Konfliktparteien beigelegt werden (Artikel 14). Trotz des schwachen Verpflichtungsniveaus bilden die in einer Konvention vereinbarten Maßnahmen deren eigentlichen Kern. Die Staaten versprechen sich gegenseitig, bestimmte Maßnahmen zu ergreifen, um das gemeinsam für bedrohlich eingeschätzte Problem über die Realisierung der Konventionsziele zu bewältigen.

<small>Konventionen nicht justiziabel</small>

Der Artikel 4 der Klimakonvention listet die Verpflichtungen auf, die für alle Vertragsparteien gelten, und unterscheidet sie von jenen Verpflichtungen, die nur für bestimmte Gruppen von Vertragsparteien, die so genannten Annex-I- bzw. Annex-II-Länder, zutreffen. So müssen alle Vertragsparteien „unter Berücksichtigung ihrer gemeinsamen, aber unterschiedlichen Verantwortlichkeiten und ihrer speziellen nationalen und regionalen Entwicklungsprioritäten, Ziele und Gegebenheiten" (Artikel 4 Absatz 1 Satz 1) „nationale Verzeichnisse erstellen, in regelmäßigen Abständen aktualisieren, veröffentlichen und der Konferenz der Vertragsparteien zur Verfügung stellen" (Artikel 4 Absatz 1a). Darüber hinaus ergreifen die Annex-I-Länder „entsprechende Maßnahmen zur Abschwächung der Klimaänderungen" (Artikel 4 Absatz 2a), und die Annex-II-Länder, die entwickelte Länder sind, stellen „neue und zusätzliche finanzielle Mittel" bereit, „um die ver-

<small>Vertragsparteien mit unterschiedlichen Verantwortlichkeiten</small>

einbarten vollen Kosten zu tragen, die den Vertragsparteien, die Entwicklungsländer sind, bei der Erfüllung ihrer Verpflichtungen nach Artikel 12 Absatz 1 entstehen" (Artikel 4 Absatz 3). Der Artikel 12 regelt, in welcher Weise die in Artikel 4 Absatz 1 übernommenen Verpflichtungen zu erbringen sind.

5. Organe und Verfahren

Jede Konvention sieht bestimmte Organe und Verfahren vor, um zu überprüfen, inwieweit das Ziel der Konvention erreicht wurde und die Mitgliedstaaten ihren Verpflichtungen nachgekommen sind. Das wichtigste Organ ist die Mitgliederversammlung (Conference of the parties, COP). Im Fall der Klimakonvention hat die Konferenz der Vertragsparteien (Artikel 7) weit reichende Kompetenzen. In Artikel 7 Absatz 2 heißt es:

Konferenz der Vertragsparteien

„Die Konferenz der Vertragsparteien als oberstes Gremium dieses Übereinkommens überprüft in regelmäßigen Abständen die Durchführung des Übereinkommens und aller damit zusammenhängenden Rechtsinstrumente, die sie beschließt, und faßt im Rahmen ihres Auftrags die notwendigen Beschlüsse, um die wirksame Durchführung des Übereinkommens zu fördern."

Der Artikel 7 ermächtigt die Konferenz der Vertragsparteien – natürlich nur im Rahmen ihres Auftrags –, die notwendigen Beschlüsse zu fassen und über die „damit zusammenhängenden Rechtsinstrumente" zu beschließen. Außerdem ist sie berechtigt, „auf jeder ordentlichen Tagung Protokolle des Übereinkommens" zu beschließen (Artikel 17).

Sekretariat

Zur Unterstützung der Konferenz der Vertragsparteien sehen die Konventionen die Errichtung weiterer Organe vor. Ohne die Arbeit von Sekretariaten, die die Sitzungen der COPs vorbereiten, das Berichtswesen und den Informationenaustausch organisieren und die allgemeinen Geschäfte zwischen den Sitzungsperioden führen, stehen Konventionen nur auf dem Papier. Neben den Sekretariaten, die zur Standardausrüstung eines internationalen Regimes gehören, können Konventionen weitere Hilfsorgane einsetzen. Die Klimarahmenkonvention bestimmt beispielsweise in Artikel 9 die Etablierung eines Nebenorgans für wissenschaftliche und technologische Beratung und in Artikel 10 die eines Nebenorgans für die Durchführung des Übereinkommens. Beide Nebenorgane sind für die Sicherung der Leistungsfähigkeit der Klimakonvention von zentraler Bedeutung. Das wissenschaftlich-technologische Beratungsgremium beurteilt gemäß dem Stand der wissenschaftlichen Kenntnisse auf dem Gebiet der Klimaänderungen und ihrer Folgen „die Auswirkungen der zur Durchführung des Übereinkommens ergriffenen Maßnahmen" (Artikel 9 Absatz 2a und b). Diese Regelung ermöglicht eine wissenschaftliche Evaluation, auch ein kontinuierliches Monitoring der von der Staatengemeinschaft im Rahmen der Konvention ergriffenen Maßnahmen. Der Durchführungsausschuss, der sich aus Regierungsvertretern zusammensetzt, „die Sachverständige auf dem Gebiet der Klimaänderung sind", überprüft „die Gesamtwirkung der von den Vertragsparteien ergriffenen Maßnahmen anhand der neuesten wissenschaftlichen Beurteilungen der Klimaänderungen" (Artikel 10 Absatz 1 und 2a). Dieser Expertenausschuss ermöglicht jeder Regierung, sich ein Bild über die von den Mitgliedstaaten ergriffenen Maßnahmen zu machen. Er unterrichtet die Mitgliederversammlung, die wiederum dafür zu sor-

Nebenorgane

gen hat, dass die Öffentlichkeit informiert wird (Artikel 7 Absatz 2f.). Mit diesen Regelungen werden mehrere weiche, dennoch recht wirksame Kontrollmechanismen installiert: die Wissenschaft, die Mitgliedsländer, die Öffentlichkeit.

Schließlich gehört zu den Organen und Verfahren einer Konvention auch deren Finanzierung. Konventionen, die keine Finanzierung ihrer Organe und Maßnahmen vorsehen, werden sich nur unter besonders günstigen Bedingungen zu wirksamen internationalen Regimen entwickeln. Fragen der Aufbringung, Verteilung und Kontrolle von Finanzmitteln sind immer politisch hoch brisant und umstritten. So einigte sich die Rio-Konferenz erst nach harten Konflikten auf den in Artikel 11 der Konvention geregelten Finanzierungsmechanismus und auf die „vorläufige" Wahrnehmung der in Artikel 11 festgelegten Aufgaben durch die so genannte „globale Umweltfazilität" des Entwicklungsprogramms (UNDP), des Umweltprogramms (UNEP) und der Weltbank. Mit dieser institutionellen Verankerung des Finanzierungsmechanismus der Klimakonvention in der UN-Familie wurde ein Zwang zur Kooperation und Koordination mit deren Organisationen und Programmen geschaffen. Gleichzeitig entstanden neue Kooperationsprobleme innerhalb des UN-Systems, die auf dem Weltgipfel in Johannesburg (2002) erneut verhandelt und geregelt wurden.

Finanzierungsmechanismus

Konventionen sind Instrumente der Nationalstaaten zur Koordinierung ihrer je individuellen Strategien, die jeweils einen bestimmten Beitrag zur Lösung eines gemeinsamen Problems beitragen sollen. Sie gewinnen den Charakter einer Institution, sobald die vereinbarten Normen zu wirken beginnen und die Staaten ihr Handeln an ihnen orientieren. Da die Neujustierung staatlicher Handlungsprogramme in der Regel konfliktträchtig ist, müssen die Staaten bei der Übernahme von internationalen Verpflichtungen deren Akzeptanz und Durchsetzungsfähigkeit zu Hause als Restriktionen mit berücksichtigen. Auch ist der Aufbau der erforderlichen nationalen Handlungskapazitäten (z.B. von Organisationen und rechtlichen Instrumenten) kostspielig und zeitraubend. Unter diesen Bedingungen neigen die Staaten dazu, ein niedriges Verpflichtungsniveau auszuhandeln und es auf keinen Fall zu hoch anzusetzen. Die Implementationskosten sollen tragbar bleiben. Daher kommt es dann zu unzureichenden Lösungsansätzen, die von der Öffentlichkeit zwar kritisch aufgenommen, dennoch von ihr als Schritt in die richtige Richtung qualifiziert werden. Die staatlichen Verhandlungsführer kennen dieses Dilemma gut. Um mit ihm umzugehen, wurde das Instrument des Protokolls, der Zusatzvereinbarung, in viele Konventionen integriert. Protokolle dienen dem Zweck, das Normengerüst einer Konvention im Zeitverlauf den erzielten Ergebnissen und den neuesten wissenschaftlichen Befunden und Situationsanalysen anzupassen. Kein Staat, der einer Rahmenkonvention angehört, ist verpflichtet, den im Rahmen der Konvention ausgehandelten Protokollen, die viel weiter reichende Maßnahmen vorsehen können, beizutreten. Das Instrument des Zusatzprotokolls entlastet die Verhandlungspartner politisch und ermöglicht eine Dynamisierung und Flexibilisierung des Völkervertragsrechts als der rechtlichen Grundlage internationaler Regime.

Wahrscheinlichkeit eines niedrigen Verpflichtungsniveaus

Verhandlungsdilemma

Das Instrument des Protokolls

Nicht jedes von den Staaten paraphierte, d.h. von den Chefunterhändlern unterzeichnete Zusatzprotokoll wird auch ratifiziert. Das auf der Basis des so genannten Berliner Mandats von 1995 in Kyoto 1997 ausgehandelte Zusatzprotokoll zur Klimarahmenkonvention ist bislang noch nicht in Kraft getreten. Einer-

Kyoto-Protokoll

seits benötigt die Aushandlung der Ausführungsbestimmungen wegen ihrer außerordentlichen Komplexität viel Zeit. Andererseits zogen gewichtige Staaten, wie vor allem die Vereinigten Staaten, ihre Unterschrift zurück oder zögerten, um noch günstigere Nebenabsprachen durchsetzen zu können, wie beispielsweise Russland, die Ratifizierung des Protokolls heraus (vgl. Oberthür und Ott 2000; Baumert 2002; Guesnerie 2003; Brouns 2003; Höhne et al. 2003).

6. Kontrollinstrumente

Nationale Berichte

Öffentlichkeit

Jedes internationale Regime hat bestimmte Verfahren zur Normenkontrolle institutionalisiert. In der Regel sind nationale Berichte, in denen die Maßnahmen eines Landes und ihre Wirkungen im vorgegebenen Berichtszeitraum dargestellt werden, vorgesehen. Auf der Grundlage einer Evaluation werden die von den Mitgliedstaaten vorgelegten Berichte von den Regimegremien zur Kenntnis genommen. Allerdings werden die Berichte auch der Öffentlichkeit, vor allem den einschlägigen NGOs, zur kritischen Beurteilung zugänglich gemacht. Strafbewehrte Kontrollverfahren sind unüblich. Lediglich die Nichteinhaltung von Verpflichtungen wird festgestellt und der Öffentlichkeit die Möglichkeit eingeräumt, sich zu informieren. In Ländern, in denen es keine kritische Wissenschaft, politische Opposition oder zivilgesellschaftliche Interessengruppen gibt, werden Implementationsdefizite kaum zur Kenntnis genommen, geschweige denn sanktioniert. Das zur Überwachung der Einhaltung der Bestimmungen des Kyoto-Protokolls, dessen Inkrafttreten noch aussteht, vereinbarte Kontrollregime bildet hier eine große Ausnahme. Erstmals haben hier die Staaten – im Herbst 2001 in Marrakesch (7. COP) – ein ausgefeiltes System der Erfüllungskontrolle im Rahmen eines internationalen Regimes konzipiert:

„Beispielloses" Kyoto-Protokoll

„Das nunmehr fertiggestellte System der Erfüllungskontrolle des Kyoto-Protokolls ist aufgrund seiner Regelungsdichte und seines durchgreifenden Maßnahmenkatalogs bislang im Umweltvölkerrecht beispiellos, nicht zuletzt weil es neben aufwendigen Verfahrensvorschriften auch noch ‚harte' Sanktionen für den Fall der Nichteinhaltung beinhaltet" (Oberthür und Marr 2002, 81–89).

Weiterentwicklung des Umweltvölkerrechts

Funktionslogik des Sanktionsmechanismus

Es gilt festzuhalten, dass dieses für den Sachbereich der internationalen Umweltpolitik „beispiellose" System der Erfüllungskontrolle als ergänzende Maßnahme, als spezielles Instrument zur Überwachung der Einhaltung einer Protokollvereinbarung zur Ausgestaltung einer Rahmenkonvention entwickelt wurde. Noch ist das Kontrollregime nicht in Kraft getreten. Das Verfahren, das zu seiner Formulierung geführt hat, gibt jedoch einen guten Hinweis darauf, unter welchen Bedingungen und in welcher Form sich das Governance-System im Umweltbereich weiterentwickeln könnte. Die Mitgliedstaaten des Protokollregimes akzeptieren Sanktionen für den Fall, dass sie die vereinbarten Ziele nicht erreichen sollten. Sie bekräftigen damit ihre Entschlossenheit, die in der Konvention festgelegten Selbstbindungen einzuhalten. Die Kosten für abweichendes Handeln werden deutlich erhöht. Die sanktionierte Selbstverpflichtung soll Staaten vom Missbrauch des Protokollregimes abhalten. Kein Staat soll darauf setzen dürfen, dass die anderen Mitgliedstaaten ihre Verpflichtungen erfüllen, während er die Modernisierungskosten einspart und von den Umweltschutzmaßnahmen der anderen profitiert.

Staaten, die sich einem Kontrollregime dieser Art unterwerfen, treten keine Souveränitätsrechte an das Regime bzw. seine Mitgliedstaaten ab. Die Kontrollinstanzen erhalten keine Vorbehaltsrechte, die den Mitgliedstaaten Handlungen, die diese nicht wollen, untersagen. Der Kontrollmechanismus sanktioniert Unterlassungen und wirkt als Anreiz, die gegenüber den Mitgliedstaaten des Regimes in Verfolgung des nationalen Interesses eingegangenen Verpflichtungen auch tatsächlich zu erfüllen. Die Wahrscheinlichkeit kooperativen Verhaltens wird erhöht. Die vom Regime verhängbaren Sanktionen sind gegen den Widerstand des sanktionierten Staates nicht unter Anwendung von Gewalt durchsetzbar. Auch ein erweitertes Kontrollregime baut auf das aufgeklärte Eigeninteresse seiner Mitglieder. Internationale Regime institutionalisieren Normen- und Anreizsysteme, die den gemeinsamen Interessen an Schutz und nachhaltiger Nutzung globaler Gemeingüter durch Unterstützung des aufgeklärten Eigeninteresses zum Durchbruch verhelfen sollen. Unkooperatives, abweichendes Handeln zur kurzfristigen Maximierung staatlicher und gesellschaftlicher Eigeninteressen bleibt aber möglich. Allerdings ist davon auszugehen, dass in einer Welt mit zunehmender Interdependenz Staaten es sich immer weniger leisten können, auf Kosten anderer zu leben. In einer interdependenten Welt nehmen die nichtgewaltsamen Sanktionspotenziale zu, so dass selbst die großen und mächtigen Flächenstaaten wie die USA lernen werden, ihre kurzfristigen Eigeninteressen im Licht gemeinsamer Interessen verlässlich zu formulieren.

Stärkung des Eigeninteresses

Interdependenz

In Anbetracht des schwachen Sanktionspotenzials internationaler Regime könnte es dennoch überraschen, dass die Staaten die ausgehandelten Verpflichtungen zu erfüllen versuchen (Stokke 1997; Young 1997b, 1999; Oberthür 1997; Hasenclever et al. 1997; Mitchell 2001; Underdal und Hanf 2000; Sprinz und Weiß 2001). Nun, die Verpflichtungen liegen im eigenen Interesse und werden freiwillig eingegangen. Zu hohe Belastungen werden daher kaum akzeptiert. Und im Allgemeinen sind die Verpflichtungen zeitlich dehnbar und sachlich interpretierbar. Hinzu kommt, dass die Staaten über die zur Implementation eingesetzten Instrumente frei entscheiden können. Dies gilt auch für das Kyoto-Protokoll, das nur die Instrumente, die außerhalb der eigenen Staatsgrenzen Verwendung finden dürfen, genau festgelegt hat (Handel mit Emissionsrechten nach Artikel 6, Joint Implementation nach Artikel 4, Clean Development Mechanism nach Artikel 12, Anrechnung biologischer Quellen und Seuchen nach Artikel 3), jedoch bei den „policies and measures", den nationalen Reduktionsmaßnahmen nach Artikel 2 (z.B. Energiesteuern), keine Vorgaben macht.

Freie Instrumentenwahl

Die Freiheit der Instrumentenwahl wird zwar von der Problemstruktur, der verfügbaren Technik, den politisch-institutionellen Bedingungen und den Handlungskapazitäten eingeschränkt, dennoch ergibt sich ein breites Band unterschiedlicher Möglichkeiten und Länderprofile. Die durch internationale Umweltregime homogenisierten und aufeinander abgestimmten Ziele und Normen führen bei ihrer Implementation nur in Ausnahmefällen zu den gleichen Politikstrukturen. Wegen der sachlichen, sozialen und temporalen Varietät der Länder bleibt diese trotz abgestimmter Zielvorgaben des Regimes, die ein Spiegelbild unterschiedlicher Verantwortlichkeiten und Möglichkeiten sind, erhalten. Gesteigert werden müssen allerdings die nationalen Steuerungs- und Koordinationskapazitäten. Daher ist mit den folgenden politikstrukturellen Konsequenzen zu rechnen:

Länderprofile

- mit einer großen Vielfalt von Steuerungs- und Koordinationsformen (Governance-Mechanismen) auf den verschiedenen horizontalen Politikebenen sowie
- mit einer entsprechend großen Vielfalt von vertikalen Politikstrukturen (auch wegen unterschiedlicher Mehrebenensysteme) zur Implementation von Regimeverpflichtungen.

Governance-Problematik

Die Tabelle III-6 kann die aus diesen Teillösungen resultierende Koordinations- und Steuerungsproblematik (Governance-Problematik) verdeutlichen helfen. Die Staaten als die politisch und rechtlich verantwortlichen Regimeakteure setzen ihre Regimeverpflichtungen unter Einsatz der ihnen zur Verfügung stehenden Kapazitäten um. Dabei binden sie die je nach Staatsaufbau zuständigen weiteren Politikebenen ein (Bundesländer, Distrikte oder Regionen, Kommunen).

Die Mitgliedstaaten der EU haben nicht nur die normativen Vorgaben des Regimes, sondern auch die Vorgaben der Gemeinschaft (Richtlinien und Verordnungen, Entscheidungen des EuGH) zu berücksichtigen. Da jede Bearbeitungsebene ihr historisch geronnenes Profil besitzt und über eine gewisse politische Autonomie verfügt, die im Einzelfall sehr unterschiedlich bemessen sein kann, ist mit eigenlogischen Entwicklungen zu rechnen. Die vertikal vorgelagerte Ebene kann die nachgelagerte Ebene nur partiell steuern, wie umgekehrt die nachgelagerten Ebenen ihre Interessen auf vorgelagerten Ebenen durchzusetzen versuchen. Gleichzeitig kooperieren Akteure einer bestimmten Ebene und koordinieren wenigstens teilweise ihre Strategien, um Legitimitäts-, Macht- und Effizienzgewinne zu erzielen. Darüber hinaus sind die Akteure aus Wissenschaft, Wirtschaft und Gesellschaft auf jeder Ebene in spezifischer Weise in die Willensbildungs- und Implementationsaktivitäten eingebunden. Im Ergebnis entstehen hoch komplexe, vertikal, horizontal und quer vernetzte Politikstrukturen, die im Rahmen eines internationalen Regimes jeweils bestimmte Funktionen und problembewältigende Leistungen übernehmen, die jedoch auch zu Konflikten und Blockadesituationen führen können.

Tabelle III-6: Weltumweltprobleme und ihre Bearbeitungsebenen

Problemtyp	Global (1)	Regional (2)	Lokal (3)	Spezielle Gemeingüter (4)
Beispiel	Treibhauseffekt	Verschmutzung der Ostsee	Gefährdung von Feuchtgebieten	Artensterben
Bearbeitungsebenen				
(1) intergouvernemental	Rio-Konvention (1992)	Helsinki-Konvention (1980)	Ramsar-Konvention (1971)	Biodiversitäts-Konvention (1992)
(2) regional (EU)	CO$_2$-Emissionshandel (ab 2005)			Flora-Fauna-Habitat-Richtlinie (1992)
(3) nationalstaatlich	Klimaprogramm, EEG			Naturschutzgesetz
(4) Länder	Klimaprogramm NRW			
(5) lokal	Lokale Agenda (21)			

Abschließend muss darauf hingewiesen werden, dass sich die Komplexität von Global Governance im Sachbereich der Umwelt durch die große Anzahl von Konventionen und internationalen Regimen noch weiter erhöht. Wie auch dem Schaubild 10 entnommen werden kann, existieren internationale Regime unterschiedlichen territorialen und sachlichen Zuschnitts nebeneinander. Daher kommt es einerseits zu dem Phänomen der Multi-Regime-Regulierung. Britta Meinke (2002) hat an zwei Beispielen, den Regimen im Problemfeld „Einbringen von Abfällen auf See" (konkret die Regime: „Einbringen von Industrieabfällen, Klärschlamm und Baggergut auf See", „Verbrennen von Abfällen und Stoffen auf See", „Einbringen von radioaktiven Abfällen auf See", „Beseitigung von Off-shore-Anlagen auf See") sowie den Regimen im Problemfeld „Grenzüberschreitende Abfallversorgung" (OECD, EU, Baseler Konvention), die Wechselwirkungen zwischen globalen und regionalen Umweltregimen untersucht. Sie gelangte zu dem Ergebnis, dass sich in beiden Problemfeldern „durch die Errichtung des globalen Regimes die Handlungssituation für die Akteure" veränderte (2002, 352) und dass die Akteure „Regime auf den unterschiedlichen Politik- und Entscheidungsebenen errichteten, weiterentwickelten und erhielten, weil sie dadurch bessere Ergebnisse erzielen oder dem für sie besten Ergebnis ein Stück näher kommen konnten" (2002, 360).

Dieser positive Befund hinsichtlich der nur an zwei Beispielen untersuchten Multi-Regime-Regulierung wird nun andererseits durch die Beobachtung von Koordinierungsdefiziten und Überschneidungen zwischen den internationalen Umweltregimen relativiert (Biermann 2000, 105; vgl. auch Gehring und Oberthür 2000). Auch würde das gegenwärtige institutionelle Makroarrangement der internationalen Umweltpolitik zu erheblichen Effizienzverlusten führen (Biermann 2000, 107ff.). Empfohlen wird daher die Einrichtung einer Weltorganisation für Umwelt und Entwicklung als weitere Sonderorganisation der Vereinten Nationen.

> „Diese könnte dazu beitragen, einzelne sektorale und regionale institutionelle Arrangements (internationale Regime) besser zu koordinieren und die Umsetzung der Normen und Regeln der einzelnen institutionellen Arrangements auf der Mikroebene besser zu fördern, insbesondere über Kapazitätsbildung und Finanzierung von nationaler Umweltpolitik in Entwicklungsländern" (ebd., 109).

Dass diese Zielsetzung sich durch die Etablierung einer Weltumweltorganisation erreichen ließe, wird von Gehring und Oberthür (2000) bezweifelt. Sie befürchten eher Handlungsblockaden und eine erhöhte Ineffizienz. Die von Biermann/Simonis erhoffte Verbesserung der globalen Governance-Struktur durch eine Organisation mit Steuerungs- und Koordinationskompetenzen könne sich als trojanisches Pferd erweisen (ebd., 207).

3 Systemtransformation: Genese eines postetatistischen Governance-Systems

Ein Rückblick auf die vergangenen dreißig Jahre internationaler Umweltpolitik lässt die Genese eines globalen Governance-Systems, das sich ungeplant und dynamisch entwickelt und institutionalisiert hat, im Sachbereich der Umwelt erkennen. Dieses sich verfestigende Institutionensystem wurde nur in Umrissen und teilweise vorgestellt. Ausgeblendet wurden die Konfliktdimensionen globaler Umweltpolitik, die zunehmenden Auseinandersetzungen und Reaktionen auf knapper werdende Umweltgüter (u.a. Wasser, Boden, Biomasse) sowie vertikale Steuerungs- und Koordinationsregime, hier insbesondere die Europäische Union und die in das UN-System integrierte und mit der globalen Entwicklungspolitik verbundene Umweltpolitik internationaler Organisationen (UNEP, UNDP, Weltbankgruppe). Trotz beschränkter Untersuchungstiefe und -breite können doch mit aller Vorsicht vier Trends, die zu einer Systemtransformation beitragen, festgestellt werden. In wechselseitiger Abhängigkeit verstärken sich:

Vier Trends

- die internationale Problemverflechtung (die anthropogen induzierte ökologische Interdependenz),
- die normative Integration der Staatenwelt im Sachbereich Umwelt,
- die gesellschaftliche (transnationale) Integration der Staatenwelt,
- die staatlichen Handlungskapazitäten zur Bearbeitung ökologischer Problemlagen vor allem innerhalb des Nationalstaates, aber auch durch die Vereinbarung internationaler Regime im Bereich der internationalen Gewässer und der Polarregionen.

Governance-System staatszentriert

Das sich infolge dieser vier Entwicklungstrends herausbildende Governance-System ist staatszentriert und dezentral organisiert. Zumindest in der OECD-Welt und in einigen Schwellenländern gehen die Staaten durch den Auf- und Ausbau ihrer politisch-administrativen Handlungskapazitäten aus dem historischen Prozess des verstärkten Bemühens um die Eindämmung der globalen ökologischen Krise gestärkt hervor. Nur die Staaten verfügen über die Legitimität, die Ressourcen und die Handlungsfähigkeit, Maßnahmen, die darauf abzielen, Schäden zu beseitigen, Ausplünderung zu verhindern, Gefahren abzuwehren, und nachhaltigere Formen des Wirtschaftens und des gesellschaftlichen Zusammenlebens durchzusetzen. Dass es den Staaten häufig am Willen und an der Steuerungsfähigkeit mangelt, ist evident und steht hier nicht zur Debatte. Allein von Bedeutung ist die über Jahre hinweg beobachtbare Erweiterung der politisch-administrativen Handlungskapazitäten im Umweltbereich (vgl. auch Jänicke 2003).

Ein Triebfaktor zur Stärkung von Staatlichkeit scheint in den Struktur- und Funktionsbedingungen des Governance-Systems selbst zu liegen. Sowohl die durch regulative Konkurrenz oder durch intergouvernemental ausgehandelte, allerdings unverbindliche Normen stimulierte Politikdiffusion als auch die im Rahmen von völkerrechtlich vereinbarten internationalen Regimen übernommenen Verpflichtungen führen zur Implementation politischer Handlungsprogramme, die sich allein über den Ausbau staatlicher Handlungskapazitäten realisieren lassen. Beide Typen von Institutionen (Politikdiffusion, internationale Regime) können nur funktionieren, wenn die sich in sie integrierenden Staaten ihre Handlungskapazitäten verstärken.

Ausbau staatlicher Handlungskapazitäten

Im Rahmen von Regimen werden Selbstbindungen eingegangen und Verpflichtungen übernommen, die probleminduzierendes Handeln unterbinden und Schäden beseitigen sollen. Damit der Staat aber seine ordnende Hand wirksam zur Geltung bringen kann, benötigt er die dafür erforderlichen Instrumente und

Apparate. Im Fall der Politikdiffusion erweitern die Staaten ihre Handlungskapazitäten aus freien Stücken, weil unabhängig davon, wie sich andere Staaten verhalten, es in ihrem Eigeninteresse liegt, Umweltschutzmaßnahmen zu ergreifen. Diese fördern, vermittelt über den internationalen regulativen Wettbewerb, die Umweltinteressen und das Angebot an nationalen Umweltkapazitäten, steigern somit also die internationale Konkurrenzfähigkeit. Diese haben auch, vermittelt über den Wertewandel und den internationalen normativen Wettbewerb, eine Erhöhung der nationalen wie internationalen Legitimität und einen Abbau von Konflikten und Spannungen zur Folge – zumindest können die Regierungen diese politischen Wirkungen erwarten, wenn sie auf umweltpolitische Forderungen der Zivilgesellschaft oder der Staatengemeinschaft reagieren.

Das globale Governance-System im Sachbereich der Umwelt setzt also nicht nur das Staatensystem voraus, sondern befördert auch seine Reproduktion auf einem höheren Niveau, da sich die Staatlichkeit (Staatsform) der Nationalstaaten durch den Auf- und Ausbau beträchtlicher politisch-administrativer Handlungskapazitäten wandelt und verstärkt. Ein neues Regulations- und Interventionsfeld wird für den sich etablierenden „Umweltstaat" erschlossen (Jänicke 2002, 2003; vgl. auch Dryzek et al. 2003). Die Stärkung der politisch-administrativen Handlungskapazitäten des Staates ist die eine Seite des Wandels von Staatlichkeit im Politikfeld Umwelt. Die andere Seite bezieht sich auf Strukturveränderungen in den Formen, wie staatliche Macht ausgeübt wird. Hier hat sich ein institutionalisiertes Normensystem herausgebildet, von dem angenommen werden kann, dass es in den kommenden Jahrzehnten noch weiter ausgebaut wird und eine nach Verantwortlichkeit und Entwicklungsgrad (Handlungskapazität) gestaffelte ökologische Ausrichtung staatlicher Politik induziert. Im eigenen Interesse und zur Bearbeitung gemeinsamer Probleme verzichten Staaten auf bestimmte die Umwelt schädigende Handlungsweisen und vereinbaren kooperative Handlungsstrategien. Weiterhin verändert sich das Verhältnis von Staat und Gesellschaft. Die vermutlich noch an Umfang und politischem Gewicht zunehmende transnationale Zivilgesellschaft interveniert eigenständig in die staatliche und intergouvernemental angelegte Umweltpolitik. Sie entwickelt sich zu einem Förderungs- und Kontrollorgan, das eine Rückbindung staatlicher Politik an gesellschaftliche Interessen erzwingt (vgl. Brozus et al. 2003; Beisheim 2004).

[Wandel von Staatlichkeit]

Diese Veränderungen von Staatlichkeit im ökologischen Global-Governance-System lassen sich mit dem Begriff des Postetatismus erfassen. Die zunehmende Problemverflechtung (Interdependenz), die Entwicklung eines globalen Institutionensystems und das Erstarken einer transnationalen Zivilgesellschaft modifizieren die Ausübung staatlicher Herrschaft in diesem Politikfeld. Das Staatshandeln orientiert sich verstärkt an vereinbarten internationalen Normen und beteiligt – sowohl bei der Politikformulierung als auch bei deren Implementation – zivilgesellschaftliche Akteure. Momente des „interaktiven Staates" (Simonis 1995) sind zu erkennen. Gleichzeitig aber gewinnt der Staat an Handlungskapazitäten. Regulierungsbehörden werden errichtet, Kontrollinstanzen aufgebaut, Umweltprogramme aufgelegt. Diese etatistischen Aspekte des Governance-Systems dürfen in ihrer Bedeutung nicht unterschätzt werden. In Staaten, in denen der Staatsapparat zusammengebrochen ist, den so genannter „failed states", findet Umweltpolitik nicht statt. Auch in schwachen Entwicklungsstaaten fehlen

[Postetatismus]

die erforderlichen Kapazitäten (Biermann 2002), obgleich das UN-System, unterstützt durch internationale Regime, Bemühungen zum Aufbau von Informationssystemen und Planungseinrichtungen planerisch und finanziell fördert. Der entgegengesetzte Fall ist ebenfalls für das Governance-System dysfunktional, d.h. wenn Staaten noch einem nationalen Etatismus anhängen, wie die gegenwärtige Bush-Administration, und meinen, sie könnten sich auf das eigene Wissen und die eigenen Kräfte verlassen, ihre Umweltprobleme zu bewältigen. Dieser alte Etatismus verkennt die neuen Abhängigkeiten. Das Global-Governance-System verlangt nach einer post-etatistischen Konstellation: dem gefestigten Staat, der sich normativ selbst bindet und gesellschaftlich öffnet. Ein Blick ins Weltgeschehen (vgl. Sacquet 2002) zeigt jedoch, dass die Staaten erst am Anfang stehen, die Funktionsbedingungen von Global Governance im Zielhorizont nachhaltiger Entwicklung zu praktizieren, und es fraglich ist, ob sie die erforderlichen Lernstufen rechtzeitig nehmen.

Im Vergleich zu den Überlegungen und Projektvisionen von Messner ergeben sich also etwas anders akzentuierte Schlussfolgerungen. Da die „territoriale Organisation von Politik" sich nicht groß verändert, sich auch ein neues „System geteilter Souveränitäten" im Umweltsektor nicht zu erkennen gibt, konzentriert sich die Frage nach den zentralen Stellschrauben internationaler Umweltpolitik nach wie vor auf die Nationalstaaten. Das Projekt Global Governance ist damit nicht unwichtig. Seine politische Funktion besteht in der Bereitstellung einer normativen Superstruktur zur Anleitung, Stimulierung und internationalen Kontrolle staatlichen Handelns, und all dies mit dem Ziel, den Aufbau von Handlungskapazitäten für die Stärkung des Umweltstaates zu forcieren. Von der normativen Superstruktur, dem Global-Governance-System, kann aber kein autonomes politisches Steuerungspotenzial erwartet werden. Über den Erfolg der internationalen Umweltpolitik wird immer noch in den internen Willenbildungsprozessen der zentralen Mächte, zuvorderst der Vereinigten Staaten, entschieden.

Literatur

Baumert, Kevin A. (Hg.). 2002. Building on the Kyoto Protocol. Options for Protecting the Climate. Washington, DC: World Resources Institute (http://pdf.wir.org/opc_full.pdf).
Beck, Ulrich. 1986. Risikogesellschaft. Auf dem Weg in eine andere Moderne, Frankfurt/M.: Suhrkamp.
Beisheim, Marianne. 2004. Fit für Global Governance? Transnationale Interessengruppenaktivitäten als Demokratisierungspotenzial am Beispiel Klimapolitik. Opladen: Leske + Budrich.
Biermann, Frank. 2000. Zukunftsfähigkeit durch neue institutionelle Arrangements auf der globalen Ebene? Zum Reformbedarf der internationalen Umweltpolitik, in: Volker von Prittwitz (Hg.). Institutionelle Arrangements in der Umweltpolitik. Opladen: Leske + Budrich, 103–115.
Biermann, Frank. 2002. Institutions for Scientific Advice: Global Environmental Assessments and Their Influence in Developing Countries, in: Global Governance, 8, 195–219.
Biermann, Frank und Udo E. Simonis. 2000. Institutionelle Reform der Weltumweltpolitik? Zur politischen Debatte um die Gründung einer „Weltumweltorganisation", in: Zeitschrift für Internationale Beziehungen, 7(1), 163–183.
Biermann, Frank und Klaus Dingwerth. 2001. Weltumweltpolitik. Global Change als Herausforderung für die deutsche Politikwissenschaft. Potsdam Institute for Climate Impact Research (PIK), Report No. 74.

Breitmeier, Helmut. 1996. Wie entstehen globale Umweltschutzregime? Der Konfliktaustrag zum Schutz der Ozonschicht und des globalen Klimas. Opladen: Leske + Budrich.

Brouns, Bernd. 2003. Overview of ongoing activities on the future design of the climate regime, Wuppertal: Wuppertal Institut für Klima, Umwelt und Energie (www.wupperinst.org/download/1085-overview.pdf).

Brozus, Lars, Ingo Take und Klaus Dieter Wolf. 2003. Vergesellschaftung des Regierens? Opladen: Leske + Budrich.

Brühl, Tanja. 2002. The Privatization of Governance Systems: On the Legitimacy of Environmental Policy, in: Frank Biermann, Rainer Brohm, Klaus Dingwerth: Global Environmental Change and the Nation State, Potsdam Institute for Climate Impact Research (PIK), PIK-Report No. 80, Potsdam, 371–380.

Chayes, Abram und Antonia Handler Chayes. 1995. The New Sovereignty. Compliance with International Regulatory Agreements. Cambridge: Harvard University Press.

Deutscher Bundestag (Hg.). 2002. Schlussbericht der Enquete-Kommission Globalisierung der Weltwirtschaft. Opladen: Leske + Budrich.

Dierkes, Meinolf und Wolfgang Zapf. 1994. Institutionenvergleich und Institutionendynamik: Einleitende Überlegungen, in: Wolfgang Zapf und Meinolf Dierkes (Hg.): Institutionenvergleich und Institutionendynamik, WZB-Jahrbuch. Berlin: sigma.

Dryzek, John S., David Downes, Christian Hunold et al. 2003. Green States and Social Movements. Environmentalism in the United States, United Kingdom, Germany & Norway. Oxford: Oxford University Press.

Gehring, Thomas und Sebastian Oberthür. 2000. Was bringt eine Weltumweltorganisation? Kooperationstheoretische Anmerkungen zur institutionellen Neuordnung der internationalen Umweltpolitik, in: Zeitschrift für Internationale Beziehungen, 7(1), 185–211.

Guesnerie, Roger. 2003. Kyoto et l'économie de l'effet de serre. La Documentation francaise. Paris.

Haas, Peter M. 1992. Introduction: Epistemic Communities and International Policy Coordination, in: International Organization, 46, 1–36.

Haas, Peter M. 2002. UN Conferences and Constructivist Governance of the Environment, in: Global Governance, 8, 73–91.

Hall, Peter A. und Rosemary C.R. Taylor. 1996. Political Science and the Three New Institutionalisms, in: Political Studies, 44, 936–957.

Hardin, Garrett. 1968. The Tragedy of the Commons, in: Science, 162(3849), 1243–1248.

Hasenclever, Andreas, Peter Mayer und Volker Rittberger. 1997. Theories of International Regimes. Cambridge: Cambridge University Press.

Hoberg, George. 2001. Globalization and Policy Convergence: Symposium Overview, in: Journal of Comparative Policy Analysis: Research and Practice, 3, 127–132.

Höhne, Niklas u.a. 2003. Evolution of Commitments under the UNFLCC: Involving newly industrialized economics and developing countries, ECOFYS GmbH, Research Report 20141255, UBA-FB 000412, Berlin: Umweltbundesamt (www.umweltbundesamt.de/uba-infor-medien-e).

Jänicke, Martin (Hg.). 1996. Umweltpolitik der Industrieländer. Entwicklung – Bilanz – Erfolgsbedingungen. Berlin: sigma.

Jänicke, Martin. 2002. The Political System's Capacity for Environmental Policy: The Framework for Comparism, in: Helmut Weidner und Martin Jänicke (Hg.). Capacity Building in National Environmental Policy. A Comparative Study of 17 Countries. Berlin et al.: Springer, 1–18.

Jänicke, Martin. 2003. Die Rolle des Nationalstaats in der globalen Umweltpolitik, in: APuZ, B 27, 6–11.

Jänicke, Martin und Helmut Weidner (Hg.). 1995. Successful Environmental Policy. A Critical Evaluation of 24 Casses. Berlin: Edition sigma.

Jänicke, Martin und Helmut Weidner (Hg.). 1997. National Environmental Policies. A Comparative Study of Capacity-Building. Berlin et al.: Springer.

Jänicke, Martin und Helge Jörgens (Hg.). 2000. Umweltplanung im internationalen Vergleich. Strategien der Nachhaltigkeit. Berlin et al.: Springer.

Keohane, Robert O. 2001. Governance in a Partially Globalized World, in: APSR, 95(1), 1–13.
Keohane, Robert O. und Joseph S. Nye. 2000. Introduction: Governance in a Globalizing World, in: Joseph S. Nye und John D. Donahue (Hg.): Governance in a Globalizing World. Cambridge: Brookings Institution Press, 1–44.
Kern, Kristine. 1997. Politikkonvergenz durch Politikdiffusion – Überlegungen zu einer vernachlässigten Dimension der vergleichenden Politikanalyse, in: Lutz Mez und Helmut Weidner (Hg.). Umweltpolitik und Staatsversagen. Perspektiven und Grenzen der Umweltpolitikanalyse. Festschrift für Martin Jänicke zum 60. Geburtstag. Berlin: Edition Sigma, 270–279.
Kern, Kristine, Helge Jörgens und Martin Jänicke. 2001. The Diffusion of Environmental Policy Innovations. A Contribution to the Globalisation of Environmental Policy. WZB (FS II 01-302). Berlin.
Knill, Christoph. 2003. Europäische Umweltpolitik. Steuerungsprobleme und Regulierungsmuster im Mehrebenensystem. Opladen: Leske + Budrich (Studienbrief der FernUniversität in Hagen).
Kohler-Koch, Beate (Hg.). 1989: Regime in den internationalen Beziehungen, Baden-Baden: Nomos.
Kohout, Franz und Peter Cornelius Meyer-Tasch. 2002. Das ökologische Weltgewissen. Die Arbeit von NGOs im Rahmen der internationalen Umweltpolitik, in: APuZ, B 6–7, 15–22.
Krasner, Stephen D. (Hg.). 1983. International Regimes, Ithaca, NY: Cornell University Press.
Lavieille, Jean-Marc. 1999. Conventions de protection de l'environnement. Secrétariats, conférences des parties, comités d'experts. Limoges: PULIM.
List, Martin. 1995. Der Schutz der natürlichen Umwelt als Gegenstand internationaler Politik, in: Martin List, Maria Behrens, Wolfgang Reichardt und Georg Simonis: Internationale Politik – Probleme und Grundbegriffe. Opladen: Leske + Budrich, 249–262 (Studienbrief der FernUniversität Hagen).
Maier, Jürgen. 2002. Johannesburg: Mehr war nicht drin! in: Wechselwirkung & Zukünfte, 11/12, 84–87.
Meinke, Britta. 2002. Multi-Regime-Regulierung. Wechselwirkungen zwischen globalen und regionalen Umweltregimen. Wiesbaden: Deutscher Universitäts-Verlag.
Messner, Dirk. 2003. Das „Global-Governance"-Konzept – Genese – Kernelemente und Forschungsperspektiven, in: Jürgen Kopfmüller (Hg.): Den globalen Wandel gestalten. Forschung und Politik für einen nachhaltigen globalen Wandel. Berlin: Edition Sigma, 243–267.
Messner, Dirk und Franz Nuscheler. 2000. Politik in der Global Governance-Architektur, in: Rolf Kreibich und Udo E. Simonis (Hg.): Global Change – Globaler Wandel. Ursachenkomplexe und Lösungsansätze. Berlin: Berlin Verlag, 171–188.
Meyer, John W., David John Frank, Ann Hironaka, Evan Schofer und Nancy Brandon Tuma. 1997. The Structuring of a World Environmental Regime 1970–1990, in: International Organization, 51(4), 623–651.
Mitchell, Ronald B. 2001. Institutional Aspects of Implementation, Compliance and Effectiveness, in: Urs Luterbacher und Detlef Sprinz (Hg.): International Relations and Global Climate Change. Cambridge: MIT Press, 221–244.
Mitchell, Ronald B. 2002. International Environment, in: Handbook of International Relations, hrsg. von Walter Carlesnaes, Thomas Risse und Beth A. Simmons. London et al.: SAGE, 500–516.
Oberthür, Sebastian. 1997. Umweltschutz durch internationale Regime. Opladen: Leske + Budrich.
Oberthür, Sebastian und Hermann E. Ott. 2000. Das Kyoto Protokoll. Internationale Klimapolitik für das 21. Jahrhundert. Opladen: Leske + Budrich.
Oberthür, Sebastian und Simon Marr. 2002. Das System der Erfüllungskontrolle des Kyoto-Protokolls: Ein Schritt zur wirksamen Durchsetzung im Umweltvölkerrecht, in: Zeitschrift für Umweltrecht, 2, 81–89.

OECD. 1994. Capacity Development in Environment. Paris: Organisation for Economic Co-Operation and Development.
OECD. 2001. OECD Environmental Outlook. Paris: Organisation for Economic Co-Operation and Development.
Prittwitz, Volker von. 1990. Das Katastrophen-Paradox. Elemente einer Theorie der Umweltpolitik. Opladen: Leske + Budrich.
Reich, Simon. 2000. The Four Faces of Institutionalism: Public Policy and a Pluralistic Perspective, in: Governance: An International Journal of Policy and Administration, 13(4), 501–522.
Rittberger, Volker. 1993. Research on International Regimes in Germany: The Adaptive Internalization of an American Social Science Concept, in: ders. (Hg.): Regime Theory and International Relations. Oxford: University Press, 3–22.
Rosenau, James N. 1995. Governance in the Twenty-first Century, in: Global Governance, 1, 13–43.
Sacquet, Anne-Marie. 2002. Atlas mondial du dévelopement durable. Concilier économie, social, environment. Paris: Editions Autrement.
Siebenhüner, Bernd. 2001. The Changing Role of Nation States in International Environmental Assessments – The Case of the IPCC, in: Global Environmental Change, 2003, i.E.
Simonis, Georg. 1995. Ausdifferenzierung der Technologiepolitik – vom hierarchischen zum interaktiven Staat, in: Renate Martinsen und Georg Simonis (Hg.): Paradigmenwechsel in der Technologiepolitik?, Opladen: Leske + Budrich, 381–404.
Schwarz, Sabine. 2002. Die Europäisierung der Umweltpolitik. Politisches Handeln im Mehrebenensystem. Berlin: sigma.
Spangenberg, Joachim H. 2003. Global Governance und Institutionen nachhaltiger Entwicklung, in: Jürgen Kopfmüller (Hg.): Den globalen Wandel gestalten. Forschung und Politik für einen nachhaltigen globalen Wandel, Berlin: sigma, 285–300.
Sprinz, Detlef F. und Martin Weiß. 2001. Domestic Politics and Global Climate Policy, in: Urs Luterbacher und Detlef Sprinz (Hg.): International Relations and Global Climate Change. Cambridge: MIT Press, 67–94.
Stokke, Olav Schram. 1997. Regimes as Governance Systems, in: Oran R. Young (Hg.). Global Governance: Drawing Insights from the Environmental Experience. Cambridge: MIT Press, 27–63.
Strübel, Michael. 1992. Internationale Umweltpolitik. Entwicklungen – Defizite – Aufgaben. Opladen: Leske + Budrich.
Tews, Kerstin und Per-Olof Busch. 2002. Governance by Diffusion? Potentials and Restrictions of Environmental Policy Diffusion, in: Frank Biermann, Rainer Brohm und Klaus Dingwerth (Hg.): Global Environmental Change and the Nation State, Proceedings of the 2001 Berlin Conference on the Human Dimensions of Global Environmental Change. PIK Report No. 80. Potsdam, 168–182.
Underdal, Aried und Kenneth Hanf (Hg.). 2000. International Environmental Agreements and Domestic Politics. The case of acid rain. Burlington: Ashgate.
UNEP. 2002. GEO-3, Global Environment Outlook (GEO), United Nations. New York (www.unep.org/unep/eia/geo2002).
Vereinte Nationen. 1992. Rahmenübereinkommen der Vereinten Nationen über Klimaänderungen (Klimakonvention), in: Der Bundesminister für Umwelt, Naturschutz und Reaktorsicherheit. Umweltpolitik. Konferenz der Vereinten Nationen für Umwelt und Entwicklung im Juni 1992 in Rio de Janeiro – Dokumente. Bonn, 9–23.
Vig, Norman J. und Regina S. Axelrod (Hg.). 1999. The Global Environment: Institutions, Law and Policy. Washington D.C.: CQ Press.
Vogel, David. 1997. Trading Up and Governing Across: Transnational Governance and Environmental Protection, in: Journal of European Public Policy, 4, 556–571.
Weidner, Helmut und Martin Jänicke (Hg.). 2002. Capacity Building in National Environmental Policy. A Comparative Study of 17 Countries. Berlin et al.: Springer.
WRI. 1998. World Resources 1998–1999 – A Guide to the Global Environment. World Resources Institute, UNDP, UNEP, WB (Hg.). Oxford: University Press.

WRI. 2003. World Resources 2002–2004, Decisions for the Earth: Balance, voice, and power. Washington D.C.: UNDP, UNEP, World Resources Institute (www.wri.org).
Wurff, Richard van der. 1997. International Climate Change Politics – Interests and Perceptions. A Comparative study on climate change politics in Germany, the United Kingdom and the United States. Universiteit von Amsterdam: Hochschulschrift.
Young, Oran R. 1997a. Global Governance: Toward a Theory of Decentralized World Order, in: Oran R. Young (Hg.): Global Governance. Drawing Insights from the Environmental Experience. Cambridge: MIT Press, 273–299.
Young, Oran R. (Hg.). 1997b. Global Governance. Drawing Insights from the Environmental Experience. Cambridge: MIT Press.
Young, Oran R. 1999. Regime Effectiveness: Taking Stock, in: Oran R. Young (Hg.). International Environmental Regimes. Causal Connections and Behavioral Mechanisms. Cambridge: MIT Press, 249–287.
Zschiesche, Michael. 2002. Umweltkonventionen. Mehltau oder Verhaltensregeln für das neue Jahrtausend, in: Wechselwirkung & Zukünfte, 9/10, 65–67.
Zürn, Michael. 1998a. Regieren jenseits des Nationalstaates. Globalisierung und Denationalisierung als Chance. Frankfurt a.M.: Suhrkamp.
Zürn, Michael. 1998b. The Rise of International Environmental Politics: A Review of Current Research, in: World Politics, 50(4), 617–649.

Hubert Zimmermann

Kommentar: Chancen und Grenzen einer weltwirtschaftlichen Global Governance

Ist die ökonomische Globalisierung eine positive oder negative Entwicklung? Der Befund ist bei allen vier Autoren klar: Ihre Folgen sind eher negativ zu bewerten. Allerdings wäre es utopisch, das Rad einfach zurückdrehen zu wollen. Denn es wird auch in allen Beiträgen deutlich, dass nicht von einem Nullzustand ausgegangen werden kann, der gerade in der Globalisierungsdebatte so häufig mit dem Schlagwort „ungezügelte Märkte" umschrieben wird. Auf den Gebieten der internationalen Finanz-, Handels-, Umwelt- und Sozialpolitik existieren zahlreiche Organisationen, Regime, Regelungen und Normen, die Wertsetzungen im Sinne von Regieren vornehmen. Allerdings tun sie das in einem eng begrenzten Umfang (verglichen mit den weit größeren Kompetenzen der Staaten), und falls sie tatsächlich größeren Einfluss haben, wie transnationale Unternehmen oder internationale Finanzspekulanten, so lassen die Aktivitäten meist den Bezug zu einer weltweiten gemeinwohlorientierten Politik vermissen. Eine Lösung bietet das Konzept einer Global Governance, aber nicht irgendeiner, sondern einer „Good Governance" im Sinne eines weltgesellschaftlichen Ausgleichs der Partizipationschancen nach dem Modell der europäischen Wohlfahrtsstaaten. In der zentralen Frage, wer denn aber nun diese „Governance" im internationalen wirtschaftlichen System gestalten soll, sind die Autoren sehr unterschiedlicher Meinung. Dies liegt nicht nur an einer divergierenden Bewertung der schon existierenden Strukturen, auch die Ausgangslage der Debatte ist je nach Themengebiet verschieden.

Probleme der Globalisierung

Global-Governance-Konzept als Lösungsmodell

Ausgangslage je nach Themengebiet verschieden

Im Handelsbereich ist die Regelungsdichte am weitesten fortgeschritten, und es geht in diesem Sinne vor allem um eine Reform der bestehenden Strukturen. Mit der WTO sind auch gravierende Eingriffe in die staatliche Souveränität inzwischen an der Tagesordnung, so dass ein guter Ansatzpunkt für eine globale Ordnungspolitik gegeben ist. Anders sieht es im Bereich der internationalen Finanzmärkte aus: Seit dem Ende des Bretton-Woods-Systems ist hier die politische Kontrolle schrittweise gelockert worden, und die Rolle staatlicher, demokratisch legitimierter Akteure scheint sich nur noch auf das Management der regelmäßigen Spekulationskrisen zu beschränken. Ebenso notorisch sind die Regulierungsprobleme in dem Bereich, in dem die Folgen der wirtschaftlichen Globalisierung die bedrohlichsten Auswirkungen zeigen: der internationalen Umweltpolitik. Gerade hier kommt die so genannte Freerider-Problematik ins Spiel, die darin besteht, dass kollektive Güter, wie eine intakte Ozonschicht oder saubere Weltmeere, auch denen zugute kommen, die sich an der Bereitstellung dieser Güter mittels Umweltschutzmaßnahmen nicht beteiligen und entsprechend

Kosten sparen. Im Falle der internationalen Sozialpolitik sind die Institutionen für eine Global Governance noch schwächer. Es handelt sich vor allem um Normen, die zwar inzwischen weitgehend akzeptiert, aber noch weit davon entfernt sind, universell angewandt zu werden. Die Auseinandersetzung zwischen der EU und den Entwicklungsländern in der laufenden Runde der Welthandelsgespräche (Doha-Runde), auf der Letztere weitergehende Sozialstandards als westlichen Versuch, ihre Wettbewerbsfähigkeit zu mindern, ablehnten, zeigt dies deutlich.

Vergleichende Analysen von Governance-Strukturen wichtig

Angesichts dieser Ausgangslage wäre eine vergleichende Analyse der Ursachen der unterschiedlichen Tiefe existierender Governance-Strukturen in den einzelnen Themenbereichen von großem Interesse gewesen; dann könnten nämlich auch die bestimmenden Faktoren, die zu den beklagten defizienten Strukturen geführt haben, besser identifiziert werden. Hinweise darauf werden gegeben,

Zentraler Faktor Macht

vor allem in der Betonung des Faktors Macht. Es geht bei wirtschaftlicher Global Governance nicht nur um die wertfreie effiziente Allokation von wirtschaftlichen Gütern, wie es die neoklassische Ökonomie so gern suggeriert, aber natürlich auch nicht nur um die Erfüllung von Gerechtigkeitsvorstellungen, sondern um die Durchsetzung von Machtinteressen, die sich zwischen diesen beiden Polen ansiedeln. Wobei sich die Waagschale eindeutig in die zweite Richtung geneigt hat. Mit der Betonung des Faktors Macht rücken die USA in das Zentrum der Analyse; denn es wird sehr deutlich in den Beiträgen, dass von einem Verlust der amerikanischen Hegemonie nicht gesprochen werden kann (vgl. die einflussreiche These von Paul Kennedy, 1987). In allen vier Bereichen sind die USA ein ausschlaggebender Faktor, und die Regulierungschancen werden davon

Problemlösung durch Märkte nicht zu erwarten

abhängen, inwieweit die USA durch diese ihre Interessen berücksichtigt sehen. Eine freiwillige Selbstregulierung der Märkte ist kaum zu erwarten. Fehlentwicklungen zu erkennen genügt für eine durchgreifende Reform nicht, wie sich schon früher gezeigt hat. Erst durch eine krisenhafte Erschütterung wie die Weltwirtschaftskrise in den 1930er Jahren oder den Ausbruch des Kalten Krieges wurde ein Lernprozess in Gang gesetzt, dessen Resultate sich dann institutionalisierten. Inwieweit der 11. September 2001 und seine Nachwehen einen solchen Prozess anstoßen werden, bleibt abzuwarten.

Nationalstaaten verfügen noch über Steuerungspotenziale

Der Bereich der Handelspolitik (Behrens) macht deutlich, dass die Kapazitäten von Nationalstaaten, internationale Steuerung zu betreiben, durchaus nicht so geschwächt sind, wie es die These von der Entstaatlichung der internationalen Politik erscheinen lässt. Wie die Autorin sehr zu Recht feststellt, kommt es dabei eben vor allem auf den Willen der Staaten und auf den Einsatz von (Macht-)Ressourcen gegen vorhersehbare Widerstände an (dies gilt jedoch auch für die Finanz- und Sozialpolitik). Es geht also um die Reform der etablierten neoliberalen Global-Governance-Ordnung im Bereich der Handelspolitik, nicht um den

Hat sich das neoliberale Modell im Welthandel tatsächlich durchgesetzt?

Aufbau einer völlig neuen Global-Governance-Architektur. Allerdings wird nicht ganz klar, ob sich dieses „neoliberale" Modell wirklich so vollständig durchgesetzt hat bzw. was es genau zum Inhalt hat. Denn unbestritten ist, dass in bedeutenden Feldern der Weltwirtschaft, wie Textil- und Agrarmarkt, weiterhin auch von den westlichen Mächten starke staatliche Barrieren für den Freihandel errichtet werden und dass zum Beispiel Subventionen im Hochtechnologiebereich an der Tagesordnung sind. Darin liegt auch die Problematik einer Konzeptualisierung der EU als „postmodernen Hegemons" (Formulierung Martin List) und Gegenmodells zu den USA, welches zu einer „Humanisierung" der internationalen Handelspolitik beiträgt. Nun ist die EU in ihrer Außenwirtschaftspolitik oft alles andere als human; die Agrarmarktregelungen, die nun schon seit fast vierzig Jahren die Produzenten in anderen Weltregionen diskriminieren, sind ein eklatantes Beispiel. Zudem existiert kein einheitliches europäisches Ordnungsmodell. Ein Beispiel: Während sich Frankreichs Premierminister Lionel Jospin öffentlich für die Tobinsteuer stark macht, steht Großbritannien regelmäßig an der Seite der USA bei der Abwehr dieser Bestrebungen, und zwar aus leicht einsehbarer Rücksicht darauf, dass London der weltgrößte Markt für Finanztransaktionen ist und bei einer Eindämmung dieser Aktivitäten starke Auftragsverluste zu befürchten hätte. Ein einheitliches Modell des Wirtschaftens kann für die EU nicht so ohne weiteres postuliert werden; vielleicht wird dies der Euro bewirken, aber das ist noch ein weites Feld. Offen ist auch, ob die EU schon institutionell zu einer Demokratisierung der internationalen Handelspolitik beitragen kann.

EU hat kein einheitliches Ordnungsmodell

Inwieweit „the European way" tatsächlich ein besseres Modell darstellt, ist also nicht sicher. Gesetzt den Fall, es wäre so, dann bestünden tatsächlich Chancen für einen Wandel. Denn die EU kann in Bezug auf die Schlagkraft ihrer Außenhandelspolitik durchaus mit den USA mithalten. Es wären demnach also nicht nur vereinzelte Konflikte wegen Hormonfleischs und Bananenmarktverordnungen zu erwarten, sondern auch eine Auseinandersetzung zwischen unterschiedlichen Grundvorstellungen über die Weltwirtschaft. Hier kommt wieder die Frage der Machtinteressen zum Vorschein: Die USA werden in dem Beitrag von Maria Behrens als die treibende Kraft des Aufbaus der bisherigen Strukturen gesehen. Dies hatte zunächst historisch-politische Gründe (Einbindung des Westens in den globalen Kampf gegen den Kommunismus); später zeigte sich eine zunehmende Exportabhängigkeit der USA, insbesondere in Phasen eines stagnierenden Binnenmarkts. Der Konsens zwischen den USA und dem Rest der westlichen Welt bei der Etablierung der hegemonialen Ordnung beruhte auch auf dem Gleichklang mit der Sicherheitsarchitektur des Kalten Krieges. So wird sich vermutlich auch das Interesse der USA an globaler Kooperation bei der Abwehr des Terrorismus in der globalen Handelsarchitektur widerspiegeln. Ein Beispiel sind die plötzlich forcierte Aufnahme Chinas in die WTO nach sechzehnjährigen Verhandlungen und die Unterstützung der USA für die Forderungen der Entwicklungsländer in Doha. Dies zeigt, dass die Global Governance in diesem Bereich nicht abgespalten von der Global Governance im Sicherheitsbereich gesehen werden kann. Die Erwähnung Chinas weist schon auf eine Lücke im Beitrag hin: Es fehlen beinahe völlig andere Akteure, wie die asiatischen Staaten, die eine zusehends wichtige Rolle im Welthandelssystem spielen; auch der Trend zur zunehmenden Regionalisierung der Handelspolitik und seine Bedeutung für eine Global Governance kommen zu kurz.

„the European way" nicht unbedingt das bessere Modell

Was im Beitrag fehlt

Im Beitrag von Jörg Huffschmid spielen staatliche Akteure in der internationalen Finanzpolitik nur noch eine marginale Rolle. Sie reagieren vornehmlich auf die Aktivitäten anderer Kräfte, vor allem institutioneller Investoren in den globalen Finanzzentren. Diese sind an einer Re-Regulierung der Märkte à la Bretton Woods nicht interessiert. Denn damals waren die Finanzmärkte in ein enges Korsett staatlicher Regulierung eingespannt und hatten hauptsächlich eine

Marginale Rolle der Nationalstaaten in der internationalen Finanzpolitik?

dienende Funktion im Hinblick auf die Rekonstruktion der Volkswirtschaften und die Ausweitung des internationalen Handels. Beide Ziele hingen, wie schon erwähnt, eng mit den politischen Rahmenbedingungen zusammen. Die Freisetzung der Märkte seit den 1970er Jahren war eine staatlich gelenkte Strategie, deren Beweggründe die Studie von Helleiner (1994) im Detail zeigt. (Die Rolle staatlicher Instanzen interpretiert Huffschmid zu sehr als die passiver Zuschauer.) Inzwischen sind die Kapitalmärkte, wie der Beitrag deutlich macht, vom realen Wachstum abgekoppelt. Die amerikanische Federal Reserve schätzt, dass an einem Tag für ca. 1,5 Billionen Dollar Geschäfte an den internationalen Devisenmärkten getätigt werden; dies entspricht 25 Prozent des jährlichen Handelsvolumens. Damit einhergehend ist jegliche Effizienz im Sinne einer Gemeinwohlorientierung verloren gegangen. Wie soll dieser Prozess im Sinne einer Good Governance verändert werden?

Die Bedeutung einer aufgeklärten Öffentlichkeit

Da Staaten als Akteure für Huffschmid relativ machtlose Marionetten sind, setzt er auf eine aufgeklärte Öffentlichkeit. Allerdings ist zu fragen, wie die NGOs als Träger dieser Öffentlichkeit sich über den sehr eng begrenzten Kreis engagierter Bürger ausdehnen können, um genügend Interesse auch bei denen zu wecken, die neben den Zeit raubenden Beschäftigungen des Geldverdienens und -ausgebens sowie des täglichen Medienkonsums gewillt sind, sich auch noch mit den undurchsichtigen Fragen der globalen Finanzarchitektur zu beschäftigen. Auch stellt sich bei vielen NGOs die Frage, ob der selbst gewählte Anspruch als Vertreter des Gemeinwohls wirklich zutrifft; schließlich sind sie nicht durch Wahlen oder andere Mechanismen der demokratischen Willensbildung legitimiert, für die Allgemeinheit zu sprechen.

Letztlich bedarf es vermutlich vor allem des Umdenkens in den bisherigen Eliten. Auch hier wird wieder die weitreichende Bedeutung der politischen Rahmenbedingungen deutlich. Möglicherweise erweist sich der Terrorismus des 11. September 2001 als Wegbereiter einer neuen, stärker regulierten Architektur. In den Sinn kommen dabei insbesondere die mysteriösen Finanzspekulationen vor den Attentaten. Krisenartige Entwicklungen wie diese erzeugen auch gesellschaftlichen Druck. Notwendig ist aber auch ein ideologisches Gegenmodell (wie früher der Kommunismus). Dieses kann sicher nicht religiöser Fundamentalismus sein, aber einiges spricht dafür, dass es sich möglicherweise um eine religiös inspirierte Sozialkritik handeln könnte. Sobald eine derartige Kritik die „Diskussionshoheit"

Staaten keineswegs so machtlos

übernommen hat, werden die Staaten wieder reregulieren, auch aus eigener Überzeugung. Dabei sind sie nicht so machtlos, wie sie bei Huffschmid erscheinen. Der Euro ist ein gutes Beispiel: Mit seiner Einführung ist die vorher verbreitete Spekulation zwischen den Währungen der EU am Ende. Diese hatte noch 1992 ein Investor wie Soros genutzt, um die Lira und das Pfund aus dem Europäischen Währungssystem zu spekulieren. Regional scheint Währungspolitik also durchaus regulierbar zu sein. Auf globaler Ebene stehen die Vorzeichen für eine Steuerung der Finanzbeziehungen allerdings schlecht, wie die letzten Treffen der G 8, der acht stärksten Wirtschaftsmächte, zeigen. Eine neue Weltfinanzarchitektur, die zum Beispiel das Verhältnis des Dollars zum Euro reguliert, ist nicht in Sicht und wird vor allem von den USA auch nicht gewünscht (Zimmermann 2004).

Etwas zu kurz kommt bei den Beiträgen zur Handels- und Währungspolitik die Auseinandersetzung mit den Argumenten, die zur gegenwärtigen Struktur geführt haben. Von dieser Struktur haben ja letztlich auch viele profitiert. Um die Verlierer dieses Prozesses müsste sich aber eine internationale Sozialpolitik kümmern. Jedoch: Ist eine globale Sozialpolitik überhaupt realistisch angesichts der Entwicklungen, die von Huffschmid beschrieben werden? In dem Beitrag von Lars Kohlmorgen wird nicht ganz deutlich, was letztlich eine internationale Sozialpolitik von der bisherigen Entwicklungspolitik in einer umfassenderen Form unterscheidet und auf welcher Ebene sie operieren soll. Soll es um eine Umverteilung der Entwicklungschancen von armen auf reiche Länder gehen? Ein derartiges Raster wäre viel zu grob, denn diese Dichotomie existiert, zumal seit dem Aufstieg der asiatischen Schwellenländer, nicht mehr. Oder handelt es sich nicht vielmehr um ein Problem zwischen Privilegierten und Unterprivilegierten in allen Ländern? Im ersten Fall handelte es sich um einen internationalen Konflikt, im zweiten um eine Frage, die weiterhin hauptsächlich auf innenpolitischer Ebene zu lösen ist und durch Entwicklungshilfe gegebenenfalls gesteuert werden kann und muss (und zwar besser als bisher). Im Vergleich zu den vorhergehenden Feldern sind in der Sozialpolitik die Interdependenzen sehr viel komplexer. Die Ausprägung einer Struktur ist sehr viel lockerer und in viele Puzzleteile zersplittert. Die Frage nach den Akteuren – und gegebenenfalls ihren Einflusschancen – stellt sich deshalb mit besonderer Dringlichkeit. Letzten Endes sind es auch hier wieder Staaten, die Geber und Empfänger repräsentieren. Wer regiert und wie?

Wie realistisch ist eine globale Sozialpolitik?

In der Sozialpolitik sind die Interdependenzen komplexer

In dem an Hobbes erinnernden System, das radikale Globalisierungsgegner zeichnen, gälte ausschließlich das Recht des Stärkeren, und für eine internationale Sozialpolitik fehlte von Beginn an jede Basis. Jedoch zeigen die von Lars Kohlmorgen beschriebenen neuen Konzepte der internationalen Organisationen, dass diese durchaus auch Agenten sozialen Wandels sein können, und sei es nur durch die Forcierung neuer Ideen. Allerdings werden diese weiterhin von den Mitgliedstaaten dieser Organisationen umgesetzt, und diese Umsetzung wird nur erfolgen, wenn dafür in den einzelnen Staaten gesellschaftliches Interesse vorhanden ist und wenn zudem internationale Dilemmata kollektiven Handelns, wie sie die internationale Umweltpolitik kennzeichnen, umgangen werden können. Dies betrifft auch die Situation in den Empfängerländern, die zum Beispiel durchaus nicht an europäischen Sozialstandards für ihre Systeme interessiert sind, aus Furcht um ihre Wettbewerbsfähigkeit. Diese Haltung wird sich so lange nicht ändern, wie in die Weltfinanz- und Welthandelsordnung keine geeigneten Puffermaßnahmen zur Abschirmung schwacher Volkswirtschaften eingebaut sind. Schließlich gelang auch den Europäern nach dem Zweiten Weltkrieg der Aufstieg nur in einer Struktur, die ihre fragilen Volkswirtschaften rigoros abschottete. Insofern hängt die Weltsozialpolitik von den anderen Bereichen ab; andererseits legitimiert eine größere globale soziale Gleichheit auch die Strukturen der Global Governance in diesen Feldern.

Internationale Organisationen als Agenten sozialen Wandels?

Zu den Opfern der Globalisierung zählt zweifellos auch die Umwelt. Globale Umweltschäden haben inzwischen ein Ausmaß erreicht, welches zu einer immensen Ausweitung von Regulierungsmechanismen auf internationaler Ebene geführt hat. Anhand von drei Formen horizontaler Koordination (Weltkonferenzen, Politikdiffusion, Regime) zeigt der Beitrag von Simonis umfassend und theoretisch reflektiert, wie Staaten mittels neu geschaffener Institutionen versuchen, diese Probleme zu bewältigen. Institutionen werden dabei als relativ stabile Normensysteme, die das Han-

Problem der Implementation internationaler Umweltnormen ...

deln von Akteuren „wirksam" anleiten, begriffen. Gerade über die tatsächliche Wirksamkeit von Institutionen lässt sich jedoch trefflich streiten. Allein die Existenz von Institutionen garantiert noch nicht deren Wirksamkeit. Dies wird auch nicht durch den starken Anstieg der Zahl nationaler Umweltbehörden und -pläne belegt. Der Beitrag macht deutlich, dass die Frage der Diffusion von Umweltnormen in nationale Regelsysteme (mit Durchsetzungs- und Sanktionsmacht) die zentrale Bedingung funktionierender internationaler Umweltvereinbarungen ist. Da der Fortbestand staatlicher Souveränität die Durchsetzung von Normen mittels Zwangs im internationalen System kaum zulässt, sind internationale Institutionen auf die entgegenkommende Disposition der binnenstaatlichen Ebene angewiesen. Das Problem der Entstehung von Institutionen ist somit eher zweitrangig und, wie die Vielzahl der Umweltregime zeigt, wohl auch nicht zu problematisch. Jedoch können institutionelle Mechanismen innerhalb der partizipierenden Staaten die Handelsanweisungen von Umweltregimen jederzeit (und systematisch) auch gegen den Willen der Regierung unterlaufen, wie das Beispiel des amerikanischen Kongresses zeigt. In diesem Sinne erscheint mir der Beitrag zu optimistisch und die Hoffnung eines normativ sich selbst bindenden Staates eher vom Wunschdenken als von der Realität geprägt. Vordringliche Aufgabe für

auf nationaler Ebene

die Forschung wäre es demnach zu zeigen, unter welchen Bedingungen nationale Institutionen die normativen Vorgaben von Umweltregimen übernehmen und diese in sanktionierbare Regelsysteme auf nationaler Ebene integrieren.

Gegenmachtbildung durch globale Öffentlichkeit ist theoretisch noch zu durchdenken

Ein weiteres zentrales Problem durchzieht alle Beiträge. Für eine globale Gegenöffentlichkeit gibt es nur rudimentäre Strukturen: Es existieren z.B. keine globalen Parteien oder Gewerkschaften, die eine auch nur irgendwie gleichgewichtige Interessenvertretung gegenüber globalen Konzernen ausüben könnten. Der US-Präsident wird nicht von den Bewohnern der Entwicklungsländer gewählt. Weshalb sollten dann ihre Interessen Berücksichtigung finden? Die Lösung wäre letztlich eine Gegenmachtbildung in Form einer globalen Öffentlichkeit. Leider gibt es auch keine globalen Medienforen, in denen diese Fragen für alle nachvollziehbar diskutiert werden. Dieses Problem müsste noch viel stärker theoretisiert werden.

Zentrales Feld der Weltenergiepolitik fehlt

Ein weiteres zentrales Feld bleibt ganz außen vor: Wie sieht es mit einer Global Governance in der Weltenergiepolitik aus? Dort werden vermutlich in Zukunft die zentralen Schlachten geschlagen (um Öl, Wasser etc.). Verbraucher und Hersteller sitzen in unterschiedlichen Regionen mit unterschiedlichen normativen Vorstellungen. Eine Absicherung der Versorgungswege mittels militärischer Interventionen wird zunehmend riskant werden. Wird dies dann eine Bewegung in Richtung Global Governance auch in den USA auslösen, dem Staat, der für die Aufrechterhaltung seines „way of life" am meisten auf eine solche Struktur angewiesen wäre?

Literatur

Helleiner, Eric. 1994. States and the Reemergence of Global Finance. Ithaca: Cornell University Press.
Kennedy, Paul. 1987. The Rise and Fall of the Great Powers. New York. Random House.
Zimmermann, Hubert. 2004. Ever Challenging the Buck? The Euro and the Question of Power in International Monetary Governance, in: Francisco Torres, Amy Verdun und Hubert Zimmermann (Hrsg). Governing the EMU. Florence: EUI.

Anhang
Abkürzungsverzeichnis

ABC-Waffen	atomare, biologische und chemische Waffen
AKUF	Arbeitsgemeinschaft Konfliktursachenforschung (Hamburg)
ASEAN	Association of Southeath Asian Nations
ATTAC	Association pour une Taxation des Transactions financières pour l'Aide aux Citoyens (engl. ATTAC: Association for the Taxation of Financial Transaction for the Aid of Citizens ⇨ NGO)
BCBS	Basel Committee on Banking Supervision (intergouvernementale Organisation, angesiedelt bei der ⇨ BIS)
BIZ	Bank für Internationalen Zahlungsausgleich (engl. BIS)
BIS	Bank for International Settlements (dt. BIZ, internationale unabhängige Organisation der Zentralbanken)
BMZ	Bundesministerium für wirtschaftliche Zusammenarbeit
BSP	Bruttosozialprodukt
CFSP	Common Foreign and Security Policy (dt. GASP)
CGG	Commission on Global Governance (Kommission der ⇨ UN)
CIA	Central Intelligence Agency
COP	Conference of the Parties (Mitgliederversammlung von ⇨ IOs)
COW	Correlates-of-War-Projekt
CPN	Conflict Prevention Network
DAC	Development Assistance Committee (Ausschuss der ⇨ OECD)
DSU	Dispute Settlement Understanding (Vereinbarung zur Streitschlichtung innerhalb der ⇨ WTO)
ECHO	European Community Humanitarian Office
ECOSOC	Economic and Social Council (Hauptorgan der ⇨ UN)
EEG	Erneuerbare-Energien-Gesetz (in Deutschland)
EuGH	Europäischer Gerichtshof
FEWER	Forum on Early Warning and Early Response
FSF	Financial Stability Forum (internationale Organisation, angesiedelt bei der ⇨ BIS)
GASP	Gemeinsame Außen- und Sicherheitspolitik der Europäischen Union (engl. CFSP)
GATS	General Agreement on Trade in Services (Vereinbarung im Rahmen der ⇨ WTO)
GATT	General Agreement on Tariffs and Trade (Vereinbarung im Rahmen der ⇨ WTO)
HIIK	Heidelberger Institut für Internationale Konfliktforschung
HIPC	Highly Indebted Poor Countries
HLI	Highly Leveraged Institutions (Spekulationsfonds)
IAIS	International Association of Insurance Supervisors (intergouvernementale Organisation, angesiedelt bei der ⇨ BIS)
IAO	Internationale Arbeitsorganisation (engl. ILO)
IB	Internationale Beziehungen

IBRD	International Bank for Reconstruction and Development (dt. Weltbank, Sonderorganisation der ⇨ UN)
ICC	International Chamber of Commerce (internationaler Unternehmensverband ⇨ NGO)
ICC	International Criminal Court (Sonderorganisation der ⇨ UN)
ICJ	International Court of Justice (dt. IGH, Hauptorgan der ⇨ UN))
ICPD	International Conference on Population and Development (⇨ UNFPA)
IFI	Internationale Finanzinstitutionen
IFIAC	International Financial Institution Advisory Commission (Beratungskommission des US-Kongresses)
IGH	Internationaler Gerichtshof (engl. ICJ)
IISS	International Institute for Strategic Studies (Oxford)
ILO	International Labour Organization (dt. IAO, Sonderorganisation der ⇨ UN)
IMF	International Monetary Fund (dt. IWF, Sonderorganisation der ⇨ UN)
IMO	International Maritime Organization (Sonderorganisation der ⇨ UN)
INEF	Institut für Entwicklung und Frieden (Duisburg)
IO	International Organization
IOSCO	International Organization of Securities Commissions (internationales Forum der Wertpapieraufsichtsbehörden)
ISO	International Organization for Standardization (privater Zusammenschluss nationaler Standardisierungsorganisationen, Abkürzung in Anlehnung an das griechische Wort *isos*)
ITO	International Trade Organization (heute: WTO)
IWF	Internationaler Währungsfonds (engl. IMF)
MAD	Mutual Assured Destruction
MAI	Multilateral Agreement on Investment (gescheitertes Abkommen der ⇨ OECD)
MD	Missile Defense
MERCOSUR	Mercado Común del Cono Sur (gemeinsamer Markt im südlichen Lateinamerika)
NAFTA	North American Free Trade Area
NATO	North Atlantic Treaty Organization
NGO	Non-Governmental Organization (dt. NRO)
NPT	Non-Proliferation Treaty (Abkommen im Rahmen der ⇨ UN)
NRO	Nicht-Regierungs-Organisation (engl. NGO)
OECD	Organization for Economic Co-operation and Development
OFC	Offshore Financial Centre
OSCE	Organization for Security and Co-operation in Europe (dt. OSZE)
OSZE	Organisation für Sicherheit und Zusammenarbeit in Europa (engl. OSCE)
PIOOM	Project Interdisciplinair Onderzoek naar Oorzaken van Mensenrechtenschendingen (Universität Leiden/NL, engl. Interdisciplinary Research Programme on Root Causes of Human Rights Violations)
PRSP	Poverty Reduction Strategy Papers
SDDS	Special Data Dissemination Standard
SDI	Strategic Defense Initiative
SEF	Stiftung Entwicklung und Frieden (Bonn)
SZR	Sonderziehungsrechte
TNC	Trans-National Company
TRIPS	Trade-Related Aspects of Intellectual Property Rights (Vereinbarung im Rahmen der ⇨ WTO)
UN	United Nations (dt. VN)
UNCED	United Nations Conference on Ecology and Development
UNCSD	United Nations Commission on Sustainable Development (Ausschuss des ⇨ ECOSOC)
UNCTAD	United Nations Conference on Trade and Development

Abkürzungsverzeichnis

UNDP	United Nations Development Programme
UNECE	United Nations Economic Commission for Europe (eine von fünf regionalen intergouvernementalen Kommissionen der ⇨ UN)
UNEP	United Nations Environment Programme
UNESCO	United Nations Educational, Scientific and Cultural Organization
UNFPA	United Nations Population Fund (ursprünglich United Nations Fund for Population Activities)
UNO	United Nations Organization
UNRISD	United Nations Research Institute for Social Development
VN	Vereinte Nationen (engl. UN)
WB	Weltbank (engl. IBRD)
WEED	World Economy, Ecology and Development (⇨ NGO)
WHO	World Health Organization (Sonderorganisation der ⇨ UN)
WMO	World Meteorological Organization (Sonderorganisation der ⇨ UN)
WSSD	World Summit on Sustainable Development
WTO	World Trade Organization (Sonderorganisation der ⇨ UN)

Angaben zu den Autoren

Behrens, Maria, Dr. phil., Wissenschaftliche Assistentin am Lehrstuhl für Internationale Politik und Systemvergleich an der FernUniversität in Hagen, z.Z. Vertretung des Lehrstuhls für Internationale und Intergesellschaftliche Beziehungen an der Universität Kassel. Ausgewählte Publikationen: *Quantitative und qualitative Methoden in der Politikfeldanalyse*, in: Klaus Schubert und Nils C. Bandelow (Hg.). Lehrbuch der Politikfeldanalyse. München: Oldenbourg 2003, 208–238; *Changing Governance of Research and Technology Policy, The European Research Area*. Cheltenham: Edward Elgar 2003 (gem. hrsg. mit Jakob Edler und Stefan Kuhlmann); Global Governance, in: Arthur Benz (Hrsg.). Governance – Regieren in komplexen Regelsystemen. Eine Einführung. Wiesbaden: VS Verlag für Sozialwissenschaften 2004, 103–124.

Brand, Ulrich, Dr. phil., Wissenschaftlicher Assistent im Fachbereich Geisteswissenschaften der Universität Gesamthochschule Kassel. Ausgewählte Publikationen: *Global Governance, Alternativen zur neoliberalen Globalisierung?* Münster: Westfälisches Dampfboot 2000 (gem. mit Achim Brunnengräber, Lutz Schrader, Christian Stock und Peter Wahl); *Nichtregierungsorganisationen in der Transformation des Staates*. Münster: Westfälisches Dampfboot 2001 (gem. hrsg. mit Alex Demirovic, Christoph Görg und Joachim Hirsch); *Fit für den Postfordismus? Theoretisch-politische Perspektiven des Regulationsansatzes*. Münster: Westfälisches Dampfboot 2003 (gem. hrsg. mit Werner Raza); *Postfordistische Naturverhältnisse. Konflikte um genetische Ressourcen und die Internationalisierung des Staates*. Münster: Westfälisches Dampfboot 2003 (gem. mit Christoph Görg).

Brock, Lothar, Dr., Professor für Vergleichende Politikwissenschaften und Internationale Beziehungen an der Johann-Wolfgang-Goethe-Universität zu Frankfurt am Main, zugleich Forschungsgruppenleiter bei der Hessischen Stiftung für Friedens- und Konfliktforschung (HSFK). Ausgewählte Publikationen: *Entgrenzung der Staatenwelt. Zur Analyse weltgesellschaftlicher Entwicklungstendenzen*, aus: Zeitschrift für Internationale Beziehungen (ZIB), 2.2, 1995, 259–285 (gem. mit Mathias Albert); *Die Neue Weltwirtschaft. Entstofflichung und Entgrenzung der Ökonomie*. Frankfurt a.M.: Suhrkamp 1999 (gem. mit Mathias Albert, Stefan Hessler, Ulrich Menzel und Jürgen Neyer); *Civilizing World Politics. Society and Community beyond the State*. Lanham: Rowman and Littlefield 2000 (gem. hrsg. mit Mathias Albert und Klaus Dieter Wolf).

Hessler, Stephan, Dr., Habilitand am Institut für Vergleichende Politikwissenschaften und Internationale Beziehungen an der Johann Wolfgang Goethe-Universität zu Frankfurt am Main. Ausgewählte Publikationen: *Weltwirtschaftliche Strukturveränderungen: Indikatoren und politische Implikationen,* in: Andreas Busch und Thomas Plümper (Hg.). Nationaler Staat – internationale Wirtschaft. Anmerkungen zum Thema Globalisierung. Baden-Baden: Nomos 1999, 277–306 (gem. mit Lothar Brock); *Die neue Weltwirtschaft. Entstofflichung und Entgrenzung der Ökonomie.* Frankfurt a.M.: Suhrkamp 1999 (gem. mit Mathias Albert, Lothar Brock, Ulrich Menzel und Jürgen Neyer); *Das Multilateral Agreement on Investment (MAI) – ‚Failed Governance' oder erster Schritt zu ‚Global Governance by the People'?,* in: Peter Nahamowitz und Rüdiger Voigt (Hg.). Globalisierung des Rechts II. Baden-Baden: Nomos 2002 (gem. mit Mathias Albert).

Huffschmid, Jörg, Dr., Professor für Politische Ökonomie und Wirtschaftspolitik an der Universität Bremen, Mitglied der Arbeitsgruppe Alternative Wirtschaftspolitik (Memorandumsgruppe), Mitglied der Enquete-Kommission des Deutschen Bundestages: Globalisierung der Weltwirtschaft – Herausforderungen und Antworten. Ausgewählte Publikationen: *Politische Ökonomie der Finanzmärkte.* Hamburg: VSA (1999) 2002; *Demokratisierung, Stabilisierung und Entwicklung. Ein Reformszenario für IWF und Weltbank,* aus: Blätter für deutsche und internationale Politik, 11, 2000, 1345–1354; *Ansatzpunkte für eine Reform des internationalen Finanzsystems,* in: Arne Heise (Hg.). Neue Weltwährungsarchitektur. Marburg: Metropolis-Verlag 2001, 201–240.

Hummel, Hartwig, Dr., Professor für Europapolitik/Internationale Politik an der Heinrich-Heine-Universität Düsseldorf. Ausgewählte Publikationen: *Der neue Westen. Der Handelskonflikt zwischen den USA und Japan und die Integration der westlichen Gemeinschaft.* Münster: agenda 2000; *Die Ethnisierung internationaler Wirtschaftsbeziehungen und daraus resultierende Konflikte.* Münster: Lit. 2001 (gem. mit Ulrich Menzel); *Völkermord: Friedenswissenschaftliche Annäherungen.* Baden-Baden: Nomos 2001 (Hg.); *Privatisierung der Weltpolitik. Entstaatlichung und Kommerzialisierung im Globalisierungsprozess.* Bonn: J.H.W. Dietz Nachfolger 2001 (gem. hrsg. mit Tanja Brühl, Tobias Debiel, Brigitte Hamm und Jens Martens).

Kohlmorgen, Lars, Dr. phil., Mitarbeiter im Forschungsprojekt „Global Health Governance" am Deutschen Übersee-Institut in Hamburg. Ausgewählte Publikationen: *Globalisierung, Global Health Governance and National Health Politics in Developing Countries. An Exploration Into the Dynamics of Interfaces.* Hamburg: Schriften des Deutschen Übersee-Instituts 2003 (gem. hrsg. mit Wolfgang Hein); *Globalisierung, Global Governance und globale Sozialpolitik,* in: Joachim Betz und Wolfgang Hein (Hg.). Neues Jahrbuch Dritte Welt 2003. Soziale Sicherung in Entwicklungsländern. Opladen: Leske + Budrich 2004, 57–79; *Global Health Governance und UNAIDS – Elemente eines globalen Integrationsmodus?* aus: Peripherie Nr. 93/94, 2004.

Angaben zu den Autoren 357

List, Martin, Dr., Akademischer Rat am Lehrstuhl für Internationale Politik und Systemvergleich an der FernUniversität in Hagen. Ausgewählte Publikationen: *Was heißt „Weltgesellschaft"? Versuch einer Bestimmung des Begriffs für den interdisziplinären Gebrauch*, in: Bernhard Moltmann und Eva Senghaas-Knobloch (Hg.). Konflikte in der Weltgesellschaft und Friedensstrategien. Baden-Baden: Nomos 1989, 29–62.; *Internationale Politik und humanitäre Intervention*, in: Hajo Schmidt (Hg.). Friedenspolitik und Interventionspraxis. Fernstudienkurs der FernUniversität in Hagen. Hagen 1996, 11–32; *Außenpolitik der USA*, in: Jürgen Bellers, Thorsten Benner und Inis Miriam Gerke (Hg.). Handbuch der Außenpolitik von Afghanistan bis Zypern. München: Oldenbourg 2001, 314–330.

Messner, Dirk, PD Dr. rer. pol., Direktor des Deutschen Instituts für Entwicklungspolitik, Bonn. Ausgewählte Publikationen: *The Network Society. International Competitiveness and Economic Development as Problems of Social Governance*. London: Frank Cass 1997; *Die Zukunft des Staates und der Politik*. Bonn: J.H.W. Dietz Nachfolger 1998; *Desafíos de la Globalización*. Lima: Biblioteca de Perú 2001; *Globale Trends 2005*. Frankfurt a.M.: Fischer Taschenbuch 2004 (gem. mit Ingomar Hauchler und Franz Nuscheler).

Meyers, Reinhard, Dr. Dr.h.c., Professor für Internationale Politik an der Westfälischen Wilhelms-Universität Münster, stellv. Direktor des Instituts für Politikwissenschaft und Beauftragter für die Doppeldiplomstudiengänge mit Klausenburg, Lille und Twente. Ausgewählte Publikationen: *Grundbegriffe und theoretische Perspektiven der Internationalen Beziehungen*, in: Bundeszentrale für politische Bildung (Hg.). Grundwissen Politik. 3. Aufl. Bonn 1997, 313–434; *Theorien der Internationalen Beziehungen*, in: Wichard Woyke (Hg.). Handwörterbuch Internationaler Politik. 8. Aufl. Opladen: Leske + Budrich 2000, 416–448; *Theorien internationaler Kooperation und Verflechtung*, in: Wichard Woyke, a.a.O., 448–489.

Rohloff, Christoph, Dr.phil., Projektleiter der IFOK GmbH im Bereich Risikomanagement und Risikokommunikation, bis 2002 Wissenschaftlicher Mitarbeiter am Institut für Etnwicklung und Frieden (INEF) der Universtät Duisburg. Ausgewählte Publikationen: *Vier Versuche, Frieden und Entwicklung zu messen*, in: Reinhard Mutz, Bruno Schoch und Ulrich Ratsch. Friedensgutachten 2001. Münster: Lit 2000, 133–142 (gem. mit Michael Brzoska und Stefan Wilhelmy); *National and International Conflicts, 1945–1995. New Empirical and Theoretical Approaches*. London: Routledge 2000 (gem. mit Frank R. Pfetsch); *Menschenrechte brechen Völkerrecht? Ein Plädoyer für die Stärkung beider Rechtskategorien*, in: Jahrbuch Menschenrechte 2001. Frankfurt a.M.: Suhrkamp 2000, 43–50.

Scherrer, Christoph, Dr., Professur für Globalisierung und Politik im Fachbereich Gesellschaftswissenschaften der Universität Gesamthochschule Kassel. Ausgewählte Publikationen: *Nach der New Economy: Perspektiven der deutschen Wirtschaft*. Münster: Westfälisches Dampfboot 2002 (gem. mit Stefan

Beck und Gülay Caglar); *GATS 2000. ArbeitnehmerInneninteressen und die Liberalisierung des Dienstleistungshandels.* Düsseldorf: Hans-Böckler-Stiftung 2002 (gem. mit Thomas Fritz); *Global Rules for Trade: Codes of Conduct, Social Labeling, and Worker's Rights Clauses.* Münster: Westfälisches Dampfboot 2001 (gem. mit Thomas Greven); *Globalisierung wider Willen? Die Durchsetzung liberaler Außenwirtschaftspolitik in den USA.* Berlin: edition sigma 1999.

Schmalz-Bruns, Rainer, Dr., Professor für Politikwissenschaft an der Technischen Universität Darmstadt. Ausgewählte Publikationen: *Politisches Vertrauen.* Baden-Baden: Nomos 2002 (hrsg. gem. mit Reinhard Zintl); *Theorie der Politik. Niklas Luhmanns politische Soziologie.* Frankfurt a.M.: Suhrkamp 2002 (hrsg. gem. mit Kai-Uwe Hellmann); *Normative/ökonomische politische Theorie* (gem. mit Tanja Hitzel-Cassagnes), in: Herfried Münkler (Hrsg.). Grundkurs Politikwissenschaft. Reinbek bei Hamburg: Rowohlt 2003.

Schmidt, Hajo, Prof. Dr. phil., Leiter des Instituts Frieden und Demokratie der FernUniversität in Hagen. Ausgewählte Publikationen: *Sozialphilosophie des Krieges. Staats- und subjekttheoretische Untersuchungen zu Henri Lefèbvre und Georges Bataille.* Essen: Klartext 1990; *„Zum ewigen Frieden" – Kants radikales Vermächtnis,* in: Martina Haedrich und Werner Ruf (Hg.). Globale Krisen und europäische Verantwortung. Baden-Baden: Nomos 1996, 30–52; *Macht und Moral im Krieg,* in: Johannes M. Becker und Gertrud Brücker (Hg.). Der Jugoslawienkrieg – Eine Zwischenbilanz, Münster: Lit., 2001, 101–122.

Schrader, Lutz, Dr., Mitarbeiter am Institut Frieden und Demokratie der FernUniversität in Hagen; Mitbegründer und Redakteur der Zeitschrift für internationale und vergleichende Studien *WeltTrends.* Ausgewählte Publikationen: *NGOs – eine neue Weltmacht? Nichtregierungsorganisationen in der internationalen Politik.* Potsdam: Brandenburgische Landeszentrale für politische Bildung 2001; *Neue deutsche Außen- und Sicherheitspolitik? Eine friedenswissenschaftliche Bilanz zwei Jahre nach Regierungswechsel.* Baden-Baden: Nomos 2001 (gem. hrsg. mit Christiane Lammers); *Frieden und Demokratie. Eine Einführung in die Theorie des demokratischen Friedens.* Wiesbaden: VS Verlag für Sozialwissenschaften 2004.

Siedschlag, Alexander, PD Dr., Institut für Politikwissenschaft der Humboldt-Universität zu Berlin, z.Z. Hochschule für Politik München. Mitglied des Vorstandes des Landesverbandes Bayern der Deutschen Gesellschaft für die Vereinten Nationen. Ausgewählte Publikationen: *Neorealismus, Neoliberalismus und postinternationale Politik.* Opladen: Westdeutscher Verlag 1997; *Politische Institutionalisierung und Konflikttransformation.* Opladen: Leske + Budrich 2000 (Hg.); *Realistische Perspektiven internationaler Politik.* Opladen: Leske + Budrich 2001.

Simonis, Georg, Dr., Professor für Internationale Politik und Systemvergleich an der FernUniversität in Hagen. Ausgewählte Publikationen: *Politik und Technik.* Politische Vierteljahresschrift, Sonderheft 31/2000, Wiesbaden: Westdeutscher

Verlag 2001 (gem. hrsg. mit Renate Martinsen und Thomas Saretzki); *Studium und Arbeitstechniken der Politikwissenschaft*. Opladen: Leske + Budrich 2003 (gem. mit Helmut Elbers).

Zimmermann, Hubert, Dr. phil, DAAD Visiting Associate Professor an der Cornell University, Ithaca (NY). Ausgewählte Publikationen: *The Fall of Bretton Woods and the First Attempt to Construct a European Monetary Order*, in: Lars Magnusson und Bo Stråth. From the Werner Plan to the EMU – a European Political Economy in Historical Light, Bruxelles et al.: P.I.E. 2001, 49–72; *Money and Security. Troops and Monetary Policy in Germany's Relations to the United States and the United Kingdom, 1950–71*. Cambridge: Cambridge University Press 2002; *Governance by Negotiation: The EU, the United States and China's Integration into the World Trade System*, in: Stefan A. Schirm (Hg.). Global Economic Governance. Houndmills: Palgrave Macmillan 2004.

Neu im Programm Politikwissenschaft

Dirk Auer
Politisierte Demokratie
Richard Rortys politischer
Antiessentialismus
2004. 208 S. (Studien zur politischen
Gesellschaft) Br. EUR 22,90
ISBN 3-8100-4170-X

Arthur Benz (Hrsg.)
Governance – Regieren in komplexen Regelsystemen
Eine Einführung
2004. 240 S. (Governance)
Br. EUR 24,90
ISBN 3-8100-3946-2

Dirk Berg-Schlosser (Ed.)
Democratization
The state of the art
2004. 160 pp. with 3 figs. and 3 tab.
Softc. EUR 21,90
ISBN 3-8100-4047-9

Susanne Blancke
Politikinnovationen im Schatten des Bundes
Policy-Innovationen und -Diffusionen
im Föderalismus und die Arbeitsmarktpolitik der Bundesländer
2004. 242 S. Br. EUR 24,90
ISBN 3-8100-3771-0

Erhältlich im Buchhandel oder beim Verlag.
Änderungen vorbehalten. Stand: Juli 2004.

Frank Brettschneider, Jan van Deth,
Edeltraud Roller (Hrsg.)
Die Bundestagswahl 2002
Analysen der Wahlergebnisse
und des Wahlkampfes
2004. 391 S. (DVPW) Br. EUR 32,90
ISBN 3-8100-4123-8

Sebastian Haunss
Identität in Bewegung
Prozesse kollektiver Identität
bei den Autonomen und in der
Schwulenbewegung
2004. 291 S. mit 19 Abb. Br. EUR 29,90
ISBN 3-8100-4150-5

Gary S. Schaal
Vertrauen, Verfassung und Demokratie
Über den Einfluss konstitutioneller
Prozesse auf die Genese von
Vertrauensbeziehungen in modernen
Demokratien
2004. 233 S. Br. EUR 24,90
ISBN 3-531-14253-4

Matthias Wefer
Kontingenz und Dissens
Postheroische Perspektiven
des politischen Systems
2004. 326 S. (Studien zur politischen
Gesellschaft) Br. EUR 34,90
ISBN 3-8100-3933-0

www.vs-verlag.de

VS VERLAG FÜR SOZIALWISSENSCHAFTEN

Abraham-Lincoln-Straße 46
65189 Wiesbaden
Tel. 0611.7878-722
Fax 0611.7878-400

MIX
Papier aus verantwortungsvollen Quellen
Paper from responsible sources
FSC® C105338

If you have any concerns about our products,
you can contact us on
ProductSafety@springernature.com

In case Publisher is established outside the EU,
the EU authorized representative is:
Springer Nature Customer Service Center GmbH
Europaplatz 3, 69115 Heidelberg, Germany

Printed by Libri Plureos GmbH
in Hamburg, Germany